DAS GROSSE BUCH
DER BIBEL

DAS GROSSE BUCH
DER BIBEL

MIT ÜBER 300 FARBIGEN ABBILDUNGEN ZU EREIGNISSEN, PERSONEN UND SCHAUPLÄTZEN DER BIBLISCHEN GESCHICHTE

J. R. PORTER

Kreuz Verlag

Die Deutsche Bibliothek – CIP-Einheitsaufnahme

Das **grosse Buch der Bibel** : mit über 300 farbigen Abbildungen zu Ereignissen, Personen und Schauplätzen der biblischen Geschichte / J. R. Porter. [Aus dem Engl. von Monika Rusch]. – Stuttgart : Kreuz-Verl., 1996
Einheitssacht.: The illustrated guide to the Bible <dt.>
ISBN 3-7831-1482-9
NE: Porter, J. R.; Rusch, Monika [Übers.]; EST

Aus dem Englischen
von Monika Rusch

Die Originalausgabe ist 1995 erschienen
unter demTitel „The Illustrated Guide to the Bible“

1 2 3 4 5 00 99 98 97 96

Kreuz Verlag Stuttgart 1996

Produktionsbetreuung: Print Company
Verlagsges.m.b.H., Margaretenstr. 87, 1050 Wien
Lektorat: Susanne Spreitzer
Satz: Dorfinger+Kaltenbrunner

Printed in China by Imago

ISBN 3 7831 1482 9

Seite 1:
Der Kreuzweg, *eine der Fresken, die ca. 1305 von Giotto (1266–1337) für die Scrovegni-Kapelle in Padua, Italien gemalt wurde.*

Seite 2:
Ein englisches Manuskript aus dem 12. Jahrhundert, das Leben des Königs David darstellend. Oben: *David besiegt Goliat (1 Sam 17,49–51).* Mitte: *Saul versucht David zu töten (1 Sam 18,10–11); Samuel salbt David (1 Sam 16,13).* Unten: *Davids Sohn Abschalom wird getötet (2 Sam 18,9–15); David weint um Abschalom (2 Sam 18,33).*

Seite 3:
Noach läßt die Taube aus *(Gen 8,8); ein byzantinisches Mosaik aus dem Markusdom in Venedig.*

INHALT

Teil der Schriftrolle des Buches Jesaja, ca. 100 v. Chr., gefunden in Qumran; längster und ältester Teil der sogenannten „Schriftrollen vom Toten Meer".

DIE ENTSTEHUNG DER BIBEL

Literarische Kategorien in der Hebräischen Bibel

Das Wort „Bibel" kommt vom lateinischen Wort *Biblia*. Im Griechischen war dieses Wort ursprünglich ein Plural und bedeutete soviel wie „Bücher" – im Grunde eine gute Beschreibung für die Bibel. Sie besteht nämlich aus einer Anzahl von verschiedenen Schriften oder „Büchern", die ungefähr zwischen 1000 v. Chr. und 100 n. Chr. entstanden sind. Diese einzelnen Bücher unterscheiden sich stark voneinander und mußten im Laufe der Zeit meist beträchtliche Veränderungen durch Neuauflagen, Neuinterpretationen, Adaptierungen und Erweiterungen über sich ergehen lassen. Diese Veränderungen lassen sich nur mit Hilfe der Methoden der Bibelkritik, wie sie seit dem 19. Jahrhundert von zahlreichen Wissenschaftlern angewendet werden, erforschen. Die Ergebnisse bleiben dennoch oft hypothetisch, und die einzelnen Gelehrten gehen in der Einschätzung der Fakten oft weit auseinander.

Die Bücher der Hebräischen Bibel (auch hebräische Heilige Schrift oder Altes Testament genannt) können in mehrere Kategorien unterteilt werden. Die ersten 17 Bücher, von Genesis bis Ester (in der Reihenfolge der christlichen Bibel) werden als typisch narrative Werke angesehen. Die ersten fünf Bücher – Genesis, Exodus, Levitikus, Numeri und Deuteronomium – bildeten immer schon eine Einheit und sind auch unter den Namen Tora und Pentateuch bekannt. Ihre Handlung verläuft chronologisch von der Erschaffung der Welt (siehe S. 26–27) bis zum Tod Moses knapp vor der Besetzung Kanaans durch Israel (siehe S. 66–67). Die nächsten sieben Bücher, Josua bis 2 Könige, erzählen von der Entwicklung der israelitischen Nation, von der Besetzung Kanaans (siehe S. 68–71) bis zur Eroberung Jerusalems durch Babylon (siehe S. 110–111), und werden von den meisten Autoren der deuteronomischen Tradition (siehe S. 106) als zusammenhängende Geschichte angesehen. Die Bücher 1 Chronik und 2 Chronik sind ebenso Werke, die von der deuteronomischen Tradition Gebrauch zu machen scheinen, während die Bücher Esra und Nehemia (siehe S. 116–117) die Fortsetzung der jüdischen Geschichte bis in die Zeit nach der Rückkehr aus der babylonischen Gefangenschaft behandeln. Das Buch Ester, eine Art historischer Novelle, handelt von der Befreiung der Juden aus der Gewalt ihrer persischen Unterdrücker (siehe S. 130–131).

Der Pentateuch beinhaltet auch den zweiten wichtigen Teil der Hebräischen Bibel, die Rechtslehre. Die Zehn Gebote (Dekalog) und das Bundesbuch, ursprünglich zwei voneinander unabhängige Gesetzesbücher, stammen aus dem Buch Exodus (20,1–17 bzw. 20,22–23,19;

siehe S. 60–63). Levitikus 17–26 beinhaltet eine Gesetzessammlung, die als das Heiligkeitsgesetz bekannt ist. Ähnliche Inhalte spielten auch in den letzten Kapiteln von Exodus und Numeri eine bedeutende Rolle.

Der dritte große Teil der Hebräischen Bibel besteht aus den Büchern der Propheten. In der jüdischen Tradition zählen die Bücher Jesaja, Jeremia, Ezechiel sowie das „Zwölfprophetenbuch" (Hosea bis Maleachi) zu den „späteren Propheten", in der christlichen Tradition gehört auch Daniel dazu. Dieser Teil reicht vom 8. Jahrhundert v. Chr. bis zur ersten Zeit nach der Rückkehr aus Babylon. Da die Geburtsdaten und Lebensumstände der einzelnen Propheten meist mit ziemlicher Sicherheit festgestellt werden können, liefern die Bücher der Propheten wertvolle Informationen über die politischen und sozialen Bedingungen der einzelnen Perioden.

In den meisten Fällen beinhaltet ein Buch mit dem Namen des Propheten auch dessen Weissagungen. Jedoch wurden im Laufe der Zeit die ursprünglichen Worte der Propheten auch mit anderen Inhalten, wie z. B. biographischen Hinweisen, verbunden. Auch wurden die ursprünglichen

Titelseite des Johannesevangeliums aus den Lindisfarne-Evangelien *aus dem Kloster Lindisfarne vor der Nordostküste Englands, ca. 700 n. Chr. (siehe S. 14).*

Mose und die Tochter des Pharao *(Ex 2,10), aus dem* Goldenen Haggada, *einem hebräischen Manuskript von 1320. Die Geschichte des Auszugs Israels aus Ägypten ist ein zentrales Thema in der Hebräischen Bibel.*

Weissagungen im Zuge der wörtlichen Überlieferung oft neu interpretiert, um sie an neue Gegebenheiten anzupassen. Möglicherweise wurden auch andere Elemente, wie spätere Aussagen von anderen Propheten, hinzugefügt. Dieses komplexe Schreibverfahren ist besonders in den drei wichtigsten Prophetenbüchern Jesaja, Jeremia und Ezechiel ersichtlich (zu Jesaja siehe S. 105, 112, 117).

Das Buch der Sprüche, Ijob, das Buch Kohelet und das Hohelied bilden zusammen mit den apokryphen Werken Jesus Sirach (lat. ecclesiasticus) und der Weisheit Salomos eine weitere Unterteilung der Hebräischen Bibel: die Bücher der Lehrweisheit (siehe S. 126–127). Die Anfänge dieses Genres von Schriften finden sich im Buch der Sprüche – kurze, prägnante Sprüche, die ihre Wurzeln im Volksmund haben. Ein anderer Teil der Weisheitsliteratur hat einen stärker theoretischen Charakter. Spätere Werke, wie z. B. Ijob (siehe S. 128–129), das Buch Kohelet, Jesus Sirach (lat. ecclesiasticus) und die Weisheit Salomos, kämpfen mit den fundamentalen Problemen des menschlichen Daseins, vor allem mit der Existenz des Bösen und des Leidens.

Die Bücher des Alten Testamentes lassen sich noch auf viele andere Arten kategorisieren: Das Buch Daniel gehört literarisch gesehen zur Apokalyptik, eine Gattung, die mit den Werken der klassischen Propheten verwandt ist, aber in seinen kosmischen und eschatologischen Spekulationen (siehe S. 136–137) viel weiter geht. Eine der größten Errungenschaften moderner Bibelwissenschaft ist das Identifizieren eines Großteils der breiten Palette von literarischen Quellen, aus denen die Bibelautoren beim Verfassen ihrer Werke geschöpft haben. Dazu zählen Mythen, Sagen, Legenden, Ätiologien (Schöpfungsgeschichten), etymologische und juristische Werke. Diese Forschung hat es ermöglicht, daß die wichtigste erhaltene Sammlung hebräischer Gedichte, die Psalmen (siehe S. 121), nun nach dem Zweck, für den sie geschrieben wurden, klassifiziert werden können.

Literarische Kategorien im Neuen Testament

Während das Verfassen und Sammeln des Inhalts der Hebräischen Bibel über tausend Jahre dauerte, wurde das Neue Testament wahrscheinlich in weniger als einem Jahrhundert geschrieben. Es kann in zwei große Kategorien unterteilt werden: in geschichtliche Schilderungen mit stark biographischem Akzent, wie die Evangelien und die Apostelgeschichte, und in die Briefe. Die Offenbarung des Johannes (siehe S. 254–256) ist zwar eine christliche Apokalypse, die stark an die traditionelle jüdische „Apokalyptik" erinnert (siehe oben), sie ist aber in Briefform geschrieben.

Viele Erwägungen, die beim Studium des Alten Testamentes in Betracht zu ziehen sind, lassen sich auch auf das Neue Testament übertragen. Jedes Evangelium verfügt über bestimmte Besonderheiten und spiegelt die Grundzüge des Lebens Jesu aus der Sicht des jeweiligen Autors wider.

Zumindest die Evangelien der Synoptiker (Matthäus, Markus und Lukas; siehe S. 148–149) bestehen aus kleinen Einheiten, z. B. Geschichten über Heilungen und Streitigkeiten sowie Gleichnissen. Die Schriften des Apostel Paulus sind zum Teil richtige Briefe; manche Briefe, die ihm und auch anderen Aposteln zugeschrieben werden, haben aber einen ganz anderen Aufbau. Oft besitzen sie Merkmale der damaligen zeitgenössischen hellenistischen Literatur, wie z.B. die Abhandlung, die Enzyklika, die Schmährede oder die *Paränese* (siehe S. 238–239).

Die Entstehung des Pentateuch

Die ersten fünf Bücher der Hebräischen Bibel, die Tora oder der Pentateuch, wurden traditionell als das Werk eines einzigen Autors, Mose, angesehen, der gleichzeitig auch selbst den wichtigsten Charakter darstellt. Teile des Werkes stammen sicherlich von Mose selbst, jedoch ist man sich heute darin einig, daß der Pentateuch ein vielschichtiges Werk unbekannter Autoren ist, das sich aus Überlieferungen aus der Zeit vor und vor allem nach Mose entwickelt hat.

Seit dem späten 19. Jahrhundert ist Julius Wellhausens „Dokumenten-Hypothese" die vorherrschende Theorie über die Ursprünge des Pentateuch, obwohl sie von der Wissenschaft immer mehr in Frage gestellt wird. Die Dokumenten-Hypothese geht davon aus, daß die Bücher des Pentateuch hauptsächlich eine Kombination aus vier verschiedenen literarischen Quellen sind, die zu verschiedenen Zeiten geschrieben wurden. Die erste Quelle, die Jahwistische aus dem 10. oder 9. Jahrhundert v. Chr., stammt wahrscheinlich aus Jerusalem. Diese Quelle wird so benannt, weil der Autor das Wort „Jahwe", den persönlichen Namen Gottes, verwendet. Das Dokument „E" aus dem 9. oder 8. Jahrhundert v. Chr. hingegen verwendet in der Genesis das hebräische Wort *elohim* für Gott. Es zeugt von den Traditionen im nördlichen Königreich Israel. Das Buch Deuteronomium oder „D", ein separates Werk, das ein ganz anderes Bild von Mose zeichnet, wurde im südlichen Königreich Juda im 7. Jahrhundert v. Chr. geschrieben, obwohl auch hier an nördlichen Traditionen festgehalten wird (siehe S. 106). Wahrscheinlich gab es auch noch eine priesterliche Quelle, „P", die nach dem babylonischen Exil im 6. oder 5. Jahrhundert v. Chr. hinzugefügt wurde (siehe S. 26–27). Im Endstadium der Entstehung des Pentateuch kam es zur Verbindung dieser Quellen zum heute existierenden Ganzen. Diese Arbeit kann wohl einem priesterlichen Gelehrten in Jerusalem in der Zeit nach der Rückkehr aus dem Exil zugeschrieben werden.

Die Quellenkritik, bei der einzelne Einheiten des Textes untersucht werden, geht davon aus, daß die Überlieferung des geschriebenen Materials lange dauerte. Vielleicht wurden die Mythen, Sagen und Legenden über heilige Orte der Genesis mündlich, einige jedoch auch schon zu einem früheren Zeitpunkt schriftlich überliefert.

Israel in Ägypten *(Ex 1,11), aus dem* Bruder Haggada, *Barcelona, ca. 1350.* Haggadas *sind Sammlungen von Bibelgeschichten, die von den Ereignissen beim Auszug aus Ägypten handeln. Traditionell wird beim jüdischen Paschamahl daraus gelesen.*

DER PENTATEUCH IN DER AKTUELLEN WISSENSCHAFT

Bibelexperten neigen in letzter Zeit dazu, sich auf den Zweck und die Hintergründe der letzten Fassung des Pentateuch zu konzentrieren. Sie stimmen generell mit der Behauptung der Dokumenten-Hypothese (siehe Haupttext, links) überein, daß der Pentateuch in der Zeit nach dem Exil fertiggestellt wurde. Aber sie betonen, daß die Herausgeber eine Botschaft vermitteln wollten, die auf die Bedürfnisse, Hoffnungen und Ängste der Menschen der damaligen Zeit zugeschnitten war. Der Pentateuch kann als Aufmunterung und Warnung für die Juden im Exil angesehen werden, die vor der Herausforderung stehen, ins Gelobte Land zurückzukehren; er kann als ein Programm zur Wiedererrichtung Israels angesehen werden. Seine Themen sind: der unvergängliche Bund mit Gott, das Versprechen an Israel, das Land auf ewig zu erhalten, und die Prüfungen der Menschen, bevor sie sich im Gelobten Land niederlassen können.

Diese Sichtweise hat viele Forscher dazu geführt, die Dokumenten-Hypothese in Frage zu stellen. Einige haben sogar argumentiert, daß nichts darauf hinweist, daß es im Pentateuch eine Unterteilung in „J" und „P" gibt. Diese Annahme führt vielleicht etwas zu weit. Der Pentateuch ist ein literarisches und theologisches Produkt der Periode nach dem Exil, das sich sehr wohl auf ältere Quellen stützt, wenn diese auch nicht mit Sicherheit identifiziert werden können.

Der Kanon des Alten Testamentes

Nicht alle Literatur, die im Judentum und Urchristentum bis zum Ende des 1. Jahrhunderts n. Chr. entstanden ist, ist in der Bibel versammelt. Die Hebräische Bibel erwähnt Bücher, die heute verloren sind, wie z. B. das „Buch des Aufrechten" (Jos 10,13; 2 Sam 1,18), offenbar eine Sammlung alter hebräischer Gedichte.

Das Verzeichnis der zur Bibel gehörenden Bücher nennt man „Kanon" (griechisch *kanón* = Maßstab), aber wie und warum diese Bücher diesen Status erlangten, ist zur Zeit noch nicht erforscht.

Der Kanon der Hebräischen Bibel besteht aus drei einzelnen Teilen: dem Gesetz (Tora oder Pentateuch) also die fünf Bücher Mose; den Büchern der Propheten, unterteilt in die „früheren" (Josua, Richter, Samuel, Könige) und in die „späteren" (Jesaja, Jeremia, Ezechiel sowie das Buch der zwölf Kleinen Propheten); und den „Schriften", einer Sammlung der restlichen Werke des Kanons (Rut, Chronik, Esra, Nehemia, Ester, Ijob, die Psalmen, die Sprüche, Kohelet, das Hohelied, die Klagelieder und Daniel).

Der Tora wurde im Judentum eine spezielle Autorität zugeschrieben. Es ist daher sehr wahrscheinlich, daß die Gesetze der erste Teil waren, der die Bezeichnung kanonisch erhielt. Die Bücher der Propheten wurden vermutlich nach der Rückkehr aus dem Exil (siehe S. 114–117) zusammengestellt. Zu der Zeit entstand auch das deuteronomische Geschichtswerk (Deuteronomium bis Könige). Die beiden wurden zum zweiten Teil des Kanons zusammengefaßt. Der dritte Teil, die Schriften, brauchte anscheinend länger, bis er vollständig war, da über längere Zeit immer wieder verschiedene Bücher hinzugefügt wurden. Die Dreiteilung der Hebräischen Bibel scheint im 2. Jahrhundert v. Chr. abgeschlossen zu sein, denn im Vorwort zum Buch Jesus Sirach (Ecclesiasticus), das ca. aus dem Jahr 130 v. Chr. stammt, wird darauf Bezug genommen.

Die Septuaginta, die griechische Übersetzung der Hebräischen Bibel, beinhaltet auch apokryphe Schriften (siehe S. 12), die nicht in den Kanon gehören. Das bedeutet, daß die griechischen Juden einen größeren Kanon kannten als die palästinensischen. Die Septuaginta wurde zur vorherrschenden christlichen Version des Alten Testamentes, deshalb wurden die zusätzlichen Bücher zunächst auch in den christlichen Kanon aufgenommen. Die abweichende Reihenfolge der Bücher in der Septuaginta, die zur christlichen Standard-Bibel wurde, folgt einer spezifisch christlich ausgelegten theologischen Anordnung: Die Geschichte Israels erfährt ihre Erfüllung in der Menschwerdung Christi. In der christlichen Anordnung kommen die meisten Bücher des dritten Teiles des hebräischen Kanons nach dem Pentateuch, während die Propheten den Schluß bilden. In dieser Anordnung bedeutet Gottes Versprechen in Maleachi 3,23–24, den Propheten Elia zu senden, einen Übergang zum Neuen Testament, das mit dem Erscheinen des zweiten Elia, Johannes dem Täufer, beginnt (siehe S. 152–153).

Das Lamm (Offb 5), *aus der* Lambeth-Apokalypse, *England, ca. 1250. Die Apokalypse des Johannes (meist Offenbarung genannt) wurde dem Neuen Testament relativ spät hinzugefügt (siehe S. 12). Die hier dargestellte Stelle ist Offenbarung 5,6, die im Text unter dem Bild zitiert und erklärt wird.*

Der Kanon des Neuen Testamentes

Die ersten Christen übernahmen den jüdischen Kanon. Sie kannten keinen anderen. Ihre eigenen Schriften waren dazu da, den aufkommenden Glaubensgemeinschaften seelsorgerischen Rat und Lehre zu erteilen. Es war nicht gedacht, daß sie die kanonische Autorität der jüdischen Schriften teilen sollten.

Die Idee eines neutestamentarischen Kanons parallel zum Kanon der Hebräischen Bibel kam erst im 2. Jahrhundert n. Chr. auf. Zu dieser Zeit hatten die vier Evangelien mit ihrem ähnlichen Grundmuster schon einen relativ maßgebenden Charakter, und die Briefe des Paulus waren gesammelt. Das Konzept eines Kanons – eine fixe Reihenfolge der maßgebenden Werke – der christlichen Schriften wurde zum ersten Mal von

DIE APOKRYPHEN

Das griechische Wort *apocrypha* bezieht sich auf 14 oder 15 Schriften, deren kanonischer Status lange umstritten war. Das Wort bedeutet „lang versteckte Dinge", die in Frage kommenden Bücher wurden jedoch nie geheimgehalten.

Einige apokryphe Bücher waren ursprünglich auf Hebräisch verfaßt, aber sie wurden nicht in den hebräischen Kanon aufgenommen und blieben, bis auf jüngste Entdeckungen, nur auf Griechisch erhalten. Da sie Teil der Septuaginta, der Bibel der frühen Kirche, waren, wurden sie von den griechischsprechenden Christen in den ersten vier Jahrhunderten n. Chr. akzeptiert. Die große Wende kam 382 n. Chr., als der Papst dem Gelehrten und Geistlichen Hieronymus (siehe Bild unten) den Auftrag erteilte, die Bibel ins Lateinische zu übersetzen. Diese Übersetzung wurde unter dem Namen Vulgata bekannt, vom lateinischen *vulgata editio*, was soviel wie „Ausgabe für den Allgemeingebrauch" bedeutet. Hieronymus war überzeugt, daß nur der hebräische Kanon als authentisch angesehen werden kann, weshalb er die Bücher, die nur auf griechisch existierten, ablehnte und sie als „apokryph" bezeichnete. Allerdings wurden seine Ansichten nicht akzeptiert, und die apokryphen Bücher blieben im Alten Testament der Vulgata enthalten.

Während der Reformation im 16. Jahrhundert stimmten die Protestanten mit Hieronymus überein. Sie entfernten die apokryphen Bücher entweder aus der Bibel oder plazierten sie in einem separaten Teil zwischen den hebräischen Schriften und dem Neuen Testament. In den letzten Jahren wird den apokryphen Schriften neue Beachtung geschenkt, da die Wissenschaftler immer mehr ihre Wichtigkeit sowohl für die Interpretation der Bibel als auch für das Verständnis der Entwicklung des Judentums und des frühen Christentums erkennen.

Marcion (gest. ca. 160 n. Chr.) angewendet. Er lehnte alle jüdischen Schriften ab und akzeptierte nur das Evangelium des Lukas und eine zensierte Fassung von zehn Paulusbriefen. Als Reaktion auf Marcion verstärkte die etablierte Kirche den maßgebenden Charakter aller vier Evangelien und der 13 Paulus zugeschriebenen Briefe.

Der Kanon des Neuen Testamentes war nun so gut wie festgelegt, aber unsicher war noch, was mit den verschiedenen anderen Büchern geschehen sollte, wie z. B. mit dem Brief an die Hebräer (siehe S. 250–251), der Offenbarung des Johannes (siehe S. 254–256) und einigen der Briefe, die nicht von Paulus stammten. Eine entscheidende Wende brachte ein Brief von Athanasios von Alexandria 367 n. Chr., in dem er alle 27 Bücher des existierenden Neuen Testamentes auflistete. Athanasios war auch der erste, der die Bezeichnung „Kanon" in bezug auf die Bibel verwendete. Sein Kanon wurde von der östlichen Kirche größtenteils anerkannt, und in den folgenden Jahren genehmigten ihn auch viele Synoden im

Der Hl. Hieronymus in seinem Studierzimmer *(1475/76) von Antonello da Messina (ca. 1430–1479). Hieronymus war der erste, der die Bezeichnung „Apokryphen" für nicht-kanonische Schriften verwendete. Da er ein päpstlicher Berater war, wird er von mittelalterlichen Künstlern meist als Kardinal dargestellt, obwohl es dieses Amt zu seinen Lebzeiten noch nicht gab. Der Löwe im Hintergrund erinnert an die Legende, in der Hieronymus einem Löwen einen Dorn aus der Pranke gezogen hat.*

Westen. Von da an galt das Neue Testament allgemein als zweiter Teil des christlichen Kanons.

Der Text der Hebräischen Bibel und des Neuen Testamentes

Bis zum Ende des 1. Jahrhunderts n. Chr. wurden die wichtigsten Inhalte der Hebräischen Bibel in verschiedenen Formen überliefert. Erst nach dem Fall Jerusalems 70 n. Chr. setzte sich im Zuge der Erneuerung des Judentums unter den Pharisäern eine bestimmte Texttradition durch, die dann als die offizielle Hebräische Bibel anerkannt wurde. Der heutige Text ist unter dem Namen Massoretischer Text bekannt. Die Massoreten waren Schriftgelehrte, die den Text ab ca. 900 n. Chr. zusammenstellten. Der Name kommt von der Massora, einer Reihe von Rand- und Schlußbemerkungen in den alttestamentlichen Handschriften. Sie fügten dem hebräischen Text, der bis dahin nur aus Konsonanten bestand, auch hebräische Vokalzeichen hinzu. Die Arbeit der Massoreten ersetzte nach und nach andere Formen des Textes, und so stammt das früheste Manuskript einer vollständigen Hebräischen Bibel erst aus dem 10. Jahrhundert n. Chr. Allerdings bestätigen einige biblische Dokumente aus Qumran, die sogenannten „Schriftrollen vom Toten Meer“ (siehe S. 145), die zum Großteil mit dem massoretischen Text identisch sind, daß es frühere Vorläufer gab.

Obwohl das Neue Testament nur ein Viertel der Länge der Hebräischen Bibel umfaßt, ist die Geschichte des Textes aufgrund der vielen Zeitzeugen um einiges komplizierter. Zwischen dem späten 2. oder frühen 3. Jahrhundert und dem 13. Jahrhundert entstanden nämlich ungefähr 5500 Abschriften. Im Vergleich zur relativ kleinen Anzahl von Manuskripten anderer Schriften des Altertums ist diese Zahl bemerkenswert. Die ältesten Fundstücke stammen aus dem 2. und 3. Jahrhundert. Dies sind jedoch meist nur sehr kurze Fragmente des Neuen Testamentes auf Papyrus. Die ersten Manuskripte waren noch auf Schriftrollen geschrieben, aber schon Anfang des 2. Jahrhunderts n. Chr. wurde in der Kirche auch die Buch- oder Kodexform verwendet, und der Papyrus wurde durch Pergament oder Vellin ersetzt. Das führte sodann zur Entstehung von einigen ansehnlichen griechischen Texten, die das gesamte Neue Testament und manchmal sogar die Septuaginta umfassen. Das vollständigste dieser Werke ist der Codex Sinaiticus aus dem 4. Jahrhundert, der im Katharinenkloster auf der Halbinsel Sinai gefunden wurde. Andere wichtige Manuskripte, die um dieselbe Zeit oder ein bißchen später entstanden, sind der Codex Alexandrinus, der Codex Vaticanus und der Codex Bezae.

Bei der Erforschung des Neuen Testamentes standen die Gelehrten vor demselben Problem wie einst, bevor es den massoretischen Standardtext der Hebräischen Bibel gab. Angesichts einer großen Anzahl von Variationen in den Manuskripten des Neuen Testamentes unterschieden sie

Die Titelseite der Bibelübersetzung Martin Luthers aus dem Jahre 1534. Martin Luther (1483–1546) wurde 1521 wegen seiner reformatorischen religiösen Ansichten von der Obrigkeit des Heiligen Römischen Reiches zum Gesetzesbrecher erklärt. Einer seiner adeligen Förderer fürchtete berechtigterweise um Luthers Leben, organisierte deshalb seine „Entführung" und versteckte ihn mehrere Monate lang auf der Wartburg bei Eisenach in Thüringen. Dort verfaßte Luther, in Verkleidung und unter dem Namen „Junker Jörg", seine Übersetzung des Neuen Testamentes aus dem griechischen Original. Das Werk stammt nicht von Luther alleine er hatte einen Stab von Beratern zur Seite, die seine Arbeit korrigierten und, wenn nötig, verbesserten. Das Alte Testament wurde fertiggestellt, nachdem Luther die Burg wieder verlassen hatte.

drei große Textfamilien. Die erste wird mit Alexandria in Ägypten assoziiert, die zweite wird die „abendländische" genannt, da sie sich hauptsächlich auf lateinische Quellen stützt, und die dritte ist unter dem Namen „byzantinische" bekannt. Der Großteil der Manuskripte gehört in die letztere Tradition. Diese Texte wurden zur Grundlage der meisten, allgemein akzeptierten *textus receptus* („erhaltener Text"), die von den ersten gedruckten Ausgaben des griechischen Neuen Testamentes bis ins späte 19. Jahrhundert als Vorlage dienten.

Moderne Ausgaben des Neuen Testamentes versuchen durch Vergleiche abweichender Varianten die Sprache des ursprünglichen Autors zu rekonstruieren, um dann zu entscheiden, welche Version authentischer ist. Allerdings sollte die Bedeutung der Varianten nicht überschätzt werden: Alle Manuskripte gründen auf denselben Basisschriften des Neuen Testamentes, die zum Großteil wahrscheinlich innerhalb eines Jahrhunderts nach dem Tod Jesu von Autoren der ersten Christengeneration geschrieben worden sind. Diese Schriften sind von den vielen apokryphen Evangelien (siehe S. 149) der Apostelgeschichte und den Briefen zu unterscheiden, die im allgemeinen später geschrieben wurden als der neutestamentarische Kanon und deshalb nicht dessen Authentizität besitzen (siehe S. 149).

Übersetzungen der Bibel

Eines der bemerkenswertesten Phänomene im Zusammenhang mit der Bibel ist das ungeheure Ausmaß ihres Einflusses durch die Übersetzung in viele verschiedene Sprachen. Die erste Übersetzung vom Hebräischen ins Griechische – die Septuaginta – ist ein Werk, das im Altertum einmalig ist (siehe S. 132). Jede der drei großen frühen Übersetzungen, die griechische Septuaginta, die lateinische Vulgata und die syrische Peschitta, wurde jeweils zur Standardbibel für die drei großen Gruppen der mittelalterlichen Christen – die griechisch-orthodoxen, die römisch-katholischen und die syrischen.

In Westeuropa blieb die lateinische Vulgata im Mittelalter die dominierende Version. Jedoch gab es schon in früher Zeit zahlreiche Übersetzungen von Schriften in andere Landessprachen. Manchmal waren diese Übersetzungen Glossen zum lateinischen Text, wie z. B. die berühmten Evangelien aus dem Kloster Lindisfarne vor der Küste Nordostenglands (ca. 950 n. Chr.). Es gab auch Übersetzungen von einzelnen Büchern der Bibel, allerdings waren das im allgemeinen eher freie Umschreibungen als genaue Übersetzungen.

In Osteuropa schufen die griechischen Missionare Cyrill und Method um 860 die ersten Übersetzungen der Bibel in slawische Sprachen. Die Sprache ihrer Übersetzungen, bekannt als altes Kirchenslawisch, wurde zur liturgischen Sprache der orthodoxen Kirche in den slawischen Ländern. Eine Ausgabe der Bibel in altem Kirchenslawisch, die 1751 in

St. Petersburg herausgegeben wurde (die Elisabethbibel), ist die Standardbibel der russischen und anderer slawisch-orthodoxer Kirchen.

Im 16. Jahrhundert war die Reformation in Westeuropa die treibende Kraft für viele Übersetzungen in Landessprachen. Die wichtigste war wohl Martin Luthers Übersetzung der Bibel aus dem griechischen und hebräischen Original ins Deutsche (1522). Der Einfluß von Luthers Bibel war wahrscheinlich größer als jener der englischen von 1611 (siehe Seitentext rechts), mit der sie verglichen wurde. Sie war das erste literarische Werk in neuhochdeutscher Prosa und schuf das Vokabular für ein literarisches Deutsch. Sie diente auch als Modell für die Übersetzungen in andere europäische Sprachen, einschließlich Englisch. Keine dieser Versionen erreichte dieselbe Autorität wie die deutsche und englische Standardbibel, noch hatten sie auch nur annähernd soviel Einfluß auf ihre jeweilige Kultur.

Protestantische Versionen der Schriften ebneten den Weg, aber bald war die Nachfrage nach katholischen Bibeln ebenso groß. Deutsche katholische Bibeln kamen noch zu Lebzeiten Luthers heraus, und englische Exilkatholiken auf dem Kontinent brachten 1582 ein Neues Testament und 1609–1610 ein Altes Testament in englischer Sprache heraus. Französische katholische Übersetzungen wetteiferten mit protestantischen: Im 17. Jahrhundert wurde die katholische Bibel von de Sacy ebenso von Protestanten verwendet, und sie war das französische Gegenstück zu den Luther- oder King-James-Bibeln.

Es wird angenommen, daß die Bibel zur Gänze oder teilweise bisher in mehr als 2000 Sprachen übersetzt worden ist, wodurch 80 Prozent der Weltbevölkerung erreicht werden. Viele Übersetzungen sind auf die Missionstätigkeit der Kirchen außerhalb von Europa zurückzuführen, die in der Neuzeit mit den römisch-katholischen Missionierungen im 17. Jahrhundert begonnen hat. Protestantische Missionare waren vor allem in der Zeit der kolonialen Ausdehnung Europas aktiv, außerdem waren auch die im 18. und 19. Jahrhundert gegründeten Bibelgesellschaften für die Ausbreitung des Glaubens verantwortlich. Die erste Übersetzung in eine Sprache der Neuen Welt, in die heute ausgestorbene Sprache der Urbevölkerung Massachusetts, schuf 1663 der protestantische Missionar John Eliot.

In letzter Zeit wird die Bibel vor allem in asiatische und afrikanische Sprachen übersetzt. In Asien haben es die Übersetzer meist mit Sprachen zu tun, die über eine große Literatur verfügen, wie Japanisch, Burmesisch und die wichtigsten chinesischen und indischen Sprachen. In Afrika hingegen müssen sie oft in einer rein mündlichen Tradition erst eine geschriebene Sprache erschaffen. Vor demselben Problem stehen Übersetzungen in indigene Sprachen Südamerikas. Übersetzer müssen auch Ausdrücke finden, um Menschen biblische Begriffe und Bilder nahezubringen, welche diesen gänzlich unvertraut sind. Bibelübersetzung werden noch lange eine große Aufgabe sein.

Die Titelseite der Great Bible, *1539.*

DIE BIBEL IN ENGLISCH

Die erste vollständige englische Bibelübersetzung aus dem Jahre 1382 stammt von John Wycliffe, John Purvey und Nicholas of Hereford. 1526 verfaßte William Tyndale das erste englische Neue Testament aus dem Griechischen und übersetzte später die Genesis bis 2 Chronik aus dem Hebräischen.

Mehrere vollständige englische Bibeln, alle von Tyndale, entstanden während der Regierungszeit Heinrichs VIII. (1509–1547), vor allem die *Great Bible* (siehe oben), die auf königlichen Befehl in allen englischen Kirchen aufzuliegen hatte. Die katholische Maria I. (1553–1558) verbannte alle englischen Bibeln. Exilprotestanten in Genf veröffentlichten 1560 die erste englische Bibel mit Verszahlen. Diese war sehr beliebt, aber die extremen protestantischen Anmerkungen erregten bei den Bischöfen von Elisabeth I. (1558–1603) Anstoß. 1568 überarbeiteten sie die *Great Bible*, und diese *Bishop's Bible* wurde zur Ausgangsbasis für die *Authorized* oder die *King James Version (KJV)*, von König Jakob I. in Auftrag gegeben und 1611 veröffentlicht. Die *KJV* benötigte vier Jahrzehnte, um die Genfer Bibel an Popularität einzuholen, dann war ihr kultureller Einfluß allerdings enorm. Die 1870 verbesserte Übersetzung blieb die Basis für die *Revised Version* und die *American Standard Version* sowie deren Nachfolger, die *New Revised Standard Version*. Viele neuere Übersetzungen, vor allem die *New and Revised English Bible*, die *Good News Bible* und die *New International Version*, gehen von der Vorlage der *KJV* ab.

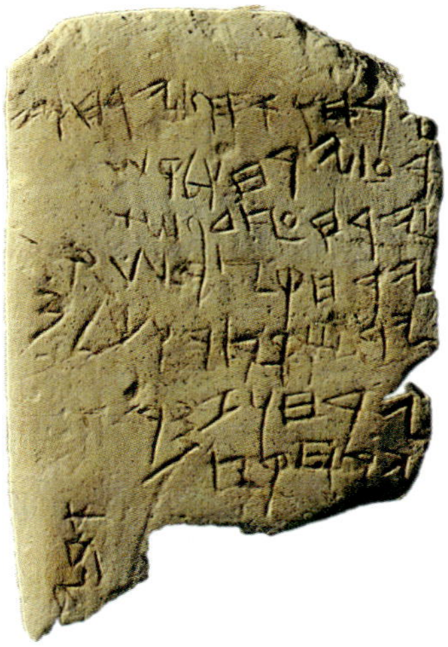

Der Geser Kalender (ca. 1000 v. Chr.), ein Kalkstein mit einer Inschrift in alter hebräischer Schrift, die den jährlichen Kreislauf der Landwirtschaft beschreibt (siehe Haupttext gegenüber).

GESCHICHTE, ARCHÄOLOGIE UND DIE BIBEL

Die archäologische Untersuchung der Stätten des altertümlichen Nahen Ostens hat aufschlußreiche Beiträge zur Erforschung der Bibel geleistet und die biblischen Aufzeichnungen oft sogar bestätigt. Ausgrabungen haben eine Vielzahl von Texten und Inschriften zu Tage gebracht, die genauere Informationen enthalten über in der Hebräischen Bibel erwähnte Ereignisse und Personen, die sich nicht nur auf die Israeliten beschränken. Religiöse Texte aus dem alten Nahen Osten sowie Mythen und Rituale, führten zu einem tieferen Verständnis vieler Aspekte der Religion Israels, während rechtliche Dokumente das Leben der Israeliten in einen breiteren nahöstlichen Kontext rückten. Entdeckungen von Gebäuden, Keramikgegenständen, Werkzeugen und Waffen in Palästina und dessen Umgebung gaben Einsicht in das Alltagsleben der Israeliten. Und natürlich hat die Archäologie auch die Lage vieler biblischer Orte ausfindig gemacht.

Frühere Generationen von Gelehrten verbanden die Archäologie eng mit der Bibel: Sie sprachen von der „biblischen Archäologie", die für sie eine Möglichkeit darstellte, die Glaubwürdigkeit der Schriften zu beweisen. So sollte dadurch beispielsweise die historische Wahrheit der Erzvätergeschichten, des Exodus und der israelitischen Besiedelung Kanaans (siehe S. 68–71) demonstriert werden.

Aber diese Behauptungen waren nicht sehr überzeugend. Heute erkennen die Experten den komplexen Zusammenhang zwischen Archäologie und den biblischen Aufzeichnungen. Es gibt auch keinen Konsens, was den Verlauf und die Schauplätze der Frühgeschichte Israels anbelangt. Viele Archäologen, die im geographischen Umfeld des Alten Testamentes tätig sind, sehen ihre Arbeit als unabhängige Disziplin und sprechen lieber von „syro-palästinischer Archäologie". Einige versuchen sogar, *ohne* direkten Bezug auf den biblischen Text ein Bild der kulturellen Entwicklung der Region zu zeichnen. Dies mag ein genauso einseitiger Ansatz sein. Archäologische Fakten werden kaum genau mit den biblischen Aufzeichnungen übereinstimmen, aber wenn sie vorsichtig interpretiert werden, können daraus wertvolle Schlüsse gezogen werden.

Archäologie in Palästina

Die archäologische Forschung in Palästina, dem wichtigsten Schauplatz der meisten biblischen Erzählungen, war besonders im späteren 20. Jahrhundert sehr intensiv. Die Ausgrabungen von zwei altertümlichen Städten und die Entdeckung von schriftlichen und anderen Überresten hat viele Einzelheiten über das Alltagsleben der Israeliten enthüllt. Dadurch erscheinen auch viele Details des Alten Testamentes in neuem Licht. Der 1908 entdeckte „Geser Kalender" aus dem 10. Jahrhundert (siehe Bild gegenüber) gab Aufschluß über die israelitische Landwirtschaft. An anderen Orten bringen uns die Anordnung der Straßen und Häuser und zahlreiche Haushaltsgegenstände die Lebensweise der Israeliten näher. Manchmal stehen die Funde auch direkt mit dem biblischen Text in Zusammenhang. So wurde durch die Entdeckung des Gewichtsmaßes Pim die Stelle 1 Samuel 13,21 verständlich, die einzige Bibelstelle, an der dieser Ausdruck vorkommt. Da die verschiedenen Gewichte (siehe Bild rechts) einen bestimmten Wert darstellen, wird klar, daß es hier um eine Zahlung an die Philister geht. Zu solchen Funden zählen z. B. auch die beeindruckenden Elfenbeinschnitzereien (800 v. Chr.), die bei Ausgrabungen im königlichen Palast von Samaria, der Hauptstadt des Nordreiches Israel (922–721 v. Chr.), gefunden wurden. Durch diesen Fund wird die Stelle 1 Könige 22,39 verständlich, die vom „Elfenbeinhaus" König Ahabs spricht.

Alte israelitische Gewichte mit Mengenangaben in hebräischer Schrift aus dem 7. Jahrhundert v. Chr.

Funde, die Aufschluß über das religiöse Leben des Volkes geben, sind besonders wichtig. In Arad wurde durch Ausgrabungen der einzige israelitische Tempel mit Kultobjekten aus der Zeit Davids und Salomos entdeckt. Ein anderer bemerkenswerter Fund stammt aus Kuntillet Ajrud (ca. 800 v. Chr.): die Darstellung einer halbnackten Frauengestalt mit der Inschrift „Jahwe von Samaria und seine Aschera". Obwohl die genaue Bedeutung dieser Entdeckung umstritten ist, beweist sie vielleicht, daß Aschera, die große kanaanitische Muttergöttin, in Israel trotz der offiziellen Religion, die nur Jahwe als einzigen Gott anerkannte, noch weiterverehrt worden ist.

Die Bibel und die Geschichte

Alle Bücher der Bibel sind historische Dokumente, die von realen Personen für ihre Mitwelt im Hinblick auf ihre Zeitepoche geschrieben worden sind. Bei der Erforschung der Bibel ist es sehr wichtig, die historischen Schauplätze der biblischen Texte aufzusuchen, um herauszufinden, wie die Autoren auf die Umstände eines bestimmten Ortes und Zeitpunktes reagiert haben. Dabei sind die Anmerkungen zu historischen Ereignissen in der Bibel, wie sie in den Büchern der Propheten häufig vorkommen, eine große Hilfe. Diese Anmerkungen werden oft durch außerbiblische Quellen bekräftigt.

Eine geschnitzte Elfenbeinplatte, gefunden in Samaria im nördlichen Palästina, von ca. 800 v. Chr. Dargestellt ist der ägyptische Gott Horus.

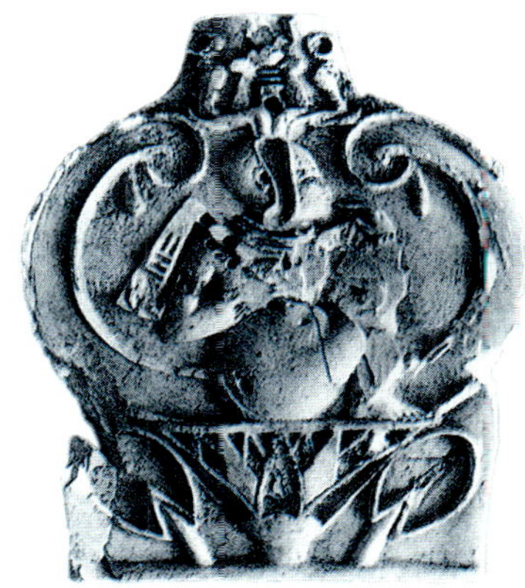

Andere Ansätze beschäftigen sich weniger mit der historischen Wahrheit hinter den biblischen Erzählungen als vielmehr mit der Art, wie die Rahmenbedingungen der Erzählung die Bedeutung des Ganzen beeinflussen. Die chronologischen Erzählungen im Pentateuch und in den historischen Büchern sind die Summe einer großen Sammlung von Zeitzeugnissen – zu einem einzigen Werk vereint, wobei die Auswahl der aufge-

Ganz oben: *Ein Teil der wenigen noch sichtbaren Überreste Jerusalems aus der Zeit Jesu. Dieser Turm war ein Teil des königlichen Palastkomplexes, der 23 v. Chr. von Herodes dem Großen erbaut wurde (siehe Karte S. 190). Es kann sich dabei um den Phasael-Turm handeln, nach dem Historiker Josephus aus dem 1. Jahrhundert der größte der drei Türme des Palastes. Die gemauerten Blöcke im unteren Teil des Turmes sind typisch für den herodianischen Stil; der obere Teil stammt aus viel späterer Zeit.*

Oben: *Eine Rekonstruktion des Palastes mit dem dominierenden Phasael-Turm.*

zeichneten Ereignisse sehr wohl darauf abzielte, den Glauben der Gemeinschaft zu stärken. Heute betrachten viele Exegeten das Alte Testament als einen Versuch, das Schicksal des Volkes zu verstehen und Israels Einheit angesichts der durch das Exil verursachten Krise zu bewahren.

Einige Historiker sind zu der Ansicht gekommen, daß es nahezu unmöglich ist, den wahren Verlauf der Geschichte des Volkes Israel nachzuvollziehen. Allerdings läßt sich solche Skepsis kaum rechtfertigen, auch wenn der biblische Text historische Ungenauigkeiten aufweist. Diese Ungenauigkeiten sind nicht schwerwiegender als in anderen Schriften des Altertums auch.

Aus heutiger Sicht wird klar, daß es sich oft nicht um historische Fakten, sondern um Mythen, Legenden oder Folklore handelt – was dann entsprechend berücksichtigt werden muß. So mag das Bild, das in der Genesis von den Erzvätern Israels gezeichnet wird (siehe S. 36–51), wohl ein gedankliches Produkt der Zeit im Exil sein; dennoch kann der historische Wert der Traditionen, die dahinter verborgen sind, ernstgenommen werden. Was genau beim Auszug aus Ägypten passierte, wird nicht nachvollziehbar sein. Trotzdem ist es möglich, daß ein tatsächlich stattgefundenes Ereignis dafür verantwortlich war, daß der Exodus für den Glauben der Israeliten so enorm wichtig wurde. Zumindest ab der Zeit Davids nimmt die Geschichte Israels klaren Bezug auf Ereignisse im gesamten Nahen Osten, und die biblischen Erzählungen erhalten trotz ihrer Übertreibungen, Ungenauigkeiten und einseitigen Interpretationen einen soliden historischen Hintergrund.

Geschichte und göttliche Offenbarung

Der Bibel wird die Ansicht nachgesagt, daß sich Gott den Menschen nicht durch Ideen, Vorstellungen oder theologische Thesen offenbart habe, sondern durch konkrete Ereignisse wie den Auszug der Israeliten aus Ägypten. Die Geschichte als Medium für göttliche Taten heranzuziehen, wurde oft als Eigenheit der Bibel bezeichnet. Die Idee, historische Ereignisse mit göttlicher Offenbarung gleichzusetzen, war jedoch im Altertum in der hellenistischen Welt und im Nahen Osten nichts Ungewöhnliches. In vielen Teilen der Hebräischen Bibel geht es auch nicht um Offenbarung durch geschichtliche Ereignisse, wie z. B. in den Büchern der Lehrweisheit (siehe S. 126–127), in vielen Psalmen (siehe S. 121) und wohl auch in Teilen des Neuen Testamentes. Grundsätzlich stellt sich die Frage, ob ein Ereignis von sich aus Offenbarungscharakter hat, oder ob dieser auf Interpretation zurückzuführen ist. Was den Auszug aus Ägypten in der Hebräischen Bibel so wichtig macht, ist nicht das Ereignis an sich, sondern dessen Deutung als ein Akt Gottes. Gott selbst übermittelt dies Mose vor der Überquerung des Meeres (siehe S. 58–59), und seine Erklärung legt die Bedeutung des Ereignisses für die nachfolgenden Generationen fest.

Jesus als historische Person

Auch bei der historischen Betrachtung des Neuen Testamentes stellen sich dieselben Fragen, das gilt besonders für die Evangelien. Seit dem 19. Jahrhundert ist es üblich, zwischen dem „Jesus des Glaubens" des Neuen Testamentes und dem „historischen Jesus" außerbiblischer Aufzeichnungen zu unterscheiden. Die Evangelien wurden geschrieben, um den Glauben an Jesus als Messias und Retter zu erwecken. Daher wird manchmal behauptet, daß die Verfasser der Evangelien nicht an einem Bericht über das tatsächliche Leben, Lehren und Wirken Jesu interessiert gewesen seien, sondern nur an dem, was davon für ihr eigenes Leben und ihren Glauben bedeutungsvoll und relevant war. In den letzten Jahrzehnten war die Suche nach dem historischen Jesus in Mißkredit geraten, da sie oft auf vorgefaßten Meinungen der Forscher aufbaute. In letzter Zeit wurde sie jedoch aus zwei Gründen wieder aufgenommen. Erstens, weil wir heute viel mehr über das 1. Jahrhundert wissen und Jesus deshalb besser in seinem jüdischen Kontext sehen können, und zweitens, weil heute anerkannt ist, daß die Verfasser der Evangelien und die frühen Christen sehr wohl am irdischen Leben Jesu interessiert waren. Ähnlich den Werken von klassischen Historikern wie Herodot und Tacitus, haben die Evangelien einen gewissen biographischen Charakter, der bei der Rekonstruktion des historischen Jesus zweifellos eine große Hilfe ist.

ARCHÄOLOGIE UND DAS NEUE TESTAMENT

Früher konzentrierten sich die Archäologen auf die Funde, die sich auf die Hebräische Bibel beziehen, und ließen das Neue Testament eher außer acht. Allmählich beschäftigen sie sich aber auch mit den sozialen, wirtschaftlichen und politischen Hintergründen der Evangelien und den Briefen des Neuen Testamentes. Ausgrabungen in Städten wie Nazareth, Kapharnaum und Jericho haben Einblick in die Lebensbedingungen der Zeit Jesu gegeben. Archäologische Funde und die Aufzeichnungen von Josephus und der Mischna ermöglichten es, ein ziemlich genaues Bild von Jerusalem in der damaligen Zeit zu zeichnen. Bei Ausgrabungen stieß man auf die Teichanlagen von Betesda und Schiloach, wo Jesus nach Johannes 5,1–9 und 9,1–7 Menschen geheilt hat. Diese Orte werden nur im vierten Evangelium (Johannes) genannt, was darauf hinweist, daß der Autor Jerusalem genausogut kannte wie die Autoren der drei synoptischen Evangelien. Daraus schließen manche Experten, daß dieses Evangelium früher als allgemein angenommen, nämlich erst am Ende des 1. Jahrhunderts, geschrieben wurde.

Die Ruinen der Agora („Marktplatz") von Athen, wo der Apostel Paulus predigte (Apg 17,16). Wie das Forum in Rom war die Agora ein lebhaftes Verwaltungs- und Handelszentrum. Die wiederaufgebaute Stoa (Säulenhalle) auf der linken Seite gibt einen Eindruck, wie es zu Paulus' Zeiten ausgesehen haben mag. Die großen Städte der klassischen Antike werden seit langem von Archäologen untersucht, deshalb kennen wir die Orte, an denen die Apostel ihre Missionstätigkeit ausgeführt haben. In jüngerer Zeit versucht man immer mehr, von den archäologischen Funden auf die soziologischen Gegebenheiten der frühen christlichen Gemeinden zu schließen. Insbesondere die archäologischen Funde aus Korinth leisteten wertvolle Dienste dabei, ein klareres Bild der Zeit, in der die Korintherbriefe des Paulus geschrieben wurden, zu zeichnen.

MYTHOLOGIE IN DER BIBEL

Heute ist allgemein anerkannt, daß Mythen und mythologische Vorstellungen in der Bibel eine große Rolle spielen. Insbesondere die Hebräische Bibel (Altes Testament) muß im breiteren Kontext der alten nahöstlichen Religionen gesehen werden, die sehr mythisch orientiert waren. Die Bibel beinhaltet Mythen im engeren Sinn: heilige Geschichten aus einer nicht näher definierten „Zeit der Anfänge", die von göttlichen oder übermenschlichen Wesen handeln. Diese Geschichten sollen offenbar Aufschluß über den Ursprung der Welt, der Menschheit und der zwischenmenschlichen Beziehungen geben. Solche Mythen machen nur einen kleinen Teil der Bibel aus – sie sind fast alle in den ersten elf Kapiteln der Genesis zu finden (siehe S. 26–35) –, dennoch sind sie wichtig, weil in ihnen zum Ausdruck kommt, wie die Israeliten das Universum verstanden haben.

Der mythische Charakter von Genesis 1–11 wird durch einen Vergleich mit den Mythologien der Nachbarkulturen Israels bestätigt. Es gibt Parallelen zwischen der Schöpfungsgeschichte in Genesis 1 und dem babylonischen Schöpfungsepos (siehe S. 27) sowie zwischen Genesis und der Theologie des alten ägyptischen Kultzentrums Memphis. Außerdem gibt es Ähnlichkeiten zwischen einigen Motiven in der Erzählung vom Garten Eden und den babylonischen Epen von Atrahasis und Gilgamesch: z.B. das Formen von Menschen aus Erde (siehe S. 27), der Baum des Lebens (siehe S. 28) und die Schlange (siehe S. 29). Diese beiden Epen weisen auch Parallelen zur biblischen Geschichte von Noach und der Sintflut (siehe S. 32–33) auf. Auch die Erzählung vom Turmbau zu Babel hat ihre Wurzeln in Mesopotamien. Natürlich wurden in der Genesis diese alten heiligen Mythen überarbeitet und dann im Lichte von Israels eigener Theologie dargestellt.

Mit der Sprache und der Struktur von Mythen können historische Situationen wiedergegeben und interpretiert werden. Besonders bedeutend ist im Alten Testament der weitverbreitete nahöstliche Mythos vom großen Kampf zwischen einer Gottheit, meist einem Sturmgott, und einem See- oder Meeresungeheuer. So erzählt z.B. das babylonische Schöpfungsepos, wie Marduk, der oberste babylonische Gott, Tiamat tötet, den weiblichen Drachen, der den Urozean aus Salzwasser darstellt. Die erste Schöpfungsgeschichte in der Genesis (siehe S. 28–29) kennt zwar keinen Konflikt zwischen Gott und einem Feind, aber die Idee einer Urflut: „Finsternis lag über der Urflut, und Gottes Geist schwebte über dem Wasser" (Gen 1,2). *Tehom*, das hebräische Wort für „Urflut", könnte etwas mit dem Namen Tiamat zu tun haben. In anderen Schöpfungsgeschichten kommt einem Wind große Bedeutung zu; es gibt auch Passagen in der Bibel, aus denen ersichtlich ist, daß dieser Mythos

Noach entläßt die Tiere nach der Sintflut aus der Arche, ein Mosaik aus dem Markusdom in Venedig (erbaut 1071). Der Regenbogen steht für Gottes Worte an Noach: „Meinen Bogen setze ich in die Wolken; er soll das Bundeszeichen sein zwischen mir und der Erde“ (Gen 9,13). Diese Passage erinnert an den babylonischen Schöpfungsmythos, in dem der Gott Marduk nach dem Sieg über den Drachen Tiamat seinen Bogen in den Himmel hängt (siehe S. 23 und 32).

in Israel bekannt war. Der Sieg der Gottheit wird oft als Auftakt zur Erschaffung des Universums angesehen. Es gibt in der Bibel zahlreiche Anspielungen auf diesen Mythos, der auch in der Religion der Kanaaniter, Israels unmittelbare Nachbarn, bekannt ist, woher er auch sehr wohl stammen könnte (siehe S. 22).

Ein gutes Beispiel für mythologisierte Geschichte ist der Auszug Israels aus Ägypten (Ex 1–15; siehe S. 58–59). Es ist praktisch unmöglich, herauszufinden, ob diese Ereignisse auf irgendwelchen Fakten basieren. So wie die Bibel ihn deutet, gipfelt dieser Auszug im Sieg des Sturmgottes über das Meer (Ex 15,1–18). Diese Passage ist ein Gedicht, das vielleicht ursprünglich dem Gedenken an die Befreiung von Ägypten in einer Liturgie diente. Wie in vielen Kulturen wurden auch in Israel mythische Ereignisse der Urzeit durch regelmäßige rituelle Feierlichkeiten nachgespielt. Viele Wissenschaftler glauben, daß z. B. das Laubhüttenfest (siehe S. 120) Elemente enthält, die die Erneuerung der Schöpfung feiern – Jahwes Sieg über die Mächte des Chaos und seine Einsetzung als König. Dasselbe Muster findet sich im babylonischen Schöpfungsepos bei Marduk oder in den ugaritischen Texten bei Baal. Mythen sind also eine

Eine kanaanitische Bronzestatue, die wahrscheinlich den einen Blitz schwingenden Gott Baal darstellt; ca. 1200 v. Chr.

reichhaltige Quelle für religiöse Poesie, für die Äußerungen der Propheten (siehe S. 94) sowie für die „Apokalyptik" (siehe S. 136–137). Zahlreiche Spuren mythischer Themen, vor allem, was den Konflikt zwischen Gott und Chaos betrifft, finden sich auch in den Psalmen, in den Büchern der Propheten und in den apokalyptischen Schriften (siehe Kanaanitische Mythologie, unten).

Mythologie im Neuen Testament

Inwiefern das Neue Testament einen mythischen Charakter hat, ist umstritten. Die Offenbarung, ein apokalyptisches Werk, enthält sicher eine Vielzahl von mythischen Vorstellungen, obwohl sie eher von anderen apokalyptischen Autoren, besonders von Daniel und Ezechiel, inspiriert ist (siehe S. 254–256). Auch im restlichen Neuen Testament erinnert viel an die mythischen Themen und an die Religion des alten Israel, was wahrscheinlich auf den Einfluß der apokalyptischen Schriften zurückzuführen ist (siehe S. 191), obwohl dies nirgends so offensichtlich ist wie in der Offenbarung des Johannes. Das Interesse gilt besonders der aus dem Alten Testament übernommenen, mythologischen Auffassung des Universums und der kosmischen Dimension in der Darstellung Jesu. Jesus steht außerhalb von Raum und Zeit – er ist Schöpfer, Urmensch und siegreicher König zugleich. Das ist auch der zentrale Gedanke von Paulus.

Kanaanitische Mythologie

Zeugnisse aus erster Hand über die Religion der Kanaaniter lieferte in diesem Jahrhundert die Entdeckung einer Reihe von mythischen poetischen Texten in Ugarit (heute Ras Schamra) an der syrischen Küste. Daraus wurden Details über die kanaanitischen Götter El, Baal und Aschera bekannt – alles Namen, die in der Bibel vorkommen (siehe S. 72). Den Funden von Ugarit zufolge scheint es, als ob der israelitische Gott Jahwe viele Charakteristika dieser Götter in sich vereint. Der wichtigste kanaanitische Mythos handelt vom Kampf um die Weltherrschaft zwischen Baal, dem großen Sturmgott, und dem Chaos-Monster Jam, „dem Meer", ein Wesen, das in ugaritischen Texten auch „Fluß", „Drache", „Schlange" oder „Leviathan" genannt wird. Jam war das Gegenstück zur mesopotamischen Tiamat (siehe S. 20). Baal war siegreich, und durch seinen Triumph erhielt er die Herrschaft über den Regen, den Lauf der Jahreszeiten und die Weltordnung. Ähnliches wird im Psalm 74,13–17 vom Sieg Gottes über das Seeungeheuer berichtet (siehe S. 23).

Tonfiguren, welche Aschtirat oder Astarte, die kanaanitische Fruchtbarkeitsgöttin, darstellen; ca. 1200 v. Chr.

Nach seinem Triumph erhob sich Baal zum König und wurde vom obersten Gott El mit einem Palast belohnt – dem großen Baaltempel in Ugarit. Das Baal-Epos wurde wahrscheinlich bei einem großen Herbstfest vorgetragen, bei dem das Ende der Ernte und der Beginn des neuen

Jahres gefeiert wurden. Es steht außer Zweifel, daß den Israeliten dieser Mythos zumindest in groben Zügen bekannt war. Einige Psalmen, die von Jahwes Königtum und seinem Sieg über die Wasser des Chaos berichten, sind vielleicht auch liturgische Texte, die für ein jährliches Fest im Tempel von Jerusalem gedacht waren.

Eine Platte aus Muschelschale, die einen Gott oder Helden zeigt, der gegen einen siebenköpfigen Meeresdrachen kämpft; südliches Mesopotamien, ca. 2450 v. Chr.

Der Mythos des Chaos-Monsters in der Bibel

Der Mythos vom Sieg Gottes über das Monster des Urchaos tritt in der Bibel in verschiedenen Formen auf. Psalm 74,13 bezeichnet Gottes Gegner als das „Meer", das zerspalten wird, und als vielköpfigen Drachen, den Gott zermalmt. Die Verse 16–17 bedeuten, daß dies vor der Erschaffung der geordneten Welt geschieht. Das Ungeheuer wird auch Leviathan genannt und kann mit dem Meer in Ijob 3,8 gleichgesetzt werden. In apokalyptischen Schriften wird die Einleitung eines neuen Zeitalters am Ende der Zeiten oft als eine Erneuerung der Schöpfung dargestellt. Die Niederlage des Leviathan geht dieser Erneuerung voraus (z.B. Jes 27,1). An anderen Stellen hat das Meeresungeheuer den Namen „Rahab" (Ps 89,11; Jes 51,9). Dieser Name wird auch für Ägypten verwendet, weil Gott dem Land seine ganze Macht weggenommen habe. Jesaja 30,7 nennt es „die untätige Rahab". Die Gleichsetzung des Monsters mit den Urwassern steht für die Tatsache, daß in den apokalyptischen Schriften die Mächte des Bösen aus dem Meer heraufsteigen (Dan 7,3; 4 Esra 11,1). Das Meeresungeheuer kommt auch in der Offenbarung im Neuen Testament vor, die sehr stark auf die Metaphorik der alten Mythen zurückgreift. Die Offenbarung kennt den Kampf mit dem Drachen, das schlußendliche Verschwinden des feindlichen Meeres in Gottes neuer Schöpfung und Rom als Hure, die an „den vielen Gewässern sitzt".

וישא העם את בצקו טרם יחמץ משארותם צררת בשמלותם על שכמם
וירדפו מצרים אחריהם וישיגו אותם חונים על הים כל סוס רכב פרעה

DIE HEBRÄISCHE HEILIGE SCHRIFT UND DIE APOKRYPHEN

Links: Szenen aus dem Exodus, *aus dem* Bruder Haggada, *einem hebräischen Manuskript, das um 1350 von der jüdischen Gemeinde in Barcelona, Spanien, geschrieben wurde. Oben: Die Israeliten ziehen aus Ägypten aus (Ex 12,50–51); die auffallenden bärtigen Figuren links sind Mose und Aaron, die beide einen Stab halten, eines der Symbole ihres Amtes (siehe S. 56–57). Unten: Der Pharao und die Armee der Verfolger (Ex 14,8–9).*

I DIE ANFÄNGE

Die ersten elf Kapitel des Buches Genesis beinhalten eine Reihe von Geschichten über die Anfänge des späteren Volkes Israel, das auserwählte Volk Gottes. In der Genesis geht es nicht um die Idee der Schöpfung aus dem Nichts, sondern eher darum, wie die Welt, so wie sie von den Menschen begriffen wird, entstanden ist. Die Idee, daß die Welt aus dem Nichts erschaffen wurde, taucht in der Bibel erst später auf (z. B. in 2 Makk 7,28). Die Geschichten in der Genesis handeln von der Erschaffung des Universums und der ersten Menschen, der Zerstörung der Welt in einer großen Sintflut, der Erneuerung der Menschheit und dem Ursprung der verschiedenen Völker und Sprachen der Welt.

DIE ERSCHAFFUNG DER WELT

Die ersten Kapitel der Bibel erzählen von der Erschaffung der Welt und der Menschheit. Heute ist man sich mehr oder weniger einig, daß es eigentlich zwei Schöpfungsgeschichten im Buch Genesis gibt. Die erste gilt gewöhnlich als das Werk (Gen 1,1–2,4a) eines unbekannten priesterlichen Autors („P“) aus dem 6. Jahrhundert v. Chr. Diese Geschichte stützt sich auf eine alte mythologische Tradition und verherrlicht vielmehr die Größe Gottes, als daß sie eine naturwissenschaftliche Erklärung über den Beginn des Universums gibt. Die Schöpfungsgeschichte hält sich an das Schema der Siebentagewoche mit dem Sabbat, dem siebten Tag, als Ruhetag, an dem Gott sein vollendetes Werk betrachtet. Nach den ersten sechs Tagen wird immer der Satz „Es wurde Abend, und es wurde Morgen: erster Tag“ wiederholt, woraus man schließen kann, daß es sich dabei ursprünglich um eine Hymne oder um ein Gedicht handelte. Möglicherweise war dieser Stoff auch Teil der Liturgie eines hohen Festes, das vor der Zeit des babylonischen Exils (siehe

Gott bei der Erschaffung der Welt, *aus der französischen* Bible Historiale *von 1411. Westeuropäische Künstler stellten Gott manchmal als kosmischen Architekten dar, der das Universum mit einem Zirkel ausmißt. Dieses Bild ist aus Passagen wie Ijob 38,4–7 abgeleitet. Gott von Flammen umgeben, das erinnert auch an seine Erscheinung als Feuersäule in Exodus 13,21.*

S. 112–113) jedes Jahr im Tempel von Jerusalem stattfand. Wahrscheinlich wurde bei diesem Fest der Sieg Gottes über das Urchaos gefeiert, wobei dieses Motiv aus älterer nahöstlicher Mythologie stammte (siehe S. 23). Die Bibel hält an einigen Grundzügen des alten Mythos fest, wie z.B. an den Urwassern, jedoch ist die Idee einer tatsächlichen, physischen Schlacht zwischen der Gottheit und dem Chaos verschwunden. Gott überwindet das Chaos und erschafft alleine durch sein Wort oder seinen Befehl eine geordnete Welt. Das kommt z.B. an der Stelle: „Dann sprach Gott: Das Land bringe alle Arten von lebendigen Wesen hervor" zum Ausdruck. Der Glaube an die magische Kraft von Worten aus göttlichem Mund war im alten Nahen Osten weit verbreitet. Das schöpferische göttliche Wort wird in alten mesopotamischen Hymnen ebenso gepriesen wie in ägyptischen Mythen, in denen das geordnete Universum angeblich durch das Wort des Gottes Ptah erschaffen wurde.

Gott trennt die Elemente des Universums voneinander und erschafft dadurch einen geordneten, bewohnbaren Kosmos. Er scheidet das Licht von der Dunkelheit (Gen 1,4), das Wasser unterhalb des Gewölbes vom Wasser oberhalb des Gewölbes (Gen 1,6–8), das trockene Land von den Meeren (Gen 1,9) und den Tag von der Nacht (Gen 1,14). Durch den Akt des Abtrennens entsteht auch in frühen sumerischen Texten und in einem babylonischen Schöpfungsepos eine neue Welt. In diesem Epos besiegt der oberste Gott Marduk den Drachen Tiamat, die Herrscherin über das Chaos – er schneidet sie entzwei und erschafft aus dem einen Teil ihres Körpers den Himmel, aus dem anderen die Erde.

Die zweite, ältere Fassung der Schöpfungsgeschichte (Gen 2,4b–2,25) wird im allgemeinen einem Autor zugeschrieben, der Jahwist („J") genannt wird, weil er dem abstrakteren Begriff *Elohim* („Gott"), den persönlichen Namen Gottes, *Jahwe* hinzufügt (siehe S. 54). Die Grundeinstellung dieser Schöpfungsgeschichte ist der ersten ähnlich, jedoch ist ihr Charakter ein ganz anderer. Sie spiegelt die Sorgen und Nöte einer bäuerlichen Gesellschaft wider – vor der Schöpfung ist die Erde eine unwirtliche Wüste ohne Regen und ohne einen Menschen, der den Ackerboden bestellt (Gen 2,5). Genesis 2,6 beschreibt die Erde vor der Existenz des Regens: „... aber Feuchtigkeit stieg aus der Erde auf und tränkte die ganze Fläche des Ackerbodens." Im hebräischen Original ist diese „Feuchtigkeit" ein Wort mesopotamischen Ursprungs; so heißen auch die unterirdischen Gewässer, die in der sumerischen Kosmologie eine wichtige Rolle spielen.

Gott formt den ersten Menschen (hebräisch *adam*) „aus Erde vom Ackerboden" und haucht ihm den „Lebensatem" ein. Durch diesen göttlichen Lebensatem wird der Mensch ähnlich wie Gott; dies kommt in der ersten Schöpfungsgeschichte durch die Idee vom Menschen nach dem „Abbild Gottes" zum Ausdruck. Die Begriffe Lebensatem und Schöpfung nach dem Abbild Gottes scheinen beide in einem Dokument des ägyptischen Pharao Meri-ka-re aus dem 22. Jahrhundert v. Chr. auf. Die Erschaffung des Menschen aus Erde oder Ton kommt auch in den Schöpfungsmythen der Nachbarvölker der Israeliten vor. In der ägyptischen Mythologie z.B. soll der Gott Chnum Götter, Menschen und Tiere auf einer Töpferscheibe erschaffen und ihnen dann, wie Gott in der Bibel, Leben eingehaucht haben. Die erste Schöpfungsgeschichte in der Genesis endet mit der Einführung des Sabbat im religiösen Bereich, die zweite mit der Einführung der Ehe im gesellschaftlichen Bereich: „Darum verläßt der Mann Vater und Mutter und bindet sich an seine Frau, und sie werden *ein* Fleisch" (Gen 2,24).

Auf dieser Tontafel (ca. 700 v. Chr.) ist in mesopotamischer Keilschrift ein älterer babylonischer Schöpfungsmythos aufgeschrieben, der vom Kampf zwischen Marduk, dem obersten babylonischen Gott, und Tiamat, dem Drachen des Chaos, berichtet.

DER URSPRUNG DER MENSCHHEIT
Die erste Schöpfungsgeschichte erzählt, wie die Menschen am sechsten Tag als Krone der Schöpfung erschaffen wurden. Gott erschafft den Menschen nicht durch einen einfachen Befehl, er leitet die Erschaffung des Menschen mit der Formel „Laßt uns Menschen machen" ein (Gen 1,26). Der Plural an dieser Stelle weist vielleicht darauf hin, daß Gott sich mit den göttlichen Wesen berät, die an anderer Stelle, z.B. in Nehemia 9,6 und Ijob 1,6, als sein göttliches Heer erwähnt werden. Der Mensch wird nach seinem „Abbild" erschaffen. Das bedeutet vielleicht, daß der Mensch, im Gegensatz zu den anderen Kreaturen, mit Gott kommunizieren und seinem Wort antworten kann.

Der Akt der Schöpfung durch Teilen (siehe Haupttext) kommt auch bei der Erschaffung des Menschen als Mann und Frau zum Ausdruck. Hier hat die gegensätzliche Natur der Geschlechter ihren Ursprung: Das eine kann nicht ohne das andere existieren, und beide sind in Gottes Augen gleich. Gott segnet die Menschheit und gibt ihr die Herrschaft über die Zukunft der Welt und ihrer Kreaturen (Gen 28).

Die Erschaffung des Menschen steht im Mittelpunkt der zweiten Schöpfungsgeschichte (siehe Haupttext). In dieser älteren Erzählung wird die erste Frau nach dem ersten Mann (Adam) aus dessen Rippe (Gen 2,21–22) geformt, was zweifelsohne die dominante Position des männlichen Geschlechts in einer patriarchalischen Gesellschaft spiegelt. Allerdings kommt der unterlegene Status der Frau erst nach dem Sündenfall direkt zum Ausdruck (siehe S. 28), als Gott zur Frau sagt: „Du hast Verlangen nach deinem Mann; er aber wird über dich herrschen" (Gen 3,16). Dann gibt Adam seiner Partnerin einen Namen – Eva –, eine Handlung, die an die Namengebung der Tiere erinnert, die die Herrschaft des Menschen über die Tierwelt zum Ausdruck bringt. Trotzdem betont die zweite Geschichte noch viel mehr als die erste die Gleichheit zwischen den Geschlechtern. Gott sagt: „Es ist nicht gut, daß der Mensch allein bleibt. Ich will ihm eine Hilfe machen, die ihm entspricht" (Gen 2,18). Nur die Frau kann dieser Rolle gerecht werden.

DER GARTEN EDEN

Im zweiten Kapitel der Genesis legte Gott an einem geographischen Ort mit dem Namen „Eden" einen Garten an. In Eden entspringt auch ein Strom, der den Garten bewässert und sich dann in vier Flüsse teilt. Zwei davon, Pischon und Gihon, sind unbekannt, die anderen beiden sind die realen Flüsse Tigris und Euphrat. Deshalb muß Eden wohl irgendwo in der Region Mesopotamien angesiedelt werden (der Garten liegt „im Osten", womit an einer anderen Stelle in der Bibel auch Mesopotamien gemeint ist). Jedoch ist die Frage nach der geographischen Lage von Eden trotz einer Vielzahl von Vermutungen über mögliche Orte zweitrangig, da die Geographie der Bibel im wesentlichen mythologisch und symbolisch zu verstehen ist. Wichtig war vor allem, daß die Fruchtbarkeit der dem Autor bekannten Welt an Flüsse gebunden war, die im Garten Gottes entspringen.

Gott schuf Eden als Lebensraum für die Menschheit (siehe S. 27), es gibt jedoch auch Hinweise darauf, daß die Israeliten eine andere, ältere Vorstellung von Eden hatten. Ezechiel 28,13–19 spricht vom „Garten Gottes", aber auch von einem „Berg der Götter", mit feurigen Steinen. Diese Beschreibung erinnert an den Berg zwischen den Quellen der beiden Flüsse, wo der Gott El, das Oberhaupt des kanaanitischen Pantheon (siehe S. 72), gewohnt haben soll. Dieser Garten gehörte einem übernatürlichen Wesen, das wegen seiner Vermessenheit von einem „schützenden Kerub" weggejagt wurde. Wahrscheinlich liegt ein solcher Mythos der Genesis-Passage zugrunde, in der Adam und Eva aus dem Garten vertrieben und von den Kerubim an der Rückkehr gehindert werden (Gen 3,24). Adam war wahrscheinlich ursprünglich ein übernatürliches oder himmlisches Wesen, wie er manchmal in jüdischer Literatur auch dargestellt wird.

Der Garten Eden hatte im jüdischen Gedankengut einen wichtigen Platz. Für einige Propheten symbolisierte er die Erneuerung Israels nach dem babylonischen Exil (siehe S. 112–115). In der griechischen Übersetzung der Genesis wird „Eden" zum „Paradies". Das Paradies wurde, wie auch im Neuen Testament, als höchstes Ziel der Gerechten angesehen, wohin sie einmal zurückkehren werden, um wie das erste Menschenpaar den ursprünglichen Zustand der vollkommenen Harmonie zu erleben.

DER FALL DES MENSCHEN: DIE ZWEI BÄUME

Der erste Mann und die erste Frau lebten in einem Zustand urzeitlicher Muße und Unschuld im Garten Eden, bis sie, von der Schlange (siehe Kasten gegenüber) verführt, gegen den Wunsch Gottes Früchte vom „Baum der Erkenntnis von Gut und Böse" essen. Der zweite Baum ist der „Baum des Lebens", die Unsterblichkeit (Gen 2,9).

Diese Bäume repräsentieren wahrscheinlich zwei getrennte Traditionen, die der Bibelautor unter einen Hut gebracht hat und so seine Sicht der Ursprünge der menschlichen Daseinsbedingungen ausdrückt. Der erste Baum gehört ganz klar in die israelitische Tradition. Die „Erkenntnis von Gut und Böse" bedeutet wohl die Fähigkeit, rational und ethisch zu urteilen. Diese Fähigkeit steht nur Gott alleine zu. Gott verurteilt das erste Menschenpaar und seine Nachkommen zu einem Leben in Plage und Schmerz, da es sich seinem Befehl widersetzt hat. Er vertreibt es aus dem Paradies, um ihm die Früchte des Baumes des Lebens zu verwehren, der ihm die andere, nur Gott zustehende Eigenschaft schenken würde – das ewige Leben (Gen 3,22–24). So sind die Menschen in einer Hinsicht Gott gleich, doch im Gegensatz zu ihm sterben sie. In dieser Unterscheidung liegen die großen Möglichkeiten, aber auch die Schranken der Menschheit. Ein heiliger Baum, der ewiges Leben schenkt, kommt in vielen Mythologien und so auch im alten Nahen Osten vor. Zahlreiche Mythen dieser Gegend gehen davon aus, daß die Menschen sterblich sind, weil sie es versäumt haben, von einem magischen Nahrungsmittel zu essen, das sie unsterblich gemacht hätte (ein Beispiel dafür ist das mesopotamische Gilgamesch-Epos). Allerdings ist die Geschichte in der Genesis die einzige, die betont, daß die Menschen als direkte Konsequenz ihres Ungehorsams gegenüber Gott sterben müssen.

Eine Rekonstruktion eines Wandgemäldes aus dem Palast von Mari am Fluß Euphrat in Syrien (ca. 1750 v. Chr.). Einige Elemente erinnern sehr stark an die Beschreibung des Garten Eden in der Genesis. Vor allem werden zwei Arten von Bäumen dargestellt (vgl. Gen 2,9), die von mythischen Flügeltieren oder Kerubim bewacht werden (vgl. Gen 3,24). In der unteren Hälfte des mittleren Teiles halten Figuren Gefäße, aus denen vier Ströme fließen (vgl. Gen 2,10). Die Szene darüber stellt vielleicht einen König dar, der von der mesopotamischen Fruchtbarkeitsgöttin Ischtar eingesetzt wird: Eva wurde mit solchen göttlichen Figuren in Verbindung gebracht (siehe Kasten gegenüber).

Die Schlange

Adam und Eva mit der Schlange, *Spanische Schule, 12. Jahrhundert. Adam und Eva bedecken ihre Nacktheit, nachdem sie vom Baum der Erkenntnis gegessen haben (Gen 3,7).*

Die Schlange in Genesis 3 ist ein zweideutiges Wesen. Einmal ist sie einfach die Schlange, eines der von Gott geschaffenen Tiere, deren Eigenschaften und Verhaltensweisen in Genesis 3,14–15 beschrieben werden. In dieser Hinsicht ist die Schlange, wie auch im Volksmund, ein listiges Wesen, das Ärger provoziert und bestraft wird. Sie kann auch sprechen.

Allerdings steht die Schlange in Eden wahrscheinlich auch für die entmythologisierte Version eines viel wichtigeren Wesens. Archäologen haben herausgefunden, daß die Verehrung der Schlange in Ägypten und im Nahen Osten sowie nicht zuletzt in Kanaan, sehr verbreitet war. Auch in Israel gab es einmal einen Schlangenkult, wovon die Kupferschlange zeugt, die der Bibel zufolge im Tempel von Jerusalem gestanden haben soll. (Diese Schlange wurde von König Hiskija zerschlagen: siehe 2 Könige 18,4.) Da sich die Schlange jedes Jahr häutet, wurde sie als Lebensspenderin angesehen: Nach dem mesopotamischen Gilgamesch-Epos erhielt sie diese Fähigkeit, weil sie von der Zauberpflanze der Unsterblichkeit gegessen hatte. Insbesondere wurde sie auch mit Fruchtbarkeit in Verbindung gebracht – Fruchtbarkeitsgöttinnen werden oft in Begleitung von Schlangen dargestellt. Es wird angenommen, daß „Eva“, der Name der ersten Frau in der Bibel, mit einem Wort für Schlange verwandt ist und daß Eva ursprünglich eine Schlangengöttin war, die Göttin des Lebens und der Fruchtbarkeit.

In alter Tradition war die Schlange auch ein finsteres Wesen und stand im Zusammenhang mit der Unterwelt und ihren Gewässern. In der Bibel und in anderen Mythologien ist das feindselige, das Urchaos darstellende Monster oftmals eine Schlange. Der Autor der Offenbarung setzt „die alte Schlange“ mit dem Teufel oder Satan gleich (Offb 12,9) und macht sie dadurch zum Feind Gottes.

DAS LAND DILMUN

Es wird angenommen, daß der Bibelautor Eden in der Region am nördlichen Persischen Golf angesiedelt hat. Wenn das stimmt, könnte ein Zusammenhang mit dem Land Dilmun aus dem sumerischen Mythos von Enki und Ninhursag bestehen. In diesem Mythos ist Dilmun, vielleicht mit dem heutigen Bahrain identisch, ein mythischer Ort, eher eine bloße Möglichkeit als eine reale Welt. Krankheit und Alter sind dort unbekannt, jedoch gibt es kein frisches Wasser, um tierisches und pflanzliches Leben zu erhalten. Deshalb erschafft der Gott Enki Flüsse aus unterirdischen Gewässern, und Dilmun wird so zu einem fruchtbaren und reichen Land. Späteren babylonischen Mythen zufolge war ein ähnliches ideales Land die Heimat der wenigen Menschen, die Unsterblichkeit erlangten.

KAIN UND ABEL

DER STAMMBAUM VON ADAM UND EVA
Die Nachkommen von Adam und Eva, wie sie in Genesis 4–5 aufscheinen:

ADAM UND EVA

Kain	Set
Henoch	Enosch
Irad	Kenan
Mehujaël	Mahalalel
Methushaël	Jered
Lamech	Henoch
	Metuschelach
	Lamech
	Noach

Eine Tonmaske aus der Stadt Ur, die einen alten mesopotamischen Dämon darstellt. Gott warnt Kain vor seinem Mord, daß „an der Tür die Sünde als Dämon lauert" (Gen 4,7). Das mag ein Hinweis auf den bekannten babylonischen Dämon Rabischu *oder „Lauerer" sein.*

Die Geschichte der Nachkommen Adams und Evas bis zu Noach wird in Genesis 4–5 erzählt. Dieser Abschnitt war ursprünglich nicht mit den ersten drei Kapiteln verbunden, was aus verschiedenen Widersprüchlichkeiten im Text ersichtlich ist. So tötet der Ackerbauer Kain den Schafhirten Abel aus Eifersucht (Gen 4,8), und Gott verurteilt ihn dafür, „rastlos und ruhelos auf der Erde zu sein", macht ihm aber ein Zeichen, „damit ihn keiner erschlage, der ihn finde". Allerdings wird nicht erklärt, warum und wie ihn jemand erschlagen könnte, wenn er der einzige überlebende Nachkomme des ersten Menschenpaares ist. Weiter heißt es in Genesis 4,17: „Kain erkannte seine Frau", aber es wird nicht erklärt, woher die Frau kommt. Daraus läßt sich schließen, daß die Erzählung die Existenz einer menschlichen Zivilisation voraussetzt. Für solche Ungereimtheiten gibt es keine Erklärung, und für die biblischen Autoren waren diese Fragen auch nicht sehr wichtig.

Ansonsten hält sich die Geschichte an eine chronologische Abfolge der Ereignisse. Zuerst kommt der Vorfall im Garten Eden, dann wird Kain, der erste Mörder, zum Repräsentanten der Urmenschheit. Wie die Geschichte von Adam und Eva ist auch die von Kain und Abel nach demselben Muster aufgebaut: Verfehlung, Strafe, Verbannung und Milderung der Strafe durch Gott. Sie ist der Anfang einer Serie von Erzählungen in den ersten elf Kapiteln der Genesis, in denen die Menschheit zunehmend gewalttätiger und anmaßender wird. Jedesmal trifft sie ein strenges Urteil Gottes, das ihre Existenz gefährdet. Aber Gott zeigt immer wieder Erbarmen und sorgt dafür, daß die Menschheit trotz allem nicht aufhört, weiter zu existieren. Nach diesem Muster ist auch die Form und Bedeutung der Geschichte Kains gestaltet.

Die Erzählung beinhaltet verschiedene Motive, die ihre Wurzeln vielfach in der Mythologie und in Volksmärchen haben. Eines der Motive ist die Bevorzugung des jüngeren Bruders gegenüber dem älteren, eine Situation, die oft zu Eifersucht und Gewalt führt. In Gen 4,4–5 bringt Abel dem Herrn ein Opfer von den Erstlingen seiner Herde, Kain von den Früchten des Feldes. Der Herr bevorzugt das Opfer Abels, worauf Kain wütend wird und seinen Bruder aus Eifersucht erschlägt. Gott gibt keine Gründe für seine Wahl an, allerdings nahmen spätere Autoren an, daß Gott von der Kain innewohnenden Schlechtigkeit wußte. Wie auch im Fall von Isaak und Ismael, Jakob und Esau sowie Josef und seinen Brüdern sah der Bibelautor keine Notwendigkeit, die göttliche Auswahl in irgendeiner Form zu rechtfertigen. Die Passage könnte jedoch sehr wohl auf die hebräische Opferhierarchie anspielen, der zufolge Tieropfer höher zu schätzen sind als Getreideopfer (siehe S. 122–123).

Nach dem Mord kann Kain den Boden nicht mehr bebauen, weil das Blut seines Bruders ihn unfruchtbar gemacht hat – in der Bibel und anderen alten Traditionen eine geläufige Vorstellung. Ein anderes Motiv ist die alte Spannung zwischen der Ackerbau- und der Viehzüchterkultur, die auch in der sumerischen Geschichte von Dumuzi und Enkimdu vorkommt. Der Hirte Dumuzi und der Ackerbauer Enkimdu rivalisieren um die Hand der Göttin Inanna. Wie bei Kain und Abel bevorzugt die Göttin den Hirten, allerdings versöhnen sich die Rivalen in diesem Fall wieder.

Die Geschichte rückt Kain nicht in ein vollkommen negatives Licht. Gott macht dem Kain ein Zeichen, um ihn zu schützen, und verbannt ihn ins „Land Nod", was soviel wie „Wandern" und ein Leben als Nomade bedeutet. Dieser Teil der Geschichte hilft, die Existenz der Keniter zu erklären, bei denen es sich um ein Nomadenvolk handelte, das angeblich von Kain abstammen soll. Die Keniter lebten am Rande der Zivilisation des Kulturlandes und standen mit den Israeliten in enger Verbindung.

Die Zeit nach Eden: der Niedergang der Kultur

Musikanten auf einem Steinrelief aus Karkemisch im nördlichen Mesopotamien, ca. 800 v. Chr. Nach der Bibel war Jubal, Sohn Lamechs und Nachkomme Kains, der erste Musizierende.

Zwischen den Geschichten von Kain und Noach liegen zwei Stammbäume: einer von Kain und einer von Adam. Meist wird angenommen, daß sie von verschiedenen Autoren stammen, aber die Ähnlichkeit einiger Namen läßt vermuten, daß beide eine gemeinsame Quelle haben. Die Erzählung von den Nachkommen Kains beschreibt diesen eher als Gründervater und nicht als grübelnden Mörder, als der er aus der vorangegangenen Geschichte hervorgeht. Er errichtet die erste Stadt, benannt nach seinem Sohn Henoch. Seine Nachkommen begründen die Fertigkeiten, die eine seßhafte Kultur charakterisieren: Viehzucht, Musik und das Schmiedehandwerk (Gen 4,17–22). Der Stammbaum endet mit der Familie von Lamech – einem gewalttätigen Charakter, der sich zwei Frauen nimmt und damit prahlt, wie er einen Mann umbringt (Gen 4,23). Er soll vielleicht zeigen, wie tief die Menschheit seit dem Urzustand moralisch gefallen ist, trotz all der positiven Aspekte der menschlichen Entwicklung. Eine ähnliche Sicht findet man beim griechischen Autor Hesiod, ca. 700 v. Chr.

Der Stammbaum Adams (Gen 5) nach seinem dritten Sohn Set, erfüllt einen ähnlichen Zweck wie der von Kain, obwohl nicht ausdrücklich von der Verbreitung des Bösen unter der Menschheit gesprochen wird. Aber die Tatsache, daß in Noachs Tagen eine Atmosphäre des Bösen herrscht, läßt annehmen, daß auch hier der Niedergang der Moral dargestellt weden soll. Dieser Stammbaum wurde oft mit der sumerischen „Königsliste“ verglichen, in der die Herrscher vor der Sintflut aufgelistet sind. Der Stammbaum Sets jedoch gleicht eher dem Werk von Berossus, einem babylonischen Priester des 3. Jahrhunderts v. Chr., der zehn verschiedene Herrscher vor der Sintflut kennt und auch von diesem Ereignis berichtet. Wie Adam und seine Nachkommen, einschließlich Noach, hat auch jeder dieser Herrscher eine unendlich lange Lebenszeit.

Pflügen und säen. Ein Wandgemälde aus Theben. Kain, „ein Ackerbauer“, war der Vorfahre jener, „die beim Vieh wohnen“ (Gen 4,20).

DIE SINTFLUT

Der fortschreitende Verfall der Menschheit nach der Vertreibung aus dem Paradies gipfelt in Gottes Entscheidung, „alle Wesen aus Fleisch unter dem Himmel, alles, was Lebensgeist in sich hat" durch eine Flut zu verderben (Gen 6–9). Nach dem in der Genesis üblichen Muster mildert er jedoch auch hier seine Strafe. Ein Mensch, Noach, „fand Gnade in den Augen des Herrn", weil er „ein gerechter, untadeliger Mann unter seinen Zeitgenossen" war (Gen 6,8–9). Gott entscheidet, Noach und seine Familie zu verschonen, um der Menschheit einen neuen Anfang zu ermöglichen. Er erteilt Noach die Anweisung, eine Arche zu bauen, auf der seine Familie und jeweils ein Männchen und ein Weibchen jeder Tierart Platz haben, damit es nach der Flut wieder Leben auf der Erde gibt. Die meisten Experten glauben, daß die Geschichte, wie sie in der Bibel steht, das Werk von zwei Autoren ist, sowohl von „J" als auch von „P" (siehe S. 26–27). Das wird aus Ungereimtheiten ersichtlich: In Gen 6,19 z.B. sagt Gott, daß Noach „je zwei" von allen Wesen in die Arche führen soll, hingegen in Gen 7,2 von allen reinen Tieren je sieben Paare, von allen unreinen Tieren je ein Paar und von den Vögeln auch je sieben Paare. Aber beide Quellen erzählen grundsätzlich dieselbe Geschichte und formen ein logisches Ganzes.

Eigentlich stellt diese Erzählung eine Art zweite Schöpfung dar, auch die Sprache erinnert oft an die ursprüngliche Schöpfungsgeschichte. Das Wasser der Flut kommt aus dem Himmel wie aus der Erde und macht somit den Schöpfungsakt, wie in Genesis 1,6–7 beschrieben, rückgängig und taucht alles wieder in den Urzustand des Chaos. Als die Flut nachläßt, wird besonders darauf hingewiesen, daß das Land trocken wird (Gen 8,13–14), was an Genesis 1,9–10 erinnert. Das Ergebnis der Geschichte ist die Entstehung der Erde, wie wir sie kennen. Gott verspricht, daß er die Erde künftig nicht mehr vernichten wird; die ursprüngliche Schöpfung ist wiederhergestellt, die Wechsel der Jahreszeiten sind gesichert (Gen 8,22), und die Menschheit wird fruchtbar sein und sich vermehren (Gen 9,1); aber das bedeutet nicht eine Rückkehr ins Paradies. Gott akzeptiert nun, daß „das Trachten des Menschen von Jugend an böse ist" (Gen 8,21) und daß das Verhalten, das die Sintflut bewirkte, zwar kontrolliert, aber nicht abgeschafft werden kann.

Die Herrschaft des Menschen über die Tiere bedeutet nun, daß die Tiere den Menschen fürchten, da sie ihm als Nahrung dienen (Gen 9,3). Allerdings dürfen die Menschen nur koscheres Fleisch essen, und das menschliche Leben ist streng geschützt. Diese Regelungen sind das Kernstück der sogenannten Noach-Sprüche, die für die jüdischen Rabbiner ein Grundgesetz für die ganze Menschheit darstellen. Das ewige Bestehen dieser neuen Weltordnung wird durch einen Bund gewährleistet, ein einseitiges Versprechen Gottes: „Nie wieder sollen alle Wesen aus Fleisch vom Wasser der Flut ausgerottet werden; nie wieder soll eine Flut kommen und die Erde verderben" (Gen 9,11). Der Ausdruck Bund, der zum ersten Mal in Genesis 6,18 erwähnt wird, spielt in der israelitischen Religion eine wichtige Rolle. An dieser Stelle stellt er eine direkte Beziehung zwischen den Menschen und allen anderen Kreaturen und Gott her. Das Symbol des Bundes ist der „Bogen", den Gott in die Wolken setzt, um an sein heiliges Versprechen zu erinnern. Meist ist damit ein Regenbogen gemeint, aber es kann sich auch um die Waffe eines Kriegsgottes, ähnlich der Marduks aus dem babylonischen Schöpfungsepos (siehe S. 27), handeln. Vielleicht wurde das Ende der Sintflut einmal als das Bezähmen der Wasser des Chaos angesehen: In Genesis 8,1 läßt ein göttlicher Wind die Fluten sinken („Gott ließ einen Wind über die Erde wehen, und das Wasser sank"), was an die Schöpfung erinnert (Gen 1,2 „und Gottes Geist schwebte über dem Wasser"). Das Aufhängen des Bogens würde also die Wiederherstellung von Frieden bedeuten.

DIE SÖHNE VON GOTT UND DIE TÖCHTER VON MENSCHEN

Genesis 6,1–8 bildet die Einleitung zur Geschichte der Sintflut. Die Stelle besteht aus zwei Abschnitten, wobei der erste ursprünglich nichts mit dem Bericht über die Flut zu tun hatte. Doch nimmt der Autor beide Abschnitte her, um zu erklären, warum Gott die Sintflut schickte.

Der erste Abschnitt (Gen 6,1–4) liefert eine kurze Zusammenfassung eines alten Mythos, der erzählt, wie göttliche Wesen sich mit Menschenfrauen vereinigten und Nachwuchs zeugten. In der hebräischen Denkweise durften das Göttliche und das Menschliche nicht vermischt werden, daher stehen diese Kinder nicht im Einklang mit der Grundstruktur der Welt. Zur Strafe macht Gott alle menschlichen Versuche, göttlichen Charakter zu erlangen, zunichte, indem er erklärt, „mein Geist soll nicht für immer im Menschen bleiben", und nun ihre Lebenszeit auf 120 Jahre verkürzt. Die Kinder werden als „Helden der Vorzeit" bezeichnet und tauchen in späteren Kapiteln als die Verkörperung absoluter Macht in der alten Welt auf. Sie sind auch unter dem Namen „Nephilim" bekannt, was vielleicht „Gefallene" bedeutet. Das ist eine der Quellen des Mythos der gefallenen Engel, der in Schriften, die nicht zur Bibel und den Apokryphen gehören, wie z.B. die Bücher Henoch und Jubiläen, eine wichtige Rolle spielt. Im jüdischen Denken sind auch eher diese Engel und nicht die Sünde des Adam für die Sünde in der Welt verantwortlich.

Der zweite Abschnitt (Gen 6,5–8) zeichnet ein Bild von der Schlechtigkeit und stellt den Höhepunkt des fortschreitenden Verfalls der Menschheit dar (siehe Haupttext).

Arche Noach, *eine Illustration aus der Nürnberger Bibel von 1483. Über die Form der Arche wurde viel diskutiert. In Genesis 6,15 gibt Gott die Maße der Arche mit 300x50x30 Ellen an (eine Elle beträgt ca. 45 cm). Daraus wurde geschlossen, daß das Boot rechteckig gewesen sein muß, wie hier und auf der Münze unten dargestellt, und nicht spitzförmig mit Bug und Heck. Das hebräische Wort für „Arche“,* teba, *bedeutet „Schachtel“ oder „Kiste“ und wird sonst nur für den Korb verwendet, in den der kleine Mose gelegt wurde. Im Gilgamesch-Epos (siehe Kasten unten), baut Utnapischtim ein kistenähnliches Boot in Form eines Würfels, obwohl es in anderer Hinsicht von der Arche Noachs abweicht.*

Eine griechische Münze (darunter eine nachgeahmte Zeichnung) aus dem 3. Jahrhundert v. Chr., die Noach und seine Frau vor und in der Arche darstellt.

Sintflutmythen im alten Nahen Osten

Die Sintflut ist ein Phänomen, das in vielen Mythologien auf der ganzen Welt vorkommt. Die biblische Geschichte von Noach ist eine Version eines Flutmythos, der seinen Ursprung in Mesopotamien hat und im ganzen Nahen Osten seit der Zeit der Sumerer (ca. 2500–2000 v. Chr.) bekannt war. Alle bekannten Versionen dieses Mythos haben dieselbe Grundstruktur: Einer oder mehrere Götter senden eine Flut, um die Welt zu zerstören, ein gerechter Mensch wird jedoch vor der Katastrophe gewarnt und baut ein Schiff, in dem er und seine Familie überleben. Nach der Flut existiert die Welt weiter und wird wieder bevölkert.

Bevor Gott die Flut schickt, erzählt die Bibel, „begannen die Menschen, sich über die Erde hin zu vermehren“ (Gen 6,1). Ähnlich war es auch bei der Flutkatastrophe im mesopotamischen Epos von Atrahasis, wo die Götter eine Flut schickten, um die Überbevölkerung einzudämmen. Erstaunlich ist auch die Ähnlichkeit zwischen der Genesis und dem Bericht über eine große Flut im Zusammenhang mit Utnapischtim, dem Gegenstück Noachs im babylonischen Gilgamesch-Epos. Auch Utnapischtim überlebt die Flut, indem er ein Schiff baut. Dieses Schiff kommt am Berg Nisir zum Stillstand, der sich in derselben Gegend befindet wie das „Gebirge Ararat“, wo die Arche Noach aufsetzt (Gen 8,4). Utnapischtim öffnet ein Fenster seines Schiffes und sendet eine Taube, eine Schwalbe und einen Raben aus, um das Gelände zu erkunden; Noach öffnet ein Fenster seiner Arche und läßt einen Raben und eine Taube aus. Nach dem Verlassen des Schiffes bringt Utnapischtim ein Opfer dar, das die Götter durch seinen süßlichen Geruch versöhnlich stimmt. Daraufhin beschließen sie, daß die Menschheit zwar bestraft werden soll, wenn sie Böses tut, aber nicht zerstört. Genauso bringt Noach ein Opfer dar, und nachdem Jahwe den „beruhigenden Duft“ riecht, verspricht er: „Ich will die Erde wegen des Menschen nicht noch einmal verfluchen ... ich will künftig nicht mehr alles Lebendige vernichten, wie ich es getan habe“ (Gen 8,21). Schlußendlich werden beide, Utnapischtim und Noach, gesegnet und belohnt. Utnapischtim erhält Unsterblichkeit, während Noach weitere 350 Jahre lebt und sich einer zahlreichen Nachkommenschaft erfreut, die die Erde neu bevölkern wird.

DER TURMBAU ZU BABEL

Die Geschichte vom Turmbau zu Babel (Gen 11,1–9) beginnt in einem idealen Urzustand, in dem alle Menschen auf der Erde dieselbe Sprache sprechen. Die Menschheit ist eine kleine, homogene Gruppe, die „von Osten" in die Ebene von Schinar zieht, eine Region, die sich im heutigen südlichen Irak befindet. Dort machen sich die Menschen daran, eine Stadt und einen Turm „mit einer Spitze bis zum Himmel" zu bauen, um damit Ruhm zu erlangen (Gen 11,4). Jahwe ist besorgt, daß „ihnen jetzt nichts mehr unerreichbar sein wird, was sie sich auch vornehmen" (Gen 11,6), und zerstört das Vorhaben, indem er den Menschen die Sprache „verwirrt" (Gen 11,9) und sie über die ganze Erde zerstreut. In der Genesis heißt die Stadt Babel, nach dem hebräischen Wort *balal,* „Wirrsal".

Diese Episode erzählt von der kulturellen Entwicklung, dem Übergang vom Nomadenleben zur Seßhaftigkeit. Außerdem berichtet sie von der Existenz der historischen Stadt Babylon. Die Beschreibung des Turmes zu Babel in der Genesis basiert wahrscheinlich auf der großen Zikkurat (Stufenturm) von Babylon (siehe gegenüber und S. 37). Das Ziel dieses Turmbaus ist es, den Menschen zu ermöglichen, in den Himmel zu klettern und die Autorität der Götter in Frage zu stellen, ein Akt der Anmaßung, der durch göttliche Intervention zunichte gemacht wird.

Der Turm zu Babel *von Abel Grimmer (1570– ca. 1619).*

Babylon

Alten Mauerinschriften zufolge wurde für den Turmbau zu Babel dasselbe Material verwendet wie für den Bau der großen Zikkurat von Babylon und anderer solcher Türme. Das Goldene Zeitalter Babylons begann mit dem Fall des assyrischen Reiches 612 v. Chr. So wurde Babylon zur Großmacht des Nahen Ostens, und der Wiederaufbau der Stadt durch Nebukadnezar II. (605–562 v. Chr.) machte sie aus griechischer Sicht zu einem der sieben Weltwunder. Babylon fiel 539 v. Chr. an den persischen König Kyros II. Obwohl es später unter den Achaimeniden, den Seleukiden und Parthern eine wichtige Stadt blieb, sollte es dennoch nie mehr eine wirklich bedeutende politische Rolle spielen.

Babylon ist in der Bibel mehr als bloß eine historische Stätte. Nachdem Nebukadnezar Jerusalem zerstört und seine Bewohner ins Exil geschickt hatte (siehe S. 110–113), wurde Babylon zum Inbegriff alles Bösen, ein mächtiges, gottloses Königreich, das sich gegen Gott und sein auserwähltes Volk richtete, ein Sinnbild für Stolz, Unterdrückung, Überfluß, sexuelle Freizügigkeit und Götzenverehrung. Als solches war Babylon zum Untergang verdammt.

In Jesaja 14 wird der König von Babylon, in Anlehnung an alte Mythen, als Sohn der Morgenröte bezeichnet, der in den Himmel aufsteigen wollte, um Gott herauszufordern. Für diese Anmaßung wird er in die Unterwelt gestürzt. Das grundlegende Thema der Geschichte – die aus der Sicht des Autors gerechte Strafe für Überheblichkeit – ist ähnlich wie beim Turmbau zu Babel und bei den „Gefallenen" (siehe S. 32). Das Buch Jesaja spottet über die Götzen, die in der babylonischen Religion eine so wichtige Rolle spielten, und führt die Obergötter der Stadt, Bel (Marduk) und Nebo, in die Gefangenschaft (Jesaja 46,1–2). Der Prophet beschreibt Babylon als eine Kriegsgefangene, früher reich und der Magie zugetan, jetzt ihres Glanzes beraubt und gezwungen, „sich in den Staub zu setzen" (Jesaja 47). Für Jesaja ist die bevorstehende Einnahme Babylons durch Kyros ein Beweis, daß der persische König ein von Gott erwählter Rächer ist (Jesaja 45,1–7).

Der Name „Babylon" wurde in der Folge auf jedes Reich bezogen, das sich gegen Gott und sein Volk richtete. Der Autor des Buches Daniel erzählt von den Demütigungen Nebukadnezars und dem Tod von Babylons letztem Herrscher, Belsazer (siehe S. 134–135). Deren Schicksal dient als Beispiel für das, was den griechischen Herrscher Antiochus IV. Epiphanes, zu dieser Zeit ein Verfolger der Juden (siehe S. 138–139), erwartet. Jüdische Autoren aus einer späteren Epoche identifizieren Babylon in erster Linie mit dem Römischen Reich. Diese Identifikation findet sich auch in der christlichen Offenbarung, die im Schatten der Christenverfolgung durch Kaiser Nero geschrieben wurde (siehe S. 254–256). Dort ist Babylon ebenso wie Rom „die Mutter der Huren und aller Abscheulichkeiten der Erde" (Offb 17,3–6), die sehr bald ihre endgültige Zerstörung erfahren wird (Offb 18).

Ironischerweise führte die babylonische Gefangenschaft der Juden während der Herrschaft Nebukadnezars zu einer positiveren Sicht Babylons. Durch die Anwesenheit der Juden wurde Babylon zu einem großen Zentrum des jüdischen Geisteslebens. Der umfangreiche babylonische Talmud gilt heute noch als wichtige und maßgebliche Quelle für die jüdische Religion.

Ein Basaltblock mit Inschriften, die vom Wiederaufbau Babylons durch den assyrischen König Asarhaddon (681–669 v. Chr.) um 670 v. Chr. berichten.

Babylon zur Zeit Nebukadnezars II. In der Mitte war das Zentralheiligtum Esagila, ein großer Tempelkomplex mit dem Marduktempel und dem Etemenanki, dem Stufenturm, wahrscheinlich der Prototyp für den Turmbau zu Babel.

II DIE ERZVÄTER

Die Episode vom Turmbau zu Babel bildet das Ende des ersten Teils der Bibel. Die folgenden Kapitel der Genesis gehen von der universellen Perspektive kosmischer Ursprünge über auf die Ursprünge des Volkes der Israeliten. Die Anfänge Israels werden anhand der Lebensgeschichten der Erzväter des Volkes geschildert. Die Patriarchen Abraham, Jakob und Josef bilden den Kern eines umfassenden Geschichtszyklusses. Über Isaak gibt es einen noch viel präziseren Bericht. Wahrscheinlich standen diese vier Personen ursprünglich für vier verschiedene Stammesgruppen mit ihren eigenen Traditionen. Sie wurden jedoch zu einer einzigen Familie vereint, um eine Familiengeschichte über vier Generationen hinweg zu erzählen.

DIE BERUFUNG ABRAHAMS

Die Episode um den Turmbau zu Babel (siehe S. 34) spaltete die Menschheit in verschiedene, konkurrierende Völker. Nun wählt Gott ein bestimmtes Volk aus. In Genesis 12,1–2 spricht er zu Abraham, dem Sohn Terachs und Nachkommen Sems, Sohn des Noach: „Zieh weg aus deinem Land, von deiner Verwandschaft und aus deinem Vaterhaus in das Land, das ich dir zeigen werde. Ich werde dich zu einem großen Volk machen.“ Abrahams Gehorsam (im ersten Teil der Geschichte wird er Abram genannt) ist ein Ausgleich für den früheren Ungehorsam der Menschheit und macht ihn zum Erzvater Israels.

In unserem Jahrhundert haben zahlreiche Experten das Wissen über den antiken Nahen Osten so gefestigt, daß die Zeit der Erzväter Israels im 2. Jahrtausend v. Chr. angesiedelt werden kann. In jüngster Zeit ist diese Theorie jedoch angezweifelt worden, da Einzelheiten der biblischen Geschichten auf eine Zeit nach dem 2. Jahrtausend hinzuweisen scheinen. Genauere Untersuchungen haben ergeben, daß eine ganze Reihe angenommener Parallelen zwischen den archäologischen Funden und den Überlieferungen in der Bibel sich nicht so gut ergänzen, wie angenommen wurde. Außerdem bestanden viele Gebräuche und Sitten, die angeblich charakteristisch für das 2. Jahrtausend v. Chr. waren, noch über diese Zeit hinaus. Aufgrund dieser neuen Erkenntnisse ziehen einige Fachleute den Schluß, daß die Erzählung der Erzväter zu einem viel späteren Zeitpunkt entstanden ist, womöglich sogar erst in der Zeit der babylonischen Gefangenschaft (587/6–539 v. Chr.). Das soll aber nicht heißen, daß die Erzväter niemals existiert hätten. Spätere Generationen könnten authentische Erinnerungen an die für die Geschichte und religiöse Entwicklung Israels wichtigen Figuren behalten haben.

Die Geschichte von Abraham beginnt in der bis zu ihrer Zerstörung 1740 v. Chr. wichtigen antiken sumerischen Stadt Ur im Süden Mesopotamiens. Die Entscheidung von Abrahams Vater Terach, Ur mit seiner Familie zu verlassen (Gen 11,31), läßt auf Zusammenhänge mit dem Nomadenvolk der Amoriter schließen, die vermutlich aufgrund der unruhigen Zeit damals

aus diesem Gebiet auswanderten. Allerdings erfuhr Ur unter dem Neubabylonischen oder Chaldäischen Reich (ca. 625–539 v. Chr.) eine Wiederbelebung, und die Bezeichnung „Ur in Chaldäa“ in der Genesis könnte auf diese spätere Zeitperiode hindeuten. Terach brach auf nach Kanaan, ließ sich aber in der Stadt Haran im Norden Mesopotamiens nieder. Haran war durch eine traditionelle Handelsstraße mit Ur verbunden; beide Städte stellten wichtige Zentren des Kultes um den Mondgott Sin dar. In Haran hörte Abraham den Ruf Gottes und machte sich von dort aus auf den Weg. Tatsächlich soll die Heimat Abrahams nicht in Ur, sondern in der Region um Haran liegen. Der Name seines Bruders ist Haran, auch hat er Verwandte namens Terach, Nahor und Serug – Namen von Städten in der Umgebung von Haran. Später sendet Abraham seinen Knecht, um aus, wie er es nennt, „meiner Verwandtschaft“ und „meinem Vaterland“ eine Frau für seinen Sohn Isaak zu finden. Diese – Rebekka, die Großnichte Abrahams – findet er schließlich nicht im Süden Mesopotamiens, sondern in Nahor (Gen 24).

Viele Hinweise in der Geschichte der Erzväter deuten auf ein Leben als Hirtennomaden hin. Vielleicht waren die biblischen Erzähler Stadtbewohner, die die Nomaden verachteten und betonen wollten, daß die Gründer Israels ursprünglich aus zivilisierten Stadtgebieten kamen.

Die oft renovierten Überreste der großen Zikkurat oder des heiligen Turmes des antiken Ur im Südirak. Es waren vermutlich solche Bauwerke, die die Erbauer des Turms zu Babel inspirierten (siehe S. 34–35).

Gottes Verheißungen an die Erzväter

Für die Erzähler der Geschichte der Erzväter war nicht die historische Genauigkeit das wichtigste, sondern die theologische Bedeutung der Gründer. Das bekannteste Motiv, das sich durch Genesis 12–50 zieht, ist das Versprechen Gottes für die Zukunft. Er verspricht den Erzvätern zwei Dinge: daß sie das Land Kanaan besitzen und daß sie ein großes Volk sein werden. Diese Verheißungen werden in Gottes Ankündigung gegenüber Abraham zusammengefaßt, bevor dieser seine Wanderung von Haran aus antritt. Das Versprechen des Landbesitzes scheint das wichtigere zu sein. Die Geschichte der Erzväter beginnt mit der göttlichen Aufforderung an Abraham, in das Land Kanaan zu gehen, und endet mit der göttlichen Verheißung, daß seine Nachkommen in das Land zurückkehren werden, „das er Abraham, Isaak und Jakob mit einem Eid zugesichert hat“ (Gen 50,24).

Tatsächlich aber kamen nicht die Erzväter in den Besitz des Landes Kanaan, sondern erst das Volk unter Josua (siehe S. 68–69). Diese verspätete Erfüllung des Versprechens bedeutete, daß das Geschlecht nicht aussterben durfte, bis jemandem das Gelobte Land übergeben werden konnte. Deshalb ist in der gesamten Erzählung von Abraham und seinen Nachkommen die Forderung nach einem Erben eine herausragende Thematik (siehe S. 42).

Eine Karawane umherziehender Asiaten auf einer ägyptischen Wandmalerei, ca. 1890 v. Chr. Die Wanderungen Abrahams sind in manchen Fällen mit der Wanderung nomadischer Völker aus dem Nahen Osten in Zusammenhang gebracht worden.

ABRAHAMS WANDERUNGEN

DIE GEFAHR DER MATRIARCHIN
Bei der Ankunft Abrahams und Saras in Ägypten kommt es zu einer Episode, die das Motiv eines Volksmärchens mit dem Titel „Die Gefährdung der Ahnfrau" spiegelt (Gen 12,11–20). Abraham befürchtet, daß die Schönheit Saras die Ägypter dazu veranlassen wird, ihn umzubringen, damit einer von ihnen sie zur Frau nehmen kann. Er bittet sie, sich als seine Schwester auszugeben. Sara kommt seiner Bitte nach und wird die Ehefrau des Pharao. In der Folge wird das Königshaus von Plagen befallen, wodurch der Pharao die Täuschung erkennt. Er ist wütend darüber, daß Abraham ihn dazu gebracht hat, unwissentlich die Frau eines anderen Mannes zu heiraten, läßt aber Milde walten. Er befiehlt Abraham und Sara, Ägypten mit ihrem Hab und Gut zu verlassen. Dieses Motiv wird noch zweimal wiederholt, einmal erneut im Zusammenhang mit Sara (Gen 20), beim zweiten Mal mit Rebekka (Gen 26). An beiden Vorfällen ist ein gewisser König Abimelech beteiligt, der wahrscheinlich jeweils einen anderen Herrscher darstellt.

Der biblische Bericht über Abraham mag als Aneinanderkettung unzusammenhängender Episoden erscheinen, es sind jedoch einige klare Themenschwerpunkte vorhanden, die sich durch sämtliche Erzählungen ziehen. Die Lebensgeschichte des Patriarchen beinhaltet in vielerlei Hinsicht die nachfolgende Geschichte Israels. Nach Gottes Aufruf verläßt Abraham Haran gemeinsam mit seiner Frau Sara und deren Neffen Lot. Die Gruppe wandert nach Kanaan. Abraham errichtet in Sichem und Bet-El einen Altar und ruft Jahwe an. Nachdem er Ägypten verlassen hat, erbaut er einen weiteren Altar in Mamre nahe Hebron. Diese Orte waren früher Kultstätten der Kanaaniter. In Genesis 12,6 und 13,18 gibt es zwei Hinweise auf Eichen, die heiligen Bäume, die oft bei kanaanitischen Schreinen gefunden worden sind. In Sichem und Mamre errichtet Abraham Altäre, nachdem ihm Gott erschienen ist und seinen Nachkommen das Land auf ewig versprochen hat. Die Einführung eines neuen Kultes ist eine Methode, territoriale Ansprüche geltend zu machen – daher ebnen die Altarbauten Abrahams schließlich den Weg für die Besetzung Kanaans durch Israel. Sie halten die Neuankömmlinge auch dazu an, die heiligen Stätten der früheren Bewohner für ihren eigenen Kult beizubehalten.

Abraham, Sara und Lot ziehen aufgrund einer Hungersnot weiter nach Ägypten. Dort wird Abraham ein reicher Händler, hauptsächlich durch die Geschenke des Pharao, nachdem Sara in dessen Palast geholt wurde (siehe Seitentext links). Schließlich jedoch kehren Abraham, Sara und Lot nach Kanaan zurück. Diese Wanderungen erinnern an die traditionellen Wanderungen der israelitischen Stämme nach Ägypten zur Zeit Josefs und an den folgenden Exodus unter Mose.

Abraham und Melchisedek

Genesis 14 stellt Abraham als Militärkommandeur dar – ein von den anderen traditionellen Darstellungen völlig verschiedenes Bild. Vier Könige vereinigen sich und kämpfen gegen fünf Herrscher aus dem Gebiet, in dem sich Abrahams Neffe Lot niedergelassen hat. Zwei der fünf Herrscher, die Könige von Sodom und Gomorra, werden in die Flucht geschlagen, aber Lot wird während der Plünderung Sodoms gefangengenommen. Abraham sammelt 318 Knechte, besiegt die vier Könige und befreit seinen Neffen. Einzelne Namen der vier Könige werden in nicht-biblischen Quellen aus dem frühen 2. Jahrtausend v. Chr. belegt. Ein so gewichtiges militärisches Bündnis ist jedoch unwahrscheinlich, weshalb der Bericht in der Bibel nicht als historisch zuverlässig angesehen werden kann.

Nach seinem Sieg wird Abraham von Melchisedek, dem König von Salem (dem späteren Jerusalem) und Priester des Höchsten Gottes, El Eljon (höchster Gott im präisraelitischen Jerusalem), begrüßt und gesegnet. Abraham erkennt in El Eljon Jahwe und gibt Melchisedek ein Zehntel der errungenen Beute. El Eljon wurde mit Jahwe gleichgestellt, der israelitische Monarch übernahm die Stellung des früheren Priesterkönigs von Kanaan, und die Israeliten begannen, den Zehnten für die Erhaltung des alten Altarraums abzugeben. Im Neuen Testament wird die Figur des Melchisedek im Brief an die Hebräer (siehe S. 251) mit Jesus verglichen.

Die Beschneidung zweier Knaben auf einem antiken ägyptischen Relief, ca. 2200 v. Chr. Die Hieroglyphen über dem Mann, der die Operation durchführt, bedeuten übersetzt: „Haltet ihn, laßt ihn nicht ohnmächtig werden!“

Nachdem sie wieder in Kanaan angekommen sind, beschließen Abraham und Lot, ihrer eigenen Wege zu gehen. Allem Anschein nach will Abraham ursprünglich Kanaan mit Lot teilen, aber Lot wählt einen Teil des Jordantals, der außerhalb der von Gott versprochenen Gebiete liegt. Im Anschluß daran wird in Genesis 19 berichtet, daß Lot zum Erzvater der transjordanischen Völker der Moabiter und Ammoniter wird (obwohl dieser Lot ursprünglich vielleicht nichts mit Abrahams Neffen zu tun hatte; siehe S. 41). Die Trennung zwischen dem Patriarchen und seinem Neffen steht für die Trennung der direkten Nachkommen Abrahams von ihren ethnischen Verwandten. Israel allein ist rechtmäßiger Erbe des göttlichen Versprechens. Die Verheißungen Gottes an die Erzväter (siehe S. 37) werden durch einen Bund mit Abraham besiegelt. Es gibt zwei Versionen dieses Bundes, eine vom biblischen Autor „J“, die andere vom priesterlichen Autor „P“ (siehe S. 26). In der ersten, in Genesis 15,18 lebhaft beschriebenen Version ist die Rede vom bedingungslosen Versprechen Gottes, dem Patriarchen das gesamte Land vom „Grenzbach Ägyptens bis zum großen Strom, dem Euphrat“, also der idealen Ausdehnung der israelitischen Herrschaft, zu übergeben. Der Bund wird in Form eines alten Rituals geschlossen, bei dem ein Eid von jemandem, der zwischen den geteilten Stücken eines Opfertieres hindurchgeht, bezeugt wird. In Genesis 15,17 tut Jahwe das in Form eines rauchenden Ofens und einer lodernden Fackel. Ein Dokument (ca. 1775 v. Chr.) aus der mesopotamischen Stadt Mari erwähnt ein ähnliches Ritual, mit dem eine Vertragszeremonie zwischen zwei Völkern beschrieben wird.

Die Version „P“ in Genesis 17 verpflichtet nicht nur Gott, sondern auch Abraham. Er und seine Nachkommen werden aufgefordert, alle männlichen Mitglieder der Gemeinde, einschließlich Sklaven, am achten Tag nach der Geburt zu beschneiden. Das war ein alter Brauch, der von vielen Nachbarländern Israels gepflegt wurde. Ursprünglich erfolgte sie wohl am Beginn der Pubertät oder vor der Heirat, aber der Autor „P“ interpretiert das als Zeichen des Bundes, zu dem von Gott auserwählten Volk zu gehören.

Eine Photographie der heiligen Eiche von Mamre, Hebron, aus dem 19. Jahrhundert. Diese Eiche steht angeblich an dem Ort, wo Abraham einen Altar (Gen 13,18) errichtet hat und wo ihm drei göttliche Wesen erschienen sind (Gen 18,1; siehe S. 43).

SODOM UND GOMORRA

Eine der „Salzsäulen", der zerklüfteten Salz-Fels-Formationen, die typisch sind für die Landschaft am Toten Meer, welches im Hintergrund zu sehen ist.

Die Zerstörung der Städte Sodom und Gomorra durch Gott wird in Genesis 18–19 beschrieben. Das zentrale Thema erinnert an die Geschichte der Sintflut (siehe S. 32–33), denn die Katastrophe ist eine göttliche Strafe für die Schlechtigkeit der Menschen. Es werden alle bis auf einen vernichtet. Der Niedergang von Sodom und Gomorra wird in der hebräischen Heiligen Schrift und im Neuen Testament häufiger als jedes andere Ereignis der Genesis erwähnt. Die Wortwahl zeigt jedoch, daß dies nicht von der Genesis-Erzählung abgeleitet ist, sondern das bekannte Motiv einer großen Katastrophe, die sich in Urzeiten ereignet hat, wieder aufnimmt. Das weitere Schicksal von Lot und seinen Töchtern nach der Zerstörung der Städte (siehe Seitentext gegenüber) birgt ebenso Hinweise auf einen kosmischen Mythos, besonders die Vorstellung von der Erneuerung der Menschheit nach dieser universellen Katastrophe. Diese Interpretation der Geschichte wurde zur Zeit der jüdischen Autoren Philon (ca. 15 v. Chr.–50 n. Chr.) und Josephus (37 n. Chr.–100 n. Chr.) entdeckt.

Teil der Südküste des Toten Meeres. In dieser Gegend ist das Wasser so salzig, daß sich weiße Krusten an der Oberfläche bilden, wie hier im Bild rechts zu sehen.

So wie die Flutkatastrophe wahrscheinlich die echten Überschwemmungen der Flüsse Euphrat und Tigris widerspiegelt, könnte die Geschichte von Sodom und Gomorra ihren Ursprung in einer Naturkatastrophe im Gebiet am südlichen Toten Meer haben (siehe Karte S. 38). Die Mittel der Zerstörung werden als „Schwefel und Feuer" bezeichnet (Gen 19,24). In der Gegend gibt es große Schwefel- und Asphaltvorräte, die – so eine Theorie – durch ein Erdbeben entzündet worden sein könnten und dann explodierten. Es sind jedoch in der Geschichte keine Belege für eine andere Vermutung vorhanden, derzufolge die Städte vom Toten Meer überschwemmt wurden. Das Schicksal von Lots Ehefrau, die auf die Zerstörung zurückblickt und zu einer Salzsäule erstarrt (Gen 19,26), dient als Erklärung für

Abraham vor dem Herrn

Die Diskussion zwischen Gott und Abraham über das Schicksal von Sodom (Gen 18,22–33) ist ein einzigartiges Element im Buch Genesis. Die Struktur entspricht verschiedenen anderen Dialogen zwischen dem Patriarchen und der Gottheit, aber sie stellt auch den Versuch einer Theodizee (einer Rechtfertigung von Gottes Güte in einer Welt, in der er das Böse zuläßt) durch einen Theologen der nachexilischen Zeit dar. Damals wurde die Gerechtigkeit Gottes manchmal in Frage gestellt, wie auch im Buch Ijob (Hiob). Die Gesellschaft wurde in Gerechte und Gottlose geteilt, was auch in den Sprichwörtern und den späteren Psalmen zum Ausdruck kommt. Außerdem waren sich die Menschen der Verantwortung Gottes für die Welt außerhalb Israels bewußt (siehe Buch Jona).

Der Bibelautor diskutiert diese Fragen im Kontext der Zerstörung von Sodom, was auf den tiefen Eindruck hindeutet, den dieses Ereignis auf das israelitische Bewußtsein gemacht hat. Abraham fragt, ob es gerecht ist, daß das von Gott für die Stadt vorgesehene Schicksal auch Gerechte treffen soll. Er spricht das Problem in allgemeiner Hinsicht an und nicht in bezug auf seine dort lebende Verwandtschaft, Lot und seine Familie. Gott sagt, daß er Sodom verschonen wird, wenn er „in der Stadt fünfzig Gerechte findet". Abraham beginnt nun mit Gott zu handeln, der schließlich einwilligt, daß nur zehn Gerechte ausreichen. Aber da die Stadt zerstört wird, kann man annehmen, daß nicht einmal diese zu finden waren (Lot und seine Familie wurden von Engeln gewarnt und verließen die Stadt vor der Katastrophe, Gen 19,15–16). Sodom ist tatsächlich ein Ort der Gottlosigkeit und verdient den Untergang. Die Gerechtigkeit des Herrn ist somit gerechtfertigt.

den Ursprung der natürlichen Salzsäulen auf dem Berg Sodom. Diese Begebenheit ist auch beispielhaft für das in vielen Kulturen verbreitete Tabu, zurückzublicken.

Die Form der Erzählung stellt ein weitverbreitetes Volksmärchen dar, in dem ein übernatürliches Wesen sich unerkannt unter Sterblichen bewegt und von den Menschen, die den Fremden als etwas Besonderes erkennen, gastfreundlich aufgenommen wird. Im Buch Genesis sind zwei Versionen der Geschichte vorhanden. In der einen wird der Gastgeber belohnt, häufig mit dem Versprechen, einen Sohn oder Erben zu erhalten – dieser Version liegt der Erscheinung dreier göttlicher Wesen bei Abraham unmittelbar vor der Katastrophe zugrunde (Gen 18). In der anderen wird den Nachbarn des Gastgebers mehr Bedeutung geschenkt – sie werden für ihre mangelnde Gastfreundschaft streng bestraft. Diese Form wird in der Geschichte von Lot erzählt (Gen 19), zu der auch deutliche Parallelen in einer Erzählung im Buch Richter bestehen (Ri 19).

In der biblischen Geschichte begeben sich zwei der drei göttlichen Wesen nach Sodom und werden von Lot, der sich in der Stadt niedergelassen hat, gastfreundlich aufgenommen. Aber während sie sich in seinem Haus befinden, versammeln sich die Männer von Sodom vor seinem Haus und verlangen die Herausgabe der Fremden, denn „wir wollen mit ihnen verkehren" (Gen 19,1–5). Diese drohende homosexuelle Massenvergewaltigung ist der Grund für Gottes Strafe. An anderen Stellen der Bibel wird die „Sünde von Sodom" allerdings allgemeiner als Ungerechtigkeit, moralische Nachlässigkeit oder mangelnde Rücksicht auf Bedürftige dargestellt. Selbst der Autor des Buches Genesis scheint weniger Wert auf die sexuelle Vorliebe der Männer von Sodom zu legen als auf die Tatsache, daß sie dadurch die heilige Pflicht der Gastfreundschaft verletzen.

Die Engel bei Lot *(Gen 19), aus einer illustrierten Bibel, die 1279 für König Philipp II. von Frankreich hergestellt wurde.*

LOT UND SEINE TÖCHTER

Nach der Zerstörung von Sodom und Gomorra verstecken sich Lot und seine beiden Töchter in einer Höhle in den Bergen (Gen 19,30). Beide befürchten, daß sie keinen Mann finden werden. Deshalb machen sie ihren Vater betrunken und vereinigen sich mit ihm. Beide werden schwanger und gebären einen Sohn.

Obwohl diese Episode eine direkte Folge der Zerstörung von Sodom und Gomorra sein soll, handelt es sich eigentlich um ein unabhängiges Volksmärchen. Der Lot hier hatte ursprünglich keinerlei Verbindung mit Abrahams Neffen. Die Geschichte dient in erster Linie zur Erklärung der Ursprünge der Völker von Moab und Ammon in den Gebieten östlich von Israel. Die ältere Tochter gebiert einen Sohn namens Moab, der als Erzvater der Moabiter gilt, die jüngere einen Knaben namens Ben-Ammi, Erzvater der Ammoniter. Die Namen der Söhne haben volkstümlicher Etymologie zufolge die Bedeutung „vom Vater" bzw. „Sohn meiner Familie".

Die Geschichte mag eine israelische Spöttelei über den Ursprung zweier ihrer Nachbarvölker sein, es scheint jedoch wahrscheinlicher, daß dieser Bericht tatsächlich moabitischen und ammonitischen Ursprungs ist und daß das Handeln von Lots Töchtern zuerst als positiv angesehen wurde. Dadurch wurde nämlich garantiert, daß ihre Nachkommen kein fremdes Blut hatten. Wo auch immer die Quelle dieser Geschichte liegt, sie dient auf jeden Fall als Beweis, daß diese Völker keine direkten Nachkommen Abrahams sind und keinen Anspruch auf das Land westlich des Jordan haben **(siehe S. 39).**

SARA UND ISAAK

HAGAR UND ISMAEL

Als Abrahams Erstgeborener könnte Ismael das Erbe seines Vaters verlangen und so Gottes Plan, das Geschlecht durch Sara weiterzuführen, vereiteln. Diese Gefahr scheint gebannt, als Hagar (Gen 16) davonläuft. Gott befiehlt ihr jedoch, zurückzukehren. So tritt nach der Geburt Isaaks erneut die Gefahr auf, daß Ismael das Erbe seines Vaters beansprucht. Ismael und seine Mutter werden schließlich mit göttlicher Erlaubnis verstoßen. Gott läßt dies zu, weil er möchte, daß ein Volk aus Ismael, dem Nomaden, hervorgeht, das die Wüste Paran an der Grenze zu Ägypten besiedelt. Hagar, selbst eine Ägypterin, nimmt für ihren Sohn eine Frau aus Ägypten. Eigentlich steht Hagar im Mittelpunkt der Geschichte.

Das göttliche Versprechen wird erfüllt, als Ismael zum Stammvater der zwölf Stämme der arabisch-syrischen Wüste wird (Gen 25,12–18). Diese Stämme sind daher eng mit den Israeliten verbunden. Ismael spielt in der muslimischen Tradition eine große Rolle, nicht nur als Stammvater der nordarabischen Stämme, sondern auch als Bote und Prophet. Er und Abraham haben angeblich die Kaaba in Mekka erbaut. Es gibt auch Parallelen zur Geschichte von Esau (siehe S. 44–45).

Die göttlichen Boten, die Abraham und Sara besuchten (Gen 18), Teil eines Mosaiks in der Kirche San Vitale, Ravenna (ca. 540 n. Chr.). Für die Christen ist diese Episode voller Symbole; für die orthodoxen Kirchen z. B. stellen die Boten die Heilige Dreifaltigkeit dar.

Ein zentrales Thema der Abraham-Erzählung ist die wiederholte Bedrohung von Gottes Versprechen, daß Abraham der Gründer eines „großen Volkes" sein wird (siehe S. 37). In der Bibel wird öfters erwähnt, daß seine Frau Sara unfruchtbar ist (z. B. Gen 11,30). Abraham beschließt, kinderlos zu bleiben, und macht seinen Haussklaven zu seinem Erben (Gen 15,3). Das war wahrscheinlich ein alter mesopotamischer Brauch. Sara, vielleicht einem anderen alten Brauch folgend, gibt Abraham ihr ägyptisches Sklavenmädchen Hagar, damit er zu einem Erben kommt. Am Anfang der Geschichte heißt der Patriarch noch Abram (wahrscheinlich „gepriesener Ahne"), doch dann versichert Gott ihm, daß er in Zukunft eine Menge Nachkommen haben wird, und gibt ihm einen neuen Namen, Abraham, was die Genesis mit „Stammvater einer Menge von Völkern" übersetzt (Gen 17,5). Allerdings bleibt die genaue Bedeutung von Abraham und Abram unsicher, vielleicht handelt es sich auch um zwei Varianten desselben Namens.

Das erwählte Volk wird schlußendlich nicht von Ismael, Hagars Sohn, abstammen (siehe Seitentext links). Gott verspricht Sara einen Sohn, obwohl sie zu diesem Zeitpunkt schon 90 Jahre alt ist, ihr Mann 99. Bis dahin trug sie den Namen Sarai; nun erhält sie von Gott als Zeichen der Erneuerung seines Versprechens den Namen Sara. Beides sind Varianten desselben Namens, der wohl „Herrin" oder „Königin" bedeutet.

Die Geburt von Saras Sohn wird Abraham in Genesis 17 durch eine göttliche Weissagung angekündigt – das Modell für einige ähnliche Weissagungen im Alten und Neuen Testament, die sich auf unfruchtbare Frauen beziehen. Gott segnet Sara, „so daß Völker aus ihr hervorgehen; Könige über Völker sollen ihr entstammen“ (Gen 17,16). Die wörtliche Form der Weissagung ist kanaanitischen Ursprungs, der Bericht über die Geburt Isaaks erinnert nach den bekannten nahöstlichen Riten der „Heiligen Hochzeit“ an die Geburt eines Königskindes. Nach diesen Riten vereinigt sich eine Gottheit in der Person eines Königs mit der Königin oder einer Priesterin. Bei der „Heiligen Hochzeit“ wurden oft Loblieder auf die Schönheit der Braut gesungen. Saras Name ist königlich, und ihre große Schönheit wird öfters erwähnt, z.B. in Genesis 12,11. Aufgrund dieser Schönheit wird sie vom Pharao begehrt, obwohl sie zu der Zeit schon 65 ist. Die jüdische Tradition legte immer großen Wert auf die Schönheit Saras, besonders kommt dies in der aramäischen Version der Genesis zum Ausdruck, die in Qumran unter den Schriftrollen gefunden worden ist (siehe S. 153).

Das Motiv der „Heiligen Hochzeit“ gibt es auch in Genesis 18. Drei göttliche Boten oder Engel, die mit Jahwe identisch sind, besuchen Abraham in Menschengestalt (Gen 18). Einer von ihnen verkündet: „In einem Jahr komme ich wieder zu dir, dann wird deine Frau Sara einen Sohn haben.“ Sara hört mit und lacht darüber, sie aber wird schwanger (Gen 21,1): „Der Herr nahm sich Saras an, wie er gesagt hatte“, eine Aussage, die möglicherweise eine sexuelle Konnotation hat. Der Sohn erhält den Namen Isaak, das bedeutet: „Er lacht.“ In kanaanitischen Schriften geht das Lachen mit der Geburt eines göttlichen oder königlichen Kindes einher.

Abrahams Opfer

Mit der Geburt Isaaks ist die Gefahr für das Fortbestehen des Geschlechts Abrahams noch nicht vollständig gebannt. In Genesis 22 verlangt Gott von Abraham, daß er ihm seinen geliebten Sohn Isaak als Opfer darbringt. Der Patriarch gehorcht, und erst im letzten Moment verhindert Gott die Opferung und gibt Abraham einen Widder, den er anstelle seines Sohnes schlachten kann.

In rabbinischen Texten und in der jüdischen Liturgie hat die Episode den Titel *Aqedah*, „Bindung“, und wird als Selbstopferung Isaaks interpretiert, durch die die Sünden seiner Nachkommen gesühnt werden sollen. In der Genesis wird jedoch nicht begründet, warum Abraham seinen Sohn opfern soll. Das Hauptaugenmerk liegt auf der Gefahr, die dem Fortbestand des Geschlechts Israel droht. Abraham wird als Beispiel für Gehorsam dargestellt, der dafür mit göttlichem Segen belohnt wird.

Die Geschichte dient in doppelter Hinsicht als erklärender Mythos. Nach dem hebräischen Gesetz mußte der erstgeborene Nachkomme von Menschen und Tieren Gott als Opfer dargebracht werden, wobei Menschen durch ein tierisches Opfer ersetzt werden können. Die Episode erklärt den Ursprung dieses Brauches und auch den Ursprung der Ortsbezeichnung Jahwe-Jire (auch Jehova-Jire genannt). Das bedeutet angeblich „Der Herr sieht“ und bezieht sich auf den Widder, den Gott bereitstellt. Dies folgt einem geläufigen Muster in der Bibel – ein bestimmter Platz wird als heilig betrachtet, weil dort eine Erscheinung Gottes stattfand (Theophanie).

Abrahams Opfer, *ein türkisches Gemälde aus dem Jahre 1583. Ein Engel mit dem Widder ruft Abraham im letzten Moment, bevor er seinen Sohn tötet (Gen 22,10–13).*

ISAAK UND REBEKKA

Ausschnitt aus einem byzantinischen Gemälde aus dem 6. Jahrhundert, Rebekka am Brunnen zeigend. Hier trifft sie Abrahams Knecht auf der Suche nach einer Frau für Isaak (Gen 24,10–15).

Masseben, *heilige Steinmale im alten kanaanitischen Heiligtum in Geser (siehe Kasten gegenüber).*

Isaak ist neben seinem Vater Abraham und seinem Sohn Jakob einer der Gründerväter Israels. Allerdings steht über ihn relativ wenig in der Genesis. Das Motiv der „Gefährdung der Ahnfrau" (siehe Seitentext S. 38) wiederholt sich im Zusammenhang mit Isaaks Frau Rebekka (Gen 26,6–11). Wie Abraham in Genesis 21 streitet Isaak in Genesis 26 mit den Philistern über Wasserrechte und schließt in der Folge mit dem Philisterkönig Abimelech einen Vertrag. Beide Episoden spielen in der Stadt Beerscheba.

Genesis 24 ist die einzige Erzählung über Isaak selbst, und sogar dort spielt er nur eine kleine Rolle. Es geht dabei darum, wie er seine Frau Rebekka gewinnt. Diese Geschichte ist die längste in der Genesis, und ihre Hauptmotive wiederholen sich in den Berichten von der Brautwerbung Jakobs und Moses. Die Erzählstruktur, die Parallelen zum kanaanitischen Epos von König Keret aufweist, beginnt mit einer Reise in ein fernes Land, wo Verhandlungen bezüglich der Hochzeit geführt werden, danach folgt die Rückkehr in die Heimat und schlußendlich die Hochzeit selbst. Abraham wird nicht als einfacher Nomade dargestellt, sondern als wohlhabender Patriarch, der Kamele, Rinder, Schafe, Gold und Silber besitzt. Er führt einen großen Haushalt mit Mägden und Knechten. Er schickt einen mit Geschenken beladenen Knecht aus, um für Isaak eine Braut aus seiner Verwandtschaft zu finden. Die Verwandtschaft lebt in der Gegend um Haran in Paddan-Aram, von wo Abraham ursprünglich weggezogen ist. Aus dem Namen dieser Gegend läßt sich schließen, daß dort zu diesem Zeitpunkt Aramäer siedelten. Deshalb muß sich die Episode nach der Invasion der Aramäer im frühen 1. Jahrtausend v. Chr. abgespielt haben.

Mit Gottes Hilfe ist die Mission des Knechtes erfolgreich, und Rebekka wird Isaak angetraut. Manche Einzelheiten erinnern an königliche Hochzeitszeremonien: Rebekka wird mit Schmuck und Kleidern beschenkt und aufgefordert, ihre Familie zu verlassen (Gen 24,53–58). Sie wird gesegnet (Gen 24,60) und samt ihren Mägden zu ihrem zukünftigen Mann geführt, ähnlich wie im „Lied zur Hochzeit des Königs" in Psalm 45,10–17. Die ganze Geschichte hat einen romantischen Anstrich, vor allem die letzte Szene, wo sich das Paar trifft und Isaak Rebekka liebgewinnt.

Wie Isaaks Mutter Sara ist auch Rebekka unfruchtbar, bis Isaak zu Gott betet (Gen 25,21). Danach gebiert sie Zwillinge. Die Feindschaft zwischen Zwillingen vom Mutterleib an ist ein häufiges Motiv in Mythen und Volksmärchen. Die Genesis-Erzählung will in erster Linie erklären, warum es zwei verwandte Völker, die Edomiter und die Israeliten, gibt. Rebekka und Isaaks erstes Kind, Esau, kommt „rötlich und über und über mit Haaren bedeckt" (Gen 25,25) zur Welt. Esaus Bruder wird Jakob (Fersenhalter) genannt, da er sich bei der Geburt an der Ferse seines Bruders festhält. Es kann aber auch „er verdrängt" bedeuten, was schon auf die folgende Episode hinweist, in der Esau Jakob sein Erstgeborenenrecht für Brot und Linsengemüse verkauft (Gen 27,27–34). Esau scheint den Status des Erstgeborenen nicht wert zu sein. Er fragt sich, was er mit dem Erstgeburtsrecht anfangen soll. Die Mahlzeit, für die er sein Erstgeburtsrecht verkauft, ist rot, was noch einmal den Ursprung des Namens Edom betont.

Später betrügt Jakob Isaak, der schon blind und dem Tod nahe ist, um anstelle Esaus seinen Segen zu erhalten (Gen 27). Die Motive „Jakob als Betrüger" und „die Rivalität zwischen Jäger und Hirte" beeinflussen die Erzählung, aber eigentlich geht es um eine rituelle Segnungszeremonie. Ähnliches passiert in Genesis 48, als Jakob die Söhne Josefs segnet. Auch dort wird der jüngere Bruder dem älteren vorgezogen. Jakob bringt Rebekka zwei junge Ziegenböcke, um für Isaak ein Mahl zu bereiten. Sie hält Jakob dazu an, Isaak das Essen zu bringen, um seinen Segen zu erhalten

(Gen 27,9–10). Jakob täuscht Isaak, indem er die Ziegenfelle an seinen Händen und seinem Hals trägt, um Esaus Behaarung nachzuahmen. Isaak fühlt das Fell und segnet Jakob im Glauben, Esau vor sich zu haben (Gen 27,23). Die Ziegenfelle muten vielleicht ein bißchen komisch an, aber in der Episode ist die Erinnerung an eine Opferzeremonie enthalten, in der der jüngere Bruder den älteren als Erbe seines Vaters ablöst. Durch diese Geschichte wird auch klar, wieviel Macht ein solch verbaler Segen bei den alten Israeliten hatte. Sogar als Isaak erfährt, daß er betrogen wurde, kann er seinen Segen nicht widerrufen, sondern Esau nur mit dem Versprechen, daß er überleben wird, trösten.

Esau plant, seinen Bruder aus Rache zu töten. Als Rebekka davon erfährt, drängt sie Jakob, das Haus zu verlassen. Jakob flieht und macht sich auf eine gefahrvolle Reise, ein bekanntes Motiv in volkstümlichen Heldensagen. Auserwählt, das Geschlecht Israel weiterzuführen, wandert Jakob zu seinen fernen Verwandten, um eine Frau zu finden. Isaak befiehlt ihm, eine der Töchter von Rebekkas Bruder Laban zu heiraten.

Jakobs Traum

Jakob verläßt Beerscheba und macht sich auf die heldenhafte Reise, welche den Rahmen für die Erzählungen über ihn bildet. Die erste bedeutende Episode auf seiner Wanderung ereignet sich an einem unbewohnten Ort, wo er übernachtet (bei dem Ort soll es sich um die spätere kanaanitische Stadt Lus gehandelt haben). Was nun folgt, ist eine Inkubation oder ein Tempelschlaf, eine in der hebräischen Heiligen Schrift und anderen Religionen verbreitete Praxis, bei der jemand die Nacht an einem heiligen Ort verbringt, um eine erleuchtende Vision zu erhalten. In seinem Traum sieht Jakob eine Treppe, die bis zum Himmel reicht und auf der Engel auf und nieder steigen. Die Beschreibung dieser Treppe erinnert an den Turm zu Babel und läßt auf eine mesopotamische Zikkurat schließen (siehe S. 34 und 37). Im akkadischen Mythos von Nergal und Ereskigal erklimmen die Götter eine „lange Treppe zum Himmel“. Die biblische Beschreibung vom „Tor des Himmels“ (Gen 28,17) weist Parallelen zu einem ägyptischen Text auf, in dem ein toter König über eine Treppe in den Himmel aufsteigt.

Als Jakob aufwacht, errichtet er ein Steinmal, über das er als Geschenk an den heiligen Geist des Ortes Öl gießt. Solche heiligen Steinmale werden als Masseben bezeichnet und waren überall in kanaanitischen Heiligtümern zu finden (siehe Bild gegenüber). Jakob nennt den Ort Bet-El, „Gotteshaus“. Die Bibel scheint sich der Tatsache bewußt zu sein, daß die Ahnen Israels nicht unbedingt Jahwe verehrten. Die Geschichte von Jakobs Leiter deutet zusammen mit anderen Fakten darauf hin, daß sie El, den Obergott des kanaanitischen Pantheon, in seinen lokalen Erscheinungsformen an verschiedenen heiligen Stätten verehrten. Diese Episode ist auch eine von verschiedenen „Heiligtumslegenden“ in der Bibel, die beweisen, daß die Israeliten kanaanitische heilige Plätze im Gelobten Land übernommen haben.

Jakobs Treppe *von William Blake (1757–1827): „Da hatte er einen Traum: Er sah eine Treppe, die auf der Erde stand und bis zum Himmel reichte. Auf ihr gingen Engel Gottes auf und nieder“ (Gen 28,12).*

JAKOB UND RAHEL

JAKOBS KAMPF MIT GOTT

Auf dem Rückweg von Haran nach Kanaan, an der Furt des Flusses Jabbok, erlebt Jakob folgendes: „Als nur noch er allein zurückgeblieben war, rang mit ihm ein Mann, bis die Morgenröte aufstieg" (Gen 32,25). Man nimmt heute an, daß dieser „Mann" als der Schutzgeist der Furt zu sehen ist. Eine so lange Reise galt als gefährliches Unterfangen, und Kreuzungen oder Furten wurden anscheinend oft von gefährlichen Geistern oder Dämonen heimgesucht. Die Geschichte war ursprünglich eine regionale Legende, die vielleicht aufgrund der Ähnlichkeit zwischen den Namen Jabbok und Jakob mit letzterem in Verbindung gebracht wurde.

Als der Tag anbricht, hat es der Mann eilig zu verschwinden – die Idee, daß ein Geist bei Tagesanbruch seine Macht verliert, ist in Mythen und Volksmärchen weit verbreitet. Bevor Jakob ihn gehen läßt, gibt der Mann ihm einen neuen Namen, Israel, was soviel wie „Gottesstreiter" bedeutet. Jemandes Namen zu kennen, heißt, eine gewisse Kontrolle über ihn zu haben. Deshalb weigert sich Jakobs Gegner, seinen Namen zu nennen. Jakob nennt den Ort dieses Treffens Penuël, „Gottesgesicht". An diesem heiligen Platz konnten Pilger in direkten Kontakt mit El kommen. Der Geist renkt Jakob die Hüfte aus, indem er ihn „aufs Hüftgelenk" schlägt. Dies ist anscheinend der Grund dafür, warum die Israeliten den Muskelstrang über dem Hüftgelenk nicht essen – denn dieses Verbot ist durch keine andere Stelle der hebräischen Heiligen Schrift belegt. Die „Hüfte" ist vielleicht auch eine Umschreibung für den Genitalbereich, wie in Genesis 24, wo der Knecht Abrahams einen Eid schwört, indem er „seine Hand unter Abrahams Hüfte legt".

Das sogenannte „Gesicht Baals", eine Kultmaske aus Terrakotta, ca. 1300 v. Chr., gefunden in Hazor im Norden Israels. Sie soll den wichtigen kanaanitischen Gott Baal darstellen.

Als Jakob das Land seiner Verwandten erreicht, kommt es zu einer ähnlichen Situation wie damals, als der Knecht eine Braut für Isaak suchte (Gen 24). Jakobs Onkel Laban ist immer noch das Oberhaupt seiner Familie in Haran, wo Jakob seine zukünftige Frau, die schöne Rahel, bei einem Brunnen trifft. Die Geschichte entwickelt sich aber in eine andere Richtung. Im Gegensatz zu Abrahams Knecht kann Jakob der Braut keine Geschenke machen. Deshalb muß er sieben Jahre für Laban arbeiten (Gen 29,18).

Was nun folgt, ist eigentlich eine humorvolle volkstümliche Geschichte, in deren Verlauf Laban Jakob betrügt und umgekehrt. Auch Rahel betrügt ihren Vater. In der Hochzeitsnacht führt Laban seine zweite Tochter Lea anstelle Rahels zu Jakob. Er rechtfertigt dies mit dem Brauch, daß die jüngere Tochter nicht vor der älteren heiraten darf. Dieser Brauch war sicherlich üblich, aber der Hintergrund könnte ein volkstümliches Motiv sein – die „falsche Braut". Die Braut wird durch eine andere Frau vertreten, um die Dämonen, die das Hochzeitsbett bedrohen, abzulenken. Eine Woche nach der Hochzeit von Jakob und Lea erlaubt Laban, daß Jakob Rahel heiratet, er muß aber dafür nochmals sieben Jahre für Laban arbeiten.

Jakob vergrößert seinen Teil der Herde durch eine List (Gen 30,37–42), obwohl er dies als Werk Gottes bezeichnet (Gen 31,9). Er wird so reich wie sein Großvater Abraham. Labans Söhne werden eifersüchtig auf ihn, deshalb beschließt Jakob, mit seiner Familie und seinem Hab und Gut heimlich zu seinem Vater nach Kanaan zurückzukehren. Bei dieser Gelegenheit stiehlt Rahel die Familiengötter ihres Vaters, *teraphim* genannt, (Gen 31,19), kleine Götterbilder, ähnlich den *Laren* und *Penaten* der Römer. Ihr Motiv ist nicht klar, aber der Diebstahl wird in Zusammenhang mit einem angeblichen Brauch des Volkes der Hurrians gebracht, der in einem Dokument aus der mesopotamischen Stadt Nuzi ca. 1400 v. Chr. erwähnt wird. Nach diesem Dokument kommt demjenigen, der in Besitz der Familiengötter ist, auch das Erbrecht zu. Die Bedeutung dieses Dokuments ist jedoch umstritten. Der *teraphim* hat vielleicht nur die Sicherheit, den Wohlstand und die Fruchtbarkeit seines Besitzers zu garantieren.

Rahels Diebstahl führt zu einem weiteren Beispiel für das Motiv „Gefährdung der Ahnfrau" (siehe Seitentext S. 38). Als Laban Jakob einholt und den Diebstahl beklagt, verurteilt Jakob den Dieb zum Tode – nichtsahnend, daß es Rahel war (Gen 31,32). Rahel wendet die Gefahr durch einen anderen Trick ab. Sie versteckt die Götter in einer Satteltasche, setzt sich darauf und gibt vor, gerade ihre Periode zu haben. Daher darf sich Laban ihr nicht nähern. „Sei nicht böse, mein Herr! Ich kann vor dir nicht aufstehen, es geht mir gerade, wie es eben Frauen ergeht" (Gen 31,35). Labans Suche endet erfolglos, und Jakob fängt wegen der in seinen Augen falschen Anschuldigungen an, mit ihm zu streiten (Gen 31,36–42).

Die Fortsetzung der Geschichte deutet auf die wirklichen Hintergründe der Familienfehde hin. Laban und Jakob schließen einen Vertrag, der durch die Errichtung eines Steinmales und eines Steinhügels besiegelt wird. Den Steinen geben sie auf aramäisch sowie auf hebräisch den Namen „Zeugenhügel". Wie in Bet-El (siehe S. 45) wohnt auch hier Gott in den Steinen und ist Zeuge und Richter des Vertrages. Hier gibt es eine Parallele zu den bekannten mesopotamischen Grenzsteinen, den *kudurrus*, die Zeichen von schützenden Göttern trugen. Wie sich im Laufe der Erzählung herausstellt, waren die Steine dafür gedacht, die Grenze zwischen dem aramäischen und dem israelitischen Territorium zu markieren. Der Bericht spiegelt die politische Situation einer viel späteren Periode wider, als die aramäischen Invasionen eine gefährliche und langanhaltende Bedrohung für die israelitischen Königtümer darstellten.

Die zwölf Stämme Israels

Die Erzählung von der Geburt der zwölf Söhne Jakobs während seines Aufenthalts in Paddan-Aram bringt verschiedene, ursprünglich eigenständige Gruppen miteinander in Verbindung, die sich zusammenschlossen und später das Volk Israel bildeten. Im alten Nahen Osten war die Blutsverwandtschaft die engste mögliche Bindung, deshalb gibt die Geschichte den zwölf Stämmen einen gemeinsamen Vorfahren – Jakob. Benjamin, sein zwölfter Sohn, kommt erst nach der Rückkehr nach Kanaan zur Welt (Gen 35,16–18), obwohl seine Geburt vielleicht in Rahels Gebet „Der Herr gebe mir noch einen anderen Sohn hinzu“ (Gen 30,24) vorausgeahnt wird.

Das Zwölf-Stämme-System kann nicht zur Zeit der Erzväter entstanden sein, wann immer diese Zeit auch gewesen sein mag (die Erzväter waren wohl eher Mitglieder einer einzelnen Familie als Familiengruppen oder Stämme). Vermutlich stammt es nicht einmal aus der frühen Zeit der israelitischen Besiedelung Kanaans. Viel wahrscheinlicher ist, daß es zu der Zeit entstanden ist, als Israel zu einem organisierten Königreich wurde. Sogar dann blieb es immer noch in großem Ausmaß ein theoretisches System. Die Namen der Stämme waren ursprünglich geographische Namen aus Palästina, aber in der Genesis werden sie zu Personennamen (ähnlich wie die Namen der Städte in Nordmesopotamien zu Namen von Familienmitgliedern Abrahams wurden; siehe S. 37). Die Namen der Ahnen der Stämme haben alle einen volkstümlichen Ursprung und stimmen in keiner Weise mit der historischen Wirklichkeit überein.

Die Söhne werden von vier verschiedenen Müttern geboren, Lea, Rahel und deren Mägde Silpa und Bilha. Rahel ist Jakobs erste und meistgeliebte Frau, was sich auch auf ihre Söhne Josef und Benjamin überträgt, die Jakobs jüngste Söhne sind. Einer von ihnen, Josef, erlangt später großen Ruhm (siehe S. 48–51). Von Lea hat Jakob seine einzige Tochter, Dina. Die Geschichte von der Vergewaltigung Dinas und der Rache ihrer Brüder wird in Genesis 34 erzählt (siehe Seitentext S. 49).

Der etwas seltsame Bericht von Rubens Alraunen (Gen 30,14–16) entstammt vielleicht dem Glauben, daß die Zeugung Josefs kurz danach (Gen 30,22) auf die Alraunen zurückzuführen ist. Die Alraunenwurzel hat oft eine menschliche Form und galt in vielen Kulturen als Aphrodisiakum und Hilfe bei Unfruchtbarkeit. Der hebräische Ausdruck für Alraune ist mit dem Verb „lieben“ verwandt.

Jakob : Lea	Jakob : Bilha	Jakob : Silpa	Jakob : Rahel
Ruben	Dan	Gad	Josef
Simon	Naftali	Ascher	Benjamin
Levi			
Juda			
Issachar			
Sebulon			
Dina			

Dieser Familienstammbaum zeigt die Kinder Jakobs mit seinen vier Frauen Lea, Silpa, Bilha und Rahel. Nach der Bibel war jeder Sohn der Begründer einer der Stämme Israels.

Eine Fruchtbarkeitsfigur aus Ton, die vielleicht die kanaanitische Göttin Astarte darstellt (ca. 1300 v. Chr.) Die Hausgötter, die Rahel in Genesis 31 gestohlen hat, waren wahrscheinlich ähnlicher Art. Der Besitz dieser Figuren sollte Fruchtbarkeit gewähren (siehe Haupttext).

JOSEF

Die Erzählungen von Abraham und Jakob setzen sich aus verschiedenen Elementen wie Mythen, Volkssagen und Heiligtumslegenden zusammen und erhielten erst mit der Zeit ihre endgültige Form. Die Geschichte von Josef hingegen, die sich über die letzten 14 Kapitel der Genesis erstreckt, wurde von einem einzigen Autor geschrieben.

Es wurde öfters versucht, den historischen Zeitraum, in dem die Geschichte spielt, anhand der erwähnten ägyptischen Sitten und Gebräuche, die für eine Periode der ägyptischen Geschichte charakteristisch sind, festzulegen. Besonders der hohe Status, den Josef in Ägypten erlangte (siehe S. 50–51), deutet auf die Zeit der Hyksos (ca. 1670–1562 v. Chr.) hin, da diese selbst ausländische Herrscher waren, unter denen ein Nichtägypter zu Einfluß kommen konnte. Aber die Geschichte des Josef erwähnt keinen einzigen Pharao mit Namen. Auch blieben die Sitten und Gebräuche aufgrund der ausgeprägten konservativen Gesinnung der alten Ägypter wohl über Jahrhunderte hinweg unverändert. Allerdings wurde in letzter Zeit häufig argumentiert, daß gewisse, in der Genesis-Erzählung erwähnte kulturelle Merkmale kaum vor dem 1. Jahrtausend v. Chr. existiert haben können. Abgesehen von diesen wenigen Anhaltspunkten ist es sehr schwierig, einen Zusammenhang zwischen der Josef-Erzählung und einem bestimmten Zeitraum in der ägyptischen Geschichte herzustellen.

Obwohl es sehr verlockend ist, die Geschichte Josefs mit historischen Ereignissen in Verbindung zu bringen, zielt die biblische Erzählung auf etwas anderes ab. Der Kern der Geschichte dreht sich um das in volkstümlichen Erzählungen häufig vorkommende Motiv eines scheinbar unbedeutenden Wesens – in diesem Falle Jakobs jüngster Sohn –, das schließlich zu wahrer Größe heranreift. Dasselbe Motiv wiederholt sich in der Geschichte von der Salbung Davids zum zukünftigen König der Israeliten (1 Sam 16,1–13; siehe S. 80–81). Die Geschichte von Josef kann auch als Teil der israelitischen Weisheitsliteratur angesehen werden (siehe S. 126–127). In der Erzählung kommen verschiedene Motive vor, die für den ganzen Zyklus der Erzväter typisch sind – die Rivalität zwischen Geschwistern, die sich schlußendlich versöhnen, die Geburt von Söhnen, die Verdrängung des Erstgeborenen und das Thema des Exils und der Rückkehr. Das letzte Motiv kommt vor allem in den Worten Josefs am Sterbebett zum Ausdruck (Gen 50,24), wo er den folgenden Abschnitt der israelitischen Geschichte vorausahnt.

TRAUMDEUTUNG

Nicht alle Träume haben eine so offensichtliche Bedeutung wie der von Josef (siehe Kasten gegenüber). Oft beinhalten sie seltsame Bilder und Omen, die der Träumende nicht versteht und die ihm Angst machen. So ergeht es dem Mundschenk und dem Bäcker des Pharao (Gen 40) sowie dem Pharao selbst (Gen 41). Traumdeuter waren im alten Nahen Osten weit verbreitet und geschätzt, der Pharao hatte einen ganzen Stab von Deutern. Einen detaillierten Schlüssel zur Traumdeutung liefert ein Papyrus aus der Zeit des Neuen Reiches (ca. 1540–1070 v. Chr.).

Josef hat einen Silberbecher, „aus dem er wahrsagt" (Gen 44,5). Das deutet darauf hin, daß auch er ein professioneller Wahrsager ist, insbesondere einer, der aus Flüssigkeiten in einem Gefäß die Zukunft liest.

Oben und gegenüber: *Szenen aus dem Leben Josefs, gezeichnet von dem italienischen Künstler Giovanni di Bartolommeo (1483–1511).*

Von rechts nach links: *Jakob (Gen 37,14) sendet Josef zu seinen Brüdern; Josef wird an midianitische Kaufleute verkauft (37,38);*

Josef und seine Brüder

Die Geschichte von Josef und seinen Brüdern entwickelt sich gleichzeitig mit Josefs Aufstieg in Ägypten. Am Beginn wird erwähnt, daß Josef Jakobs Lieblingssohn ist, dem er „einen Ärmelrock" (Gen 37,3) anfertigen läßt – und nicht, wie oft falsch wiedergegeben, „einen Rock von vielen Farben". In 2 Samuel 13,18 ist ein solches „Ärmelkleid" das Gewand einer Prinzessin. So kann man sagen, daß Jakob Josef quasi einen königlichen Status verleiht, der ihn über seine Brüder stellt. Der Ärmelrock ist der erste Hinweis auf Josefs besondere Kleidung als Zeichen seiner Position, was sich als Motiv durch die ganze Erzählung zieht. Da Jakob Josef bevorzugt, werden seine Brüder eifersüchtig. „Sie haßten ihn und konnten mit ihm kein gutes Wort mehr reden" (Gen 37,4).

Dasselbe ist auch aus der nächsten Episode ersichtlich, in der es um die zwei Träume von Josef geht (Gen 37,5–11). (Daß solche Ereignisse paarweise auftreten, ist für die ganze Erzählung typisch. Später haben die Diener des Pharao und schließlich der Pharao selbst zwei Träume.) Josef träumt, daß er mit seinen Brüdern auf dem Feld Garben bindet – seine Garbe richtet sich auf, und die anderen neigen sich vor ihr nieder. Träume sind in der hebräischen Heiligen Schrift keine Phantasien oder Illusionen, sondern deuten auf die wirkliche innere Natur des Träumers hin. Josef hat die Träume eines Königs – das kann nur jemandem widerfahren, der auch in Wahrheit ein echter König ist. Daher ist es keine Überraschung, als Josef später praktisch der Herrscher von Ägypten ist und seine Brüder sich vor ihm verneigen.

Die Träume machen den Brüdern klar, daß Josef sich mit der Absicht trägt, König zu werden. Um dies zu verhindern, beschließen sie, ihn umzubringen. Nur Juda zeigt Erbarmen: „denn er ist doch unser Bruder und unser Verwandter". Die anderen lassen sich überzeugen und verkaufen ihn statt dessen an midianitische Kaufleute, die auf dem Weg nach Ägypten sind (Gen 27–28). Als Beweis für Josefs Tod präsentieren sie Jakob den Ärmelrock. In Ägypten verkaufen die Midianiter Josef an Potifar, den Obersten der Leibwache des Pharao. Josef erreicht schließlich eine sehr mächtige Position, über ihm steht nur noch der Pharao selbst (siehe S. 50–51). Die anfängliche Erniedrigung Josefs durch seine Brüder führt letztendlich zu seiner Erhöhung.

DAS ENDE VON JAKOBS WANDERUNG

Jakobs Rückkehr nach Kanaan rundet sein Leben und das seines Bruders Esau ab (Gen 33–37). Wie Ismael (siehe S. 42) wird auch Esau in der Genesis nicht in einem ungünstigen Licht dargestellt. Als er seinen Bruder Jakob wiedertrifft, behandelt er ihn großherzig. Auch die Teilung des Landes erfolgt ohne Streit. Esaus Bedeutung als Erzvater der Edomiter wird durch eine Liste seiner 80 Nachkommen hervorgehoben.

Jakob steht als Erzvater vor allem mit Zentralpalästina und den Gebieten Transjordaniens in Zusammenhang, während Abraham und Isaak eher dem Süden zuzuschreiben sind. Ab Genesis 33,18 kommt Jakob mit zwei wichtigen Heiligtümern des Nordens in Berührung – zuerst mit Sichem und dann mit Bet-El. Er baut Altäre an diesen ursprünglich kanaanitischen heiligen Plätzen, um die es noch zwei interessante Episoden gibt. Genesis 34 erzählt von einem grausamen Angriff auf Sichem, bei dem zwei von Jakobs Söhnen die Vergewaltigung von Dina, der Tochter von Jakob und Lea, rächen. Hier spiegelt sich ein Konflikt mit der eingeborenen Bevölkerung wider. Die zweite Episode, Genesis 35, beschreibt Jakobs Reise von Sichem nach Bet-El. Er bereitet sich darauf vor, indem er „alle fremden Götter", wie z.B. Rahels *teraphim*, unter der heiligen Eiche bei Sichem vergräbt. Der Bibelautor glaubte, daß alle fremden Elemente aus der Verehrung entfernt werden müssen. Der Geschichte liegen jedoch auch einige alte kultische Zeremonien zugrunde – an verschiedenen heiligen Stätten haben Archäologen Götterfigurinen gefunden, die absichtlich dort vergraben worden sind, obwohl unklar ist warum.

Letztendlich ziehen Jakob und seine Familie friedlich durch das Land und lassen sich in Hebron, in der Heimat Isaaks, nieder.

Josef und Potifars Frau (39,12); Josef im Gefängnis (39,20–21); die Brüder vor Josef, der hohe Beamte des Pharao (Gen 15); die Esel der Brüder sind für die Rückreise bereit (44,1); die Entdeckung von Josefs Becher in Benjamins Sack.

JOSEF IN ÄGYPTEN

So wie Josefs Träume zu seiner Versklavung geführt haben (siehe S. 49), so waren sie auch für seinen Aufstieg in Ägypten verantwortlich. Während er unschuldig im Gefängnis saß (siehe Kasten unten), deutet er die Träume zweier Diener des Pharao richtig (Gen 40). Seine Fähigkeit, Träume zu deuten, kommt dem Pharao zu Ohren, der zwei lebhafte, aber beunruhigende Träume hat (Gen 41). Josef erklärt dem Monarchen, daß seine Träume sieben Jahre Überfluß, gefolgt von sieben Jahren Hungersnot vorhersagen. Er schlägt Maßnahmen zur Vermeidung der Hungersnot vor. Der Pharao ist beeindruckt und gibt ihm alle Vollmachten. Er stellt ihn „über ganz Ägypten" (Gen 41,43). Obwohl die alljährlichen Überschwemmungen des Nil normalerweise für eine gute Ernte sorgten, waren Hungersnöte in Ägypten nichts Unbekanntes. Eine Inschrift um ca. 100 v. Chr. berichtet von einer siebenjährigen Dürreperiode während der Zeit des Pharao Djoser, der um 2800 v. Chr. regierte. In der Inschrift geht es darum, daß eine Gruppe von Priestern Steuererleichterungen verlangt. Ein ähnliches Privileg kennt auch die Josef-Erzählung – als die Ägypter aufgrund der Hungersnot allen Besitz dem Pharao abtreten müssen, sind nur die Priester von diesem Gesetz ausgenommen (Gen 47,22).

Als die Hungersnot kommt, ist sie nicht auf Ägypten beschränkt, und deshalb sendet Jakob zehn seiner Söhne von Kanaan nach Ägypten, um dort Getreide einzukaufen. Nun verknüpft sich die Geschichte von Josefs Verhandlungen mit seinen Brüdern mit dem Bericht über seinen Aufstieg. Seine Brüder erkennen nicht, daß der hohe Beamte ihr Bruder Josef ist (er ist mindestens 20 Jahre älter und spricht mit ihnen über einen Dolmetscher). Aber Josef erkennt sie, und sein Plan, die gesamte Familie in Ägypten zu vereinen, führt zu Verwicklungen. Er möchte, daß sie alle sein Glück und seinen Wohlstand teilen.

Bevor sie sich schlußendlich versöhnen, spielt Josef aber noch ein Spiel mit seinen Brüdern – eine gerechte Vergeltung für deren vergangenes Ver-

Juda, Tamar und Potifars Frau

Zwei Episoden der Josef-Erzählung stehen abseits der eigentlichen Handlung von Josefs Aufstieg und der Beziehung zu seinen Brüdern. Die erste ist die Geschichte von Josefs Bruder Juda und dessen verwitweter Schwiegertochter Tamar (Gen 38). In dieser Geschichte geht es darum, wie Juda die verschleierte Tamar für eine Prostituierte hält und sie von ihm schwanger wird. Sie soll bestraft werden, aber als sie die Identität des Vaters verrät, muß Juda seinen Fehler zugeben. Die Geschichte beinhaltet einige der ständig wiederkehrenden Motive der Erzählung der Erzväter – das Überwinden der Kinderlosigkeit, die Geburt von Zwillingen, die Unterdrückung des Erstgeborenen und Probleme mit der kanaanitischen Bevölkerung. Diese Episode wurde oft als falsch eingereihter Einschub betrachtet. Aber da gerade davor Juda Josef das Leben rettet (Gen 37,26–27), hat sich der Bibelautor vielleicht gedacht, daß es angebracht wäre, an dieser Stelle eine Geschichte über Juda zu erzählen.

In der zweiten Episode wird Josef von der Frau Potifars, dem Obersten der Leibwache, bedrängt (Gen 39). Der Autor hat wahrscheinlich ein bekanntes ägyptisches Märchen eingeflochten. In diesem Märchen ist der ältere Bruder verheiratet, und der jüngere arbeitet als sein Diener. Eines Tages, als der jüngere seine Arbeit tut, versucht seine Schwägerin ihn zu verführen. Er weist sie zurück, und als ihr Mann zurückkommt, beschuldigt sie den Diener, sie vergewaltigt zu haben. Die Handlung der biblischen Geschichte ist fast identisch, außer daß Josef unschuldig ins Gefängnis gesperrt wird, bis er plötzlich durch den Pharao große Macht erhält. In der ägyptischen Geschichte gelingt es dem Beschuldigten, den Ehemann von seiner Unschuld zu überzeugen, und die zwei Brüder versöhnen sich wieder.

halten. Der Erzähler steigert geschickt die Spannung vor dem glücklichen Ende. Zum Schluß gibt ihnen Josef seine Identität preis (Gen 45,4), und, um ihre Furcht zu zerstreuen, gibt er ihnen eine theologische Erklärung für ihr ursprüngliches Mißverhalten. Es war Gott, der für Josefs Ankunft in Ägypten verantwortlich war, und nicht seine Brüder. Gott schickte Josef voraus, „um Leben zu erhalten" und um „von euch im Land einen Rest zu erhalten" (Gen 45,5–7). Die Gegend, in der sich die Israeliten niederlassen sollen, liegt im Gebiet von Goschen (Gen 45,10). Dort werden sie bis zum Exodus leben.

Der letzte Teil der Geschichte von Josef (Gen 48–50) konzentriert sich auf den Tod Jakobs (Israels) und auf den Tod von Josef selbst. Auf seinem Totenbett wird Jakob noch einmal zu einer großen Quelle des Segens. Er segnet die zwei Söhne Josefs, und es ist typisch, daß er den jüngeren, Efraim, dem älteren, Manasse, vorzieht. Dann folgt ein langes Gedicht, in dem er das nicht immer glückliche Schicksal eines jeden der zwölf Stämme vorhersagt. Als er stirbt, wird er auf die in Ägypten übliche Art einbalsamiert, und sein Leichnam wird von Josef nach Kanaan gebracht, wo er in der Höhle in Machpela begraben wird.

Josef kehrt nach Ägypten zurück und lebt dort noch viele Jahre. Das Buch Genesis endet bezeichnend mit seinen letzten Worten, die in die Zukunft Israels weisen: „Ich muß sterben. Gott wird sich euer annehmen, er wird euch aus diesem Land heraus und in jenes Land hinaufführen, das er Abraham, Isaak und Jakob mit einem Eid zugesichert hat" (Gen 50,24).

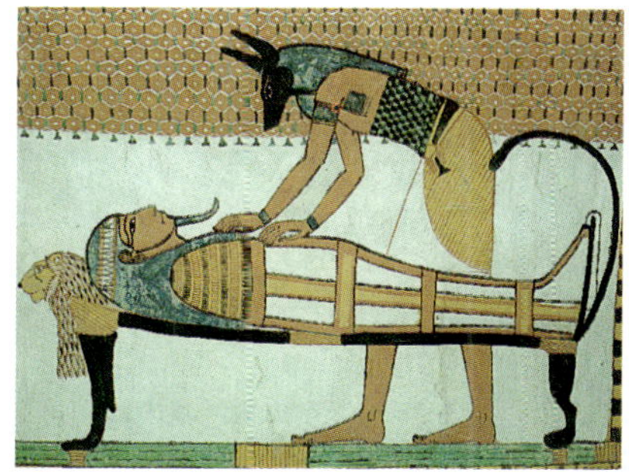

Anubis, der ägyptische Gott der Einbalsamierung, bereitet einen Leichnam zum Begräbnis vor; ein Wandgemälde von ca. 1300 v. Chr. Einbalsamieren war in Ägypten üblich. In der Bibel steht, daß Josef nach seinem Tod einbalsamiert und in Ägypten in einen Sarg gelegt wurde (Gen 20,26).

Ägyptische Elemente in der Josef-Erzählung

In der Josef-Erzählung sind einige typisch ägyptische Einzelheiten zu finden. Verschiedene ägyptische Wörter werden verwendet, wie z.B. der Ausruf „Abrek!" (Gen 41,43), was vor Josefs fahrendem Wagen hergerufen wurde und etwa soviel bedeutet haben soll wie „Beuge die Knie", oder auch der neue Name, den Josef erhält, Zafenat-Paneach (Gen 41,45) sowie die Namen seiner Braut, Asenat, seines Schwiegervaters Potifer und Potifers Stadt On, „Stadt des Pfeilers". Die Stadt On, besser bekannt unter ihrem griechischen Namen Heliopolis, war ein Zentrum der Sonnenverehrung und berühmt für ihre Obelisken.

Der Pharao gibt Josef Verfügungsgewalt „über mein Haus". Dieser Ausdruck scheint eine direkte Übersetzung des höchsten Titels der ägyptischen Verwaltung zu sein. Nur der Pharao selbst steht noch über ihm. Der Pharao sagt zu Josef: „Ich bin der Pharao, aber ohne dich soll niemand seine Hand oder seinen Fuß regen in ganz Ägypten" (Gen 41,44). Josef erhält den Ring des Pharao und eine goldene Kette (Gen 41,42). Das war bei der Ernennung hoher ägyptischer Beamter üblich und wird in einem Dokument aus der Zeit der Regierung Ramses II. (ca. 1279–1212 v. Chr.) bestätigt. Josef kauft später das gesamte Land der Ägypter (Gen 47,20) für den Pharao auf. Das spiegelt offenbar die Situation im Neuen Reich (ca. 1540–1070 v. Chr.) wider, als Ägypten zu einem despotischen Staat wurde und alles dem Pharao gehörte.

Diese Einzelheiten weisen allerdings nicht auf eine bestimmte Periode der ägyptischen Geschichte hin (siehe S. 48). Nicht alles, was in der Josef-Erzählung über die ägyptischen Gebräuche berichtet wird, stimmt genau. So steht z.B. in Genesis 43,32, daß die Ägypter nicht gemeinsam mit den Hebräern essen können, da dies als unschicklich gilt, und daß die Ägypter eine große Abneigung gegen Viehhirten haben (Gen 46,34). Aus ägyptischen Quellen lassen sich diese Aussagen aber nicht bestätigen.

III MOSE

Die Bücher Exodus, Levitikus, Numeri und Deuteronomium werden von der Gestalt eines Mannes dominiert – Mose. Es gibt kaum Zweifel, daß Mose wirklich existiert hat, allerdings hatte er nicht diesen hohen Status. Er war möglicherweise von regionaler Bedeutung, vielleicht ein Mitglied des Stammes Levi aus der Gegend von Kadesch-Barnea ganz im Süden Kanaans. In der Bibel wird er zum idealisierten Führer des Volkes Israel und erhält eine herausragende theologische Bedeutung. Er ist der Mittelsmann Gottes, und Gott legt durch ihn den grundlegenden Charakter und die Struktur des Volkes Israel fest. Seine Geschichte spielt sich nicht in einer bestimmten historischen Periode ab. Mose erscheint als die menschliche Quelle der fundamentalen Merkmale und Institutionen im Leben der Israeliten: die Verehrung eines einzigen Gottes, Jahwe, der Bund, das Gesetz, die Propheten, das Königtum und die Priesterschaft.

DIE GESTALT DES MOSE

Mose tritt auf am Beginn des Buches Exodus, während der Unterdrückung der Israeliten in Ägypten. Diese Unterdrückung der Israeliten soll unter Pharao Ramses II. (1279–1212 v. Chr.) stattgefunden haben, der Exodus selbst unter seinem Sohn und Nachfolger Meremptah (ca. 1212–1204 v. Chr.; siehe S. 58). Ramses war ein großer Bauherr, er gründete Ramsesstadt im östlichen Nildelta. Nach Exodus 1,11 wurde diese Stadt von israelitischen Sklaven errichtet. Allerdings legt die Bibel ihr Hauptaugenmerk nicht auf die historischen Hintergründe von Mose. Der unbekannte Pharao wird einfach als tyrannischer Herrscher dargestellt. Seine Taten erscheinen unwahrscheinlich, vor allem sein Wunsch, sein großes Sklavenvolk, die Israeliten, auszurotten, wie in Exodus 1,15–22 erwähnt.

Der Bericht über die ägyptische Unterdrückung ist eine sorgfältig konstruierte Erzählung, die in drei Phasen zunehmend dramatischer wird. Sie soll der heroischen Gestalt des Mose den Weg ebnen. Nach dem Tod von Josef und seinen Brüdern (siehe S. 50–51) vermehrten sich ihre Nachkommen in Ägypten (Ex 1,7). Ein neuer Pharao kommt an die Macht, der sich vor ihrer Zahl fürchtet und sie versklavt. Aber da sie sich trotzdem immer stärker vermehren, befiehlt der Pharao den hebräischen Hebammen Schifra und Pua, alle männlichen israelitischen Neugeborenen zu töten (die Zahl zwei ist wohl eher auf erzähltechnische Gründe zurückzuführen als auf die Annahme, daß es für die gesamte hebräische Bevölkerung nur zwei Hebammen gab.) Den Hebammen gelingt es durch eine Ausrede, den Befehl des Pharao zu mißachten. Daraufhin befiehlt er ganz einfach, alle männlichen Hebräer nach der Geburt in den Nil zu werfen (Ex 1,22).

Zu diesem Zeitpunkt wird einem Paar aus dem Hause Levi, das später Jochebed und Amram genannt wird, ein Sohn geboren. Die Mutter hält das Kind so lange wie möglich verborgen und setzt es dann in einem wasserdichten Korb am Nilufer im Schilf aus. Seine Schwester Mirjam (erst in Ex 15 mit Namen genannt) beobachtet, wie die Tochter des Pharao das Kind findet und als hebräisch erkennt. Mirjam schlägt der Prinzessin vor, eine hebräische Amme für das Kind zu suchen. Diese Amme, seine eigene Mutter, zieht den Knaben auf, bis er von der Prinzessin adoptiert wird, die ihn Mose nennt (Ex 2,10), was auf ägyptisch „Sohn“ bedeutet. Aber der biblische Erzähler kannte den wirklichen Ursprung des Namens nicht und leitete ihn aus dem hebräischen maschāh ab, „ziehen“, was darauf hinweist, daß Mose aus dem Nil gezogen wurde.

Parallelen zu dieser Geschichte gibt es in vielen Kulturen. Die naheliegendste ist die Legende vom assyrischen König Sargon (2334–2279 v. Chr.), dessen Mutter ihn anscheinend heimlich geboren und ihn dann in einem mit Teer abgedichteten Binsenkorb auf dem Fluß ausgesetzt hat. Er wurde von einem gewissen Akki (Laïpu), dem „Bewässerer“, gerettet und als Sohn angenommen. Später gewann Sargon die Gunst der Götter und wurde ein großer Herrscher. Die Geschichte von Mose konzentriert sich auf legendenhafte Themen und stellt sich keine praktischen Fragen, wie z. B. die, wie Mose als Erstgeborener seiner Eltern eine ältere Schwester haben kann.

Pharao Ramses II. (Regierungszeit 1279–1212 v. Chr.) in Kriegsbekleidung. Er war wahrscheinlich der für die Versklavung der Israeliten verantwortliche Despot.

Fayencescherbe, auf der Papyrusstauden abgebildet sind, ca. 1350 v. Chr. Viele europäische Künstler glaubten, daß das Schilf, in dem Mose ausgesetzt wurde (Ex 2,3), Rohrkolben waren. Sehr wahrscheinlich handelte es sich aber um Papyrus.

Mose in Midian

Mose wächst am Hofe des Pharao in Ägypten auf. Als junger Mann wird er sich der Plagen seines eigenen Volkes bewußt. Er tötet einen Ägypter, der einen Hebräer geschlagen hat (Ex 2,12), und flieht nach Midian auf die östliche Seite des Golfes von Akaba. Moses Aufenthalt in Midian stellt ein bekanntes Motiv aus Volksmärchen dar: Der Held zieht sich in die Wildnis zurück, bevor er ins Land seines Schicksals zurückkehrt. Das Zusammentreffen von Mose und den Töchtern eines midianitischen Priesters an einem Brunnen (Ex 2,15–17) erinnert an die Geschichten von Isaak und Jakob (Gen 24 und 29). Wie auch dort führt dieses Treffen zur Hochzeit des Helden sowie zur Geburt eines Sohnes

Die Tatsache, daß Mose in die Familie des midianitischen Priesters einheiratet, zeigt, daß sich der Autor der engen ethnischen Verbindungen zwischen Midian und Israel bewußt war. Moses Schwiegervater (Reguël, Jitro oder Hobab genannt) wird in Richter 1,16 und 4,11 als Keniter bezeichnet, also ein Nachfahre Kains (siehe S. 30–31). Das „Zeichen“, das Gott Kain macht (Gen 4,15), bedeutete möglicherweise, daß die Keniter sich von ihren Nachbarn als Jahwe-Verehrer abhoben. Jitro ist vielleicht eine Art Hoherpriester von Jahwe. In Exodus 18 hat er den Vorsitz über ein heiliges Fest, an dem die Israeliten teilnehmen, und führt Mose dann in die Rechtsprechung ein. Der Berg, an dem Mose der Name Jahwe offenbart wird (siehe S. 54), scheint in der midianitischen oder kenitischen Umgebung zu liegen.

Manche Experten sind der Meinung, daß die Midianiter oder Keniter die ersten Anhänger Jahwes waren und daß die Israeliten den Jahwe-Kult nach dem Auszug aus Ägypten von ihnen übernommen haben. Allerdings ist Jahwe so sehr mit der Zeit vor dem Exodus verbunden, daß diese Theorie fraglich erscheint. Vielleicht pflegten die Midianiter oder Keniter nur gemeinsam mit den Hebräern denselben Kult.

DER BRENNENDE DORNBUSCH

Während seiner Zeit in Midian geht Mose zum Berg Horeb (Ex 3), wo ihm Gott in einem brennenden Dornbusch erscheint. Gott nennt nun seinen Namen, Jahwe, der im Deutschen üblicherweise mit „der HERR" wiedergegeben wird. Er ruft Mose dazu auf, nach Ägypten zurückzukehren, um sein Volk aus der Sklaverei heraus in das gelobte Land Kanaan zu führen.

Die Enthüllung von Jahwes Namen weist vielleicht auf die Anerkennung einer neuen Gottheit hin, aber die Bibel betont, daß es sich bei dem Wesen, das zu Mose spricht, um den „Gott Abrahams, Isaaks und Jakobs" handelt (Ex 3,6). Als Mose Gott nach seinem Namen fragt, antwortet er: „Ich bin der ‚Ich-bin-da'", offensichtlich eine Erklärung für den Namen Jahwe (Ex 3,14). Über die tatsächliche Bedeutung dieses rätselhaften Ausdrucks wurde viel diskutiert. Möglicherweise ist „Ich-bin-da" nur eine negative Antwort auf Moses Frage. Das hebräische Wort „sein", *hajah*, klingt ähnlich wie das Wort Jahwe. Der Erzähler baut diese Erklärungen geschickt ein (Ex 3,14–15). Zuerst sagt Gott: „Ich bin der ‚Ich-bin-da'", dann nur „der ‚Ich-bin-da'", und zuletzt enthüllt er den Namen Jahwe selbst. Diese Passage ist vielleicht ein Teil der Liturgie von alten kultischen Initiationsriten.

Gott versichert Mose, daß er mit ihm sein wird. Er ernennt ihn durch eine bekannte nahöstliche Formel zum Gesandten und schickt ihn mit einer Botschaft zum Pharao (Ex 3,16). Dieselbe Formel wurde auch verwendet, um jemanden zum Propheten zu berufen (vgl. 1 Kön 18,1), daher ist es möglich, daß die Art, wie Gott die jüdischen Propheten ruft, auch die Art, wie er Mose ruft, beeinflußt hat. Gott ermächtigt Mose wie die späteren Propheten auch, den göttlichen Charakter seiner Mission durch verschiedene Wunder zu bekräftigen. Die Einwände, die Mose gegen seine Mission in Exodus 4 erhebt, sind dieselben, wie sie auch Propheten erheben, wenn sie mit dem göttlichen Ruf konfrontiert werden.

Die Episode am Berg Horeb ist teilweise eine Heiligtumslegende. Sie folgt einem bekannten Muster, nach dem ein Platz nach der Erscheinung einer Gottheit als heilig gilt. „Der Engel des Herrn", der im brennenden Dornbusch erscheint, stellt die sichtbare Gegenwart Gottes dar, der sich, wie die Israeliten glaubten, in einer Flamme manifestiert (siehe Bild S. 26).

Aaron

In der Episode vom brennenden Dornbusch wird Aaron zum ersten Mal als Moses Bruder und Sprecher erwähnt. Am Anfang des Pentateuch (die ersten fünf Bücher der Bibel) wird er als Helfer Moses sowie als zweiter Führer während des Auszugs und der Wanderungen durch die Wüste dargestellt. Es gibt keine Anzeichen dafür, daß er eine spezielle priesterliche Funktion gehabt hätte. Andere Erzählungen stellen Aaron aufgrund seiner Opposition gegenüber Mose in ein ungünstiges Licht. Aber er ist ganz klar Mose unterstellt und zeigt viele Eigenschaften, die auch der große Führer besitzt. Auch er hat einen magischen Stab, mit dem er in Ägypten Plagen verursachen kann, auch er wird von den Israeliten feindselig behandelt, und auch er stirbt wie Mose auf einem Berg noch außerhalb des Gelobten Landes.

Später erreicht Aaron im Pentateuch größere Bedeutung als Gründer der israelitischen Priesterschaft und Garant der einzigen wahrhaftigen Priesterlinie. Im besonderen repräsentiert Aaron den Hohenpriester und dessen Position als Oberhaupt des Tempels von Jerusalem nach dem Exil. In Exodus 28 wird die Einsetzung Aarons als Hoherpriester mit prächtigen Gewändern und Insignien in allen Einzelheiten beschrieben.

Mose und der brennende Dornbusch, *aus einer illuminierten französischen Handschrift, ca. 1210. Das Bild illustriert Exodus 3,5: „Der Herr sagte: Komm nicht näher heran! Leg deine Schuhe ab; denn der Ort, wo du stehst, ist heiliger Boden."*

Der Blutsbräutigam

Nachdem Mose mit seiner Familie nach Ägypten aufgebrochen ist (Ex 4,20), übernachten sie an einem Ort, wo Jahwe offensichtlich versucht, Mose umzubringen. Diese Episode (Ex 4,24–26) ist überaus mysteriös und schwer zu interpretieren. Anscheinend ein Fragment einer ursprünglich eigenständigen Erzählung, weist sie archaische Merkmale auf, wie die Darstellung Jahwes als feindlicher Dämon der Nacht und die Verwendung eines Feuersteines zur Beschneidung. Obwohl aus dem Kontext klar ist, daß es um Mose geht, wird sein Name im hebräischen Original nicht erwähnt. Möglicherweise galt die Bedrohung eigentlich dem erstgeborenen Sohn, der durch seine Beschneidung dem Tod entrinnt. Gottes Drohung, den Erstgeborenen des Pharao zu töten, erfolgte unmittelbar zuvor. In der israelitischen Denkweise gehörte der männliche Erstgeborene Gott.

Die Erzählung enthüllt die ursprüngliche Bedeutung der Beschneidung als ein Ritual der Pubertät zur Vorbereitung auf die Hochzeit. Moses Frau Zippora berührt die Füße (vielleicht eine Umschreibung für die Genitalien) Moses oder ihres Sohnes – es ist nicht ganz klar, wessen – und sagt: „Ein Blutsbräutigam bist du mir." Die Geschichte erklärt den Ursprung des Ritus, der als „Blutsbräutigam durch Beschneidung" bekannt ist.

MOSE, AARON UND DIE ZEHN PLAGEN

Am Berg Horeb (siehe S. 54) beauftragt Gott Mose, die Israeliten aus Ägypten heraus nach Kanaan, in das Gelobte Land zu führen. Mose und sein Bruder Aaron stehen dem Pharao in Exodus 5 gegenüber. Zu diesem Zeitpunkt fordern sie für die Israeliten nur eine Drei-Tages-Reise in die Wüste, um dort ihrem Gott ein Schlachtopfer darzubringen. Diese Forderung läßt wieder vermuten, daß zwischen den Israeliten in Ägypten und verwandten ethnischen Gruppen, wie den Kenitern oder Midianitern, die in den Wüstengebieten im Süden Palästinas lebten, ein enger Zusammenhang bestand (siehe S. 53). Auch nennt die Bibel die Gottheit „Gott der Hebräer" (Ex 5,3), womit im weiteren Sinne nicht nur die Israeliten gemeint sind.

Das erste Treffen mit dem Pharao verläuft erfolglos und macht das Leben der Israeliten nur noch schwerer (Ex 5,4–21). Mose wendet sich an Gott, der wieder einmal seinen Namen nennt, Jahwe (Ex 6,3). In dieser Passage, die ursprünglich dem biblischen Autor „P" (siehe S. 26) zugeschrieben wurde, versichert Gott Mose und Aaron, daß er sein Versprechen halten wird. Er sagt, daß er Abraham, Isaak und Jakob nicht als Jahwe erschienen sei, sondern als „Gott der Allmächtige", auf hebräisch *El Schaddai.* Das bedeutet wahrscheinlich „El der Berge" und könnte wohl die Ansicht bestätigen, daß die Ahnen den höchsten kanaanitischen Gott El verehrt haben (siehe S. 72). Der Beiname *Schaddai* wird in aramäischen Inschriften aus dem 9. oder 8. Jahrhundert v. Chr. aus Deir Alla in Transjordanien bestätigt.

Mose und Aaron kehren zum Pharao zurück und bitten ihn nochmals, die Israeliten ziehen zu lassen. Gott befiehlt Aaron, ein Zeichen zu geben, um den Pharao zu überzeugen, daß ihr Anliegen von Gott kommt. Aaron tritt nun in eine Art Wettbewerb mit den Wahrsagern des Pharao. Er verwandelt seinen Stab in eine Schlange, was von den Ägyptern sofort nachgeahmt wird, doch Aarons Stab verschlingt die Stäbe der Ägypter (Ex 7,8–12; siehe Seitentext gegenüber). Aarons Kunststück beeindruckt den Pharao nicht, deshalb befiehlt Gott Mose, die Wasser des Nil in Blut zu verwandeln. Aaron schlägt seinen Stab auf das Wasser, und dieses wird zu Blut. Die ägyptischen Wahrsager tun jedoch dasselbe, und der Pharao bleibt weiterhin unbeeindruckt. Durch Mose und Aaron sendet Gott noch mehr Plagen – Frösche, Stechmücken, Ungeziefer, eine Seuche, Geschwüre, ein Hagelwetter, Heuschrecken und eine große Finsternis. Bei all diesen Plagen bleibt der Pharao hart, oder er verspricht nachzugeben, bricht jedoch danach jedesmal sein Wort. Erst nach der letzten und schrecklichsten Plage, dem Tod aller ägyptischen Erstgeborenen, ist der Pharao von Gottes Macht überzeugt. Er beruft Mose und Aaron zu sich und verspricht nicht nur, die Israeliten ziehen zu lassen, er befiehlt den Brüdern sogar, ihr Volk aus Ägypten hinauszuführen (Ex 12,31).

Die Erzählung der Plagen stellt wahrscheinlich eine Zusammenfassung der Werke der beiden Autoren „J" und „P" dar (siehe S. 26–27), von denen jeder ursprünglich von sieben Plagen sprach, der Zahl, die in Psalm 105 genannt wird. Nach einem der beiden ist es Mose, der seinen Stab verwendet, um die Plagen herbeizuführen. Der andere Autor mißt Aaron, der mit seinem Stab mit den ägyptischen Wahrsagern konkurriert, viel größere Bedeutung zu. Während der Plage der Geschwüre (die ursprünglich die vierte und mittlere Plage war), werden die ägyptischen Wahrsager ebenfalls von Geschwüren befallen; nach dem ägyptischen Ritual gelten sie infolgedessen als unrein und dürfen die Wahrsagerei nicht mehr ausüben. Die beiden Versionen konnten geschickt miteinander verknüpft werden, da sie beide dazu dienten, die unwiderstehliche Macht des Gottes der Israeliten zu demonstrieren.

Diese Zeichnung aus einem alten ägyptischen Relief stellt wahrscheinlich einen Wahrsager dar, der seinen Stab in eine Schlange verwandelt, die hinter ihm erscheint.

AARONS STAB
In der israelitischen Tradition wurde Aarons Stab (siehe Haupttext) als Zeichen seiner Überlegenheit verehrt und symbolisierte den exklusiven Anspruch Aarons und seiner Nachkommen auf das Priesteramt (siehe S. 54). Das Buch Numeri (Num 17–18) erzählt, wie Gott Streitigkeiten unter den Israeliten beenden wollte und deshalb Mose beauftragte, von den Führern der zwölf Stämme Israels je einen Stab zu holen. Der Stab des Stammes Levi, auf dem Aarons Name steht, bringt Knospen, Blüten und „reife Mandeln" hervor. (Solche Wunder kommen in Volksmärchen häufig vor.) Deshalb garantiert Gott Aaron und seinen Söhnen alleinige Kontrolle über das Priesteramt. Der Stab wurde an einem heiligen Ort aufbewahrt.

Es ist nicht ohne Bedeutung, daß Gott zuerst versuchte, den Pharao zu beeindrucken, indem er Aarons Stab in eine Schlange verwandelte. Schlangen hatten im alten Nahen Osten große Symbolkraft (siehe S. 29). In Ägypten galten sie als Verkörperung der Chaos-Mächte, und deshalb wurde Zauberei, die Schlangen bändigte, sehr hoch geschätzt.

Schlangen kamen in der gesamten ägyptischen Kultur vor. Dieses Spielbrett aus Alabaster und Jaspis stammt aus ca. 250 v. Chr. und diente für das Spiel Mehen.

Naturphänomene

Die Plagen, die Gott den Ägyptern schickt, werden oft mit Naturphänomenen erklärt, die von Zeit zu Zeit in Ägypten auftreten. Die erste Plage, bei der das Wasser des Nil in Blut verwandelt wird, kann sich vielleicht auf die rote Verfärbung beziehen, die ab und zu aufgrund von vulkanischen Ablagerungen und Algen aus dem Weißen und Blauen Nil entsteht. Im Bericht über die siebte Plage, den Hagel, erwähnt der Autor, daß Weizen und Dinkel verschont blieben, weil diese noch nicht reif waren (Ex 9,31–32). Das spiegelt vielleicht die Reihenfolge wider, nach der in Ägypten jährlich angepflanzt wurde. Die neunte Plage, die „Finsternis", könnte sich auf die dichten Staubwolken beziehen, die im März von heißen Winden aus der Sahara verursacht werden. Besonders lästige Plagen durch Frösche, Stechmücken, Ungeziefer und Heuschrecken sind für Nordafrika charakteristisch und suchten Ägypten sicherlich regelmäßig heim.

Mose beschwört die Heuschreckenplage herauf *(Ex 10,12–13), aus der Nürnberger Bibel von 1483.*

Die biblischen Plagen sind vielleicht Erinnerungen an wirkliche Vorkommnisse, haben jedoch auch eine theologische Bedeutung. Die Wasser des Nil färben sich nicht nur rot, sondern werden zu Blut, was in der Bibel eine starke Symbolkraft besitzt. Goschen, wo die Israeliten lebten, wird vom Hagel und von der Finsternis verschont – das scheint allerdings eher ein Zeichen der Fürsorge Gottes für sein Volk zu sein als eine historische Begebenheit. Die einzigartige Heftigkeit der Plagen wird oft betont. Gottes Urteil tritt häufig in der Form von Naturkatastrophen auf. Es gibt noch andere Beispiele dafür in Weissagungen, die ein solches göttliches Urteil darstellen, z.B. im Kapitel 4 des Buches Amos.

DIE RETTUNG AM SCHILFMEER

PASCHA UND UNGESÄUERTE BROTE
Exodus 12 und 13 erklären den Ursprung der alten Frühlingsfeste Pascha und Ungesäuerte Brote. Ursprünglich handelte es sich um zwei getrennte Feste. Das Paschafest war ein rituelles Schlachtopfer, um alles Böse vom Haus fernzuhalten, und hing wahrscheinlich mit der Wanderung der Nomaden zu den Sommerweidegründen zusammen. Das Fest der Ungesäuerten Brote war wohl eher ein Fest der seßhaften Bevölkerung, das zu Beginn der Gerstenernte gefeiert wurde.

Die Bibel legt diese beiden Feste zusammen, um der Ereignisse des Exodus zu gedenken. Pascha (hebräisch *pesach*) heißt so, weil Jahwe an den Häusern der Israeliten „vorüberging" (Ex 12,27) und sie vor der letzten der zehn Plagen, dem Tod der Erstgeborenen, verschonte (siehe S. 56). Das Fest begann früher mit der Opferung eines Lammes in der Morgendämmerung, was bei den Samaritern heute noch praktiziert wird (siehe S. 125). Im Buch Exodus wird erklärt, daß das Blut der Opfertiere die israelitischen Erstgeborenen schützte (Ex 12,21–23). Das Paschafest ist eine Nacht der Wache, weil der Herr in der Nacht wach blieb, um sein Volk aus Ägypten hinauszuführen (Ex 12,42). In der darauffolgenden Woche wird nur ungesäuertes Brot gegessen, weil die Israeliten vor ihrem Aufbruch keine Zeit hatten, den Teig zu durchsäuern (Ex 12,39).

KÖNIGE DER 19. DYNASTIE
Der Exodus fand wahrscheinlich während der Zeit der 19. Dynastie der ägyptischen Pharaonen (siehe unten) statt, genauer während der Herrschaft Ramses II., der Ramsesstadt erbauen ließ (siehe Karte), und seines Nachfolgers. Alle Daten sind ungefähre Angaben.

Ramses I.	1292–1290
Sethos I.	1290–1279
Ramses II.	1279–1212
Meremptah	1212–1204
Sethos II.	1204–1198

Nachdem sie aus der Sklaverei entlassen worden sind (siehe S. 56–57), ziehen Mose und die Israeliten Richtung Südwesten aus Ramsesstadt hinaus (siehe Karte gegenüber) und nehmen die Gebeine Josefs mit. Gott zeigt ihnen den Weg – als Wolkensäule bei Tag und als Feuersäule bei Nacht. In diesen Symbolen erscheint Gott auch noch an anderer Stelle in der Bibel. Der kürzeste Weg nach Kanaan führt durch das Land der Philister, Gott wählt jedoch den Umweg „durch die Wüste zum Schilfmeer". Das soll die Israeliten davon abhalten, umzudrehen, wenn sie Krieg erleben (Ex 13,17), und soll den Pharao glauben machen, daß sich die ehemaligen Sklaven im Land verlaufen haben (Ex 14,3). Gott ermuntert die Ägypter, die Israeliten zu verfolgen, denn er möchte, so erzählt er Mose, „am Pharao und an seiner ganzen Streitmacht meine Herrlichkeit erweisen", damit „die Ägypter erkennen, daß ich der Herr bin"(Ex 14,4).

Die ägyptische Streitmacht holt die Israeliten am Roten Meer ein. Die Flüchtenden haben verständlicherweise Angst, aber Mose versichert ihnen: „Der Herr kämpft für euch" (Ex 14,14). Während der Nacht vertauscht Gott die beiden Säulen zwischen den Ägyptern und den Israeliten. Nach Gottes Anweisung hebt Mose seinen Stab, und Gott schickt einen starken Ostwind, der das Wasser spaltet und das Meer austrocknet. Die Israeliten überqueren das Meer auf „trockenem Boden". Die Streitmacht der Ägypter folgt ihnen, aber Gott hemmt die Räder an den Wagen der Verfolger und versetzt sie in Panik. Mose hebt erneut seinen Stab, das Wasser flutet zurück und ertränkt die Streitmacht des Pharao. Die Ereignisse der Überquerung des Schilfmeeres werden in Bildern der alten Schöpfungsmythen geschildert (siehe S. 18 und 26–27). Das Wasser wird geteilt, und die feindlichen Mächte des Chaos, hier von der ägyptischen Streitmacht dargestellt, werden besiegt. Wie viele andere Erzählungen in der Bibel stammt auch diese von den beiden Autoren „J" und „P". In der Erzählung des „J" handelt Jahwe alleine, während „P" Mose viel mehr in den Vordergrund stellt. Die beiden Versionen wurden auch hier wieder geschickt miteinander verwoben, um eine

Marschierende ägyptische Truppen, Skulpturen aus der Zeit 1990–1786 v. Chr., aus einem Grab in Assyut, Ägypten.

Die Route des Exodus

Den Israeliten gelang die Flucht über das sogenannte „Schilfmeer“, hebräisch *Jam Suf,* was an anderer Stelle in der Bibel für das Rote Meer steht. Allerdings glauben nur wenige Experten, daß es sich in der Exodus-Geschichte wirklich um das Rote Meer handelt. Alternative Routen wurden vorgeschlagen (siehe Karte). Z. B. eine nördliche Route durch den Sirbonissee, zwei zentrale Routen, entweder durch das Marschland des Timsasees oder den Kleinen Bittersee, sowie eine südliche Route in der Nähe des Golfes von Suez. Auch ist die Route der Israeliten nach der Schilfmeer-Episode sehr umstritten. Nur wenige Ortsnamen der Erzählung sind mit Sicherheit zu identifizieren, auch in der Bibel selbst ist die Route nicht unbedingt zusammenhängend. Verschiedene Bibelautoren reden vermutlich von verschiedenen Wegen über die Halbinsel Sinai.

Es ist wahrscheinlich, daß das Buch Exodus Elemente mehrerer Nomadenerzählungen in eine Geschichte einflicht, die ursprünglich nur die Wanderungen einer bestimmten Gruppe erzählte. Die Bibel spielt auch darauf an, daß andere, verwandte Gruppen aus Ägypten auszogen und auf dem Sinai herumwanderten. Diese wandernden Gruppen der Exodus-Erzählung werden daher als das gesamte Volk Israel angesehen.

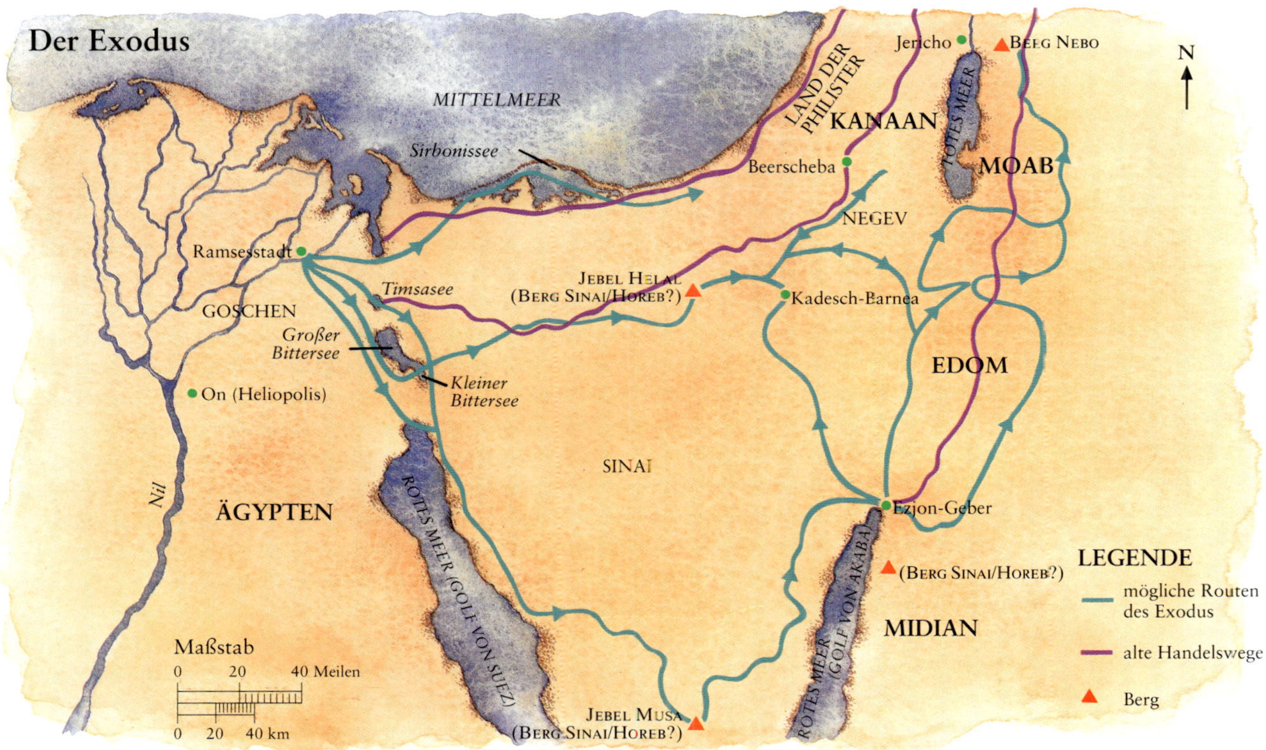

zusammenhängende Geschichte zu konstruieren, die den Glauben Israels an den göttlichen Krieger, der für sein Volk kämpft, unterstreicht.

Beide Erzählungen stimmen in einem wesentlichen Punkt überein: Durch göttliche Intervention geschieht am Schilfmeer ein Wunder – und das ist es, was für das Volk Israel von grundlegender Bedeutung ist. Auf die Episode folgt ein Gedicht, das als „Lied des Mose“ bekannt ist (Ex 15,1–18). Es soll von Mose selbst stammen, tatsächlich handelt es sich aber wahrscheinlich um eine Hymne zum Gedenken an den Exodus aus späterer Zeit. Der erste Teil (Verse 1–12) erzählt von der Überquerung des Schilfmeeres und preist Jahwes Vorherrschaft gegenüber allen anderen Göttern. Der zweite Teil (Verse 13–18) berichtet, wie Israel durch dieses Ereignis zum Volk Gottes wird und am Berg Zion das Heiligtum Jerusalem errichtet.

MOSE AM BERG SINAI

Nach der Überquerung des Schilfmeeres wandern die Israeliten in die Wüste bis zum Berg Sinai, wo Gott ihnen die göttlichen Gesetze übergibt. Diese Übergabe ist das wichtigste Element im ganzen Pentateuch, das läßt sich schon am Umfang des dafür verwendeten Platzes ersehen: 21 Kapitel im Buch Exodus, das gesamte Buch Levitikus und ein beträchtlicher Teil des Buches Numeri. Der wichtigste Teil, in dem alles folgende festgelegt wird, ist der Bericht der großen Erscheinung Gottes (Theophanie) nach der Ankunft der Israeliten am heiligen Berg (Ex 19). Dieser lange und komplizierte Teil besteht aus einer Vielzahl von Elementen, die zu verschiedenen Zeiten entstanden sind. Die bedeutendsten Themen sind jedoch klar.

Die Erzählung betont die Rolle Moses als Mittelsmann zwischen Gott und dem Volk. Nur er allein steht in direktem Kontakt mit Gott und kann die göttlichen Anweisungen entgegennehmen und an das Volk weitergeben. Das kommt vor allem durch seine wiederholten Begegnungen mit Gott am Gipfel des Berges Sinai zum Ausdruck. Das Bild, das die Bibel von Mose zeichnet, erinnert teilweise an spätere Könige, Priester und Propheten, die ebenfalls als Vermittler auftreten. Am Sinai ist Mose der Überbringer des Bundesbuches, des formellen Abkommens zwischen Gott und dem Volk,

Mose mit den Tafeln der Bundesurkunde, *Rembrandt (1659).*

DIE ZEHN GEBOTE
Die Grundlage des Bundes zwischen Gott und dem Volk Israel sind die Zehn Gebote, auch Dekalog genannt. Diese Art von Gesetz stellt in der Bibel einen absoluten ethischen Imperativ dar („apodiktisches Gesetz"). Es gibt zwei vollständige Versionen der Gebote: in Exodus 20 sowie in Deuteronomium 5. Sie werden auch an anderen Stellen der Bibel zusammengefaßt oder zitiert, besonders in den Büchern der Propheten. Sie wurden auf einem Papyrus von ca. 100 v. Chr. gefunden sowie auf Fragmenten der Schriftrollen vom Toten Meer (siehe S. 145). Die Abweichungen in diesen Versionen lassen darauf schließen, daß sie ursprünglich aus einem Glaubensbuch mit zehn kurzen Einträgen oder „Worten", wie die Hebräer sie nannten, stammen, die in einigen Fällen dann erweitert wurden. Die ursprünglichen Gebote gehen wohl auf Mose zurück, aber die endgültige Form könnte von Vertragstexten beeinflußt worden sein. Vielleicht waren sie aber auch zuerst eine Art kultische Liturgie, die ethische Grundsätze für die Teilnahme an Anbetungen festlegen (auch in Psalm 15 und 24 zu finden). Juden und christliche Konfessionen variieren in der Anordnung der Zehn Gebote (siehe unten).

DIE ZEHN GEBOTE (EX 20,1–17)
„Ich bin Jahwe, dein Gott, der dich aus Ägypten geführt hat, aus dem Sklavenhaus." *(Prolog: das erste Gebot des Judentums.)*
„Du sollst neben mir keine anderen Götter haben. Du sollst dir kein Gottesbild machen." *(Das zweite Gebot im Judentum; das erste Gebot der römisch-katholischen und der lutherischen Kirchen; das erste Gebot – zusammen mit dem Prolog – und das zweite Gebot der orthodoxen und reformierten Kirchen.)*
„Du sollst den Namen des Herrn, deines Gottes, nicht mißbrauchen."
„Gedenke des Sabbat: Halte ihn heilig!"
„Ehre deinen Vater und deine Mutter."
„Du sollst nicht morden."
„Du sollst nicht die Ehe brechen."
„Du sollst nicht stehlen."
„Du sollst nicht falsch gegen deinen Nächsten aussagen."
„Du sollst nicht nach dem Haus deines Nächsten verlangen. Du sollst nicht nach der Frau deines Nächsten verlangen ... oder nach irgend etwas, was deinem Nächsten gehört." *(Das zehnte Gebot des Judentums sowie der orthodoxen und reformierten Kirchen; das neunte und zehnte Gebot der römisch-katholischen und lutherischen Kirchen.)*

das Israel als ein Volk definiert. Das Bundesbuch stellt ein von Gott gegebenes Gesetz dar, das die Israeliten befolgen müssen. Dieses Gesetz ist wohl an die damals im Nahen Osten üblichen Verträge zwischen einem Herrscher und seinen Vasallen angelehnt. Gott verspricht, daß das Volk, wenn es den Bund hält, „ein Reich von Priestern und ein heiliges Volk" werden wird (Ex 19,6). Mose liest die Urkunde des Bundes vor, und das Volk nimmt das Versprechen Gottes an (Ex 24,7). Die Erzählung beinhaltet auch die Übergabe der Zehn Gebote und anderer Rechtsvorschriften. Im Grunde geht aus der Bibel hervor, daß alle grundlegenden israelitischen Gesetze am Berg Sinai von Gott an Mose übergeben worden sind (siehe S. 118–119).

Die Sinai-Episode wurde wahrscheinlich durch israelitische Kulttraditionen beeinflußt, vielleicht auch durch ein regelmäßig abgehaltenes Fest zur Erneuerung des Bundes. So sind z. B. die Reinigungsriten vor der Erscheinung des Herrn (Ex 19,10–15) eine Vorbereitung zur Anbetung. Die Erscheinung selbst wird von einem heftigen Gewitter, einem Feuer und einem Erdbeben begleitet (Ex 19,16–18). Dies führte zur Ansicht, daß der Berg Sinai ein Vulkan gewesen sein müsse, jedoch werden die meisten göttlichen Erscheinungen von solchen Phänomenen begleitet. Der mehrmals erwähnte gewaltige Hörnerschall steht für einen Aufruf zu einer religiösen Zeremonie, und die Rauchwolke, in der sich Jahwe vor dem Volk versteckt (Ex 19,18), mag auf einen Weihrauchritus zurückzuführen sein (Ex 19,18). Zuletzt weisen auch das heilige Mahl sowie das Besprengen des Altares mit Blut zur Besiegelung des Bundes (Ex 24,5–8) auf ein kultisches Ritual hin.

Der heilige Berg

Was die Erkenntnisse aus der Bibel angeht, so ist alles, was mit Sicherheit über Gottes heiligen Berg, wo er Mose das Gesetz übergeben hat, gesagt werden kann, daß er außerhalb des Gelobten Landes, irgendwo südlich von Kanaan liegt. Der Berg Sinai wird traditionellerweise mit dem Jebel Musa (arabisch „Berg Moses") im Süden der Halbinsel Sinai (siehe Karte S. 59) identifiziert. Aber diese Ansicht wurde aller Wahrscheinlichkeit nach erst von Christen im 4. Jahrhundert vertreten. Später wurde eher angenommen, daß der Berg sich irgendwo im Nordwesten Arabiens, in der früheren midianitischen Gegend, befindet. Einige Bibelpassagen lokalisieren den Sitz Gottes allerdings in Edom (Seïr), südlich von Palästina. Es gibt auch eine Vielzahl anderer Bezeichnungen für den heiligen Berg, wie Berg Horeb, „Gottesberg" oder einfach nur „der Berg". Wahrscheinlich wurden, nachdem das Wissen um die genaue Lage verlorengegangen war, im Interesse der Pilger verschiedene Berge als heiliger Berg bezeichnet.

In der Bibel gibt es mehrere Berichte über die Geschichte Israels zwischen dem Exodus und der Besetzung Kanaans, die den Berg Sinai nicht einmal erwähnen. Das ist sehr verwunderlich angesichts der wichtigen Rolle des Sinai in der Exodus-Erzählung. Insbesondere gibt es auch starke Hinweise darauf, daß Kadesch-Barnea, eine Oase in der Wüstenregion südlich von Beerscheba, jener geschichtsträchtige Ort war, an dem Gott den Israeliten das Gesetz übergeben hat. Dieser

Jebel Musa im Süden von Sinai, von griechischen Christenmönchen im 4. Jahrhundert als Berg Sinai bezeichnet.

Sichtweise würden die Erfahrungen einer der Gruppen des späteren Volkes Israel entsprechen. Diese Theorie wurde nur durch die Erfahrungen einer anderen Gruppe verdrängt, die glaubte, daß der Bund am Berg Sinai geschlossen wurde.

DAS BUNDESBUCH

Unmittelbar nach der Übergabe der Zehn Gebote (siehe S. 60) beauftragt Gott Mose, den Israeliten einen weiteren, viel längeren Gesetzestext zu überbringen (Ex 20,22–23,33). Diese Gesetze sind in der Folge als das „Bundesbuch" bekannt. Durch diese Episode wird auch klar, warum die gesamten israelitischen Gesetze Mose zugeschrieben werden. Es scheint sich um einen Einschub in der Exodus-Erzählung zu handeln, da eindeutig auf eine Zeit Bezug genommen wird, in der das Volk Israel bereits eine seßhafte Gesellschaft ist, was bedeutet, daß es sich schon in Kanaan niedergelassen hat. Die einzelnen Gesetze beziehen sich auf Häuser, Rinder, Felder und Weinberge sowie auf Sklaven, Silber, bewegliches Vermögen und auf den Gebrauch von Geld. Das Bundesbuch gilt als das älteste der biblischen Gesetzbücher und spiegelt die Lebensbedingungen kurz nach der Besetzung Kanaans oder vielleicht sogar während der frühen Monarchie wider. Unter den Opfervorschriften befindet sich auch ein Verbot, das Junge einer Ziege in der Milch seiner Mutter zu kochen (Ex 23,19). Es gibt wahrscheinlich Parallelen zwischen diesem seltsamen Verbot und einem kanaanitischen Text, deshalb richtet es sich möglicherweise gegen einen kanaanitischen Ritus. Eigentlich scheint das ganze Bundesbuch hauptsächlich dafür

Frühe israelitische Religion

Eine Passage des Bundesbuches (Ex 20,22–26) bietet Einblick in die religiösen Praktiken der älteren israelitischen Stämme. Gott sagt, daß er die Menschen segnen werde, „an jedem Ort, an dem ich meinem Namen ein Gedächtnis stifte". Das bedeutet, daß es viele heilige Orte gibt – im Gegensatz zum späteren Israel. Es scheint auch, daß Gott die Übernahme alter kanaanitischer Heiligtümer, wie sie in den Legenden der Genesis vorkommen (siehe S. 38 und 45), duldet.

Es gibt drei verschiedene Vorschriften, was den Bau eines Altares betrifft. Die erste ist sehr alt und schreibt vor, daß ein Altar nur aus Erde bestehen darf (Ex 20,24). Das mag auf eine Vorliebe für völlig naturbelassene Materialien hindeuten. Eine ähnliche Idee steckt vielleicht hinter der zweiten Vorschrift, die Altäre aus Stein erlaubt, solange der Stein nicht behauen ist, da die Berührung mit einem Meißel (Ex 20,25) ihn entweihen würde. Diese Vorschrift richtet sich wahrscheinlich gegen kanaanitische Altäre, die aus aufgestellten Steinen bestanden. Als Josua den ersten israelitischen Altar nach diesen Anweisungen errichtet, steht dazu ausdrücklich geschrieben, daß die Steine noch „kein eisernes Werkzeug" berührt haben dürfen (Jos 8,31). Im Bundesbuch ist keine Rede von Eisen, deshalb geht dieses Gesetz wohl auf eine Zeit zurück, in der das Eisen den Israeliten noch nicht bekannt war.

Die dritte Vorschrift (Ex 20,26) verbietet den Bau von Stufen. Sehr wahrscheinlich war dieses Gesetz ursprünglich gegen den weit verbreiteten nahöstlichen Kult des „Hochgottes" gerichtet, der den Bau von Altarstufen vorsah. In der Bibel wird das Verbot so begründet: „damit deine Blöße dabei nicht zum Vorschein kommt" – damit sich die Genitalien nicht direkt über einem Teil des Altares befinden. Daraus läßt sich die Abscheu der Israeliten vor jedem Zusammenhang zwischen Heiligem und Sexuellem ersehen. Eine spätere Regelung schreibt vor, daß Priester unter ihren Gewändern Unterhosen aus Leinen tragen mußten.

Exodus 20 sagt: „Du sollst nicht auf Stufen zu meinem Altar hinaufsteigen", eine Vorschrift, die sich wahrscheinlich gegen Altäre, wie diesen hier in Petra, dem Zentrum des alten Nabatäerreiches, richten. Stufenaltäre waren typisch für heidnische Kultstätten.

dazusein, den religiösen und kulturellen Einfluß der eingeborenen Kanaaniter während der ersten Zeit der israelitischen Besiedelung Kanaans zurückzudrängen (siehe S. 72).

Das Bundesbuch gliedert sich in zwei Abschnitte, die sich aufgrund ihres literarischen Stils sehr voneinander unterscheiden. Der erste Teil besteht aus Vorschriften oder Fallrechtsbeispielen, *mischpatim,* die mit „wenn" beginnen. Z. B.: „Wenn einer seinem Sklaven oder seiner Sklavin ein Auge ausschlägt, soll er ihn für das ausgeschlagene Auge freilassen" (Ex 21,26) oder „Wird ein Dieb beim Einbruch ertappt und so geschlagen, daß er stirbt, so entsteht dadurch keine Blutschuld. Doch ist darüber bereits die Sonne aufgegangen, dann entsteht Blutschuld" (Ex 22,1–3). Vorschriften dieser Art sind die bekanntesten in alten nahöstlichen Gesetzestexten (siehe Kasten unten). Der zweite Abschnitt hat vor allem religiösen Inhalt und verbindet humanitäre Verfügungen, Regeln für die Administration der Gerichtsbarkeit, Anweisungen für die drei großen Feste und Opfervorschriften. Wie die Zehn Gebote ist dieser Abschnitt in seiner äußeren Form apodiktisch. Z. B.: „Du sollst kein leeres Gerücht verbreiten. Biete deine Hand nicht dem, der Unrecht hat, indem du als falscher Zeuge auftrittst ... und du sollst in einem Rechtsverfahren nicht so aussagen, daß du dich der Mehrheit fügst und das Recht beugst" (Ex 23,1–2) oder „Sechs Tage kannst du deine Arbeit verrichten, am siebten Tag aber sollst du ruhen, damit dein Rind und dein Esel ausruhen und der Sohn deiner Sklavin und der Fremde zu Atem kommen" (Ex 23,12).

Mose auf einer Wandmalerei aus dem Katharinenkloster am Jebel Musa, dem traditionellen Berg Sinai (6. Jahrhundert v. Chr.). Vom Mittelalter an wurde er als ältere, bärtige Figur dargestellt (siehe Bild S. 60).

Nahöstliche Gesetzbücher

In den Kulturen des antiken Nahen Ostens war es üblich, die Gesetze niederzuschreiben. Im letzten Jahrhundert wurde eine Anzahl von Gesetzestexten gefunden, die so viele Gemeinsamkeiten mit den Gesetzen der Hebräischen Schrift aufweisen, daß man annehmen kann, sie dienten der Bibel als Inspiration.

Es gibt sieben, besonders wichtige Gesetzestexte aus dem alten Nahen Osten: vier königliche, drei davon aus der Zeit der Sumerer – der Kodex von Urnammu, dem Begründer (ca. 2100 v. Chr.) der dritten Dynastie von Ur, der Kodex von Lipit-Ischtar von Isin aus dem frühen 19. Jahrhundert v. Chr. und der Kodex des Königreiches von Eschunna aus derselben Periode. Der vierte ist der berühmte Kodex von König Hammurabi von Babylon (ca. 1728–1686 v. Chr., siehe rechts). Alle außer dem Kodex Eschunna haben poetische Einleitungen, die den König preisen und all jenen, die versuchen, das Gesetz abzuändern, göttliche Vergeltung androhen. Drei spätere Werke, die ebenfalls Parallelen zum biblischen Text aufweisen, werden nicht direkt einem König zugeschrieben. Es sind dies die Mittelassyrischen Gesetze (12. Jahrhundert v. Chr. oder früher), die Hethitischen Gesetze aus Kleinasien (14. Jahrhundert v. Chr.) und die Gesetze des Neubabylonischen Reiches (ca. 625–539 v. Chr.). Das Bundesbuch ähnelt diesen Gesetzen, was die weltlichen Angelegenheiten und den sachlichen Ton betrifft. Z. B. das Gesetz, das vorschreibt, was geschehen soll, wenn ein Tier des einen das Rind eines anderen tötet (Ex 21,35), findet sich in fast identischer Form im Kodex Eschunna.

Diese zahlreichen Parallelen bedeuten jedoch nicht, daß das Bundesbuch direkt von einem mesopotamischen Text abgeleitet wurde. Es ist wahrscheinlicher, daß die Israeliten durch ihre Kontakte mit den Kanaanitern auch mit den nahöstlichen Gesetzen in Berührung kamen, obwohl bis jetzt kein ausgesprochen kanaanitischer Kodex entdeckt worden ist.

Eine babylonische Stele, ca. 1700 v. Chr., mit dem Kodex Hammurabi.

DAS ZELTHEILIGTUM

Eine Statue des Königs Gudea von Lagasch. Er soll geträumt haben, daß ihm der Gott Ningirsu den Plan eines Tempels übergeben hat, den er zu bauen hatte.

Nach der Übergabe der Zehn Gebote und des Bundesbuches (siehe S. 60–63) ist der Rest des Buches Exodus vor allem der Errichtung einer heiligen Wohnstätte für Gott gewidmet. Dieses Heiligtum hat die Form eines Zeltes und beherbergt auch die Gesetzestafeln, die Mose am Berg Sinai übergeben wurden. Das Konzept eines Zeltheiligtums war im antiken Nahen Osten nichts Ungewöhnliches. Die Kanaaniter stellten die Wohnstätte von El, ihrem obersten Gott (siehe S. 45), und auch die anderer Götter als Zelt dar. Gott zeigte Mose am Berg Sinai „das Muster der Wohnstätte und aller ihrer Gegenstände" (Ex 25,9). Im Nahen Osten wurde angenommen, daß die Art und die Größe des irdischen Tempels einer Gottheit auf göttlichen Anweisungen beruht und den Dimensionen des jeweiligen Tempels im Himmel entspricht. Gudea, der Herrscher über die sumerische Stadt Lagasch (ca. 2060 v. Chr.), hat anscheinend göttliche Instruktionen für den Bau eines Tempels erhalten.

Kapitel 25–40 im Buch Exodus können in zwei Abschnitte unterteilt werden: Gottes detaillierte Anweisungen an Mose, wie das Zeltheiligtum aussehen soll, gefolgt von einem Bericht über die Ausführung. Dieses Gebäude bestand aus dem eigentlichen Heiligtum, das von einem rechteckigen Hof umgeben ist. Der Hof maß ungefähr 44 x 21 m und wurde von etwa 2,1 m hohen Pfählen begrenzt, an denen Vorhänge befestigt wurden. Die exakte Länge des biblischen Längenmaßes Elle ist nicht ganz gesichert, wird aber mit 45 cm angegeben. Die Einrichtung wurde von zwei Handwerkern, die in Exodus 31 als Bezalel und Oholiab mit Namen genannt werden, aus den feinsten und kostspieligsten Materialien angefertigt. Die Beschaffenheit des Zeltheiligtums steht im Mittelpunkt der Erzählung, aber auch Altäre und vor allem die Bundeslade, der heilige Aufbewahrungsort für die Bundesurkunde (siehe S. 76), werden ganz genau beschrieben. Außerdem werden auch für die Weihe Aarons und seiner Söhne zu Priestern (siehe S. 54) Anweisungen gegeben.

Das Zeltheiligtum war so beschaffen, daß man es transportieren konnte, und wenn die Israeliten ihre Wanderung durch die Wüste fortsetzten, wurde die ganze Konstruktion von den Leviten ab- und am nächsten Lagerplatz wieder aufgebaut. Der Transport einer so großen Konstruktion läßt sich bei

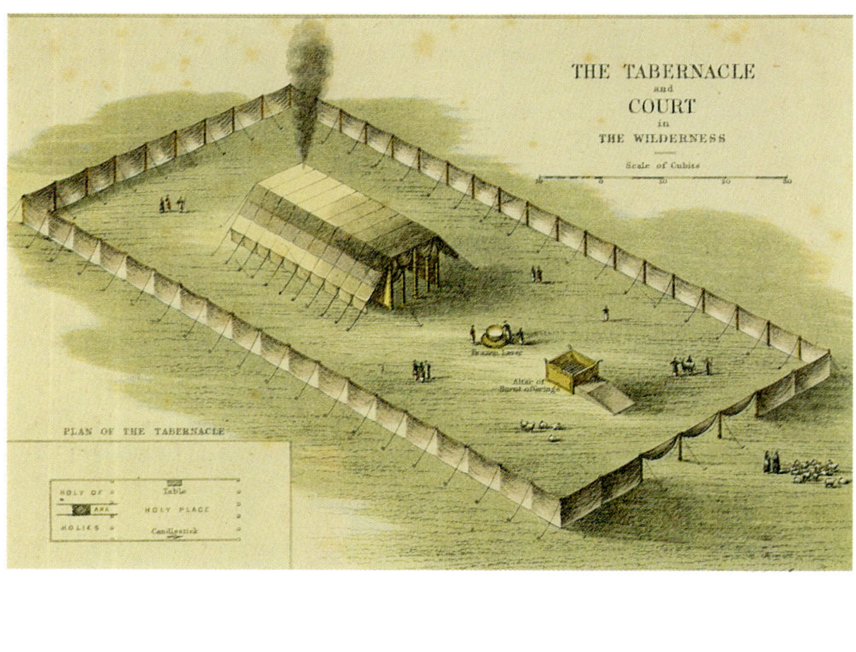

Eine Rekonstruktion des israelitischen Zeltheiligtums mit dem Vorhof.

Das goldene Kalb

In der Mitte der Erzählung vom Zeltheiligtum folgt die Episode vom goldenen Kalb (Ex 32–33). Als Mose vom Berg herunterkommt, entdeckt er, daß das Volk unter der Führung seines Bruders Aaron während seiner Abwesenheit das Götzenbild eines goldenen Kalbes gegossen und davor einen Altar errichtet hat. Er wird wütend, zerschmettert die Gesetzestafeln und zerstört das goldene Kalb.

Das Zeltheiligtum kann nur gebaut werden, wenn die Israeliten von ihrer Sünde gereinigt werden und der Bund erneuert wird. Der Text ist im Grunde eine spöttische Polemik gegen Götzenverehrung, die Schaffung von Göttern aus Gold oder Silber, was das Bundesbuch als typisch kanaanitisch verdammt. Die Israeliten vertrauen auf ein einfaches Kalb, und Aaron kommt mit der lächerlichen Ausrede, daß er nur das Gold ins Feuer geworfen habe und daraufhin das Kalb herausgekommen sei. Trotzdem geht die Episode wahrscheinlich auf eine ursprünglich günstigere Darstellung des Kalbes zurück. Sie scheint einen Zusammenhang mit 1 Könige 12 zu haben, wo König Jerobeam I. von Israel (siehe S. 93) zwei goldene Kälber in Bet-El und Dan aufstellen läßt. In Exodus 32,4 rufen die Israeliten aus: „Das sind deine Götter, Israel, die dich aus Ägypten heraufgeführt haben." Das ist fast identisch mit Jerobeams Aussage in 1 Könige 12,28. Das „Kalb" hätte jedoch ein Stier sein sollen, das Sinnbild der Kraft, eine im alten Nahen Osten weitverbreitete Darstellung von Gottheiten. Obwohl Jerobeams Tat als sündhaft gilt, stellen seine Stiere nicht einen fremden Gott, sondern Jahwe dar. Er hat vielleicht einen schon lange bekannten Kult wiederbelebt, den die Legende dann Aaron zugeschrieben hat.

Ein bronzener Kultstier aus Samaria in Palästina, 12. Jahrhundert v. Chr.

den Bedingungen in der Wüste nur schwer vorstellen. Es ist auch sehr unwahrscheinlich, daß die Israeliten, die wohl eine zahlenmäßig kleine Gruppe waren, über genügend Handwerker, Material und Vermögen verfügten, um das Heiligtum immer wieder neu aufzustellen. Eine mögliche Erklärung wäre, daß das Zeltheiligtum aus einer viel späteren Zeit, womöglich aus der Periode der israelitischen Monarchie, stammt und tatsächlich eine Beschreibung von Salomos Tempel in Jerusalem als tragbaren Schrein darstellt (siehe S. 90–91). Das ist trotzdem mit der Ansicht vereinbar, daß alle israelitischen religiösen Institutionen aus der Zeit des Exodus stammen.

Die priesterlichen Autoren waren sich bewußt, daß es vor der Besetzung Kanaans kein festes Heiligtum gab, was aber nicht heißt, daß das Zelt in der Wüste nur eine Erfindung der biblischen Erzähler war. Neben dem Wort „Wohnstätte", *mischkan,* wird im Bericht auch ungefähr 130mal der Ausdruck „Offenbarungszelt", *ohel mo'ed,* verwendet. Das bezieht sich vielleicht auf ein einfacheres Heiligtum (Ex 33,7–11 und an anderer Stelle), das eher in der Wüste aufgebaut wurde. Es war ein richtiges Zelt, das von einer Person außerhalb des Lagers aufgestellt werden konnte und dazu da war, dort Weissagungen zu empfangen. Wenn Mose das Zelt aufsuchte, um mit Gott zu diesen Zweck in Kontakt zu treten, zeigte sich dieser in Form einer Wolkensäule. Die priesterlichen Autoren übertrugen die wichtigsten Merkmale des Offenbarungszeltes auf die Wohnstätte, und deshalb steigt die göttliche Wolkensäule in die Wohnstätte nieder, und das Treffen mit Gott findet dort über der Bundeslade statt.

Die zwei Versionen vom Wüstenzelt und dem städtischen Tempel werden in einer seltsamen Formulierung – „Zelt über der Wohnstätte" – in Exodus 36,14 vereint. Die Materialien, aus denen das Zelt hergestellt ist, „rötliche Widderfelle" und „Tahaschhäute" (Ex 36,19), stehen in krassem Gegensatz zu den wertvollen Stoffen, aus denen der Rest des Zeltheiligtums gefertigt war, und spiegeln echte Traditionen von Wüstenbewohnern wider.

Il Nebi Musa, ein muslimisches Heiligtum, das an der Stelle am Berg Nebo steht, an der Mose angeblich gestorben ist (siehe Kasten unten).

DIE WÜSTENWANDERUNG

Der Bericht über die Wanderung der Israeliten durch die Wüste vor und nach ihrem Aufenthalt am Berg Sinai besteht aus einer Anzahl von unabhängigen Episoden mit verschiedenen Hintergründen, die zu verschiedenen Zeiten entstanden sind und von denen einige öfters wiederholt werden. Der Rahmen scheint die Route zu sein, die in Numeri 33 überliefert ist. Diese Route war wahrscheinlich auch ein alter Pilgerweg zum Berg Sinai. Leider ist es ziemlich schwierig, die Ortsbezeichnungen genau festzustellen.

Das hervorstechendste Thema dieser Erzählung ist das „Murren", die wiederholten Klagen der Israeliten gegen Mose, Aaron und Jahwe selbst (z. B. in Num 14,1–10). Diese Klagen sind ein Zeichen der Unzufriedenheit innerhalb des Volkes wie auch der Härte des Lebens in der Wüste, das von Durst und Hunger sowie der Bedrohung durch Schlangen und menschliche Feinde geprägt ist. Der Mangel an Vertrauen, der durch dieses Murren zum Ausdruck kommt, erregt Jahwes Ärger. Mose tritt immer als oberster Vermittler auf. In der Episode vom goldenen Kalb (siehe S. 65), z. B., besänftigt er Gottes Zorn und überredet ihn, das Los der Menschen zu lindern.

In einigen der Geschichten vollbringt Mose göttliche Wunder, die mit besonderen Plätzen oder Naturphänomenen zusammenhängen. Er macht z. B. das Wasser von Mara trinkbar, indem er ein Stück Holz hineinwirft (Ex 15,23–25), oder er schlägt in Massa und Meriba auf den Felsen, worauf diesem Wasser entspringt (Ex 17,6–7; Num 20,11). Durch Mose sendet Gott einen Überfluß an Wachteln und Manna, typische Phänomene der Sinai-Halbinsel (Ex 16). In einem Kampf mit Amalek wird der Sieg durch die Kraft von Moses erhobenen Händen errungen (Ex 17,8–13). Als Gott Giftschlangen schickt, um die Israeliten zu bestrafen, beendet Mose diese Plage, indem er eine Kupferschlange auf eine Fahnenstange hängt – jeder, der nun von einer Schlange gebissen wurde und zu der Kupferschlange aufblickte,

Der Tod von Mose und Aaron

Mose und Aaron sterben beide außerhalb des gelobten Landes Kanaan. Das ist ein unleugbares Faktum in der israelitischen Geschichte, allerdings ist wohl eine Erklärung dafür notwendig, warum diese beiden großen Charaktere nicht an der Erfüllung von Gottes Versprechen teilhaben durften. Im Buch Deuteronomium heißt es, daß Mose für die wiederholten Sünden seines Volkes in der Wüste bestraft wurde. In Numeri 20 wiederholen Mose und Aaron das Wunder vom Wasser aus dem Felsen von Meriba (Kadesch). Danach sagt Gott zu ihnen: „Weil ihr mir nicht geglaubt habt und mich vor den Augen der Israeliten nicht als den Heiligen bezeugen wolltet, darum werdet ihr dieses Volk nicht in das Land hineinführen, das ich ihm geben will" (Num 20,12). Der Grund hierfür ist unklar. Vielleicht machten sich Mose und Aaron der Anmaßung schuldig, da sie das Wunder in Numeri 20,10 nicht als Gottes Werk ansahen. Möglicherweise ist die Geschichte absichtlich so vage, was ihr Vergehen anbetrifft, damit Mose und Aaron nicht zu sehr beschuldigt werden können. Sie ernennen Nachfolger, um ihr Werk fortzusetzen: Aarons Sohn Eleasar als oberster Priester (Num 20,28) und Josua, der Sohn von Nun als Führer des Volkes (Dtn 31,7). Beide Brüder sterben auf Bergen, Aaron am Berg Hor in der Nähe von Kadesch (Num 20,28) und Mose am Berg Nebo in Moab (Dtn 34,5). Als Mose auf den Berg Nebo steigt, zeigt ihm Gott das gesamte Gelobte Land (Dtn 34). Heute ist bekannt, daß ein solcher Überblick eine Art war, territoriale Besitzansprüche geltend zu machen, deshalb hat Mose in gewissem Sinne sein Ziel doch erreicht.

Am Ende wird Mose wie einer der alten Patriarchen dargestellt. Er stirbt, noch voller Lebenskraft, in hohem Alter, und vor seinem Tod segnet er alle Stämme Israels, wie Jakob es getan hatte. Aber seine Gestalt bleibt einzigartig, wie auch die letzten Worte des Pentateuch klarmachen: „Niemals wieder ist in Israel ein Prophet wie Mose aufgetreten. Ihn hat der Herr Auge in Auge berufen" (Dtn 34,10).

Die Israeliten sammeln Manna in der Wüste (Ex 16,16–17) vom Meister des Manna, ca. 1470 Die Bibel leitet das Wort Manna von der Frage „Man hu?" (hebräisch: „Was ist das?") ab, was die Israeliten gefragt haben sollen, als sie zum ersten Mal „etwas Feines, Knuspriges, fein wie Reif auf der Erde" (Ex 14,16) sahen. Der wirkliche Ursprung des Wortes wie auch die Substanz selbst sind nicht mit Sicherheit bekannt.

BILEAM

Bileam kommt aus Petor am Fluß Euphrat. Mit seinen seherischen Fähigkeiten (siehe Haupttext) ist er ein typischer mesopotamischer Magier-Priester, *baru* genannt. In der Bibel handelt er nach direkter Eingebung von Jahwe. Aus den Erzählungen über ihn läßt sich viel über israelitische Prophetenlegenden erfahren.

Neuere Entdeckungen lassen darauf schließen, daß Bileam tatsächlich in der Region Transjordanien gelebt hat. Fragmente von aramäischen Texten aus dem 9. Jahrhundert v. Chr. aus Deir Alla erwähnen ihn, wie die Bibel, als Sohn von Beor. Er hat angeblich eine Vision einer Katastrophe, die über die Stadt hereinbrechen soll. Diese Offenbarung erhält er von einer Versammlung göttlicher Wesen, der *Schaddin*, was an den Namen *Schaddai*, „Allmächtiger" erinnert, ein alter Name für Gott (siehe S. 56). Der Name *Schaddai* oder „Allmächtiger" wird in der biblischen Erzählung von Bileam öfters verwendet, z.B. in Numeri 24,4.

blieb am Leben (Num 21,6–9). Das ist der Ursprung der Kupferschlange, die im Tempel von Jerusalem stand (siehe S. 90–91). Ursprünglich ein Symbol der kanaanitischen Religion, wird sie hier Mose zugeschrieben. Die Bedeutung eines Kultes der Schlangenanbetung wurde neutralisiert.

Moses Führungsanspruch und seine Rolle als Vermittler wird sogar von seinen Geschwistern Mirjam und Aaron in Frage gestellt. Gott bestätigt ihn jedoch in seiner Position (Num 12). Ähnlich fordern in den Geschichten vom Aufstand und Tod Korachs, Datans und Abirams (Num 16) und von Aarons Stab (Num 17; siehe auch S. 57) Gruppen innerhalb der Priesterschaft die ausschließliche Autorität der Linie Aarons heraus.

Auf ihrem Weg nach Kanaan betreten die Israeliten moabitisches Territorium östlich des Jordan (Num 22,1). Balak, der König von Moab, erkennt, daß sie eine Gefahr darstellen, und ruft den Seher Bileam zu sich, der einen Fluch über die Israeliten aussprechen soll. Der Bericht über Bileams Mißgeschick (Num 22–24) weist typische Merkmale eines Volksmärchens auf und ist voll ironischem Humor, vor allem die Art, wie Balaks Plan zum Scheitern verurteilt ist. Jedesmal, wenn er Bileam auffordert, Israel zu verfluchen, gehorcht der Seher statt dessen Gottes Anweisungen und spricht einen Segen aus (siehe Seitentext rechts).

Eine Bronzeschlange, ca. 2200–1500 v. Chr., aus Hazor im Norden Palästinas, die wahrscheinlich rituellen Zwecken diente.

IV DAS GELOBTE LAND

Die Bibel erzählt, daß die Israeliten nach dem Tod Moses (siehe S. 66) über den Jordan nach Kanaan einzogen. Das Buch Josua berichtet von ihren ersten Eroberungen und endet mit einer erneuten Bestätigung Jahwes als einzigem Gott. Nach dem Buch Richter brechen die Israeliten wiederholt ihr Versprechen gegenüber Gott und ziehen sich deshalb seinen Zorn zu. Jedesmal, wenn die Israeliten bereuen, ernennt Gott einen Führer oder „Richter", um die Feinde des Volkes zu bezwingen. Der größte unter ihnen, Samuel, bereitet den Weg für eine neue Institution: die Monarchie.

Das Jordantal

DIE EROBERUNG KANAANS

Laut dem Buch Josua eroberten die Israeliten nach dem Tod Moses das Gelobte Land unter seinem Nachfolger Josua in drei schnellen Etappen – zuerst den mittleren Teil, dann den Süden und zuletzt den Norden. Um den biblischen Bericht einer schnellen und gewaltsamen Eroberung zu bestätigen, wurde oft die Archäologie herangezogen. So wurde behauptet, daß vier der von den Israeliten eingenommenen Städte (Lachisch, Debir, Bet-El und Hazor) ungefähr zwischen 1300 v. Chr. und 1200 v. Chr. ziemlich zerstört worden sind. Das mag stimmen, aber es gibt keinen direkten Beweis, daß diese Zerstörungen auf die Israeliten zurückzuführen sind, denn die meisten Städte Palästinas wurden zwischen 2000 v. Chr. und 1000 v. Chr. oftmals zerstört. Auch konnten andere Städte, die angeblich an die Israeliten gefallen sind, laut archäologischen Fakten nicht zwischen 1300 und 1200 v. Chr. verwüstet worden sein. In der Bibel steht, daß Josua und die Israeliten Jericho und Ai niedergebrannt haben. Neuere Funde enthüllen aber, daß Jericho zwar zu der Zeit nicht unbewohnt war, aber kaum eingenommen wurde und keine Stadtmauer besaß, während Ai schon Hunderte Jahre früher verlassen worden war. Der größte Teil des eroberten Landes befindet sich nach dem Buch Josua in der Gegend, die später dem Stamm Benjamins zugeteilt wurde. Im Mittelpunkt des Buches steht, wie ein einzelner Stamm zu seinem eigenen Land gekommen ist.

Bevor die Israeliten das Land Kanaan erreichen, gibt das Buch Numeri Auskunft über ihre Eroberungen in Transjordanien, dem Gebiet östlich vom Jordan. Die Erzählung ist ziemlich verwirrend, da sie aus einer Vielzahl von folkloristischen Elementen und Motiven besteht. Transjordanien wird von mehreren Völkern beansprucht – den Edomitern, den Amoritern, den Moabitern und den Midianitern –, die sich schon vor den Israeliten dort angesiedelt hatten. (Die Region blieb auch in späterer Zeit sehr umkämpft.) Transjordanien wird als finstere und seltsame Gegend dargestellt. Als einige Israeliten sich mit moabitischen Frauen einlassen und den regionalen Gott, Baal-Pegor (Num 25), verehren, erregt dies Gottes Ärger. In Numeri 31,16 wird der Seher Bileam dafür verantwortlich gemacht (siehe S. 67) und mit dem Tode bestraft (Num 31,8). Im Buch Josua bauen transjordanische israelitische Gruppen einen Altar, den die anderen Stämme als von der richtigen Verehrung Jahwes abweichend betrachten. Hebräischen Aufzeichnungen zufolge wurde Transjordanien einmal von einem Stamm von Riesen, den Refaim, bewohnt. Diese Bezeichnung kommt auch in kanaanitischen Texten vor, wo damit göttliche Wesen gemeint sind. König Og von Baschan, der von den Israeliten besiegt und getötet wurde (Num 21,33–35), galt als ein Refaim; sein eisernes Bett (4,5 x 2 m) soll in der ammonitischen Stadt Rabbat gestanden haben. Wahrscheinlich handelte es sich dabei um einen Sarkophag oder um einen Basaltdolmen in der Umgebung von Rabbat.

Nach der Bibel teilte Mose Transjordanien den Stämmen von Ruben und Gad zu sowie dem halben Stamm von Manasse (Jos 1,12–15). Das deutet vielleicht darauf hin, daß es eine unabhängige Gruppe von Israeliten war, die vom Westen des Flusses über den Jordan gezogen ist.

Der Übergang über den Jordan

Der Übergang über den Jordan in das Gelobte Land (Jos 3) ist für die Israeliten von großer symbolischer und spiritueller Bedeutung. Als Vorbereitung muß sich das Volk den üblichen Reinigungsriten unterziehen. Die Überquerung des Flusses wird von Priestern und der heiligen Bundeslade angeführt. Es gibt eindeutige Parallelen zwischen der Überquerung des Jordan und der des Schilfmeeres während des Exodus (Jos 3,15–17 und 4,23). Beide Ereignisse sind in der Sprache der Schöpfungsgeschichte geschrieben: Die Wasser des Chaos teilen sich, und das trockene Land kommt zum Vorschein. Danach folgt ein Bericht über den Ursprung des Heiligtums von Gilgal, der mit einem Beschneidungsritus am „Hügel der Vorhäute“ und den Feierlichkeiten für Pascha und Ungesäuerte Brote in Gilgal (Jos 5) endet.

Der Charakter der Gilgal-Legende deutet darauf hin, daß es sich um einen vorisraelitischen heiligen Ort handelt, wahrscheinlich den Platz für ein kanaanitisches Fest, bei dem der Sieg einer Gottheit über die Mächte des Chaos gefeiert wird (z.B. die Götter Marduk oder Baal, siehe S. 27). Die Ereignisse am Jordan und in Gilgal sind vielleicht die wirkliche Quelle der Erzählung von der Überquerung des Schilfmeeres.

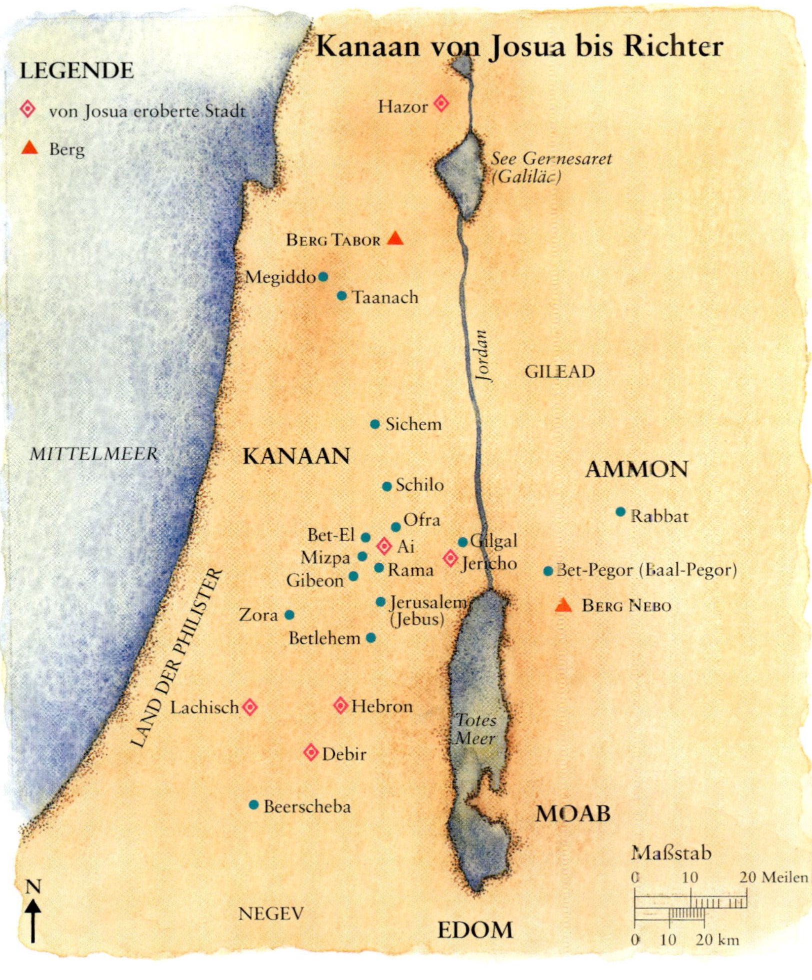

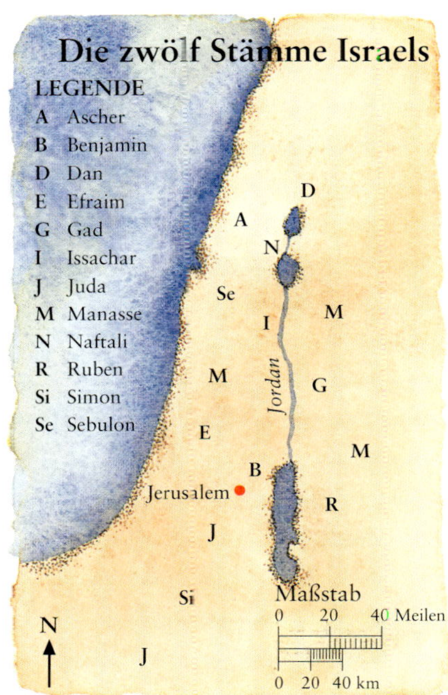

DER FALL JERICHOS

Der Fall von Jericho, *eine Illustration von Jean Fouquet (ca. 1425–1480) aus* Antiques Judaïques, *einer französischen Übersetzung der Werke des jüdischen Geschichtsschreibers Josephus.*

Ein Steinturm aus der neolithischen Periode (ca. 7000 v. Chr.), bei Ausgrabungen an der Stätte des alten Jericho in der Nähe eines modernen Turmes entdeckt. Jericho ist die älteste, ständig bewohnte Stadt der Welt (seit ca. 8000 v. Chr.).

Das Buch Josua berichtet von der Einnahme einer Reihe von Städten auf dem Zentralplateau von Palästina. Jericho, an einer wichtigen Furt über den Jordan gelegen, ist die erste und einflußreichste dieser Städte. Sie wird zum Symbol für die Eroberung. Die Bibel verbindet zwei Geschichten über den Fall der Stadt. In Josua 2 sendet Josua zwei Kundschafter nach Jericho, die sich im Haus der Hure Rahab vor dem König verstecken. Aus Dankbarkeit versprechen ihr die Männer, daß ihre Familie verschont bleiben wird, wenn sie eine „geflochtene purpurrote Schnur" (Jos 2,18) ans Fenster bindet. Das Aussenden von Kundschaftern war damals eine übliche Vorgangsweise bei der Planung von militärischen Attacken, deshalb ist klar, daß Jericho durch einen militärischen Angriff erobert wurde. Rahab wohnte angeblich in einem der in die Stadtmauer integrierten Häuser, und die purpurrote Schnur hat wohl die Stelle markiert, an der es für die Armee günstig war, eine Bresche in die Mauer zu schlagen. Die purpurrote Schnur erinnert auch an das Blut, mit dem die israelitischen Häuser während des ersten Paschafestes markiert wurden, um sie vor der Plage Gottes zu schützen (siehe S. 58).

Die Mauern von Jericho fielen nicht durch eine militärische Attacke, sondern durch ein sieben Tage dauerndes Ritual (Josua 6). Die zweite Geschichte der Eroberung Jerichos beginnt mit einem Treffen zwischen Josua und dem Anführer des Heeres des Herrn (Jos 5,14), der verspricht, den Angriff zu führen. Auf Gottes Anweisung umkreist eine Prozession von Priestern und Soldaten sechs Tage lang mit der Bundeslade die Stadt. Am siebten Tag blasen die Priester die Hörner, und das Volk bricht in Kriegsgeschrei aus. Das bringt die Mauern zum Einsturz. Das israelitische Heer stürmt in die Stadt, und die Einwohner werden niedergemetzelt. Die ganze Kriegsbeute kommt „in den Schatz des Herrn" (Jos 6,19), was bei Jahwes Kriegszügen üblich war.

Der Fall und die Einnahme Jerichos werden als siebentägige Prozession dargestellt, bei der die Bundeslade, von rituellem Hörnerblasen begleitet, um die Stadt herum getragen wird. Die Geschichte hat sich vielleicht aus einem Ritus entwickelt, der im Heiligtum von Gilgal („Steinkreis") praktiziert wurde (siehe S. 69). Bei dem Ritus wurde wahrscheinlich die Legende von der Einnahme Jerichos durch die Benjaminiter nachgespielt.

Nach Jericho besteht die Geschichte der Besetzung Kanaans im weitesten Sinne nur aus einer Aneinanderreihung von regionalen Erzählungen aus jenem Gebiet, das später dem Stamm Benjamin zugeteilt wird. Nach der Episode um Achans Diebstahl (Jos 7), die erklärt, warum das Tal Achor „Unglückstal" heißt und warum es dort einen großen Steinhaufen gibt, folgt der Bericht über die Eroberung von Ai (Jos 8,1–29). Diese Stadt wurde ca. 2400 v. Chr. zerstört und blieb bis ca. 1200 v. Chr. eine Ruine, d. h., sie kann zur wahrscheinlichen Zeit der israelitischen Einwanderung in Kanaan höchstens eine kleine, unbefestigte Siedlung gewesen sein. Auf Hebräisch bedeutet *ai* „Trümmerhaufen", und die Erzählung mag dazu dagewesen sein, die Ruinen von Ai als ein Werk Josuas zu erklären.

Die Geschichte der Gibeoniter steht für das auf Verträgen beruhende Verhältnis zwischen Israel und vier kanaanitischen Städten. Auf dieselbe Art steht die Geschichte von Rahab für das freundliche Verhältnis zu einer kanaanitischen Gruppe, die als ihre Nachfahren gelten. Eine spätere Geschichte beschreibt die Gibeoniter als Tempeldiener, denen Josua diese Position zugeteilt hatte. Aus diesen Begebenheiten und auch aus anderen Anzeichen von freundschaftlichen Beziehungen zwischen den Neuankömmlingen und der eingeborenen Bevölkerung läßt sich schließen, daß die israelitische Eroberung Kanaans nicht nur durch Mord und Zerstörung erfolgte, wie die biblische Erzählung vermuten läßt.

Nördliche und südliche Feldzüge

Im Vergleich zu den detaillierten Episoden über die Eroberungen in Zentralpalästina sind über den Rest nur zwei Höhepunkte – die Schlacht bei Gibeon im Süden und die Zerstörung Hazors im Norden (siehe Karte S. 69) – bekannt.

Eine Passage der Gibeon-Episode bezieht sich auf eine Serie ungewöhnlicher Naturphänomene. Ein Teil dieser Passage ist ein Fragment eines alten Gedichtes, mit dem die Sonne und der Mond zum Stillstand gebracht werden sollten. Gibeon war ein altes, für die spätere israelitische Geschichte wichtiges Heiligtum. Der Sonnengott Schamasch wurde dort verehrt. Das Gedicht war ursprünglich an kanaanitische Sternengötter gerichtet, wurde dann aber von den Israeliten auf Jahwe bezogen.

Hazor (Jos 11,10) war der führende Stadtstaat in Galiläa. Jüngste Ausgrabungen brachten die Größe und Mächtigkeit der Stadt zu Tage. Hazor wurde im späten 13. Jahrhundert v. Chr. offenbar zum Teil durch ein Feuer zerstört, es ist aber unwahrscheinlich, daß die israelitischen Stämme eine so gut befestigte Stadt einnehmen konnten. Außerdem wird der Sieg gegen Jabin, den König von Hazor, im Buch Richter einem Zusammenschluß von Stämmen nach Josuas Tod zugeschrieben. Bei der Geschichte in Josua handelt es sich wahrscheinlich um eine regionale Erzählung von Stämmen, die in Galiläa siedelten und ursprünglich nichts mit der Besiedelung des ganzen Landes zu tun hatten.

Die Ruinen des alten Hazor im Norden Israels. Nach der Bibel wurde es von Josua (Jos 11,10) und später von Debora und Barak (Ri 4,2 und 4,24) eingenommen. Die Stadt wurde unter Salomo (1 Kön 9,15) und Ahab wieder aufgebaut.

Nach der Eroberung von Kanaan berichtet der Rest des Buches Josua ausführlich darüber, wie das Land unter den zwölf Stämmen aufgeteilt wurde. Viele Einzelheiten dieses Berichtes stammen möglicherweise aus älteren Aufzeichnungen, aber es wird angenommen, daß die genauen Grenzen und Unterteilungen des israelitischen Territoriums vor der Zeit des vereinten Königreiches von David und seinen Nachfolgern kaum von Bedeutung waren.

Tatsächlich war die „Eroberung" wahrscheinlich ein langsamer Prozeß. Einzelne, voneinander unabhängige, aber ethnisch verwandte Gruppen benötigten dazu wohl einige hundert Jahre (siehe S. 74). Zur Zeit der israelitischen Einwanderung war Palästina in eine Vielzahl von kleinen Stadt-Königreichen unterteilt und wurde von den Kanaanitern und Amoritern bewohnt. Diese Situation ist aus Briefen erkenntlich, die ungefähr zwischen 1450 und 1350 v. Chr. von verschiedenen kanaanitischen Herrschern an den Pharao von Ägypten, ihr formelles Staatsoberhaupt, geschrieben wurden. Einige dieser Briefe, die in Amarna in Ägypten entdeckt wurden, erwähnen Angriffe eines Volkes namens *Hapiru*, was wahrscheinlich eng mit dem Namen „Hebräer" zusammenhängt. Diese Unruhen waren offensichtlich nur von geringem Ausmaß und können deshalb nicht mit den biblischen Aufzeichnungen über die israelitischen Eroberungen gleichgesetzt werden.

Die Bibel vereinigt die Erzählungen zahlreicher Gruppen, wobei alle von jener Gruppe beeinflußt werden, die aus Ägypten kam. Josua 24 erklärt, warum diese Gruppe dominant wurde. Josua versammelt einen großen Rat der israelitischen Stämme beim Heiligtum von Sichem. Als er zu der Versammlung spricht, stellt er klar und deutlich fest, daß ihre Ahnen „anderen Göttern dienten". Josua will mit seiner Ansprache die Gesamtheit der Israeliten, von denen viele noch andere Götter verehren, für Jahwe, den einzigen wahren Gott Israels, gewinnen. Der Höhepunkt der Versammlung ist erreicht, als alle Jahwe als den Gott Abrahams, Jakobs und Moses anerkennen, der das Volk Israel ins Gelobte Land geführt hat: „Dem Herrn, unserem Gott, wollen wir dienen und auf seine Stimme hören" (Jos 24,24).

DIE RICHTER

Im Buch der Richter geht es um das Schicksal der israelitischen Stämme in Palästina vor der Errichtung eines geeinten Königreiches. In Sichem hatten sich die Stämme dazu verpflichtet, einzig und allein Jahwe zu verehren, aber nach Josuas Tod begannen sie wieder, zu den kanaanitischen Gottheiten zurückzukehren. Deshalb kamen sie durch ein göttliches Urteil unter feindliche Herrscher. Da bereuten sie und wendeten sich wieder Jahwe zu, der daraufhin einen „Richter" auswählte, welcher das Volk zuerst zum Sieg über die fremden Unterdrücker führte und dieses dann auf Lebzeiten regierte. Obwohl Israel nach dem Tod eines jeden Richters Gott wieder den Rücken zukehrte, kam durch die Richter ein neues System der Regierung auf: die Monarchie.

Die Religion der Kanaaniter

Basaltrelief von Baal, dem kanaanitischen Sturmgott. Baal war der Hüter des Regens und deshalb für die Fruchtbarkeit des Bodens verantwortlich. Er steht auch im Mittelpunkt eines Mythenzyklus, der wahrscheinlich das Ende der Landwirtschaftssaison und den Beginn der herbstlichen Regenzeit markieren soll.

Alles, was vor diesem Jahrhundert über die kanaanititsche Religion bekannt war, stammte entweder aus der Bibel, aus einigen phönizischen Inschriften oder von alten griechischen Autoren. Das änderte sich von 1929 an schlagartig, als in der Stadt Ras Shamra, im Nordwesten Syriens, an der Stelle der alten kanaanitischen Stadt Ugarit, eine große Anzahl von Texten gefunden wurde. Diese, in der im antiken Nahen Osten sehr weit verbreiteten Keilschrift verfaßten Texte geben nun Zeugnis über die kanaanitische Religion und Mythologie.

Die Kanaaniter verehrten eine Vielzahl von Göttern. Der wichtigste war El (der Schöpfergott und Oberhaupt des Pantheon; siehe S. 39 und 45), dann Baal (der junge Sturmgott) und die Göttinnen Anat, Aschera und Astarte (siehe S. 22–23). Diese Gottheiten werden in der Bibel öfters erwähnt, so z. B. in Richter 2,13 und 3,7. Im Mittelpunkt der kanaanitischen Religion und der meisten ugaritischen Mythen stand die Fruchtbarkeit. Die Mythen wurden wahrscheinlich jedes Jahr in ritueller Form nachgespielt, damit Land und Leute kontinuierlich in Wohlstand leben konnten.

Es ist nicht schwer zu verstehen, warum die Israeliten so von dieser Religion angezogen wurden. Sie mußten ja in einer fremden Umgebung überleben und sich einem neuen bäuerlichen Leben anpassen. Die Landwirtschaft war den kanaanitischen Göttern sehr wichtig, und deshalb war es für den israelitischen Bauern wohl ganz natürlich, daß er diese anrief oder ihre Funktionen auf Jahwe übertrug.

Die Ruinen von Ras Shamra, der alten Stadt Ugarit, die im 15.–13. Jahrhundert v. Chr. ihre Blüte erlebte. Aus dieser Zeit stammen auch die meisten der bedeutenden Funde über die mythologischen Texte.

Wie der Titel schon sagt, konzentriert sich das Buch der Richter auf die Figur des „Richters", der nicht in erster Linie ein Richter im modernen rechtlichen Sinne war. Das Wort „Führer" gibt eine treffendere Beschreibung der Rolle, und die Bibel umschreibt den Richter manchmal auch als „Befreier" oder „Retter". Die reguläre und ständige Führung der Stämme war in den Händen der „Ältesten", betagte Männer, denen aufgrund ihrer Weisheit und Erfahrung die Führung der Stammesangelegenheiten anvertraut war. Die Richter jedoch wurden im Falle einer schweren Krise eingesetzt, die fast immer in Form eines Angriffs von außen auftrat. Wenn der „Geist des Herrn" über sie kam, wußten die jeweiligen Auserwählten, daß sie eine Mission hatten. Dieser „Geist" verlieh ihnen übermenschliche Kräfte und militärische Überlegenheit. Der Richter ist eine typische Führergestalt einer Gesellschaft, die in Stammesverbänden lebt. Die Richter verschwanden mit der Errichtung eines geeinten Königreiches, und ihre Autorität wurde auf den König übertragen.

Das Buch der Richter porträtiert den Richter als Führer des gesamten israelitischen Volkes. Allerdings ist das die Sichtweise eines späteren Herausgebers, der ziemlich sicher derselben Schule angehörte, aus der auch das Buch Deuteronomium stammt (siehe S. 106). Diese Autoren sehen Israel als eine Einheit und betonen, daß Ungehorsam gegenüber Jahwe automatisch das ganze Volk ins Verderben stürze. Bei genauerem Studium wird klar, daß die Geschichten der Richter, die der Autor aufgeschrieben hat, nur von Helden der einzelnen Stämme und von regionalen Ereignissen handeln. Diese heroischen Gestalten retteten lediglich ihre eigene Gruppe, wenn sie von (wahrscheinlich relativ harmlosen) Angriffen benachbarter Gruppen bedroht wurde.

Die Mauern des alten Sichem, das in der Bibel eine große Rolle spielt. Die Stadt lag strategisch günstig an einem Paß zwischen dem Berg Garizim und dem Berg Ebal. Sie wurde 107 v. Chr. vom hasmonäischen Herrscher Johannes Hyrcanus zerstört (siehe S. 142). Die römische Stadt Neapolis (heute Nablus) wurde später in der Nähe errichtet.

Eine andere Sicht der israelitischen Landnahme

Das erste Kapitel des Buches der Richter präsentiert einen ganz anderen Bericht über die Besiedelung Palästinas als das Buch Josua. In Richter sind es einzelne Stämme oder noch kleinere Gruppen, die sich unabhängig voneinander und aus eigener Initiative in einem bestimmten Gebiet niederlassen. In Josua steht z. B., daß die Städte Hebron und Debir von den vereinigten Stämmen unter der Führung von Josua eingenommen wurden. In Richter hingegen fiel Hebron an den Stamm Juda, Debir an die kleine Sippe von Otniël, Josua wird überhaupt nicht erwähnt (Ri 1,9–13).

Richter berichtet auch, daß die Israeliten an vielen Orten neben der eingeborenen Bevölkerung siedelten. Die Neuankömmlinge versuchten nicht, die Eingeborenen zu vertreiben oder auszurotten. In der Bibel wird jedoch angenommen, daß sie zu Zwangsarbeit herangezogen wurden (Ri 1,27–35). Wie aus dieser Passage hervorgeht, hatten die Israeliten nur das palästinensische Hügelland besetzt und nicht die kanaanitischen Stadtstaaten in der Ebene, die noch lange unabhängig blieben (siehe auch Ri 1,19). Die Beziehungen zwischen diesen Städten und den Israeliten waren zweifellos von Ort zu Ort verschieden. Oft gab es wahrscheinlich gegenseitige Feindseligkeiten, aber nach dem Buch der Richter lebten die beiden Gruppen relativ friedlich zusammen. Es gibt sogar Anzeichen von Bündnissen zwischen ihnen, woran etwa die Allianz zwischen Josua und Gibeon in Josua 9 und 10 erinnert (siehe S. 70). Ein anderes Beispiel ist die Allianz zwischen Gideon, Abimelech und der kanaanitischen Stadt Sichem, von der in Richter 8 und 9 die Rede ist. Die Vorgänge zwischen dem Stamm Benjamin und der kanaanitischen Stadt Schilo (Ri 21) lassen sich wahrscheinlich auf dieselbe Art erklären.

HELDEN UND HELDINNEN

Eine syrisch-hethitische Stele, ca. 850 v. Chr. Vermutlich stellt sie den mesopotamischen Helden Gilgamesch (Mitte) dar. Geschichten über seine Kriegszüge haben vielleicht die Simson-Geschichte beeinflußt.

Der Berg Tabor, wo Barak über Sisera gesiegt haben soll (Ri 4,14–15).

Als die Israeliten später, während der gefestigten Monarchie, auf die Zeit der Richter zurückschauten, erkannten sie, daß die damalige Zeit eine Epoche individueller Helden war, die aus eigener Initiative die Waffen in die Hand nahmen. In Richter 21,25 heißt es dazu: „In jenen Tagen gab es noch keinen König in Israel, jeder tat, was ihm gefiel." Ein Buch, das dem Buch der Richter in Grundstimmung und literarischem Charakter sehr nahe kommt, ist das *Ayyam al 'Arab*, „Die Tage der Araber", eine Sammlung arabischer Stammeserzählungen der vorislamischen Heldenzeit. Wie in Richter geht es im *Ayyam* fast nur um kriegerische Auseinandersetzungen.

In Richter geht es vor allem um fünf ursprünglich eigenständige Zyklen über einzelne Helden und Heldinnen, die einst nur von lokaler Bedeutung waren, dann aber zu nationalen Symbolgestalten wurden. In den meisten dieser Geschichten werden drei Dinge erwähnt: die Person des Helden, sein Stamm, der seiner in seinen Traditionen gedenkt, und ein Heiligtum, mit dem der Held verbunden ist und wo die Traditionen gepflegt werden.

Im ersten Zyklus geht es um Ehud (Ri 3,15–30), der König Eglon von Moab, den Unterdrücker der Israeliten, tötet. Die Geschichte war am Anfang ein richtiges Volksmärchen mit Stellen voll von schwarzem Humor (z.B. die Einzelheiten des Mordes am „sehr beleibten" König in 3,22). Doch in der Endfassung wurde Ehud zu einem nationalen Symbol, zu einem „Befreier" der Israeliten, der die göttliche Strafe der fremden Unterdrückung beendet.

In der nächsten Erzählung geht es um die militärischen Feldzüge von Debora, der einzigen Prophetin, und Barak (Ri 4–5). Der Berg Tabor, das Grenzheiligtum der beiden in die Schlacht verwickelten Stämme, spielt eine wichtige Rolle, und das Debora-Lied (Ri 5) ist möglicherweise ein Psalm, der dort aus Dankbarkeit über den Sieg gesungen wurde. Das Lied beginnt mit einer lebhaften Beschreibung einer Erscheinung Gottes und kommt zum siegreichen Höhepunkt, als sogar die Sterne und der Bach Kischon in den Kampf gegen Israels Feinde ziehen (Ri 5,20–21).

Die dritte Geschichte erzählt von Gideon (siehe Kasten unten). Dem folgt ein Bericht über Jephta (Ri 11,1–112,7), der wahrscheinlich aus einer Sammlung von Geschichten über das Heiligtum Mizpa zusammengesetzt ist.

Gideon

Im Mittelpunkt des langen und ausführlichen dritten Geschichtenzyklus im Buch der Richter steht Gideon (Ri 6,11–8,32). Er scheint ursprünglich nur ein Volksheld einer kleinen Sippe gewesen zu sein, ging aber in die Geschichte ein, weil er die zwei Könige von Midian tötete, die seine Brüder umgebracht hatten, und durch diese Tat die gesellschaftliche Institution der Blutrache aufrechterhielt (Ri 8,18–21).

Dann steigt Gideon durch göttliche Erwählung und Inspiration zu ungeahnter Größe auf. Er führt seinen Stamm in der Schlacht an, und wie es in solchen Legenden oft vorkommt, erhält er dafür einen neuen Namen, Jerubbaal (Ri 6,32). Als Belohnung für seine Taten bitten die Israeliten Gideon, ihr König zu werden (Ri 8,22), ein Angebot, das er laut dieser Erzählung ablehnt. Aber da seine Söhne als Rivalen nach seinem Tod um den Thron kämpfen, muß er wohl doch angenommen und Israel regiert haben.

Verknüpft mit dem Bericht über Gideons Berufung durch Jahwe ist auch die Legende über seine Gründung des manassitischen Heiligtums in Ofra (Ri 6,24), das in dieser Episode eine wichtige Rolle spielt. Er soll dort auch ein goldenes Efod aufgestellt haben (Ri 8,27). Ein Efod ist in diesem Fall eher ein Kultbild als ein Priestergewand. Es ist ziemlich klar, daß Gideons Lebensgeschichte an diesem Heiligtum ihren Ursprung nahm und wahrscheinlich dort kultisch gefeiert wurde. Er ist auch dort begraben.

Samson

Die fünfte längere Sage im Buch der Richter ist die berühmte Geschichte von Samson (Ri 13–16, in der Einheitsübersetzung Simson), einer bemerkenswerten und vielschichtigen Persönlichkeit. Auf der einen Seite ist der Sohn von Manoach aus dem Stamm Dan ein einfacher Sippenvolksheld. Aber Samsons Geburt erinnert an die Erzväter (siehe S. 36–51): Seiner unfruchtbaren Mutter wird ein göttliches Versprechen gegeben (Ri 13,3). Die Verkündigung der Empfängnis erfolgt in der Stadt Zora und ist mit der Legende über die Gründung eines Heiligtumes verwoben (Ri 13,15–24).

Im Unterschied zu den anderen Richtern wird Samson nicht zum Zeitpunkt einer großen Krise gewählt. Samsons Größe (Ri 13,5) ist gottgewollt und vorhergesagt. Er besiegt die Philister (siehe S. 77) durch außerordentliche Stärke, indem er z. B. tausend Männer mit dem Kinnbacken eines Esels erschlägt (Ri 15,15). Die Erzählungen dieser außergewöhnlichen Taten basieren auf verschiedenen Quellen. Manche stammen aus regionalen Legenden, andere aus religiösen Ritualen oder bekannten mythologischen Motiven, wie z. B. das Zerreißen eines Löwen mit bloßen Händen (Ri 14,6). Die Quelle von Samsons übernatürlicher Stärke ist nach altem Volksglauben, vor allem unter semitischen Völkern, sein langes Haar. Samson ist ein Schwindler, das zeigt sich durch sein Rätsel (Ri 14,14) und die wiederholten Täuschungen seiner betrügerischen Geliebten Delila, die ihn bedrängt, ihr das Geheimnis seiner Kraft zu verraten (Ri 16,6–14). Samson verkörpert noch einen anderen bekannten Charakter aus Volksmärchen: den Mann, der sich ständig mit Frauen einläßt und von ihnen betrogen wird.

Gott überläßt den Helden seinem Schicksal, nachdem er Delila schließlich sein Geheimnis verraten hat. Samsons Haar wird ihm im Schlaf abgeschnitten, die Philister nehmen ihn gefangen und stechen ihm die Augen aus. Als sie ihren Gefangenen während eines Festes im Tempel präsentieren, ruft Samson Gott an (Ri 16,28), ihm einen letzten Sieg zu gönnen. Er findet seine Kraft wieder, reißt zwei Säulen des Philistertempels nieder und begräbt somit alle, einschließlich sich selbst, unter den Trümmern. Dieser heroische Selbstmord ist ein Zeichen, daß Gott Samson wieder aufgenommen hat. Er erinnert an die Apotheose des Herkules im gleichnamigen Werk des römischen Schriftstellers Seneca: Herkules steigt auf seinen eigenen Scheiterhaufen, spricht zu seinem Vater im Himmel und hört dessen Antwort. Samsons Geschichte endet mit seinem Begräbnis im Familiengrab in Zora.

Samson trägt die Stadttore von Gaza davon (Ri 16,2–3), aus einer Biblia pauperum *(„Armenbibel") aus dem frühen 15. Jahrhundert. Diese reich bebilderten Bibeln waren für Analphabeten gedacht.*

In diesem Bericht lassen sich auch viele mythologische und volksmärchenhafte Motive erkennen, wie z. B. die niedere Herkunft des Helden (Jephtas Mutter war eine Hure) und sein folgenschweres Gelübde (Ri 11,30–31). Durch dieses Gelübde muß Jephta seine jungfräuliche Tochter opfern. Dieses Opfer hat wahrscheinlich den Brauch begründet, daß die Frauen jedes Jahr bei einem rituellen Fest um Jephtas Tochter trauern. Das Fest wurde zu Beginn der Trockenperiode gefeiert und symbolisiert auch den Tod der Fruchtbarkeit.

Die fünfte und wahrscheinlich bekannteste der Heldengeschichten ist die Erzählung von Samson (siehe Kasten oben).

SAMUEL

Der Mittelpunkt des vorisraelitischen Schreines in Schilo war wahrscheinlich ähnlich diesem Rundaltar im kanaanitischen Tempel von Megiddo in Nordpalästina von ca. 2000 v. Chr.

Der letzte und größte unter den Richtern war der Prophet Samuel. Die Ankündigung seiner Geburt (1 Sam 1) folgt dem bekannten biblischen Muster: Einer unfruchtbaren Frau wird ein Sohn versprochen. Es gibt aber Anzeichen dafür, daß sich diese Geschichte ursprünglich auf den zukünftigen König Saul (siehe S. 78–81) bezogen hat. Samuels Mutter Hanna nennt ihren Sohn Samuel, da sie ihn „vom Herrn erbeten" hat (1 Sam 1,20), und sie sagt auch, daß sie ihn „vom Herrn zurückfordern" läßt (1 Sam 1,28): Beide Verben spielen mit dem Namen Saul. Hannas Dankgebet (1 Sam 2,1–10) ist eigentlich ein königlicher Psalm. Ein Bibelautor einer späteren Epoche hat das Amt eines Propheten, wie Samuel einer war, über das Amt des Königs erhoben. Deshalb wird oft Samuel die Unterwerfung der Philister zugeschrieben, was historisch gesehen kaum möglich ist. Wie seine Vorgänger ist Samuel mit einem bestimmten Heiligtum verbunden, in diesem Fall Schilo, ein alter heiliger Ort der Kanaaniter. In Schilo wurde das große Herbstfest gefeiert, bei dem die Frauen einen rituellen Tanz aufführten, um die Weinberge ertragreich zu machen (Ri 21,21). Bei dieser Gelegenheit wird Hannas Gebet um einen Sohn erhört. Der Jahwetempel in Schilo ist der erste dieser Art (1 Sam 1,19).

In diesem Tempel wurde die Bundeslade aufbewahrt (siehe auch S. 64). Das hebräische Wort, das mit „Lade" übersetzt wird, bedeutet eigentlich „Kiste", und es ist sehr wahrscheinlich, daß mehrere Heiligtümer über einen solchen Gegenstand verfügten. Das wichtigste Merkmal dieses Schreines war seine Transportfähigkeit. Tragbare Schreine sind auch im alten Ägypten, in Mesopotamien und Kanaan sowie in Form eines Zeltes bei den Beduinen und in der vorislamischen arabischen Kultur bekannt. Die Lade von Schilo begleitete das israelitische Heer als Schutz in der Schlacht (1 Sam 4). Sie war die Verkörperung von Jahwes Gegenwart und wurde praktisch mit ihm identifiziert. Als die Lade in das Lager der israelitischen Armee gebracht wurde, riefen die Philister (1 Sam 4,7): „Gott ist zu ihnen ins Lager gekommen." Alle diese Elemente kommen in einem Abschnitt von 1 Samuel vor, der als die „Lade-Erzählung" bekannt ist. Die Lade wird von den Philistern gestohlen und in ihrem Tempel des Gottes Dagon in Aschdod aufgestellt. Aber Jahwe zerstört das Bildnis Dagons (1 Sam 5,4), und die Philister schicken die Lade auf einem Gespann weg (1 Sam 6,11–12), das bei zwei israelitischen Heiligtümern stehenbleibt, Bet-Schemesch und Kirjat-Jearim; im zuletzt genannten bleibt die Lade unter dem Schutz von Eleasar zurück.

Das Priesteramt in Schilo war erblich. Die Stadt wurde wahrscheinlich von den Philistern zerstört, obwohl die Bibel dafür Gottes Mißfallen an gewissen rituellen Gebräuchen wie der kultischen Prostitution (1 Sam 2,22), verantwortlich macht. Gott war in Schilo unter dem Titel „Herr der Heere" bekannt (1 Sam 1,3), der wahrscheinlich auch kanaanitischen Ursprungs war. Mit den „Heeren" sind in erster Linie die himmlischen Mächte gemeint, die Israel in den Schlachten zu Hilfe kamen, obwohl die irdischen israelitischen Soldaten wohl auch dazu gehörten.

Die Gestalt des Samuel wird in den biblischen Erzählungen ziemlich überhöht. Die authentischsten Informationen über ihn besagen, daß er ein Seher-Prophet beim Schrein von Rama war, wo er angeblich den Altar gebaut hat und bei rituellen Festen den Vorsitz führte. Von Rama aus wanderte er jährlich zu den drei Heiligtümern im relativ kleinen Gebiet von Zentralpalästina, Bet-El, Gilgal und Mizpa, um dort seine Funktion als Richter auszuüben (1 Sam 7,16–17). In der Bibel wird Samuel zu einem Richter über das ganze Volk, zu einem großen militärischen Führer und zu einem Propheten. So wurde dieses Amt auch in späteren israelitischen Erzählungen verstanden (siehe S. 94).

Die Philister

Die Philister, die dem Land Palästina seinen Namen gaben, nahmen teil an den großen ethnischen Umwälzungen, die im ägäischen Raum in den letzten Jahrzehnten des 13. Jahrhunderts v. Chr. stattfanden. Zu dieser Zeit wanderten die „Seevölker" (wahrscheinlich Indoeuropäer) an den Küsten des Mittelmeeres entlang Richtung Osten. Sie zerstörten das Reich der Hethiter sowie die kanaanitische Stadt Ugarit (siehe S. 72) und bedrohten sogar Ägypten. Pharao Ramses III. hielt sie um 1190 v. Chr. schließlich auf und siedelte sie an der Südküste von Kanaan an.

Ein bemalter Bierkrug aus dem 12. Jahrhundert v. Chr. Die Keramik der Philister weist mykenische Einflüsse auf.

Dort organisierten sie sich in einem Verband von Stadtstaaten, der aus Aschdod, Aschkelon, Ekron, Gat und Gaza bestand, und wo sich eine reiche und vielschichtige Kultur entwickelte. Bald versuchten sie auch, ins Hinterland vorzudringen, und stießen dabei auf die Israeliten. Sie stellten für Israel eine große Bedrohung dar, denn im Gegensatz zu den schlecht organisierten einzelnen israelitischen Stämmen verfügten sie über eine ordentliche Armee. Aus diesem Grund fielen die Israeliten für lange Zeit unter die Herrschaft der Philister. Erst als Israel unter König David vereinigt war, konnten die Philister besiegt und in ihr eigenes Territorium zurückgedrängt werden.

Danach kam es nur noch vereinzelt zu kriegerischen Auseinandersetzungen, bis die Philister zur selben Zeit wie die Israeliten – im frühen 6. Jahrhundert v. Chr. – vom babylonischen König Nebukadnezar II. ins Exil geschickt wurden.

Die Israeliten wußten, daß die Philister aus der Ägäis kamen (Amos 9,7 erwähnt die „Philister aus Kaftor", das bedeutet Kreta) und kein semitisches Volk waren: Sie werden als „Unbeschnittene" bezeichnet. Aber die Philister übernahmen die Götter der regionalen kanaanitischen Religion. Von den drei Gottheiten, die in der hebräischen Bibel erwähnt werden, kommen Dagon und Astarte auch in den ugaritischen Texten vor, und Baalzebub, ein Name, dessen Bedeutung nach wie vor umstritten ist, ist aller Wahrscheinlichkeit nach ein Beiname des großen kanaanitischen Gottes Baal (siehe S. 22–23 und 72).

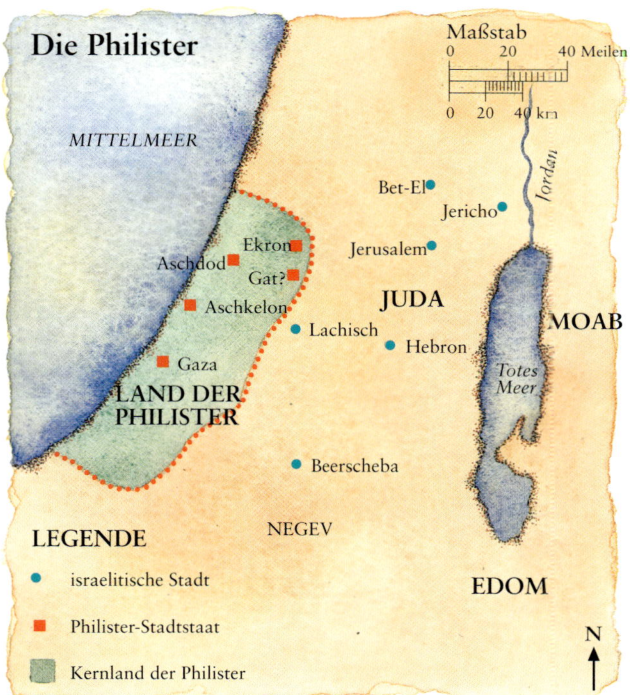

Gefangene Philister, aus dem Tempel des Pharao Ramses III. in Medinet Habu, Ägypten.

V

DIE ERSTEN KÖNIGE

Es wird vielfach angenommen, daß die Monarchie in Israel als Antwort auf den Druck der Philister eingeführt wurde. Samuel wurde sicher versprochen, daß Saul das Volk Gottes von den Philistern befreien würde. Doch scheint es wahrscheinlicher, daß die Bedrohung durch die Philister nur eine Entwicklung auslöste, die im Innern schon begonnen hatte. Israel machte dieselbe Entwicklung von einer Stammesgesellschaft zu einem vereinten Staat durch, die auch bei benachbarten Völkern zu erkennen ist. Die Herrschaft Sauls bildete den Auftakt zur Regierung der Könige David und Salomo, unter denen das vereinigte Königreich der Israeliten den Zenit seiner Macht erreichte. Während dieser Zeit wurden Jerusalem und sein Tempel zum Zentrum der israelitischen Zivilisation und des Glaubens.

SAUL

Der Aufstieg Sauls, des ersten Königs der Israeliten, wird sehr ausführlich beschrieben (1 Sam 8–11). Der biblische Bericht vereint drei verschiedene Versionen des Ablaufs der Ereignisse. Eine Version stellt das Königtum in positivem Licht dar – als Institution, die von Gott in Israel eingeführt wird. Es handelt sich im wesentlichen um ein Volksmärchen, in dem der junge Saul idealistisch beschrieben wird (1 Sam 9,2). Er wird durch göttliche Vorsehung zum Propheten Samuel nach Rama geführt, der ihn im Auftrag Jahwes salbt (1 Sam 10,1). Der Seher verspricht Saul drei Zeichen, die seine unerwartete Wahl bestätigen sollen, u. a. die Erfüllung mit göttlichem Geist. Alle Zeichen erfüllen sich gemäß dieses Versprechens, aber Saul hält zu diesem Zeitpunkt alles noch geheim.

Sauls Herrschaft

Die Herrschaft Sauls wird allgemein als Abschnitt von geringer Bedeutung in der Geschichte Israels angesehen. Obwohl in der Bibel der neuartige Charakter der Monarchie betont wird (siehe Kasten gegenüber), stellt Sauls Herrschaft in gewisser Weise eine bloße Fortsetzung des alten Systems der charismatischen Führer oder Richter dar (siehe S. 72–73). Die Monarchie war einer kleinen Stammesgruppe vorbehalten und besaß kein territoriales Erweiterungskonzept. Im Unterschied zu anderen Monarchien im Nahen Osten einschließlich der späteren israelitischen Königreiche, besaß Saul weder eine große Königsstadt noch einen Beamtenstab. Er konnte weder die Philister besiegen noch eine Dynastie errichten. Trotzdem hat Saul die Grundlagen der zukünftigen monarchischen Herrschaft gelegt. Die Bibel sieht ihn als Wegbereiter der Idee des „Königreiches", das von einem Nachfolger an den anderen weitergegeben wird. Die „Rechte des Königs", die Samuel dem Volk in 1 Samuel 8 vorträgt, entsprechen den Rechten der Monarchen von Kanaan, und Saul war wirklich für die meisten von Samuel aufgezählten Punkte verantwortlich. Er zog junge Israeliten in ein stehendes Heer ein, er beschlagnahmte das Eigentum seiner Untertanen und verteilte es neu, er führte Steuern ein und, wie andere Könige zu seiner Zeit, hatte er einen Harem. Seine Residenz war „Gibea-Saul" (1 Sam 11,4), wo er eine große Festung errichtete. Er griff vier verbündete gibeanische Städte an, da er einen gefestigten Staat schaffen wollte. Die Städte bildeten einen Block, der die Stämme von Efraim und Benjamin von Juda teilte. Saul trug eine Krone und ein Armband, die für nahöstliche Könige typischen Insignien. Es war Sauls geistlicher Charakter, der ihn am meisten von den Richtern unterschied. Das Ritual der Salbung schenkte ihm den Geist Gottes und machte ihn unverletzbar und heilig – er wurde „der Gesalbte des Herrn".

Die zweite Version nimmt eine negative Stellung zum Königtum ein. Die Ältesten Israels fordern von Samuel einen König (1 Sam 8,5). Gott fürchtet aber, daß die Ältesten ihn dadurch verwerfen wollen. Er beauftragt Samuel, das Volk vor den Gefahren einer Monarchie zu warnen, was dieser ausführlich tut (1 Sam 8,11–18). Aber die Israeliten bestehen auf ihrer Forderung, und Jahwe kommt ihr widerstrebend nach. Einige Zeit später (die Episode von Sauls Salbung liegt dazwischen) versammeln sich die israelitischen Stämme beim Heiligtum von Mizpa. Saul, der sich beim Gepäck versteckt hat, wird durch ein heiliges Losorakel auserkoren und durch rituelles Zurufen zum König gemacht. In dieser Version ist keinerlei Hinweis auf die Salbung enthalten (1 Sam 10,17–24).

Ein Angriff der Ammoniter auf die Stadt Jabesch-Gilead ist Ausgangspunkt des dritten Berichtes über Sauls Aufstieg zum König. Als Saul, der offenbar als einfacher Bauer in Gibea-Saul lebt (1 Sam 11,4), davon erfährt, kommt unmittelbar „der Geist Gottes über ihn", wodurch „sein Zorn heftig entbrannte". Saul ruft das israelitische Heer zusammen und beendet die Belagerung. Aus Dankbarkeit pilgert das Volk zum Heiligtum von Gilgal und setzt ihn zum König ein. Samuels Aufforderung an das Volk: „Kommt, wir wollen nach Gilgal gehen und dort das Königtum erneuern" wurde wahrscheinlich vom Bibelautor eingefügt (1 Sam 11,14), um die drei Berichte über den Aufstieg Sauls zu harmonisieren.

Die negative Sicht des Königtums in 1 Samuel 8 wurde oft auf eine spätere israelitische Lehrmeinung zurückgeführt, nach der die Monarchie für das Unglück Israels nach der Herrschaft Salomos verantwortlich war. Sie könnte aber auch die verschiedenen Traditionen der Heiligtümer von Rama, Mizpa und Gilgal widerspiegeln, die alle Anspruch auf Saul erheben konnten. Alle diese Elemente sind zu einer für die entwickelte Monarchie Israels typischen Darstellung der formellen Thronbesteigungszeremonie zusammengefügt worden. Die Thronbesteigung erfolgte in drei Phasen: Gottes Auswahl des Königs durch die Salbung verbunden mit einem göttlichen Orakel, das dem König die Gnade Gottes garantiert und seine Rechte und Pflichten festlegt, ein wirklicher oder durch ein Ritual inszenierter Sieg über die Feinde des Königs und schließlich öffentliche Anerkennung als Jahwes auserwählter Herrscher.

Die Bedeutung der Monarchie

Es gibt in der Bibel vor der Machtübernahme Sauls Anzeichen dafür, daß das alte Richtersystem auseinanderbrach. Samuel setzte seine Söhne als „Richter Israels" ein, aber sie „gingen nicht auf seinen Wegen, sondern waren auf ihren Vorteil aus, ließen sich bestechen und beugten das Recht" (1 Sam 8,1–3). In der Bibel steht, daß die Ältesten Israels zu Samuel gingen und von ihm forderten, wie im Ausland eine neue Art von Herrscher zu ernennen – einen König (1 Sam 8,5). Die Institution der Monarchie existierte im Nahen Osten bereits seit vielen Jahrhunderten, und wenn sie auch von Volk zu Volk sehr unterschiedlich aufgebaut waren, so hatten sie doch viele gemeinsame Merkmale aufzuweisen. Die Monarchie war vor allem eine heilige Institution, die in jedem der einzelnen Fälle sehr eng mit den Gottheiten verbunden war. Es herrschte der Glaube, daß der König von den Göttern auserwählt wird und sein Volk vor ihnen vertritt. Die Gottheiten regelten umgekehrt sämtliche staatlichen Angelegenheiten durch den König – genau das machte den Schritt zur Monarchie für die Israeliten so neu und revolutionär.

Samuel salbt Saul, den König der Israeliten (1 Sam 10,11), aus der Nürnberger Bibel, 1483.

DAS SCHICKSAL SAULS

Die Lebensgeschichte Sauls ähnelt sehr einer antiken griechischen Heldensage, in deren Verlauf es immer wieder einen entscheidenden Moment gibt, in dem der Held vom Glück verlassen wird. Im Falle Sauls geschieht dies, als der Herr ihn durch Samuel plötzlich als König ablehnt, nachdem er einen göttlichen Befehl nicht befolgt hat (1 Sam 15,26). Jahwe zieht seinen göttlichen Geist aus Saul zurück und sendet statt dessen einen „bösen Geist", um ihn zu quälen (1 Sam 16,14). Psychische und physische Krankheiten werden oft bösen Geistern zugeschrieben – die Bibel bezieht sich hier wahrscheinlich auf Wahnvorstellungen oder Depressionen. Saul wird zu einer Reihe von Gewalttaten getrieben, wie z. B. zum Massaker an den Priestern von Nob (1 Sam 22,18), was schließlich zu seinem Untergang führt. Der Erzähler zeigt ein gewisses Mitleid für Saul und stellt ihn als tragische Heldenfigur dar.

Saul ist in drei Konflikte verwickelt. Der erste ist der Bruch mit Samuel, der zugleich auch Sauls Schicksal besiegelt. Dieser Bruch ist an zwei Vorfällen erkennbar, in denen die Autorität der Monarchie in den Mittelpunkt gestellt werden soll. Zuerst mißfällt es Samuel, daß Saul ein öffentliches Opfer darbringt (1 Sam 12,9), und zwar nicht deshalb, weil Saul als Laie sich eine priesterliche Funktion anmaßt, sondern weil er die Kontrolle der Religion vom Richter (Samuel) auf den König übertragen hat. Beim zweiten Vorfall widersetzt sich Saul einer Anordnung Gottes (1 Sam 15,3). Er verschont den König der Amalekiter, verschmäht die wertvolle Beute und verletzt dadurch ein grundlegendes religiöses Dekret. Deshalb wird er verdammt. Sein Handeln bezeugt auch politisches Zweckdenken, eine Eigenschaft, die für Sauls Zeitgenossen untragbar war.

Sauls zweiter Konflikt hängt mit David zusammen (siehe Seitentext links). Ausgelöst wird er durch Sauls Eifersucht auf den jungen David, die durch das Siegeslied der israelitischen Frauen nach der Vernichtung des Philister-Riesen Goliat hervorgerufen wird: „Saul hat Tausend erschlagen, David aber Zehntausend" (1 Sam 18,7). Saul interpretiert dies als Wunsch Davids, ihn als König abzulösen, und versucht von diesem Tag an immer wieder, David umzubringen.

Schließlich besteht auch noch ein Konflikt innerhalb Sauls eigener Familie. Seine Tochter Michal heiratet David. Als Saul wieder einen Anschlag auf

DER AUFSTIEG DAVIDS

Davids frühe Entwicklung und sein Charakter werden auf verschiedene Art dargestellt. Der Bericht über seine heimliche Salbung (1 Sam 16,13) beruht auf einem bekannten Folklorethema, bei dem das jüngste und offenbar am geringsten geschätzte Familienmitglied unerwartet den anderen Geschwistern vorgezogen wird.

Die berühmteste Heldentat des jungen David ist sein Sieg über den Philister-Riesen Goliat (1 Sam 17,48–51). An einer anderen Stelle (2 Sam 21,19) heißt es aber, daß Goliat von Elhanan aus Betlehem umgebracht wurde, was darauf hindeutet, daß diese Meisterleistung erst später David zugeschrieben wurde. David wird als das Ideal der Ritterlichkeit dargestellt, großherzig gegenüber Saul – er verschont zweimal dessen Leben, in En-Gedi (1 Sam 24,7) und in Hachila (1 Sam 26,9). Er wird von allen verherrlicht und ist zu tiefer Zuneigung fähig, besonders Sauls Sohn Jonatan gegenüber (1 Sam 20 und an anderer Stelle). David ist ein begabter Musiker und Komponist, dessen lyrisches Spiel beinahe magische Kraft hat (1 Sam 16,23).

Es gibt noch einen weiteren, geschichtlich wahrscheinlich wichtigeren Aspekt Davids. Er tritt als Anführer einer Bande von Vogelfreien in der Wüste von Juda auf, der seine Zukunft sehr schlau plant, indem er sich mit den führenden Familien der Region gut stellt (1 Sam 25,39–43). Um seiner Ziele willen ist David sogar bereit, dem Philisterkönig von Gat zu dienen. Tatsächlich leistet er den Philistern jedoch keine Hilfe gegen die Israeliten (1 Sam 27,8–12).

Unten rechts: *Die Berge von En-Gedi, wo sich David vor Saul versteckte (1 Sam 24).*

Unten: *David und Goliat, aus einem englischen Manuskript, ca. 1020.*

Der Tod Sauls (1562) *von Pieter Bruegel dem Älteren (ca. 1515–1569). Saul (links), bereits schwer verletzt und vor der Niederlage, fällt in sein Schwert (1 Sam 31,4).*

Davids Leben versucht, vereitelt Michal dies mit einer List (1 Sam 19,13). Noch schmerzlicher für ihn ist die Freundschaft zwischen seinem Sohn und Erben Jonatan und David. Jonatan schützt David vor den Verschwörungen seines Vaters (1 Sam 19,1–7 und an anderer Stelle) und weiß, daß eher David als er selbst die Nachfolge seines Vaters antreten wird.

Vor seiner letzten Schlacht gegen die Philister sucht Saul nach traditionellem Brauch der antiken Kriegsführung göttlichen Rat. Während seiner Herrschaft führte er, wie spätere israelitische Monarchen auch, eine religiöse Reform durch. Er schafft die „Totenbeschwörer und Wahrsager" ab, die immer schon vom Jahwe-Kult abgelehnt worden sind (1 Sam 28,3; vgl. auch Lev 20,6 und 20,27). Aber nach Sauls Zurückweisung spricht Jahwe nicht mehr durch die legitimen Mittel der Prophezeiung – Träume, Urim und Tummin (heilige Losorakel) sowie Propheten. Saul ist gezwungen, eine Frau in En-Dor aufzusuchen, die über einen Totengeist Gewalt hat (1 Sam 28,7). Sie steht in Verbindung mit einem *'ob*, einem „vertrauten Geist", ist also ein Medium. Die Erscheinung von Samuels Schatten (1 Sam 28,14) zeigt, wie die antiken Israeliten das Schicksal der Toten sahen. Sie behielten ihren körperlichen Zustand, sogar die Kleider, in denen sie gestorben waren, und führten eine Schattenexistenz unter der Erde, abgeschnitten vom wirklichen Leben. Da sie in diesem mysteriösen Reich lebten, glaubte man, daß sie über übernatürliche Kräfte verfügten und die Zukunft voraussagen konnten.

Saul wird von Samuels schrecklicher Vorhersage über seine Niederlage und seinen Tod überwältigt (1 Sam 28,19). Da er sich wieder erholt, hat er wohl sein Schicksal angenommen und erwartet es tapfer. Nachdem drei seiner Söhne, einschließlich Jonatan, in der Schlacht gegen die Philister gefallen sind und alles verloren ist, sucht Saul den Tod in einem typisch heldenhaften Selbstmord auf dem Gebirge von Gilboa (1 Sam 31,4). Allerdings wird später berichtet, daß er im Sterben einen Fremden bat, sein Leiden zu beenden (2 Sam 1,9). Davids Totenklage (2 Sam 1,17–27) gilt zwei Männern, die er als Helden sah: „Saul und Jonatan, die Geliebten und Teuren, im Leben und Tod sind sie nicht getrennt. Sie waren schneller als Adler, waren stärker als Löwen."

DAVID

Der Teich von Gibeon (heute El Jib), wo die Armeen Davids und Ischbaals sich gegenübertraten (2 Sam 2).

Nach Sauls Tod (siehe S. 81) bestand sein Königreich im nördlichen Teil des Landes unter seinem Sohn Ischbaal weiter, während der Königssitz nach Mahanajim östlich des Jordan, außerhalb der von den Philistern besetzten Gebiete, verlegt wurde. Inzwischen salbten die Stämme im Süden, deren Unterstützung sich David gesichert hatte (siehe Seitentext S. 80), ihn zum König über das Haus Juda (2 Sam 2,4). Zwischen Ischbaal und David brach ein Krieg aus. Zu jener Zeit waren die Heerführer die wirklich mächtigen Figuren, Abner für Ischbaal und Joab für David. Es gibt einen lebhaften Bericht über die Begegnung der beiden Armeen am Teich von Gibeon (siehe Bild links), bei der jede Seite entsprechend einer bekannten Tradition der antiken Kriegsführung zwölf Einzelkämpfer vorschickte, die bis zum Tod kämpfen mußten. Das Ergebnis war unentschieden (2 Sam 2,16). Danach brach eine große Schlacht aus, in der Abner Asaël, einen von Joabs Brüdern, umbrachte und so eine Blutfehde heraufbeschwor.

Später tadelte Ischbaal Abner, der angeblich mit Rizpa, einer Konkubine Sauls, verkehrte (laut eines kanaanitischen Textes aus Ugarit bedeutete ein Verhältnis mit der Frau eines toten Königs den Anspruch auf den Thron; vgl. 1 Könige 2,22). Abner war deshalb verärgert und verhandelte mit David, um den nördlichen Bund auf dessen Seite zu bringen (2 Sam 3,12). Als Abner David besucht, um den Pakt endgültig zu beschließen, wird er

Jerusalem

Davids Eroberung von Jerusalem (siehe Haupttext gegenüber) hatte weitreichende Konsequenzen für das Volk. Es wurde königliche Hauptstadt, das grundlegende Merkmal jeder Monarchie im Nahen Osten, und es stellte eine strategische Brücke zwischen den nördlichen und südlichen israelitischen Stämmen dar, war aber unabhängig von beiden.

Bis zu seiner Eroberung war Jerusalem eine kanaanitische Enklave, die von einem Volk namens Jebusiter bewohnt wurde. David machte die Stadt zum religiösen Zentrum Israels, indem er die Lade von Schilo nach Jerusalem brachte (siehe S. 76). Hinter dem detaillierten Bericht über die Überbringung der Lade und die begleitenden Feierlichkeiten (2 Sam 6–19) verbirgt sich wahrscheinlich ein Krönungsritual. Durch dieses Ritual übernahm David die Rolle des früheren Jebusiten-Herrschers, des Erben des Priesterkönigs Melchisedek, der Abraham in Genesis 18 gesegnet hatte (siehe S. 39). Eine Prozession mit der Lade an der Spitze stellte vermutlich den Höhepunkt eines großen jährlichen Festes dar, bei dem Gottes Wahl von Jerusalem als seine Residenz und Davids Dynastie gefeiert wurden.

Da David die Jebusiter nicht ausrottete, hatten viele ihrer religiösen Traditionen Einfluß auf Israels Glauben. Von großer Bedeutung ist, daß die Meinung herrschte, der israelitische Gott habe einen speziellen Bund mit dem König geschlossen, der seinem Bund mit dem Volk ähnelte. Die Herrschaft Davids brachte daher tiefgreifende Veränderungen in der Natur der Monarchie Israels, die den allgemeinen Charakter eines Königtums im Nahen Osten annahm. Im besonderen bedeutete dies, daß jeder Nachfolger als Adoptivsohn der Gottheit betrachtet wurde, der die Fortführung der Dynastie garantierte (siehe 2 Sam 7; Ps 2 und 89).

Samuel salbt David, *Wandmalerei aus der Synagoge von Dura Europos in Syrien, ca. 245 n. Chr. Das römische Gewand spiegelt den kosmopolitischen Charakter dieser griechischen Grenzstadt am Euphrat wider.*

Davids Reich

Von antiken Herrschern wurde erwartet, daß sie Krieg führten und danach trachteten, das Gebiet des Staates zu erweitern. David bildete dabei keine Ausnahme. Während seiner Herrschaft (ca. 1000–961 v. Chr.) war es ihm möglich, sein Reich beträchtlich zu vergrößern, da im Nahen Osten so etwas wie ein politisches Vakuum bestand. Das Imperium der Hethiter war ca. 1200 v. Chr. verschwunden, und nach dem Tod des großen Herrschers Tiglatpileser I. ca. 1078 v. Chr. machte der assyrische Staat eine Phase der Schwäche durch, die etwa 200 Jahre lang anhielt. Seit ca. 1065 v. Chr. war auch Ägypten unter der 21. Dynastie ohnmächtig. Nun konnten die Israeliten und andere Völker ihre Position als mächtige Staaten aufbauen.

Nach der endgültigen Beseitigung der Bedrohung durch die Philister (2 Sam 8,1) erzählt die Bibel von einer Reihe von Eroberungen benachbarter Staaten durch David. Er besiegte die Ammoniter und wurde ihr König (2 Sam 12,30). Moab wurde zum Satellitenstaat gemacht (2 Sam 8,2), und Edom lag als Provinz unter direkter israelitischer Herrschaft einer Garnison (2 Sam 8,14). David soll zwei Garnisonen in zwei der aufsteigenden aramäischen Königreiche stationiert haben, aber diese sollten viele Jahre lang ein Dorn in Israels Seite bleiben. David schuf überdies wichtige diplomatische Beziehungen. Er ging eine Allianz mit Hiram, dem König von Tyrus, ein; Tyrus gehörte zu den bedeutendsten phönizischen Handelsstädten, die erst kurz zuvor unabhängig von Ägypten geworden waren und goldenen Zeiten entgegensahen. Die phönizische Allianz wurde ein Eckpfeiler der weiteren israelitischen Außenpolitik (siehe S. 89).

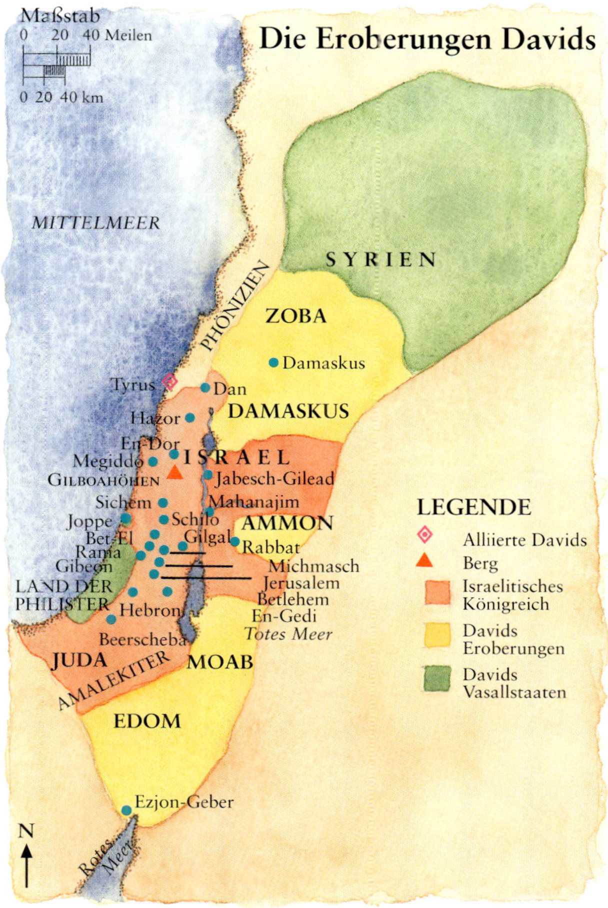

von Joab aus Rache für Asaëls Tod umgebracht, und der Plan scheitert. Nachdem Abner nicht mehr da ist, erkennen Ischbaals Generäle, daß sein Königreich nicht mehr zu halten ist, und töten ihn (2 Sam 4,6–7).

Ischbaals Tod machte den zweiten Schritt in Davids Aufstieg möglich. David war immer darauf bedacht gewesen, Saul und seinen Anhängern respektvoll zu begegnen. Er sandte eine Dankesbotschaft für das ehrenhafte Begräbnis von Saul an die Bewohner von Jabesch-Gilead, legte für Abners Tod einen feierlichen Fluch auf Joab und ließ Ischbaals Mörder hinrichten. Es war wahrscheinlich keine Überraschung mehr, daß die nördlichen Stämme nun ein Bündnis mit David eingingen und ihn zu ihrem König salbten (2 Sam 5,3). Als Herrscher über ein vereinigtes Königreich konnte David in zwei Kriegszügen die Philister vom zentralen Bergland vertreiben und den Weg für den dritten Schritt seines Aufstiegs ebnen – die Eroberung Jerusalems. Über dessen Einnahme wird nur sehr kurz berichtet, aber die Bibel deutet an, daß die Stadt mit einer Kriegslist genommen wurde, vermutlich mangels Erfahrung und richtiger Mittel der Israeliten für Belagerungen (2 Sam 5,6–8). Von Bedeutung ist, daß Jerusalem von Davids eigener Armee eingenommen und daher königlicher Privatbesitz wurde. Als ob er diesen Punkt unterstreichen wollte, benannte er Jerusalem in die „Stadt Davids“ um und erbaute dort eine Festung (siehe Kasten gegenüber).

Eine Lehmfigur, die eine badende Frau darstellt, gefunden in Achsib in Palästina, ca. 1300–900 v. Chr. Batseba badete, als David sie zum ersten Mal sah (2 Sam 11,2).

DAVIDS HERRSCHAFT

Nachdem David sich in Jerusalem niedergelassen hatte (siehe S. 83), ging er an die weitere Organisation seines Staates. Als Modelle dienten Nachbarländer, besonders Ägypten, und verwaltet wurde der Staat von Gerichtsbeamten. Die wichtigsten Beamten waren Joab, Heerführer der eigenen israelitischen Truppen, Benaja, der Heerführer der ausländischen Söldnertruppen (hauptsächlich Kreter und Philister), zwei Hohepriester, Zadok und Abjatar, ein königlicher Bote, der die Befehle des Königs verlautbarte, und ein königlicher Sekretär, der die Befehle aufzeichnete.

Die internen Abläufe in von Davids Königreich sind in mehreren Kapiteln in 2 Samuel und den Anfangskapiteln von 1 Könige aufgezeichnet. Die Berichte darüber sind derart klar und detailliert, daß sie wohl von einem Zeitzeugen verfaßt wurden. Der Ton ist außergewöhnlich weltlich; Gott greift nicht direkt in das Geschehen ein und wird nicht oft erwähnt. Der göttliche Zweck scheint durch menschlichen Ehrgeiz erfüllt zu werden. Dieser Abschnitt wurde „der Hofabschnitt Davids" und „eine Erzählung über die Thronfolge" genannt. Obwohl es eher unwahrscheinlich ist, daß die Erzählung tatsächlich so kohärent und einheitlich ist wie oft angenommen, haben beide Titel eine gewisse Berechtigung. Es geht um Rivalität am Hof innerhalb der Königsfamilie. Es gibt auch einen Harem, das allgemeine Merkmal antiker Monarchien im Nahen Osten, der naheliegenderweise zu einer Verstärkung der Intrigen führt. Ein König und seine Ehefrauen zeugten eine große Nachkommenschaft von ehrgeizigen Geschwistern und

Opposition zu Davids Herrschaft

Die Nachwelt hat die Herrschaft König Davids idealisiert, aber in Wahrheit hatte er mit großen Problemen und Spannungen zu kämpfen. David konnte sich niemals mit den Anhängern Sauls aussöhnen. Ein ernstzunehmender Aufstand wurde von Scheba, aus Sauls Stamm der Benjaminiter, angezettelt: Er war unzufrieden, weil die Israeliten bei David keinen Erbbesitz hatten. Scheba wurde schließlich von den Einwohnern Abels verraten (2 Sam 20,22).

Abschaloms Tod, *eine Zeichnung aus dem 19. Jahrhundert, die einen Ausschnitt des Bodens der Kathedrale von Siena (13. Jahrhundert) zeigt.*

Die Revolte Schebas kam nach Davids schwerster Krise, der Rebellion durch Abschalom, Davids eigenem Sohn, der gleich nach dem Tod Amnons (siehe Haupttext gegenüber) sein Erbe war. Abschalom ist ein typischer Volksheld, berühmt wegen seiner Schönheit und seines langen Haares (2 Sam 25–26). Zu dieser Zeit wurde David alt und hatte die Dinge nicht mehr so gut im Griff. Abschalom gewann die Zuneigung der Menschen, indem er ihnen rasche Wiedergutmachung ihres Leides versprach (2 Sam 15,2–6). Er ließ sich in Hebron als König ausrufen und schnitt damit David von seinem traditionellen Kernland ab. David konnte sich nur mit der Unterstützung von Söldnern und anderen Ausländern halten.

Vor der letzten Schlacht befahl David seinen Generälen, mit seinem Sohn „schonend umzugehen". Aber der Heerführer, Joab, hatte keine solche väterliche Zuneigung und tötete Abschalom, als dieser mit seinem Haar an einem Baum hängenblieb (2 Sam 18,9–15). Der alte König war zu Tode betrübt und gab eine eindringliche kurze, poetische Todesklage von sich: „Mein Sohn Abschalom, mein Sohn, mein Sohn Abschalom! Wäre ich doch an deiner Stelle gestorben, Abschalom, mein Sohn, mein Sohn!" (2 Sam 19,1).

David mit dem Propheten Natan (links) und David knieend, seine Sünden bereuend, aus einem byzantinischen Psalter, ca. 950 n. Chr.

Halbgeschwistern, die alle versuchen, die Macht unter sich aufzuteilen. Die Söhne Davids, die als Nachfolger in Frage gekommen wären, wurden nach und nach eliminiert, bis nur noch Salomo übrigblieb.

Die erste Geschichte in diesem Abschnitt handelt vom Ehebruch Davids mit Batseba, der Frau des Hethiters Urija, Offizier in der königlichen Armee (2 Sam 11,2–12,25). Um Urija aus dem Weg zu räumen, befiehlt David Joab, den Offizier während einer Schlacht „nach vorn, wo der Kampf am heftigsten ist“, zu beordern. Urija wird getötet, und David heiratet Batseba, die ihm einen Sohn gebiert. Aber diese Tat verärgert Gott, und der Prophet Natan bringt David durch eine Parabel dazu, sich selbst zu verdammen (2 Sam 12,1–6). David erkennt seine Sünde, aber Natan sagt, Gott werde nicht ihn töten, sondern das von Batseba geborene Kind. Das Kind stirbt zwar, aber die Geschichte endet mit der Geburt eines zweiten Kindes, Salomo, dem die Liebe Jahwes gewiß ist. Davids despotisches Verhalten, mit dem er den Tod von Urija arrangiert und Batseba für sich in Anspruch nimmt, ist für einen Monarchen im Nahen Osten nicht untypisch, aber es steht in krassem Gegensatz zum Urteil Natans, der für ältere und einfachere israelitische Werte steht.

Die anschließende Geschichte in 2 Samuel 13 handelt von Amnon, Davids ältestem Sohn. In einer typischen Haremsintrige durch seinen „sehr begabten“ Cousin Jonadab begünstigt, lockt er seine Halbschwester Tamar in sein Schlafgemach und vergewaltigt sie. Als Rache dafür tötet Abschalom, Tamars Bruder, Amnon und räumt damit den eigentlichen Thronfolger aus dem Weg. Abschaloms Verbannung für seine Tat löst eine Abneigung in ihm aus, die Davids Thron bedroht, aber schließlich seinen eigenen Untergang bedeutet (siehe Kasten gegenüber).

DIE THRONFOLGE SALOMOS

Als klarwurde, daß Davids Macht schwand, brach zwischen zwei Parteien, die eindeutige Interessen hatten und je einen von Davids Söhnen unterstützten, ein Kampf um seine Nachfolge aus (1 Kön 1–2). Die Gegner verkörperten die Spannung zwischen der Bevölkerung von Juda und dem königlichen Stadtstaat Jerusalem, die bis zum Ende des Königsreiches bestand.

Auf der einen Seite stand eine Gruppe mit Ursprung in Juda. Der Kandidat der Gruppe aus Juda war Adonija, ältester überlebender Sohn des Königs, der während Davids Zeit in Hebron geboren wurde (2 Sam 3,4). Hinter ihm standen Joab, Davids Heerführer, und der Priester Abjatar, einziger Überlebender von Sauls Massaker an den Priestern von Nob (siehe S. 80), der sich mit David während seiner Zeit als Bandenführer versteckt hatte. Die Gegenpartei hatte ihr Quartier in Jerusalem und unterstützte Salomo, Sohn Davids und Batsebas (siehe Haupttext), sowie den Priester Zadok, den Propheten Natan und Benaja, den Führer der ausländischen Palastwache.

Nach dem Tod Davids (1 Kön 2,10) stieg Salomo auf und ging rasch und hart vor, um seine Gegner loszuwerden. Adonija wurde unter einem trivialen Vorwand hingerichtet (1 Kön 2,13–25). Es wäre politisch gefährlich gewesen, einen Priester zu töten, und so wurde Abjatar einfach abgesetzt und verbannt (1 Kön 2,27). Joab suchte Zuflucht, indem er „im Zelt des Herrn“ die „Hörner des Altares“ ergriff (siehe unten), wurde aber von Benaja erschlagen (1 Kön 2,34), der ebenso Schimi, einen Führer von Sauls Stämmen der Benjaminiter, tötete (1 Kön 2,46).

Ein gehörnter Altar, ca. 900 v. Chr., aus Megiddo (vgl. 1 Kön 1,50; 2,28).

SALOMO

Nach seiner Thronbesteigung (siehe S. 85) unternahm Salomo keine Eroberungsfeldzüge, und seine Herrschaft (ca. 961–922 v. Chr.) war eine Zeit des Friedens und Wohlstandes – „Juda und Israel lebten in Sicherheit von Dan bis Beerscheba" (1 Kön 5,5). So wurde in späteren prophetischen Büchern das perfekte künftige Zeitalter des Messias beschrieben. Salomo wird vor allem als Verkörperung der Weisheit dargestellt. Im israelitischen Denken war Weisheit eine praktische Qualität, etwas, das alle Menschen brauchten, um Erfolg in ihrem Leben zu haben (siehe S. 126–127). Als Verantwortlicher für das Wohlergehen des Volkes benötigte der König naturgemäß mehr Weisheit als jeder andere. In dieser Hinsicht war Salomo der ideale Herrscher (siehe Kasten unten).

Am Beginn seiner Herrschaft besuchte Salomo Gibeon, wo die „angesehenste Kulthöhe" war (1 Kön 3,4), die von Jerusalem noch nicht verdrängt worden war. In Gibeon hatte der König einen Traum, in dem ihm der Herr erschien. Salomos Traum ist ähnlich der Erfahrung des Pharao Thutmosis IV., dem die Sphinx von Gizeh im Traum erschien. Die Sphinx erzählte Thutmosis von seiner göttlichen Auserwählung und seinem rechtmäßigen Thronerbe. Als er dann erwachte, brachte er ein Opfer dar. Alle

Salomos Schriften

König Salomos Weisheit war so bekannt und berühmt, daß zahlreiche spätere Schriften, die als „Weisheit" bezeichnet wurden (siehe S. 126–127), seinem Schaffen zugeordnet wurden. Die Weisheit Salomos, eines der apokryphen Bücher der Bibel, und einige Abschnitte im Buch der Sprüche sollen von ihm verfaßt worden sein (siehe S. 126). Salomo soll etwa 300 Sprichwörter im Zusammenhang mit Bäumen und Tieren verfaßt haben (1 Kön 2,32). Das hebräische Wort für „Sprichwort" ist *maschal*, abgeleitet von einem Verb, das „sein wie" oder „vergleichen" bedeutet. Salomos „Sprüche" waren also Gleichnisse und Metaphern, in denen Beobachtungen aus der Natur oder dem Tierreich als Erläuterungen des menschlichen Verhaltens dienten. Das Erkennen der Parallelen zeugte von Weisheit, und die Fähigkeit, solche Sprüche zu verfassen, war wichtig für einen Monarchen, da sie bei diplomatischen Dialogen verwendet wurden.

Salomo diktiert die Sprichwörter, *aus der französischen* Bible Historiale *von 1357.*

Die üblichen Weisheiten des Nahen Ostens bestanden aus solchen Maximen. Da sie weitgehend weltlicher Natur waren, konnten sie von verschiedenen Völkern angepaßt werden. Dieser Prozeß wurde zudem durch die vielfältigen Kontakte Salomos mit anderen Ländern erleichtert.

Salomos Reichtum und seine Liebe zu den Frauen erklären zweifellos, weshalb der Autor des Buches Kohelet (siehe S. 126–127) in seine Person schlüpfte und weshalb Salomo das erotische Hohelied gewidmet wurde (siehe S. 131). In der Bibel wird behauptet, „die Zahl seiner Lieder betrug tausendundfünf" (1 Kön 5,12). Gleichermaßen wurden aufgrund seiner poetischen Werke zwei der Psalmen (siehe S. 121) Salomo zugeschrieben.

Die Königin von Saba

Die Königin von Saba kommt am Hof des Königs Salomo an, *vom Meister der Cassoni, Italien, spätes 15. Jahrhundert.*

Eine weitere Geschichte zum Ruhm von Salomos Weisheit ist die berühmte Episode vom Besuch der Königin von Saba (1 Kön 10,1–13). Zeremonielle Besuche unter Königshäusern, bei denen wertvolle Geschenke ausgetauscht wurden, gehörten zur politischen Praxis im Nahen Osten. Laut Bibel (1 Kön 10,1) hatte die Königin von Salomos großer Weisheit gehört und kam, „um ihn mit Rätselfragen auf die Probe zu stellen“. Die Fähigkeit eines Herrschers, einem anderen Weisheit und Wissen in einem Rätsel zu beweisen, war ein wertvolles diplomatisches Instrument.

Während jüdische, islamische und äthiopische Erzählungen der Begegnung der beiden Herrscher phantastische und erotische Aspekte andichteten, spiegelt der biblische Bericht vermutlich die nüchternen politischen Tatsachen wider. Der Staat der Königin lag im Süden Arabiens, im Gebiet des heutigen Jemen. Die Länder in dieser Gegend hatten praktisch das Monopol im äußerst lukrativen Handel mit den Gewürzen Myrrhe und Weihrauch, von denen die Königin von Saba Salomo eine große Menge überreichte. Salomo hatte sich bereits in den Handel eingemischt und eine Flotte in das Rote Meer entsendet; ein Abkommen zur Regelung der Beziehungen war vorteilhaft für beide Parteien. Durch Salomos Reich verliefen die Nord-Süd-„Königsstraße“ in Transjordanien und die Ost-West-Route durch Südpalästina nach Gaza, zwei Hauptverkehrsadern, auf denen arabische Luxusgüter in Abnehmerländer transportiert wurden. Das Treffen zwischen den beiden Monarchen hat wohl zu einem Abkommen geführt, durch das die Königin Salomos Flotte Zugang zu den von ihr kontrollierten Häfen gewährte und Salomo ihr Sicherheit auf den Routen durch sein Territorium garantierte (siehe auch S. 89).

Der steinerne Kopf einer Frau aus Saba (Königin von Saba), 1. Jahrtausend v. Chr.

diese Elemente sind auch in der Geschichte von Salomos Traum vorhanden (1 Kön 3,5–15). Der biblische Bericht unterscheidet sich durch des Königs Bitte um Weisheit und Jahwes Versprechen, ihm „ein so weises und verständiges Herz“ zu geben, daß ihm mehr „Reichtum und Ehre“ zufallen würde als jedem anderen Monarchen seiner Zeit.

Unmittelbar darauf folgt eine andere Geschichte, ein Volksmärchen, das zeigen soll, wie sich des Königs Weisheit in der Justizverwaltung auswirkte. Zwei Prostituierte traten mit einem kleinen Kind vor Salomo, und jede behauptete, die Mutter zu sein. Als Salomo mit zwei verschiedenen Aussagen ohne wirkliche Beweise konfrontiert wurde, verlangte er ein Schwert und schlug vor, das Kind einfach in zwei Teile zu zerschneiden und „eine Hälfte der einen, eine Hälfte der anderen“ zu geben (1 Kön 3,25). Eine der Frauen flehte um des Knaben Leben und bat Salomo, ihn lieber ihrer Rivalin zu überlassen, als ihn zu töten. Die andere Frau sagte voll Bosheit: „Es soll weder mir noch dir gehören!“ und forderte vom König, das Kind zu zerteilen. Nach seinem Verständnis sah Salomo in der ersten Frau das Mitgefühl der wahren Mutter und gab ihr das Kind. Als die Israeliten vom Urteil erfuhren, erkannten sie, daß ihr neuer König wahrlich „die Weisheit Gottes“ besaß.

SALOMOS HERRSCHAFT

Phönizische Kriegsschiffe auf einem assyrischen Relief aus dem 7. Jahrhundert v. Chr. Die Allianz mit den Phöniziern, der mächtigsten Seemacht in der Region, war ein Eckpfeiler der salomonischen Außenpolitik.

Das Königreich unter Salomo nahm immer mehr die Form eines despotischen nahöstlichen Staates an. Eindeutiger Beweis dafür ist die Einführung des Frondienstes. Dadurch konnte die Bevölkerung, wie damals die Israeliten in Ägypten, zu Zwangsarbeit herangezogen werden. Ugaritische Texte belegen, daß dies auch in Kanaan praktiziert wurde. Eine Passage scheint darauf hinzudeuten, daß Zwangsarbeit nur für Völker galt, die Davids Königreich angegliedert worden waren (1 Chr 22–1), es ist aber offensichtlich, daß auch gebürtige Israeliten beteiligt waren (vgl. 1 Kön 12,4 und 12,18). Wahrscheinlich hatten Nicht-Israeliten den Status ständiger Diener des Staates, während Israeliten nur unter außergewöhnlichen Umständen zur Arbeit eingezogen wurden, wie beispielsweise bei Salomos umfassendem Bauprogramm. David hatte die Einführung des Frondienstes vielleicht erwogen, aber erst unter der Herrschaft seines Sohnes wurde die Zwangsarbeit ein zentrales Merkmal des Staates.

Die Ruinen der phönizischen Stadt Byblos (biblisch Gebal, heute Djebeil, im Nordlibanon). Salomos weitreichende diplomatische und handelspolitische Beziehungen brachten ihm die Unterstützung der Einwohner von Byblos, den Gebalitern, beim Tempelbau in Jerusalem (siehe S. 90–91).

Obwohl Salomo kein Aggressor war, strebte er doch danach, sein Gebiet vor Angriffen zu schützen. Es werden einige Städte erwähnt, in denen er Bauten errichtete und Wagen sowie Truppen stationierte (1 Kön 9,15–19). Die Positionen der Städte waren bedeutend: Hazor schützte die äußerste nördliche Grenze, und Megiddo kontrollierte einen strategischen Übergang von der Küste bis zum zentralen Bergland. Geser, das von einem ägyptischen Pharao zerstört und dann seiner Tochter bei ihrer Heirat mit Salomo als Brautgeschenk gegeben wurde, baute Salomo wieder auf, um von dort aus das von den Philistern besetzte Gebiet zu kontrollieren. Ausgrabungen an diesen Stätten haben die Bautätigkeit der salomonischen Zeit bestätigt.

Der König erbaute im Zusammenhang mit der Neuorganisation des Staates auch eine Reihe von Geschäftsstädten (1 Kön 4). Sein Territorium wurde in zwölf Verwaltungsbezirke eingeteilt, jeder mit einem regionalen Statthalter an der Spitze. Die Aufteilung deckte sich meist mit den alten Stammesgebieten, war aber nicht streng an sie gebunden. Ziel der Neuorganisation war, daß jeder Bezirk abwechslungsweise Lebensmittel für den königlichen Haushalt bereitstellen sollte, daher war die Zahl der Bezirke wohl eher auf die zwölf Monate des Jahres ausgerichtet. Auch alte kanaanitische Städte wurden in die neuen regionalen Bezirke eingegliedert. Die monatlichen Vorräte, die von jedem Statthalter bereitgestellt werden mußten, wurden in den Geschäftsstädten gesammelt und dann zum Hof in Jerusalem geschickt.

Unter Salomo wurde Israel zu einer wichtigen Großmacht. Der König hatte durch sein neues Prestige die Möglichkeit, seinen Einfluß bei Nachbarstaaten mittels diplomatischer Beziehungen zu vergrößern. Salomo schloß einen Vertrag mit König Hiram von Tyrus und setzte die von David begonnene Allianz fort (1 Kön 5,12). Hiram stellte Salomo durch diesen Vertrag das berühmte Zedernholz aus dem Libanon und tüchtige Handwerker für seine Bauten zur Verfügung.

Salomos großer Harem wird in der Bibel verdammt, da befürchtet wird, Salomo werde dadurch die von seinen ausländischen Frauen angebeteten Gottheiten annehmen (1 Kön 11,1–8). Die Größe des Harems ist vermutlich übertrieben, um den Monarchen als Ausbund an Reichtum und Männlichkeit darzustellen. Aber der königliche Harem war ein wichtiger Teil der Diplomatie, denn Verträge zwischen Staaten wurden durch Heirat zwischen den entsprechenden Königsfamilien untermauert. In der Bibel wird Salomos Heirat mit der Tochter des ägyptischen Pharao hervorgehoben, die ihren eigenen Palast in Jerusalem besaß (1 Kön 7,8 und 9,16). Zu Salomos Zeit war Ägypten in einer Krise, aber immer noch ein mächtiges Land. Allein der Gedanke des Pharao, es sei wert, Israels Freundschaft zu suchen, zeigt das enorme Prestige, das Salomos Königreich erlangt hatte.

Salomos Handelstätigkeit

Die meisten biblischen Angaben zu Salomos immensem Reichtum besitzen Legenden- oder Volksmärchencharakter, aber sie haben zweifellos auch eine geschichtliche Grundlage. Ein Teil des königlichen Vermögens ergab sich durch die regelmäßigen Beitragszahlungen seiner Vasallstaaten, aber die wichtigste Finanzquelle für Salomos Bauprojekte war der Handel. Zahlreiche wichtige Handelsrouten der Region führten durch Salomos Reich, und die durchreisenden Karawanen brachten Einnahmen. Salomo schaltete sich besonders in den lukrativen Handel mit Gewürzen und Edelmetallen zwischen Südarabien und dem Norden ein (siehe Kasten S. 87).

Salomos Allianz mit dem Phönizier-König Hiram von Tyrus stellte sich als lebenswichtig heraus (siehe Haupttext oben), denn die Israeliten hatten keinerlei seefahrerische Erfahrung. Salomo baute eine Flotte für das Rote Meer, und Hiram, der Führer der großen Seemacht, gab ihm tüchtige Segler und eigene Schiffe. Die königliche Flotte hatte ihr Hauptquartier im Hafen von Ezjon-Gebor nahe Elat an der nördlichen Küste des Roten Meeres, obwohl der genaue Standort unbekannt ist.

Durch den blühenden Handel entwickelte sich in Israel eine neue Klasse, die Händler. Eine kurze Episode berichtet, wie diese Händler Pferde aus Ägypten und Koë (in der heutigen Türkei) für Salomos Armee importierten und an die Herrscher der Staaten nördlich von Israel weiterverkauften (1 Kön 10,28–29).

Eine Kulttafel aus Südarabien mit einer Inschrift in antiker sabischer Sprache (1. Jahrtausend v. Chr.)

DER TEMPEL

Das wichtigste Bauprojekt Salomos war der Tempel in Jerusalem, der eine bedeutende Rolle im Leben und der Religion des Volkes spielen sollte. Mit diesem Bau erfüllte Salomo eine der anerkannten Pflichten eines Königs im antiken Nahen Osten: Von ihm wurde erwartet, ein möglichst prächtiges Bauwerk in seiner Hauptstadt als Haus für die nationale Gottheit zu errichten. Der Tempel in Jerusalem war eine Neuheit. Als König David Jahwe ein Haus bauen wollte, hatte Natan es ihm verboten, da Gott bis dahin nur in seinem Zeltheiligtum gewohnt hatte (2 Sam 7,6 und 1 Chr 17,4).

Da die Israeliten keine Erfahrung im Tempelbau hatten, wandte sich Salomo an König Hiram von Tyrus, der ihm Material und Arbeitskräfte gab, unter denen besonders einer hervorstach, der ebenfalls Hiram hieß und die Kultausstattung des Tempels anfertigte (siehe Kasten unten). Der Tempel war also im wesentlichen eine phönizische oder kanaanitische Konstruktion: Sein dreiteiliger Grundriß ähnelt einem Schrein in Tell Tainat in Syrien und einem Tempel in Hazor. Der Tempel wurde im Norden der ursprünglichen Stadt Davids erbaut (siehe Karte auf S. 190), auf einer alten heiligen Stätte der Jebusiter, über einem Dreschboden, wo David einen Altar errichtet hatte (2 Sam 24,18). Hier sollte der Freiluftaltar des Tempels stehen. Die mit Zedernholz aus dem Libanon ausgekleideten Tempelmauern wurden mit Kerubimen, Palmen und Blumen (vielleicht Lotusblüten) geschmückt, bekannten religiösen Symbolen des antiken Nahen Osten. Außerhalb des Vestibüls befanden sich zwei freistehende Säulen, ein Kennzeichen phönizischer Tempel. Die Bedeutung dieser Säulen ist umstritten, aber ihre Namen, Jachin („Jahwe bestimmt") und Boaz („In ihm ist [es] Stärke"), zeigen, daß sie Gottes Gegenwart symbolisierten. Sie könnten den Wachefiguren der Gottheiten entsprochen haben, die am Eingang zu mesopotamischen Heiligtümern und Palästen standen.

Die Tempelausstattung

Die Ausstattung von Salomos Tempel beinhaltete kosmische Symbole. Im Tempel befand sich ein großes Metallbecken, genannt das „Meer" (1 Kön 7,44), gestützt von zwölf Rinderstatuen. Angeblich wurde das Becken für die Waschungen der Priester verwendet, da es aber über 2,2 m hoch war, ist das eher unwahrscheinlich. Die Bezeichnung „Meer" hat Parallelen zum mesopotamischen *absu*, dem Namen des unterirdischen Ozeans und eines Tempelbeckens als dessen Symbol. Rinder waren ein häufiges Fruchtbarkeitssymbol und wurden mit dem kanaanitischen Sturmgott Baal assoziiert (siehe S. 72). Der Tempel hatte auch bewegliche Becken (für rituelle Waschungen), die mit Kränzen, Rindern, Löwen und Kerubimen verziert waren. Der Hauptopferaltar wurde als der Berg Gottes und als Zentrum der Welt angesehen, dessen Basis im „Schoße der Erde" ruhte.

Die Bundeslade und zwei Engel, aus einem hebräischen Manuskript aus dem 13. Jahrhundert.

Bei der Einweihungszeremonie für den Tempel wurde die Bundeslade in das zentrale Heiligtum, das Allerheiligste, gebracht. Sie war nicht mehr beweglich, da man glaubte, daß Jahwe nach der Eröffnung durch Salomos Weihepriester ständig im Allerheiligsten wohnen würde: „Der Herr hat die Sonne an den Himmel gesetzt; er selbst wollte im Dunkel wohnen. Ich habe ein fürstliches Haus für dich gebaut, eine Wohnstätte für ewige Zeiten" (1 Kön 8,12–13). Daraus entstand die Doktrin, daß Jerusalem und sein Tempel unantastbar wären. Die Lade wurde als Thron einer unsichtbaren Gottheit angesehen. Sie wurde von zwei großen Kerubimen, ein Merkmal der Throne phönizischer Herrscher, flankiert.

Neben dem Bau des Tempels (siehe 1 Kön 6) wurde Salomos (wesentlich größerer) eigener Palast in der Nähe errichtet. Dies symbolisierte die Rolle des Tempels als nationalem Schrein sowie als königliche Kapelle. Der König war der Anführer des Jahwe-Kultes und leitete alle wichtigen Akte der Verehrung. Salomo selbst amtierte bei der Weihe des Tempels als Priester und brachte Opfer und das Weihegebet dar.

In der Religion der Kanaaniter war die Heimat der Götter ein Berg. Die in der Verehrung im Tempel verwendeten Psalmen zeigen, daß ein Großteil der Mythologie und des Symbolismus des göttlichen Berges auf den Zion-Berg, den Wohnort Jahwes, übertragen wurde (siehe auch S. 48).

Spätere Tempel in Jerusalem

Salomos Tempel wurde während der babylonischen Eroberung Jerusalems zerstört (587/6 v. Chr.; siehe S. 110–111), aber er wurde etwa 50 Jahre später von den Heimkehrenden wieder aufgebaut. Der zweite Tempel scheint bescheidener gewesen zu sein als der erste, und er hatte auch eine andere Bedeutung (siehe S. 120–121). Er wurde unter dem seleukisch-griechischen Reich (siehe S. 138–139) und später von den Römern entweiht und geplündert (siehe S. 142). Ungefähr 20 v. Chr. machte sich Herodes der Große, der Herrscher von Judäa und Schützling der römischen Kaiser (siehe S. 142), daran, ein völlig neues Bauwerk zu errichten. Beschreibungen von Herodes' Tempel, dessen größter Teil in zehn Jahren fertiggestellt war, zeigen, daß er dieselben Dimensionen wie Salomos Tempel hatte. Er entsprach der zeitgenössischen griechisch-römischen Architektur, und seine Pracht sollte seinen römischen Herren die Bedeutung von Herodes' Königreich demonstrieren. Herodes wurde von vielen seiner Untertanen als Eindringling betrachtet, und sein feudaler neuer Tempel war ein Versuch, sie für sich zu gewinnen.

Es gibt jedoch genug Hinweise darauf, daß die Frommen und Traditionsbewußten in der Bevölkerung Herodes' Motiven mißtrauten und den Tempel ablehnten. Jedenfalls hatte dieser letzte und größte Tempel Jerusalems eine vergleichsweise kurze Lebenszeit: Erst 64 v. Chr. endgültig fertiggestellt, brannte er nieder, als der römische Imperator Titus während eines jüdischen Aufstandes 70 n. Chr. Jerusalem einnahm. Der Tempel wurde nie wieder aufgebaut, sein Standort blieb aber heilig. Ein Teil der Ruinen des Tempelkomplexes, die massive Westmauer (die sogenannte „Klagemauer"), ist eine bedeutende Kultstätte der Juden. Am Platz des zentralen Heiligtums des Tempels steht der Felsendom, eine der heiligsten Stätten des Islam. Er wurde 685–691 n. Chr. an der Stelle erbaut, wo Abraham das Opfer Isaaks vorbereitet haben soll (siehe S. 43) und von wo der Prophet Mohammed in den Himmel aufgefahren ist.

Betende Juden an der Klagemauer, einem Teil der Überreste des Tempels von Herodes. Das massive Mauerwerk ist typisch für herodianische Architektur.

Die Rekonstruktion der südlichen Fassade von Herodes' Tempel (siehe auch das Foto auf S. 163).

SCHWÄCHEN DES STAATES

Die Bibel weist auf Schwächen und Spannungen in Salomos Königreich hin, die zwar zu seinen Lebzeiten keine starken Auswirkungen zeigten, aber ernste Konsequenzen für die Zukunft hatten. Es gab Schwierigkeiten in zwei ausländischen Gebieten, Edom und Aram (siehe Karte S. 83). Die dortigen Unruhen werden als göttliche Strafe für Salomos Verehrung fremder Gottheiten dargestellt (1 Kön 11). Aber sein Gegner, der edomitische Prinz Hadad, war womöglich nur ein unwichtiger Unruhestifter. Es ist sicher, daß Reson, der Rebellenführer der Aramäer, ein unabhängiges Königreich in Damaskus errichtete; dies könnte aber auch erst nach Salomos Tod passiert sein. Anscheinend überließ Salomo wegen finanzieller Schwierigkeiten seinem Verbündeten Hiram von Tyrus 20 Siedlungen in Galiläa für eine hohe Summe (1 Kön 9,11). Aber Hiram ist von seinem neuen Landbesitz enttäuscht und nennt ihn Kabul, „Land für nichts".

Weit stärkere innere Unzufriedenheit löste Salomos Einführung der Zwangsarbeit aus. 30 000 eingezogene männliche Bürger arbeiteten in monatlichen Schichten im Libanon (1 Kön 5,14). Die freien israelitischen Bauern haben sich sehr über diesen Dienst für den König, der die Landwirtschaft wahrscheinlich ernsthaft gestört hat, geärgert. Aber Tausende wurden gezwungen, im Steinbruch und bei den vielen Bauprojekten Salomos zu arbeiten. Ein weiterer Grund für internen Druck waren die alten Spannungen zwischen dem Norden (Israel) und dem Süden (Juda).

Die beiden Streitpunkte entluden sich im Aufstand Jerobeams, eines königlichen Offiziers vom nördlichen Stamm Efraim, der die Auswirkungen

Ägyptischer Einfluß auf israelitische Angelegenheiten

Ägypten spielte bei den Ereignissen während König Salomos Herrschaft und unmittelbar danach eine wichtige Rolle. Das Land hatte lange die Vorherrschaft über Palästina beansprucht, und obwohl ein nicht namentlich erwähnter Pharao der schwachen 21. Dynastie es für umsichtig hielt, ein Bündnis mit Salomo zu schließen, änderte sich die ägyptische Politik nicht. Die Ägypter waren nicht abgeneigt, Bewegungen zur Untergrabung von Salomos Macht zu unterstützen. Seine Gegner, Hadad und Jerobeam, erhielten Unterschlupf und Hilfe von den Pharaonen, und Hadad wurde sogar die Schwägerin des ägyptischen Königs zur Ehefrau gegeben.

Die Bibel berichtet, daß Jerobeam von „Schischak, dem König von Ägypten" (1 Kön 11,40), aufgenommen wurde. Es handelte sich um den Pharao Scheschonk I., der als Gründer einer neuen libyschen Dynastie 945 v. Chr. an die Macht kam. Während der Herrschaft Rehabeams, Salomos Nachfolger, sandte Scheschonk eine Expedition nach Palästina und erreichte Jerusalem. Sein Feldzug war beeindruckend: Eine Liste der eroberten Städte, die auf eine der Mauern des Gottestempels Amun-Re in Karnak geritzt ist, umfaßt mehr als 150 Städte in Palästina. Jerusalem steht nicht auf der Liste, und ein biblischer Bericht über das fünfte Jahr von Rehabeams Herrschaft (siehe S. 95) erwähnt nur einen Angriff auf die Stadt. Scheschonk wurde wahrscheinlich von Rehabeam mit den Schätzen des Tempels und des Königspalastes gekauft. Weitere Beweise für Scheschonks Raubzüge sind seine Siegessäule in Megiddo und eine sitzende Statue des Pharao, die in Byblos im Libanon gefunden wurde.

Die Ruinen von Megiddo, einer wichtigen Stadt unter Salomo und seinen Nachfolgern. Sie wurde von Scheschonk I. während der Herrschaft Jerobeams von Israel erobert.

des Frondienstes aus eigener Erfahrung kannte, da er für die Zwangsarbeit in seinem eigenen Stammesbezirk verantwortlich war. Laut Bibel erhielt Jerobeam vom Propheten Ahija das göttliche Versprechen, daß er die zehn nördlichen Stämme Israels regieren werde. Die restlichen zwei waren die aus Tradition verbundenen Stämme von Juda und Benjamin, die Gott für Davids Dynastie reserviert hatte (1 Kön 11,29–32). Ahijas Unterstützung war bedeutend, da er mit Schilo, dem ursprünglichen Aufbewahrungsort der Bundeslade, in Verbindung stand (siehe S. 76 und S. 90). Ahija repräsentierte die ältere israelitische religiöse Tradition, die von der neuen Bewegung um den Tempel in Jerusalem überholt worden war.

Jerobeam konnte Salomo in seinem Aufstand nicht stürzen, weil – so Ahija – Gott folgendes versprochen hatte: „Wegen meines Knechtes David ... lasse ich ihm die Herrschaft, solange er lebt" (1 Kön 11,34). Jerobeam floh nach Ägypten, um am Hof des Pharao den rechten Augenblick abzuwarten (siehe Kasten unten).

Die Teilung des Königreiches

Nach dem Tod Salomos (1 Kön 11,43) stieg automatisch sein Sohn Rehabeam als Thronfolger beider Teile des Königreiches, Juda und Jerusalem, auf. Die Herrschaft der Dynastie über Israel im Norden beruhte auf einem Vertrag zwischen König David und den Stämmen. Rehabeam mußte diesen Vertrag erneuern und traf sich mit den Vertretern der nördlichen Stämme in Sichem, dem Platz, wo Josua den israelitischen Stämmen ihr Land zugeteilt hatte. Das Ergebnis war ein dramatisches Aufeinandertreffen zwischen den Anhängern alter und neuer Regierungsvorstellungen, wie in 1 Könige 12 berichtet wird. Rehabeams ältere Berater befürworteten die Forderung der Versammlung nach einer Lockerung der Zwangsarbeit (siehe Haupttext). Aber die jüngeren Berater des Königs, die unter Salomos despotischem System aufgewachsen waren, überzeugten ihn von ihrem Standpunkt. Schließlich löste sich die Versammlung mit dem alten Stammesschrei „In deine Zelte, Israel!" auf.

Der Rebell Jerobeam kehrte aus Ägypten zurück (siehe Haupttext) und wurde König von Israel. Rehabeam versuchte, das auseinanderbrechende Königreich zu halten, indem er Adoniram, den Vorsteher der verhaßten Zwangsarbeitsinstitution, nach Israel sandte. Das war jedoch ein unweiser Entschluß: Adoniram wurde zu Tode gesteinigt, und von da an waren die beiden Monarchien Israel und Juda getrennt (1 Kön 12,19).

Jerobeam versuchte, sein neues Königreich durch eine unabhängige religiöse Organisation zu stärken, damit das Volk Israel nicht im großen Tempel Jerusalems beten mußte. Er schuf goldene Stiere in den Heiligtümern von Bet-El und Dan (1 Kön 12,28–29). Die biblische Erzählung ist vom Standpunkt Jerusalems aus geschrieben und stellt dies als sündige Tat dar. Aber Jerobeam belebte vermutlich nur einen bestehenden alten Kult wieder, der Gott als Stier (siehe S. 65) oder als auf einem Stier reitend darstellte.

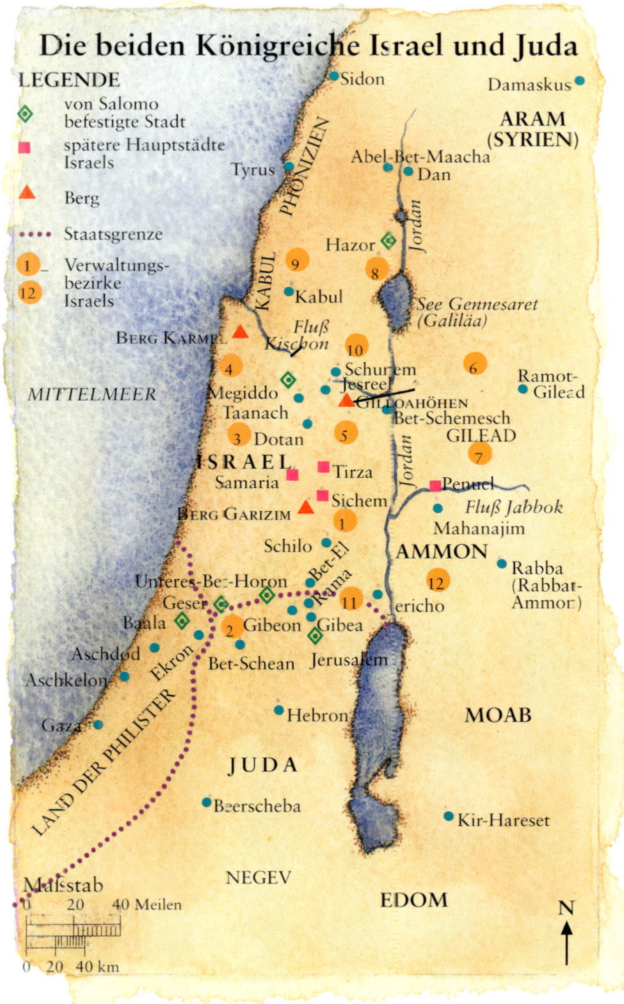

VI DIE PROPHETEN

Die Propheten und ihre Weissagungen waren seit dem Moment, in dem Samuel Saul zum ersten König Israels ernannte (siehe S. 78), ein wichtiges Merkmal der israelitischen Tradition. Durch die Monarchie wurde die israelitische Gesellschaft besser organisiert, und die Propheten wurden Teil der anerkannten Institutionen. Dieser Prozeß wurde wahrscheinlich durch die Existenz von kanaanitischen Prophetenverbänden beschleunigt. Es ist nicht leicht, genau zu definieren, was einen Propheten von anderen göttlich inspirierten Persönlichkeiten wie dem Richter oder dem Priester unterscheidet. Die Propheten waren Einzelpersonen, die nicht alle nach demselben Schema handelten, und die Bibel spricht sogar von gegenseitigen Feindschaften.

Ein phönizisches Opalsiegel mit verschiedenen Symbolen mit der Bedeutung YZBL, „Isebel", der Königin von Israel im 9. Jahrhundert v. Chr.

DIE ROLLE DES PROPHETEN

Die Propheten spielten in der damaligen Zeit eine große Rolle. In der Bibel besitzen sie meist alle dieselben Eigenschaften, damit sie leichter zu erkennen sind. Die Bezeichnung „Prophet" ist eine Übersetzung des hebräischen Wortes *nabi,* was auch Sprecher bedeutet. Ein Prophet war daher nicht nur jemand, der die Zukunft voraussah, sondern jemand, der den Willen Gottes verkündete. Die Einleitung ihrer Weissagungen lautete: „So hat Jahwe gesprochen." Ihre wesentliche Funktion lag darin, eine gute Beziehung zwischen Gott und dem Volk herzustellen und durch Worte und Taten zu bekräftigen. Das Verb, das aus *nabi* abgeleitet wird, bedeutet „wie ein Prophet handeln", was auch das unkontrollierte Verhalten, das meist als „Ekstase" bezeichnet wird, beinhaltet. Es war für die Propheten wichtig, auf die eine oder andere Art von Jahwes „Geist" erfüllt zu sein. Sogar gegen seinen eigenen Willen stand der Prophet unter einem inneren Zwang, göttliche Botschaften zu überbringen. Ein solches Verhalten war nicht nur den Propheten Jahwes vorbehalten. Eine ägyptische Geschichte aus dem 11. Jahrhundert v. Chr. erzählt, wie ein junger Mann in der phönizischen Stadt Byblos während einer Opferungszeremonie in „Ekstase" geriet und eine Botschaft der Gottheit überbrachte, die von ihm Besitz ergriffen hatte.

Propheten werden auch Seher genannt, d.h., sie hatten die Gabe des Hellsehens oder konnten Vorzeichen aus Naturphänomenen deuten. Eine andere häufige Bezeichnung war „Mensch Gottes", jemand, der mit übernatürlichen Sphären in engem Kontakt war. Manchmal hatte der Prophet angeblich Zugang zur Versammlung der himmlischen Heere, die Jahwe umgeben. Der Prophet war also ein Botschafter, der die prophetischen Weissagungen im Namen seines Gottes überbrachte.

Propheten spielten in vielen gesellschaftlichen Belangen eine große Rolle. Ein einzelner Prophet konnte sich um die einfachen Angelegenheiten eines bestimmten Ortes kümmern, meistens handelte es sich dabei um ein Heiligtum, wie Samuel in Rama. Aber besonders in der frühen Zeit der Monarchie gab es auch organisierte Prophetengruppen, die von Heiligtum zu Heiligtum zogen. Am bedeutendsten waren die Hofpropheten, die es in allen Monarchien des Nahen Ostens gab. Sie erteilten dem König göttlichen Rat in Staatsangelegenheiten. Die Bibel erwähnt einzelne Propheten, wie Natan und Gad an Davids Hof, aber eigentlich verfügte der König über einen ganzen Stab von Propheten; in 1 Könige 22,6 werden 400 genannt. Diese Zahl entspricht fast den 450 Propheten des phönizischen (kanaanitschen) Gottes Baal am Hofe Isebels (1 Kön 18,22), woraus sich schließen läßt, daß die Idee des Prophetenstabes von Israel aus der kanaanitischen Monarchie übernommen wurde. Die Bibel zeichnet ein lebhaftes Bild der Propheten Baals, als Elia ihnen auf dem Berg Karmel begegnet (1 Kön 18). Um die Aufmerksamkeit ihres Gottes auf sich zu ziehen, „schrien sie mit lauter Stimme. Nach ihrem Brauch ritzten sie sich mit Schwertern und Lanzen wund, bis das Blut an ihnen herabfloß. Als der Mittag vorüber war, verfielen sie in Raserei ... doch es kam kein Laut, keine Antwort, keine Erhörung" (1 Kön 18,28–29).

Das geteilte Königreich nach Salomo

Nachdem Salomo gestorben war, wurde die israelitische Monarchie in die Königreiche von Israel (Norden) und Juda (Süden) aufgeteilt. Zwischen ihnen herrschte fast immer Krieg, eine Situation, die von der neuen aramäischen Dynastie in Damaskus unter Ben-Hadad I. ausgenützt wurde (ca. 880–842 v. Chr.). Während Juda vergleichsweise stabil blieb, wurde der Norden von Unruhen erschüttert. Auf Jerobeam I. (922–901 v. Chr.) folgte sein Sohn, der in einem Militärputsch abgesetzt wurde. Drei weitere Putsche folgten. Die Bibel erklärt diese Instabilität als Strafe Gottes für die Sündhaftigkeit Jerobeams (1 Kön 12,28–33 und 13,33–34), die seine Nachfolger übernahmen. Zwei prophetische Legenden voller lebendiger Details erzählen, wie zwei Propheten ein Urteil über Jerobeams Haus und schließlich über das nördliche Königreich selbst sprachen (1 Kön 13).

Die chaotische Situation im Norden wurde mit der Thronfolge des letzten Eindringlings, Omri (876–869 v. Chr.), beendet, der ein mächtiges Königreich und eine stabile Dynastie mit einer neuen Hauptstadt, Samaria, schaffen konnte. Er überwachte den Aufstieg von Damaskus und eroberte Moab zurück, das während Israels Jahren der Schwäche verloren gegangen war. Omri wird nur kurz in der Bibel erwähnt, denn der Bibelautor betrachtete ihn als noch lasterhafter als seine Vorgänger. Die hohe Position, die er erreichte, wird allerdings durch assyrische Inschriften bestätigt, die das Königreich Israel als „das Haus Omri" bezeichnen, und das sogar lange nachdem Omris Dynastie verschwunden war.

Herrscher von Israel und Juda

Die Regierungszeiten der israelitischen Könige können nicht mit absoluter Sicherheit festgestellt werden. Diese Liste folgt der Zeittafel von W. F. Albright, die als eine der genauesten gilt. Sämtliche Daten sind Schätzungen und beziehen sich auf die Zeit vor Christus.

DAS VEREINTE KÖNIGREICH		HERRSCHER VON JUDA		HERRSCHER VON ISRAEL	
Saul	1020–1000	Rehabeam	922 – 915	Jerobeam I.	922 – 901
David	1000–961	Abija	915 – 913	Nadab	901 – 900
Salomo	961–922	Asa	913 – 873	Bascha	900 – 877
		Joschafat	873 – 849	Ela	877 – 876
		Joram	849 – 842	Simri	876
		Ahasja	842	Omri	876 – 869
		Atalja	842 – 837	Ahab	869 – 850
		Joasch	837 – 800	Ahasja	850 – 849
		Amazja	800 – 783	Joram	849 – 842
		Asarja (Usija)	783 – 742	Jehu	842 – 815
		Jotam	742 – 735	Joahas	815 – 801
		Ahas	735 – 715	Joasch	801 – 786
		Hiskija	715 – 687	Jerobeam II.	786 – 746
		Manasse	687 – 642	Secharja	746 – 745
		Amon	642 – 640	Schallum	745
		Joschija	640 – 609	Menahem	745 – 738
		Joahas	609	Pekachja	738 – 737
		Jojakim	609 – 598	Pekach	737 – 732
		Jojachin	598 – 597	Hoschea	732 – 721
		Zidkija	597–587/6		

PROPHETEN IM NAHEN OSTEN
Die interessantesten Informationen über Propheten aus der Zeit der beiden israelitischen Königreiche kommen aus westsemitischen und mesopotamischen Gebieten. Eine Stele des Königs Zakir (ca. 780 v. Chr.) vom aramäischen Staat Hamat, berichtet, wie er ein Siegesorakel von seinem Gott durch Propheten erhält, die „Seher" und „Botschafter" genannt werden. Briefe aus der Stadt Mari am Euphrat aus dem 18. Jahrhundert v. Chr. enthalten zahlreiche Beispiele von Orakeln, die König Zimrilim von Wahrsagern überbracht wurden, deren Worte und Taten jenen biblischer Propheten ähneln. Diese Orakel umfassen Enthüllungen in Träumen, Visionen, Trancezuständen und die Anwendung der Botschafterformel. Parallelen wurden auch in Texten gefunden, die Orakel für verschiedene Könige in der Zeit des Assyrischen Reiches beinhalten (ca. 680–627 v. Chr.).

Elia erscheint ein Engel *(1 Kön 19,5), Ausschnitt aus einem Altarbild aus Leuven, Belgien, von Dirck Bouts (ca. 1420–1475).*

ELIA

Während der Zeit von König Ahab von Israel (869–850 v. Chr.) wirkte der berühmte Prophet Elia. Das nördliche Königreich unterlag viel stärker kanaanitischem (phönizischem) Einfluß als Juda, das südliche Königreich Israel. Die biblischen Schriften stellen Elia als idealen Helden Jahwes gegen die Verehrung der kanaanitischen Gottheit Baal dar. In den Erzählungen wird seine geschichtliche Rolle übertrieben; z.B. hat sein Massaker an den Propheten des Baal am Berg Karmel (1 Kön 18,40) eher unter König Jehu (842–815 v. Chr.) stattgefunden. Elia wurden wundersame Kräfte zugeschrieben. Laut Bibel füllte er die Fleisch- und Ölvorräte einer Witwe in Sarepta, die ihm Schutz gewährte, und erweckte ihren Sohn von den Toten (1 Kön 17). Diese Geschichte könnte von seinem Nachfolger Elischa auf ihn übertragen worden sein (siehe 2 Kön 4), der viel stärker mit den Ereignissen dieser Zeit verwurzelt ist (siehe S. 98–99).

Elia wird als neuer Mose dargestellt. Seine Konfrontation mit den Propheten Baals am Berg Karmel, wo er ihren Glauben herausfordert (1 Kön 18), erinnert an den Vorfall in Exodus 32, in dem die Israeliten ein goldenes Kalb anfertigen und anbeten und für ihre Götzenverehrung mit Unheil bestraft werden. Aber die Parallelen zu Mose sind am deutlichsten im Bericht von Elia am Horeb, dem Ort, wo Gott auch Mose erschienen sein soll. Dort hörte Elia die Stimme Gottes, die ihm befahl, Hasaël und Jehu zu den

Ahab

Die Bibel stellt König Ahab, Sohn und Nachfolger Omris (siehe S. 95), sehr negativ dar: Er war praktisch eine Marionette seiner Frau Isebel, diente ihrem Gott Baal und tat auch „noch vieles andere, womit er den Herrn, den Gott Israels, mehr erzürnte als alle Könige Israels vor ihm" (1 Kön 16,33). Die hitzige Feindseligkeit zwischen ihm und dem Propheten Elia entwickelt sich in 1 Könige 17–19. Eine Reihe von Erzählungen, die sich vermutlich auf spätere Könige beziehen, wurden auf ihn übertragen, um ihn in schlechtem Licht darzustellen. Beispielsweise erzählt die Geschichte der Schlacht von Ramot-Gilead (1 Kön 22) vom Tod eines Monarchen, der nur als „König von Israel" genannt wird. Das könnte eine eingeschobene Geschichte sein, die nichts mit Ahab zu tun hatte, dessen Name erst in den Absätzen 39–40 des Kapitels erwähnt wird. Ahab soll dann „mit seinen Ahnen geschlafen haben", was bedeutet, daß er in Frieden starb.

Aus der Sicht der Historiker führte Ahab eine starke und stabile Regierung. Er erbaute Städte und sicherte sein Königreich durch die Erneuerung der israelitischen Allianz mit den Phöniziern von Tyrus ab (siehe S. 89). Durch die Heirat seiner Tochter Atalja mit Joram, dem Sohn des jüdischen Königs Joschafat (873–849 v. Chr.), beherrschte er das südliche Königreich Juda. Ahabs Bedeutung wird sichtbar in einer Inschrift von Salmanasser III., König von Assyrien (ca. 859–824 v. Chr.), dem ersten assyrischen Denkmal, auf dem der Name eines israelitischen Königs erscheint. Ahab verbündete sich mit Israels altem Widersacher Damaskus gegen Salmanasser, und die Verbündeten begegneten 853 v. Chr. den Assyrern in Karkar im Orontestal. Obwohl Salmanasser den Sieg davontrug, wurde sein Aufstieg doch gebremst. Ahab hatte 2000 Wagen und 10000 Männer, das größte Kontingent der Bündnispartner, Zeichen seines Reichtums und seiner Macht.

neuen Königen von Aram und Israel zu salben und Elischa zu seinem eigenen Nachfolger (1 Kön 19).

Elia scheint die Verehrung Baals durch den israelitischen König Ahab und seine Frau Isebel angegriffen und die Verehrung von Jahwe zu neuem Leben erweckt zu haben. Das Gottesurteil auf dem Karmel zeigt nicht nur, daß Baal ein Eindringling in Jahwes Territorium, sondern gar kein Gott ist: Jahwe allein ist Gott. In den Lehren Elias ist Gott der echte Herr der Natur und bestimmt auch die Ereignisse in einem fremden Land. Diese Einsicht wird mit der Episode am Horeb ausgedrückt, die auch eine echte persönliche prophetische Erfahrung darstellt. Am Horeb mußte Elia feststellen, daß seine Mission gescheitert war.

Elias Gegnerin ist Königin Isebel, die als eine Frau mit großen Fähigkeiten und mit Entschlossenheit dargestellt wird. Sie nützte die Autorität ihrer Position in vollem Umfang aus, wie auch in der Episode in Nabots Weinberg (1 Kön 21) zu erkennen ist, für die Elia sie verfluchte (21,23). Es wurde zwar akzeptiert, daß die ausländischen Frauen des Königs ihre eigenen Gottheiten verehrten, aber Isebel ging einen Schritt zu weit, denn sie wollte Jahwe ganz durch Baal ersetzen, dem Gott ihrer Heimatstadt Tyrus. (Diese Politik wurde auch von ihrer Tochter Atalja in Juda verfolgt.) Ihr Vater Etbaal, der phönizische König von Tyrus, war ein Priester der Astarte, und Isebel führte die Verehrung der Göttin Aschera ein (1 Kön 18,19). Isebel wurde der Hexerei angeklagt und starb eines grausigen Todes. Sie wurde während Jehus Putsch von ihren eigenen Begleitern (siehe Kasten unten) zum Fenster hinausgestoßen und, entsprechend Elias Fluch, von Hunden zerfleischt (2 Kön 9,30–37).

Die Bibel berichtet, daß Isebel sich vor ihrem Tod das Gesicht bemalte und aus dem Fenster sah, um Jehus Ankunft zu sehen (2 Kön 9,30). Sie könnte sich als Göttin dargestellt haben: „Die Frau am Fenster", möglicherweise die Göttin Astarte, ist ein Motiv assyrischer Kunst; hier eine Elfenbeinschnitzerei von ca. 800 v. Chr.

Palästina nach Ahab

Auf Ahab folgten die Söhne Ahasja (850–849 v. Chr.) und Joram (849–842 v. Chr.), wobei ihre Mutter Isebel (siehe Haupttext) die Macht hinter dem Thron blieb. Diese beiden versuchten weiter, die Verehrung Baals einzuführen. Obwohl es heißt, daß Joram Ahabs heilige Säule des Baal in Samaria entfernte, scheint dessen spätere Zerstörung in Jehus Reformation darauf hinzudeuten, daß er sie nur durch eine neue ersetzen wollte.

Jehu, ausgestreckt am Boden vor dem assyrischen König Salmanassar III., auf dem Denkmal „Schwarzer Obelisk von Salmanassar", der einzigen bekannten zeitgenössischen Darstellung eines israelitischen Herrschers.

Omris Dynastie wurde von Jehu (842–815 v. Chr.), einem Befehlshaber in König Jorams Armee, gestürzt. Sein brutaler Angriff, beschrieben in 2 Könige 9 und 10, fand im Rahmen eines angeblich erfolglosen gemeinsamen Angriffs der Könige von Israel und Juda auf die aramäische Stadt Ramot-Gilead statt. Jehu wurde durch den Propheten Elischa (siehe S. 98–99) und durch die Rechabiter, eine israelitische Gruppe, die gegen das seßhafte Leben der Kanaaniter war und ohne Wein und Landwirtschaft in Zelten lebte, unterstützt. Aber Jehus Erfolg führte zum Untergang des Königreiches. Er rottete den Baal-Kult brutal aus und ermordete Joram von Israel, Isebel und die gesamte königliche Familie (Jehu könnte auch das Massaker an den Propheten Baals angeordnet haben, das in der Bibel Elia zugeschrieben wird; siehe Haupttext). Dadurch brach er Israels Bündnisse mit den Phöniziern und Judäern, deren Familien mit jener Ahabs untereinander geheiratet hatten. Nach dem Tod von Ahabs und Isebels Enkel, König Ahasja von Juda, riß Ahasjas Mutter Atalja die Macht an sich. Atalja, die Witwe König Jorams von Juda (849–842 v. Chr.), führte dieselben religiösen Praktiken in Juda ein, die ihre Mutter in Israel betrieben hatte.

Mit seinem Königreich konnte Jehu dem immer stärkeren Druck Assyriens nicht standhalten und wurde Vasall des Assyres Salmanassar III. (ca. 859–824 v. Chr.).

Der Aufstieg Elias (2 Kön 11,1), *eine russische Ikone aus dem 16. Jahrhundert. Der Prophet übergibt Elischa seinen Umhang und wird von einem Engel in einem feurigen Wagen davongetragen.*

ELISCHA

Die biblische Geschichte von Elischa, dem Schüler und anschließendem Nachfolger Elias (siehe S. 96–97), ist eine von Volksmärchen und legendenhaften Motiven geprägte Erzählung. Im Gegensatz zu Elia, dessen feindliche Gesinnung gegenüber den Königen von Israel unbeirrbar war, beriet Elischa neben gewöhnlichen notleidenden Menschen hin und wieder auch die Mächtigen seiner Zeit. Anders als die einsame Gestalt Elia, handelte Elischa inmitten einer Gruppe von Propheten, die vermutlich für seine Sage verantwortlich sind.

Er wird erstmals in 1 Könige 19 erwähnt, als Elia von Jahwe den Auftrag erhält, Elischa am Horeb zu seinem Nachfolger zu salben. In Wirklichkeit wurde Elischa nicht gesalbt, sondern beim Pflügen eines Ackers als Prophet auserwählt, als Elia sich ihm näherte und seinen Umhang über ihn warf (1 Kön 19,19). Elischa wurde Elias offizieller Nachfolger, nachdem er ihn von Gilgal nach Bet-El, Jericho und an den Jordan begleitet hatte, wo sie durch „einen feurigen Wagen mit feurigen Pferden" getrennt wurden und Elia „im Wirbelsturm zum Himmel empor" fuhr (2 Kön 2,11). Elischa erbte den Umhang von Elia, der die Aufgabe des Propheten repräsentierte, zusammen mit einer doppelten Portion von Elias „Geist", seiner mysteriösen Kraft. Elischa teilte den Fluß Jordan mit dem Umhang (2 Kön 2,14), wie Elia es vor ihm getan hatte (2 Kön 2,8), und wiederholte die Überquerung des Jordan durch Josua (siehe S. 68). Die „Prophetenjünger", die Elia und Elischa aus Jericho gefolgt waren, erklärten, daß „der Geist des Elia auf Elischa ruht", und boten sich als seine „Knechte" an (2 Kön 2,15–16).

Viele der Geschichten über Elischa in 2 Könige sind wundersame Märchen, die die übernatürlichen Kräfte des Propheten durch magische Taten darstellen. So reinigt er das Wasser von Jericho (2 Kön 2,19–22), schenkt

Die Aramäer

Die Aramäer waren ein Volk, das sich im letzten Viertel des 2. Jahrtausends v. Chr. von der Wüste aus über die fruchtbaren Gebiete ausbreitete. In der Bibel sind die hebräischen Patriarchen und Ahnfrauen (siehe S. 36–51) eng mit den Aramäern verbunden, die einige unabhängige Staaten westlich und östlich des Euphrats gründeten. Der wichtigste wurde Damaskus, wo König Rezon zu Salomos Zeit eine neue Dynastie gründete (1 Kön 11,23–25). Damit begann eine dreihundertjährige, grundsätzlich feindliche, aber manchmal auch freundliche Beziehung zwischen Israel und Damaskus.

In den unruhigen ersten Jahren Israels beherrschte Damaskus unter Ben-Hadad I. das nördliche Königreich. Unter König Ahab von Israel aber gingen die beiden Staaten aufgrund der assyrischen Bedrohung ein Bündnis ein, bis Jehus Aufstand Israels Politik umkehrte (siehe S. 97). Etwa zur selben Zeit brachte Hazaël von Aram, laut Bibel durch Elischa unterstützt, den Thron von Damaskus an sich und konnte so alle israelitischen Gebiete östlich des Jordan erobern. Die Bibel berichtet über Kriege mit Hazaëls Nachfolger, Ben-Hadad III., darunter Angriffe auf Samaria, das nach einer Legende von Elischa gerettet wurde.

Von dieser Zeit an war jedoch Damaskus durch wiederholte assyrische Angriffe geschwächt. Folglich gewann Israel unter den Königen Joahas (815–801 v. Chr.) und Joasch (801–786 v. Chr.) wieder die Oberhand. In der letzten Szene seines Lebens verheißt Elischa Joasch den Sieg über Damaskus, allerdings nur mittels prophetischem Symbolismus: Elischa fordert den israelitischen König auf, einen Pfeil nach Osten zu schießen, der den „Pfeil des Siegs über Aram" darstellt, und dann mit seinen restlichen Pfeilen den Boden zu berühren. Aber Joasch berührt den Boden nur dreimal, was ihm nur drei Siege über Aram einbringt – hätte er den Boden fünf- oder sechsmal berührt, hätte er seinen Rivalen tatsächlich ruiniert (2 Kön 14–19). Damaskus wurde schließlich von Jerobeam II. (786–746 v. Chr.) unterworfen und verlor daraufhin an Bedeutung, bis es von Assyrien 732 v. Chr. endgültig ausgelöscht wurde.

einer Schunemiterin einen Sohn und erweckt ihn später von den Toten (2 Kön 4,8–37); außerdem läßt er eine eiserne Beilklinge schwimmen (2 Kön 6,1–7). Der himmlische Wagen und die Pferde, die Elia in den Himmel forttrugen, bezogen sich mit ziemlicher Sicherheit ursprünglich auf Elischa, der auch als „Wagen Israels und sein Lenker" bezeichnet wurde (2 Kön 13,14). Man glaubte von Elischa, daß er Gottes Heerscharen zum Schutze des Volkes herbeirufen konnte. Bei einer Gelegenheit, als der König von Aram Elischas Lager umstellt hatte, wurde Elischa von einem Ring feuriger Pferde und Wagen umgeben, deren Zahl jene der Aramäer weit übertraf (2 Kön 6,15–17).

Diese Ereignisse tragen sich alle in Zusammenhang mit prophetischen Gruppen zu, und in diesen Kreisen nahm die Elischa-Sage Gestalt an, da seine Jünger verschiedene lokale Erzählungen sammelten, die mit ihm in Zusammenhang standen. Ein fundamentales Element ist seine Beziehung zu der Gruppe der „Prophetenjünger" (2 Kön 2,5; 4,1; 4,38; 5,22; 6,1; 9,1). In der Bibel ist dieser Ausdruck fast ausschließlich auf die Zeit von ca. 860–840 v. Chr. und auf ein relativ kleines geographisches Gebiet beschränkt, das die alten israelitischen Heiligtümer von Gilgal, Bet-El und Jericho umfaßte, wo diese Propheten innerhalb des nördlichen Königreiches von Israel lebten und wirkten. Die Gruppe könnte der Name einer Bewegung als Antwort auf eine bestimmte historische Situation gewesen sein, nämlich auf die religiöse Politik der Omri-Dynastie und Königin Isebels im besonderen, die das nördliche Königreich regierte (siehe S. 96–97). Die „Prophetenjünger" verschwanden, als ihre Aufgabe mit dem Sturz der Dynastie durch Jehu (siehe S. 97) erfüllt war.

Elfenbeinschnitzerei eines Gottes, vom Prunkbett des Hasaël, Herrscher des aramäischen Königreiches von Damaskus, ca. 840 v. Chr. (siehe Kasten gegenüber).

Moab

Auch Elischa war in Angelegenheiten des Königreiches von Moab verwickelt, das von König David erobert worden war (siehe Karte S. 83), aber später seine Unabhängigkeit zurückgewonnen hatte. Es existiert ein zeitgenössischer Bericht über die Ereignisse auf dem „Stein von Moab", einer 1 m hohen Basaltsäule von ca. 830 v. Chr. zur Feier der Heldentaten von Mescha, dem König von Moab. Dieser Bericht schildert, wie Omri von Israel Moab zurückgewinnt, aber nach Omris Tod Mescha das israelitische Joch abschüttelt und verschiedene israelitische Städte in Transjordanien erobert. Wie Israel glaubte, seine Siege Jahwe zu verdanken, schrieb Mescha seinen Triumph Moabs nationalem Gott, Kemosch, zu.

Die Inschrift auf dem Moabitischen Stein legt nicht eindeutig fest, ob Meschas Aufstand zur Zeit der Herrschaft Ahabs oder nach seinem Tod erfolgte, aber der erste Absatz von 2 Könige lautet folgendermaßen: „Nach dem Tod Ahabs fiel Moab von Israel ab." Mescha wird als Schafzüchter beschrieben, der dem König von Israel einen hohen jährlichen Beitrag an Lämmern und Wolle leisten mußte, es aber nach Ahabs Tod nicht mehr tat (2 Kön 3,4–5). Joram von Israel (849–842 v. Chr.), Ahabs Sohn und Nachfolger, führte eine Schlacht gegen ihn, aber die Einheiten hatten bald kein Wasser mehr für Männer und Tiere und riefen Elischa zu Hilfe. Auch ein Musiker wurde gerufen, und als er spielte, kam Jahwes „Hand" auf Elischa herab, und dieser versprach in Gottes Namen Wasser und den Sieg über Moab. Das Wasser traf ein, und die Israeliten kamen ihrem Ziel näher, aber die Eroberung stockte, als Mescha seinen ältesten Sohn und Nachfolger als Brandopfer auf der Stadtmauer darbot. Das Opfer versetzte die Israeliten in Angst und Schrecken (2 Kön 3,27), und sie mußten abziehen. Es ist erstaunlich, daß Israel hier ausdrücklich die Macht eines fremden Gottes, Moabs Kemosch, anerkennt.

Der Stein von Moab, der 1868 in Transjordanien entdeckt wurde.

ASSYRIEN

König Assurbanipal lenkt seinen Wagen in die Schlacht, Relief aus dem assyrischen Königspalast in Ninive, ca. 650 v. Chr.

Umgeben von Dienern läßt sich auf diesem Relief aus Ninive Assurbanipal auf einem Sofa nieder, um mit seiner Königin zu essen.

Assyrien, dessen Zentrum ein fruchtbares Gebiet in der Tigrisebene war, hatte eine lange Geschichte. Seine bedeutenste Ära, die Zeit des Neuassyrischen Reiches (ca. 911–609 v. Chr.), war auch die Zeit seines direkten Kontaktes mit den zwei israelitischen Königreichen. Zumindest ein Feldzug von Salmanassar III. (ca. 859–824 v. Chr.) zielte auf das nördliche Königreich Israel (siehe Kasten S. 96).

Nach Salmanassars Tod kam für Assyrien eine Zeit des Niederganges. Der Wegfall der assyrischen Bedrohung und die Schwäche von Damaskus ermöglichten Israel und Juda unter den Königen Jerobeam II. (786–746 v. Chr.) und Usija (783–742 v. Chr.) beträchtliche Territoriumszuwächse. Die Thronfolge Tiglatpilesers III. (745–727 v. Chr.) leitete jedoch in das goldene Zeitalter Assyriens über; unter einer Reihe fähiger Herrscher war die Politik Assyriens von ständigen Eroberungen geprägt, die ein Imperium von Provinzen und Vasallstaaten (siehe Karte S. 107) schufen. Zur Verwaltung des Staates wurde eine effiziente Bürokratie geschaffen, und die Kaiserstädte wurden vergrößert und verschönert, besonders Ninive, das von Sanherib (705–681 v. Chr.) zu einer prächtigen Königsstadt gemacht wurde. Das nördliche Königreich von Israel wurde schließlich in das Reich eingegliedert (siehe Kasten gegenüber), und sein südlicher Nachbar, Juda, wurde zum Vasallstaat. Aber Assyriens Ressourcen wurden überbeansprucht, und sein Untergang war am Ende rasch und dramatisch. Ninive fiel 612 v. Chr. an die Meder und Chaldäer, und der letzte Außenposten assyrischen Widerstands, Haran, wurde 609 v. Chr. ausgelöscht (siehe S. 108).

Assyrien hatte aber auch eine zivilisiertere Seite. Seine Kunst erreichte einen sehr hohen Standard, und die große Bibliothek des Königs Assurbanipal (669–627 v. Chr.) in Ninive enthielt viele Schriften der Sumerer, die großen kulturellen Einfluß auf die assyrische Bevölkerung hatten. Ninives Pracht wurde erneuert. Es wurde von weitläufigen Festungen zum Schutz

Das Ende des Königreiches Israel

König Jehu (842–815 v. Chr.) gründete eine Dynastie, die etwa ein Jahrhundert überdauerte und dem nördlichen Israel trotz tiefgreifender Schwächen des Staates Stabilität brachte (siehe S. 97). Assyrien existierte nicht mehr, und das bedeutete, daß Nachbarstaaten ihre eigenen Ambitionen und Rivalitäten austragen konnten (siehe Amos 1–2). Israel war am meisten mit dem aramäischen Staat Damaskus beschäftigt. Unter Joaha (815–801 v. Chr.) reduzierte Hasaël von Damaskus (siehe S. 98) Israels Armee auf 50 Pferde, 10 Wagen und 10 000 Männer. Joasch (801–786 v. Chr.) aber, der Sohn Joahas, konnte eine Reihe von Städten zurückgewinnen.

Die lange Herrschaft Jerobeams II. (786–746 v. Chr.) war eine ruhige Zeit für Israel. Er wird, wie Omri, in der Bibel nur kurz erwähnt, aber er stellte die Grenzen seines Reiches wieder zur Gänze her, und Amos berichtet von beträchtlichem Wohlstand unter seiner Herrschaft. Nach Jerobeams Tod übernahmen verschiedene Eindringlinge den Thron und verursachten Instabilität. Als das wiedererwachte Assyrien unter Tiglatpileser III. einmarschierte, war Menahem (745–738 v. Chr.) gezwungen, die Assyrer mit einer großen Menge Silber zu kaufen, und Israel wurde ein assyrischer Vasallstaat. Nach Tiglatpilesers Tod revoltierte Hoschea (732–721 v. Chr.), Israels letzter König, und verweigerte mit der Hilfe Ägyptens die Zahlungen an Assyrien. Das Desaster nahm seinen Lauf: Tiglatpilesers Sohn, Salmanassar V., marschierte in Israel ein, und die Hauptstadt, Samaria, fiel nach dreijähriger Belagerung. Unter seinem Nachfolger, Sargon II., wurde das frühere nördliche Königreich eine assyrische Provinz, und er verschleppte beinahe 30 000 Mitglieder der israelitischen Oberschicht in das Gebiet des nördlichen Euphrat. Die Deportierten sahen ihre Heimat nie wieder (2 Kön 17).

Nackte Gefangene von König Sargon II. von Assyrien (722–705 v. Chr.)

der Paläste und Tempel, einschließlich des herrlichen Schreins der Göttin Ischtar, der Patronin der Stadt, umgeben.

Die Bibel sieht Assyrien manchmal als Instrument für Gottes Zwecke (Jes 10,5–11). Trotzdem konnten kleinere Staaten die Assyrer besonders wegen ihrer brutalen Kriegsführungsmethoden und einer Politik, die heute wohl „ethnische Säuberung" genannt würde, nur als Unterdrücker sehen. Unterworfene Völker wurden durch Massendeportationen und Bevölkerungsaustausch kontrolliert. Besonders die hohen Beiträge, die Vasallstaaten zu zahlen hatten, brachten kleine Staaten wie Juda zur Rebellion, obwohl sie chancenlos war. Mehrere Passagen in der Bibel verkünden ein göttliches Urteil über Assyrien und sagen seinen bevorstehenden Untergang voraus. Einige Absätze in der Prophezeihung von Zefanja schildern die Verwüstung von Ninive (Zef 2,13–3,5), und seine endgültige Zerstörung 612 v. Chr. wird im Buch Nahum gefeiert, einem der besten literarischen Stücke Israels. Nahums kurze Arbeit besteht aus zwei poetischen Kompositionen und hat den Charakter eines prophetischen Fluchs. Nahum war vermutlich ein Prophet im Tempel von Jerusalem, und seine Schriften könnten als Liturgie bezeichnet werden. Der Untergang Ninives wird als kosmisches Ereignis, mit Motiven aus dem alten mesopotamischen Mythos vom Sieg über das urzeitliche Chaos, beschrieben. Das Gedicht beschreibt Judas Verzückung bei seiner Befreiung vom assyrischen Joch, da es nun seine eigenen religiösen Feste feiern kann, „denn der Unheilstifter durchstreift dein Land nicht mehr …" (Nah 1,15). Die abschließenden Worte des Buches zeigen, wie freudig der Fall Ninives im Nahen Osten aufgenommen wurde: „Jeder, der hört, was man von dir erzählt, klatscht über dich in die Hände. Denn wen traf nicht deine Schlechtigkeit zu jeder Zeit?"

HERRSCHER ASSYRIENS, 934–609
Alle Daten sind Schätzungen und beziehen sich auf die Zeit vor Christus.

Assurdan II.	934–912
Adadnirari II.	912–891
Tukulti-Ninurta II.	891–884
Assurnasirpal II.	884–859
Salmanassar III.	859–824
Schamschiadad V.	824–811
Adadnirari III.	811–783
Salmanassar IV.	783–773
Assurdan III.	773–755
Assurnirari V.	755–745
Tiglatpileser III.	745–727
Salmanassar V.	727–722
Sargon II.	722–705
Sanherib	705–681
Asarhaddon	681–669
Assurbanipal	669–627
Assureteliani	627–624
Sinschumulischir	624–623
Schinscharariscḣkun	623–612
Aschuruballit II.	612–609

DIE KLASSISCHEN PROPHETEN

Mit dem Buch Amos (ca. 760 v. Chr., siehe Seitentext links) kommen wir zu den „klassischen Propheten", die sowohl für das Juden- als auch für das Christentum von nachhaltiger Bedeutung waren. Anstelle von Geschichtensammlungen, in denen Propheten (wie Elia und Elischa; siehe S. 96–99) eine zentrale Rolle spielen, sind die „klassischen Propheten" in der Bibel durch 15 Bücher vertreten, die hauptsächlich aus Orakeln eines bestimmten Propheten bestehen. Meist sind nur wenig biographische Daten über den Propheten vorhanden. Die drei längsten Bücher werden als die „Großen Propheten" bezeichnet: Jesaja, Jeremia und Ezechiel. Die übrigen zwölf sind viel kürzer und werden daher als die „Kleinen Propheten" bezeichnet: Hosea, Joël, Amos, Obadja, Jona, Micha, Nahum, Habakuk, Zefanja, Haggai, Sacharja und Maleachi. Früher sprach man von den „schreibenden" Propheten, aber in Wahrheit haben die klassischen Propheten ihre Botschaft nicht selbst zu Papier gebracht. Geschrieben wurden die Bücher von ihren Nachfolgern, die ihre Sprüche sammelten und weitergaben.

Hinter den Büchern stehen jedoch individuelle Figuren und ihre entsprechenden Lehren. Sie sind nicht eindeutig von ihren prophetischen Vorgängern und Zeitgenossen abzugrenzen, die Quelle ihrer Inspiration und ihre Vorgehensweise waren im wesentlichen gleich. Die klassischen Propheten waren sich aber sehr wohl des Widerspruchs zwischen ihnen und anderen Propheten bewußt, die sie als „falsch" bezeichneten. Die „falschen Propheten" als Vertreter sahen ihre Funktion im Bewahren des Wohlstandes des Königreiches. Dagegen verkündeten die individuellen Propheten wie Jesaja und Jeremia die baldige Zerstörung Israels, weil die Menschen die Bedingungen des Bundes nicht einhielten (siehe S. 62–63). Trotz dieser Ankündigung versprachen sie aber, daß Gott sein Volk durch den Untergang zu einem neuen Leben führen würde. (Die Bezeichnung „Israel" ist in dieser Zeit oft nicht ganz eindeutig, denn es könnte sowohl das gesamte israelitische Volk, das den Bund mit Gott geschlossen hatte, gemeint sein als auch das nördliche israelitische Königreich, um es vom südlichen Königreich von Juda zu unterscheiden.)

AMOS
Im Buch Amos sind alle Merkmale „klassischer" Prophezeiung (siehe Haupttext) vorhanden. Amos stammte aus Juda, prophezeite aber im nördlichen Königreich von Israel in dessen letzten großen Tagen unter Jerobeam II. (786–746 v. Chr.; siehe Kasten S. 101). Amos war vermutlich Großgrundbesitzer, und seine Botschaft spiegelt ein breites Wissen über Israels religiöse Traditionen und Kulte wider. Das Buch Amos beginnt mit einem typischen Merkmal – einer Serie von orakelhaften Urteilen über fremde Völker (Am 1–2,3). Aber dann verkündet Amos plötzlich (2,4) ein ähnliches Urteil gegen die Israeliten. Israel hat die Weisung des Herrn (2,4) mißachtet und ist der Unterdrückung der Armen durch Korruption (2,6), der Rechtsverdrehung (6,14) und des Lebens im Luxus (6,4–7) schuldig. Der Prophet verurteilt auch die Anbetung an berühmten Heiligtümern wie Bet-El und Gilgal (5,5), und zwar nicht, weil dort Götzen verehrt wurden, sondern weil sich jene, die dort hingingen, durch die eifrige Befolgung von Ritualen von moralischen und ethischen Verpflichtungen entbunden fühlten (5,21–24).

Amos bezieht sich auf den Moment seiner Berufung (7,14), auf jenen wesentlichen Augenblick, als Gott ihn aus seinem normalen Leben nahm und zum Propheten machte. Amos verneint aber, zu einer der üblichen Prophetengruppen zu gehören. In einer Reihe von dramatischen Visionen sagt er das Ende Israels voraus; die letzten Worte des Buches – möglicherweise nicht von Amos selbst – sind ein Versprechen des Wiederaufbaus. Das Reich Davids wird seinen Ruhm wiedererlangen, und Gott verspricht seinem Volk: „... und nie mehr werden sie ausgerissen aus ihrem Land, das ich ihnen gegeben habe ..." (Am 9,15).

Der Prophet Amos, *von Juan de Borgoña (ca. 1470–ca. 1535).*

Micha und Hosea

Micha stammte aus Juda, aber seine Prophezeiungen richteten sich gegen Samaria, die Hauptstadt des nördlichen Königreiches von Israel. Das bedeutet, daß Micha vor dem Fall dieser Stadt 721 v. Chr. aktiv war. Die ursprüngliche Sammlung seiner Orakelsprüche wurde mit späterem Material, insbesondere von einem anderen Propheten seiner Zeit, ergänzt. Der Umfang dieses Materials läßt sich nicht genau bestimmen.

Michas eigene Botschaft ist schwarzmalerisch und optimistisch zugleich, aber sie spiegelt generell die Sprache und Liturgie des Tempels in Jerusalem wider. Am Beginn steht eine traditionelle Erscheinung Gottes: Jahwe steigt aus seinem Schrein (Mi 1,3). Sein Urteil ist aber nicht gegen den Feind, sondern gegen die israelitischen Königreiche Juda und Israel gerichtet. Die Verdammten sind Priester, offizielle Propheten, Händler, dazu auch noch militärische Machthaber, Wahrsager und Götzen. Gerechtes Handeln und Bescheidenheit sind wertvoller als alle Opfer.

Nachdem Jerusalem wegen seiner Sündhaftigkeit zerstört worden ist, kündigt Micha erneuten Reichtum an. Er übernimmt ein Thema des Tempelkultes – den Angriff der Völker auf Zion und ihre Vernichtung. Er zeichnet das erste Bild eines Retters oder Messias, was die königliche Ideologie widerspiegelt: Ein zukünftiger Herrscher wird ein zweiter König David sein. Dieser Herrscher wird auf die Wange geschlagen, ein Ritus der Krönung des israelitischen Monarchen, und er wird als erster Mensch beschrieben, ein weiteres Motiv israelitischen Königtums (Mi 5,1–5).

Der Prophet Hosea war, vermutlich etwas später als Amos, ebenfalls im nördlichen Königreich aktiv (siehe Seitentext gegenüber): Er betätigte sich wahrscheinlich während der wirren Phase nach dem Tod Jerobeams II. 746 v. Chr., auf den in 14 Jahren nicht weniger als sechs Könige folgten (siehe Tabelle auf S. 95). Hoseas Sorge galt in erster Linie dem Kampf gegen die herrschende Religion in Israel, in der Jahwe mit Baal und den sexuellen Riten der kanaanitischen Religion vermischt wurde. Archäologische Funde aus jüngster Zeit haben dies eindeutig bestätigt. Die Riten des kanaanitischen Kultes lösen den Angriff des Propheten aus. In einem biographischen Abschnitt am Anfang des Buches wird Hosea von Gott aufgefordert: „Geh, nimm dir eine Kultdirne zur Frau ..." (Hos 1,2).

Die Prostituierte wird zum Symbol für Israels Treulosigkeit gegenüber Jahwe. Israels Verehrung des Baal, der bei den Kanaanitern als Gatte des Landes und Quelle der Fruchtbarkeit galt, stellt seine Entfernung von seinem wahren Gatten, Jahwe, dar. Das Leben wird dadurch vergiftet, und der Großteil des Buches Hosea verdammt sämtliche Institutionen des nördlichen Königreiches, die den Autoren nach zweifelsohne dem Untergang geweiht sind.

Der antike Bund zwischen Gott und Israel wird aber auch als Heirat gesehen. Hosea soll wieder eine Frau lieben, so wie „der Herr die Söhne Israels liebt, obwohl sie sich anderen Göttern zuwenden ..." (Hos 3,1). Hier ist die Frau ein Zeichen Gottes, sein auserwähltes Volk zur Reue zu bringen. Die herausragende Botschaft des Propheten besteht darin, daß Jahwe ein Gott der Liebe ist: Gott hat sein auserwähltes Volk Israel immer geliebt, und er wird es nie verlassen, wie hart es auch für seine Sünden bestraft wird.

Links außen: Der Prophet Micha, *von André Beauneveu (ca. 1335–1410).*

Links: Der Prophet Hosea, *aus der Wormser Bibel (ca. 1148).*

VII DAS ENDE DER BEIDEN REICHE

Nach dem Fall Israels hatte das verbleibende Königreich Juda eine bewegte Geschichte. Trotz der Anstrengungen Hiskijas, Manasses und Joschijas war das Reich schließlich nicht mehr fähig, dem Druck der mächtigen Nachbarn standzuhalten. 587 oder 586 v. Chr. fiel es an den babylonischen König Nebukadnezar II., und ein großer Teil der Bevölkerung wurde in die Verbannung geschickt.

HISKIJA

Nach der turbulenten Zeit, die auf den Fall des Hauses Omri (siehe S. 99) folgte, gelang es Juda, sich wieder vom nördlichen Königreich Israel zu lösen und die Schwäche des aramäischen Königreiches Damaskus auszunutzen. Edom konnte zurückgewonnen werden, und unter der langen Herrschaft von Usija (auch Asarja, 783–742 v. Chr.) erfreute sich Juda ähnlich wie Israel unter Jerobeam II. (786–746 v. Chr.) einer Periode der Stabilität und des Wohlstandes.

Dem wurde durch die erneute assyrische Expansion unter Tiglatpileser III. ein jähes Ende gesetzt. Um der assyrischen Bedrohung gewachsen zu sein, erneuerten König Pekach von Israel (737–732 v. Chr.) und König Rezin von Aram das Bündnis aus König Ahabs Zeiten und versuchten offenbar, König Ahas (735–715 v. Chr.), Usijas Enkel, auf ihre Seite zu bekommen. Als Ahas ablehnte, griffen sie ihn an. Aus diesem Grund wurde Ahas ein Vasall Assyriens, das ihm zu Hilfe kam und die nördliche Allianz besiegte (2 Kön 16,9). Ahas war Assyrien freundlich gesinnt, die Bibel beschreibt ihn deshalb abwertend als jemanden (2 Kön 17; 2 Chr 18), der den Jahwe-Kult an die anderen Religionen des Nahen Ostens anpassen wollte. Bei seinem Treffen mit Tiglatpileser in Damaskus hatte Ahas wahrscheinlich einen syrischen Altar gesehen, den er kopieren (2 Kön 16,10–11) und dann im Tempel von Jerusalem als seinen persönlichen Kultgegenstand aufstellen ließ.

Im Gegensatz zu Ahas wird sein Sohn und Nachfolger Hiskija (715–687) in der Bibel in sehr günstigem Licht dargestellt. „Unter allen Königen Judas, die nach ihm kamen oder vor ihm lebten, war keiner wie er“ (2 Kön 18,5). Hiskija führte eine religiöse Reform durch. Die Neuerungen Ahas sowie alle kanaanitischen Praktiken wurden abgeschafft, insbesondere wurde die Anbetung der Kupferschlange im Tempel, die angeblich von Mose dort aufgestellt worden war (2 Kön 18,4; 2 Chr 29), untersagt. Durch diese Reform wurde die Religion und Identität mit Nachdruck festgelegt. Hiskija hoffte auch, die Bevölkerung des ehemaligen Königreiches Israel dadurch für sich zu gewinnen (2 Kön 18,8–10 und 2 Chr; siehe S. 101).

Hiskija verfolgte während seiner gesamten Herrschaft eine ausgesprochen anti-assyrische Politik. Laut 2 Könige 20,12–19 hat er eine Delegation von Merodach-Baladan empfangen, dem babylonischen König, der relativ

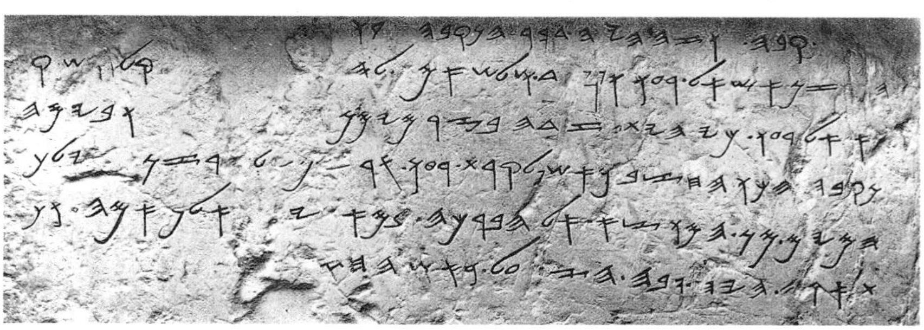

Diese hebräische Inschrift (ca. 700 v. Chr.) erinnert an den Moment, in dem der Stollen von König Hiskijas Wasserleitung durchbrochen wurde. Der Tunnel mißt 533 m und verläuft von der Gihonquelle außerhalb der Stadtmauern zum Teich Siloah in der alten Stadt Davids (siehe Karte S. 190). Die Inschrift befindet sich an der Stelle des Stollendurchbruchs.

erfolgreich dafür gekämpft hatte, sein eigenes Königreich aus der assyrischen Herrschaft zu befreien. Der König von Juda versuchte zweifellos, einen gemeinsamen Widerstand gegen Assyrien auf die Beine zu stellen. Um die Wasserversorgung Jerusalems im Falle einer Belagerung zu garantieren, errichtete Hiskija eine Wasserleitung, die heute noch existiert (2 Kön 20,20; 2 Chr 32,30). Bald nachdem Sanherib den assyrischen Thron bestiegen hatte (705 v. Chr.), schlossen sich Hiskija, Phönizien, einige Philister-Städte, Moab, Edom und Ammon zusammen und revoltierten gegen den mächtigen Feind. Die Revolte wurde von Ägypten unterstützt, wo 715 v. Chr. eine neue, ehrgeizige äthiopische Dynastie an die Macht gekommen war. Die Pharaonen erkannten, daß, sollte Palästina fallen, Ägypten Assyriens nächstes Ziel wäre. Deshalb war Ägypten von dieser Zeit an ständig gegen den assyrischen Expansionsdrang aktiv.

König Sanherib marschierte 702 v. Chr., als Antwort auf die Revolte Hiskijas, in Juda ein. Aus seinen Annalen ist ein Bericht über den Feldzug überliefert, demzufolge er 46 judäische Städte einschließlich der strategisch wichtigen Stadt Lachisch erobert hat. Die Belagerung und Einnahme von Lachisch wurde in seinem Palast in Ninive auf kunstvollen Reliefs dargestellt. Dann belagerte er Jerusalem. Laut seines Berichtes schloß er Hiskija „wie einen Vogel im Käfig" ein. Um den Fall der Stadt zu verhindern, mußte Hiskija sich unterwerfen und beträchtliche Tributzahlungen leisten. In der Bibel wird dies bestätigt, allerdings verlangten die Assyrer dort auch die Übergabe der Stadt (2 Kön 18–19; Jes 36–38). Hiskija überbrachte diese Nachricht dem Propheten Jesaja (siehe Seitentext rechts), der in einem Orakel versicherte, daß die Stadt nicht angegriffen würde. Laut Bibel zog sich der Feind zurück, nachdem ein Engel des Herrn im Lager der Assyrer mehrere tausend Männer erschlagen hatte (2 Kön 19,35–36).

Der Bericht in Sanheribs Annalen und jener in der Bibel sind kaum miteinander vereinbar. In der biblischen Erzählung spielt Jesaja die Hauptrolle, und der Text besitzt alle Merkmale einer Prophetenlegende. Die Tatsache, daß Jerusalem verschont und Hiskija an der Macht blieb, mag den Einwohnern wie ein Wunder vorgekommen sein. Deshalb haben sie wohl die Ereignisse im Lichte der offiziellen Theologie interpretiert, die besagte, daß Gott seine Wohnstätte schützen würde (siehe Jes 35,37 und Seitentext rechts). Die Wirklichkeit sah wohl ganz anders aus. Hiskija wurde ein Vasall Assyriens, das den Großteil von Juda an jene Philisterherrscher verteilte, die ihm gegenüber loyal geblieben waren.

JESAJA

Der Prophet Jesaja war während der Herrschaft Usijas, Jotams (742–735 v. Chr.), Ahas und Hiskijas von Juda eine sehr einflußreiche Person. Er war der Vertraute der Könige, der in das politische Geschehen einbezogen wurde und eng mit der Theologie und den Kulten des Tempels von Jerusalem in Zusammenhang stand. Dort wurde er auch zum Propheten berufen (Jes 6). Das Buch Jesaja ist ein vielschichtiges Werk, das Texte aus verschiedenen Epochen enthält, doch die ersten 39 Kapitel tragen sehr wohl den Anstrich des Propheten. Aber auch diese Kapitel enthalten späteres Material, wenn auch weniger spät als ursprünglich angenommen.

Wie andere Propheten verspricht auch Jesaja eine Mischung aus Unheil und Glück. Er verurteilt die soziale Ungerechtigkeit, für die die Herrscher verantwortlich sind, und verkündet ein kommendes Gericht. Im Vergleich zu den früheren Propheten werden seine Weissagungen viel stärker bestätigt. Er bekräftigt die Doktrin, daß die Wohnstätte des Herrn unverletzlich sei (Jes 37,35), solange das Volk seine Sünden bereute und Vertrauen in Jahwes Versprechen fasse (Jes 1–2). Wenn die Menschen Gott absolut vertrauten, würden sie immer in Sicherheit leben, und Machtpolitik sowie ausländische Allianzen wären unnötig. Diese Botschaft ist sowohl der Kern seiner Rede vor Ahas, als der König mit dem Bündnis zwischen Israel und Damaskus konfrontiert wird (Jes 7,3–15), als auch seiner Warnung vor einem Bund mit der neuen Macht in Ägypten (Jes 19–20,31). Seine Vision für die Zukunft ist ein heiliges Jerusalem, wo ein König aus dem Geschlecht Davids in Frieden und Gerechtigkeit herrschen soll (Jes 9,11,32).

Teile des Buches Jesaja werden zwei verschiedenen prophetischen Autoren zugeschrieben, die als „Zweiter Jesaja" oder „Deutero-Jesaja" (siehe S. 112) sowie als „Dritter Jesaja" (siehe Seitentext S. 117) bezeichnet werden.

Israeliten werden nach dem Fall Lachischs von Assyrern in die Gefangenschaft geführt; aus einem Relief im Palast von König Sanherib von Assyrien in Ninive.

MANASSE UND JOSCHIJA

DEUTERONOMIUM

Das „Gesetzbuch", das während der Regierung Joschijas (siehe Haupttext) im Tempel gefunden wurde, ist ein Meilenstein in der Geschichte der Religion Israels. Es ist die erste Erwähnung eines schriftlichen Dokumentes, das wesentliche Regelungen hinsichtlich des Lebens und der Religion enthält. Es stellt den Anfang der Entwicklung des geschriebenen religiösen Rechtes (Tora) dar, das zum fundamentalen Merkmal des Judentums wurde. Das Buch markiert außerdem den ersten Schritt in der Zusammenstellung eines Kanons der Schriften.

Das „Gesetzbuch" wird allgemein mit dem Buch Deuteronomium in der Bibel gleichgesetzt. Deuteronomium betont die Notwendigkeit, alle fremden Elemente aus der Jahwe-Verehrung (Jahwismus) zu entfernen, was den Ausschlag für Joschijas Reformprogramm gegeben haben mag. Allerdings ist das Buch, wie es nun in der Bibel steht, das Produkt eines langwierigen Prozesses. Ob Joschijas Buch bis zu seiner „Entdeckung" wirklich im Tempel versteckt war, ist fraglich. Einige Merkmale in Deuteronomium deuten darauf hin, daß es von Emigranten, die nach dem Fall des nördlichen Königreiches Israel 721 v. Chr. in Jerusalem, dem verbliebenen Zentrum der Jahwe-Verehrung, Zuflucht gesucht hatten, mitgebracht wurde. Ihr Werk war ein Programm für den zukünftigen Glauben des Volkes und verlangte eine vollständige Reinigung der Jahwe-Verehrung.

Es ist auch möglich, daß es aus der Zeit von Joschijas Vorgänger Manasse stammte und eine Antwort auf dessen religiöse Politik darstellte (siehe Haupttext). Nach dem Aufstieg Joschijas herrschte das richtige politische und religiöse Klima, in dem das Buch veröffentlicht werden konnte. Das im Tempel „gefundene" Buch bestand möglicherweise nur aus der „Gesetzessammlung", die von Kapitel 12 bis 26 reicht. Dies mag das Werk bedeutender Mitglieder des Kreises um Joschija sein, wie z.B. Hilkijas, des obersten Priesters, oder der Prophetin Hulda. Sie stehen in engem Zusammenhang mit der Auffindung des Buches (siehe 2 Kön 22; 2 Chr 34).

Auf Hiskija (siehe S. 104–105) folgen zwei ziemlich gegensätzliche Könige. Hiskijas Sohn und Nachfolger Manasse (687–642 v. Chr.) wird in der Bibel als der schlimmste aller judäischen Herrscher dargestellt, weil er eine ganze Reihe von heidnischen Bräuchen wieder einführte. Die Bibel sieht hierin die Ursache für den Untergang des Königreiches (2 Kön 21,12–14; siehe S. 110). Allerdings war Manasse bei positiver Betrachtung jemand, der versuchte, die religiösen und politischen Maßnahmen seines Vaters zu revidieren, welche Juda an den Rand der Vernichtung geführt hatten (siehe S. 105). Ihm war wahrscheinlich klar, daß Judas einzige Hoffnung darin bestand, ein Vasall Assyriens zu werden (siehe S. 100–101). Assyrien erreichte seinen Höhepunkt während der frühen Herrschaft Manasses 671 v. Chr., nach dem Sturz des ägyptischen Pharao Tirhakah durch König Asarhaddon (681–669 v. Chr.). Assyrische Texte bestätigen, daß Manasse meistens loyal war. Dadurch war es ihm möglich, verlorenes Territorium zurückzugewinnen. Er bestellte „Kriegsoberste für alle befestigten Städte Judas" (2 Chr 33,14). Seine religiösen Maßnahmen zielten darauf ab, die Situation vor Hiskijas Zerstörung der regionalen Schreine wiederherzustellen.

Laut 2 Chronik ergriffen die Assyrer „Manasse in seinem Versteck, fesselten ihn mit bronzenen Ketten und führten ihn nach Babel" (2 Chr 33,11). Während seiner Gefangenschaft bereute Manasse offensichtlich seine religiösen Veränderungen und nahm diese nach seiner Freilassung zurück. Die Episode von Manasses Gefangenschaft läßt darauf schließen, daß er Assyrien gegenüber nicht immer ein untertäniger Vasall war. Es kann sein, daß er rebellierte, als Assyrien unter Asarhaddons Nachfolger Assurbanipal (669–627 v. Chr.) die Kontrolle über Ägypten verlor.

Im Gegensatz zu Manasse wird sein Enkel und Nachfolger Joschija (640–609 v. Chr.) als der ideale Monarch dargestellt, der die Verehrung Jahwes als einzigen Gott und das Königreich Davids wiederherstellte. Joschijas Vater Amon „fiel von Gott ab" und wurde nach nur zweijähriger Regierungszeit (642–640 v. Chr.) in einer Palastverschwörung ermordet. Aber die Verschwörer wurden ebenfalls getötet, und die „Bürger des Landes", wahrscheinlich die Klasse der Besitzenden, die auf Judas Unabhängigkeit bedacht war, machten den achtjährigen Joschija zum König (2 Kön 21,23–24).

Der Engel Gottes erschlägt die Assyrer (2 Kön 19,35–37), aus der Nürnberger Bibel von 1483.

Die nationale Unabhängigkeit war auch Joschijas Hauptanliegen. Er konnte diese Politik verfolgen, da das assyrische Reich zu dieser Zeit schon zu schwach war, um in die Angelegenheiten Palästinas einzugreifen. Die Bibel konzentriert sich auf Joschijas religiöse Reformen, die Teil der Wiederherstellung der nationalen Identität waren. Laut 2 Könige führte Joschija eine regelrechte Säuberung der Religion durch, damit sie den Lehren des „Gesetzbuches" entsprach, das während Renovierungsarbeiten im Tempel gefunden wurde (2 Kön 22,8; siehe Seitentext gegenüber). Aber 2 Chronik stellt fest, daß alle heidnischen Kultgegenstände schon sechs Jahre *vor* der Entdeckung des Gesetzbuches entfernt worden waren (2 Chr 34,14). Das entspricht vielleicht eher der Wahrheit. Als die Religion des Reiches erst einmal von allem Heidnischen gesäubert war, stellte die Entdeckung des Buches eine gute Gelegenheit dar, Gottes Bund mit dem Volk zu erneuern. Im besonderen wurde zum ersten Mal seit Einführung der Monarchie wieder das Paschafest gefeiert (2 Chr 35,18; 2 Kön 23,22; aber auch 2 Chr 30).

Joschijas Reformen werden oft als die Abschaffung aller assyrischen Gottheiten und Götzen interpretiert. Die Bibel erwähnt, was alles als typisch mesopotamische Kultpraktik galt, wie etwa die Verehrung von Himmelsgestirnen. Allerdings gibt es keinen Beweis dafür, daß Assyrien seine Gottheiten den Vasallstaaten aufzwang. Außerdem existierten diese Götter und Kulte auch bei den Nachbarvölkern, den Kanaanitern, den Moabitern und den Ammonitern. Joschijas Ziel war es, einen Jahwekult frei von allem fremden Einfluß zu schaffen. Seine Reformen griffen auch auf Israel über, das zu der Zeit praktisch eine assyrische Provinz war. Doch Assyrien war zu schwach, um Joschijas Bestrebungen nach einer Wiedervereinigung des Königreiches von David und Salomo entgegenzuwirken.

Ein Brief König Asarhaddons von Assyrien über die äthiopische Dynastie der Pharaonen. Asarhaddon schaltete diese Dynastie 671 v. Chr. aus.

DER NIEDERGANG JUDAS

HERRSCHER DES CHALDÄISCHEN (NEUBABYLONISCHEN) REICHES
Biblische Schreibweise in Klammer. Alle Daten sind Schätzungen und beziehen sich auf die Zeit vor Christus.

Nabopolasser	625–605
Nebukadnezar II. (Nebukadnezzar)	605–562
Amel-Marduk	561–560
Neriglissar	559–556
Labaschi-Marduk	556
Nabonid	555–539
Belsazer, Regent (Belschazzar, Beltschazzar)	552–542

Die Errungenschaften König Joschijas von Juda (siehe S. 106–107) waren nicht von langer Dauer. Er starb 609 v. Chr. in einer Schlacht gegen den Pharao Necho II. Ägypten war unter Nechos Vorgänger, Psammetich I. von der neuen 26. Dynastie, 663 v. Chr. wieder von Assyrien unabhängig geworden. Im Jahre 612 v. Chr. fiel die assyrische Hauptstadt Ninive an ein Bündnis zwischen Neubabylonien und dem Reich der Meder (siehe Kasten unten), und Ägypten änderte seine anti-assyrische Politik, da es erkannte, daß ein schwaches Assyrien die kleinere Bedrohung darstellte als das siegreiche Neubabylonische Reich. Die Ägypter versuchten das Assyrische Reich unter Aschuruballit II. (612–609), das seine Hauptstadt in Haran in Nordmesopotamien hatte, zu stützen. Dazu errichtete Ägypten eine Basis in Karkemisch am Euphrat. Auf dem Weg dorthin passierte die ägyptische Armee Palästina und wurde von Joschija angegriffen. Dieser fürchtete wahrscheinlich, daß, sollte Necho nicht aufgehalten werden, die assyrische Beherrschung Judas von der Ägyptens abgelöst würde. Joschija versuchte, die Vorhut des Pharao bei Megiddo aufzuhalten, fiel aber in der darauffolgenden Schlacht (2 Kön 23,29; 2 Chr 35,23–24).

Necho gelang es nicht, den Fall Harans zu verhindern, aber eine Zeitlang konnte er zumindest die Kontrolle über Syrien und Palästina ausüben. Nach Joschijas Tod salbten „die Bürger des Landes" seinen jüngeren Sohn Joahas anstelle des älteren Eljakim zum König. Wahrscheinlich glaubten sie, daß Joahas eher die Politik seines Vaters fortsetzen werde, was die Religion

Neubabylonien und die Meder

Das Ischtar-Tor, eines der Stadttore, die während der prunkvollen Erneuerung Babylons unter Nebukadnezar II. erbaut wurden. Auf den glasierten Ziegelsteinen befinden sich Reliefs von schützenden Stieren und Schlangen-Drachen-Wesen.

Während des 1. Jahrtausends v. Chr. ließ sich eine Anzahl von Stammesverbänden, als Chaldäer bekannt, im äußersten Süden Mesopotamiens nieder und übernahm allmählich die Kontrolle über die babylonischen Städte. Chaldäische Könige, wie Merodach-Baladan, suchten die Unabhängigkeit von Assyrien. In 2 Könige 20 und Jesaja 39 wird berichtet, daß Merodach-Baladan eine Delegation zu König Hiskija von Juda (siehe S. 104–105) schickte. Die große Zeit der Chaldäer begann mit Nabopolasser, der Assyrien besiegte, dessen Reich übernahm und die „Neubabylonische" Dynastie gründete, nicht zu verwechseln mit früheren babylonischen Kulturen. Unter seinem Sohn Nebukadnezar II. (605–562 v. Chr.) erreichte der Staat den Höhepunkt seiner Macht, aber Nebukadnezars drei Nachfolger hatten eine kurze und schwierige Regierungszeit. Der letzte neubabylonische Herrscher, Nabonid, war kein Mitglied der königlichen Familie. Im Jahre 539 v. Chr. fiel das Neubabylonische Reich an die Perser. In der Bibel gelten die Chaldäer als Magier und Wahrsager, für diese Eigenschaften waren sie im ganzen Nahen Osten bekannt.

Über die Meder, ein indoeuropäisches, mit den Persern verwandtes Volk, ist verhältnismäßig wenig bekannt. Mehrere Jahrhunderte lang bewohnten sie den heutigen Nordwesten des Iran, in der Antike als Medien bekannt. Gegen Ende des 7. Jahrhunderts v. Chr. errichtete König Kyaxares ein starkes medisches Reich mit der Hauptstadt Ekbatana (heute Hamadan, Iran) und unterstützte Nabopolasser in seinem Zug gegen Assyrien. Aber Kyaxares Nachfolger, Astyages, wurde 550 v. Chr. vom persischen König Kyros besiegt, und Medien wurde eine Provinz des Persischen Reiches.

und die politische Unabhängigkeit anbelangte. Necho scheint dies ebenso gesehen zu haben, denn nach nur drei Monaten entführte er Joahas nach Ägypten, wo dieser starb (2 Kön 23,34). Necho ersetzte ihn durch seinen Bruder, dessen Namen er in Jojakim änderte (609–598 v. Chr.). Bei seiner Thronbesteigung erhielt der König oft einen neuen Namen von Gott – die Tatsache, daß er vom Pharao verliehen wurde, machte klar, daß Juda einen Vasallenstatus hatte; noch dazu mußte es hohe Tributzahlungen leisten.

Die ägyptische Vorherrschaft war kurz, denn 605 v. Chr. besiegte der babylonische König Nebukadnezar II. Necho bei Karkemisch. Necho mußte daraufhin die ganze Region Syrien-Palästina an Babylon abtreten. Im darauffolgenden Jahr nahm Nebukadnezar die Philisterstadt Aschkelon, rückte dann gegen Jerusalem vor und zwang Jojakim zur Unterwerfung.

Jeremia

Wie andere Prophetenbücher in der Bibel ist auch das Buch Jeremia oft überarbeitet worden, in diesem Falle vor allem von Autoren, die der deuteronomischen Schule angehörten (siehe Seitentext S. 106). Trotzdem erscheint Jeremia mehr als jeder andere biblische Prophet als bemerkenswerte Persönlichkeit. Er war offensichtlich der Sohn von Hilkija, dem höchsten Priester zu Joschijas Zeiten, und er wirkte von Joschija bis zum Fall Jerusalems und der babylonischen Gefangenschaft (siehe S. 110–111). Es gibt qualvolle Passagen, in denen er dem inneren Zwang, ein Prophet zu sein, lebhaften Ausdruck verleiht, im Wissen, daß seine Botschaft zurückgewiesen wird. Das Buch beinhaltet auch lange biographische Passagen, die ein authentisches Bild vom Leben des Propheten und den letzten Tagen Judas zeichnen. Jeremia hatte einen Schreiber, Baruch, der wohl für einen Großteil des Textes verantwortlich war.

Das Buch Jeremia folgt einem bekannten Muster: Ein göttliches Gericht soll über Juda kommen, gefolgt von der Erneuerung. Jeremia sagt, daß Juda zuerst die Bestrafung durch die babylonische Herrschaft akzeptieren müsse, bevor es wieder aufsteigen könne (Jer 27). Diese Botschaft brachte ihn mit den Befürwortern einer Rebellion in Konflikt, nicht zuletzt mit dem anti-babylonischen König Jojakim. In einer berühmten Episode zerreißt und verbrennt Jojakim öffentlich die Schriftrolle, die Baruch von den prophetischen Weissagungen angefertigt hat (Jer 36,23). Jeremia wurde wegen seiner Ansichten eingesperrt, und sogar König Zidkija, der ihn sehr respektierte, konnte ihn nur heimlich konsultieren.

Wenn Juda sich seinem Schicksal ergab, bedeutete das nicht das Ende aller Hoffnung. Für Jeremia lag das Volk in den Händen jener, die in Babylon gefangen waren. Er hatte eine Vision von zwei Körben, einer mit guten Feigen – die Verbannten –, und einer mit verdorbenen Feigen – die Zurückgebliebenen (Jer 24). In einem Brief an die Verbannten (Jer 29) ermahnt er diese, sich um das Wohl Babylons zu kümmern. Dann würde Gott sie erhören und nach Hause zurückführen.

Jeremia, dargestellt als mittelalterlicher Geistlicher, vom Meister Mariä Verkündigung von Aix, ca. 1440.

DER FALL JERUSALEMS

Nebukadnezar II. und seine Berater, *von Frans Francken dem Jüngeren (1581–1642).*

Die Thronfolge König Jojakims (siehe S. 109) leitete die letzte Phase des Königreiches von Juda ein. Im Jahre 601 v. Chr. startete Nebukadnezar II. von Babylon einen Feldzug gegen Ägypten, wurde aber von der ägyptischen Armee besiegt und zum Abzug gezwungen. Sein Vasall Jojakim, der im Buch Jeremia als rücksichtsloser Despot dargestellt wird, nützte diese Schwäche, um sich von Nebukadnezar zu lösen, wahrscheinlich durch Aussetzen der Tributzahlungen. Nebukadnezar brauchte einige Zeit, um seine Kräfte wieder zu sammeln, aber währenddessen unternahm er alles, um Juda zu schwächen. Die Bibel berichtet, daß das Land von räuberischen Gruppen aus der Wüste heimgesucht wurde (2 Kön 24,2), die wohl weniger von Gott als vom babylonischen König geschickt wurden.

Jojakim starb 598 v. Chr. und wurde von seinem Sohn Jojachin abgelöst (598–597 v. Chr.). Die Machtübergabe erfolgte zu einem schlechten Zeitpunkt, denn im darauffolgenden Frühling griff Nebukadnezar an. Jojachin übergab ihm Jerusalem ohne merklichen Widerstand und rettete die Stadt durch hohe Tributzahlungen vor der Zerstörung (2 Kön 24,13). In der Folge wurden Jojachin, seine Familie und sein Hof zusammen mit 7000 Mitgliedern der Oberschicht und 1000 gelernten Handwerkern nach Babylon verschleppt. Nebukadnezar ersetzte Jojachin durch seinen Onkel Mattanja, einen Sohn Josijas, dem er den Namen Zidkija gab (2 Kön 24,17). Unter diesem Namen ist er als letzter König Judas bekannt.

Zidkija befand sich in einer schwierigen Situation. Viele Judäer sahen weiterhin in Jojachin den rechtmäßigen König und in Zidkija einen Thronräuber. Das war sicherlich auch die Ansicht der Verbannten in Babylon. Aus der Verwaltung Nebukadnezars erhaltene Tafeln geben Auskunft über die Ölration, die dem königlichen Haushalt von Jojachin und seinen Söhnen zustand. In diesen Dokumenten wird Jojachin als „König von Juda" bezeichnet, was darauf hinweist, daß sogar die Babylonier ihn als rechtmäßigen Herrscher Judas betrachteten.

Die Schlußverse von 2 Könige und vom Buch Jeremia berichten, wie Nebukadnezars Nachfolger, Ewil-Merodach (Amel-Marduk: siehe Tabelle S. 108), Jojachin aus dem Gefängnis entließ und ihm eine angemessene Position am Hofe gab. In der Bibel wird dieser Akt der Milde als Zeichen gewertet, daß Gott das Haus David nicht für immer im Stich lassen wird.

Die Staatsstruktur Judas litt sehr unter der Verbannung der höchsten Beamten. Das Buch Jeremia zeichnet ein lebhaftes Bild davon, wie Zidkija zwischen verschiedenen Ratgebern hin und her gerissen wurde, die einerseits den Aufstand gegen Babylon, andererseits die Unterwerfung predigten (Jer 37–38). Die Rebellen hofften auf die Unterstützung Ägyptens, das immer noch Interesse an Palästina hatte. Der Prophet Jeremia, der eine Politik der Zugeständnisse verfolgte, warnte davor, den Ägyptern zu vertrauen und sich gegen Nebukadnezar zu richten. Aber die Rebellen gewannen schließlich die Oberhand und überredeten Zidkija zu einem fatalen Aufstand.

Der Fall Judas wird in den letzten Kapiteln von 2 Könige, 2 Chronik und im Buch Jeremia beschrieben. Als Antwort auf Zidkijas Revolte belagerte Nebukadnezar Jerusalem. Die starke Verteidigung ließ die Stadt 18 Monate lang aushalten, offensichtlich mit einer kurzen Ruhepause für die Verteidiger, als die ägyptische Armee die Babylonier zwang, die Belagerung für einige Zeit auszusetzen (Jer 37,5). Wie der assyrische König Sanherib (siehe S. 105), eroberte Nebukadnezar auch verschiedene strategisch wichtige Städte in Juda. Laut Jeremia 34,7 hielten sich außer Jerusalem nur Lachisch und Aseka. Zahlreiche Briefe, die von judäischen Offizieren aus der Umgebung an den Kommandanten der Garnison von Lachisch geschrieben wurden, berichten von babylonischen Truppenbewegungen. Ein Brief erwähnt,

Juda nach 586 v. Chr.

Das zweite Buch der Könige berichtet von der Zeit nach der Zerstörung Jerusalems, aber auch vom Unglück unter König Jojachin zehn Jahre früher (siehe Haupttext). In beiden Fällen wird in der Erzählung behauptet, daß der Großteil der Bevölkerung verschleppt wurde und nur die „geringen Leute" zurückblieben (2 Kön 24,14 und 25,12). Eine vertrauenswürdigere Quelle ist das Buch Jeremia (siehe S. 109), laut dem 597 v. Chr. 3023 Judäer ins Exil geschickt wurden (Jer 52,28–30), während nach der endgültigen Eroberung Jerusalems lediglich 832 Menschen in andere Gebiete verschleppt wurden. Die babylonische Politik gegenüber der neuen Provinz war in der Tat relativ gemäßigt, und das Leben in Juda ging bald wieder seinen gewohnten Lauf.

Der babylonische König ernannte einen Einheimischen, Gedalja, zum Gouverneur. Dieser Name scheint auf einem Siegel der damaligen Zeit auf, das dem obersten Verwalter des königlichen Palastes gehörte. Eine Anzahl von bekannten Persönlichkeiten und Offizieren versammelte sich in Gedaljas Hauptquartier in Mizpa. Laut Jeremia kehrten judäische Flüchtlinge aus den umliegenden Ländern zurück und konnten eine gute Ernte einbringen (Jer 40,12). Die Bibel erwähnt auch eine Gruppe von Pilgern aus dem Norden, die umgebracht wurde, als sie im „Tempel des Herrn" Opfer darbrachte. Das läßt darauf schließen, daß die Jahwe-Verehrung auch im zerstörten Tempel weitergeführt wurde (40,4–5).

Gedalja wurde in Mizpa von Ismael, einem Mitglied der verbannten königlichen Familie, umgebracht, der auch für das Massaker an den Pilgern verantwortlich war. Ismael war aus dem Exil in Ammon zurückgekehrt und versuchte wahrscheinlich, die verbannte Dynastie Davids mit ammonitischer Unterstützung wieder einzusetzen. Die verbliebenen Anhänger Gedaljas fürchteten sich nach dem Mord vor babylonischen Repressalien und flüchteten nach Ägypten. Sie nahmen den Propheten Jeremia gegen seinen Willen mit. Daher kommt die spätere Legende, daß Jeremia in Ägypten zu Tode gesteinigt worden sei.

Das Buch Jeremia berichtet, daß fünf Jahre nach dem Fall Zidkijas, d. h. 582 oder 581 v. Chr., eine zweite große Massenverschleppung von über 700 Juden stattfand (Jer 52,30). Das mag die babylonische Antwort auf die Ermordung Gedaljas gewesen sein. Von diesem Zeitpunkt an wurde Juda wahrscheinlich direkt dem babylonischen Gouverneur von Samaria, der Provinz nördlich von Juda, unterstellt. Es gibt auf jeden Fall kaum Aufzeichnungen darüber, was in den nächsten 40 Jahren passierte.

Ein israelitisches Siegel mit der Inschrift „für Pedaja, Sohn des Königs". Pedaja war ein Mitglied der königlichen Familie in den letzten Tagen des unabhängigen Juda (siehe 1 Chr 3,16–18).

daß Aseka gefallen sei, während ein anderer sich über die Gruppe der Kriegsgegner in Jerusalem beschwert. Außerdem ist die Rede von einem hohen Offizier, der nach Ägypten geschickt wurde, wahrscheinlich, um Hilfe zu suchen.

Jerusalem fiel schließlich im Jahr 587 oder 586 v. Chr., und die Strafe für den massiven Widerstand war hart. Zidkija wurde ins babylonische Hauptquartier in Ribla im Libanon gebracht. Dort wurden, so erzählt die Bibel, seine Söhne vor seinen Augen getötet, seine Offiziere hingerichtet, und er selbst wurde geblendet und in Ketten nach Babylon gebracht (2 Kön 25,7; Jer 52,10–11). In Jerusalem beaufsichtigte Nebukadnezars Oberbefehlshaber Nebuzaradan die Zerstörung des Tempels sowie des königlichen Palastes und der Häuser wichtiger Persönlichkeiten. Die Einrichtung des Tempels und die Schätze wurden als Kriegsbeute weggeschafft. Das war das Ende der Eigenständigkeit Judas, das Ende des alten Israel als unabhängiger Staat.

KLAGE UM JERUSALEM

Die Wege nach Zion trauern,
niemand pilgert zum Fest,
verödet sind all ihre Tore.
Ihre Priester seufzen,
ihre Jungfrauen sind voller Gram,
sie selbst trägt Weh und Kummer.

Ihre Bedränger sind an der Macht,
ihre Feinde im Glück.
Denn Trübsal hat der Herr ihr gesandt
wegen ihrer vielen Sünden.
Ihre Kinder zogen fort,
gefangen, vor dem Bedränger.

Klagelieder 1,4–5

An den Strömen von Babel,
da saßen wir und weinten,
wenn wir an Zion dachten.
Wir hängten unsere Harfen
an die Weiden in jenem Land.
Dort verlangten von uns die Zwingherren
Lieder,
unsere Peiniger forderten Jubel:
„Singt uns Lieder vom Zion!"

Wie könnten wir singen die Lieder des
Herrn,
fern, auf fremder Erde?
Wenn ich dich je vergesse, Jerusalem,
dann soll mir die rechte Hand verdorren.
Die Zunge soll mir am Gaumen kleben,
wenn ich an dich nicht mehr denke,
wenn ich Jerusalem nicht zu meiner
höchsten Freude erhebe.

Psalm 137,1–6

DIE BABYLONISCHE GEFANGENSCHAFT

Der Schock über die Zerstörung Jerusalems (siehe S. 110–111) kommt im Buch der Klagelieder sehr stark zum Ausdruck, einem anonymen Werk, das allerdings traditionellerweise dem Propheten Jeremia zugeschrieben wird. Das Ende der Unabhängigkeit Judas warf tiefgreifende religiöse Probleme für Israel auf. Der wichtigste Punkt war die Frage, ob das Schicksal Jerusalems bedeutete, daß Jahwe von mächtigeren Gottheiten besiegt worden ist, die nun an seiner Stelle angebetet werden sollten. Die Bibel erwähnt, daß einige Israeliten dieser Meinung waren. In Ägypten diskutierten der Prophet Jeremia und seine Anhänger lebhaft über die Ursachen der Katastrophe. In einer bemerkenswerten Schmährede führt der Prophet das Unglück auf die Verehrung fremder Gottheiten zurück, während seine Zuhörer ihr Los dem Versäumnis zuschreiben, die „Königin des Himmels", die große nahöstliche Muttergöttin ihrer Ahnen zu verehren (Jer 44). In der Zeit nach der ersten Verschleppung 597 v. Chr. beobachtete der Prophet Ezechiel im Tempel (siehe Kasten unten) Sonnenanbetungen und Riten des Fruchtbarkeitsgottes Tammuz (Ez 8,14).

Der „Zweite Jesaja"

Die Kapitel 40–45 des Buches Jesaja bilden einen eigenen Abschnitt mit den Weissagungen eines unbekannten Propheten, der für gewöhnlich als „Zweiter Jesaja" oder „Deutero-Jesaja" bezeichnet wird. Er predigte in Babylon gegen Ende der Exilzeit, und seine Botschaft ist voller Hoffnung. Israel, erklärt er, habe für seine Sünden bezahlt, und die Zeit des göttlichen Erbarmens sei im Kommen (Jes 40,1–5). Er stellt sich die Rückkehr ins Gelobte Land als einen zweiten Exodus vor, der noch herrlicher als der erste sein wird. In seiner Lehre wird zum ersten Mal klar der Begriff des Monotheismus umrissen: Gott ist nicht nur die oberste Gottheit, sondern es gibt außer ihm keinen anderen Gott (Jes 44,6). Der Zweite Jesaja verspottet fremde Götter und Göttinnen als leblose Götzen (Jes 44,9–20). Der einzige wahre Gott, Jahwe, regiert die Welt und legt ihr Schicksal fest.

Der Zweite Jesaja war sich der politischen Situation seiner Zeit bewußt. Babylon wurde vom persischen König Kyros (siehe S. 115) bedroht und stand kurz vor dem Fall. Der Prophet sieht Kyros als Gesalbten des Herrn (Jes 45,1), der die Juden in ihre Heimat zurückführen wird, wenn Gott ihn erst zum Sieg geführt hat (Jes 45,13).

Die Weissagungen des Zweiten Jesaja sprechen von einem „Knecht", dessen Identität sehr umstritten ist. Die frühen Christen sahen in ihm den Messias und identifizierten ihn mit Jesus, vor allem Jesaja 53 (siehe S. 225). Das Bild dieses Knechtes scheint aus traditionellen Elementen zusammengesetzt zu sein. Gewisse Aspekte erinnern an Mose, andere an einen davidischen König und wieder andere an einen Propheten. Aber der Knecht steht in erster Linie für Israel, mit dem er an vielen Stellen gleichgesetzt wird (z.B. Jes 44,1). Israel ist das Volk, das von Gott auserwählt wurde, das aber Verachtung und Leid erdulden muß. Daraus entwickelt sich ein neuer Begriff: Israel als das Opferlamm für die ganze Welt. Es ist die Berufung des auserwählten Volkes Gottes, durch seine Leiden für die Sünden der ganzen Menschheit zu büßen. „Mein Knecht, der Gerechte, macht die vielen gerecht; er lädt ihre Schuld auf sich" (Jes 53,11). (Siehe auch S. 105 und S. 117.)

Israels Glaube und das Bewußtsein, ein Volk zu sein, scheinen sich am besten bei den Ausgesiedelten in Babylon erhalten zu haben. Die Bedingungen in Babylon erlaubten ihnen, ihre Identität zu wahren. Die jüdische Gemeinde lebte in abgeschlossenen Siedlungen, wie beispielsweise in Tel-Abib (Ez 3,15) und anderen Orten am Bewässerungskanal Kebar in der Nähe der Stadt Nippur, und wurde von den Ältesten, den führenden Persönlichkeiten, repräsentiert. Ein großes Anliegen der Verbannten war es, die Erzählungen aus Israels Vergangenheit niederzuschreiben und ein großes Werk von gesammelten Schriften zu schaffen, auf dem sie die Hoffnung für die Zukunft aufbauen könnten. Die Bibel, wie wir sie kennen, begann während des Exils erste Formen anzunehmen. Der Pentateuch (die fünf Bücher Mose), die Geschichte Israels (Josua bis 2 Könige), welche von Autoren aus der deuteronomischen Schule (siehe S. 106) aufgeschrieben wurde, und die Schriften der Propheten wurden zusammengefaßt. Da sie in einer fremden Umgebung lebten, versuchten die Verbannten vor allem jene religiösen Elemente hervorzuheben, durch die sich die Juden von anderen Völkern unterscheiden. Deshalb wurde zu dieser Zeit besonderes Augenmerk auf den Sabbat, die Beschneidung und die rituelle Reinheit gelegt.

Die Katastrophen, von denen die Israeliten heimgesucht wurden, galten nicht als Zeichen von Jahwes Machtlosigkeit, sondern als Strafe für die wiederholten religiösen und sozialen Sünden des Volkes. Diesem Glauben liegt die deuteronomische Sichtweise der Geschichte Israels zugrunde. So wurde auch die allgemeine Botschaft der Propheten, daß ein göttliches Gericht das Volk reinwaschen werde, um sie dann neu erstehen zu lassen, als Norm angesehen. Die Israeliten begannen Jahwe als universellen Gott zu sehen, der die Geschicke aller Völker in seiner Hand hat und der bei seinem Volk bleibt, auch wenn es aus seinem Land vertrieben wurde. Die Verschleppten gaben die Hoffnung, daß Gott sie eines Tages in ein neues Israel zurückführen werde, nicht auf.

Eine der bemerkenswertesten Persönlichkeiten der Zeit des Exils war der Prophet Ezechiel. Er war ein Priester, der bei der ersten Verschleppung 597 v. Chr. mit König Jojachin (siehe S. 110) nach Babylon gebracht wurde. Das Buch Ezechiel gibt einen Einblick in das Leben eines Propheten. Es berichtet von Visionen, ekstatischen Erlebnissen, freiem Schweben und seltsamen symbolischen Zeichen.

Das Buch beginnt mit dem Ruf Ezechiels an die „Verschleppten, die am Fluß Kebar wohnten" im fünften Jahr seit der ersten Verschleppung (ca. 592 v. Chr.). Dann stellt es eine große Vision Gottes dar, die später für die jüdische Mystik sehr wichtig wurde. Es wurde oft angenommen, daß Einzelheiten der Vision, wie die geflügelten Kerubim (Ez 1,4–6), an Merkmale der mesopotamischen Religion erinnern. Aber vielleicht spiegeln sie auch den Kult des Tempels von Jerusalem wider, weil Jahwe sich jetzt nicht nur in Zion offenbart, sondern auch in einem fremden Land. Nach Ezechiels Erklärung für die Zerstörung des Tempels hat Jahwe, „der glorreiche Gott Israels", den beschmutzten Tempel verlassen und seinen göttlichen Schutz weggenommen (Ez 10,18–19). Ein Wiederaufbau ist erst möglich, wenn der göttliche Glanz in das Heiligtum zurückkehrt.

Ezechiels Hoffnung für die Zukunft drückt sich auf verschiedene Art aus: Die Menschen müssen selbst die Verantwortung für ihre Handlungen übernehmen und dürfen die Katastrophen nicht länger auf die Sünden ihrer Ahnen zurückführen. Er sieht das besiegte und verschleppte Volk als einen Haufen müder menschlicher Knochen, die durch den göttlichen Geist oder Atem zu neuem Leben erweckt werden können. Von diesem Moment an wird das Volk zu einer vom Geist erfüllten Gemeinschaft (Ez 37,1–14). Das Buch endet mit einer detaillierten Beschreibung des neuen und perfekten Tempels, Zentrum und Symbol des neuen, auferweckten Israel (Ez 40–48). Der Höhepunkt der Vision des neuen Tempels ist die Rückkehr der Herrlichkeit Gottes (Ez 43,2–5), der im Tempel „für immer mitten unter den Israeliten wohnen" will (Ez 43,7), ein Zeichen für die Erneuerung Israels.

Illustration des Buches Ezechiel, aus der Lambeth-Bibel, England (ca. 1140–1150); im Uhrzeigersinn von oben links: Ezechiels Berufung (Ez 1,1–3); die Vision der Schriftrolle (2,9–3,3); sechs Scharfrichter und der Mann, „der ein leinernes Gewand anhatte", erhalten Gottes Anweisungen (9,1–5) und führen sie aus (9,6–7).

Aus dem Palast König Sargons II. von Assyrien (722–705 v. Chr.) in Korsabad ein vierflügeliger Geist. Solche Figuren waren in der mesopotamischen Kunst sehr beliebt und dienten vielleicht als Inspirationsquelle für Ezechiels Vision vom geflügelten Kerubim (Ez 1,5–6).

DIE RÜCKKEHR AUS DEM EXIL

SACHARJA
Wie Haggai (siehe Haupttext), wirkte auch der Prophet Sacharja während der Regierungszeit von Dareios I. von Persien (522–486 v. Chr.). Auch dieser Prophet setzt Hoffnungen in Serubbal, dem königliche Würde versprochen wird und der den Grundstein für den neuen Tempel legt (Sach 2,6–10). Er wird gekrönt und erhält den königlichen Titel „Sproß“ (Sach 6,12–13). In dieser Passage wurde der Name des Hohenpriesters Jeschua für den Serubbals eingesetzt. Vielleicht hat Dareios, nachdem er seine Herrschaft gefestigt hatte, Serubbal beseitigt, da dessen Name von diesem Moment an nicht mehr erwähnt wird. Nach dem Scheitern dieses letzten Versuches, das Königtum Juda wieder herzustellen, wurde der Hohepriester die einende Gestalt im Judentum; auf ihn wurden Rituale der Königsinthronisation und entsprechende Vorstellungen übertragen. Das würde erklären, warum in Sacharja 6 und an anderen Stellen der Name Jeschua den Namen Serubbal ersetzte.

Das beeindruckende Grab von König Kyros II. von Persien in Pasargadae, Iran.

Das Buch Esra (siehe S. 116) beginnt mit einem Dekret König Kyros' des Großen von Persien, das er nach seiner Eroberung Babylons 539 v. Chr. erläßt. Er schreibt alle seine Siege Jahwe zu, dem „Gott des Himmels“, und stellt fest, daß dieser ihm aufgetragen hat, „ihm in Jerusalem in Juda ein Haus zu bauen“. Dann erlaubt er den Juden die Rückkehr, um mit dem Bau beginnen zu können (Esra 1,2–4). Die Authentizität dieses Dekretes wurde oft angezweifelt, vor allem, weil es unwahrscheinlich ist, daß ein persischer König seine Erfolge dem Gott eines fremden unterworfenen Volkes zuschreibt. Allerdings macht Kyros in einem echten Dokument den babylonischen Gott Marduk für seine Siege verantwortlich. Dieses Dokument besitzt noch andere Parallelen zur Bibel. Es stellt fest, daß Kyros an den verschiedensten Orten Tempel erbaut hat und die ursprünglichen Einwohner zurückführte. In Esra 6 gibt es eine andere Version des Dekretes, die oft für zuverlässiger gehalten wird. Das Dokument wurde offensichtlich in Ekbatana im Westen Persiens gefunden (Esra 6,2). Es ist eigentlich ein Memorandum an den königlichen Schatzmeister, das die Mittel für den Bau des Tempels genehmigt. Die Rückführung der Verschleppten wird nicht erwähnt, aber das war auch nicht Sache des Schatzmeisters.

Nach dem Buch Esra machte sich nach Bekanntgabe von Kyros' Dekret eine Karawane auf den Weg zurück nach Juda. Die Anzahl der Heimkehrer wird sehr hoch angegeben – über 50 000 – und umfaßte wahrscheinlich mehrere Gruppen, die zu verschiedenen Zeiten und unter verschiedenen Führern zurückkehrten. Der neue Tempel wurde angeblich von Scheschbazzar, einem zum Gouverneur von Juda ernannten persischen Beamten, erbaut (Esra 5,16–18). Scheschbazzar wurde wahrscheinlich von einer kleinen Gruppe Juden begleitet, die den Freiluftaltar für Brandopfer auf dem Tempelgelände wieder instand setzten und das herbstliche Laubhüttenfest feierten (Esra 3,3–4).

Der Bau wurde aufgehalten durch den Widerstand der Zurückgebliebenen und der ethnisch gemischten Einwohner des früheren nördlichen Königreiches Israel. Die Gegner des Tempels wurden von anderen persischen Provinzbeamten unterstützt. Das Ergebnis war, obwohl die Erzählung ziemlich konfus ist, eine Einstellung der Bauarbeiten bis 520 v. Chr., dem zweiten Regierungsjahr des späteren König Dareios'. Dann, bei der Initiation der Propheten Haggai und Sacharja (siehe unten und Seitentext links), wurde die Arbeit unter zwei führenden Judäern, Serubbal und Jeschua, wieder aufgenommen (Esra 5,1–2). Die königlichen Gouverneure fragten den König, ob die Judäer seine Zustimmung hätten. Dareios sandte eine positive Antwort, und der neue Tempel wurde Ende März 516 v. Chr. fertiggestellt. Die Erzählung im Buch Esra ist darum bemüht, die freundliche Haltung der Perser gegenüber Juda hervorzuheben.

Wie Esra weist auch Haggai auf eine Verzögerung im Tempelbau hin, schreibt dies aber dem mangelnden Enthusiasmus der judäischen Bevölkerung („dieses Volk“, Hag 1,2) zu und erwähnt keine Heimkehrer. Als Antwort auf die Botschaft des Propheten begannen der Gouverneur von Juda, Serubbal (ein Enkel König Jojachins; siehe S. 110), und der Hohepriester Josua (in Esra Jeschua) im zweiten Jahr von Dareios' Regierungzeit mit dem Bau des Tempels. Haggai verkündet Serubbal eine Weissagung, nach der Gott ihn „erwählt“ hat, und verspricht, „Throne der Könige“ zu zerschlagen (Hag 2,22–23). Das fällt genau mit der Zeit eines Aufruhres im Persischen Reich zu Beginn von Dareios' Herrschaft zusammen. Haggai nimmt an, daß die Verheißung an Serubbal und der Wiederaufbau des Tempels einen Versuch zur Wiederherstellung des Königreiches Juda darstellt.

Kyros der Große und Dareios I.

Die Herrschaft König Kyros' II. von Persien war ein Meilenstein in der Geschichte des Nahen Ostens, und Kyros verdient den Beinamen „der Große" wahrscheinlich mehr als viele andere Herrscher. Er war der Begründer eines Reiches, das 200 Jahre überdauerte und das Gebiet von Indien bis zu den Grenzen Griechenlandes zum ersten Mal unter einem einzigen Herrscher vereinte. Legenden häuften sich um seine Person, und griechische Schriftsteller wie Herodot oder Xenophon sahen in ihm einen Musterherrscher. Das war vor allem darauf zurückzuführen, daß er und seine Nachfolger nicht wie die Assyrer oder Babylonier versuchten, etablierte Institutionen der eroberten Länder auszulöschen oder die Bevölkerung umzusiedeln. Sie behielten die alten rechtlichen und sozialen Systeme der unterworfenen Territorien bei und kümmerten sich besonders um die Erhaltung von heiligen Plätzen. Deshalb ist es nicht verwunderlich, daß Kyros als Befreier gefeiert wurde, nicht nur bei den Einwohnern von Juda, sondern auch in Babylon, das ihm (nach seinen eigenen Aufzeichnungen) die Tore ohne Widerstand öffnete.

Kyros' Sohn Kambyses regierte verhältnismäßig kurz, aber ihm gelang es, Ägypten dem Reich einzuverleiben. Das Ende von Kambyses Herrschaft war von politischem Aufruhr begleitet, und sein Nachfolger Dareios, dessen Herkunft im Dunkeln liegt, mußte hart um seine Thronfolge kämpfen. Unter Dareios erreichte das Perserreich seine größte Ausdehnung. Die Hauptstadt, Persepolis, zeugt vom Reichtum und Glanz seines Reiches. Der einzige Schatten seiner Regierung war das Scheitern des Feldzuges gegen Griechenland, das die Perser 490 v. Chr. in der Schlacht bei Marathon besiegte. Diese Niederlage hatte tiefe Bedeutung für die Zukunft: Das Persische Reich sollte unter Alexander dem Großen 330 v. Chr. an die Griechen fallen.

HERRSCHER DES PERSISCHEN REICHES
Alle Daten sind Schätzungen und beziehen sich auf die Zeit vor Christus.

Kyros II. („der Große")	550–529
Kambyses II.	529–522
Dareios I.	522–486
Xerxes I.	486–465
Artaxerxes I.	465–425
Xerxes II.	425–424
Dareios II.	423–404
Artaxerxes II.	404–359
Artaxerxes III.	359–338
Arses	338–336
Dareios III.	336–330

Ein Relief aus dem Palast von Dareios I. von Persien in Persepolis, ca. 500 v. Chr. Dareios empfängt einen medischen Würdenträger, hinter dem zwei Wächter stehen.

VIII NACH DEM EXIL

Das Exil in Babylon brachte eine grundlegende Neuordnung des spirituellen Lebens in Israel. Das begann unter den Verschleppten im Exil und wurde nach ihrer Rückkehr nach Juda fortgeführt, besonders durch Esra und Nehemia. Das Leben des Volkes war auf den Tempel konzentriert, und Jahwe wurde nicht mehr als Gott des Volkes Israel, sondern als die einzig wahre und universelle Gottheit angesehen. In der Zeit nach dem Exil begann sich der biblische Kanon zu formen. Palästina wurde zu dieser Zeit meist vom Persischen Reich und danach von den hellenistischen Reichen beherrscht. Mitte des 2. Jahrhunderts v. Chr. jedoch, mehr als vier Jahrhunderte nach dem Fall des letzten Königs von Juda, gründeten die Makkabäer einen unabhängigen jüdischen Staat.

ESRA UND NEHEMIA

Nach der Bibel bauten die Propheten Esra und Nehemia die Religion und Gesellschaft Judas nach dem Exil wieder auf. Esras Entwicklung wird in den letzten vier Kapiteln seines Buches und in zwei Kapiteln, die jetzt Teil des Buches Nehemia sind, erzählt. Die Geschichte Nehemias wird in der Ich-Form erzählt, ist aber keine Autobiographie. Diese Erzählform ist ein stilistisches Mittel, das auch in königlichen Inschriften im Nahen Osten verwendet wurde.

Die zuerst getrennten Geschichten der beiden Männer wurden von einem Bibelautor namens „der Chronist" zusammengefügt, um eine Fortsetzung des ersten und zweiten Buches der Chronik, der frühen Darstellungen von Israels Geschichte, zu bilden. Esra und Nehemia waren wahrscheinlich keine Zeitgenossen. In der Bibel werden beide in die Zeit des persischen Königs Artaxerxes I. oder II. eingeordnet (siehe Tabelle auf S. 115). Im allgemeinen wird Nehemia Artaxerxes I. (465–425 v. Chr.) zugeordnet, Esra soll aber erst unter Artaxerxes II. (404–359 v. Chr.) gewirkt haben. Neuerdings werden beide Männer in die Zeit Artaxerxes I. eingeordnet, und ihre Entwicklung wird als überlappend gesehen.

Esra wird als Priester und „Schriftkundiger im Gesetz des Gottes des Himmels" (Esra 7,12) beschrieben, denn er war als Beamter in der persischen Regierung verantwortlich für israelitische religiöse Belange. Der persischen Politik gegenüber den unterworfenen Völkern zufolge hatte Esra den Auftrag, dafür zu sorgen, daß jüdisches Recht in Juda befolgt wurde. Bei seiner Ankunft in Jerusalem verbot er sofort die zu dieser Zeit sehr beliebten Mischehen zwischen den aus dem Exil Heimkehrenden und Ausländern. Er meinte, dies verschmutze das Land und die „heilige Saat Israels", und befahl, alle fremden Frauen mit ihren Kindern wegzuschicken, um das Volk zu reinigen und Gottes Zorn abzuwenden (Esra 9–10). Später wird in Nehemia 8–10 erzählt, wie Esra bei einer großen Zeremonie zur Wiederbelebung des Laubhüttenfestes aus dem Gesetz Mose las; dies war vermutlich der erste Schritt zur Kodifizierung des Pentateuch, der biblischen Bücher mit den göttlichen Gesetzen Israels (siehe S. 118). Esra veranlaßte die Mitglieder der Oberschicht Judas, einen feierlichen Schwur auf die Einhaltung der Gesetze zu leisten (Neh 9,38–10,29).

Nehemia war hauptsächlich im weltlichen Bereich tätig und diente als Mundschenk am persischen Königshof in Susa (dem heutigen Schusch in Iran). Als er von der Zerstörung der Festungen in Jerusalem 445 v. Chr., im 20. Jahr der Herrschaft Artaxerxes', hörte (Neh 1,3), erlaubte ihm der König, nach Juda zu gehen (Neh 2,6), offenbar als königlicher Statthalter, wo er – nach seiner Aussage – zwölf Jahre blieb (Neh 5,14). Hinter dieser Entscheidung könnte die persische Überlegung stehen, ein starkes Juda aufzubauen, um möglichen Expansionsversuchen der Ägypter bereits im vorhinein entsprechend zu begegnen.

Nehemias großer Verdienst ist der in dramatischen Szenen (Neh 3–6) erzählte, rasche Wiederaufbau der Stadtmauern Jerusalems. Diese Bautätigkeit erfolgte angesichts der Bedrohung durch benachbarte Herrscher und wurde von Sanballat, dem königlichem Statthalter in Samaria, angeführt. Ein Versuch, Nehemia auszutricksen und ihn dazu zu bringen, vor seinen Feinden im Tempel Zuflucht zu suchen (Neh 6,10), schlug fehl, da Nehemia wußte, daß dies sündhaft wäre (Neh 6,13). Durch diese Episode entstand die Theorie, Nehemia sei ein Eunuch gewesen, dem nach jüdischem Gesetz der Zutritt zum Heiligtum nicht gestattet war (siehe Dtn 23,1).

Nehemia schuf auch eine neue Verwaltungsstruktur für Juda und Jerusalem, überwachte die genaue Einhaltung des Sabbat und versuchte wie Esra, Mischehen einzustellen (Esra 10–13). Esra und Nehemia legten eine feste religiöse und bevölkerungspolitische Grundlage für die Zukunft der jüdischen Gemeinschaft.

Esra beim Abschreiben der Schriften, aus einem italienischen bebilderten Manuskript aus dem 7. Jahrhundert n. Chr.

Die Juden von Elefantina

Zwischen 1906 und 1908 wurden auf der Elefanten- oder Jebinsel im Nil im Süden Ägyptens einige Papyrusrollen in aramäischer Sprache aus der Zeit des Persischen Reiches gefunden. Diese entdeckten Dokumente stammen von einer Kolonie jüdischer Söldner in der ägyptischen Armee, die ebenso wie die mit Jeremia nach Ägypten geflüchteten Judäer (siehe S. 109) vermutlich aufgrund der assyrischen und babylonischen Invasionen aus Juda weggezogen waren.

Die Schriftstücke zeigen, daß die Söldner einen Jahwe geweihten Tempel hatten, aber auch andere Gottheiten wie die Göttin Anat anbeteten (siehe S. 72). Das dürfte der allgemeinen religiösen Praxis in Juda vor dem Exil entsprochen haben. Der Tempel war auf Betreiben ägyptischer Priester ca. 410 v. Chr. zerstört worden, und einer der gefundenen Briefe ist ein Bittbrief an Bagoas, den persischen Statthalter in Jerusalem, die Restaurierung zu unterstützen. Die Briefschreiber hatten auch Sanballat, den Statthalter von Samaria und Hauptgegner Nehemias, um Hilfe gebeten (siehe Haupttext). Bagoas stimmt dem Wiederaufbau des Tempels von Elefantina zu. Aus dem Brief geht zugleich hervor, daß die religiösen Machthaber in Juda begannen, Jerusalem als einziges legitimes Heiligtum darzustellen. Bei den elefantinischen Opfern darf es sich – so Bagoas – nur um Lebensmittel und Weihrauch handeln. Tieropfer, ein zentrales Merkmal des Opferkultes, dürfen wegen des Blutvergießens nur in Jerusalem stattfinden.

Die Ruinen des Tempels von Elefantina, der den Gottheiten Chnum und Anuket geweiht war.

MALEACHI UND „DER DRITTE JESAJA“

Die Zustände in Juda nach der Rückkehr der Verbannten und vor der Ankunft Esras und Nehemias können anhand zweier Dokumente aus dieser Zeit rekonstruiert werden – anhand des Buches Maleachi und der Kapitel 56–66 des Buches Jesaja (siehe S. 105), dessen Verfasser oft „Dritter Jesaja“ genannt wird. Die größte Sorge des Propheten Maleachi waren die Mischehen mit Frauen aus Nachbarstaaten, die besonders in den oberen Schichten und sogar im Klerus weit verbreitet waren. Er sah diese Vereinigungen als Bedrohung der Identität Israels und der Einheit seines Glaubens (Mal 2,11–12). Maleachi bekämpfte auch andere weitverbreitete Mißbräuche, wie das Opfern unreiner Tiere und Betrug beim Zehnten.

Der Dritte Jesaja könnte einer Gruppe angehört haben, die an das nahe Ende der Welt glaubte, und war gegen die etablierte, durch den Tempel und den Klerus repräsentierte Religion. Er malt ein pessimistisches Bild der Gesellschaft: Ihre Führer sind korrupt und trunksüchtig, es herrscht soziale Unterdrückung, und das Recht wird falsch ausgelegt. Er listet einen ganzen Katalog religiöser Mißstände auf: Vernachlässigung des Fastens und des Sabbat, heidnische religiöse Praktiken, Götzenanbetung, Kindesopfer, Fruchtbarkeitskulte, Befragung der Totengeister und den Verzehr des Fleisches verbotener Tiere wie des Schweines. Die Erwartungen an das Ende des Exils und den Neubau des Tempels hatten sich eindeutig nicht erfüllt.

DAS GESETZ

Das Wort „Gesetz“ wird für das hebräische Wort *Tora* verwendet, das „Instruktion“, „Lenkung“ oder „Richtung“ bedeutet. Es steht hauptsächlich für die ersten fünf Bücher der Bibel (Genesis bis Deuteronomium), die auch Pentateuch oder „Die fünf Bücher des Mose“ genannt werden. Der Pentateuch enthält aber nicht nur gesetzliche Regelungen, sondern erläutert auch sämtliche Beziehungen Gottes zur Menschheit, von der Schöpfung bis zum Tod Mose (siehe S. 26–67).

Die Kodifizierung des Pentateuch war grundlegend für die Rechtsanschauung in Israel in der Zeit nach dem Exil. Seine damals gültige Fassung wurde als Kombination dreier Dokumente gesehen: einer Erzählung aus der Monarchie, des Buches Deuteronomium (siehe S. 106) und einer Arbeit aus Priesterkreisen. In letzter Zeit wurde aber angezweifelt, ob überhaupt ein Teil des Pentateuch vor dem Exil verfaßt worden ist, obwohl sich die Bibelautoren auf viele alte Überlieferungen stützen. Auf jeden Fall wurde der Pentateuch in seiner annähernd endgültigen Form während der persischen Herrschaft niedergeschrieben (539–330 v. Chr.; siehe S. 115).

Der schriftliche Pentateuch führte zur Kodifizierung der anderen Bücher des Alten Testamentes. So entstand der „Kanon“, eine Liste von Büchern, die den Hauptteil der maßgeblichen Heiligen Schriften bildeten, als Gegenstück zu anderen religiösen Schriften. Der Pentateuch wurde jedoch immer als etwas Besonderes angesehen – die Samariter beispielsweise haben die anderen Bücher des jüdischen Kanons nie anerkannt (siehe S. 125). Der Kanon wurde über mehrere Jahrhunderte hinweg stufenweise aufgebaut und erreichte seine endgültige Form – wie angenommen wird – erst gegen Ende des 1. Jahrhunderts n. Chr.

Die Theorie der mündlich überlieferten Tora entwickelte sich parallel zum geschriebenen Recht. Es herrschte die Ansicht, Gott habe Mose nicht nur Schriften, sondern auch mündliche Instruktionen gegeben, die von

Heiligkeit und der Versöhnungstag

Ein Merkmal Gottes im Judentum der Zeit nach dem Exil war seine Heiligkeit, die sein auserwähltes Volk mit ihm teilen sollte. Die Levitikus-Kapitel mit dem Titel „Das Heiligkeitsgesetz“ (Lev 17–26) enthalten eine zentrale Aussage: „Seid heilig, denn ich, der Herr, euer Gott, bin heilig“ (Lev 19,2). Die Heiligkeit des Volkes sollte durch die Einhaltung des Gesetzes gesichert werden, und dies brachte ein neues, weitreichendes Verständnis der Verehrung mit sich. Opferungen (siehe S. 122–123) wurden nicht mehr als zweckmäßige Riten, sondern als lobenswerter Akt des Gehorsams angesehen, der die Opferregeln im Gesetz befolgte.

Das ganze System der Opfer und das Heiligtum, in dem sie alle erbracht wurden (der Tempel von Jerusalem) galten als Mittel, mit denen das Volk seine vergangenen Gesetzesbrüche sühnen konnte. Opfer und Tempel waren der Kern der göttlichen Vergebung. Das zentrale Heiligtum war nicht mehr die Bundeslade an sich (siehe S. 90), sondern ihre goldene Bedeckung, der sogenannte „Sühnedeckel“. Dort wurde Buße getan, besonders durch das Versprengen von Blut am „Versöhnungstag“, Jom Kippur (Lev 23,27–28; 25,9).

Der Versöhnungstag war vermutlich ein älterer Brauch, aber er wird nur in Schriften, die aus der Zeit nach dem Exil stammen, erwähnt, da er dort seine jetzige Bedeutung für das Judentum erlangte. Durch die für diesen Anlaß charakteristischen Rituale wurden alle Sünden des Volkes vom vergangenen Jahr ausgemerzt. In Levitikus 16,6–22 wird die Reinigung des Tempels und der Priester durch das Blutritual beschrieben. Anschließend übertrug der Hohepriester (siehe S. 123) in einem alten Ritus, zu dem es im Nahen Osten viele Parallelen gibt, die Sünden der Menschen auf einen Bock (den Sündenbock). Das Tier wurde mit seiner Sündenlast einem Dämon namens Asasel in der Wüste überlassen.

einem Lehrer zum nächsten weitergegeben wurden. Diese Lehren erlangten zu dieser Zeit beinahe denselben Status wie das geschriebene Gesetz. Die mündliche Tora war das Werk der Schriftgelehrten, einer angesehenen Klasse, die das Gesetz studierten und interpretierten und auf sämtliche Lebensbereiche Einfluß hatten.

Der Pentateuch spiegelt die Belange der damaligen jüdischen Gemeinschaft wider. In der Zeit nach dem Exil wurde Israels Gesetz als Gottes Wille, der für die ganze Welt gilt, gesehen, und der Gehorsam wurde wichtiger als alle anderen religiösen Vorstellungen und Pflichten. Das Gesetz wurde als etwas Ewiges und Unabhängiges gesehen, das nicht erst entstand, als es für Mose am Berg Sinai enthüllt wurde (siehe S. 60–63). Manche bezeichnen das Gesetz als kosmisches Bild und Mittel, mit dem die Welt geschaffen worden ist.

Nach dem Exil wurde die jüdische Vorstellung von Gott immer spiritueller, transzendenter und universeller. Gottes persönlicher Name, Jahwe, wurde immer häufiger vermieden, da diese Bezeichnung für die spezifische Gottheit Israels stand; dafür wurden abstraktere Begriffe wie „Herr" oder „Gott des Himmels" verwendet. Auch Umschreibungen wie „Name" bezogen sich auf ihn. Die frühen Israeliten hielten Gott für ein Wesen, das direkt in menschliche Belange eingriff und mit Männern und Frauen von Angesicht zu Angesicht sprach. Nach dem Exil wurde dieses Bild immer unzureichender, und das Kommunikationsproblem eines transzendenten Wesens mit seiner Schöpfung wurde durch die Vorstellung von verschieden „Zwischenhändlern" gelöst. So wurden Gottes Eigenschaften, wie Wort, Weisheit und Geist, von Wesen verkörpert, durch die er in der Welt handelte (siehe Kasten unten).

Engel

Israel hat sich Jahwe immer von himmlischen Geistern umgeben vorgestellt, die als seine Vertreter und Botschafter handelten. Mit seiner Aussage „Laßt uns Menschen machen als unser Abbild, uns ähnlich" in Genesis 1,26 könnte Gott beispielsweise diese Wesen gemeint haben (siehe S. 27; vgl. Ps 29,1; 82,1). Im Judentum tauchte nach dem Exil eine sechs- oder siebenstufige Hierarchie von Engeln auf, an deren Spitze vier höhere Engel (Erzengel) mit individuellen Namen stehen. Jeder dieser Namen beinhaltete das Wortelement *el*, was „Gott" bedeutet: Gabriel, Michael, Rafaël und Uriel. Die Engel sollen Gott im Himmel preisen und als Zwischenträger zwischen Gott und den Menschen agieren (das Wort Engel stammt vom griechischen *angelos*, „Botschafter"). Darüber hinaus haben sie die Aufgabe, Israel und andere Völker zu beschützen.

In der Beschreibung der Engel ist der Einfluß der alten nahöstlichen Religion zu erkennen. Sie sollen Flügel haben wie die im mesopotamischen Glauben üblichen geflügelten Geister. Ihre Gliederung in sechs oder sieben Gruppen erinnert an die sieben Amescha Spentas, Wesen, die verschiedene Aspekte des höchsten persischen Gottes Ahura Mazda darstellten (siehe S. 154). Dies sind Überreste der sieben Planetengottheiten, die von den Babyloniern angebetet wurden.

Eine Gottheit mit Flügeln, mit einem Schwert und Blitzen bewaffnet, greift ein Monster an; ein rekonstruiertes Relief aus dem assyrischen Königspalast in Nimrud, ca. 870 v. Chr.

DER ZWEITE TEMPEL

König David beim Glockenspiel, aus einem in Norwich, England, hergestellten Psalter aus dem 13. Jahrhundert.

Als die Juden aus der babylonischen Gefangenschaft nach Juda zurückkehrten (siehe S. 114–115), fanden sie ein während der babylonischen Besetzung zerstörtes und auf eine kleine Region um die frühere Hauptstadt Jerusalem reduziertes Heimatland vor. Das bedeutete aber, daß König Josias Absicht, alle fremden Elemente in der Religion auszulöschen (siehe S. 106–107), nun problemlos ausgeführt werden konnte. Der von den Heimgekehrten neu erbaute Tempel von Jerusalem (siehe S. 114–115) war der Kern der religiösen Wiederbelebung und erlangte neue Bedeutung und neuen Charakter. Der wachsende Glaube an einen universellen Gott (siehe Kasten S. 112) spiegelte sich in diesem Tempel wider. Die einzige, universelle Gottheit manifestierte sich nirgendwo anders als im Tempel von Jerusalem, und dies war auch der einzige Ort, an dem die Gläubigen Gott ihre Opfer darbringen konnten.

Der Tempel hatte in der Zeit nach der Rückkehr der Vertriebenen auch eine praktische Seite. Nach dem Verschwinden der Monarchie ging die Verantwortung für die inneren Angelegenheiten des Landes auf die Tempelhüter über (siehe S. 123), und Juda wurde zu einer Art „Tempelstaat" oder Theokratie. Zivile und religiöse Angelegenheiten wurden, sofern sie getrennt werden konnten, vom Tempelpersonal geregelt, und das Heiligtum diente auch als Schatzkammer. Die Bedeutung des Tempels wurde noch durch die alte Verpflichtung aller Männer unterstrichen, den Opfern beizuwohnen, die an den großen jährlichen Festen – dem Paschafest, dem Wochenfest und dem Laubhüttenfest – dargebracht wurden (Dtn 16,16). Bei solchen Anlässen war aus diesem Grund Jerusalem mit Pilgern überfüllt, und später, unter römischer Herrschaft (ab dem späten 1. Jahrhundert v. Chr.), kam es während der religiösen Feiern oft zu Aufständen gegen die Besatzungsmacht.

Die Feste selbst wurden nun Teil der Geschichte des Volkes. Ursprünglich wurden das Paschafest und das Fest der Ungesäuerten Brote zu Hause gefeiert, aber zu jener Zeit konnte das Paschaopfermahl nur in Jerusalem verspeist werden, wo die Paschalämmer im Tempel geschlachtet wurden (vgl. Dtn 16,6). Die Zeremonie wurde im Gedenken an den Exodus aus Ägypten abgehalten (siehe Seitentext S. 58–59). Das israelitische Wochenfest (Dtn 16,9–12) wurde am Ende der Weizenernte gefeiert, und trotz seines fortwährenden landwirtschaftlichen Charakters wurde es mit Ereignissen aus der Geschichte Israels in Verbindung gebracht, wie dem Bund Noachs nach der großen Flut (siehe S. 33) oder der Gesetzesoffenbarung von Mose am Sinai (siehe S. 60–61).

In der Woche des großen Herbstfestes, das zum Erntedank stattfand, mußten die Menschen in Hütten aus Blättern wohnen; auf diesem Brauch

EIN PSALM DAVIDS

Der Herr ist mein Hirte, nichts wird mir fehlen.
Er läßt mich lagern auf grünen Auen und führt mich zum Ruheplatz am Wasser.
Er stillt mein Verlangen; er leitet mich auf rechten Pfaden, treu seinem Namen.
Muß ich auch wandern in finsterer Schlucht, ich fürchte kein Unheil; denn du bist bei mir, dein Stock und dein Stab geben mir Zuversicht.
Du deckst mir den Tisch vor den Augen meiner Feinde.
Du salbst mein Haupt mit Öl, du füllst mir reichlich den Becher.
Lauter Güte und Huld werden mir folgen mein Leben lang, und im Haus des Herrn darf ich wohnen für lange Zeit.

Psalm 23

Blick vom Ölberg auf das heutige Jerusalem mit dem Tempelberg. Die goldene Kuppel der Omar-Moschee (der Felsendom), das dritte große Heiligtum des Islam, wurde ca. 690 n. Chr. an der Stelle des alten Tempels erbaut.

Die Psalmen und die Musik im Tempel

Der Psalter oder das Buch der Psalmen wurde während der Zeit nach dem Exil das Hymnenbuch des Tempels genannt. Es sind jedoch Texte aus mehreren Jahrhunderten enthalten, und viele der Psalmen stammen zumindest in ihrer ursprünglichen Form aus der Zeit vor dem Exil. Das Buch enthält Sammlungen mit verschiedenen Titeln, wie die 73 Psalmen, die König David zugeschriebenen werden, die fast die Hälfte des Psalters ausmachen, die Wallfahrtslieder (Ps 120–134), Pilgerlieder und Psalmen, die von zwei Tempelchören verwendet wurden, außerdem die Psalmen Asafs (Ps 73–83) und der Söhne Koras (die Korachiter; z. B. Ps 44–49). Man kann verschiedene Arten von Psalmen oder Anlässe ihrer Verwendung unterscheiden. Viele sind Klagen einzelner Personen in Not (z. B. Ps 42–43) oder Klagen des Volkes angesichts einer Katastrophe (Ps 44 und 74). Es gibt Erntedankpsalmen (Ps 116 und 118) und solche, die Gott als Herrscher (Ps 96–99) und seine Wahl Zions (Ps 48, 87) preisen. Andere beziehen sich auf den Davidschen Monarchen selbst.

Münzen mit Abbildungen der im Tempel verwendeten Instrumente: Trompeten (oben) und eine Leier (unten). Die Münzen wurden von dem Rebellenführer Simonis Bar Kochba während des antirömischen Aufstandes 134–135 n. Chr. ausgegeben.

Die meisten Psalmen sind keine Gedichte bestimmter Menschen, sondern Liturgien als Teil des Tempelkultes. Der hebräische Name des Psalters, *Tehillim*, „Lobgesänge", deutet auf die Funktion der Psalmen im zweiten Tempel hin, als sie meist mit der Vergangenheit des Volkes verbunden waren und ihre Titel historischen Ereignissen, wie Episoden im Leben König Davids (z. B. Ps 51 und 63), zugeordnet wurden. Die Dominanz des geschriebenen Gesetzes (siehe S. 118–119) hat ebenfalls Spuren im Psalter hinterlassen. Die Fünfteilung der Psalmen ist vermutlich eine absichtliche Anlehnung an den Pentateuch, die fünf Bücher Mose. Psalm 119, das längste Kapitel der Bibel, ist eine Lobpreisung des Gesetzes.

Auch Musik spielte eine wichtige Rolle im zweiten Tempel (das Wort Psalm stammt von einem griechischen Wort mit der Bedeutung „Lied zur Harfenmusik"). Die Tempelriten waren nicht auf Opfer beschränkt, sondern umfaßten auch den Fußfall, das Umkreisen des Altares, Prozessionen im Heiligtum und andere Rituale, die meist von Musik begleitet wurden. Mit der endgültigen Zerstörung des Tempels 70 n. Chr. verschwand diese liturgische Musik, und wir haben heute kaum eine Vorstellung von ihrem tatsächlichen Klang. In der Bibel gibt es aber doch Hinweise: Psalm 68,24–27 handelt von einer großen rituellen Prozession im Tempel, angeführt von der Bundeslade, der Wohnstätte Jahwes, und gefolgt von Sängern, Spielmännern und Mädchen mit Tambourins. Andere Passagen (wie Ps 150,3–5) erzählen auch von Trompeten, Saiten-, Blas- und Schlaginstrumenten. Auch liturgische Tänze und freudiges Schreien (wie in Ps 81,1) waren Teil der meisten Feiern, die im Tempel stattfanden.

Viele Psalmen beziehen sich auf einen Chorleiter und auf mögliche Bezeichnungen von Melodien (Ps 56). Das deutet darauf hin, daß die Psalmen von professionellen Sängern gesungen wurden. Der Autor von 1 Chronik 16 behauptet, daß diese Chöre unter König David einen Leiter mit dem Namen Asaf hatten, der die Sänger bei einer Lobeshymne dirigierte (1 Chr 16,36). Der Autor bezieht sich in diesem Fall auf jene Zeit, als die Mitgliedschaft in diesen Chören erblich war und mit Leviten aus dem Tempel besetzt wurden.

beruht auch der Name der Feier: Laubhüttenfest. In der Bibel haben diese Laubhütten aber nicht mehr einen rein landwirtschaftlichen Zweck, sondern werden als Erinnerung an das frühere Leben und die Behausungen der Israeliten in der Wüste, als Gott sein Volk aus der ägyptischen Sklaverei befreite, gebaut (Dtn 16,13–15).

Nach dem Exil begann die Diaspora („Verbreitung"), die Errichtung ständiger jüdischer Siedlungen außerhalb Palästinas. Der Tempel in Jerusalem wurde für die Regelung des religiösen Lebens der im Ausland verstreuten jüdischen Gemeinden verantwortlich. Zur Erhaltung des Tempels wurde von jedem jüdischen Erwachsenen auf der ganzen Welt jährlich ein halber Schekel erhoben.

Eine alte babylonische Tafel aus Nippur, die einen Priester darstellt, der einer sitzenden Gottheit ein Trankopfer darbringt (oben); Gläubige, die Tiere zum Opfer geleiten (unten).

OPFER

Das Opfer, die Darbringung eines Tieres oder einer Sache für eine Gottheit, war ein universelles Merkmal früher Religionen, und es spielte im Kult der Israeliten eine wichtige Rolle. Zahlreiche Versuche wurden bereits unternommen, um die Bedeutung dieser Praxis zu erklären, aber wahrscheinlich gibt es keine alles umfassende Theorie, die sämtliche Aspekte des Opferrituals berücksichtigt. Die Bibel nimmt Opferungen als selbstverständlich an und liefert keinerlei logische Erklärung dafür. Alle Opferarten und das entsprechende Ritual sind jedoch ausführlich in Levitikus 1–7 beschrieben. Durch diese Schilderung ist ein gewisser Einblick in den ursprünglichen Zweck des Opfers möglich.

Eine Theorie betrachtet das Opfer als Geschenk an die Gottheit. Sicher war es in den Gesellschaften des antiken Nahen Ostens undenkbar, an einen Höhergestellten, sei er menschlich oder göttlich, ohne ein Geschenk heranzutreten. Die meisten Tieropfer waren ursprünglich zweifellos als Darbringung von Nahrung für die Götter gedacht. Dies deckt sich besonders mit den sogenannten Holocaust-Opfern (von griechisch *holos*, „ganz", und *kaustos*, „Feuer"), in denen das Opfer auf dem Altar verbrannt wurde („ganzes Opfer" oder „Feueropfer"). Levitikus beschreibt dieses Opfer als „Feueropferspeise zum beruhigenden Duft für den Herrn" (Lev 3,16). Dies bezieht sich auf die antike Vorstellung, daß die Gottheit den duftenden Rauch wirklich riechen konnte und deshalb dem Opferbringer gegenüber freundlich gestimmt wurde. Deshalb brachte Noach in Genesis nach der Flut ein Brandopfer dar (siehe S. 2–33), und „der Herr roch den beruhigenden Duft, und der Herr sprach bei sich: Ich will die Erde wegen des Menschen nicht noch einmal verfluchen" (Gen 8,20–21). Dies erinnert wiederum an den babylonische Flutmythos im Gilgamesch-Epos. Nach der Überschwemmung stieg Utnapischtim aus seinem Boot und brachte ein Opfer dar, und die Götter kamen, um „den süßen Duft zu riechen". In der Zeit nach dem Exil wurde der Holocaust zum am weitesten verbreiteten Opfer. Aufwendige tägliche Opfer wurden im zweiten Tempel als Geschenke an Jahwe verstanden.

Die Vorstellung, daß der Anbeter durch das Opfer mit Gott kommuniziert, gilt bei einem anderen Opfer, dem „Teilopfer". Hier wurde ein Teil des Dargebotenen der Gottheit überlassen, der Rest von den Anbetern verspeist. Dies war in frühen Zeiten die üblichste Form des Opfers. An jedem Tier, das für eine Mahlzeit geschlachtet wurde, hatte auch die Gottheit ihren Anteil: Auf diese Art sollte ein Bund zwischen Gott und den menschlichen Opferbringern entstehen. In Levitikus ging dieser gemeinschaftliche Charakter verloren: Die meisten Teilopfer wurden nur unter den männlichen Priestern aufgeteilt (vgl. Lev 6,29; 7,6).

In der Zeit nach dem Exil glaubte man, daß Sühne und Versöhnung der wichtigste Zweck des Opfers seien. Man neutralisierte so die Folgen der Sünde und Unreinheit und stellte die Beziehung des Menschen zu Gott wieder her. Bei einem Tieropfer wurde Sühne durch Versprengen des Blutes auf dem Altar erlangt. Das Blut war „Leben", und sein Vergießen bedeutete nicht nur Tod, sondern auch das Freiwerden von Lebenskraft. Diese Vorstellung galt besonders für das „Sündopfer" oder „Heilsopfer", bei dem das Blutritual sehr wichtig war (Lev 4,5–7), und für das „Schuldopfer" oder „Wiedergutmachungsopfer". Diejenigen, die das Buch Levitikus zusammenstellten, sahen in den Kapiteln 4–7 beschriebenen Opfern den Kern des ganzen Opfersystems. Zweck des Opfers war die Reinigung des Volkes von Sünde. Alle Opfer galten als Sühne, sogar jene, bei denen kein Blut vergossen wurde, wie in Levitikus 5,11–13 und an anderen Stellen nachzulesen ist (siehe auch S. 43 und S. 192–193).

Die Priesterschaft des zweiten Tempels

Die Struktur der Tempelverwaltung nach dem Exil war nach einer langen Entwicklung nun festgelegt. Die Stellung im Tempelpersonal war erblich, und sämtliche Würdenträger stammten von Levi, dem Sohn Leas und Jakobs (siehe S. 47) und legendären Vorfahren der Leviten, ab, jenem israelitischen Stamm, aus dem alle Priester hervorgingen.

Oben: *Aaron verwandelt das Wasser des Nil in Blut (Ex 7,21), aus einem hebräischen Manuskript, verfaßt in Barcelona, Spanien, 1320.*

Unten: *Aarons Porträt als Hoherpriester der Israeliten auf einem Glasfenster in der Kathedrale von Chartres, Frankreich.*

Eine Gruppe der Leviten, nämlich die Tempeldiener, waren keine Priester. Laut dem Propheten Ezechiel hatten sie ihren Priesterstatus aufgrund ihrer Götzenverehrung verloren (Ez 44,10–13). Sie stammten vermutlich von Priestern ab, die in regionalen Heiligtümern gewirkt hatten, wo fremde Elemente in den Jahwe-Kult eingeflossen waren. Solche Heiligtümer wurden von König Joschia von Juda verboten (siehe S. 106–107). Die Tempeldiener führten die niedrigeren Aufgaben im Tempel aus, wie etwa die Wache an den Toren oder das Schlachten der Opfertiere (Ez 44,11). Trotzdem hatten die Leviten auch die ehrenvolle Aufgabe, für die Tempelmusik zu sorgen (siehe S. 121), und sie behielten auch die alte Pflicht der Priester, dem Volk das Gesetz zu lehren. Manche Texte in 1 Chronik und 2 Chronik könnten vielleicht levitische Zeremonien nach der Zeit des Exils darstellen.

Die wichtigsten Opferrituale im zweiten Tempel wurden von Priesterleviten durchgeführt, die nach ihrer Behauptung von Zadok und Abjatar abstammten, den beiden Priestern König Davids (2 Sam 20,25). In der Priesterschaft des zweiten Tempels ordnete man Zadok und Abjatar der Abstammung Aarons, dem Bruder Mose (siehe S. 54) zu, dem ersten Hohenpriester der Israeliten und Mitglied des Stammes Levi (Ex 6,19–21). Die zadokische Linie setzte sich jedoch gegen die Nachfahren Abjatars durch, was vermutlich auf ein Abkommen zurückzuführen ist, durch das die Zadokiter die Tempelpriesterschaft vor der babylonischen Gefangenschaft und die Priesterschaft in älteren israelitischen Schreinen, wie Schilo, weitgehend in ihrer Hand hatten. Während des Exils hatte der regionale Klerus das Priestertum im Tempel von Jerusalem von den Zadokitern übernommen. Als die Zadokiter aus Babylon zurückkehrten, wurde ihre führende Rolle wiederhergestellt, man einigte sich aber auch dahingehend, daß der regionale Klerus ebenso an der Tempelführung beteiligt war.

Vor dem Exil wurde der israelitische Kult vom König angeführt, obwohl es auch einen Führer des regionalen Klerus in Jerusalem gab, der üblicherweise einfach „der Priester“ genannt wurde. Mit dem Verschwinden der Monarchie wurde er zum „Hohenpriester“. Er folgte dem König als Führer des Volkes und übernahm einen Großteil der königlichen Ideologie. Ursprünglich wurde nur der König gesalbt, später, nach dem Exil aber auch der Hohepriester. (Einige Bibelstellen deuten darauf hin, daß auch gewöhnliche Priester gesalbt wurden, was aber wahrscheinlich in der Praxis nicht der Fall war.) Der Hohepriester kleidete sich in prächtige Gewänder wie einst der König (siehe z. B. Sir 45,8–13): Er trug einen Turban, eine königliche Kopfbedeckung, geschmückt mit einem Medaillon oder einer „Blume“. Diese ist wahrscheinlich auf die ägyptischen Pharaonen zurückzuführen, bei denen ein solches Emblem das ewige Leben des Königs symbolisierte. Die mit Edelsteinen verzierte Brustplatte des Hohenpriesters erinnert ebenfalls an die Pharaonen und an die Könige von Syrien, wie in Ezechiel 28,13 beschrieben. Der apokryphen Weisheit Salomos zufolge war die ganze Welt auf seinem Mantel dargestellt (Weish 18,24). Der Eindruck dieser Roben zeigt sich besonders in der Beschreibung des Hohenpriesters Simeon (Simeon II., der sein Amt von 219–196 v. Chr. bekleidete) in Sirach 50: „... wenn er die Prachtgewänder angelegt und sich mit allem Schmuck bekleidet hatte ... und die Einfassung des heiligen Raumes mit Glanz erfüllte ...“ (Sir 50,11).

DER GOTT ALLER VÖLKER

Jona und der große Fisch (ganz oben), eine Illustration aus Die zarten Blumen der Geschichte, *ein türkisches Manuskript von 1583.*

Der strikte Monotheismus (siehe Kasten S. 112) im Judentum nach dem Exil hatte eine missionarische Aufgabe: Jahwe sollte von allen Völkern anerkannt werden. In der Bibel wird diese Vision des universellen Gottes durch einige Propheten ausgedrückt. So sah Sacharja (siehe S. 114) eine Zeit kommen, in der alle Völker nach Jerusalem pilgern und Jahwe preisen (Sach 8,22), während der Dritte Jesaja (siehe S. 117) den Tempel ein „Haus des Gebetes für alle Völker" nannte (Jes 56,7). Maleachi (siehe S. 117) behauptete sogar, daß Jahwe von den nichtjüdischen Völkern verehrt werden würde (Mal 1,11).

Rut, die Heldin des gleichnamigen Buches, wurde manchmal als ideale Proselytin und als Symbol für Israels Mission, nichtjüdische Völker zu bekehren, dargestellt. Die Geschichte spielt „Zu der Zeit, als die Richter regierten ..." (Rut 1,1) und handelt von den Vorfahren König Davids. In der christlichen Bibel findet man es zwischen dem Buch der Richter und den Samuelbüchern, während es hingegen im jüdischen Kanon zwischen dem Hohenlied und den Klageliedern in den „Schriften" erscheint (Psalmen, Sprüche, Hiob, Hoheslied, Rut, Klagelieder, Kohelet, Ester, Daniel, Esra-Nehemia und Chroniken).

Zu Beginn der Geschichte verlassen Noomi und ihr Mann Elimelech aufgrund einer Hungersnot Juda und gehen nach Moab. Dort heiraten ihre Söhne zwei moabitische Frauen, Orpa und Rut. Elimelech und die Söhne sterben, und Noomi kehrt nach der Hungersnot wieder nach Betlehem zurück. Ihren Schwiegertöchtern sagt sie, sie sollten zu ihren Familien zurückkehren (Rut 1,8). Aber Rut besteht darauf, ihre Schwiegermutter zu begleiten, um sich in Betlehem um sie zu kümmern. Es ist Erntezeit, und Rut liest Ähren auf dem Feld des Boas, eines reichen Bauern und Verwandten Elimelechs. Boas preist Ruts Fürsorge für Noomi und ihr Bekenntnis zum Gott Israels (Rut 2,11–12). Schließlich heiraten sie, und zu Noomis Freude gebiert Rut einen Sohn, der die Linie Elimelechs weiterführt. Er heißt Obed und wird der Vater Isais und Großvater von König David.

JONA

Der Autor des Buches Jona zeichnet ein neues Bild von Gott: Wenn sündige Menschen Reue zeigen, kann Gott selbst „bereuen", da er Juden und Nichtjuden immer gnädig ist.

Der Autor erzählt eine Geschichte über den Propheten Jona, der in 2 Könige 14,25 erwähnt wird. Gott sendet Jona in die sündige Stadt Ninive, um ihre Zerstörung anzukündigen. Der Prophet versucht dieser Aufgabe zu entkommen und flüchtet auf ein Schiff, aber Gott schickt einen Sturm. Jona erkennt den Zorn Gottes und bittet diesen, ihn über Bord zu werfen. Er wird von einem „großen Fisch" verschluckt (Jon 1,17), betet aber um Befreiung (Jon 2) und wird erlöst. Er geht nach Ninive, wo die Einwohner ihre Sünden bereuen. Gott verschont die Stadt und zeigt Jona, daß er sich auch Sorgen um Nicht-Israeliten macht (Jon 4,6–11).

Noomi bittet Orpa und Rut, nach Moab zurückzukehren, *ein 1795 entstandener Druck von William Blake.*

Die Samaritaner

Das Gesetz, das einzigartige Geschenk Gottes an Israel, unterschied sein Volk von allen anderen Völkern und definierte den echten Israeliten – eine zentrale Frage des spirituellen Lebens nach der Rückkehr aus Babylon. Aber das Gesetz mußte permanent erforscht und interpretiert werden, und die einzelnen Gruppen hatten verschiedene Ansichten. Dadurch entstanden innere Spannungen, die am deutlichsten am Beispiel der Samaritaner dargestellt werden können.

Die Reste des Samaritaner-Tempels auf dem Berg Garizim. Die einige hundert Mitglieder umfassende samaritanische Gemeinde führt dort noch immer ihre traditionellen Paschaopfer durch.

Im Neuen Testament sind die Samaritaner eine ethnisch-religiöse Gemeinschaft, die im Gebiet des früheren nördlichen Königreiches Israels lebt (sie trugen den Namen der dortigen Hauptstadt, Samaria). Sie sahen sich als Nachfahren der nördlichen israelitischen Stämme von Efraim und Manasse, aber die Juden betrachteten sie schon lange als Fremde (siehe z. B. Sirach 50,26), wenngleich sie sich des gemeinsamen Erbes durchaus bewußt waren. Die Geschichte von Jesus und der Samariterin (siehe S. 177) bezieht sich auf ihren gemeinsamen Vorfahren Jakob. Die Samaritaner können am ehesten als jüdische Sekte bezeichnet werden, die aus der religiösen Situation nach dem Exil entstanden ist.

Der geschriebene Pentateuch war die wichtigste Grundlage für Samaritaner (die nur Schriften anerkennen) und Juden, wobei der samaritische Pentateuch sich etwas vom jüdischen unterscheidet. Beide waren der Ansicht, daß es nur ein legitimes Heiligtum gibt, wo Opfer dargebracht werden können: Für die Samaritaner war dies allerdings nicht Jerusalem, sondern der Berg Garizim nahe Sichem (heute Nablus).

Wann und wie der endgültige Bruch zwischen den beiden Gruppen zustande kam, ist kaum nachvollziehbar. Die Bibel sieht die Samaritaner als ethnische Mischbevölkerung, die von den Assyrern nach dem Fall Israels 721 v. Chr. angesiedelt wurde (siehe S. 101), d. h., sie waren durch fremde religiöse Einflüsse verdorben. Aber laut samaritanischer Geschichte erfolgte der Bruch viel früher, zur Zeit der Richter (siehe S. 72), als der Priester Eli, der Vorgänger des Propheten Samuel, das Heiligtum von Schilo als Konkurrenz zum Berg Garizim schuf. Keine der beiden Theorien ist absolut wahr. Zwei Faktoren haben vermutlich über Jahrhunderte hinweg zu dieser Abschottung beigetragen. Einerseits haben wohl politische Überlegungen eine Rolle gespielt. Die Opposition zum Wiederaufbau von Jerusalem und seinem Tempel wurde von den Verantwortlichen des alten nördlichen Königreiches angeführt (siehe S. 114). Sie hielten an ihrem alten Heiligtum von Sichem fest, das von Josua geschaffen worden sein soll. Andererseits meint der jüdische Historiker Josephus aber im 1. Jahrhundert n. Chr., daß die Absplitterung von Priesterdissidenten aus Jerusalem eingeleitet wurde. Dies könnte erklären, wie die Samaritaner zum Pentateuch gekommen sind, der in Jerusalem kodifiziert worden ist (siehe S. 118), und auch die Errichtung eines samaritanischen Tempels auf dem Berg Garizim begründen (der 128 v. Chr. vom jüdischen Herrscher Hyrkanus zerstört wurde).

Die Wahrheit ist wahrscheinlich eine Kombination beider Faktoren. Das Samaritanertum birgt sowohl Merkmale antiker israelitischer Tradition, wie das Schlachten von Paschalämmern (das heute noch am Berg Garizim stattfindet), als auch Aspekte des nachexilischen „Tempel"-Judentums, wie der Pentateuch.

Es ist nicht sicher, zu welcher Zeit das Buch Rut geschrieben wurde, vermutlich entstand es in der Periode nach dem Exil. Es wird oft angenommen, daß diese Niederschrift ein bewußter Protest gegen die Politik Esras sei, vor allem gegen sein Verbot von Mischehen zwischen Israeliten und Fremden (siehe S. 116) – das Buch müßte also in seine Zeit eingeordnet werden. Der Autor wollte in jedem Fall zeigen, daß die moabitische Heldin nicht nur als überzeugte Anhängerin Jahwes in das auserwählte Volk aufgenommen wird, sondern auch noch Vorfahrin des berühmtesten israelitischen Königs wird. Es findet sich allerdings keinerlei Polemik in Rut – zweifelsohne handelt es sich eher um ein Volksmärchen. Diese Geschichte sollte daher am besten als ein Werk angesehen werden, in der Volksmärchen als Vorbilder Verwendung finden.

Die ägyptische Göttin Isis stillt den jungen Gott Horus, eine Statue aus Bronze und Gold aus der Zeit von 664–332 v. Chr.

WEISHEIT

Das Buch der Sprüche beinhaltet den israelitischen Fundus volkstümlicher Weisheiten. Wie der Titel schon sagt, besteht es aus einer Serie von sprichwortartigen Redewendungen, wie: „Eine sanfte Antwort dämpft die Erregung, eine kränkende Rede reizt zum Zorn" (Spr 15,1) und „Hoffart kommt vor dem Sturz, und Hochmut kommt vor dem Fall" (Spr 16,18). Die Bibel schreibt das Buch König Salomo zu, dem archetypischen Weisen (siehe S. 86–87), tatsächlich besteht es aber aus mehreren Sammlungen aus verschiedenen Zeiten.

Diese Sprichwörter wurden auch königlichen Höflingen vor dem Exil zugeschrieben, die damit angeblich ihre Gedanken ausdrückten. Das ist aber eher unwahrscheinlich, da die meisten Sprichwörter landwirtschaftliche, familiäre und persönliche Angelegenheiten behandeln. Nach einer anderen Auffassung waren die in der Bibel als „die Weisen" (Sprüche 1,5) bezeichneten eine professionelle Gruppe von Schreibern. Dieser Theorie zufolge waren die Sprichwörter das Lehrmaterial für Schreiberschulen, die vermutlich dem Hof Judas vor dem Exil angegliedert waren. Es gab solche

Kohelet

Israels Weise waren optimistisch: Sie sahen eine Ordnung im Universum, welche sich den Menschen durchaus erschließen kann. Wenn sich die Menschen danach richteten, werden sie Glück und Wohlstand finden; wenn nicht, sind Elend und Not ihr Schicksal. Diese Lehre wird vom Buch Kohelet angezweifelt. Der Autor wird mit dem hebräischen Ausdruck *Koheleth* bezeichnet – daher auch der Titel. Auf Griechisch heißt er *Ecclesiastes* („eine Person, die zu einer Versammlung spricht"). Der Ausdruck wird üblicherweise mit „Prediger" oder „Lehrer" übersetzt, heißt aber tatsächlich wahrscheinlich „Sprecher", und das Werk ist vielleicht nur aus Notizen für öffentliche Vorträge zusammengesetzt, obwohl sich der Schreiber mit König Salomo identifiziert, der als der ideale Weise gilt. Das Buch beginnt mit dem berühmten Ausspruch „Windhauch, Windhauch … das ist alles Windhauch" (Koh 1,2), der auch gegen Ende wieder auftaucht (Koh 12,8). Salomos Reichtum und Weisheit seien vollkommen überflüssig, „Eitelkeit und Luftgespinste" (Koh 1,16 und an anderer Stelle). Es gäbe eine Weltordnung, aber der menschliche Geist könne sie nicht entdecken (siehe Seitentext links), und vieles, was im Leben passiert, sei Glückssache. Vor allem würde jede menschliche Leistung durch den unvermeidbaren Tod zunichte gemacht, ein Thema, das den Schreiber verfolgt und in einem berührenden Gedicht über das Alter und den Tod am Ende des Buches aufklingt (Koh 11,7–12,8).

Die nahöstliche Kultur birgt Parallelen zu Kohelet. Die Unvermeidlichkeit des Todes ist die größte Sorge im mesopotamischen Gilgamesch-Epos, und viele ägyptische und mesopotamische Autoren zweifeln überhaupt am Erreichen des ewigen Lebens. Aber Kohelet ist nicht ausschließlich pessimistisch. Die Menschen könnten das letzte Geheimnis des Lebens nicht entdecken, aber, da Gott Gut und Böse geschickt habe, könnten sie sich ausmalen, was er ihnen zukommen lassen würde, und sich dagegen wappnen. Israels alte praktische, in Sprichwörter gefaßte Weisheit (siehe Haupttext) helfe ihnen dabei (Koh 12,9–14).

ALLES HAT SEINE STUNDE

„Alles hat seine Stunde. Für jedes Geschehen unter dem Himmel gibt es eine bestimmte Zeit:
eine Zeit zum Gebären und eine Zeit zum Sterben, eine Zeit zum Pflanzen und eine Zeit zum Abernten der Pflanzen, eine Zeit zum Töten und eine Zeit zum Heilen, eine Zeit zum Niederreißen und eine Zeit zum Bauen,
eine Zeit zum Weinen und eine Zeit zum Lachen, eine Zeit für die Klage und eine Zeit für den Tanz;
eine Zeit zum Steinewerfen und eine Zeit zum Steinesammeln, eine Zeit zum Umarmen und eine Zeit, die Umarmung zu lösen,
eine Zeit zum Suchen und eine Zeit zum Verlieren, eine Zeit zum Behalten und eine Zeit zum Wegwerfen,
eine Zeit zum Zerreißen und eine Zeit zum Zusammennähen, eine Zeit zum Schweigen und eine Zeit zum Reden,
eine Zeit zum Lieben und eine Zeit zum Hassen, eine Zeit für den Krieg und eine Zeit für den Frieden."

Kohelet 3,1–8

Schulen in Ägypten und Mesopotamien, aber in Israel deutet nichts auf ihre Existenz hin. Das Buch der Sprüche selbst sagt (Spr 4,3–4), daß sprichwörtliche Weisheit in Israel in den Familien erlernt wird. „Die Weisen" sind also keine echte professionelle Klasse.

Trotzdem zeigt die hochpoetische Form der Sprichwörter, daß sie unter Intellektuellen wie „den Männern Hiskijas, des Königs von Juda", denen eine der Sprichwortsammlungen gewidmet ist (Spr 25,1), weitergegeben wurden. Solche Intellektuellen sind von den weitreichenderen nahöstlichen Weisheitstraditionen beeinflußt worden; das Buch der Sprüche enthält demnach auch zwei Sammlungen nicht-israelitischer Autoren – möglicherweise edomitische Sagen (Spr 30 und 31). Überdies lehnen sich 30 Redewendungen in Sprüche 22,17–24,22 („Die Worte von Weisen") an 30 Kapitel der Moralanweisungen von dem ägyptischen Schreiber Amenemope an.

Der Einfluß einer breiteren Weisheitstradition zeigt sich in Sprüche 1–9. Diese Kapitel sind völlig anders gestaltet. Sie bestehen aus erweiterten Reden, die typisch für die Weisheitsliteratur des alten Nahen Ostens sind, und „Weisheit" gilt hier als eine Ordnung, die sowohl in der Natur als auch in der menschlichen Gesellschaft ihren Platz hat. Das Wort *maat,* „Weltordnung", kommt oft in ägyptischen Weisheitstexten vor und ist auch der Name der ägyptischen Göttin für göttliche Ordnung, Harmonie, Wahrheit und Gerechtigkeit. Es gibt Parallelen zwischen der Göttin Maat und der weiblichen Gestalt der Weisheit (das hebräische Wort für „Weisheit" ist feminin), die in den ersten neun Kapiteln der Sprüche auftritt (Spr 1,20). Sie wurde auch mit der kanaanitischen Göttin Aschera verglichen, deren Symbol der Lebensbaum war. In Sprüche 3,18 wird die Weisheit so beschrieben: „Wer nach ihr greift, dem ist sie ein Lebensbaum." Die Weisheit wird einer anderen weiblichen Figur gegenübergestellt, der „Frau Torheit" (Spr 9,13–18) oder der „fremden Frau" (Spr 5,3 und an anderer Stelle). Sie personifiziert die Dummheit und hat Züge einer bestimmten Art von nahöstlichen Göttinnen, die mit ihrem gefährlichen Charme oft junge Liebhaber verführten.

Die älteste Weisheitstradition in Israel stellte eher den Menschen und nicht Gott in den Mittelpunkt. Spätere Texte aber sahen die Weisheit als untrennbar von Jahwe – sie begleitet Gott in der Schöpfung und im Regieren der Welt. Die personifizierte Figur der Weisheit wird in Sprüche 8,23 als bereits vor der Schöpfung existierend beschrieben (ein Konzept ägyptischer und mesopotamischer Texte) und in Sprüche 8,27 als mit Jahwe in seinem Schöpfungswerk verbunden. Sprüche 8,30 stellt die Weisheit entsprechend einer Interpretation des hebräischen Textes als „kleines Mädchen" dar, das in Gottes Gegenwart spielt und so an die Göttin Maat, die Tochter Ras, des großen Sonnengottes des antiken Ägyptens, erinnert. Eine andere Weisheitsfigur ist noch mythischer – sie findet in Kapitel 24 des apokryphen Buchs Sirach (Ecclesiasticus) mit dem Titel „Lob der Weisheit" Erwähnung. Wie die große ägyptische Gottesmutter Isis preist sich die Weisheit selbst mit Worten, die sie eng mit der Natur und Fruchtbarkeit verbinden. Z. B.: „Ich will meinen Garten tränken, meine Beete bewässern" (Sir 24,31). Trotz dieser fremden mythologischen Einflüsse ist die Weisheit mit zentralen Elementen im israelitischen Glauben verbunden. Sie wohnt, wie Jahwe, in Israel (Sir 24,8), und sie wird mit dem geschriebenen Gesetz identifiziert (Sir 24,23).

Ein klares Bild göttlicher Weisheit ist in einem anderen apokryphen Buch zu finden, der Weisheit Salomos, ein Werk der griechischsprechenden jüdischen Gemeinschaft in Alexandria in Ägypten (siehe Seitentext S. 132). Dort wird die Weisheit mit Ausdrücken der griechischen Wissenschaft und Philosophie beschrieben. Sie ist der Ausdruck göttlicher Gegenwart in allen Dingen (Weish 7,22–24) und der rote Faden in der israelitischen Geschichte, besonders beim Exodus (Weish 10). Gleichzeitig ist sie die Ausstrahlung Gottes, das Ausströmen göttlichen Ruhmes, das Strahlen ewigen Lichtes, der Spiegel und das Bild Gottes (Weish 7,25–26).

Ein Pharao, der der Göttin Maat Opfer darbringt, eine vergoldete Silberstatue aus 1303–1224 v. Chr. Die große Feder im Haar der Göttin stellt Gerechtigkeit und Wahrheit dar. Im ägyptischen Glauben wurde das Herz jedes Verstorbenen in der Unterwelt gegen diese Feder gewogen. War das Herz schwerer, war es mit Sünde beladen, und die Seele des Toten wurde von einem Monster verschlungen.

DIE LEIDEN DES HIOB

Das Buch Hiob (Ijob) erzählt die Geschichte eines frommen und reichen Mannes, Hiob, der seinen Glauben an Gott trotz schwerer Schicksalsschläge nicht verliert. Das Werk ist praktisch eine Theodizee, eine Rechtfertigung Gottes in einer Welt, in der er das Böse zuläßt (siehe auch S. 40). Das Entstehungsdatum ist unklar, es ist aber deutlich von Vorstellungen einer transzendenten, gerechten Gottheit und der zentralen Rolle des Gesetzes nach dem Exil geprägt. Damals war die Gesellschaft geteilt in die Frommen, die das Gesetz befolgten, und die Betrügerischen, die ihm zuwider handelten. Göttliche Gerechtigkeit verlangte, daß die Frommen mit Gottes Wohlwollen belohnt werden, was aber nicht immer geschah. Wie konnten die Leiden der Frommen mit der von Gott zu erwartenden Gerechtigkeit vereinbart werden? Genau damit beschäftigt sich das Buch Hiob. Es geht nicht um Leiden im allgemeinen (mit anderen Worten, warum es Schmerz, Krankheit und Tod auf der Welt gibt), sondern das ganze Werk sieht Hiobs Leid als selbstverständliches Ergebnis göttlicher Handlungen. Die Figur Hiob erscheint im Buch Ezechiel (Ez 14,14,20) zusammen mit Noach und Daniel als Inbegriff eines Frommen. Hiob ist das Symbol aller Leidenden.

Ein großer Teil des Werkes sind Gedichte, aber die Verse sind in einen Prosa-Prolog und -Epilog eingebettet, die zusammen oft als antikes Volksmärchen angesehen wurden. Nach einer bekannten Methode der israelitischen Weisheitslehre (siehe S. 126–127) erzählt dieses Volksmärchen die Geschichte eines Individuums, das seine Leiden geduldig erträgt und dafür

Satan

Im Buch Hiob wird als selbstverständlich angenommen, daß Hiobs Leid von Gott kommt, was mit dem israelitischen Glauben, daß Gut und Böse direkt von Jahwe kommen, übereinstimmt. In der Eröffnungserzählung ist es aber Satan, der Hiobs Krankheiten auslöst (Ijob 1,12; 2,6). Er ist keine Figur des Bösen, sondern des himmlischen Hofes (Ijob 1,6), die nur mit Gottes Erlaubnis handelt. „Satan" ist eigentlich ein Titel, der „Gegner" oder „Ankläger" (hebräisch *ha-satan)* bedeutet und etwa dem „Staatsanwalt" gleichkommt.

Die Entwicklung Satans in eine negative Figur erfolgt in der Bibel selbst. In 2 Samuel verlockt Gott David dazu, eine Volkszählung durchzuführen (2 Sam 24,1), eine Sünde, die eine verheerende Seuche zur Folge hat. Aber in der parallelen Passage in 1 Chronik ordnet

Satan und die rebellischen Engel *(1808), von William Blake (1757–1827).*

Satan – hier ist der Ausdruck schon ein Eigenname (1 Chr 21,1) – die Volkszählung an und löst die Seuche aus. Darin spiegelt sich die Ansicht des Judentums nach dem Exil wider, daß Gott allein die Quelle des Guten ist und das Böse daher von einer anderen Quelle kommt. Als jenes Wesen, das die Menschheit verleitete, gegen den göttlichen Willen zu handeln, wurde Satan Gottes Feind. Er tauchte dann in jüdischen Schriften als Anführer der gefallenen Engel auf (siehe Seitentext S. 32), die wegen Rebellion gegen Gott aus dem Himmel verbannt wurden und die Ursache des Bösen in der Welt sind.

Im Neuen Testament ist Satan der Herrscher einer Welt des Bösen, die dem Königreich Gottes gegenübersteht. Das satanische Königreich äußert sich in Dämonen, die die Menschheit belasten.

Links: Hiob auf dem Misthaufen, *aus* Heures d'Etienne Chevalier, *ca. 1445, von Jean Fouquet (ca. 1420–ca. 1480). Diese Szene wurde damals gerne dargestellt.*

schließlich von Gott belohnt wird. Nach dieser Theorie hat der Autor von Hiob den Hauptteil dieses Märchens durch einen langen poetischen Dialog ersetzt (Ijob 38,1–42,6). Allerdings wird das Buch besser als Ganzes betrachtet. Oft wird nach einer Lösung des Problems, wozu denn die Leiden eigentlich gut wären, gefragt, aber das Buch sollte vielleicht eher als poetisches Werk angesehen werden, das verschiedene Perspektiven anbietet, um dem Problem näherzukommen. Indem Hiob zuletzt von einer Erscheinung Gottes überwältigt wird (Ijob 38,1–42,6), deutet der Autor auf die absolute Willkür in Gottes Werken hin, betont aber auch das Verständnis für das menschliche Streben, diesen geheimnisvollen Willen Gottes begreifen zu wollen.

Hiobs Freunde, Elifas, Bildad und Zofar, kommen „ihn zu trösten" (Ijob 2,11), sind aber zuerst so über seinen Zustand schockiert, daß sie nicht sprechen können. Als sie die Sprache wiedergefunden haben, versuchen sie Hiob erfolglos davon zu überzeugen, daß er gesündigt haben muß, um solches Leid verdient zu haben. Die Freunde werden oft als Strohmänner angesehen, die Hiob (und dem Autor) Standardargumente entgegenbringen, die er entkräften kann. Aber was sie sagen, hat auch einen Wert für sich. Sie sehen es positiv, daß Hiob seine Leiden akzeptiert und auf den göttlichen Willen vertraut. So sagt Elifas zu ihm: „Werde sein Freund und halte Frieden! Nur dadurch kommt das Gute dir zu" (Ijob 22,21).

NAHÖSTLICHE ERZÄHLUNGEN UND DAS BUCH HIOB

Das Problem, mit dem sich Hiob beschäftigt, war auch anderen Denkern im Nahen Osten nicht fern. Eine ganze Serie von Texten aus Ägypten und Mesopotamien deutet darauf hin, daß das Buch Hiob zum Teil von anderen nahöstlichen Erzählungen beeinflußt wurde. Diese Texte unterscheiden sich ziemlich stark voneinander, sowohl in der Form als auch im Inhalt, aber sie beinhalten Elemente, die an den biblischen Text erinnern. Die Dialogform wird oft dazu verwendet, einen Streit zwischen einem Leidenden und einem anderen Beteiligten darzustellen. Das babylonische Gedicht *Ein Dialog über das menschliche Leid* erinnert an den Dialog zwischen Hiob und seinen drei Freunden. Der Leidende und der Freund sprechen abwechselnd; der Leidende beschwert sich bitter über die angebliche Ungerechtigkeit Gottes, und der Freund antwortet mit moralischen Ermahnungen und allgemeinen Beobachtungen. Wie Hiob bekräftigt der Leidende oft seine Unschuld.

Sowohl in Ägypten als auch in Mesopotamien waren diese Dialoge manchmal in eine Rahmenhandlung gebettet, die nähere Auskunft über die Art der Leiden gab. D.h. aber nicht, daß ein direkter Zusammenhang zwischen dem Buch Hiob und einem dieser Texte besteht. Die außergewöhnliche Poesie des Buches Hiob ist in der Bibel und der gesamten nahöstlichen Literatur einzigartig.

Porträt der Königin Ester, *von Andrea del Castagno (ca. 1421–1457).*

VOLKSGESCHICHTEN UND LIEBESLIEDER

Die Diaspora – die Verbreitung der Juden von Palästina in verschiedene Gebiete des Nahen Ostens (siehe Glossar) – erweiterte die jüdische Welt. Es entstanden einige Kurzgeschichten, die mit Humor und Ironie dramatische und blutrünstige Episoden, Hofintrigen und die von schönen und talentierten Heldinnen erlebten Gefahren beschreiben. Sie stellen den (jüdischen) Schwächeren als überlegen gegenüber dem mächtigen Unterdrücker dar, ein übliches Folklorethema. Sie dienten also nicht nur zur Unterhaltung, sondern auch als Ermutigung jüdischer Gemeinschaften im Ausland, die manchmal in einer feindlichen Umgebung lebten.

Die Geschichte von Ester im gleichnamigen Buch spielt am prunkvollen Hof von Ahaschwerasch, dem historischen König Xerxes von Persien (486–465 v. Chr.). Das Buch Ester stammt vermutlich von Juden, die in Persien lebten, und könnte eine jüdische Adaptation eines persischen Werkes sein: Die Namen der jüdischen Heldin, Ester, und ihres Stiefvaters, Mordechai, scheinen von den babylonischen Gottheiten Ischtar und Marduk abgeleitet zu sein. Gott wird in dem Buch nie erwähnt, ein Mangel, der durch Zusätze zur griechischen Übersetzung des Werkes, die nun in den Apokryphen zu finden sind, ausgeglichen wird. Ester lebt mit ihrem Adoptivvater in der persischen Hauptstadt Susa. Nachdem die persische Königin Waschti in Ungnade gefallen war (Est 1,19), nahmen Esters Schönheit und Charme den König gefangen, und er machte sie zu seiner neuen Königin (Est 2,17). Ester wird als nationale Retterin dargestellt, die Mordechai und ihre jüdischen Stammesgenossen erfolgreich gegen die Verschwörung des antisemitischen königlichen Beraters Haman verteidigt. Sie beweist Klugheit

Tobit und Tobias

Das apokryphe Buch Tobit besteht aus zwei Erzählungen über den älteren Tobit und seinen Sohn Tobias. Hier sind zwei übliche Folkloremotive verbunden, der „dankbare Tote" und die „unglückliche Braut", und es bezieht sich auch auf die nichtbiblische Geschichte von Ahiqar, einem Weisen am Hof der assyrischen Könige Sanherib und Asarhaddon (siehe S. 100–101). Es stammt von den Juden der Diaspora, und eine Version wurde unter den Dokumenten der jüdischen Kolonie in Elefantina gefunden (siehe S. 117).

Die Erzählung spielt in Ninive und Mesopotamien. Der fromme Tobit erblindet (Tob 2,10) und verarmt aufgrund der frommen Pflichterfüllung, die Toten zu begraben. Aber trotz allem behält er seine Integrität, und sein Mitleid wird belohnt. Er bekommt sein Augenlicht und seinen Reichtum zurück und nimmt ein glückliches und friedvolles Ende.

Ein Amulett aus Kalkstein, ca. 650 v. Chr., das den mesopotamischen Dämon Pazuzu darstellt.

Die Geschichte des jungen Tobias ist ein typisches Volksmärchen. Der Held sucht eine Braut, Sara, deren sieben Ehemänner von einem Dämon, Aschmodei, in ihrer Hochzeitsnacht getötet worden sind (Tob 3,8). (Die Vorstellung, daß die Hochzeitsnacht gefährlich ist, weil böse Kräfte die Partner angreifen könnten, ist in der Folklore weit verbreitet.) Tobias geht auf eine lange Reise und trifft auf verschiedene Gefahren. Bei seiner Mission, den Dämon zu exorzieren und seinem Vater das Augenlicht wiederzugeben, wird er von einem jungen Mann namens Asarja begleitet und unterstützt, hinter dem sich Rafaël, einer der Erzengel, verbirgt (siehe S. 119). Die Figur des Aschmodei ist typisch für den jüdischen Glauben an Dämonen und daran, daß eine Welt böser Kräfte existiert, die gegen die Vertreter des wahren Gottes handeln.

und Mut, als sie Mordechais Rat befolgt und Xerxes gegenübertritt, als ihr Volk bedroht wird. Haman ist ein ewiger Schurke, gemein und berechnend, der am Ende an dem Galgen aufgehängt wird, den er eigentlich für Mordechai aufgestellt hatte (Est 6,10). Der Autor hat gute Kenntnisse der persischen Bräuche, aber er beschreibt nicht die authentische Geschichte. Die Erzählung erklärt eher die Ursprünge des jüdischen Purimfestes („Los"; siehe Est 9,24–28), einer volkstümlichen Feier in der Art eines fröhlichen Karnevals. Purim wird nicht im Gesetz erwähnt (siehe S. 118–119) und stellt vermutlich die jüdische Version eines Festes dar, das in vielen Kulturen bei der Frühlings-Tagundnachtgleiche gefeiert wird.

Das apokryphe Buch Judit hat vieles mit Ester gemeinsam, aber seine Heldin hat einen bedeutend stärkeren Charakter, der an Figuren wie Debora und Jaël in Richter 4–5 erinnert. Das Buch spielt vor dem Hintergrund einer massiven Invasion Judas unter dem Tyrannen Holofernes, dem Oberbefehlshaber von „König Nebukadnezar von Assyrien", vermutlich eine Anspielung auf König Nebukadnezar II. von Babylon (605–562 v. Chr.), dem Herrscher, der die Juden ins Exil schickte (siehe S. 110–111). Der Autor meinte aber vermutlich die Ereignisse in der Zeit von Antiochus IV. Epiphanes (175–164 v. Chr.), dem Herrscher des Hellenistisch-Seleuzidischen Reiches, der den Aufstand der Makkabäer auslöste (siehe S. 138–141).

Judit, eine reiche Witwe, wendete ohne jede Hilfe die Bedrohung ihres Volks ab, indem sie sich selbst Holofernes anbot. Als er völlig betrunken einschlief, enthauptete sie ihn mit einem Schwert (Jdt 13,8) und kehrte mit seinem Kopf in einer Tasche in ihre Heimatstadt Betulia zurück. Der Anschlag erschreckte die Assyrer, und sie wurden von den Israeliten vertrieben, die ihren Sieg mit einem großen Lied als Lobpreisung Gottes und seiner Vertreterin Judit feierten (Jdt 16,1–17). Die Geschichte stellt sie als das Ideal einer jüdischen Frau dar – schön, charakterstark, streng im Befolgen der religiösen Gesetze und bereit, „ihr Witwengewand abzulegen" (Jdt 16,7) und ein Risiko einzugehen, um Volk und Religion zu retten.

AUS DEM HOHELIED SALOMOS

Der Geliebte spricht zu mir: Steh auf, meine Freundin, meine Schöne, so komm doch!
Denn vorbei ist der Winter, verrauscht der Regen.
Auf der Flur erscheinen die Blumen; die Zeit zum Singen ist da.
Die Stimme der Turteltaube ist zu hören in unserem Land. Am Feigenbaum reifen die ersten Früchte; die blühenden Reben duften.
Steh auf, meine Freundin, meine Schöne, so komm doch!
Meine Taube im Felsennest, versteckt an der Steilwand,
dein Gesicht laß mich sehen, deine Stimme hören!
Denn süß ist deine Stimme, lieblich dein Gesicht.

Hohelied 2,10–14

Das Hohelied

Das Hohelied (oder Lied Salomos) ist einzigartig in der Bibel. Eine Reihe von Gedichten feiert in bemerkenswert erotischer Sprache die physische Liebe zwischen Mann und Frau. Natürlich wurde lange diskutiert, ob das Hohelied Teil der Heiligen Schrift sein soll, und vermutlich wurde es aufgrund der Erwähnungen Salomos in den Kanon aufgenommen. Die traditionelle Interpretation im Judentum und Christentum sieht es als eine Allegorie von Jahwes Liebe zu Israel. Bei den Christen drückt es auch die Liebe Christi zu seiner Kirche aus.

Das Werk ähnelt einigen ägyptischen Liebesgedichten und arabischen Hochzeitsliedern, die die physischen Vorzüge der Braut und des Bräutigams preisen. Es bestehen auch Parallelen zu Texten der heiligen Hochzeit zwischen der nahöstlichen Göttin Ischtar und ihrem Gemahl Tammuz, einem Schafhirten, oder zwischen einem König und einer Königin als ihren Vertretern. Manche sehen das Buch als echte Liturgie für eine heilige Hochzeit, aber das ist eher unwahrscheinlich. Weiter verbreitet ist die Anschauung, daß das Werk einfach die menschliche Liebe zelebriert.

Ein Relief, ca. 1750 v. Chr., aus Aschur, das einen Gott, möglicherweise Tammuz (der auch unter dem Namen Dumuzi bekannt ist), darstellt.

Wenn das Lied Salomos keine königliche Hochzeitsliturgie ist, so könnte es doch davon abgeleitet sein. Die Gedichte bilden eine Art liturgischen Wechselgesang zwischen dem Mann, der Frau und einem Chor ihrer Begleiterinnen, der Töchter Jerusalems. Der Mann wird manchmal König Salomo genannt und tritt als Schafhirte auf, ein üblicher königlicher Titel, der an Tammuz erinnert. Die Gedichte selbst sind aus der Zeit der Monarchie, die Enfassung aber ist vermutlich nachexilisch.

HELLENISMUS

DIE JUDEN VON ALEXANDRIA
In vielen hellenistischen Städten entstanden jüdische Gemeinschaften (siehe rechts), aber die bedeutendste an Größe und Einfluß war Alexandria in Ägypten. Die Juden dort hielten am Glauben und den Eigenheiten ihrer Vorväter fest, versuchten sie aber mittels griechischer Gelehrter zu interpretieren. Ein wichtiger Schritt in diesem Prozeß war die Übersetzung der biblischen Schriften ins Griechische. Diese Übersetzung, Septuaginta, hat ihren Namen von der Annahme, daß siebzig (lateinisch *septuaginta)* Wissenschaftler auf die Bitte von König Ptolemaios II. von Ägypten diese Übersetzung anfertigten. Sie zielte hauptsächlich auf die Bedürfnisse der griechischsprechenden jüdischen Gemeinschaft ab, und sie zeigt, wie sie ihre alten Schriften verstanden. Aber sie diente auch als Rechtfertigung und sollte zeigen, daß der jüdische Monotheismus nicht im Gegensatz zur griechischen Philosophie stand.

Die alexandrinischen Juden verfaßten auch neue religiöse Schriften auf Griechisch, darunter die apokryphe Weisheit Salomos (siehe S. 127). Das Werk ist von biblischer Geschichte und jüdischer Tradition durchdrungen, aber es enthält auch hellenistische universalistische Ideen und philosophische Formen. Es behandelt das Konzept der Weisheit im Rahmen des *Logos,* dem rationalen Kontrollprinzip des Universums, das von den Stoischen Philosophen eingeführt worden war.

Alexander der Große war mehr als nur ein außergewöhnlicher Eroberer. Er wollte den Osten und den Westen auf der Grundlage der griechischen Zivilisation vereinen. Als Ergebnis entstand eine neue Kultur, die als „Hellenismus" bezeichnet wurde. Sie vereinte griechische sowie orientalische Elemente und war von ca. 330 v. Chr. bis zur endgültigen römischen Vorherrschaft im Nahen Osten 30 v. Chr. dominant.

Der Hellenismus schuf ein intellektuelles Umfeld, das von griechischer Literatur, Wissenschaft und vor allem Philosophie geprägt wurde, und entwickelte die Vorstellung einer Welt, die gemeinsamer Besitz der „zivilisierten" Menschen ist. Die führenden griechischen Philosophieschulen dieser Zeit, die Zyniker, Stoiker und Epikureer, betonten den Kosmopolitismus und Individualismus. Die Barrieren zwischen den Menschen fielen, nicht zuletzt durch die weitläufige Verwendung von *koine,* der griechischen Alltagssprache, die zur Verkehrssprache der zivilisierten Welt wurde.

Der wichtigste Antrieb für die Verbreitung des Hellenismus war die Errichtung oder der Wiederaufbau nahöstlicher Städte nach griechischem Modell. Alexander erbaute einige neue Städte (siehe Karte), in denen er Söldner stationierte, und seine Politik wurde von seinen Nachfolgern fortgesetzt. Hellenistische Städte entstanden in der ganzen Region; sie waren attraktiv, offen, typischerweise mit einem Marktplatz *(agora),* umgeben von Gerichtsgebäuden, Tempeln, einem Theater und einer Turnhalle. Sie boten eine menschliche und elegante Umgebung als Kontrast zu den engen Verhältnissen früherer nahöstlicher Städte. Die wichtigste der neuen Städte war Alexandria in Ägypten, das von Alexander 331 v. Chr. gegründet wurde. Alexandria verkörperte mit seiner berühmten Bibliothek und Akademie, die vom griechischen König von Ägypten, Ptolemaios II., erbaut worden war, die ganze Pracht der hellenistischen Kultur. Die hellenistische Bevölkerung war aber nicht überall willkommen und nicht offen für jedermann. Ihre Wirtschaft beruhte auf der Sklaverei. Die Verwaltungsmacht war den Griechen und jenen, die sich anpaßten, vorbehalten. Diese Haltung spielte eine wesentliche Rolle für die Reaktion der Juden von Palästina auf den Hellenismus.

Alexander der Große und seine Nachfolger

Im Jahre 333 v. Chr. besiegte König Alexander III. von Mazedonien (Alexander der Große) den persischen König Dareios III. in Issus in Syrien (siehe Karte). Zwei Jahre später war das ganze persische Königreich in Alexanders Händen, und mit der Vorstellung von einem Weltreich marschierte er bis Indien. Sein Reich war jedoch nur von kurzer Dauer: 323 v. Chr. starb er in Babylon im Alter von nur 33 Jahren. Seine Eroberungen wurden unter fünf seiner Generäle aufgeteilt. Im Jahre 312 v. Chr. waren zwei davon zu führenden Mächten im Nahen Osten aufgestiegen: Ptolemaios wurde in Ägypten eingesetzt, Seleukos beherrschte etwa das Gebiet des alten Babylonischen Reiches (siehe S. 108). Die politische Struktur im Nahen Osten mit den beiden imperialistischen Zentren Ägypten und Mesopotamien war wiederhergestellt. Wie früher lag Palästina zwischen den Mächten, bis der seleukidische Herrscher Antiochus III. Megas („der Große") es mit seinem Sieg 199 v. Chr. bei Paneas an sich brachte.

DIE SELEUKIDISCHE DYNASTIE
Alle Daten sind Schätzungen und beziehen sich auf die Zeit vor Christus.

Seleukos I. Nicator	312 – 281	Demetrius II. Nicator (wieder)	129 – 125
Antiochus I. Soter	281 – 261	Cleopatra Thea	125 – 123
Antiochus II. Theos	261 – 246	Antiochus VIII. Grypus	125 – 96
Seleukos II. Callinicus	246 – 225	Seleukos V.	125
Seleukos III. Soter	225 – 223	Antiochus IX. Philopator	114 – 95
Antiochus III. der Große	223 – 187	Seleukos VI.	95
Seleukos IV. Philopator	187 – 175	Antiochus X. Eusebes	95
Antiochus IV. Epiphanes	175 – 164	Antiochus XI. Epiphanes Philadelphus	95
Antiochus V. Eupator	164 – 162		
Demetrius I. Soter	162 – 150	Demetrius III. Philopator	
Alexander Balas (Epiphanes)	150 – 145	Soter	95 – 88
Demetrius II. Nicator	145 – 139	Philip I.	95 – 84
Antiochus VI. Epiphanes	139 – 138	Antiochus XII. Dionysios	87
Antiochus VII. Sidetes	138 – 129	Philip II.	84

Ruinen der hellenistischen Stadt Gerasa (heute Jerasch in Jordanien), eine der Städte östlich des Jordan, die Dekapolis genannt wurden (siehe Karte S. 143).

Ein Mosaik aus der römischen Stadt Pompeji, das Alexander den Großen bei der Schlacht in Issus darstellt. Alexander ist links im Bild, sein Gegner, König Dareios, ist in der Mitte zu sehen.

DANIEL

BEL, SUSANNA UND DER LOBGESANG DER DREI JUDEN
Neben dem Buch Daniel sind noch andere Geschichten über Daniel erhalten. Die apokryphen Erzählungen von Bel und dem Drachen sowie von Susanna und den Ältesten, die in der Septuaginta, der griechischen Übersetzung der hebräischen Schriften (siehe Seitentext S. 132), dem Buch Daniel beigefügt sind, stellen Daniels Weisheit nicht als die Fähigkeit zur Traumdeutung dar, sondern als die von König Salomo bekannte praktische Scharfsinnigkeit (siehe S. 86). Sie werden als die ersten Detektivgeschichten der Welt bezeichnet.

Die Geschichte von Bel und dem Drachen ist ein Beispiel jüdischen Spottes über die Götzenverehrung, der hier humoristisch und somit zur Belustigung des breiten Volkes geboten wird. Auch die Geschichte von Susanna ist für den Geschmack der Masse: Die versuchte Verführung einer schönen jungen Frau durch zwei Alte, die eigentlich für hohe ethische Maßstäbe in der Gemeinschaft verantwortlich sind, und ihre kluge Demaskierung durch David. Die Geschichte endet mit der Versicherung, daß Gott Tugend immer schützen und erhalten wird.

Um der Geschichte der drei Juden im Feuerofen einen religiöseren Ton zu geben, schiebt die Septuaginta zwischen Daniel 3,23 und 3,24 ein Gebet und eine Hymne ein *(Das Gebet des Asarja* und *Der Lobgesang der drei jungen Männer)*. Dieser Text wird den drei jüdischen Begleitern Davids in den Mund gelegt (Asarja ist der hebräische Name für Abednego), als sie von Nebukadnezar in den Feuerofen geworfen werden. Die drei werden Vorbilder jüdischer Frömmigkeit, und ihr Entkommen wird einem Engel zugeschrieben, der die Flammen zügelte. *Der Lobgesang der drei Juden* (auch übersetzt als *Der Lobgesang der drei Kinder* und *Der Lobgesang der drei jungen Männer)* wurde in Form von zwei Hymnen in die Liturgie der westlichen christlichen Kirche aufgenommen, die von ihren Einleitungsworten in Latein als *Benedictus est* (Verse 29–34) und *Benedicte* (Verse 35–68) bekannt sind.

Daniel, der Held des gleichnamigen Buches, beginnt als legendäre Figur aus der Vergangenheit. Im Buch Ezechiel ist er ein Nationalheld, die Verkörperung der Weisheit; seine Herkunft wird mit der Stadt Tyrus angegeben, er stammt also aus Kanaan. Eine Figur namens Daniel ist auch Gegenstand eines kanaanitischen Texts von Ugarit (siehe S. 72). In der Bibel wird Daniel ins jüdische Exil nach Babylon geschickt, und die Geschichten über ihn sind so allgemein wie jene, die in der Zeit nach dem Exil bekannt wurden (siehe z.B. S. 130–131). Sie illustrieren, wie sich die Juden in einer fremden und feindlichen Umgebung zu verhalten haben und daß ihr Vertrauen auf Glauben und Gesetz gerechtfertigt ist. Trotz schwerer Krisen lebten die Juden vorwiegend in Frieden, und einige erreichten sogar hohe Positionen am Hof der Babylonier oder ihrer Nachfolger, der Meder und Perser.

Die Freundschaft und der Respekt zwischen Daniel und diesen fremden Königen steht im Gegensatz zu der Feindseligkeit zwischen den Juden und dem hellenistischen König des 2. Jahrhunderts v. Chr., Antiochus IV. Epiphanes (siehe S. 138–139). Wahrscheinlich verband ein Bibelautor zwischen 150 und 100 v. Chr. den populären Zyklus der Daniel-Erzählungen mit den restlichen Kapiteln des vorliegenden Buches, wodurch die Geschichten für die Verfolgungen des Antiochus IV. relevant wurden. Nebukadnezars goldenes Bild, das jeder verehren sollte (Dan 3,5), erinnert an Antiochus' Dekret, wonach die Juden „Altäre, Heiligtümer und Tempel für die fremden Götter errichten" mußten (1 Makk 1,47), insbesondere an sein „unheilvolles Greuel" auf dem Opferaltar im Tempel von Jerusalem (1 Makk 1,54). Dareios' Forderung nach Verehrung (Dan 6,7) könnte an Antiochus' Vorstellung seiner eigenen Göttlichkeit anknüpfen.

Die Geschichten spiegeln vor allem Daniels Charakter als Weisen wider. Durch seine Weisheit kann er Träume deuten, den babylonischen Zauberern und Wahrsagern seine Überlegenheit beweisen und das königliche Vertrauen gewinnen, was möglicherweise ein bewußtes Echo auf die biblische Geschichte des Josef ist (siehe S. 48–51). Hinter allen Episoden steht ein starker theologischer Zweck: Kein Gegner, sei er noch so mächtig, kann dem

Susanna und die Ältesten *(ca. 1560), von Iacopo Tintoretto (1518–1594). Vor der Renaissance behandelten Künstler die Szene von Susannas Bad mit großem Anstand. Ab ca. 1500 wurde der erotische Aspekt der Geschichte betont.*

Das Gastmahl Belsazers *(1820), von John Martin (1789–1854).*

einen wahren Gott widerstehen, und auch die größten Könige müssen einsehen, daß ihre Autorität von Gott allein kommt.

Eine vor kurzem gemachte Entdeckung hat zwei der bemerkenswertesten Erzählungen im Buch Daniel in neues Licht gerückt. Die erste berichtet, wie König Nebukadnezar von Babylon verrückt und für sieben Jahre aus der menschlichen Gesellschaft verbannt war, bis er sich an den Gott Israels wandte und geheilt wurde (Dan 4,31–37). Vom historischen König Nebukadnezar II. (605–562 v. Chr.; siehe S. 108) ist nichts Derartiges bekannt, aber es könnte sich um Nabonid handeln, den letzten Neubabylonischen König (555–539 v. Chr.), der Babylon für zehn Jahre verließ, um in der verlassenen Stadt Teman in Arabien zu leben. Unter den Schriftrollen vom Toten Meer (siehe S. 145) befindet sich ein Nabonid zugeschriebenes Gebet, in dem er erzählt, daß er in Teman sieben Jahre an einem Geschwür lit. Nach vergeblichen Gebeten zu verschiedensten Göttern heilte ihn ein jüdischer Exorzist, der ihn sein Gebet zum Ruhm des wahren Gottes schreiben ließ.

Es gibt eine weitere Verbindung mit Nabonid in der Geschichte von Belsazers Gastmahl (Dan 5). Nabonid, nicht Nebukadnezar wie in Daniel, war der Vater vom Belsazer; dieser regierte von 552–542 v. Chr. während der Abwesenheit seines Vaters. Im Buch Daniel gibt Belsazer ein großes Gastmahl, bei dem die Gäste aus heiligen Gefäßen aus dem Tempel von Jerusalem trinken und die „Götter aus Gold und Silber, aus Bronze, Eisen, Holz und Stein lobten" (Dan 5,3–4). Daniel verdammt Belsazer, weil er sich „gegen den Herrn des Himmels erhoben" hat (Dan 5,23), und sagt Babylons Untergang voraus. Belsazer wird „noch in derselben Nacht" getötet (Dan 5,30). Belsazers Götzenverehrung und sein Untergang könnte von Propagandaschriften des babylonischen Klerus abgeleitet worden sein, die ursprünglich auf die religiösen Praktiken von Nabonids Regime abzielten. Die Priesterschaft in Babylon lehnte Nabonids Vorzug des Mondgottes Sin gegenüber Marduk, dem babylonischen Nationalgott, ab.

Die vier Bestien und der entthronte Gott, *eine Illustration zu Daniels Vision von der Beatus-Apokalypse, hergestellt in Santo Domingo de Silos, Spanien, ca. 1100.*

APOKALYPTIK

In den späteren Kapiteln des Buches Daniel entwickelt sich Daniel vom Traumdeuter zu jemandem, der selbst Träume und Visionen hat. Seine vier Visionen stellen die „Apokalypse" dar. Das Buch Daniel ist vermutlich das erste vollständig apokalyptische Werk, obwohl einige Elemente dieses Genres auch bei manchen Propheten zu finden sind. Der griechische Ausdruck *apokalypsis* bedeutet „Enthüllung" einer geheimen Botschaft, kurz bevor sie eintritt. So wird Daniel aufgefordert, seine Worte niederzuschreiben, und „diese Worte bleiben verschlossen und versiegelt bis zur Zeit des Endes" (Dan 12,9). Daniels Auftreten wird in das jüdische Exil in Babylon im 6. Jahrhundert v. Chr. verlegt (siehe S. 112–113), aber die apokalyptische Botschaft bezieht sich auf die Judenverfolgung unter dem seleukidischen König Antiochus IV. Epiphanes in der Mitte des 2. Jahrhunderts v. Chr. (siehe S. 138–139), als das Buch Daniel in seiner heutigen Form verfaßt wurde. Apokalyptische Werke enthalten oft – wie hier – Rückblicke auf die Weltgeschichte in Form von Voraussagen. Da diese vergangenen Ereignisse stattgefunden haben, belegen sie die Vertrauenswürdigkeit des Sehers bei echten Voraussagen. Alle vier Visionen Daniels betreffen die Reiche des Nahen Ostens, mit einer detaillierten Geschichte Palästinas unter den Ptolemäern und Seleukiden sowie Einzelheiten über König Antiochus IV. Epiphanes in Daniel 11.

Es ist allgemein anerkannt, daß Daniel die Ansicht der hasidäischen Partei der „Weisen" vertrat, die als einzige die Bedeutung dieser Botschaft ver-

Das vierte Buch Esra

Daniel ist die einzige apokalyptische Schrift im biblischen Kanon; das apokryphe vierte Buch Esra weist aber viele Ähnlichkeiten und auch Bezüge darauf auf. Ursprünglich in Hebräisch verfaßt, enthält es viele spätere christliche Zusätze. Es wird dem Propheten Esra zugeschrieben (siehe S. 116–117), der auf Griechisch Esdras heißt. Die Darstellung spielt im babylonischen Exil, wurde aber wahrscheinlich ca. 100 n. Chr. geschrieben und handelt von den Verfolgungen im Römischen Reich und dem Untergang Jerusalems 70 n. Chr.

Wie bei Daniel besteht das Buch hauptsächlich aus Visionen des Sehers. Am wichtigsten sind die ersten vier, in denen Esra einen Dialog mit einem Engel führt, und zwar nicht nur über die Leiden der Juden, sondern auch über das Böse auf der Welt. Die Schlußfolgerung ist pessimistisch: Die Verfehlungen der Gegenwart können nur in der Zukunft berichtigt werden; diese werden aber nur wenige erleben (4 Esra 8,1). Andere Visionen enthalten Tiergestalten: Rom wird als Adler dargestellt, dem ein Löwe gegenübersteht, ein Messias aus dem Haus König Davids (4 Esra 11,37–12,3), während der Autor die menschenähnliche Figur Daniels aufnimmt und diese zu einem bestehenden Messias macht (4 Esra 12,31–34).

Esra wird zu einem zweiten Mose, der die verbrannten Schriften wieder herstellen will (4 Esra 14,21). Fünf Helfer verfassen 94 Bücher in nicht mehr als 40 Tagen. 24 davon, die den heutigen hebräischen Kanon darstellen, sind für jedermann verfügbar, die restlichen 70 aber – apokalyptische und apokryphe Schriften – sollen den „Weisen" vorbehalten sein, „denn in ihnen fließt der Born der Einsicht, der Quell der Weisheit, der Strom der Wissenschaft" (4 Esra 14,47).

stehen würden (Dan 12,10). Sie erwarten Erlösung durch göttliche Intervention, nicht durch die militärische Tapferkeit der Makkabäer (siehe S. 140–141), die im Buch als „geringe Hilfe" abgetan werden. Das Werk soll die getreuen Anhänger des Gesetzes durch das Versprechen, daß Antiochus' Verfolgungen bald vorüber sein werden und die wahre Religion triumphieren wird, ermutigen.

Die Apokalypse setzt die Versicherungen der Propheten fort, daß Gott Israels Feinde besiegen und die Nation wiederherstellen wird, aber ihre Botschaft geht noch weiter. Sie malt ein Bild der Erneuerung des ganzen Kosmos, wenn die Welt wieder jenen Idealzustand hat, in dem sie die göttliche Hand verlassen hat, und Gottes Eingreifen das Ende der Geschichte bedeuten wird. Die Kräfte des Bösen werden für immer vernichtet, und die Frommen werden zu ewigem Glück auferstehen. Der Glaube an physische Auferstehung erscheint erstmals in Daniel (Dan 12,2) und stärkte den Glauben, daß Gott Menschen wie die makkabäischen Märtyrer belohnen würde, die für ihren Glauben gestorben waren (siehe S. 140–141).

Auffallend sind die symbolische Sprache und die bizarren Bilder in der Apokalypse, was teilweise auf den esoterischen Charakter dieses Genres hindeutet. Die darin verwendete Sprache ist ein Code, den nur jene entschlüsseln können, die die Geheimnisse der Apokalypse verstehen. Als Quellen für diese Bildersprache dienten die Mythen und Rituale des antiken Nahen Ostens, wie z. B. Tiersymbole in Daniels erster Vision, in der die Weltreiche als vier fürchterliche Bestien dargestellt werden: ein Löwe mit Flügeln; ein Bär mit Stoßzähnen; ein Leopard mit vier Köpfen und Flügeln sowie eine „furchtbar und schrecklich anzusehende" Kreatur mit Eisenzähnen und Hörnern (Dan 7,3–7). Sie erinnern an die Phantasiemonster, die in der mesopotamischen Kunst oft als Darstellung böser und dämonischer Mächte vorkommen. In Daniels Vision kommen sie aus „dem großen Meer", das an „die Urflut" in Genesis 1,2 erinnert und dem feindlichen Wasserchaos im babylonischen Schöpfungsepos und dem kanaanitischen Baal-Mythos entspricht (siehe auch S. 20–23 und S. 26–27).

Hier besiegt die Gottheit das Monster des Chaos, dieses Motiv ist auch in Daniel zu finden. Die letzte Bestie wird vernichtet, und dann wird „einer wie ein Menschensohn" zu Gott, „dem Hochbetagten", geführt und erhält das universelle Königreich (Dan 7,13–14). Ein Beiname des kanaanitischen höchsten Gottes El ist „Vater der Jahre", und daß der „eine wie ein Menschensohn" auf himmlischen Wolken daherkommt, zeigt auch ihn als göttliches Wesen. Die Szene basiert auf Els Geschenk des Königtums an den jungen Sturmgott Baal, nachdem Baal das Meer, Jam genannt, in einer Schlacht um die Vorherrschaft besiegt hat. Ein Engel erklärt Daniel die Vision und identifiziert den „einen wie ein Menschensohn" mit „den Heiligen des Höchsten", den Frommen Israels – die „das Königtum erhalten werden, und sie werden es behalten für immer und ewig" (Dan 7,18).

Der monsterhafte, löwenköpfige Vogel Imdugud, dessen Flügelschläge Stürme ausgelöst haben sollen; ein Relief aus dem Tempel der Göttin Ninhursanga in Tell-al-Ubaid (ca. 3000 v. Chr.). Solche Fabelwesen waren in der mesopotamischen Kunst weit verbreitet und inspirierten die phantastischen Kreaturen in Daniel und anderen apokalyptischen Schriften.

Eine Schale mit einem jungen griechischen Reiter ohne Sattel, der einen Umhang, einen kurzen Rock und einen breitkrempigen „Hermeshut“ trägt. Diese Art der Kleidung wurde auch von den jungen jüdischen Männern in den hellenisierten Städten Palästinas getragen.

ANTIOCHUS IV. EPIPHANES

Nach Esra und Nehemia (siehe S. 116–117) gibt es kaum mehr Aufzeichnungen über die Perserzeit und die Periode der ptolemäisch-ägyptischen Herrschaft. Für die jüdische Bevölkerung war diese Zeit wahrscheinlich relativ friedlich Das Land wurde von einer Gruppe jüdischer Adeliger und Priesterfamilien regiert, die den Sanhedrin oder Senat bildeten (griechisch *synhedrion,* „Rat“), der dem Hohenpriester des Tempels unterstand.

Mit dem Beginn der seleukidischen Herrschaft (siehe S. 133) zerbrach die Einheit unter diesen Familien, von denen einige die Ptolemäer in Ägypten, andere die Seleukiden in Syrien unterstützten. Besonders heftig war die Rivalität zwischen den Tobiaden und den Oniaden. Die Ptolemäer hatten die Tobiaden als Steuereintreiber in ganz Palästina eingesetzt, während die für gewöhnlich pro-syrischen Oniaden das Hohepriesteramt innehatten. Allerdings wechselten beide Familien öfters die Seiten. Die Rivalität um das Hohepriesteramt verursachte dauernd Streit und war einer der Gründe für die Einführung der repressiven religiösen Maßnahmen gegen die Juden unter Antiochus IV. Epiphanes (175–164 v. Chr.). Als bei einem Streit der beiden Familien die Tempelschätze durch Heliodorus, den Minister des Seleukidenkönigs Seleukos IV. Philopator (187–175 v. Chr.), geraubt wurden, protestierte der Hohepriester Onias III. und wurde deshalb durch seinen Bruder Jason ersetzt. Jason zahlte einen höheren Tribut an Seleukos' IV. Nachfolger, Antiochus IV., und unterstützte seine Politik der Hellenisierung. Er baute in Jerusalem ein griechisches Gymnasium, in dem sogar junge Priester nackt Sport betrieben. Enthusiastische Hellenisten aus der Jerusalemer Oberschicht (siehe S. 132–133) gaben sogar den Brauch der Beschneidung auf, tauschten hebräische Namen gegen griechische und fühlten sich in jeder Hinsicht als Bürger einer griechischen Stadt.

Im Jahre 171 v. Chr. wurde Jason abgesetzt und durch Menelaus ersetzt, der Antiochus noch mehr Tributleistungen versprach, die schließlich mit den Tempelschätzen bezahlt wurden. Als Jason wieder an die Macht kam, ant-

wortete Antiochus 169 oder 168 v. Chr. darauf mit einer Schändung des Tempels und drastischen Maßnahmen, die darauf abzielten, die Juden zu assimilieren. Antiochus verbot die Beschneidung, die Einhaltung des Sabbat und anderer Feste sowie die Anwendung der Reinheitsgesetze. Gleichzeitig wurden heilige Plätze entweiht, Gesetzbücher verbrannt, und die Juden wurden dazu gezwungen, Schweinefleisch zu essen (das für sie als unrein gilt) und an heidnischen Zeremonien teilzunehmen. Antiochus kannte wahrscheinlich nur die pro-hellenistischen Kreise in Jerusalem, die seine Ansichten teilten, und erwartete kaum Widerstand. In dieser Hinsicht hatte er sich allerdings getäuscht (siehe S. 140–141).

Es ist nicht verwunderlich, daß Antiochus ein dunkles Kapitel der jüdischen Geschichte darstellt, aber eigentlich war er ein fähiger und weitsichtiger Herrscher, der sich bemühte, die Gefahr des aufsteigenden Rom zu bannen. Sein Vater, Antiochus III., war von der römischen Armee 190 v. Chr. bei Magnesia besiegt worden. Im folgenden Friedensvertrag mußte er Kleinasien abtreten und wurde gezwungen, Schadenersatzzahlungen zu leisten. Außerdem mußte er seinen Sohn Antiochus als Geisel nach Rom schicken, wo dieser zwölf Jahre lang blieb. Diese Lektion steckte Antiochus noch in den Knochen, als ein römischer General 168 v. Chr. seine Hoffnungen zunichte machte, Ägypten zu erobern.

Um der römischen Bedrohung gewachsen zu sein, verfolgte Antiochus in seinem Vielvölkerstaat eine rigorose Politik der Hellenisierung. Sein Ziel war nicht, die Anbetung regionaler Gottheiten zu unterdrücken, obwohl es den Juden so vorgekommen sein muß, sondern alle Untertanen für die Verehrung von „Zeus" zu gewinnen. Antiochus legte sich den Titel Epiphanes („Erscheinung [Gottes]") zu: Er war die Erscheinung Gottes, unter welchem Namen auch immer dieser Gott verehrt wurde.

Der Altar, den Antiochus im Tempel von Jerusalem errichtete, wurde von den Juden als „unheilvoller Greuel" bezeichnet (1 Makk 1,54). Das ist eigentlich eine Verformung des Namens Baalschamaim, Herr des Himmels, eine hohe semitische Gottheit. Unter Antiochus wurde der Tempel dem Olympischen Zeus geweiht. Er vertrat die Ansicht, daß Jahwe, Baal und Zeus nur verschiedene Namen ein und derselben Gottheit seien, je nachdem, welchem Volk der Gläubige angehörte.

Eine silberne Vier-Drachmen-Münze von Antiochus IV. Epiphanes. Das Porträt des Königs auf der Vorderseite (links) stellt ihn als den Gott Zeus dar; die Rückseite zeigt Zeus auf dem Thron, die Siegesgöttin Nike tragend. Die Inschrift lautet: „König Antiochus, Erscheinung Gottes, den Sieg tragend."

Die Einnahme Jerusalems *durch Antiochus IV. Epiphanes, aus einer bebilderten französischen Handschrift aus dem 15. Jahrhundert.*

DIE MAKKABÄER

Der Triumph des Judas Makkabäus *(1635), von Peter Paul Rubens (1577–1640).*

Die Herrschaft der Seleukiden in Palästina wurde durch den Aufstand der Makkabäer, benannt nach ihrem Anführer Judas Makkabäus, beendet. Die Makkabäer-Bewegung stellte nach Antiochus IV. (siehe S. 138–139) die jüdische Religionsfreiheit wieder her, erreichte politische Unabhängigkeit und führte sogar die jüdische Monarchie wieder ein, wenn auch mit großem hellenistischen Einfluß.

In gewisser Weise kam im Aufstand der Makkabäer die seit langem bestehende Spannung zwischen den konservativen Juden vom Land und der kosmopolitischen, hellenisierten Hauptstadt zum Ausdruck. Der Aufstand wurde von Mattatias, einem Priester aus der Familie der Hasmonäer, ausgelöst. Anfänglich war der Kampf eine Art Guerilla-Krieg, um das Gesetz „aus der Gewalt fremder Völker und der Hand der Könige" zu reißen (Makk 2,48). Die Gruppe um Mattatias wurde von den Hasidäern unterstützt, den „Frommen". Die Hasidäer waren besonders dem Gesetz verpflichtet und hatten sogar die Bereitschaft, dafür zu sterben. Die Makkabäer waren mehr um das Überleben der nationalen Religion besorgt als um die strikte Einhaltung der Gesetze. Als sie von einem Massaker an Menschen, die sich geweigert hatten, am Sabbat die Waffen zur Hand zu nehmen, hörten, beschlossen sie, sich sehr wohl zu verteidigen, sollten sie am Tag der Ruhe angegriffen werden (1 Makk 2,41).

Nach dem Tode von Mattatias ging die Führung auf seinen dritten Sohn Judas über, der den Spitznamen Makkabäus, „der Hammer", trug, weil sich die Rebellion unter ihm zu einem richtigen Krieg gegen die Regierungstruppen ausweitete. Judas besetzte schließlich den Berg Zion (1 Makk 4,37) und reinigte den Tempel, der mit einer feierlichen Zeremonie am 25. Kislew (November–Dezember) 164 v. Chr., dem Todesjahr von Antiochus IV., wieder eingeweiht wurde. Dieser Tag sollte von nun an gefeiert werden (1 Makk 4,59) und wurde zum jüdischen Tempelweihfest Hanukka.

Ein Grab in jüdisch-hellenistischem Stil im Kidrontal bei Jerusalem (siehe Karte S. 190). Es ist als das Grab von Abschalom, dem Sohn von König David, bekannt, stammt aber wahrscheinlich aus dem 1. Jahrhundert v. Chr.

Lysias, der Regent des Knabenkönigs Antiochus V., erkannte den Erfolg Judas, nahm die religiösen Edikte Antiochus' IV. zurück und ließ den prohellenistischen Hohenpriester Menelaus hinrichten. Die Religionsfreiheit war wiederhergestellt, aber die Juden waren immer noch dem Seleukidischen Reich unterstellt, mußten ihm Steuern zahlen, und die Akra, die griechische Garnison, die Antiochus IV. in Jerusalem stationiert hatte, war immer noch da. Auch das Amt des Hohenpriesters blieb weiterhin in seleukidischen Händen. Nach der Ernennung des Hohenpriesters Alzimus, der von korrekter priesterlicher Abstammung war (im Gegensatz zu früheren Günstlingen des Königs), brachen die Hasidäer mit Judas und deckten den königlichen Auserwählten. Als sie allerdings entdeckten, daß Alzimus ein Anhänger des Hellenismus war, wandten sie sich bald wieder der makkabäischen Sache zu.

Das Ziel der Makkabäer wurde nun die Unabhängigkeit. Die Seleukiden waren immer noch stark genug, um Judas zu besiegen, der 160 v. Chr. in einer Schlacht fiel (1 Makk 9,18), aber das Königreich wurde aufgrund dynastischer Schwierigkeiten immer schwächer. Jonatan, Judas' Bruder und Nachfolger, spielte den einen Thronanwärter gegen den anderen aus und erreichte im Gegenzug das Hohepriesteramt und wachsende Privilegien für den zukünftigen jüdischen Staat. Die volle Unabhängigkeit wurde unter dem letzten Makkabäer-Bruder, Simeon Hasmonäus, erreicht. Der Seleukidenkönig Demetrius II. (145–139 v. Chr.) erkannte Simeon als Hohenpriester an, garantierte ihm Steuerfreiheit und bestätigte ihm schließlich die Souveränität über Judäa. Die Juden begannen Verträge und Abkommen seit 142 v. Chr. mit „im Jahr 1 der Regierung Simeons, des Hohenpriesters, Befehlshabers und Führers der Juden" zu datieren (1 Makk 13,42).

Die ersten zwei Bücher der Makkabäer

Das apokryphe erste Buch der Makkabäer beginnt mit Alexander dem Großen und endet mit dem Tod des hasmonäischen Führers Simeon, unter dem die Juden die Unabhängigkeit erlangten. Das Buch existiert nur auf Griechisch, es wurde aber fast sicher von einem Anhänger der Hasmonäerdynastie auf Hebräisch geschrieben. Es gilt als zuverlässige und sachliche Erzählung, wenngleich es darauf abzielt, die Hasmonäer als die von Gott auserwählten Retter des Volkes darzustellen. Der Autor nimmt sich ein Beispiel an früheren historischen Schriften wie den Büchern Samuel und Könige. Es ist nicht verwunderlich, daß er die Erfolge der Helden übertreibt und ihre Niederlagen herunterspielt.

Das zweite Buch der Makkabäer ist von der Sprache wie auch vom Stil her ein griechisches Werk – eine gekürzte Ausgabe eines fünfbändigen Werkes von Jason von Kyrene in Nordafrika. Diese hellenistische Geschichtsschreibung hatte, wie der Autor im Vorwort vermerkt, den Zweck, den Leser zu unterhalten, zu erfreuen und außerdem seine Emotionen anzuregen, indem sie sich hauptsächlich auf dramatische Vorfälle konzentrierte (2 Makk 2,29–32). Das Buch besteht aus einer Anzahl von Lobreden, z. B. über Heliodorus' Versuch, den Tempel zu plündern, oder das Martyrium einer Mutter mit sieben Söhnen.

Der Autor sieht den Aufstand der Makkabäer als religiösen Konflikt zwischen Hellenismus und Judentum, und er ist der erste Autor, der diese beiden Begriffe gegensätzlich verwendet. Sein Bericht endet mit dem entscheidenden Sieg von Judas Makkabäus.

DER AUFSTIEG ROMS

Es gibt keine biblischen Aufzeichnungen über die Zeit zwischen dem Aufstieg des Hasmonäers Johannes Hyrkanus, dem Sohn Simeons, 134 v. Chr. (1 Makk 16) und der Regierung Herodes' des Großen. Wie die Seleukiden, deren Herrschaft sie abgeschüttelt hatten, fielen die Hasmonäer selbst dynastischen Rivalitäten zum Opfer, was von der aufstrebenden Großmacht Rom ausgenutzt wurde. Zur Zeit des Neuen Testamentes war Judäa ein Teil des Römischen Imperiums, das von einer neuen Dynastie von Vasallenkönigen regiert wurde: dem Geschlecht Herodes.

VON HYRKANUS BIS HERODES

In den letzten Jahren ihrer Herrschaft erwiesen sich die Hasmonäer, die anfänglichen Gegner des Hellenismus, als typisch hellenistische Monarchen, wenn auch mit klarer jüdischer Identität. Johannes, der Sohn Simeons (siehe S. 140), kam 134 v. Chr. an die Macht, nahm den griechischen Namen Hyrkanus an und verfolgte eine aggressive Expansionspolitik. Seine Gegner waren die Pharisäer (siehe S. 185), die geistigen Nachfolger der Hasidäer (siehe S. 140–141), von denen die Dynastie bis zu ihrem Sturz geplagt wurde. Die Pharisäer beschuldigten die Hasmonäer, das Amt des Hohenpriesters aus Machtgier zu verweltlichen.

Johannes starb 104 v. Chr., sein Sohn Alexander Jannäus (103–76 v. Chr.) jedoch verfolgte seine militärischen Ziele weiter. Er unterdrückte jede innenpolitische Opposition mit brutalsten Mitteln. Durch Eroberungen und Zwangsbekehrungen erweiterte er den jüdischen Staat bis zu den Grenzen aus Davids und Salomos Zeiten. Nach dem Tode Jannäus' gab es dynastische Rivalitäten. Die Pharisäer, die für eine Abschaffung der Monarchie und

Herodes der Große

Trotz seiner zahlreichen schlechten Charaktereigenschaften war Herodes eine hervorstechende Persönlichkeit unter den Vasallenkönigen Roms und verdiente seinen Beinamen „der Große" nicht zu unrecht. Er stärkte die Wirtschaft seines Reiches und weitete das Territorium aus (siehe Karte). Er vermochte zu erkennen, daß seine Autorität von Rom abhängig war, und konnte seine Position durch geschicktes diplomatisches Verhalten während der internen römischen Machtkämpfe halten.

Die Ruinen der Festung von Herodium, die von Herodes dem Großen auf einem künstlichen Hügel errichtet wurde, wo er auch begraben liegt.

Herodes' Staat bestand aus verschiedenen Völkern, die er durch eine gründliche und erfolgreiche Politik der Hellenisierung zu vereinen suchte. Er gründete einige prunkvolle Städte, die mit Theatern, Bädern, Sportanlagen und Tempeln als Muster der hellenischen Kultur galten. Im Gegensatz zu den Seleukiden (siehe S. 138–139) respektierte er jedoch die Religion der Juden: Er baute den Tempel nach aufwendigen Plänen wieder auf und respektierte das Ansehen, das die Pharisäer unter der Bevölkerung genossen. Er versuchte, die Pharisäer für sich zu gewinnen, indem er ihre rituellen Gesetze befolgte und sie vom Treueeid ausnahm.

Trotz all seiner Bemühungen gelang es Herodes nie wirklich, die Herzen der Juden zu gewinnen, die ihn als Ausländer betrachteten (er war halber Idumäer) und seine diktatorische Herrschaft, die Kontrolle über die Hohepriesterschaft und seinen Hellenismus haßten. Herodes' Versäumnis, seine Nachfolge zu regeln, stürzte das Volk im folgenden Jahrhundert ins Verhängnis.

Errichtung einer Theokratie unter einem Hohenpriester legitimer Abstammung eintraten, versetzten die Bevölkerung immer mehr in Aufruhr. Der untergehende seleukidische Staat war nicht in der Lage, einzugreifen, deshalb konnten sich die Hasmonäer noch eine Zeitlang halten. Der junge römische Konsul Pompeius eroberte im Jahre 64 v. Chr. Antiochia in Syrien und machte dem Seleukidischen Reich ein Ende. Die Ankunft des aufsteigenden Römischen Imperiums besiegelte das Schicksal der Hasmonäer. Pompeius wandte sich nun Judäa zu, wo Jannäus' Söhne Hyrkanus II. und Aristobulus sich um römische Unterstützung stritten. Pompeius schickte Scaurus, den Legaten von Syrien, der Aristobulus unterstützte, aber dann eroberte Pompeius selbst Jerusalem. Er betrat das Allerheiligste im Tempel – ein Sakrileg, das ihm fromme Juden nie verziehen –, aber er setzte auch die regulären Opfer wieder ein und bestätigte Hyrkanus II. als Hohenpriester, der unter dem syrischen Legaten seine Autorität ausübte.

Als eigentliche Macht hinter Hyrkanus II. stellte sich Antipater aus Idumäa heraus, dessen Volk, die Nachfahren der Edomiter, unter Hyrkanus I. zum Judentum zwangsbekehrt wurden. Als Julius Caesar den Pompeius als römischen Herrscher verdrängte, wurde Antipater zum römischen Prokurator von Judäa ernannt, und sein Sohn Herodes wurde militärischer Gouverneur von Galiläa. Herodes' erfolgreiche Karriere in dieser Position veranlaßte den römischen Senat 40 v. Chr., ihn zum König von Judäa zu ernennen.

Das Königreich von Herodes dem Großen, 37–4 v. Chr.

DIE SYNAGOGE

Eine der bedeutendsten Entwicklungen des Judentums zu Beginn der römischen Ära war das Aufkommen der Synagoge, deren Ursprünge nicht bekannt sind. Sie wird zum ersten Mal in Texten aus dem 1. Jahrhundert n. Chr. erwähnt, und die frühesten Überreste von Synagogen in Palästina stammen auch aus dieser Zeit. Zu diesem Zeitpunkt war die Synagoge aber schon eine etablierte Institution, die sich wahrscheinlich während der letzten 200 Jahre gebildet hatte. Auf jeden Fall waren die Synagogen sowohl in Palästina als auch in der Diaspora weit verbreitet.

Die Synagoge spiegelte den wichtigen Raum, den das Gesetz im Judentum einnahm, wider, da dort vor allem die Schriften gelesen und das Gesetz ausgelegt wurden. Sie war daher im wesentlichen ein Ort der Lehre und nicht der Anbetung. Die Anbetung in der Synagoge kam erst später, nach der Zerstörung des Tempel 70 n. Chr. auf, als einige Elemente des Tempelkultes, wie das Gebet und der Psalmengesang dorthin verlegt wurden. Synagoge und Tempel sind kein Gegensatz, sondern ergänzen einander, nicht zuletzt deshalb, weil das in der Synagoge gelehrte Recht die Grundlage für die Opferungen und die Priesterschaft des Tempels darstellte. Die Synagoge war ein Wirkungsbereich der Pharisäer (siehe S. 184–185), die dort für die Masse des Volkes das Recht lehrten und interpretierten. Nach der Zerstörung des Tempels wurden die Richtlinien der Pharisäer und die Synagoge zu Schlüsselelementen in der Entwicklung des Judentums.

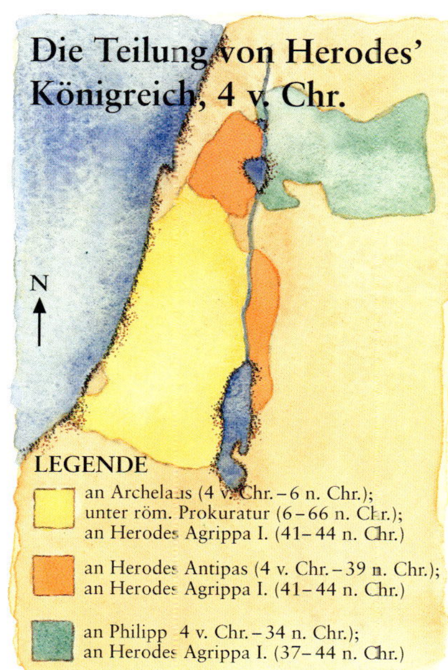

Die Teilung von Herodes' Königreich, 4 v. Chr.

DIE HERODIANISCHE DYNASTIE

Alle Daten sind Schätzungen und beziehen sich auf die Zeit nach Christus, wenn nicht anders erwähnt.

Herodes der Große, *König der Juden*	37–4 v. Chr.
Archelaus, *Herrscher von Judäa*	4 v. Chr. –6
Herodes Antipas, *Herrscher von Galiläa, Peräa*	4 v. Chr.–39
Herodes Philipp, *Herrscher der Länder östlich von Galiläa*	4 v. Chr.–34
Herodes Agrippa I., *König der Länder östlich von Galiläa*	37–44
König von Judäa, Galiläa, Peräa	41–44
Herodes Agrippa II., *König der Länder östlich von Galiläa*	53–100
König eines Teiles von Galiläa, Peräa	56/61–100

Herodes der Große

Aristobulus (starb 7 v. Chr.) | Archelaus | Herodes Antipas

Herodes Agrippa I. (Sohn des Aristobulus) | Philipp (Sohn des Herodes Antipas)

Herodes Agrippa II.

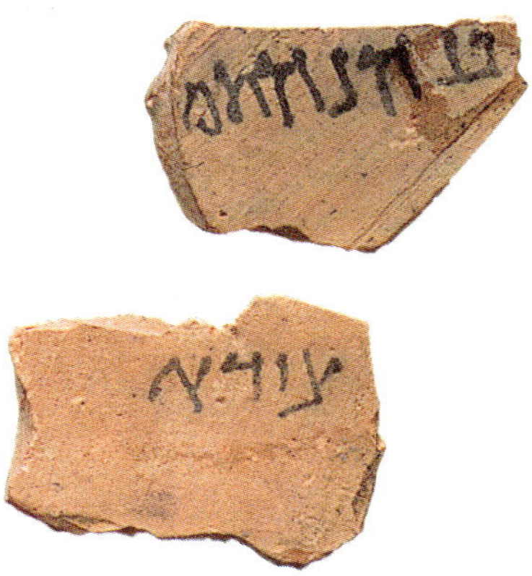

Zwei „Selbstmordlose“ (oben), die in Masada (rechts) gefunden wurden. Masada war die letzte Festung des jüdischen Widerstandes gegen die Römer während des Krieges von 66–73 n. Chr. Als die Zeloten kurz vor der Niederlage standen, schrieben sie ihre Namen auf Tonscherben und zogen das Los, um die Reihenfolge festzulegen, in der sie Selbstmord begehen würden. Oben rechts auf dem Luftbild ist die Rampe zu sehen, die von den Römern gebaut wurde, um die Festung zu stürmen.

JUDÄA UNTER DEN RÖMERN

In seinem Testament legte Herodes der Große fest, daß sein Königreich unter seinen drei überlebenden Söhnen aufgeteilt werden sollte (siehe S. 143). Diese Abmachung wurde vom römischen Kaiser Augustus akzeptiert, aber damit sich Herodes' Nachfolger nicht eines Tages von Rom abspalteten, wurde ihnen der Königstitel vorenthalten. Archelaus bekam Judäa, Samaria und Idumäa; Antipas Galiläa und Peräa; und Philipp erhielt die zum Großteil nichtjüdische Region östlich und nördlich des See Gennesaret.

Alle drei waren typische hellenische Herrscher. Während dies in Gebieten mit gemischter Bevölkerung ein gutes Rezept war, wurde Archelaus von der vorwiegend jüdischen Bevölkerung Judäas genausowenig akzeptiert wie sein Vater. Nach einer schwierigen Regierungszeit wurde er schließlich 6 n. Chr. von Kaiser Augustus abgesetzt, und Judäa wurde römische Provinz unter einem Statthalter, der in Caesarea residierte. Es blieb bis 66 n. Chr. eine Prokuratur, außer während der Zeit von 37–44 n. Chr., als Kaiser Caligula Herodes' Enkel, Herodes Agrippa I., zum König ernannte.

Die Verwaltung durch Prokuratoren scheiterte kläglich. Die meisten von ihnen waren der jüdischen Religion gegenüber sehr unsensibel mit ihren unpopulären Maßnahmen. Der berühmteste Statthalter war Pontius Pilatus, der von 26–36 n. Chr. amtierte. Er ließ in Jerusalem militärische Fahnen mit heidnischen Symbolen hissen und plünderte den Tempelschatz, um ein Aquädukt zu bauen. Solche Handlungen verursachten unweigerlich Aufruhr, der von seiten der Statthalter mit übertriebener Brutalität niedergeschlagen wurde. Es gab oft Unruhen während der großen Feste, wenn sich

Massen von Pilgern in Jerusalem aufhielten. Die jüdische Aristokratie war in der Bevölkerung nicht sehr beliebt, und die Hohenpriester und der Senat (siehe S. 138) wurden als römische Marionetten angesehen. Dazu kamen wirtschaftliche Schwierigkeiten und die römischen Steuern, die für kleine Bauern und Händler eine große Last waren.

Die Folge war eine Reihe von Aufständen, die von einzelnen Personen, die sich für den Messias hielten, angeführt wurden. Sie versammelten für gewöhnlich eine große Anhängerschaft und versprachen, daß Gott die verhaßten Römer bald vertreiben werde. Recht und Ordnung gerieten in Gefahr. Quellen sprechen von einem regelrechten Banditenunwesen und von den *Sicarii,* den „Dolchmännern", die als Römerfreunde galten und einmal sogar einen Hohenpriester ermordeten. Die Prokuratoren begegneten den Rebellen mit drastischen Maßnahmen, wodurch der jüdische Haß noch mehr geschürt wurde, was schließlich zur Katastrophe führte. Der große Aufstand der Juden (66–73) brach aus, als der Prokurator Gessius Florus das Gold aus dem Tempelschatz verlangte. Florus konnte die Situation nicht mehr kontrollieren und wurde gezwungen, die Stadt den Rebellen zu überlassen. Diese Revolte war auch Teil eines Volksaufstandes gegen die jüdische Oberschicht, deren Autorität in Jerusalem zerstört war.

Die Aufstände griffen auf das ganze Land über. Zuerst waren die Juden erfolgreich und besiegten die Armee, die Cestius Gallus, der militärische Gouverneur von Syrien, geschickt hatte. In Rom wurde der Ernst der Situation sofort erkannt, und Kaiser Nero (54–68 n. Chr.) schickte den General Vespasian. Dieser unterwarf zuerst Galiläa und rückte 68 n. Chr. auf Jerusalem vor. Es gab eine Ruhepause für die Rebellen, als Vespasian nach Neros Tod nach Rom zurückkehrte, um Kaiser zu werden. Aber sein Sohn Titus (der spätere Kaiser) nahm 70 n. Chr. nach einer langen Belagerung Jerusalem ein und zerstörte den Tempel. Der Widerstand gegen Rom wurde nun von den Zeloten angeführt, einer fanatischen nationalistischen Partei. Sie hielten bis 73 n. Chr. durch, dann fiel schließlich ihre letzte Festung, Masada, die frühere Bergfestung von König Herodes. Fast alle Kämpfer, um die tausend Männer, Frauen und Kinder, zogen den Selbstmord der Kapitulation vor. Die Hoffnung auf einen unabhängigen jüdischen Staat in Palästina sollte für die nächsten 1900 Jahre unerfüllt bleiben.

Teil des Bogens, der in Rom zu Ehren von Kaiser Titus (79–81 n. Chr.) errichtet wurde. Er zeigt, wie Tempelschätze nach Titus' Einnahme von Jerusalem 70 n. Chr. in Rom zur Schau gestellt werden.

RÖMISCHE PROKURATOREN VON JUDÄA ***(Alle Daten sind Schätzungen und beziehen sich auf die Zeit nach Christus.)***

Coponius	6–8
Marcus Ambivius	9–12
Annius Rufus	12–15
Valerius Gratus	15–26
Pontius Pilatus	26–36
Marullus	37
Herennius Capito	37–41
(König Herodes Agrippa I. regierte)	37–44
Cuspius Fadus	44–46
Tiberius Alexander	46–48
Ventidius Cumanus	48–52
Marcus Antonius Felix	52–60
Porcius Festus	60–62
Clodius Albinus	62–64
Gessius Florus	64–66

Qumran und die Schriftrollen vom Toten Meer

Nicht alle Judäer reagierten mit Gewalt auf die römische Besatzung: Es gab eine Gruppe, die sich einfach in ihre eigene idealistische Welt zurückzog – die Essener. Ihre Schriften, die sogenannten „Schriftrollen vom Toten Meer", und Überreste von Gebäuden wurden ab 1947 in dem abgelegenen Wüstenort Qumran am Toten Meer entdeckt.

Die Essener begannen wahrscheinlich als Protestbewegung von rechtmäßigen, d. h. zadokischen Priestern (siehe S. 123) gegen die nicht-zadokischen Priester der Hasmonäer (siehe S. 140). Sie waren eine streng asketische Gruppe, die strikte disziplinäre Regeln befolgten, keinen Privatbesitz kannten und ihrer eigenen, speziellen Art der Anbetung nachgingen, bei der gemeinsame Mahlzeiten eine große Rolle spielten. Den gefundenen Rollen zufolge war ihre Hauptbeschäftigung das Studium der Schriften, die sie nach der Lehre ihres Gründers, des „Lehrers der Gerechtigkeit", interpretierten. Sie betrachteten sich selbst als das einzig wahre Israel, und ihre Abtrennung von der restlichen jüdischen Gesellschaft war absolut. Im wesentlichen waren sie eine stille apokalyptische Sekte, die sich auf das kommende Gericht vorbereitete, mit dem sich Gottes Versprechen für Israel erfüllen würde. Ein neuer Tempel sollte dann an die Stelle des alten, unreinen Tempels von Jerusalem treten.

Nicht alle Essener lebten in Qumran, viele Gemeinden waren auch über das ganze Land verstreut. Es wird angenommen, daß Johannes der Täufer und Jesus zumindest zeitweise mit den Essenern zu tun hatten. Es gibt einige Ähnlichkeiten zwischen den Ansichten der Essener und den Lehren von Johannes (siehe S. 160–161), Jesus und der frühen Kirche. Daneben bestanden aber auch große Differenzen, und eine enge Verbindung scheint nicht sehr wahrscheinlich.

DAS NEUE TESTAMENT

Links: Der Baum Isai, *aus dem Ingeborg-Psalter (französisch, ca. 1210). Der Stammbaum Jesu von Isai, dem Vater König Davids (Mt 1,6–16; vgl. Lk 3,23–38), wurde in bebilderten europäischen Handschriften des 12. bis 14. Jahrhunderts eine beliebte Darstellung. Isai schläft an den Wurzeln des Baumes, während Jesus ganz oben sitzt. Zwischen ihnen sieht man (von unten) David, Salomo und Maria.*

I

DIE „FROHE BOTSCHAFT“

Das Neue Testament beginnt mit den Evangelien von Matthäus, Markus, Lukas und Johannes. Das Wort „Evangelium“ kommt vom griechischen euangelion *und bedeutet ganz allgemein „gute Nachricht“. Im Neuen Testament bekommt es die Bedeutung der Botschaft Jesu, die von seinen Jüngern verbreitet wurde. Für Christen hat* euangelion *die Bedeutung der schriftlichen Darstellung des Lebens, des Todes und der Auferstehung Jesu bekommen. Die Evangelisten erzählen ähnliche Geschichten, weisen jedoch Unterschiede im Detail und in ihren Ansichten auf. Alle vier beginnen mit dem Wirken von Johannes dem Täufer.*

Der Hl. Markus, *aus den Ebbo-Evangelien von Reims in Frankreich, 816–835 n. Chr.*

DIE NIEDERSCHRIFT DES LEBENS JESU

Während der Geschichte der Christenheit sind die Evangelien meistens als Biographien interpretiert worden, eine Ansicht, die auf den Schriftsteller Justin Martyr (ca. 150 n. Chr.) zurückgeht, der sie als „Erinnerungen der Apostel“ beschrieb. Die vorherrschende Meinung über die vier Evangelien des Neuen Testamentes – Matthäus, Markus, Lukas und Johannes – war jedoch, sie als Werke ohne wirkliche Parallelen in der Literatur ihrer Zeit zu sehen. Nach dieser Ansicht haben die Evangelisten hauptsächlich mündliche Erzählungen überliefert. Seit kurzem werden die Evangelien wieder als eine Art Biographien verstanden. Zusätzlich werden die Evangelisten nicht als reine Übermittler bestehender Erzählungen gesehen, sondern als kreative Schriftsteller, die ihr eigenes Verständnis mit dem zur Verfügung stehenden Material mischten.

Für die ersten Christen war die einzig wirkliche „Schrift“ der jüdische Kanon, und es ist durchaus wahrscheinlich, daß das, was wir heute als Neues Testament kennen, erst Ende des 2. Jahrhunderts allgemein anerkannt wurde. Damals verglich der Theologe Irenäus von Lyon (ca. 180 n. Chr.) die Evangelisten mit den vier wilden Tieren aus Ezechiel 1, die seither die Symbolfiguren der Evangelisten in der christlichen Ikonographie sind: „Ein Menschengesicht, ein Löwengesicht, ein Stiergesicht und ein Adlergesicht ... mit zwei Flügeln berührten sie einander, und mit zwei bedeckten sie ihren Leib“ (Ez 1,10–11).

Verschiedene Faktoren trugen dazu bei, daß die vier Evangelien kanonischen Status erreichten. Es war anerkannt, daß alle Bücher bis ca. 100 n. Chr. geschrieben worden waren, eher noch früher. Trotz vieler Unterschiede, besonders zwischen Johannes und den drei „Synoptikern“ (siehe unten), haben sie eine gemeinsame Form und einen gemeinsamen Inhalt. Sie erzählen das Leben Jesu, das mit den Taten Johannes des Täufers beginnt und mit der Gefangennahme, dem Tod und der Auferstehung Jesu endet. Die Evangelien erzählen im wesentlichen die gleiche Geschichte in einer sachlicheren und weniger symbolischen Weise als andere frühchristliche Schriften, die Evangelienstatus beanspruchten (siehe Kasten). Die Authentizität der vier Evangelien, wie sie von der frühen Kirche gesehen wurde, schlägt sich in den Überschriften der Bücher nieder („Evangelium nach Markus“ usw.). Die Christen im 2. Jahrhundert erkannten, daß die Evangelien zu einer einzigen Erzählung zusammengefaßt werden konnten: Eine dieser Zusammenfassungen, die *Diatessaron* des Schriftstellers Tatian (Mitte 2. Jahrhundert), war weit verbreitet.

Es war immer anerkannt, daß die Evangelien von Matthäus, Markus und Lukas in Form und Inhalt so ähnlich sind, daß man sie parallel lesen könnte. Deshalb werden sie die „synoptischen“ Evangelien genannt, was auf Griechisch „gemeinsam gesehen“ bedeutet. Einigkeit herrscht auch darüber, daß es eine Beziehung zwischen den drei Texten gibt; über die Art der Beziehung gibt es allerdings unterschiedliche Ansichten. Die grundsätzliche

Apokryphe Evangelien

Ab dem 2. Jahrhundert n. Chr., vielleicht auch schon früher, brachten die Christen viel ergänzende Literatur zu den Schriften des Neuen Testamentes hervor, darunter zahlreiche Evangelien, die die kanonischen Schriften nachahmen. Einige dieser apokryphen Evangelien, wie z. B. das „Evangelium nach den Hebräern", sind nur aus kurzen Zitaten in anderen Schriften bekannt, aber im wesentlichen kann man sie in zwei große Gruppen unterteilen: „Kindheitsevangelien" und „Passionsevangelien". Ihr Zweck war es, die im Neuen Testament wenig behandelten Abschnitte im Leben Jesu genauer zu beleuchten. Zu diesen Abschnitten zählen z. B. die „verborgenen Jahre" zwischen seiner Geburt und dem Beginn seines Wirkens oder die Zeit zwischen Auferstehung und Himmelfahrt. Sie erzählen reine Legenden, um Jesus zu preisen. Einige sind sogar weithergeholt, wie z. B. eine Reihe von Wundern, die Jesus als kleiner Junge vollbracht haben soll.

Einige der apokryphen Evangelien enthalten Sprüche Jesu, die in der Bibel nicht vorkommen, die aber zum Teil authentisch sein könnten. Besonders interessant ist das „Thomasevangelium", eines der Dokumente, die 1945 in Nag Hammadi in Ägypten gefunden wurden. Dieses Dokument stammt wahrscheinlich aus 140 n. Chr. und beinhaltet eine Sammlung von 114 Sprüchen Jesu, die vermutlich dem Apostel Thomas nach der Auferstehung überliefert wurden. Während die Sprüche wahre Erinnerungen an die Lehre Jesu enthalten könnten, stellen die meisten Lehren einer religiösen Bewegung dar, die, bekannt als Gnosis, im Mittelmeerraum weit verbreitet war. Wie viele andere, nicht-kanonische Evangelien war das Thomasevangelium daher das Werk eines christlichen Kreises, der andere Ansichten vertrat als die Amtskirche.

Christus' Abstieg in die Hölle *(ca. 1310), von Duccio di Buoninsegna (ca. 1278–1318). Diese Episode wird in den kanonischen Evangelien nicht erwähnt, obwohl Matthäus 27,52, der 1. Brief des Petrus 3,19 und Psalm 24,7 darauf anspielen. Sie steht in dem apokryphen* Nikodemusevangelium *(auch* Acta Pilati *genannt), das selbst aus einem früheren lateinischen apokryphen Text entstanden ist. Nach dieser Geschichte soll Jesus nach seinem Tod in die Regionen der Toten (Hölle oder Fegefeuer) hinabgestiegen sein und dort die Gerechten aus Sünde und Tod befreit haben. So wie auf diesem Bild, stellten Künstler oft Adam und Eva als die ersten dar, die befreit werden sollten.*

Frage des sogenannten „synoptischen Problems" ist der Ursprung der gemeinsamen Form der ersten drei Evangelien. Die heute am meisten anerkannte Theorie ist, daß Markus der erste Evangelist war. Laut dieser Theorie haben sich Matthäus und Lukas beide an Markus und an ein zweites, verlorengegangenes Dokument „Q" (aus dem deutschen „Quelle") gehalten. „Q" bestand fast ausschließlich aus Sprüchen Jesu.

Diese Ansicht ist jedoch sehr umstritten. Es gibt keinen stichhaltigen Beweis für eine chronologische Ordnung der Evangelien, und die Meinung, daß Markus das erste Evangelium sein muß, weil es relativ einfach und untheologisch geschrieben ist, kann nicht untermauert werden. Die Existenz von „Q" ist rein hypothetisch; andere Erklärungen für die Ähnlichkeit der Aussprüche Jesu bei Matthäus und Lukas sind ebenso möglich. Vielleicht kommen Wissenschaftler in Zukunft aufgrund der Eigenheiten der Evangelien zu der Ansicht, daß jeder Evangelist weitaus mehr Dokumente oder mündliche Überlieferungen als bisher angenommen benutzt hat. Das wiederum könnte zu einem besseren Verständnis der Motive, die hinter jeder Darstellung stehen, führen. Bis dahin wird das „synoptische Problem" aber wahrscheinlich ungelöst bleiben.

Der Hl. Matthäus, *aus einem angelsächsischen Evangelienmanuskript aus dem 8. Jahrhundert.*

DIE KANONISCHEN EVANGELIEN

Das Matthäusevangelium, das erste Buch des Neuen Testamentes, war vor allem unter den frühen Christen sehr beliebt und wurde viel öfter zitiert und kommentiert als die anderen drei. Es wurde dem Apostel Matthäus zugeschrieben, aber heute wird eher angenommen, daß der Autor ein unbekannter Christ aus dem späten 1. Jahrhundert n. Chr. war. Deutlicher als die anderen Evangelien bezieht sich Matthäus auf die Lebensbedingungen einer bestimmten Gemeinde, möglicherweise Antiochia in Syrien. Dieses Evangelium wurde offensichtlich für eine Kirche geschrieben, in der starke Spannungen herrschten. Das Klima der Verfolgung (Mt 10,17–18; 23,34) und der Meinungsverschiedenheiten (Mt 13,21; 24,10) verlangte ein neues Evangelium. Es ist auch unbestritten, daß die Kirche aus jüdischen und nichtjüdischen Christen bestand, was auf die Bevölkerung von Antiochia zutrifft.

Matthäus teilt die Heilsgeschichte in zwei Epochen: die des Judentums (das Gesetz) und die von Jesus (das Evangelium oder die Frohe Botschaft). Der polemische Ton gegen die Schriftgelehrten und Pharisäer (Mt 23) soll hervorheben, daß Jesus der Messias und seine Anhänger das wahre Israel sind. Die vielen Zitate aus dem Alten Testament betonen, daß die Zeit des Versprechens durch die Zeit der Erfüllung abgelöst worden ist. Die Christen leben nach dem Gesetz Mose, das von Jesus, dem Nachfolger des großen Gesetzgebers, interpretiert worden ist. Überraschenderweise wird Jesus mit der Weisheit Gottes identifiziert, die zu dieser Zeit in jüdischen Kreisen mit dem Gesetz gleichgesetzt wurde (siehe S. 126–127).

Im Gegensatz zu Matthäus war das Markusevangelium lange Zeit das am wenigsten beachtete. Gegen Ende des 19. Jahrhunderts kamen jedoch kritische Experten zu der Ansicht, daß es sowohl die frühesten als auch die zuverlässigsten Aufzeichnungen über das Leben Jesu enthält und womöglich eine der Hauptquellen von Matthäus und Lukas darstellt. Seitdem wurde immer stärker angenommen, daß der Autor eher ein Theologe als ein Historiker war, der mit seinem Werk wohl eine bestimmte Botschaft verkünden wollte.

In den ersten Versen erfährt der Leser, wer Jesus wirklich ist: der Messias, der das göttliche Versprechen des Alten Testamentes einlöst, der Sohn Gottes, der in der Wüste vom Satan in Versuchung geführt wird (Mk 1,1–15). Aber die Zeitgenossen Jesu erkannten seine wahre Natur nicht. Markus glaubt, daß dies einerseits Teil des göttlichen Planes war und andererseits die Menschen mit Blindheit geschlagen waren. Die Lehren, Predigten und Wunder Jesu treffen bei den Menschen, den religiösen Autoritäten und sogar bei seinen Jüngern auf Unverständnis. Nur durch Jesu Leiden, seinen Tod und seine Auferstehung wird seine Identität erkennbar, was erklärt, warum die Passion im Markusevangelium einen so bedeutenden Platz einnimmt. Der Autor schrieb vielleicht für Gemeinden, die zur Zeit des großen jüdischen Aufstandes (66–73 n. Chr.) lebten: Markus 13 sieht den Fall Jerusalems in apokalyptischen Bildern voraus. Jesus versucht, seine Jünger auf das noch verheerendere Ereignis der Wiederkehr des Menschensohnes im Jüngsten Gericht vorzubereiten. Allerdings müssen sie zuvor bereit sein, selbst die irdischen Leiden ihres Meisters zu erdulden.

Der Hl. Lukas, *aus dem englischen Lichfield-Evangelium („Evangelium von St. Chad"), ca. 720 n. Chr.*

Das Lukasevangelium ist dem Inhalt nach Markus und Matthäus ähnlich, hebt sich aber in anderer Hinsicht stark von den beiden anderen Synoptikern ab. Viele Aspekte kommen nur im Werk Lukas vor, er war auch sehr geschickt im Gebrauch des Griechischen, was annehmen läßt, daß er hauptsächlich für nichtjüdische Christen geschrieben hat. Zudem weist Lukas eine historische Perspektive auf. Der zweite Band seines Evangeliums ist die Apostelgeschichte, das sind seine Aufzeichnungen über die frühe

Die Theologie des vierten Evangeliums

Johannes weicht im Inhalt, in der Reihenfolge der Ereignisse und vor allem in den langen Reden Jesu von den anderen Evangelien ab. Der Autor scheint aus einer breiten Palette von zeitgenössischem Gedankengut geschöpft zu haben. Die Funde von Qumran (siehe S. 145) lassen darauf schließen, daß er vom dualistischen Glauben an den Kampf zwischen Gut und Böse, aus dem Gott schlußendlich als Sieger hervorgehen wird, beeinflußt war. Das hellenistische Judentum (siehe S. 132) und weitere religiöse Strömungen der griechisch-römischen Welt, wie die Gnosis, haben den Autor wahrscheinlich auch beeinflußt. Die scharfe Polemik, die Jesus entgegengebracht wird, läßt darauf schließen, daß sich die Zuhörer des Johannes gerade in einer Glaubenskrise befanden, weil sie von den Synagogen angegriffen wurden, die jedem, der behauptete, Jesus wäre göttlich, mit dem Ausschluß drohten (Joh 9,22; 12,42). Der Autor betont, daß der Glaube an Jesus der Weg zum Heil und zum ewigen Leben sei und daß Jesus für die, die ihn suchen, immer noch erreichbar ist. Ein zentrales Thema der großen Abschiedsrede Jesu (Joh 14–16) ist die Versicherung, daß die Offenbarung Gottes ohne seinen Tod unvollendet wäre: Der Geist, den Jesus bei seinem Abschied hinterläßt, führt diese Offenbarung weiter und vermittelt die Wirklichkeit Jesu an die Kirchen aller Zeiten.

Der Hl. Johannes schreibt sein Evangelium, *aus der englischen Lambeth-Apokalypse, ca. 1260.*

Kirche (siehe S. 214–215). Die Geschichte wird nach Lukas' Büchern in drei Epochen eingeteilt: die Periode Israels, die mit Johannes dem Täufer und der Taufe Jesu als Sohn Gottes endet (Lk 1–3); die Periode von Jesus (Lk 4–21); und die Periode der Kirche, die mit der Ankunft des Heiligen Geistes in der Apostelgeschichte 2 beginnt (siehe S. 216–217). Die Epoche von Jesus ist also die „Mitte der Zeit“, eine Zeit des Friedens, in der es keinen Teufel mehr gibt und die wahre Natur des Königreiches Gottes sich in der Güte Jesu manifestiert. Lukas möchte den Glauben vieler Christen, daß die Wiederkunft Jesu und das Ende der Welt kurz bevorstehen, korrigieren. Er stellt die Natur des Königreiches und die Art, wie es sich auf das Leben der Kirche auswirkt, in den Mittelpunkt. Das Ende der Welt ist nahe, aber niemand kann den genauen Zeitpunkt wissen. Deshalb legt Jesus in Lukas so viel Wert auf die Geduld seiner Jünger.

Das Evangelium nach Johannes hebt sich stark von den drei „Synoptikern“ ab. Es gehört in die „Johanneische“ Tradition, die auch in den Briefen des Johannes (siehe S. 252–253) und in der Offenbarung (siehe S. 254–256) zum Ausdruck kommt. Die Entstehungszeit des vierten Evangeliums ist umstritten. Es wurde oft als ein ziemlich spätes Werk angesehen, aber heute wird ihm mehr historische Authentizität zugeschrieben als früher. Unabhängig davon, ob der Autor des Johannesevangeliums mit den drei Synoptikern bekannt war oder nicht, bezieht sich Johannes' Werk auf andere Quellen und verfügt über eine andere theologische Perspektive.

Der Besuch, *aus* Heures du Maréchal de Boucicaut *(nordfranzösisch oder flämisch, ca. 1410). Bei ihrem Besuch bei Elisabeth, der Mutter Johannes des Täufers, sprach Maria ein großes Gebet (Lk 1,46–55). Dieses Gebet ist aufgrund seines ersten Wortes auf Latein im Westen als das* Magnificat *bekannt und wurde zu einem Teil der kirchlichen Liturgie.*

DER GROSSE VORGÄNGER

Zu Beginn jedes Evangeliums tritt Johannes der Täufer als Vorgänger von Jesus Christus auf. Er erfüllt die Prophezeiung von Jesaja: „Eine Stimme ruft: Bahnt für den Herrn einen Weg durch die Wüste“ (Jes 40,3; jedes Evangelium zitiert ihn ein bißchen anders). Johannes führt einen neuen Ritus ein, die Taufe, um die Menschen von den Sünden reinzuwaschen und auf Gottes Gericht vorzubereiten (siehe S. 160–161). Nach der Bibel strömten die Menschen in Massen zu ihm und ließen sich im Jordan taufen (Mt 3,5–6; Mk 1,5). Auch Jesus war dabei, und während der Taufe kam der Heilige Geist „wie eine Taube“ auf ihn herab, und er wurde als der Sohn Gottes proklamiert (Mt 3,16; Mk 1,10; Lk 3,22; Joh 1,32).

Das Lukasevangelium trägt durch den Bericht über Johannes' Empfängnis und seine Geburt viel zum Verständnis der Person Johannes des Täufers bei. Lukas beginnt mit einer Einleitung in klassisch griechischem Stil, die an einen gewissen Theophilus gerichtet ist. Danach folgen eine Reihe von Geschichten in einem anderen, Lukas sehr eigenen Stil, ähnlich dem der Septuaginta, der griechischen Übersetzung der Hebräischen Bibel (siehe S. 132), mit ihren typisch hebräischen Redeformen. Die beiden ähnlichen Berichte über die Geburt von Johannes und die Geburt Jesu werden durch die Episode des Besuches von Maria, der Mutter Jesu, bei Elisabeth, der Mutter des Johannes, verbunden (Lk 1,39–56). Der Täufer ist von priesterlicher Abstammung. Sein Vater Zacharias war ein Priester aus der „Priesterklasse Abija“, und seine Mutter, Elisabeth, stammte aus dem „Geschlecht Aarons“, Israels erstem Priester (Lk 1,5). Die Erzählung spiegelt genau die damals üblichen rituellen Praktiken des Tempels von Jerusalem wider. Der Engel Gabriel verkündet Zacharias die Geburt eines Sohnes bei einer der beiden täglich stattfindenden Weihrauchopferungen im Tempelheiligtum (Lk 1,11–17). Zacharias stellt die Botschaft des Engels jedoch in Frage und wird aus diesem Grund stumm (Lk 1,18–20). Das ist typisch für die Begegnung zwischen einem Menschen und einem himmlischen Boten; auch Ezechiel und Daniel werden auf ähnliche Weise von ihren Visionen überwältigt (Ez 3,15; Dan 10,15).

Johannes und Elia

Als der Engel Gabriel die Geburt Johannes des Täufers ankündigt (Lk 1,13–17), sagt er, daß dieser „mit dem Geist und der Kraft Elias“ erfüllt sein wird, um „das Herz der Väter wieder den Kindern zuzuwenden“ (Lk 1,17). Er zitiert die letzten Worte der kanonischen Propheten, wo Maleachi das Kommen des Propheten Elias vor dem großen Tag des Herrn voraussagt (Mal 3,23–24). Die Juden glaubten, daß das Ende der Zeit gekommen wäre, wenn der Prophet Elia vom Himmel herabsteigt (siehe S. 98). Als dieser wurde der Täufer offensichtlich von seinen Anhängern gesehen, und so wird er auch in den synoptischen Evangelien dargestellt. Bezeichnender Weise entspricht die Kleidung des Johannes in der Wüste – „ein Gewand aus Kamelhaaren und ein lederner Gürtel“ – der des Elia in 2 Könige 1,8.

Alle vier Evangelisten bezeugen auch in ihren Schriften eine enge Verbindung zwischen Johannes und Jesus und sehen Johannes als den Beginn des Evangeliums, durch den Jesus das Bevorstehen des Reiches Gottes und seinen eigenen Platz darin erkannte. Allerdings betonen sie durch die Gleichsetzung von Johannes mit dem Propheten Elia, daß ersterer nur der Vorläufer und Verkünder eines anderen ist, der noch viel größer sein wird als er selbst. So wird Johannes als die Stimme in der Wüste angesehen (Jes 40,3), die dem Herrn den Weg bereitet. Das kommt am deutlichsten im Johannesevangelium zum Ausdruck, in dem Johannes sagt, daß er nicht Elia ist, sondern *„die Stimme, die in der Wüste ruft: Ebnet den Weg für den Herrn!,* wie der Prophet Jesaja gesagt hat (Joh 1,23).

Der Bericht folgt dem bekannten Muster der Geschichten aus dem Alten Testament, in denen einer älteren unfruchtbaren Frau und ihrem Mann noch ein Sohn geschenkt wird, wie im Falle von Isaak (Gen 18,9–15; 21,1–7), Samson (Ri 13) und Samuel (1 Sam 1). Lukas beinhaltet noch weitere Anspielungen auf diese Geschichten, z. B. Zacharias' Einwand, daß er und seine Frau zu alt für ein Kind wären (Lk 1,18), und zeigt Parallelen zur Reaktion von Isaaks Vater Abraham (Gen 17,17). Interessant ist vor allem Gabriels Feststellung, daß der zukünftige Sohn keinen Wein und andere berauschende Getränke trinken wird (Lk 1,15) – genau dasselbe wurde Samsons Mutter prophezeit (Ri 13,4). Das traf auch auf Priester und „Nasiräer" zu (Ri 13,5), die wie Samson ein spezielles Gelübde abgelegt hatten. Enthaltsamkeit war auch ein Merkmal der radikalen religiösen Gruppe der Rechabiter (2 Kön 10,15), die nach Rechab, dem Vater Jonadabs, benannt waren. Die Rechabiter verweigerten alle Annehmlichkeiten der Zivilisation, wie das Leben in Häusern oder die Landwirtschaft (Jer 35). Das erinnert an das asketische Leben, das Johannes der Täufer in der Wüste führte.

Die Geschichte von der Geburt des Johannes zeugt schon von seinem außergewöhnlichen Charakter. Sein Name, der für Zacharias' Familie ziemlich ungewöhnlich klingt, wird besonders hervorgehoben (Lk 1,61). Johannes (*Johanan* oder *Jehohanan* auf Hebräisch) bedeutet „Jahwe war gnädig", deshalb wird Johannes als ein Akt besonderer Gnade Gottes seinem Volk gegenüber angesehen. Für Lukas ist die Geburt Johannes' aber in erster Linie eine Einstimmung auf die Geburt Jesu. Sie ist der Grund für den Besuch Marias bei ihrer schwangeren Verwandten Elisabeth (Lk 1,39–45). Beide, Elisabeth und ihr ungeborener Sohn, anerkennen die höhere Autorität von Marias ungeborenem Sohn an.

Der Täufer und Qumran

Seit der Entdeckung der Schriftrollen vom Toten Meer in den späten vierziger und frühen fünfziger Jahren dieses Jahrhunderts (siehe S. 145) wurde oft angenommen, daß Johannes der Täufer ein Mitglied der Qumran-Gemeinde oder zumindest der Essener-Sekte war, zu der Qumran gehörte. Qumran wurde von einer priesterlichen Hierarchie regiert, was mit der priesterlichen Abstammung von Johannes zusammenhängen könnte. Sowohl Johannes als auch Qumran hatten eine ausgeprägt eschatologische Perspektive, d. h., sie erwarteten das Ende der Welt und das Jüngste Gericht, worauf sie sich in der Wüste vorbereiteten. Rituelle Waschungen waren für die Sekte besonders wichtig, was mit der Bedeutung der Taufe im Wirken von Johannes zusammenhängen mag.

Die Wüste von Judäa in der Nähe des Toten Meeres.

Diese Ähnlichkeiten dürfen jedoch nicht zu wichtig genommen werden. Während des 1. Jahrhunderts n. Chr. gab es viele apokalyptische Bewegungen, die viel gemeinsam hatten und einander beeinflußten. Der Stil, in dem Johannes öffentlich für alle Interessierten predigte, steht aber im Gegensatz zur Abgeschiedenheit von Qumran, und es deutet außerdem nichts darauf hin, daß er die messianische Glaubensdoktrin der Gruppe teilte. Die Waschungen der Qumran-Sekte wurden jeden Tag zur Reinigung wiederholt; die Taufe, wie Johannes sie praktizierte, war ein einmaliges Ereignis, um angesichts des Jüngsten Tages von allen Sünden reingewaschen zu werden. Allerdings stellte der jüdische Historiker Josephus im 1. Jahrhundert fest, daß die Taufe – wie die Waschungen in Qumran – „nicht dazu da war, Sünden abzuwaschen, sondern zur Reinigung des Körpers". Obwohl zwischen Qumran und dem Täufer kein direkter Zusammenhang besteht, waren beide ein Beispiel für die weitverbreiteten apokalyptischen Erwartungen.

DIE VERKÜNDIGUNG

Die Verkündigung, *eine griechische Ikone von einem unbekannten Künstler aus dem 17. Jahrhundert.*

Im Neuen Testament gibt es zwei Berichte über die Verkündigung der bevorstehenden Geburt Jesu durch einen Engel. Diese Erzählungen versuchen klarzumachen, daß es sich bei der Geburt um ein Wunder handelt, bei dem Gott direkt seine Hände im Spiel hat. Im wesentlichen folgen sie demselben Muster, nach dem verschiedene biblische Episoden aufgebaut sind, in denen Gott einer offenbar unfruchtbaren Frau ein Kind verspricht und diese Botschaft durch einen Engel oder heiligen Menschen überbringen läßt. Beispiele dafür sind Sara (Gen 18,9–15; siehe S. 42), die Mutter von Samson (Ri 13,2–5; siehe S. 75) und Hanna (1 Sam 1,4–20; siehe S. 76). In keinem der Fälle handelt es sich jedoch um eine Jungfrauengeburt. Das Wunder liegt darin, daß Gott den Lauf der Natur abändert, denn diese Frauen sind entweder unfruchtbar oder schon über das gebärfähige Alter hinaus. Ihre Empfängnis bezeugt, daß dem Herrn nichts unmöglich ist (Gen 18,14). Dieses Muster wiederholt sich auch bei der Geburt Johannes des Täufers. Seine Geburt wird durch den Erzengel Gabriel in Lukas 1,7–20 verkündet und später in Lukas 1,36–37 auch Maria mitgeteilt, um ihr Zuversicht zu geben.

Beide Verkündigungen der Geburt Jesu werden von Themen aus dem Alten Testament umrahmt. Im Matthäusevangelium erscheint Josef im Traum ein Engel und verkündet ihm, daß seine Verlobte Maria vom Heiligen Geist ein Kind erwarte (Mt 1,18–20). Träume und Engelerscheinungen sind übliche biblische Mittel für Offenbarungen, so auch in Genesis 19 und 37. Für Matthäus liegt die Hauptbedeutung des Berichtes im symbolischen Namen von Marias Kind: Es soll Jesus heißen, die griechische Form des hebräischen Josua, was „Jahwe rettet“ bedeutet. Matthäus zitiert Jesaja 7,14: „Seht, die Jungfrau wird ein Kind empfangen, sie wird einen Sohn gebären, und sie wird ihm den Namen Immanuel (Gott mit uns) geben“ (Mt 1,23). Weder das hebräische Wort für „Jungfrau“ noch das griechische Pendant dazu bedeuten unbedingt, daß diese Frau noch niemals Geschlechtsverkehr hatte. Diese Bezeichnung wurde ganz allgemein für

DER ERZENGEL GABRIEL
Die Engel, Gottes himmlische Boten, stehen hierarchisch unter den „Erzengeln“ (siehe S. 119). Die Anzahl der Erzengel schwankt, aber Gabriel (siehe Bild gegenüber) ist immer unter ihnen. Sein Name bedeutet „Stärke Gottes“ oder „Mächtiger Mann Gottes“. Er tritt zum ersten Mal im Buch Daniel auf, wo er sowohl ein Bote Gottes als auch ein Deuter von Daniels apokalyptischer Vision ist (Dan 8,16; siehe S. 136). Gabriel ist also ein Instrument der letztendlichen Zerstörung des Bösen, und er soll auch der Engel sein, dessen Posaune das Ende der Welt ankündigen wird (Offb 11,15). Er wird traditionell auch mit dem Erzengel identifiziert, der in 1 Thessalonicher 4,16 die Wiederkehr Christi ankündigt.

Die geflügelte Gottheit Ahura-Mazda auf einem Steinrelief im alten persischen Königspalast von Persepolis. Ahura-Mazdas göttliche Erscheinungen, die Amesha Spentas, waren vielleicht das Vorbilb für die biblischen Erzengel (siehe oben und S. 119).

Die Verkündigung *(ca. 1445), eine der fünf bemalten Tafeln des Magnoli- (oder St. Lucia-)Altarbildes von Domenico Veneziano (ca. 1400–1461).*

geschlechtsreife Mädchen verwendet. Allerdings lag es wohl in der Absicht des Evangelisten, daß Maria eine Jungfrau in unserem Sinne war: Ihre Schwangerschaft war kein Werk von Menschenhand. Josef mit seinem strengen jüdischen Hintergrund erwartete, daß seine Verlobte noch unberührt war. Auch hätte er das Verlöbnis lösen können, wenn sie es nicht gewesen wäre, was er auch plante, bevor ihm der Engel erschien (Mt 1,19).

Die Verkündigung in Lukas (Lk 1,26–38) sagt Maria sowohl die Empfängnis als auch die Geburt ihres Sohnes vorher, und wieder ist der Einfluß des Alten Testamentes sehr groß. Der Erzengel Gabriel erscheint in menschlicher Gestalt und verkündet Maria, daß Jesus die messianischen Versprechen des königlichen Geschlechtes Davids (Lk 1,32) einlösen wird. Aber es ist Josef und nicht Maria, der von David abstammt (Lk 1,27), und Marias Feststellung, „ich erkenne keinen Mann“ (Lk 1,34) macht klar, daß Josef nicht der Vater von Jesus ist. Um diese Widersprüchlichkeit im Stammbaum zu beseitigen, behaupteten spätere apokryphe Evangelien, daß David ein Ahne von Josef *und* Maria war.

In Lukas ist Jesus ausdrücklich der „Sohn Gottes“: Er wird, wie in Matthäus, vom Heiligen Geist empfangen. Experten haben darauf hingedeutet, daß die Berichte in Lukas und Matthäus relativ spät entstanden sind und daß frühere Autoren des Neuen Testamentes anscheinend nichts von der Jungfrauengeburt gewußt haben. Aus diesem Grund wird argumentiert, daß die frühe Kirche die Geschichte auf Grundlage der Prophezeiungen des Alten Testamentes (wie z. B. Jesaja 7,14) erfunden habe, um die Person Jesu zu preisen und die Idee des fleischgewordenen Gottes zu verstärken.

Jedes Urteil über die Jungfrauengeburt hängt letzlich davon ab, ob man den Glauben an Wunder akzeptiert oder nicht. Die Idee, daß Gottheiten Kinder zeugen, war in der Antike weit verbreitet, vor allem in der griechisch-römischen Mythologie. Auch in Genesis 6,1–4 (siehe S. 32) kommt so etwas vor. Als das Christentum sich im Mittelmeerraum verbreitete, wird diese Idee wohl auf die Darstellung und das Verständnis der Geburt Jesu abgefärbt haben. Allerdings wurde die Vorstellung einer Empfängnis ohne menschlichen Vater von den meisten Juden abgelehnt, und das Neue Testament vermeidet es – im Gegensatz zu den meisten Mythen über die lustvollen Verbindungen von Göttern wie Zeus – vorsichtigerweise, die göttliche Vaterschaft mit menschlichen Ausdrücken zu benennen. Maria empfängt durch den Heiligen Geist – ein viel raffinierteres theologisches Konzept.

DIE LILIE UND DIE TAUBE

Es gibt eine lange Tradition, die Verkündigung in der Kunst darzustellen, die durch die regelmäßige Verwendung von gewissen Symbolen gekennzeichnet ist. Das bekannteste dieser Symbole ist die Lilie. Als ein universelles Emblem der Reinheit wird diese Blume oft blühend in einem Topf zwischen Maria und dem Erzengel dargestellt. Die Assoziation zwischen Maria und der Blume stammt aus dem Hohenlied 2,1–2: „Ich bin eine Blume auf den Wiesen des Scharon, eine Lilie der Täler. Eine Lilie unter Disteln ist meine Freundin unter den Mädchen.“ Die christliche Interpretation versteht das Hohelied (siehe S. 131) als Allegorie der Liebe Gottes zu Maria, seiner Braut, oder der Liebe Christi zur Kirche. Auf dem Gemälde des italienischen Künstlers Domenico Veneziano (oben) hält Gabriel eine Madonnenlilie *(lilium candidum)*. Er wird auch oft mit einem Zepter, gekrönt von einer dreiblättrigen Lilie (fleur-de-lys), dargestellt.

Die Taube, der am meisten erwähnte Vogel in der Bibel, hat ebenfalls eine stark symbolische Funktion. In christlichen Illustrationen der Bibel wird mit der Taube der Heilige Geist dargestellt. Im Zusammenhang mit der Verkündigung schwebt die Taube meist über Marias Kopf oder hält den Schnabel zu ihrem Ohr geneigt – ein Zeichen der wundersamen Empfängnis Jesu (siehe Bild gegenüber).

DIE GEBURT JESU

Der Evangelist Lukas erläutert als einziger die Geburt Jesu im Detail, aber seine bewegende Erzählung wirft einige Probleme auf. Er datiert die Geburt in eine Zeit, zu der Kaiser Augustus (27 v. Chr. – 14 n. Chr.) im ganzen Römischen Reich eine Steuerfeststellung durchführen ließ. Zu diesem Zeitpunkt soll Quirinius Statthalter von Syrien gewesen sein (Lk 2,1–7). Dieses gewaltige Unternehmen ist aber in keiner anderen Quelle erwähnt und hat deshalb kaum historische Relevanz. Allerdings spricht der jüdische Historiker Josephus von einer solchen Feststellung in Judäa und Syrien durch Quirinius und stimmt mit Lukas überein, daß es sich dabei um eine Neuerung handelte. Aber selbst wenn Lukas von diesem Ereignis gesprochen hat, gibt es noch andere Ungereimtheiten: Die Amtszeit des Quirinius begann erst 6 n. Chr., zur Zeit von Kaiser Augustus, während Lukas die Geburt Jesu in die Regierungszeit von Herodes dem Großen (4 v. Chr.; siehe S. 143) angesiedelt hat (Lk 1,5). Lukas hat möglicherweise versucht, seiner Geschichte mehr Authentizität zu verleihen, indem er sie mit historischen Ereignissen aus einem größeren Umfeld verknüpfte. Sowohl in seinem Evangelium als auch in seiner Apostelgeschichte (siehe S. 214–215) zielt Lukas darauf ab, die christliche Geschichte als Teil der Menschheitsgeschichte darzustellen. Der Stammbaum Jesu in Lukas 3 geht zurück bis zu Adam, dem Ahnen aller Menschen.

Die Geburt Jesu *(ca. 1430), von einem unbekannten deutschen Maler. Die Geburt Jesu wird seit dem frühen 4. Jahrhundert künstlerisch dargestellt und hat seitdem so viele Künstler inspiriert wie kaum ein Thema aus dem Neuen Testament, außer der Kreuzigung. Der Ochs und der Esel gehören traditionellerweise dazu, werden aber in Lukas nicht erwähnt. Ihre Anwesenheit ist eigentlich auf eine Stelle in Jesaja zurückzuführen: „Der Ochse kennt seinen Besitzer und der Esel die Krippe seines Herrn“ (Jes 1,3). Auf diesem Bild fehlt ungewöhnlicherweise Josef.*

Nach Lukas müssen sich alle Menschen in der Stadt ihrer Vorfahren eintragen lassen, Maria und Josef in diesem Falle in Betlehem in Judäa, dem Geburtsort von Josefs angeblichem Vorfahren, König David (Lk 2,3–4). Aber römische Steuerfeststellungen kümmerten sich nur um den Wohnort und nicht um die Herkunft der Ahnen, das Motiv des Lukas ist daher wahrscheinlich theologischer Art. Die frühe Kirche maß Jesu Abstammung von David große Bedeutung bei; noch wichtiger war aber wohl, daß Betlehem nach dem Propheten Micha (Mi 5,2, zitiert in Mt 2,6, erwähnt in Joh 7,42) der erwartete Geburtsort des Messias war. Jesus kam aus Nazareth in Galiläa (Mt 26,69–71; Mk 1,9; Joh 7,41 usw.). Lukas' Geschichte kann vielleicht ein Versuch sein, die galiläischen Ursprünge Jesu mit der prophetischen Weissagung zu verknüpfen.

Lukas siedelt die Geburt Jesu in einer bescheidenen Umgebung an. In der „Herberge war kein Platz", deshalb legte Maria ihren Sohn in eine Krippe (Lk 2,7), was darauf schließen läßt, daß sie in einem Stall gebar. Ab Mitte des 2. Jahrhunderts glaubten die Christen, daß Jesus in einer Höhle geboren wurde, und seit dem 3. Jahrhundert wird eine Höhle in Betlehem als sein Geburtsort verehrt. Die heutige Geburtskirche wurde zur Zeit des Kaisers Justinian (527–565 n. Chr.) über dieser Stelle erbaut. Es ist gut möglich, daß Legenden von der Geburt göttlicher Wesen in einer solchen Höhle die christliche Erzählung beeinflußt haben.

Die Idee, daß die göttliche Offenbarung einfachen Leuten, wie den Hirten, kundgemacht wird, paßt zur allgemeinen Perspektive des Evangeliums nach Lukas. Aber es gibt auch viele heidnische Geschichten, in denen Götter einfache Leute besuchen, die öfters bei der Geburt und der Kindheit von Helden, wie z. B. bei Romulus und Remus, eine Rolle spielen. Die Hirten sind die ersten Zeugen der Geburt Jesu, sie wurden von einem Engel nach Betlehem geschickt, der ihnen die frohe Botschaft von der Geburt des „Retters" verkündet hatte (Lk 2,8–20). Hier erinnert die Sprache von Lukas an kleinasiatische Inschriften, die den Geburtstag Kaiser Augustus' betreffen.

Die Darstellung Jesu im Tempel

Die Geschichte der Darstellung Jesu im Tempel beschließt die Lukas-Erzählung von der Geburt (Lk 2,22–39). Sie bildet eine Parallele zur Geschichte von den Hirten: Nun wird das Zentrum der jüdischen Religion Zeuge der Ankunft Jesu. Maria und Josef bringen Jesus für den traditionellen Ritus der Reinigung in den Tempel. Lukas sieht den Ritus der Darstellung als eine spirituelle Erfüllung des Gesetzes (Lk 2,22–24), daß jeder männliche Erstgeborene Gott gehört. Das ist vieleicht eine Anspielung auf die Übergabe Samuels an den Tempel von Schilo (1 Sam 1,24–28). Simeon und Hanna, die Jesus im Tempel bezeugen, sind beide prophetische Figuren. Der Heilige Geist hat Simeon versprochen, daß er nicht sterben wird, bevor er den Messias gesehen hat (Lk 2,26–27). Simeons Lobpreisung (Lk 2,29–32), bekannt als *Nunc Dimittis,* erinnert an den Zweiten Jesaja (siehe S. 112) und legt einen Ton fest, der sich durch das gesamte Lukas-Evangelium zieht, wenn es davon spricht, daß Jesus Israel und auch den Nichtjuden die Rettung bringen wird. Simeon sieht auch die Ablehnung und die Passion Jesu sowie Marias Leid vorher (Lk 2,34–35). Simeons bewegende Worte an Maria zeugen von Lukas' Wertschätzung der Frauen, besonders in den ersten Kapiteln bemerkbar, wo neben Maria auch noch Elisabeth, die Mutter Johannes des Täufers, und die Prophetin Hanna erwähnt werden (Lk 2,36–39).

Die Darstellung im Tempel, *ein Mosaik (1291) von Pietro Cavallini (ca. 1250–ca.1350) in der Kirche Santa Maria im Stadtteil Trastevere in Rom.*

DIE HEILIGEN DREI KÖNIGE

Der Bericht des Matthäus über die „Sterndeuter aus dem Osten" (Mt 2) verfolgt denselben Zweck wie die Geschichten von den Hirten und von Simeon und Hanna in Lukas (siehe Kasten S. 157). Als Fremde, die Jesus huldigen, weisen die Heiligen Drei Könige darauf hin, daß sich der christliche Glaube in Zukunft in der nichtjüdischen Welt verbreiten wird. Es ist gut möglich, daß es sich bei dem Stern, der die Weisen zu Jesus geführt hat, um ein ungewöhnliches Naturphänomen gehandelt hat: Der Halleysche Komet soll um ca. 10 v. Chr sichtbar gewesen sein.

Wie andere Völker glaubten die Juden, daß in den Sternen und Planeten Zeichen und Omen des göttlichen Willens zu lesen seien. Der Bericht von Matthäus hat vielleicht einen biblischen Hintergrund: Im Buch Numeri prophezeit der Seher Bileam: „Ein Stern geht in Jakob auf" (Num 24,17). Dieses Zeichen wurde im Judentum als ein Hinweis auf den Messias interpretiert. Eine jüdische, messianische Bewegung gegen Rom (132–135 n. Chr.) nannte ihren Führer Simonis Bar Kochba, „Simon, der Sohn des Sternes". Matthäus stellt fest, daß der Stern, den die Könige beobachtet haben, der Stern des Königs der Juden war. Verschiedene Psalmen sprechen von Königen, die einem israelitischen Monarchen Geschenke brachten. Besondere Bedeutung hat eine Passage in Jesaja, die wohl an den Messias gerichtet ist: „Völker wandern zu deinem Licht und Könige zu deinem strahlenden Glanz", dann ist die Rede von Kamelen, beladen mit Gold und Weihrauch zur Ehre Gottes (Jes 60,3–6). Der Glaube, daß die Besucher Könige waren und daß es genau drei waren, ist auf solche Stellen zurückzuführen.

Im griechischen Original werden die Besucher als *mágoi* bezeichnet, als Magier aus dem Osten. Diese Magier waren ursprünglich ein Meder-Clan, der in Persien eine Priesterkaste bildete. Zur Zeit Jesu waren die *mágoi* professionelle Traumdeuter und Astrologen. Diese Praktiken waren auch im Mittelmeerraum sehr verbreitet, aber das Bewußtsein, daß die Magier aus dem Osten kamen, blieb, wie Matthäus beweist, immer erhalten. An anderer Stelle im Neuen Testament werden die Magier nicht so positiv dargestellt. In der Apostelgeschichte werden die Zaubereien des Magiers Simon (Apg 8,9–24) und des jüdischen Zauberers und falschen Propheten Barjesus oder Elymas (Apg 13,6–12) von den Aposteln abgelehnt. Der zeitgenössische

DER KINDERMORD IN BETLEHEM UND DIE FLUCHT NACH ÄGYPTEN

Laut Matthäus ordnete König Herodes an, in Betlehem alle Kinder unter zwei Jahren zu töten, damit der Messias, von dessen Geburt er gehört hatte, nicht am Leben blieb (Mt 2,16–18). Jesu Familie war mittlerweile nach Ägypten geflohen, wo sie bis nach Herodes' Tod blieb (Mt 2,13–15).

Matthäus zitiert im Zusammenhang mit dem Kindermord eine Prophezeiung von Jeremia (Mt 2,18), allerdings weist diese Episode eher Parallelen zu Exodus 1,15–22, wo ein anderer König Kinder mit dem Tod bedrohte (siehe S. 56–57). Matthäus versucht mit dieser Geschichte, Jesus als einen neuen Mose darzustellen (siehe auch Mt 2,20 und Ex 4,19). Das Massaker ist historisch nicht belegt, aber Herodes der Große (siehe S. 142) war sicherlich ein rücksichtsloser Monarch, und die Erzählung paßt ins allgemeine Bild von seiner Herrschaft.

Die Flucht von Josef und seiner Familie nach Ägypten kommt nur im Matthäusevangelium vor (Mt 2,13–15). Die Geschichte stützt sich auf Hosea 11,1 und stellt Jesus als den Repräsentanten Israels in Ägypten dar. Auch die Tatsache, daß Menschen vor königlicher Willkür fliehen müssen, paßt zur Herrschaft von Herodes dem Großen.

Die Familie läßt sich nach ihrer Rückkehr in Nazareth nieder (Mt 2,23) – dadurch verbindet Matthäus den galiläischen Hintergrund Jesu mit seiner Geburt in Betlehem. Matthäus zitiert eine ungenannte Prophezeiung (Mt 2,23), die wahrscheinlich darauf abzielt, zu beweisen, daß der Ausdruck „Nazoräer", mit dem die Christen später manchmal bezeichnet wurden, auf die Heimatstadt Jesu hindeutet.

Matthäus berichtet (Mt 2,22), daß Josef Angst hatte, in Judäa unter Herodes' Sohn Archelaus zu leben, und deshalb mit seiner Familie nach Galiläa ging, wo ein anderer Sohn, Herodes Antipas (der Herodes aus der Geschichte Johannes des Täufers) regierte. Archelaus war ein berüchtigter Tyrann. Nach dem Tod seines Vaters 4 n. Chr. wurde er von den Römern zum Herrscher von Judäa ernannt, wegen seiner Grausamkeit und Härte aber 6 n. Chr. wieder abgesetzt (siehe Karte S. 143). Von da an stand Judäa unter direkter römischer Herrschaft.

Die heutige, auf einem Hügel gelegene Stadt Nazareth.

jüdische Philosoph Philo bringt den echten *mágoi* viel Achtung entgegen, verurteilt im Gegensatz dazu aber die Scharlatane. Matthäus übernimmt Philos positive Sichtweise der Magier: Ihre Weisheit macht es ihnen somit möglich, die Bedeutung des Sternes und den königlichen Status von Jesus zu erkennen (Mt 2,2), und sie haben auch die Macht, göttliche Botschaften in Träumen zu empfangen (Mt 2,12).

Im Gegensatz zu Lukas sieht Matthäus Betlehem als Heimatstadt von Maria und Josef an. Er verfolgt den Stammbaum Jesu zurück zu König David (Mt 1) und deutet darauf hin, daß Jesu Eltern in dieser Stadt ein Haus haben (Mt 2,11). Die Magier fragen in Jerusalem, wo der König der Juden geboren wurde (Mt 2,2), und der Hohepriester und die Schriftgelehrten sagen ihnen, daß nach den Propheten Betlehem der Ort sein wird, aus dem der wahre Herrscher, der „Hirte", hervorgehen wird (Mt 2,4–6). Herodes kennt nun den Ort, wo das Kind zu finden ist, aber nicht die Familie; nur die Weisen aus dem Morgenland werden vom Stern dorthin geführt.

Eine Münze, die vom jüdischen Revolutionsführer Simonis Bar Kochba während der Revolte gegen Rom 132–135 n. Chr. geprägt wurde. Bar Kochba wurde von seinen Anhängern als der lang erwartete Messias gefeiert. Die Münze zeigt die Fassade des Tempels von Jerusalem, der 70 n. Chr. zerstört wurde.

Die Huldigung der Heiligen Drei Könige, *aus einem der schönsten mittelalterlichen Manuskripte Europas, dem* Très Riches Heures du Duc de Berry *(1413–1416), mit Bildern der Brüder Limbourg (ca. von 1400–1416 aktiv).*

II

DAS WIRKEN JESU

Laut den Evangelien begann das Wirken Jesu mit seiner Taufe durch Johannes den Täufer, der die Ankunft des Messias und das bevorstehende Gericht Gottes ankündigte. Nach 40 Tagen und Nächten in der Wüste kehrte Jesus nach Galiläa zurück, wo er herumwanderte und lehrte. Er zog auch nach Jerusalem, lehrte in Synagogen und im Freien. Laut den synoptischen Evangelien verkündete er das Wort Gottes vor allem in der Form von Gleichnissen. Außerdem vollbrachte er eine große Anzahl von Wundern – er heilte Kranke, trieb böse Geister aus und bändigte die Naturgewalten.

JOHANNES DER TÄUFER

Die Evangelisten veränderten die Erzählung von Johannes dem Täufer (siehe S. 152–153) im Sinne ihrer eigenen literarischen und theologischen Ideen. Allerdings stimmen die drei Synoptiker überein, daß die Taufe das zentrale Element seines Wirkens war: Markus nennt ihn ausdrücklich „den Täufer“ (Mk 1,4). Die Taufriten von Johannes wurden mit der rituellen Aufnahme Neubekehrter in die jüdische Gemeinschaft verglichen, obwohl es fraglich ist, ob dies zur Zeit von Johannes bereits Brauch war. Außerdem wurde über einen Zusammenhang zwischen Johannes und der Gemeinschaft von Qumran (siehe S. 153) spekuliert, die ebenfalls rituelle Waschungen anwendete. Zu dieser Zeit gab es anscheinend auch andere Täuferbewegungen im Jordantal, die sich als Protestbewegung zur offiziellen Priesterschaft Jerusalems verstanden. Daraus hat sich vielleicht auch die gnostische Sekte der Mandäer entwickelt, die sich auf Johannes beruft und heute noch in Flüssen tauft.

Ein wesentliches Merkmal des in den Evangelien dargestellten Taufrituales ist die Atmosphäre des erwarteten Weltunterganges. Johannes predigt, daß die Menschen einem kurz bevorstehenden universellen Gericht Gottes nur durch Reue und Reinwaschen von den Sünden entgehen können. Laut Matthäus konnten sich die Juden, und insbesondere ihre religiösen Führer, die Pharisäer und Sadduzäer (siehe S. 184–185), nicht mehr länger

Die Taufe Christi, *aus der Werkstatt von Bicci di Lorenzo (1375–1452). Die Taube kommt vom Himmel herab, während Johannes Jesus tauft (vgl. Lk 3,22).*

auf die Abstammung von Abraham verlassen, um ihren Status als auserwähltes Volk zu rechtfertigen.

Bei Lukas fragen Menschen aus dem Volk – Zöllner und Soldaten – Johannes, wie sie Gottes Urteil entgehen können. Er antwortet ihnen, daß sie in ihrem jeweiligen Beruf ein Leben in Gerechtigkeit und sozialer Verantwortung führen sollen (Lk 3,10–14). Das Lukasevangelium interessiert sich besonders für diese sozial benachteiligten Gruppen, die auch in den Berichten über das Wirken Jesu eine große Rolle spielen.

In allen Evangelien beteuert Johannes, nicht der Messias zu sein, obwohl viele Menschen dies glaubten (siehe z. B. Lk 3,15). Die Evangelien zitieren alle Jesaja 40, wo angekündigt wird, es komme einer, der „dem Herrn den Weg bahnt" (Jes 40,3; vgl. Mt 3,3; Mk 1,3; Lk 3,4 und Joh 1,23), auf den ein anderer folgen wird, der die Gottlosen verurteilen, die Gerechten aber über die Taufe zum Heiligen Geist führen wird. Im Johannesevangelium stellt diese Vorläuferqualität Johannes' alles andere in den Schatten, selbst das Taufen wird nur nebenbei erwähnt (Joh 1; siehe Seitentext rechts).

Die Tatsache, daß Jesus von Johannes getauft wurde, könnte darauf hindeuten, daß Jesus ursprünglich ein Anhänger von Johannes war, obwohl die Evangelien versuchen, diesen Eindruck zu widerlegen. Bei Matthäus erkennt Johannes Jesus als den Höhergestellten an und tauft ihn nur, als dieser darauf besteht (Mt 3,13–15). Bei Lukas findet die Gefangennahme von Johannes (Lk 3,20) vor der Taufe Jesu statt (Lk 3,21). Das Johannesevangelium erwähnt keine Wassertaufe Jesu.

Die Taufe bestätigt Jesus als Sohn Gottes und als Messias. Bei Markus scheint die Taufe eine persönliche Erfahrung zu sein, in der Jesus seine wahre Natur erkennt: Nur er alleine sieht, „daß der Himmel sich öffnet", und hört die göttliche Stimme, die spricht: „Du bist mein geliebter Sohn" (Mk 1,10–11). Bei Lukas erfolgt diese Bestätigung durch ein physisches Phänomen: „Der Heilige Geist kam sichtbar in Gestalt einer Taube auf ihn herab" (Lk 3,22). Bei Matthäus werden die göttlichen Worte in der dritten Person gesprochen („Das ist mein geliebter Sohn", Mt 3,16–17). Gottes Äußerung bezieht sich auf Psalm 2,7 sowie andere auf den Messias bezogene Passagen des Alten Testamentes und kennzeichnet Jesus als den Messias, den „geliebten" Sohn Gottes, was auf Griechisch auch „einziger" bedeutet.

Jesus bei den Lehrern im Tempel

Im Neuen Testament gibt es nur eine einzige Geschichte aus der Jugend Jesu. Nach dem Evangelium von Lukas (der einzige, der darüber berichtet) blieb Jesus im Alter von zwölf Jahren nach einem Besuch in Jerusalem ohne seine Eltern im Tempel zurück. „Er saß mitten unter den Lehrern, hörte ihnen zu und stellte Fragen" (Lk 2,41–50). Wie der Bericht über seine Geburt und seine frühe Kindheit spiegelt auch diese Episode die christliche Neigung, Jesus von Anbeginn seines Lebens an und nicht erst nach der Taufe als den Messias darzustellen. Die Hauptaussage der Erzählung wird klar, als Jesus seinen Eltern erklärt: „Wußtet ihr nicht, daß ich in dem sein muß, was meinem Vater gehört?" (Lk 2,49). Jesus ist sich bewußt, daß seine Bindung zu Gott stärker ist als die Bindung zu seiner Familie. Allerdings hält Lukas auch fest, daß Jesus seinen Eltern gehorsam ist (Lk 2,51).

Erzählungen über die wundersamen Jugendjahre berühmter Menschen kommen in der antiken Literatur öfters vor. So erzählt etwa der jüdische Historiker Josephus aus dem 1. Jahrhundert n. Chr., daß er mit nur 14 Jahren von einer Versammlung der Hohenpriester und führenden Persönlichkeiten seiner Stadt für seine Gelehrsamkeit gelobt wurde.

Die Stelle am Jordan, an der Jesus von Johannes getauft wurde.

DIE EINLEITUNG DES JOHANNESEVANGELIUMS

Das Johannesevangelium berichtet weder von der Geburt noch von der Taufe und auch nicht von der Versuchung Jesu (siehe S. 162). Es beginnt mit der ursprünglichen Existenz von Jesus Christus als Wort Gottes. „Im Anfang war das Wort, und das Wort war Gott. Im Anfang war es bei Gott" (Joh 1,1–2). Diese Art der Beschreibung (Joh 1,3) erinnert an das schöpferische Wort Gottes im ersten Kapitel des Buches Genesis (siehe S. 26–27) und ist auch stark vom jüdischen Begriff der göttlichen Weisheit (siehe S. 126–127) beeinflußt. In diesem Evangelium wird diese Weisheit einzig und allein von Jesus Christus verkörpert.

Der griechische Ausdruck für „Wort" ist *logos*, und die Lehren des Johannesevangeliums erinnern an den jüdischen Schriftsteller Philo von Alexandria aus dem 1. Jahrhundert n. Chr., der den *logos* als ein göttliches Wesen betrachtete, das neben Gott existiert. Es kann auch mit der Sichtweise des *logos* bei den stoischen Philosophen verglichen werden, für die es das oberste Prinzip des Kosmos darstellte. (Es ist allerdings unwahrscheinlich, daß dies eine direkte Quelle für das Johannesevangelium war.)

Wie in den anderen Evangelien spielt Johannes der Täufer auch hier eine große Rolle. Aber seine Botschaft hat einzig und allein den Zweck, die wahre Natur Jesu zu bestätigen. In seinen Gesprächen mit den jüdischen Religionsführern bekennt Johannes, daß er nur die Ankunft des Retters ankündigt (Joh 1,19–23). Das Herabkommen des Heiligen Geistes ist für Johannes ein Zeichen, daß Jesus wirklich derjenige ist, den er vorausgesagt hat (Joh 1,32–34). Er nennt Jesus „Lamm Gottes" (Joh 1,29 und 1,36) – zweifellos eine Anspielung auf das Opferlamm in Exodus 29,38–42 – und Erlöser der Menschheit. Aber der Begriff hat auch einen apokalyptischen Unterton (siehe S. 136–137), da das Lamm in apokalyptischen Texten die bösen Ungeheuer, die Symbole der Sünde, überwindet (z. B. Offb 5,6–12).

DIE VERSUCHUNG

Die Versuchung Jesu durch den Teufel in der Wüste fand in den synoptischen Evangelien nach Jesu Taufe, vor dem eigentlichen Beginn seines Wirkens statt. Matthäus und Lukas sprechen von drei verschiedenen, aber ähnlichen Szenen: Der Teufel führt Jesus in Versuchung, Steine in Brot zu verwandeln, sich vom Tempel hinunterzustürzen und sich für die Reichtümer der Welt vor ihm niederzuwerfen (Mt 4,1–11; Lk 4,1–13). Matthäus und Lukas unterscheiden sich in der Anordnung der zweiten und dritten Versuchung, wobei Matthäus der ursprünglichen Abfolge der Ereignisse näher kommt. In beiden Evangelien hat die Episode Merkmale einer typisch jüdischen Form der Bibelinterpretation, die als *midrasch* bekannt ist und bei der eine Passage durch einen Vergleich mit anderen Bibelstellen erläutert wird (z. B. Mt 4,4; 4,7 und 4,10).

Jesus fastet 40 Tage und 40 Nächte lang (Mt 4,2; Lk 4,2). Das erinnert an den Aufenthalt Moses auf dem Berg Sinai, als er die Gesetzestafeln erhielt (Ex 24,18–31,18). Außerdem ist die Zahl 40 wahrscheinlich auch eine Anspielung auf die 40 Jahre, die das Volk Israel in der Wüste verbracht hat – laut dem Buch Deuteronomium eine Zeit der Prüfung (Dtn 8,2). Die alttestamentarischen Verse, die Jesus dem Teufel entgegnet, stammen alle von Mose, und jede Versuchung steht in einem Zusammenhang mit einer Episode aus der Zeit in der Wüste. Die Feststellung, „der Mensch lebt nicht nur von Brot" (Mt 4,4; Lk 4,4), bezieht sich in Deuteronomium auf das

Die Versuchung im Evangelium nach Markus

Die Version der Versuchung in Markus ist sehr kurz, es wird nur festgestellt, daß Jesus vierzig Tage lang in der Wüste blieb und „vom Satan in Versuchung geführt" wurde. „Er lebte bei den wilden Tieren, und die Engel dienten ihm" (Mk 1,13). Jesus wird in diesem Bericht als ein neuer Adam gesehen, der ins Paradies zurückgekehrt ist. Im Garten Eden (siehe S. 28–29) lebte der erste Mensch in Frieden mit den Tieren und nach jüdischen Erzählungen dienten ihm Engel. (Engel werden auch in Matthäus 4,11 erwähnt.) Die Propheten hatten oft behauptet, daß die neue Zeit des Messias durch die Wiederherstellung der paradiesischen Harmonie zwischen Menschen und wilden Tieren gekennzeichnet sein wird. Die syrische *Apokalypse von Baruch*, die aus ca. 100 v. Chr. stammt, spricht davon, daß beim Anbruch der neuen Zeit „wilde Tiere aus den Wäldern kommen und sich um die Menschen kümmern werden". Eine lateinische Einleitung zum Markusevangelium aus dem 4. Jahrhundert spricht deutlich auf den freundlichen Charakter der wilden Tiere aus Markus 1,12 an.

Die drei Versuchungen, denen Jesus in Matthäus und Lukas ausgesetzt wird, kommen in Markus nicht vor. Er stellt nur fest, daß Jesus „vom Satan in Versuchung geführt wurde", auch eine Anspielung auf Adam und Eva: Die beiden wurden im Garten Eden von der Schlange, die mit dem Teufel identifiziert wurde, in Versuchung geführt. Im Gegensatz zu Adam überwindet Jesus den Satan und begründet damit ein neues Zeitalter, in dem wilde Tiere keine Gefahr mehr darstellen und Engel der Menschheit dienen. Manchmal spricht die Bibel von den Jahren in der Wüste als von einer Zeit, in der das Volk Israel in einer vollkommenen Beziehung zu Gott lebte. Wenn die neue Zeit anbricht, soll diese Vollkommenheit erneuert werden.

göttliche Geschenk des Manna, von dem sich die Israeliten in der Wüste ernährten (Dtn 8,3). In Massa begingen die Israeliten die Sünde, Gott auf die Probe zu stellen (Dtn 6,16). Indem der Teufel Jesus alle Reiche der Welt von einem Berg aus zeigt (Mt 4,7; Lk 4,12), parodiert er Gott, der Mose das ganze Gelobte Land vom Berg Nebo aus gezeigt hatte (Dtn 32,49; 34,1). Auf eine für das apokalyptische Denken typische Art (siehe S. 136–137) wird diese Zeit der Versuchung Jesu als vollkommen unter der Macht des Bösen stehend dargestellt.

Bei seiner Taufe wird Jesus als der Sohn Gottes bestätigt (siehe S. 161). Die Episode der Versuchung zeigt erstens den Charakter dieser Vater-Sohn-Beziehung und verwirft auch die volkstümlichen Vorstellungen vom Messias. Jesus wird indirekt den zahlreichen Scharlatanen, die es in Palästina zu dieser Zeit und später gab, gegenübergestellt. So z. B. einem gewissen Simon Magus (siehe S. 224–225), der anscheinend Steine in Brot verwandelte und durch die Luft schweben konnte – wozu der Teufel Jesus verführen wollte. Aber der wahre Messias nutzt seine Macht nicht zur Selbsterhaltung oder zur Weltherrschaft: Sein Werk kann nur durch sein Leiden, seinen Tod und seine Auferstehung vollendet werden. Lukas' letzte Worte, daß der Teufel „für eine gewisse Zeit" von Jesus abließ (Lk 4,13), deuten auf einen zukünftigen Konflikt dieser Art hin.

Links: Die Versuchung Jesu in der Wüste, *von Juan von Flandern (ca. 1496–1519 aktiv). Im Vordergrund versucht der Teufel in der Gestalt eines Mönches Jesus dazu zu verleiten, Steine in Brot zu verwandeln (Mt 4,3; Lk 4,3). Im Hintergrund ist die Versuchung auf dem hohen Berg (Mt 4,8; Lk 4,5) und jene auf dem Tempel (Mt 4,5; Lk 4,9) dargestellt.*

Unten: *Die südöstliche Ecke des Tempelberges in Jerusalem. Die zwei großen Blöcke (unten und rechts) stammen aus der ursprünglichen Südwand des Tempels von Herodes (siehe Bild S. 91). Da diese Ecke den höchsten Punkt der Tempelruine darstellt, wurde sie in byzantinischer Zeit als die Stelle angesehen, wo Jesus in Versuchung geführt wurde.*

DAS WIRKEN JESU IN GALILÄA

Blick auf die Landschaft im Westen von Tiberias, mit dem See Gennesaret im Hintergrund.

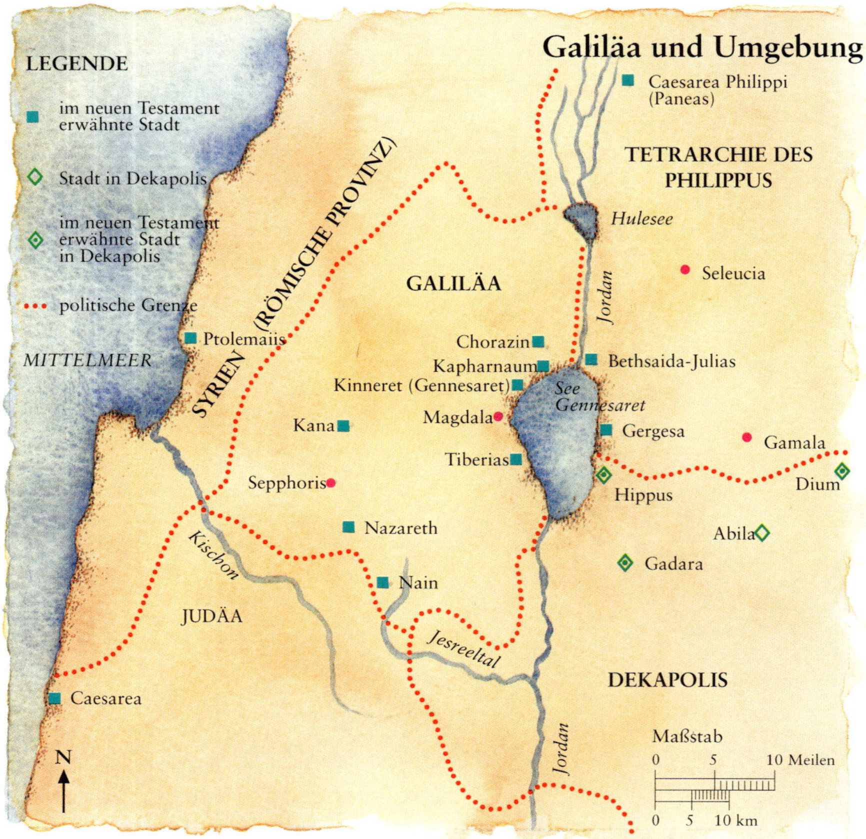

Nach seiner Begegnung mit Johannes dem Täufer (siehe S. 160–161) kehrte Jesus nach Galiläa zurück und begann zu predigen. Die synoptischen Evangelien berichten, daß er bis zu seiner Reise nach Jerusalem nur in dieser Region, insbesondere in dem kleinen Gebiet an der westlichen Küste des See Gennesarets (auch See Tiberias genannt) tätig war. Nach Markus scheint es manchmal Spannungen zwischen Galiläa und den religiösen Autoritäten in Jerusalem zu geben (Mk 3,22 spricht von kritischen „Schriftgelehrten, die von Jerusalem herabgekommen waren"; vgl. Mk 7,1–2). Allerdings ist dies in erster Linie ein literarisches Stilmittel, das auch bei Matthäus vorkommt (Mt 15,1), bei Lukas aber fehlt. Die dadurch angenommenen Gegensätze zwischen Jerusalem und Galiläa besitzen wenig historische Authentizität.

Die Region hat besonders in den Evangelien nach Markus und Matthäus große Bedeutung. Für Matthäus ist sie der Ort der Offenbarung, wo die Ankunft des Messias „dem Volk, das im Dunkeln lebte", ein Licht erscheinen ließ (Mt 4,15–16). Dies deutet die Bekehrung der Nichtjuden zum Christentum an, ein Thema, das wieder aufgenommen wird, als Jesus nach seiner Auferstehung auf einem Berg in Galiläa erscheint und seinen Jüngern aufträgt, „zu allen Völkern" zu gehen, um die Menschen zu ihm zu bekehren (Mt 28,16–20). Das Johannesevangelium (Joh 21,1) berichtet von einer Erscheinung Jesu vor seinen Jüngern am See Gennesaret nach seiner Auferstehung (siehe S. 211). Bei Markus sagt Jesus seinen Jüngern, daß er ihnen nach der Auferstehung nach Galiläa vorausgehen wird (Mk 14,28), auch die Frauen an seinem Grab erhalten dieselbe Botschaft (Mk 16,7).

Nazareth und Kapharnaum

Die Städte Nazareth und Kapharnaum in Galiläa spielen im Leben Jesu eine große Rolle. Nazareth war damals nur ein kleines Dorf. Es steht als Symbol für die Ablehnung Jesu seitens der Juden, was um so stärker wog, als es sein Heimatort war. Alle synoptischen Evangelien berichten, daß ihm kein Glaube entgegengebracht wurde, als er dort in der Synagoge lehrte – „Nirgends hat ein Prophet so wenig Ansehen wie in seiner Heimat“ (z.B. Mt 13,54–57; Mk 6,1–6; Lk 4,16–24). Die lebhafteste Beschreibung dieser Episode liefert Lukas.

Bei Lukas ist der Besuch Jesu in der Synagoge von Nazareth die grundlegende Offenbarung der Berufung Jesu am Beginn seiner Wirkenszeit. Jesus liest eine Passage aus Jesaja, die das Kommen eines „Gnadenjahres des Herrn“ ausruft, und sagt dann, daß sich die Schrift gerade eben erfüllt habe (Lk 4,16–21). Er stellt sodann fest, daß die Wunder von Elia und Elischa nicht an Israeliten, sondern an Ausländern vollbracht wurden (Lk 4,25–27). Hier ahnt Lukas die Ablehnung des Evangeliums durch die Juden und dessen Verbreitung unter den Nichtjuden voraus, ein Hauptthema von Lukas' zweitem Werk, der Apostelgeschichte (siehe S. 214–215). Im Anschluß an diese Worte versucht die Versammlung Jesus einen Abhang am Rande der Stadt hinunterzustürzen, aber seine geheimnisvolle Autorität ermöglicht es ihm, einfach durch die Menge hindurchzugehen und zu entkommen (Lk 4,28–30).

Teil der ausgegrabenen Ruinen von Kapharnaum; im Hintergrund die Synagoge, ungefähr aus dem Jahre 350 n. Chr., die anstelle des Gebäudes aus der Zeit Jesu errichtet wurde.

Die Stadt Kapharnaum wird allgemein als das Gegenstück zu Nazareth dargestellt, obwohl sie schlußendlich dafür verflucht wird, daß sie Jesus nicht anerkannte. Da die Halsstarrigkeit der Einwohner von Nazareth Jesus davon abhält, dort Wunder zu vollbringen, ist Kapharnaum der Schauplatz einiger spektakulärer Heilungen. Jesus läßt sich in Kapharnaum nieder; dort waren der Beginn und das Zentrum seines Wirkens. In den Evangelien bildet die Stadt den Rahmen für viele Ereignisse, wie z.B. die Heilung des Dieners des Hauptmannes (Mt 8,5–13; Lk 7,2–10). Besonders wichtig ist auch der Besuch der dortigen Synagoge. Bei dieser Gelegenheit wird Jesu Lehre als etwas Besonderes anerkannt, als er einen Mann heilt, der von einem Dämon besessen ist. Durch diesen Mann spricht die Gesamtheit der Dämonen: „Ich weiß, wer du bist: der Heilige Gottes!“ (Lk 4,34; Mk 1,24). Diese Heilung symbolisiert, daß das Königreich Gottes, das Jesus vertritt, das Königreich des Bösen bezwungen hat. Jesus geht ins Haus seiner Jünger Simon Petrus und Andreas und heilt schließlich die Schwiegermutter von Simon Petrus (Mt 8,14–15; Mk 1,29–31; Lk 4,38–39). Die Episode endet mit einer Triumphszene, in der Jesus eine große Anzahl von Kranken heilt und zahlreiche Dämonen austreibt (Mt 8,16; Mk 1,32–34; Lk 4,40–41).

Es ist nicht möglich, den Evangelien einen zusammenhängenden Bericht vom Wirken Jesu in Galiläa zu entnehmen. Die einzelnen Episoden sind nicht chronologisch geordnet, und oft fehlt auch die Angabe von geographischen Orten. Die Geschichten stellen Jesus als Wanderprediger dar, der zwischen mehreren Städten und dem Land umherzieht. Laut den Evangelien hat Jesus beträchtlichen Erfolg und zieht große Menschenmengen an (z.B. Mt 4,24–25; Mk 3,7–8), aber es ist auch die Rede von Mißerfolgen, und Jesus verurteilt Städte, die seine Botschaft nicht annehmen (wie in Mk 11,21). Deshalb hat er wahrscheinlich eher vor Menschen gepredigt, die ihm aus den Städten auf das Land gefolgt sind.

DIE BERUFUNG DER JÜNGER

Der See Gennesaret, manchmal auch See Tiberias oder See von Galiläa genannt, spielt im Wirken Jesu eine große Rolle. Er überquert ihn oft mit dem Boot (Mk 4,35–41, 5,21; Lk 8,22–25) und lehrt auch vom Schiff aus (Mk 4), und mehrere wichtige Episoden spielen an seinem Ufer.

In den synoptischen Evangelien ist der See der Schauplatz, wo Jesus seine ersten Jünger zu sich ruft. Jesus spricht am Ufer eine Gruppe von Fischern an (Simon, genannt Petrus, seinen Bruder Andreas sowie Jakobus und dessen Bruder Johannes), die sofort alles aufgeben und ihm folgen (Mt 4,18; Mk 1,16–20). Bei Lukas passiert dies nach den Predigten in den Synagogen von Nazareth und Kapharnaum (siehe S. 165). Jesus steigt in das Boot von Simon Petrus und sagt zu ihm, er solle seine Netze auswerfen, wobei er ihm „eine so große Menge Fische, daß ihre Netze zu reißen drohten“ verspricht. Als Simon Petrus und seine Begleiter, Jakobus und Johannes, das sehen, lassen sie alles zurück und folgen ihm (Lk 5,1–11). In allen drei synoptischen Evangelien verspricht Jesus den Fischern, daß sie von nun an Menschen fangen werden. Die ersten vier Jünger begründen die christliche Gemeinde und symbolisieren ihre evangelisierende Mission – ein Erfolg, der bei Lukas durch den wundersamen Fischfang angedeutet wird. Petrus, Jakobus und Johannes werden zum Kern der Jünger Jesu, die ihn bei verschiedenen Gelegenheiten, wie z. B. bei der Heilung der Tochter des Jaïrus (Mk 5,22; Lk 8,41–55) oder beim Aufstieg auf den Berg der Verklärung (Mt 17,1–8; Mk 9,2–8; Lk 9,28–36; siehe Kasten S. 189) begleiten. Andreas spielt nur im Evangelium nach Johannes, wo er ursprünglich ein Jünger des Täufers war, eine größere Rolle.

Es gibt auch Berichte über die Berufung anderer Jünger. Johannes berichtet von der Berufung Philippus' und Natanaëls (Joh 1,43–51). Die Synoptiker berichten von der Berufung des Zöllners Matthäus, der auch unter dem Namen Levi bekannt ist (Mt 9,9; Mk 2,14; Lk 5,27). Später nennt Jesus seine Jünger „die Zwölf“ und gibt ihnen die Vollmacht, unreine Geister auszutreiben, Krankheiten zu heilen und seine Botschaft einer breiteren Zuhörerschaft zu vermitteln (Mt 10; Mk 3,14–19; Lk 9,1–6). Es gab zwölf israelitische Stämme (siehe Karte S. 69), deshalb sollen die zwölf Jünger für die christliche Gemeinschaft des neuen Israel stehen. Matthäus stellt ausdrücklich fest, daß die Missionstätigkeit der Zwölf in Israel stattfinden soll (Mt 10,6), und Jesus verspricht, daß die Jünger, wenn die Welt neu geschaffen wird, „auf zwölf Thronen sitzen und die zwölf Stämme Israels richten“ werden (Mt 19,28). Die Zwölf werden auch Apostel genannt, vom griechischen *apostolos*, „einer, der ausgesendet wird“, ein Ausdruck, der dem hebräischen *schaliach* entspricht, was „jemand mit der Vollmacht, den, der

Kana in Galiläa. Die Kirchen erinnern an die Hochzeit zu Kana, wo Jesus laut der Geschichte im Johannesevangelium Wasser in Wein verwandelte.

ihn ernannt hat, zu vertreten" bedeutet. Als Jesus die Zwölf aussendet, sagt er: „Wer euch aufnimmt, der nimmt mich auf, und wer mich aufnimmt, nimmt den auf, der mich gesandt hat" (Mt 10,40).

Lukas berichtet von der Aussendung von 72 zusätzlichen Jüngern (Lk 10,1–16), während hingegen andere alte Textzeugen von 70 sprechen. Das entspricht der Anzahl der Völker der Welt, die in der Genesis erwähnt werden (70 in der Hebräischen Bibel, 72 in der griechischen Übersetzung), und aus diesem Grund symbolisieren die zusätzlichen Jünger wohl die Mission der Kirche in allen Ländern.

Im Johannesevangelium liegt der Hauptschauplatz des Wirkens Jesu nach der Berufung der Jünger in Kana, der Heimatstadt des Apostels Natanaël. Die ersten zwei Wunder Jesu finden dort statt. Beim ersten verwandelt er Wasser in Wein (siehe Seitentext rechts), beim zweiten heilt er den Sohn eines königlichen Beamten (Joh 4,46–53), was an die Heilung des Sohnes des Hauptmannes in Matthäus 8,5–13 und Lukas 7,2–10 erinnert. Matthäus und Lukas haben die Episode in Kapharnaum angesiedelt, aber nach Johannes ist Jesus in Kana, während sich das kranke Kind in Kapharnaum befindet. Die Fähigkeit Jesu, ein solches Wunder auch über eine große Distanz zu vollbringen, betont die Herrlichkeit seiner Macht.

DIE HOCHZEIT IN KANA

Im Johannesevangelium verwandelt Jesus bei einer Hochzeitsfeier in Kana Wasser in Wein (Joh 2,1–11). Dieses erste Wunder offenbart den Jüngern seine „Herrlichkeit" – seine göttliche Natur –, die Johannes der Täufer kurz zuvor angekündigt hatte. Wie so oft in diesem Evangelium ist auch diese Episode sehr symbolisch. Viele erwarteten ein großes Fest, wenn der Messias kommt (Offb 19,9 spricht von einem „Hochzeitsmahl"). Bei der Hochzeit bringt Jesus neues Leben (Wein ist das Symbol für Lebenskraft), und die große Menge von ungefähr 600 Litern (Joh 2,6) steht für die Fülle. Das Wasser, das für jüdische Reinigungsriten vorgesehen war, symbolisiert, daß Jesus die alten Rituale der Juden ablöst (siehe S. 177).

Oben: *Terrakotta-Krüge aus Jerusalem in denen Wasser oder Wein aufbewahrt wurde, ca. 100 n. Chr.*

Die Hochzeit in Kana, *von Juan von Flandern (ca. 1496–1519 aktiv). Jesus (links) hebt seine Hand zu einer Segensgeste, um das Wunder zu vollbringen. Neben ihm sitzt seine Mutter Maria.*

Der „Stuhl des Mose", wo die Rabbiner saßen und lehrten; aus der Synagoge von Chorazin in Galiläa, 4. Jahrhundert n. Chr.; Chorazin wird in Matthäus 11,21 erwähnt.

DIE BERGPREDIGT

Nach dem Matthäusevangelium kamen nach der Berufung von Simon Petrus und Andreas eine Menge Menschen aus der ganzen Region zu Jesus, um „das Evangelium vom Reich" zu hören und um geheilt zu werden (Mt 4,23). Der Höhepunkt dieser Zeit ist die große Rede auf einem Berg – die Bergpredigt (Mt 5–7). Diese Predigt ist einer Rede bei Lukas sehr ähnlich, die dort aber in der Ebene gehalten wird (Lk 6,17) und deshalb „Die Feldrede" genannt wird (Lk 6,20–49). Beide Reden beginnen mit einer Reihe von Seligpreisungen (Mt 5,3–12; Lk 6,20–23). Als nächstes folgt eine Reihe von Verhaltensregeln (Mt 5,17–7,12; Lk 6,27–48) und Gleichnissen (Mt 7,13–27; Lk 6,39–49). Die Version von Matthäus ist um einiges länger als die von Lukas, aber dafür kommt vieles aus Matthäus bei Lukas an anderen Stellen vor (z. B. Mt 7,7–11 entspricht Lk 11,9–13). Daraus läßt sich schließen, daß Lukas nur die grundlegenden Elemente der Rede beibehielt, während Matthäus noch andere Lehren Jesu mit einbezogen hat.

Im Alten Testament wird für richtiges Verhalten eine Belohnung in der irdischen Welt versprochen, während sich die Belohnungen in den Evangelien auf ein himmlisches Reich beziehen (siehe S. 171). Die Seligpreisungen sind die Aufnahmebedingungen in dieses Reich. Es gibt Unterschiede zwischen den Seligpreisungen der Bergpredigt und jenen der Feldrede. Bei Matthäus gibt es neun, bei Lukas nur vier; bei Matthäus sind die meisten in der dritten Person (so z. B.: „Selig, die arm sind vor Gott"), während Lukas die zweite Person verwendet („Selig, ihr Armen"). Oft wird behauptet, daß, während Matthäus von denen spricht, „die arm sind vor Gott", und denen, „die hungern und dürsten nach Gerechtigkeit", Lukas sich wörtlich auf benachteiligte Gruppen bezieht, wenn von „Armen" und „Hungernden" die

JESUS UND MOSE

Es wurde oft behauptet, daß die Bergpredigt Jesus als neuen Mose darstellt, der die Menschen ein neues Gesetz lehrt. Es gibt Parallelen zwischen den fünf Reden Jesu im Matthäusevangelium (Mt 5–7; 18; 23–25) und den fünf Büchern Mose, dem Gesetz. Die Tatsache, daß die Predigt auf einem Berg stattfand und Jesus sitzend sprach – die übliche jüdische Haltung beim Lehren – erinnert ebenfalls an Mose. Die Bank in der Synagoge, von der aus das Gesetz verkündet wurde, war als der „Stuhl des Mose" bekannt (siehe Bild oben). Aber selbst wenn all dem zugestimmt wird, muß aus christlicher Sicht festgestellt werden, daß Jesus eine wichtigere Persönlichkeit war als Mose und daß die Bergpredigt mehr als nur die Verkündung eines neuen Gesetzes darstellt. Das Gesetz von Mose bleibt trotzdem in Kraft, wenn auch nur für die gegenwärtige Zeit. Die Bergpredigt ist die Verkündung des kommenden Königreiches und stellt Ansprüche an die Jünger Jesu, die über die Einhaltung des Gesetzes hinausgehen.

Das Judentum

Es gibt bedeutende Verbindungen zwischen der Bergpredigt und gewissen Aspekten des heutigen Judentums. Der Ausspruch „Alles, was ihr also von anderen erwartet, das tut auch ihnen!" (Mt 7,12; Lk 6,31) wurde auf ähnliche Weise im 1. Jahrhundert n. Chr. von Rabbi Hillel ausgedrückt: „Was du nicht willst, das man dir antut, tu auch du deinem Nächsten nicht an." Hillel verwendet die negative Form, aber auch die positive Form kommt in der jüdischen Literatur dieser Zeit vor.

Es gibt auch Ähnlichkeiten zwischen der Bergpredigt und einigen Schriftrollen vom Toten Meer (siehe S. 145). Auf einer taucht der Ausdruck „arm vor Gott" auf (siehe Mt 5,3). Daraus läßt sich schließen, daß sich sowohl die Menschen, die der Bergpredigt zugehört hatten, als auch die Qumran-Gruppe selbst als „die Armen" betrachteten. Alle folgten sie einem für sie maßgeblichen Lehrer, der die Gesetze interpretierte, entweder Jesus oder, in Qumran, dem „Lehrer der Gerechtigkeit". Matthäus 5,43 erwähnt ein Gebot, „deinen Feind zu hassen".

Eine andere Möglichkeit wäre, daß die Bergpredigt eine Antwort auf die Kodifizierung des mündlichen Rechtes (siehe S. 118) darstellt, die von den Rabbinern nach der Zerstörung Jerusalems 70 n. Chr. (siehe S. 145) vorgenommen wurde. Als solche versuchte die Bergpredigt, die ethischen und moralischen Aspekte der Lehren Jesu als Lebensregeln hervorzuheben, was auch von den Rabbinern angestrebt wurde.

Die Bergpredigt, *von Joos de Momper, dem Jüngeren (1564–1635).*

Rede ist. Allerdings sind im Judentum nach dem Exil „Arme" und „Gerechte" Synonyme, mit denen gläubige Mitglieder der Gemeinschaft bezeichnet werden, die vollkommen auf Gott vertrauen und nicht auf politische Programme, hohe Positionen oder Wohlstand. Deshalb mag Lukas „Arme" und „Hungrige" wohl auch im selben Sinne verstehen wie Matthäus. Das kommt durch die Tatsache zum Ausdruck, daß beide den nach dem Exil erstellten Text von Jesaja 61 (siehe S. 117) kannten, der Jesus als Inspiration diente. Die ersten vier Seligpreisungen in Matthäus erinnern an Jesaja (vgl. z.B. Jes 61,1–2 und Mt 5,4); außerdem liest Jesus in der Synagoge von Nazareth die Stelle Jesaja 61 vor (Lk 4,18–19).

Nach den Seligpreisungen kommen in der Bergpredigt die in zwei Abschnitten unterteilten Verhaltensregeln. Der erste Abschnitt (Mt 5,21–48) besteht aus einigen Antithesen, die das, was vom Gesetz verlangt wird, in Gegensatz zu dem stellen, was Jesus von seinen Anhängern verlangt. Z.B.: „Ihr habt gehört, daß gesagt worden ist: Auge für Auge und Zahn für Zahn. Ich aber sage euch: Leistet dem, der euch etwas Böses antut, keinen Widerstand, sondern wenn dich einer auf die rechte Wange schlägt, dann halt ihm auch die andere hin" (Mt 5,38–39). Der zweite Abschnitt der Verhaltensregeln (Mt 6,1–7,11) behandelt die Beziehung zwischen dem Gläubigen und Gott: „Wenn du Almosen gibst, soll deine linke Hand nicht wissen, was deine rechte tut. Dein Almosen soll verborgen bleiben, und dein Vater, der auch das Verborgene sieht, wird es dir vergelten" (Mt 6,3–4). Dieser Teil, der auch das Vaterunser (siehe S. 170–171) enthält, schließt mit einer Versicherung, daß das Gebet erhört werden wird (Mt 7,7–11).

Der letzte Teil der Bergpredigt bezieht sich mittels dreier Gleichnisse auf das kommende Gericht, wobei jedes Gleichnis Alternativen bietet. Das erste Gleichnis bietet die Wahl zwischen „dem engen Tor", „das zum Leben führt" und zu dem „der Weg schmal ist", und dem „weiten Tor", zu dem „der Weg breit ist", „das ins Verderben führt" (Mt 7,13–14). Das zweite Gleichnis richtet sich gegen falsche Propheten, die wie Bäume mit schlechten Früchten sind, im Gegensatz zu Jesus, der mit einem Baum mit guten Früchten verglichen wird (Mt 7,15–20). Das dritte Gleichnis handelt von zwei Männern, die ein Haus bauen: der eine auf Fels – dieses hält alle Stürme aus; der andere auf Sand – jenes wird von den Wassermassen weggerissen (Mt 7,24–27).

DIE SELIGPREISUNGEN NACH MATTHÄUS

Selig, die arm sind vor Gott; denn ihnen gehört das Himmelreich.
Selig die Trauernden; denn sie werden getröstet werden.
Selig, die keine Gewalt anwenden; denn sie werden das Land erben.
Selig, die hungern und dürsten nach der Gerechtigkeit; denn sie werden satt werden.
Selig die Barmherzigen; denn sie werden Erbarmen finden.
Selig, die ein reines Herz haben; denn sie werden Gott schauen.
Selig, die Frieden stiften; denn sie werden Söhne Gottes genannt werden.
Selig, die um der Gerechtigkeit willen verfolgt werden; denn ihnen gehört das Himmelreich.
Selig seid ihr, wenn ihr um meinetwillen beschimpft und verfolgt und auf alle mögliche Weise verleumdet werdet. Freut euch und jubelt: Euer Lohn im Himmel wird groß sein. Denn so wurden schon vor euch die Propheten verfolgt.

Matthäus 5,3–12

Christus und die Apostel, *aus einem byzantinischen Psalter, ca. 1250.*

DAS VATERUNSER

Matthäus und Lukas berichten, daß Jesus seinen Jüngern ein eigenes Gebet gab, nach dem sie beten sollten (siehe Kasten gegenüber). Dieses Gebet ist als das „Vaterunser" bekannt, und es ist im Gegensatz zu den „vielen Worten" (Mt 6,7) der heidnischen Gebete absichtlich sehr kurz gehalten. Die vertrauteste Version dieses Gebetes stammt aus Matthäus 6,9–13 und ist ein Teil der Bergpredigt (siehe S. 168). Die Version von Lukas ist noch kürzer und tritt erst weiter hinten auf (Lk 11,2–4), als die Apostel Jesus bitten, sie, wie Johannes der Täufer seine Anhänger, ein Gebet zu lehren.

Der Text von Lukas hebt sich sowohl in der Länge als auch im Wortlaut von Matthäus ab und scheint näher am Original von Jesus zu sein. Das Vaterunser in Matthäus ist vermutlich eine Bearbeitung des Originals im Rahmen der Liturgie der Kirche. Das Gebet wurde – mit mehr Rhythmus und mit Wiederholungen versehen – in den Gottesdienst aufgenommen; in einigen Quellen wurden auch noch preisende Schlußworte hinzugefügt („Denn dein ist das Reich und die Kraft und die Herrlichkeit, jetzt und in Ewigkeit. Amen."). Die Version von Matthäus wird normalerweise von den Christen verwendet. Die Manuskripte des Lukasevangeliums wurden auch vermehrt an Matthäus angepaßt.

Vieles deutet darauf hin, daß das Gebet ursprünglich in Aramäisch verfaßt war, der Sprache Jesu. Die Anrede „Vater" (Lk 11,2) oder „Unser Vater" (Mt 6,9) heißt auf aramäisch *Abba,* ein Wort, das anscheinend die eigenen Gebete Jesu geprägt hat: Es kommt neben seinem griechischen Gegenstück in Markus 14,36 und in zwei Paulusbriefen vor (Röm 8,15 und Gal 4,6). Religiöse Gruppen seiner Zeit, wie die Pharisäer oder die Qumran-Gemeinde, hatten ihre eigenen speziellen Gebete, und auch jüdische Gebete dieser Zeit sprechen Gott manchmal als „Vater" an. Matthäus fügt noch „im Himmel" hinzu, ein Zeichen der jüdischen Frömmigkeit mit dem Hauptaugenmerk auf der Transzendenz Gottes. Das Vaterunser und die jüdischen Synagogengebete überschneiden sich sowohl in der Form als auch im Inhalt, vor allem das Kaddisch, das um die Heiligung von Gottes Namen und um die Errichtung seines Königreiches bittet, sowie die 18 Segnungen, die in vieler Hinsicht eine Zusammenfassung des Vaterunsers darstellen. Diese jüdischen Gebete entstanden in ihrer gegenwärtigen Form erst nach der Zeit Jesu, obzwar es Anzeichen dafür gibt, daß sie von älteren Originalen abgeleitet sind.

Das Gebet hat bei Matthäus und Lukas dieselbe dreiteilige Struktur, was wiederum darauf hinweist, daß beide Versionen aus derselben Quelle stammen, vermutlich von Jesus selbst. Das Vaterunser beginnt mit einer Anrede Gottes (Mt 6,9; Lk 11,2), worauf Bitten in der „Du-Form" (Mt 6,9–10; Lk 11,2) und schließlich Bitten in der „Wir-Form" folgen (Mt 6,11–13; Lk 11,3–4). Die Bitte „dein Name werde geheiligt" (Mt 6,9; Lk 11,2) ist wiederum charakteristisch für jüdische Gebete: Der Talmud sagt, „daß ein Segen, der nicht den Namen Gottes enthält, kein wirklicher Segen ist". Die Bitte nach dem Kommen des Reiches (Mt 6,10; Lk 11,2) stellt das wichtigste Element der Lehre Jesu dar: Das Gebet erwartet das Ende der irdischen Reiche und die Errichtung von Gottes Herrschaft über alle Völker (siehe Seitentext gegenüber).

Die Bitte „dein Wille geschehe, wie im Himmel, so auf der Erde" (Mt 6,10) kommt nur bei Matthäus vor und drückt die Ansprüche aus, die Jesus an seine Jünger stellt, während sie auf das kommende Königreich warten. Diese Bitte spiegelt die allgemeine jüdische Vorstellung vom Reich Gottes als einer ewig existierenden Wirklichkeit. Sein Wille wird in der himmlischen Sphäre nicht in Frage gestellt, und Gott wird angerufen, ihn auf der Erde genauso durchzusetzen.

In der zweiten Hälfte des Vaterunsers konzentrieren sich die Bitten in der „Wir-Form" nicht mehr auf Gott, sondern auf die persönlichen Bedürfnisse der Jünger. Diese Zeilen erscheinen aufs erste relativ klar, und dennoch wirft ihre Interpretation einige Probleme auf, nicht zuletzt aufgrund der Differenzen im Text zwischen Lukas und Matthäus. Das griechische Wort, das in der ersten Bitte in „Wir-Form", der Bitte um „tägliches Brot", normalerweise mit „täglich" übersetzt wird, wurde vor dem Neuen Testament noch nie in der griechischen Literatur verwendet. Es ist das einzige Wort im ganzen Gebet, dessen Bedeutung unklar ist. Das vermutete aramäische Original hat vielleicht einfach unser Brot „für den Tag" gemeint, was auch Lukas annimmt, der sagt: „Gib uns täglich das Brot" (Lk 11,3). Dies würde aus der Bitte ein Gebet für die täglichen Bedürfnisse machen. Allerdings geht es in der Bitte, wie sie in Matthäus 6,11 ausgedrückt wird, um das Brot für „diesen Tag". Deshalb könnte auch „das Brot für den nächsten Tag" gemeint sein. Wenn diese Interpretation stimmt, könnte die Bitte in Matthäus eine Bitte für die Erhaltung der Existenz sein.

In der nächsten Bitte geht es bei Matthäus um den Erlaß von „Schulden" (Mt 6,12), während Lukas um die Vergebung der „Sünden" bittet (Lk 11,4). In diesem Fall ist der Unterschied wahrscheinlich auf ein anderes Verständnis eines aramäischen Wortes zurückzuführen, das sowohl „Schulden" als – in religiösem Kontext – auch „Sünde" oder „Schuld" bedeuten kann. Paulus beschrieb den frommen Juden als „Schuldner gegenüber dem Gesetz", und es wurde manchmal angenommen, daß Matthäus mit unseren Schulden das jüdische Gesetz meinte. Allerdings streitet Jesus an einer früheren Stelle der Bergpredigt ganz entschieden ab, daß er das Gesetz abschaffen möchte (Mt 5,17–18). Es ist deshalb unwahrscheinlich, daß die jüdisch-christliche Kirche von Matthäus dafür gebetet hat, daß sie aus den Verpflichtungen des Judentums entlassen wird.

Die letzte Bitte, „Und führe uns nicht in Versuchung" (Mt 6,13; Lk 11,4) ist schwieriger zu interpretieren. In anderen Versionen heißt es auch: „Und bringe uns nicht vor das Gericht." Es wurde oft gemeint, daß das „Gericht" sich auf die „Wehen" bezieht (siehe Offb 9,12), die dem messianischen Zeitalter unmittelbar vorangehen. Allerdings besteht die Möglichkeit, daß es sich auch nur einfach auf die „Versuchung" bezieht, die immer eine Prüfung für den Gerechten darstellt, wie die Begegnung von Jesus mit dem Teufel in der Wüste zeigt (siehe S. 162).

Die zwei Versionen des Vaterunsers

Matthäus 6,9–13	Lukas 11,2–4
Unser Vater im Himmel, dein Name werde geheiligt, dein Reich komme, dein Wille geschehe wie im Himmel, so auf der Erde. Gib uns heute das Brot, das wir brauchen. Und erlaß uns unsere Schulden, wie auch wir sie unseren Schuldnern erlassen haben. Und führe uns nicht in Versuchung, sondern rette uns vor dem Bösen.	Vater, dein Name werde geheiligt. Dein Reich komme. Gib uns täglich das Brot, das wir brauchen. Und erlaß uns unsere Sünden; denn auch wir erlassen jedem, was er uns schuldig ist. Und führe uns nicht in Versuchung.

DAS REICH GOTTES

Für die synoptischen Evangelien ist das Reich Gottes das zentrale Thema Jesu (Mt 4,17, 23; Mk 1,15; Lk 4,43). Ungefähr 50 Reden und Gleichnisse Jesu handeln vom Reich Gottes. Matthäus verwendet den Ausdruck „Himmelreich", was aber nur eine ehrfurchtsvolle jüdische Umschreibung ist und keine andere Bedeutung hat.

Aus den Lehren Jesu sind zwei wichtige Elemente des Begriffes ersichtlich. Das Reich Gottes ist eschatologisch, d.h., es bezieht sich auf das Ende der Zeit, wenn Gott entschlossen seine Herrschaft über die Welt antreten und über die Gerechten richten wird. Davon spricht Jesus in dringlichem Ton, wenn er verkündet: „Das Himmelreich ist nahe" (Mt 4,17; Mk 1,15).

Aber im rabbinischen Gedankengut ist das Reich Gottes auch eine gegenwärtige, moralische Realität: Jemand kann die „Last des Reiches" übernehmen, indem er Israels Glaubensbekenntnis zu dem einen Gott ausspricht. Dies ist das zweite wichtige Element der Lehre Jesu über das Reich. Er war ein Lehrer der Ethik, und als solcher betonte er die Notwendigkeit, daß seine Anhänger jetzt und für die Zeit, wenn das Reich schließlich kommt, darauf vorbereitet sind (Lk 10,25–28). Das verlangt Sühne (Mt 4,17–Mk 1,15), Umkehr im Herzen, wodurch die Menschen das Kommen des Reiches als Frohe Botschaft, als Evangelium annehmen können.

DIE GLEICHNISSE

Der Ausdruck „Gleichnis" (griechisch *parabole*) gilt für ungefähr 30 Geschichten. Außerdem gibt es noch ungefähr 50 andere, in denen das Wort zwar nicht vorkommt, die aber von der Art her ebenso eindeutig zu den Gleichnissen zählen, z. B. die Geschichte vom barmherzigen Samariter (Lk 10,29–35). Trotz der Tatsache, daß Jesus in seinen Lehren regelmäßig Gleichnisse verwendet, ist es nicht leicht, diesen Ausdruck präzise zu erklären. Im Altgriechischen bedeutete das Wort in erster Linie Vergleich, und die Septuaginta, die griechische Übersetzung der Hebräischen Bibel, verwendet das Wort für das hebräische *maschal,* das ungefähr denselben Sinn hat. Ein Gleichnis kann deshalb im weitesten Sinne als Metapher bezeichnet werden und sich auf eine große Anzahl literarischer Formen beziehen, wie z. B. auf Sprichwörter, Rätsel, Spötteleien, Aphorismen und Allegorien. Diese und andere literarische Stilmittel kennzeichnen die Lehren Jesu in großem Ausmaß, und deshalb ist es verständlich, wenn Markus sagt, daß Jesus „nur in Gleichnissen" zu den Menschen sprach (Mk 4,34).

Allerdings wird der Ausdruck Gleichnis meistens auf eine realistische, aber metaphorische Geschichte angewendet, die eine tiefere Bedeutung hat, als auf den ersten Blick anzunehmen ist. Das Gleichnis kennt grundsätzlich

Oben: *Fischerboote am heutigen See Gennesaret.*

Der Hl. Petrus und der Hl. Andreas fischen am See Gennesaret, *ein spanisches Wandgemälde aus dem 12. Jahrhundert.*

Der soziale Hintergrund

Die Gleichnisse in der Bibel stellen sehr wahrscheinlich ein authentisches Element der Reden Jesu dar und sind voller Szenen, die aus dem Alltagsleben stammen. Das Gleichnis vom Fischnetz (Mt 13,47–50), wo die guten von den schlechten Fischen getrennt werden, stellt etwa das Leben der galiläischen Fischer dar. Auch das Gleichnis vom Sämann (siehe S. 174) trägt typische Merkmale Palästinas: Es zeigt die dort übliche Praxis, *vor* dem Pflügen auszusäen. Das Gleichnis von den Arbeitern im Weinberg, die laut jüdischem Gesetz am Ende des Tages bezahlt werden (Mt 20,1–16), deutet darauf hin, daß in Palästina damals eher bezahlte Arbeitskräfte und nicht Sklaven die Norm waren.

In der letzten Zeit wurde viel unternommen, um den Charakter und die Hintergründe der Gleichnisse des Neuen Testamentes zu erklären. Durch seine Gleichnisse hat Jesus die biblische Tradition des Geschichtenerzählens weiterentwickelt, die dem Zuhörer Beispiele aus seiner eigenen Lebenssituation vorführt. Ein gutes Beispiel ist das Gleichnis vom reichen und vom armen Mann, durch das der Prophet Natan König David dazu bringt, sich selbst zu verurteilen (2 Sam 12,1–15).

König David und Natan, *aus dem* Stundenbuch von Nicolas Le Camus, *Frankreich, 15. Jahrhundert.*

Den Gleichnissen der Evangelien am nächsten sind jedoch die Gleichnisse der Rabbiner. Jesus selbst wurde oft als „Rabbi“ angesprochen, was „Lehrer“ bedeutet (z. B. Mt 26,25; Mk 9,5), auch wenn seine Botschaft sich von der anderer jüdischer Lehrer dieser Zeit unterscheidet. Auch die Rabbiner verwendeten Geschichten, um gewisse Aspekte des Gesetzes zu erklären, und bezogen sich auf die sozialen und wirtschaftlichen Bedingungen des Alltags von Grundbesitzern, Pächtern oder Arbeitern. Viele der typischen Schauplätze – wie z. B. das Feld, der Weinberg, das Festessen, der Königshof – kommen auch in den Gleichnissen Jesu vor.

Es überrascht nicht, daß im Matthäusevangelium, das eine starke Verbindung zum Judentum aufweist, die größte Ähnlichkeit zum rabbinischen Stil zu finden ist. Matthäus stellt die Gleichnisse stärker als die anderen Evangelisten als Lehrbehelfe dar und versucht, genau wie die Rabbiner, den Menschen dadurch moralische Verpflichtungen einzuprägen.

zwei Formen. Die erste Form ist die kurze, klare Erzählung, wie das Beispiel vom reichen Mann und vom armen Lazarus (Lk 16,19–31). Ohne festzustellen, wer von den beiden in Sünde oder in Tugend gelebt hat, sagt Jesus einfach, daß der Reiche nach seinem Tod in die Unterwelt kommt, Lazarus aber in den Himmel, „in Abrahams Schoß“. Abraham ignoriert die Bitten des Reichen, seine Brüder davor warnen zu dürfen, was sie nach ihrem Tod erwartet. Der Patriarch entgegnet: „Sie haben Mose und die Propheten, auf die sollen sie hören.“ Das Gleichnis soll den Hörer oder Leser also dazu anhalten, das Gesetz zu befolgen. Es gibt auch Gleichnisse, die mit der Einleitung „es ist wie“ oder „als ob“ einen Vergleich anstellen, z. B. Markus 4,26–32. Viele dieser zwei Arten von Gleichnissen dienen dazu, das Reich Gottes zu erklären (siehe S. 171), während andere sich mit den moralischen Verpflichtungen gegenüber den Mitmenschen befassen, die als irdische Vorbereitung für jene gedacht sind, die in das Reich eingehen wollen.

Gleichnisse gibt es jedoch nur in den synoptischen Evangelien. Das Evangelium nach Johannes stellt die Lehren Jesu auf eine ganz andere Art dar (siehe S. 176), und der Ausdruck „Gleichnis“ bei Johannes 10,6 war auf Griechisch ein anderes Wort als das von den Synoptikern verwendete. Die ersten drei Evangelien fassen meist Gleichnisse mit ähnlichem Inhalt zusammen, wie z. B. die „Saat“-Gleichnisse in Markus (siehe S. 174). Manchmal weichen die Evangelisten in der Form und in der Wahl ihrer Schauplätze für ein und dasselbe Gleichnis voneinander ab, um ihre eigene Sichtweise von der Geschichte der Lehre Jesu zu vermitteln.

DER SÄMANN

Hauptzweck der Gleichnisse Jesu war es, seine wichtigsten Anliegen einem einfachen Publikum näherzubringen. Allerdings ist die Bedeutung der Gleichnisse nicht immer offensichtlich. Markus sagt sogar, daß sie das Ziel hatten, die wahren Geheimnisse der Botschaft, die nur dem kleinen Kreis der Jünger vorbehalten waren, vor der breiten Masse zu verbergen (Mk 4,10–12). Die frühe Kirche war klar der Meinung, daß die Gleichnisse erklärt werden müßten, und auch in den Evangelien erläutert Jesus selbst einige Gleichnisse. Am hervorstechendsten ist das Gleichnis vom Sämann, das, zusammen mit einer Erklärung, die Jesus den Jüngern gibt (Mt 13,3–23; Mk 4,3–30; Lk 8,5–15), in allen drei synoptischen Evangelien vorkommt. Diese Interpretation wurde wahrscheinlich später hinzugefügt und stammt aus der Lehrtätigkeit der ersten Christen. Das apokryphe Evangelium nach Thomas (siehe S. 149), in dem sich angeblich authentische Lehren von Jesus befinden, enthält das Gleichnis, aber keine sich darauf beziehende Erklärung.

Die Gleichnisse bei Lukas

Einige der bekanntesten Gleichnisse Jesu stammen aus dem Lukasevangelium. Sie sind oft sehr realistisch und menschlich dargestellt und besitzen im Gegensatz zu den düsteren, apokalyptischen Gleichnissen, die Lukas mit Matthäus und Markus gemeinsam hat, wie z. B. das Gleichnis vom Sämann (siehe Haupttext), sogar einen Ton von Freude und Optimismus.

In der berühmten Geschichte vom barmherzigen Samariter (Lk 10,30–35) erzählt Jesus, wie ein Priester und ein Levit einen Verwundeten auf der Straße nach Jericho einfach ignorieren. Er wird schließlich von einem Samariter gerettet, der seine Wunden versorgt und ihn in eine Herberge mitnimmt. Bei Lukas gilt den Samaritern (siehe S. 125) sowie generell allen Außenseitern das besondere Interesse Jesu. Dieses Gleichnis erinnert an den Bericht in 2 Chronik, wo einige Samariter einen Verwundeten aus Juda nach Jericho bringen (2 Chr 28,15).

Drei Gleichnisse in Lukas 15 bringen klar Jesu Sorge um Sünder zum Ausdruck und zeigen, wie sie

Der verlorene Sohn, *vom Meister der Frauenbrustbilder (niederdeutsch, ca. 1550). Die Rückkehr und die Reue des verlorenen Sohnes werden mit einem großen Fest gefeiert.*

durch Gnade wieder zu Gott kommen. Es sind dies die Gleichnisse vom verlorenen Schaf (Lk 15,3–7), von der verlorenen Drachme (15,8–10) und vom verlorenen Sohn (15,11–32), wobei letzteres an die Geschichte von Josef erinnert (siehe S. 48–51). Es stellt vielleicht auch eine Kritik an den Schriftgelehrten und Pharisäern dar (siehe S. 184–185), deren Einstellung durch den Bruder des verlorenen Sohnes verkörpert wird. Allerdings dienen die drei Geschichten in erster Linie dazu, die Liebe Gottes zu demonstrieren, der die reuigen Sünder wieder aufnimmt. Als der Sohn, die Drachme und das Schaf wieder gefunden sind, herrscht auf Erden wie im Himmel großer Jubel.

Der Weinberg und das Festessen

Zwei Gleichnisse, die in mehr als einem Evangelium vorkommen, haben die Ablehnung Jesu zum Thema. Das erste ist das Gleichnis von den bösen Winzern (Mt 21,33–43; Mk 12,1–11; Lk 20,9–17). Es basiert auf den Einleitungsversen von Jesaja 5, die von Markus und Matthäus zitiert werden. Die Geschichte ist sehr allegorisch: Der Weinberg stellt Israel dar, die Winzer stehen für das jüdische Volk beziehungsweise seine Priester, der Besitzer für Gott, die Knechte, die er sendet, sind die Nachfolger der Propheten, die von den Israeliten ermordet wurden, und der Sohn des Besitzers ist Jesus. Das Ergebnis der Geschichte ist die Ablehnung der Juden und die Übergabe des versprochenen Reiches an die nichtjüdischen Gerechten.

Ein Aussichtsturm in einem Weinberg in Judäa. Ein solcher Turm wird in Jesaja 5,2 erwähnt.

Matthäus fügt das Gleichnis vom königlichen Hochzeitsmahl gleich an (Mt 22,1–10). Lukas nimmt diese Episode auch auf, läßt sie aber an einem anderen Schauplatz spielen (Lk 14,15–24). Die Botschaft lautet schlicht, daß nichts einem Menschen im Weg stehen soll, der von Gott gerufen wird. Bei Matthäus wird dieses Gleichnis allerdings zu einer ausgeklügelten Allegorie. Der Gastgeber ist ein König – Gott persönlich – und das Fest ein messianisches Hochzeitsmahl für dessen Sohn. Die Diener werden von den Gästen, die sie zum Fest laden sollen, umgebracht. Deshalb schickt der König seine Truppen, um die Stadt der Gäste, die seine Einladung abgelehnt haben, zu zerstören. Hier bezieht sich Matthäus vielleicht auf die Zerstörung Jerusalems durch die Römer 70 n. Chr. Der Gast ohne Hochzeitsgewand kommt nur in Matthäus (22,11–14) vor. Diese Begebenheit paßt nicht zur vorangehenden Geschichte und stellt vielleicht einen moralischen Zusatz dar, um unwürdige Mitglieder der Gemeinde, für die Matthäus schrieb, zurechtzuweisen.

Bei Markus folgt auf das Gleichnis vom Sämann das Gleichnis vom Wachsen der Saat (Mk 4,26–29) und vom Senfkorn (Mk 4,30–32). Die drei Gleichnisse sind durch das Wort „Same" verbunden, und die letzten zwei beziehen sich auf das nahende Reich Gottes (siehe S. 171). Bei Markus ist das Gleichnis in die wiederholte Ablehnung von Jesus eingebettet und dient vielleicht als Warnung, daß die Botschaft, „das Wort Gottes", nicht überall angenommen werden wird. In seiner Erklärung gibt Jesus jedem einzelnen Detail des Gleichnisses eine Bedeutung: Die Vögel verkörpern den Teufel, die Wärme der Sonne die Verfolgung und die Dornen die weltlichen Freuden. Das Gleichnis wird eher zu einer moralischen Anweisung für das tägliche Leben aller Christen als zu einem Ruf an die Jünger Jesu, sich für das Kommen des Reiches vorzubereiten, wie Matthäus es versteht.

Bei Matthäus haben die Gleichnisse eine andere Reihenfolge als bei Markus. Auch läßt er das Gleichnis vom Wachsen der Saat aus, fügt dafür aber vor dem Gleichnis vom Senfkorn (Mt 13,31–32) jenes vom Unkraut unter dem Weizen (Mt 13,24–30), vom Sauerteig (Mt 13,33), vom Schatz und von der Perle (Mt 13,44–46) sowie jenes vom Fischnetz (Mt 13,47–50) hinzu. Damit versucht Matthäus zu betonen, daß das Reich Gottes im Moment noch im Verborgenen liegt, letztendlich aber triumphieren und die Sünder von den Gerechten trennen wird. Diese Interpretation wird durch das spätere Gleichnis vom Weltgericht unterstützt, das nur bei Matthäus vorkommt (Mt 25,31–46): Wenn das Reich Gottes kommt, wird der „Menschensohn" die Gerechten zu seiner Rechten, die Sünder aber zur Linken versammeln, „wie der Hirte die Schafe von den Böcken scheidet".

DIE LEHREN JESU IM JOHANNESEVANGELIUM

Eine bronzene Handelswaage aus dem römischen Judäa. Die Händler im Tempel verwendeten vermutlich ein ähnliches Gerät.

Oft wurde angenommen, daß das Johannesevangelium eine spätere Interpretation der drei synoptischen Evangelien darstellt (siehe S. 151). Heute wird die Auffassung vertreten, daß die Synoptiker die Lehren Jesu am authentischsten wiedergeben; es wird jedoch in Frage gestellt, ob der Verfasser des Johannesevangeliums überhaupt auf die ersten drei Bücher zurückgriff. Wahrscheinlicher ist, daß sein Buch auf sehr frühen Überlieferungen von Jesu Leben und Lehren gründet. Dieser Umstand würde die Unterschiede in der Darstellung der Botschaft Jesu in den Büchern der Synoptiker und dem Johannesevangelium erklären. Bei den Synoptikern bestehen die Lehren Jesu hauptsächlich aus kurzen Aussagen und Gleichnissen (siehe S. 172–175), im Johannesevangelium jedoch hält Jesus längere Reden (siehe Kasten gegenüber) und führt ausführliche Streitgespräche mit seinen Gegnern. Die erste Hälfte des Evangeliums (Joh 2–12) gliedert sich um sechs Reden, welche die Bedeutung von sechs Wundern erklären, und dauert bis zu dem Punkt, an dem sich Jesus gemeinsam mit seinen Jüngern aus der Welt zurückzieht. Die zweite Hälfte des Evangeliums (Joh 13–20) enthält weitere Reden, speziell die Abschiedsrede Jesu an die Jünger (Joh 14–17).

Der Inhalt der Reden unterscheidet sich sehr stark von den Aussagen Jesu in den Evangelien der Synoptiker. Im allgemeinen verfolgt das Johannesevangelium das Ziel, den Leser davon zu überzeugen, „daß Jesus der Messias ist, der Sohn Gottes, und damit ihr durch den Glauben das Leben habt in seinem Namen" (Joh 20,31). Bei den Synoptikern hingegen verkündet Jesus lediglich das Kommen von Gottes Königreich (siehe S. 171), und er gibt auch moralische und religiöse Anweisungen für das Annehmen des Königreiches. Der Jesus des Johannesevangeliums spricht mehr über sich selbst und warum er der Messias und Sohn Gottes ist. Seine Reden deuten „das Wort" von Johannes 1, das die Hauptthemen des gesamten Evangeliums vorstellt (siehe auch S. 161).

Die Vertreibung der Händler aus dem Tempel, *ca. 1600 von Domenikos Theotokopoulos, alias El Greco (1541–1614). Das ist die dritte Version dieser Szene von El Greco.*

Auffällig bei Johannes sind sechs Aussprüche, die mit „Ich bin" beginnen und als Ausgangspunkt für die Rede Jesu dienen. In diesen Aussagen beschreibt sich Jesus selbst etwa als Brot des Lebens (Joh 6,35–51), als Licht der Welt (Joh 8,12–14) und als den wahren Weinstock (Joh 15,1–8). Diese Aussagen haben besondere Autorität, da sie die Verkündung des Namens Gottes in Exodus 3 widerspiegeln (siehe S. 56).

Johannes erzählt eine Reihe von Vorkommnissen, die bei den Synoptikern im Gegensatz dazu nicht erwähnt werden, und wenn er sich auf Ereignisse in den anderen Evangelien bezieht, gibt er ihnen oft eine andere Gestaltung und Bedeutung. Das ist ganz besonders auffällig in den Episoden, die er zu Beginn des Wirkens Jesu (Joh 2–4) ansetzt und die einen eigenen Abschnitt bilden. Sie bestehen aus zwei Erzählungen und zwei Reden, die alle das gleiche Grundthema haben: die neue, von Jesus übermittelte Lebensordnung. Die erste Erzählung über die Hochzeit in Kana (Joh 2,1–11) zeigt Jesus, wie er das jüdische Wasser durch den neuen Wein seiner eigenen Lehren ersetzt (siehe auch S. 167). Auf diese Geschichte folgt dann unmittelbar die Erzählung über die Tempelreinigung in Jerusalem (Joh 2,13–22), die in den anderen Evangelien an das Ende des Wirkens Jesu gesetzt wird. Die Geschichte steht am Anfang des Evangeliums, da sie die zwei Hauptthemen des Buches vorstellt: den Glauben der Jünger (Joh 2,22) und die Auseinandersetzung Jesu mit „den Juden". Typisch für Johannes ist die symbolische Bedeutung des Wortes „Juden" als Bezeichnung für alle, die Jesus nicht als den Messias anerkennen.

Johannes stellt seine Interpretation der Reinigungsepisode in einem Gespräch zwischen Jesus und „den Juden" dar (Joh 2,18–21): Der Tempel soll nicht nur gereinigt, sondern, wie Jesus an einer anderen Stelle vorhersagt, zerstört werden. Johannes schließt jedoch das Versprechen eines neuen Tempels, in dem Gott, in Form des auferstandenen Leibes Jesu, wohnen wird, mit ein (Joh 2,19–21).

Nikodemus und die Samariterin

Die ersten beiden Reden im Johannesevangelium veranschaulichen deutlich die grundlegende Vorstellung des Johannesevangeliums – die Vorstellung vom Neubeginn durch Jesus. Die erste (Joh 3) richtet sich an den Pharisäer Nikodemus, einen jüdischen Führer und gewandten Theologen, der Jesus in der Nacht aufsucht. Er wird erleuchtet durch „das Licht", das „in die Welt kam" (Joh 3,19). Jesus lehrt, daß eine völlige Neugeburt, symbolisiert durch die Taufe, erforderlich sei, um in das Reich Gottes zu kommen (Joh 3,5). Durch die Taufe wird das Geschenk „des Geistes" übermittelt, eine neue Existenz, die im Gegensatz zum „Fleisch" – zu allem Irdischen – steht (Joh 3,6). Nur Jesus kennt die himmlische Wahrheit, da er „von neuem geboren wird" (Joh 3,3). Seine rettende Kraft wird denjenigen, die an ihn glauben, enthüllt werden, wenn er erhöht wird, „wie Mose die Schlange in der Wüste erhöht hat" (Joh 3,14). Diese Aussage nimmt bereits die Kreuzigung vorweg.

Die zweite Rede (Joh 4,7–26) ist eingebettet in einen Dialog mit einer Samariterin bei Jakobs Brunnen. Jesus sagt der Frau, daß das Wasser des Brunnens durch das Wasser des ewigen Lebens, das er bringt, ersetzt werden wird. Die Samariter (siehe S. 125) müssen den Messias akzeptieren, der Gottes Versprechen an die Juden erfüllt, jedoch nicht die Gesetze des Tempels in Jerusalem. Jesus leitet eine neue Ära ein, in welcher der Gottesdienst nicht auf bestimmte Plätze, wie den Tempel in Jerusalem oder das Kultzentrum der Samariter am Berg Garizim, beschränkt bleibt.

Ein einfacher Dorfbrunnen, typisch für die in Judäa gefundenen Wasserstätten.

DIE WUNDER

Die Heilung des Gelähmten (Mt 9,2–7; Lk 5,18–25; vgl. Mk 2,3–12; Joh 5,5–9). Diese Wandmalerei stammt aus einer Kirche des 3. Jahrhunderts, die bei Dura Europos in Syrien ausgegraben wurde.

Das Neue Testament berichtet von zahllosen Wundern, die Jesus und später die Apostel vollbringen. Ein Wunder wird oft definiert als Ereignis, das die Naturgesetze aufhebt. Diese Definition läßt sich jedoch nicht auf die kosmologische Sichtweise der Bibel anwenden, welche das Universum nicht als ein geschlossenes, auf Ursache und Wirkung beruhendes System versteht. Ein Wunder im biblischen Sinn ist ein Anlaß, zu dem Gott auf außergewöhnliche Weise agiert, um ein bestimmtes Ziel zu erreichen. Im Neuen Testament gibt es drei griechische Wörter für Wunder: „Wunder" (etwas Außergewöhnliches); „Zeichen" (ein Beweis, daß Gott agiert); und, am häufigsten, „Macht" (eine Demonstration der göttlichen Macht und Herrschaft).

In der alten Welt wurden Wunder als selbstverständlich angesehen, so auch im Judentum. Die Bibel enthält viele Berichte über die Wunder Gottes zum Schutz seines Volkes; Beispiele dafür sind der Auszug aus Ägypten mit Hilfe der Plagen, Moses Teilung des Roten Meeres (Ex 14) sowie die Speisung in der Wüste (Ex 16) (siehe S. 52–67). Ebenso gibt es unzählige Geschichten über die Wunder von heiligen Männern, z.B. der Propheten Elia und Elischa (siehe S. 96–99), welche die Macht besaßen, in Gottes Namen einzuschreiten. Diese Berichte haben viele der Wundererzählungen des Neuen Testamentes beeinflußt. Die Wunder des Neuen Testamentes bestätigen, daß, ebenso wie zu Beginn der Geschichte des jüdischen Volkes, Gott wiederum einschreiten wird, um sein Volk vom Bösen zu befreien und zum Heil zu führen.

Die Wunder Jesu zeigen den Ungläubigen, daß er der erwartete Messias ist und die versprochene neue Ära des Reiches Gottes (siehe S. 171) einleitet. Auf die Frage der Jünger von Johannes dem Täufer an Jesus, ob er jener sei, der da kommen soll, nennt Jesus seine Wunder als die sichtbaren Beweise

Wunderheiler zur Zeit Jesu

Sowohl Jesus als auch seine Jünger werden als Wanderprediger dargestellt, die im Laufe ihres Wirkens oftmals Wunder vollbringen. Sie waren somit keine ungewöhnliche Erscheinung im damaligen Römischen Reich: Es besteht eine enge Analogie zur Schule der Kyniker-Stoiker, deren Prediger in den ersten zwei Jahrhunderten n. Chr. durch den Nahen Osten wanderten.

Es gab eine Reihe jüdischer Wunderheiler, die mit Hilfe magischer Namen Heilungen vornahmen, ebenso wie die Jünger im Namen Jesu heilten (wie in Apg 3,6). Auch vielen Rabbis werden Wunder zugeschrieben. Legenden über ihre Macht, Regen zu erzeugen, werden im Talmud erzählt. Der berühmteste rabbinische Wunderheiler war vermutlich Hanina ben Dosa aus dem späten 1. Jahrhundert v. Chr. Eine Geschichte berichtet, daß er auf wundersame Weise den Sohn eines anderen Rabbi, Gamaliel II., heilte. Gamaliels Sohn war krank, daher schickte der Rabbi zwei seiner Jünger zu Hanina, der erklärte, das Fieber hätte den Jungen verlassen. Die Jünger merkten sich den Zeitpunkt dieser Aussage und kehrten zu Gamaliel zurück, der bestätigte, daß das Fieber genau zu dieser Stunde zurückgegangen wäre. Hier besteht eine verblüffende Parallele zur Evangeliengeschichte, in der Jesus den Sohn eines Beamten in Kapharnaum heilt (Joh 4,46–54; siehe S. 167).

Der Teich Siloah, an dem Jesus einen Blinden heilte (Joh 9,7). Dieser Teich befindet sich am südlichen Eingang des Tunnels von König Hiskija zwischen der Gihonquelle und der Stadt Davids (siehe Karte S. 190).

dafür, daß er der Messias ist (Lk 7,18–23). Die Aufzählung der Heilungen in diesen Versen erinnert an Stellen im Buch Jesaja, wo solche Wunder ebenfalls als Zeichen der Herrschaft Gottes angeführt werden (Jes 29,18–19; 35,5–6; 61,1). Die außergewöhnlichen Erscheinungen, die Geburt und Tod Jesu begleiten, sind zu seiner Zeit ohne weiteres akzeptiert worden, da die Menschen damals voraussetzten, daß Geburt und Tod bekannter Persönlichkeiten von ungewöhnlichen Zeichen und Omen begleitet werden.

Jesus verlieh seinen Jüngern die Gabe, Wunder zu vollbringen wie er selbst, und die Apostelgeschichte berichtet, daß in den ersten Tagen der Kirche „viele Wunder und Zeichen durch die Apostel geschahen" (Apg 2,43). Einige der Wundererzählungen in der Apostelgeschichte, z.B. die von Petrus erwirkte Heilung eines Gelähmten vor dem Schönen Tor des Tempels in Jerusalem, weisen starke Parallelen zu den Wundern Jesu in den Evangelien auf. Petrus sagt zum Bettler: „Im Namen Jesu Christi, des Nazoräers, geh umher!" (Apg 3,6). Das erinnert an die Worte, mit denen Jesus einen Gelähmten heilte (Mt 9,6; Mk 2,11; Lk 5,24; Joh 5,8) und die Tochter des Jaïrus von den Toten auferweckte (Mk 5,41; Lk 8,54). Ebenso wie die Wunder Jesu einen entscheidenden Augenblick in seinem Leben darstellen, stehen die in seinem Namen ausgeführten Wunder für wesentliche Wendepunkte in der Entwicklung der Kirche. Das Wunder verursacht einen großen Aufruhr, und die anschließende Predigt führt zur Verhaftung von Petrus. Gleichzeitig werden aber 5000 Menschen zu Jesus bekehrt (Apg 4,3–4).

Die Wunder des Johannesevangeliums

Im Johannesevangelium werden die Wunder als Beweis für die außergewöhnlichen Fähigkeiten Jesu und seine Mission ausführlicher dargestellt als bei den Synoptikern. Johannes beschreibt die Wunder als sechs „Zeichen", die manchmal in direkten Bezug gebracht werden mit den sechs Reden im ersten Teil des Evangeliums, die alle mit „Ich bin" beginnen (siehe S. 176). Dieser Teil des Johannesevangeliums wurde aus diesem Grund oft das „Buch der Zeichen" genannt.

In den meisten Fällen weisen die Geschichten des Johannesevangeliums Parallelen zu den Evangelien der Synoptiker auf, Johannes verleiht ihnen jedoch eine eigene, spezielle Bedeutung. Die Heilung eines Kranken am Sabbat (Joh 5,2–16) stellt ebenso wie bei den Synoptikern die Verletzung eines jüdischen Gesetzes dar, in der darauffolgenden Predigt fordert Jesus jedoch, daß er aufgrund des Wunders als Gottes Sohn gilt und ihm deshalb gleichgestellt ist (Joh 5,17–47). Der Bericht über die Heilung eines Blinden (Joh 9) gleicht ebenfalls der Erzählung der Synoptiker, im Johannesevangelium soll Jesus dadurch aber als das Licht der Welt dargestellt werden.

Denselben Zweck verfolgen die Wundererzählungen, die man nur im Johannesevangelium findet. So dient Lazarus' Auferweckung (Joh 11; siehe S. 181) der Erweckung des Glaubens und gilt als Zeichen für das ewige Leben, das durch den Glauben an Jesus gesichert wird.

Die Heilungen Christi *aus der* Bible Moralisée, *hergestellt ca. 1240 für König Ludwig IX. von Frankreich (St. Louis).*

DIE AUSTREIBUNG DER DÄMONEN

Eine Herde Schweine, Relief im assyrischen Königspalast in Ninive, ca. 690 v. Chr.

WEITERE WUNDERHEILUNGEN

Die Berichte über Krankheiten, die von Jesus geheilt wurden, beziehen sich nicht alle direkt auf Besessenheit. Die Erzählung vom Gelähmten (Mt 9,2–8; Mk 2,3–12; Lk 5,18–26; Joh 5,5–9) steht für die damalige Ansicht, daß Krankheit auf Sünde beruht, und zeigt gleichzeitig, daß Jesus die göttliche Fähigkeit zur Vergebung der Sünden und somit zur Aufhebung ihrer Folgen hatte. Die Heilung des Mannes mit der verdorrten Hand (Mt 12,9–13; Mk 3,1–5; Lk 6,6–10) und des Blinden (Joh 9) dienen, wie andere Episoden, als Beweis dafür, daß Jesus der Messias ist und sich somit über die strikten Gesetze zur Einhaltung des Sabbat hinwegsetzen kann.

Als besonders bedeutsam gilt die Heilung eines Aussätzigen (Mt. 8,1–4; Mk 1,40–41; Lk 5,12–15). Dazu muß festgehalten werden, daß das Wort „Lepra", wie es in der Bibel verwendet wird, nicht nur für die von Hansen erforschte Krankheit steht, sondern sich auf alle möglichen Hautkrankheiten beziehen kann. Bei Markus wird Jesus von heftigem Mitleid für den Aussätzigen erfüllt. Das jüdische Gesetz traf keine Vorkehrungen zur Heilung Leprakranker: Trat die Krankheit auf, mußte der Aussätzige von einem Priester untersucht werden und sich einem Reinigungsritual unterziehen. Aber Jesus hebt das alte Gesetz auf und reinigt den Aussätzigen von seiner Krankheit. Lukas berichtet von der Heilung von zehn Aussätzigen, als Jesus in Galiläa und Samaria war (Lk 7,11–19). Die Aussätzigen symbolisieren die zehn Stämme Israels, welche die Region bewohnen. Der einzige Aussätzige, der Jesus anerkennt, ist ein Samariter, ein Nichtjude, und die Episode veranschaulicht vermutlich das Überbringen des Evangeliums an die Nichtjuden. Die Botschaft ist klar: Jesus als Heiler verteilt sein Wohlwollen auf alle Bedürftigen, gleichgültig, ob sie Juden oder Nichtjuden sind. Alle können durch den Glauben an seine Kraft gerettet werden.

Das in den synoptischen Evangelien beschriebene Austreiben böser Geister spielte eine wichtige Rolle im Wirken Jesu. In der antiken Welt wurde allgemein angenommen, daß böse Geister sowohl Krankheiten als auch Naturkatastrophen wie Stürme und Überschwemmungen verursachen. Ebenso nahm man an, daß ihr Einfluß durch Austreibungen und andere Praktiken zur Bekämpfung des Bösen reduziert werden könne. Im Johannesevangelium werden solche Aktivitäten gar nicht erwähnt. Abgesehen von den Synoptikern kommen sie noch in der Apostelgeschichte (Apg 5,16; 8,7; 16,16–18, 19, 11–19) vor. Man kann nicht genau sagen, welche Krankheiten geheilt wurden, wenn Jesus und seine Jünger Dämonen ausgetrieben haben, da den Erzählern solche Informationen nicht zugänglich waren. Das eindrucksvolle Bild eines vom Dämon besessenen Knaben, der sich auf der Erde wälzt und Schaum vor dem Mund hat (Mk 9,14–27; Lk 9,37–43), läßt darauf schließen, daß er einen epileptischen Anfall hatte, und die verschiedenen Geschichten, die davon handeln, daß Jesus die Stummen sprechen und die Blinden sehen läßt, könnten auf die Heilung einer psychosomatischen Störung zurückzuführen sein.

Im Neuen Testament wird von der Heilung von Besessenheit berichtet, die in Form von bestimmten Krankheitsbildern auftrat und nach demselben Muster behandelt wurde: hartnäckiges, langes Andauern der Krankheit, Heilungsmethode, die sichtbaren Folgen. Diesen Aufbau findet man auch in volkstümlichen griechischen und jüdischen Erzählungen des 1. Jahrhunderts n. Chr. Ebenso wie die Bibel beschreiben auch griechische Texte das Austreiben des Dämons kraft des göttlichen Namens und betonen, wie bedeutsam es ist, daß der Geist seine Identität preisgibt, wie in der Heilung des besessenen Geraseners, die von Markus (Mk 5,9) und Lukas (Lk 8,30) berichtet wird. Die Dämonen sagen, ihr Name sei „Legion", da es so viele von ihnen gebe. Mit Jesu Namen wurde oft Besessenheit geheilt, nicht nur durch seine Anhänger, sondern auch durch andere Exorzisten.

Für die Verfasser der Evangelien ist Jesus viel mehr als nur ein Wunderheiler. Auch die Evangelisten vertreten die allgemeine Anschauung der damaligen Zeit, daß die Dämonen den Bereich zwischen Himmel und Erde bewohnen und daß Satan oder Beelzebul der Herr dieses Reiches des Bösen sei (vgl. Mt 12,24–27, wo Jesus abstreitet, daß er seine Kräfte von Beelzebul erhält, einer Figur, die sich vom kanaanitischen Titel Baal-zebul, „Herr Baal", ableitet. Die hebräische Form Baalzebub bedeutet „Herr der Fliegen" und stellt vermutlich eine absichtliche Verballhornung dar). Die Ankunft des Reiches Gottes in der Person Jesu Christi führt zur Vernichtung des Reiches des Bösen, die durch die Fähigkeit, die bösen Geister zu besiegen, angekündigt wird. In der Erzählung des besessenen Geraseners treibt Jesus gleich eine ganze Gemeinschaft solcher Geister aus einem Mann (bei Matthäus aus zwei Männern) aus. Die Geister flehen Jesus an, ausfahren zu dürfen, und Jesus gibt ihnen die Erlaubnis, in eine Herde von Schweinen zu fahren, die als unsauber und daher passend angesehen werden. Sobald die Schweine von den bösen Geistern besessen sind, stürmen sie den Abhang hinunter in den See, wo sie ertrinken (Mt 8,28–33; Mk 5,2–13; Lk 8,27–33).

Die Sicht der Geisteraustreibungen, die in den Evangelien vertreten wird, kann am besten durch einen Spruch Jesu wiedergegeben werden, wie er bei Lukas überliefert wird: „Wenn ich aber die Dämonen durch den Finger Gottes austreibe, dann ist doch das Reich Gottes schon zu euch gekommen" (Lk 11,20). Dieses anschauliche Bild von Gottes Finger wird auch von den ägyptischen Magiern bei der Beschreibung von Gottes Handlungen zur Befreiung Israels (Ex 8,19) verwendet.

Die Auferweckung der Toten

Oben: *Das traditionelle „Grab des Lazarus“ in Bethanien.*

Links: Die Erweckung des Lazarus *von ca.1309 auf einem Fresko von Giotto (ca. 1266–1337) in der Kirche des Hl. Franz von Assisi, Italien.*

In den Evangelien wird von drei Fällen berichtet, wo Jesus einen Toten wieder zum Leben erweckt. In jeder dieser Geschichten spielen Frauen eine große Rolle. In ihnen wird auch der Sieg der guten Kräfte über das Böse veranschaulicht, da, so wird im Brief an die Hebräer berichtet, das Böse die Macht über den Tod hat (Hebr 2,14).

Bei Markus' Erzählung (Mk 5,22–24, 35–43) von der Heilung der Tochter des Jaïrus werden die Worte Jesu an das kleine Mädchen (*Talita kum*, „Kleines Mädchen, steh auf“) in der ursprünglichen Sprache, Aramäisch, wiedergegeben (Mk 5,41), wahrscheinlich, weil dieser Satz von christlichen Exorzisten verwendet wurde. (Zwischen den beiden Teilen dieser Episode findet man die Geschichte von der Frau, die nur durch die Berührung der Kleider Jesu geheilt wird (Mk 5,25–34). Sie wird durch ihren Glauben geheilt, die Geschichte enthält jedoch ebenfalls die Vorstellung einer mysteriösen Kraft des Heilenden.) Bei Nain in Galiläa erweckt Jesus den Sohn einer Witwe wieder zum Leben. Lukas' Erzählung (Lk 7,11–17) erinnert an ein ähnliches Wunder durch den Propheten Elia (1 Kön 18,23). Jesus wird wie Elia als großer Prophet dargestellt (Lk 7,15–16). Die Geschichte des Lazarus (Joh 11) ist der Höhepunkt des Johannesevangeliums, das letzte „Zeichen“ (siehe S. 179). Es heißt, Lazarus war bereits tagelang tot, bevor Jesus kam. Im volkstümlichen, jüdischen Glauben verließ die Seele am vierten Tag nach dem Tod, bei Einsetzen der Verwesung, den Körper des Toten. Die Auferweckung des Lazarus symbolisiert das Versprechen von der Auferstehung Jesu, wie Jesus der Schwester des Lazarus, Martha, sagt: „Ich bin die Auferstehung und das Leben. Wer an mich glaubt, wird leben, auch wenn er stirbt“ (Joh 11,25).

DAS WUNDER DER SPEISUNGEN

DIE SPEISUNG DER 5000 IM JOHANNESEVANGELIUM

Im Johannesevangelium wird die symbolische Bedeutung der Speisung der 5000 (Joh 6,1–14) ausführlich durch das nachfolgende Gespräch (Joh 6,25–59) erläutert, in dem auch eine der bedeutungsvollen „Ich bin"-Aussagen (siehe S. 176–177) steht: „Ich bin das Brot des Lebens" (Joh 6,35). Johannes interpretiert das Ereignis im Zusammenhang mit Mose und dem Manna in der Wüste. Die Speisung findet auf einem Berg statt, was eine Parallele zu Mose darstellt. Das wahre „Brot vom Himmel", wie das Manna in Psalm 78 genannt wird, stammt nicht von Mose, sondern von Gott in der Person Jesu (Joh 6,49–51).

Bei den Synoptikern nimmt Jesus Brot und Fisch, segnet sie, bricht sie und verteilt sie, ähnlich wie auch beim Letzten Abendmahl (Mt 26,26–29, Mk 14,22–25; Lk 22,15–20). Bei Johannes, ebenso wie bei der Speisung der 4000 (siehe Haupttext, rechts), „dankt" Jesus für die Speisen, anstatt sie zu „segnen" (Mt 15,36; Mk 8,6; Joh 6,11). Das erinnert an die Eucharistie (griechisch *eucharistia*, „Danksagung"). Falls das Wort „Fisch" bereits seine spätere Bedeutung als Symbol für Jesus hatte, kann das Wunder auch als Analogie zu Fleisch und Blut Jesu in der Eucharistie gesehen werden. Im Johannesevangelium findet sich kein Bericht vom Abendmahl, statt dessen wird anscheinend von der Speisung erzählt. Die Predigt schließt damit, daß Jesus sagt, nur wer sein Fleisch esse und sein Blut trinke, würde das ewige Leben erhalten und am letzten Tage auferstehen (Joh 6,54). (Siehe auch S. 192–195.)

Der Großteil der Wunder Jesu besteht aus der Heilung verschiedener Krankheiten, und es ist einfach, diese zu akzeptieren, gleich, welche religiöse Bedeutung dahinterstecken mag, denn ähnliche Heilungen treten durch alle Jahrhunderte bis zum heutigen Tag immer wieder auf. Wunder, die sich auf Naturerscheinungen beziehen, sind etwas anderes. Allerdings lebten die Verfasser des Testamentes zu einer Zeit, als es für selbstverständlich galt, daß die Götter direkt in die Natur eingriffen.

In den Evangelien wird die Speisung einer großen Menschenmenge mit Hilfe eines winzigen Nahrungsvorrates als ein Naturwunder besonderer Bedeutung behandelt. Alle vier Evangelien berichten von der Speisung der 5000 (Mt 14,13–21; Mk 6,30–44; Lk 9,12–17; Joh 6,1–14), und bei Matthäus und Markus gibt es zusätzlich noch eine ähnliche Erzählung von der Speisung der 4000 (Mt 15,32–38; Mk 8,1–10) wobei es Anzeichen dafür gibt, daß letztere Geschichte sogar das Original sein könnte. Abgesehen von ihrer eindeutigen Aufgabe, die göttliche Macht Jesu zu veranschaulichen, ist die grundlegende Bedeutung der Erzählungen nicht immer klar. Matthäus und Markus berichten von einem Streitgespräch zwischen Jesus und den Jüngern, als die Jünger entdecken, daß sie nur mehr einen Laib Brot haben (Mt 16,5–12; Mk 8,14–21). Jesus verweist auf beide Speisungen und beklagt sich, daß die Jünger die Bedeutung dieser Ereignisse nicht verstehen. Markus gibt keinerlei Hinweis darauf, was diese Bedeutung sein könnte, Matthäus jedoch erläßt auf sehr unklare Weise eine Warnung vor „dem Sauerteig der Pharisäer und Sadduzäer", vermutlich vor den Lehren dieser beiden Gruppen (siehe S. 184–185).

Die Geschichten über die Speisungen sind voller Andeutungen und Symbolismen. Gott gab dem Volk Israel in der Wüste Nahrung (Ex 16),

Jesus segnet Brot und Fisch, *ein Mosaik in einer Kirche des frühen 5. Jahrhunderts, St. Apollinare Nuovo, Ravenna, Italien.*

Verschiedene Naturwunder

Andere Naturwunder, die Jesus zugeschrieben werden, spielen sich hauptsächlich in Galiläa ab. Die Evangelien berichten, daß Jesus und seine Jünger in regelmäßigen Abständen mit dem Boot über den See Gennesaret gefahren sind, und bei zwei dieser Überfahrten treten Ereignisse ein, die die göttliche Macht Jesu veranschaulichen. Einmal droht ein Sturm das Boot zu versenken, und die Jünger bitten den im Heck schlafenden Jesus, sie zu retten. Jesus vertreibt Wind und Wellen und beruhigt das Meer (Mt 8,23–27; Mk 4,35–41; Lk 8,22–25). Seine Beschwichtigung der „Empörung des Meeres" zeigt seine göttliche Macht, wie in Psalm 89 gesagt wird, wonach Gott „die Empörung des Meeres" beherrscht, „wenn seine Wogen toben". Ein anderes Mal zeigt Jesus seine übernatürlichen Eigenschaften, indem er über das Wasser geht (Mt 14,22–33; Mk 6,47–51; Joh 6,16–21). Nach Matthäus versucht Petrus dasselbe zu tun, schafft es aber nicht. Durch die Rettung seines Jüngers wird Jesus zum Retter aus aller Not und als Sohn Gottes verehrt (Mt 14,28–33). Eine andere Geschichte ist die des Fischfangs. Bei Lukas wird er von der Berufung des Petrus begleitet, wodurch dessen Erfolg bei seiner späteren Mission, Menschen zu „fangen", vorweggenommen wird (Lk 5,4–10; siehe auch S. 166–167). Im Evangelium von Johannes wird diese Episode nach der Auferstehung angesiedelt (Joh 21,4–14), und wie es für Johannes üblich ist, verstärkt er diesen Symbolismus. Im Netz befinden sich 153 Fische (Joh 21,11). Die griechischen Zoologen des Altertums dachten, daß es so viele verschiedene Fischarten gäbe; somit versinnbildlicht dieser Fang die Universalität der Kirche, die alle Menschen umfaßt.

Das Wunder des Fischfangs *von Duccio di Buoninsegna (ca. 1278–1318), das den Bericht des Johannes veranschaulicht (Joh 21,7–8).*

ebenso speist Jesus eine Menschenmenge in einer entlegenen Gegend oder in der Wüste. Die Zeit des Messias könnte als Zeit des Wohlstandes ausgelegt werden, ebenso wie Jesus bei der Hochzeit in Kana als Spender des Lebens und der Fruchtbarkeit gesehen wird (siehe S. 167). Die größte Ähnlichkeit weist jedoch die Geschichte auf, bei der der Prophet Elischa ein paar hundert Menschen mit 20 Broten und ein paar Getreideähren speist (2 Kön 4,42–44). Ebenso wie Jesus verlangt Elischa, daß die Menschen essen sollen, und ebenso wie Jesus begegnet man ihm mit Unglauben. Elischas Geschichte endet damit, daß noch etwas übrigbleibt, und so berichten auch die Evangelien: Zwölf Körbe mit gebrochenen Stücken blieben über, nachdem die 5000 gegessen hatten, und sieben Körbe nach der Speisung der 4000 bei Matthäus und Markus.

JESUS UND DIE PHARISÄER

Die Einstellung verschiedener jüdischer Gruppierungen gegen das Wirken Jesu spielt in den Evangelien eine wichtige Rolle bei der Definition seiner Person und seiner Botschaft. An manchen Stellen verurteilt Jesus seine Gegner mit äußerst harten Worten (z. B. Mt 23; Lk 11,39–52). Das stellt möglicherweise die Übertragung einer späteren Situation auf das Leben Jesu dar: Die frühen Christen wurden als Ketzer bezeichnet und von den Synagogen ausgeschlossen. Im Johannesevangelium steht der ungenaue Begriff „die Juden" für die gesamte Opposition zu Jesus (siehe S. 177).

Trotzdem gab es sicherlich noch Konfrontationen mit anderen religiösen Gruppierungen innerhalb des Judentums. Seine wichtigsten Gegner waren die Pharisäer und die „Schriftgelehrten", die besonders bei Lukas auch als „Rechtsgelehrte" bezeichnet werden. Ungeachtet ihrer Ursprünge sind Schriftgelehrte und Pharisäer im Neuen Testament nicht zu unterscheiden, ihre Identität wird durch jüdische Quellen bestätigt. Sie sind die Autoritätsvermittler des jüdischen Gesetzes, das zwei Aspekte aufweist: Das im Pentateuch festgehaltene, aufgeschriebene Gesetz Moses und die Gesetze, die mündlich von einer Generation zur nächsten überliefert wurden (siehe S. 118–119). In den Evangelien werden die Pharisäer sowohl als die anerkannt, die „auf dem Stuhl des Mose" sitzen, dem Platz in der Synagoge, an dem das Recht gelehrt wurde (Mt 23,2; siehe S. 168), als auch als diejenigen, die die „Überlieferung der Alten" beibehalten (Mt 15,2; Mk 7,3; 7,5).

Viele der Streitgespräche zwischen Jesus und den Schriftgelehrten oder Pharisäern drehen sich um Punkte des jüdischen Gesetzes und der Religion und nehmen oft die Form eines rabbinischen Disputes an. Markus berichtet von einer Serie von Konflikten zu Beginn des Wirken Jesu, bei denen seine persönliche Autorität dem Einfluß der anerkannten religiösen Prediger gegenübergestellt wird (Mk 2,5–12; 15–17; 23–28; 3,22–30). Es gelingt Jesus, die strikten Vorschriften zur Einhaltung des Sabbat zurückzuweisen (Mk 2,23–28), obwohl er in einer Erzählung die Pharisäer um Erlaubnis bittet, an einem Sabbat eine Heilung durchführen zu dürfen, da

Jesus im Haus von Simon, dem Pharisäer, *von einem Schüler Dierick Bouts (ca. 1420–1475). Diese Episode wird auch auf S. 192–193 behandelt.*

Jüdische Gruppierungen zur Zeit Jesu

Im 1. Jahrhundert n. Chr. gab es eine Vielzahl unterschiedlicher Gruppierungen innerhalb des Judentums, von denen jede das Gesetz auf ihre Art auslegte und, wie in den Evangelien berichtet, alle mit Jesus in Kontakt kamen. Die Pharisäer waren die geistigen Erben der Hasidäer, die während des Aufstandes der Makkabäer in der Mitte des 2. Jahrhunderts v. Chr. das Gesetz verteidigten (siehe S. 140–141). Ursprünglich waren sie sehr aktiv an den Geschäften des nach diesem Aufstand entstandenen jüdischen Staates beteiligt und unterstützten die Dynastie der Hasmonäer. Sie gelangten jedoch immer mehr zu der Ansicht, daß die Herrscher dieses Geschlechtes die Vorschriften nicht genau befolgten und wurden deshalb unter Johannes Hyrkanus (134–104 v. Chr.) und Alexander Jannäus (103–76 v. Chr.) verfolgt. Unter Salome Alexandra (76–67 v. Chr.) wurde ein Kompromiß erzielt, durch den die Vorschriften des Staates von denen der Religion getrennt wurden. Ab diesem Zeitpunkt waren die Pharisäer nicht mehr aktiv am öffentlichen Leben beteiligt, sondern widmeten sich der Stärkung ihrer Position durch Lokalgerichte und Synagogen. Im Zuge ihrer Herrschaft über die Synagogen und ihrer Konzentration auf die Reinheitsvorschriften bestand ihre größte Leistung darin, daß sie die Aufgabe der Erhaltung des heiligen Volkes vom Tempel in Jerusalem auf die Familien und Ortsgemeinschaften übertrugen. Dadurch konnte der pharisäische Judaismus trotz Zerstörung des Tempels im Jahre 70 n. Chr. und schwindender Hoffnung auf eine Wiedererrichtung des jüdischen Staates überleben.

Die Pharisäer im Streitgespräch mit Jesus im Kornfeld von *Abel Grimmer (1570–ca. 1619). Diese Episode bezieht sich auf Mt 12 und Mk 2–3.*

Eine weitere Gruppe, die Sadduzäer, wurde oft als priesterliche Vereinigung betrachtet. Vermutlich handelte es sich dabei um eine den Pharisäern ziemlich ähnliche Gruppe von Gelehrten mit eigener Interpretation des Gesetzes. Sie weigerten sich, das mündlich überlieferte Gesetz anzunehmen und beachteten das schriftliche Gesetz als einzige Autorität. Sie glaubten nicht an die Auferstehung der Toten (Mt 22,23; Mk 12,18; Lk 20,27), da diese im Pentateuch nicht vorkommt. In diesem Punkt widersprachen sie sowohl Jesus als auch den Pharisäern. Sie lehnten auch die jüdischen Lehren von Engeln und Geistern ab, die von den Pharisäern verbreitetet wurden (Apg 23,8). Die Sadduzäer waren im wesentlichen Traditionalisten, und nach der Zerstörung des Tempels und dem Aufstieg des pharisäischen Judaismus verschwanden sie rasch.

Die Anhänger des Herodes werden nur in der Bibel erwähnt und auch hier insgesamt nur dreimal (Mt 22,16; Mk 3,6; 12,13). Vermutlich unterstützten sie, im Gegensatz zu den Sadduzäern, die Dynastie des Herodes. Der Historiker Josephus meint, die Sadduzäer hingegen hätten die Hasmonäer unterstützt. In der Bibel werden die Anhänger des Herodes mit der Verschwörung in bezug auf den Tod Jesu und auch mit einer ihm gestellten Falle bei der Frage der Steuerzahlungen an Caesar in Zusammenhang gebracht. Die Dynastie des Herodes (siehe S. 144) beruhte auf den durch die Römer auferlegten Schikanen, und die Pharisäer wollten sich Rom nicht widersetzen, daher könnten beide Gruppierungen Jesus als gefährlichen Anführer betrachtet haben.

ein Leben in Gefahr ist. An einer anderen Stelle geht es darum, wie die Schrift in der Frage der Ehescheidung zu interpretieren ist (Mk 10,2–9). Die Frage nach der Rechtmäßigkeit der Steuerzahlungen an Rom wird durch eine maßgebliche Entscheidung Jesu geregelt, der „immer die Wahrheit sagt und wirklich den Weg Gottes lehrt" (Mt 22,16–22; Mk 12,14–17).

Vieles, was Jesus sagt, stimmt mit den Lehren der Pharisäer überein, seine Anhängerschaft bestand jedoch hauptsächlich aus einfachen Juden, für die es schwierig war, die ausgeklügelten Vorschriften der Pharisäer in bezug auf das tägliche Leben einzuhalten, speziell die rituelle Reinheit. Den Pharisäern wurde nachgesagt, sich mit nichtigen Details aufzuhalten und dadurch den wahren Zweck des Gesetzes, die Schaffung von Recht, Barmherzigkeit und Glauben (Mt 23,23), aus den Augen zu verlieren. Matthäus verwendet für die Pharisäer den Begriff Heuchler (Mt 23). Für ihn sind sie Menschen, die ihren eigenen Vorgaben nicht entsprechen und nur das Ansehen und den Beifall suchen, die ihnen als Gelehrte zuteil werden.

III

KREUZIGUNG & AUFERSTEHUNG

Der Höhepunkt des Wirkens Jesu war erreicht, als er kurz vor dem Paschafest von Galiläa nach Jerusalem ging, um dem Tod, den er schon vorhergesagt hatte, gegenüberzutreten. Nach einem letzten Abendmahl mit seinen Jüngern wurde er gefangengenommen, verurteilt und gekreuzigt. Nach den Evangelien und der Apostelgeschichte war dies nicht das Ende: Jesus wurde von den Toten auferweckt und stieg, nachdem er seine Anhänger von seiner Auferstehung überzeugt und ihnen weitere Anweisungen gegeben hatte, in den Himmel auf.

DER TOD VON JOHANNES DEM TÄUFER

Herodes Antipas, den die Römer 4 v. Chr. nach dem Tod von Herodes dem Großen zum Tetrarchen (Herrscher) von Galiläa und Peräa ernannten (siehe S. 144), fürchtete, daß der Einfluß von Johannes dem Täufer zu einem Volksaufstand führen könnte. Nach dem jüdischen Historiker Josephus ließ Herodes Antipas (üblicherweise unter dem Namen Antipas bekannt, in den Evangelien aber „Herodes der Tetrarch" genannt) Johannes in der Festung Machaerus östlich des Toten Meeres einsperren und hinrichten. Als der Herrscher kurz darauf in einer Schlacht besiegt wurde, sahen viele das als göttliche Vergeltung dafür.

Der Tod von Johannes dem Täufer, *eine russische Ikone aus dem 19. Jahrhundert.*

Die Umstände von Johannes' Tod werden bei Markus und, in kürzerer Form, bei Matthäus beschrieben. Am Geburtstag von Antipas waren der Hof und die vornehmen Bürger Galiläas zu einem Festmahl geladen (Mk 6,21). Johannes wurde gefangengenommen, weil er Herodias beleidigt hatte, die Frau von Antipas, für die dieser seine frühere Frau, die Tochter des Nabatäerkönigs Aretas IV. (9 v. Chr.–40 n. Chr.), verlassen hatte. Herodias selbst war zuvor mit Antipas' Halbbruder verheiratet, der in der Bibel Philippus genannt wird (Mk 6,17; Mt 14,3). Er ist besser unter dem Namen Herodes Philipp bekannt, darf aber nicht mit einem anderen Bruder, Philipp dem Tetrarchen (siehe S. 144), verwechselt werden. Nach jüdischem Recht war die Ehe zwischen Antipas und Herodias verboten. Johannes verurteilte sie darum und zog sich deshalb Herodias' Haß zu. Im Gegensatz zu Herodias wird Antipas von Markus als Bewunderer von Johannes und seinen Lehren dargestellt, der ungern weiter als bis zur Gefangennahme ging (Mk 6,20).

Der Höhepunkt der Geschichte von Johannes' Tod ist der Tanz von Salome, Herodias' Tochter aus erster Ehe (Mk 6,22–28; Mt 14,6–11), vor Antipas. Diese Episode hat einen gewissen Volksmärchencharakter: Sie erzählt von einem König, der von einer schönen jungen Frau dazu verführt wird, ihr jeden Wunsch zu erfüllen (Mk 6,23). Der König ist entsetzt, als Salome auf Drängen ihrer Mutter um den Kopf von Johannes auf einem Teller bittet. Diese Geschichte wurde wahrscheinlich von den Jüngern des Täufers überliefert, die ihm anscheinend auch ein anständiges Begräbnis zukommen ließen (Mk 6,29; Mt 14,12).

Die Täuferbewegung war mit dem Tod von Johannes nicht zu Ende. In der Bibel begegnen christliche Missionare zweimal Anhängern von Johannes (Apg 18,24–19,7). Diese Begegnungen fanden in Ephesus in Kleinasien, während einer der Missionsreisen des Apostels Paulus (siehe S. 232–233) statt. Daraus läßt sich schließen, daß die Anhänger von Johannes wie die ersten Christen wahrscheinlich aktive Missionare waren. Sie unterschieden sich unter anderem durch ihre Ansichten über die Taufe (Apg 18,25–26; 19,2–3). In der Apostelgeschichte 19,5–6 erhalten zwölf Anhänger von Johannes eine christliche Taufe, und es scheint, als ob die meisten von ihnen bald in der christlichen Kirche aufgingen. Allerdings hielt sich die Behauptung, daß Johannes der wirkliche Messias war, bis ins frühe 3. Jahrhundert, wie Texte aus dieser Zeit belegen.

Herodias' Tochter Salome, die den Kopf Johannes des Täufers verlangte. Salomes Name wird in der Bibel nicht erwähnt, sondern wurde vom jüdischen Historiker Josephus überliefert. Die Enkelin von Herodes dem Großen war zuerst mit ihrem Onkel, Philipp dem Tetrarchen, verheiratet und später mit Aristobolus von Calchis in Syrien. Dieses Porträt stammt von einer Münze ihres zweiten Ehemannes.

Die Überreste des herodianischen Palastes in Machaerus (heute Mukawir, Jordanien).

Jesus und die Zeloten

Wie Johannes der Täufer wurde wahrscheinlich auch Jesus von den Autoritäten als gefährlicher Aufrührer betrachtet. Lukas berichtet von freundlichen Pharisäern, die Jesus raten, sich zu verstecken, da Antipas plane, ihn zu töten, wie er Johannes getötet hat. Jesus wurde von manchen auch schon als politischer Revolutionär dargestellt, der den bewaffneten Widerstand gegen Rom predigte und sogar mit den „Zeloten" in Verbindung stand. Unter diesem Begriff wurde eine Reihe von judäischen Widerstandsbewegungen im 1. Jahrhundert zusammengefaßt. Wahrscheinlich stammt dieser Bezug daher, daß einer seiner Jünger, Simon Kananäus, auch der „Zelot" genannt wurde. Ein anderer angeblicher Beweis dafür scheint die gewaltsame Tempelreinigung (siehe S. 191) zu sein oder Aussagen wie „Meint ihr, ich sei gekommen, um Frieden auf die Erde zu bringen? Nein, ich sage euch, nicht Frieden, sondern Spaltung" (Lk 12,51). Möglicherweise stand aber auch das volkstümliche Streben, Jesus zum König zu machen, dahinter oder die Tatsache, daß Pilatus ihn als jemanden sah, der die politische Macht an sich reißen wollte.

Trotzdem ist es sehr unwahrscheinlich, daß Jesus mit gewalttätigen Revolutionären in Verbindung war. Seine Feststellung, daß das Reich mit Gewalt errichtet werden wird, mag sich zwar auf sie beziehen, aber seine eigenen Schilderungen vom Kommen und von der Ausbreitung des Reiches sind ganz anders. Sicherlich muß die Mission von Jesus im Lichte der unstabilen sozialen Situation gesehen werden. Aber grundsätzlich ist in den Lehren Jesu und insbesondere in der Bergpredigt nichts enthalten, was militärischen Widerstand oder eine bewaffnete Revolution befürworten würde.

DIE VORAHNUNG DER PASSION

Der traditionelle Ort, an dem die Verklärung Jesu stattgefunden haben soll, ist der Berg Tabor im Süden von Galiläa. Allerdings ist es viel wahrscheinlicher, daß sie sich am Berg Hermon (rechts) ganz im Norden Israels abgespielt hat, da dieser Berg sehr nahe bei der Stadt Caesarea Philippi liegt, wo Petrus sein Bekenntnis abgelegt hat, was unmittelbar vor der Verklärung geschah.

In den synoptischen Evangelien kommt es zu einer entscheidenden Veränderung, als Jesus sein Wirken in Galiläa beendet und nach Jerusalem aufbricht. Es kommt nun zu eindeutigen Vorahnungen bezüglich der Passion (lateinisch *passio*), der Leiden, die Jesus am Ende seines Lebens wird erdulden müssen. Jesus erklärt seinen Jüngern, daß die Reise nach Jerusalem mit seinem Tod und seiner Auferstehung enden wird (z.B. Mt. 16,21; Mk 8,27; Lk 9,22). Der Höhepunkt dieses Abschnitts im Leben Jesu ist die Verklärung (siehe Kasten gegenüber).

In Caesarea Philippi, nördlich von Galiläa in der Nähe der Jordanquellen (Mt 16,13–21; Mk 8,27; Lk 9,18–20), fragt Jesus seine Jünger, was die Leute von ihm denken. Sie antworten, daß er als einer der Vorläufer des Messias gilt. Dann fragt Jesus die Jünger, was sie selbst von ihm halten, und Simon Petrus in seiner typischen Rolle des Sprechers antwortet, daß Jesus der Messias selbst sei. Laut Matthäus verdient sich Simon Petrus durch dieses „Glaubensbekenntnis" große Anerkennung, die sich auf seinen Namen (griechisch *Petros,* von *petra,* „Stein") stützt. Jesus verspricht Petrus, daß er der Felsen sein wird, auf dem Jesus seine Kirche bauen wird (Mt 16,17), und übergibt ihm die Macht eines jüdischen Rechtsgelehrten, zu entscheiden, was verboten und was erlaubt ist: „Was du auf Erden binden wirst, das wird auch im Himmel gebunden sein, und was du auf Erden lösen wirst, das wird auch im Himmel gelöst sein" (Mt 16,19). Daraus ergibt sich die bedeutende Rolle, die Petrus in der frühen Kirche spielt (siehe S. 218–219).

Sofort nach dem Bekenntnis von Petrus erwähnt Jesus zum ersten Mal das bevorstehende Leiden. Er stellt klar, daß der Messias nicht jemand ist, der den nationalistischen jüdischen Erwartungen einer triumphierenden Persönlichkeit entspricht, sondern jemand, der Leiden und Tod erdulden muß, schließlich aber von den Toten auferstehen wird. Petrus wehrt sich vehement gegen diese Ankündigung und wird dafür von Jesus mit den Worten „Weg mit dir, Satan!" zurechtgewiesen (Mt 16,23; Mk 8,33). Hier erscheint Petrus in einer für ihn typischen Haltung: Er ist der ungestüme

Die Verklärung

Die mysteriöse Episode der Verklärung Jesu (Mk 9,2–8; Mt 17,1–8; Lk 9,28–36) ist eng mit dem vorangehenden Bekenntnis verbunden, daß Jesus der Messias ist (siehe Haupttext). Diese Darstellung hat verschiedene Themen zum Inhalt.

Die Episode enthüllt die göttliche Natur Jesu und die verwickelte Beziehung zu seinem Vater: Der Höhepunkt der Erzählung ist erreicht, als Gott, wie bei der Taufe, erklärt, daß Jesus sein einziger Sohn sei. In der Bibel geschehen Offenbarungen oft auf Bergen, und es ist bedeutsam, daß Mose und Elia, die beide in der Geschichte vorkommen, ihre göttliche Offenbarung auch auf einem heiligen Berg erlebt haben. Die Wolke ist ein bekanntes Zeichen für die Anwesenheit Gottes, und Matthäus beschreibt sie bezeichnenderweise als „leuchtend".

Während der Verklärung verändert sich der physische Körper Jesu. Seine Kleider werden blendend weiß, wie die Gewänder der Engel. Die Feststellung bei Matthäus, daß das Gesicht Jesu leuchtete, erinnert an die Beschreibung von Mose nach seiner Begegnung mit Gott (Ex 34,29–30). Die Gegenwart von Mose und Elia während der Verklärung hat große Bedeutung, da die beiden die Vertreter des Rechtes und der Weissagung sind, die Eckpfeiler des alten Israel, dessen Schicksal sich nun durch Jesus erfüllt. Lukas gibt über den Inhalt ihres Gespräches mit Jesus Auskunft. Es geht um sein „Ende" (das griechische Wort dafür ist hier *exodos*), womit zweifellos sein baldiger Tod gemeint ist. Allerdings spielt es auf den Exodus der Israeliten aus der ägyptischen Sklaverei an und bedeutet deshalb auch Erlösung.

Das Ereignis spielt sich in Anwesenheit dreier Jünger ab. Petrus möchte für die drei himmlischen Wesen eine Hütte bauen, denn „in einer Hütte wohnen" war ein jüdischer Ausdruck für den Aufenthalt eines göttlichen Wesens unter Menschen. Aber Mose und Elia entschwinden und lassen Jesus alleine zurück. Er kann sich jetzt der Treue der drei gewiß sein. Die Geschichte bestätigt die früheren Lehren über den Kreuzweg und die Göttlichkeit Jesu.

Die Verklärung *(oben), aus der Floreffe-Bibel (flämisch, ca. 1156). An Jesu Seite sind Mose und Elia. Die Apostel Johannes, Jakobus und Petrus sind überrascht; nur Petrus (typisch dargestellt mit grauem Haar und Bart) sieht Jesus direkt an.*

Sprecher, der das Unvermögen der Sterblichen, sogar der Jünger, die wahre Natur der Mission Jesu auf Erden zu verstehen, verkörpert. Die Notwendigkeit des Kreuzweges Jesu nicht zu akzeptieren, bedeutet, auf der Seite der Welt und des Satans zu stehen. Ähnlich reagieren die Jünger wenig später auch auf die Ankündigung seines Todes mit Unverständnis, Angst und Kummer (Mt 22,23; Mk 9,31–32; Lk 9,44–45).

Trotzdem erfahren die Jünger, daß Jesus wirklich der Messias ist und welche Konsequenzen das auch für ihn hat. Sie dürfen dies aber nicht öffentlich bekannt machen, bevor die Wahrheit nicht durch die Auferstehung bewiesen ist. In Caesarea Philippi sagt ihnen Jesus, was es bedeutet, sein Jünger zu sein und ihm zu folgen: das Kreuz zu tragen und bereit zu sein, für ihn zu sterben. Aber dieser Tod wird das Tor zum ewigen Leben und zum Heil sein (Mt 16,24–28; Mk 8,34–9,1; Lk 9,23–27).

JESUS IN JERUSALEM

Alle Synoptiker berichten über eine Reihe von Ereignissen auf dem Weg Jesu nach Jerusalem, allerdings mit bemerkenswerten Unterschieden. Bei Matthäus und Markus reist Jesus durch die Grenzregion zwischen Judäa und Peräa, wobei er schließlich Jericho erreicht (Mt 19–20; Mk 10). Johannes erwähnt ebenfalls eine Episode östlich des Jordan. Im Gegensatz dazu nimmt Lukas aber an, daß der Weg durch Samaria führte (Lk 17,11), allerdings auch mit einem Halt in Jericho. Lukas wurde wahrscheinlich von einer bekannten Pilgerroute durch Samaria beeinflußt, aber er hatte auch spezielles Interesse an Samaria und wollte daher vielleicht eine Episode von dort einbauen, um die zukünftige Ausdehnung der Kirche schon vorwegzunehmen (siehe Apg 1,8).

Zu diesem Zeitpunkt besitzen die Episoden und Reden, die in mehr als einem Evangelium vorkommen, einen ernsten und dringenden Ton. Es gibt eine dritte, detailliertere Vorhersage der Passion (siehe S. 188–189) mit der ausdrücklichen Feststellung, daß Jesus den Nichtjuden in die Hände fallen wird (Mt 20,17–19; Mk 10,32–34; Lk 18,31–33). Es gibt auch eine Anzahl von Episoden, die sich mit den an die Apostel gestellten Ansprüchen und den Bedingungen für die Aufnahme in Gottes Reich beschäftigen (siehe S. 171). Nur jenen, die einen bedingungslosen Glauben wie die Kinder haben, wird das Himmelreich gehören. Ein reicher junger Mann, der nicht versteht, daß er alles aufgeben muß, um Jesus zu folgen, wird gewarnt, daß das ewige Leben nur den Menschen vorbehalten ist, die alle irdischen Bindungen hinter sich lassen (Mt 19,25; Mk 10,24). Die Söhne des Zebedäus

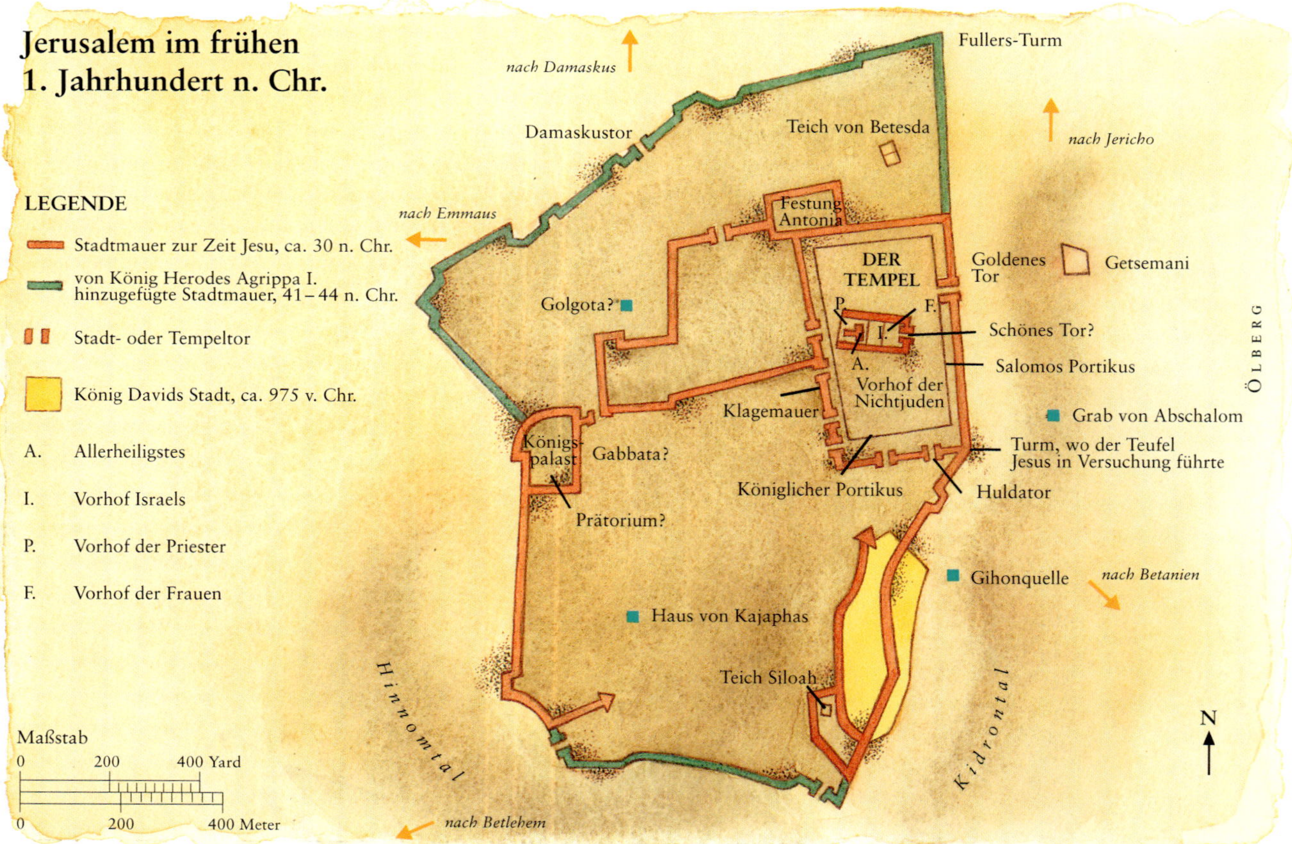

fragen nach einer ehrenhaften Position im kommenden Reich, aber Jesus erwidert ihnen, daß dies nicht in seiner Macht liege – alles, was er anbieten kann, ist der Kelch des Leidens und die Taufe des Todes. Er betont ausdrücklich, ihm zu folgen bedeute, anderen zu dienen, so wie der Menschensohn sein Leben hingibt, um andere zu retten. Die Heilung von zwei Blinden in Jericho ist sicherlich als typisches Heilungswunder gedacht, obwohl die Tatsache hervorgehoben wird, daß hier Jesus „Sohn Davids" gerufen wird (Mt 20,29–35; Mk 10,46–52; Lk 18,35–43).

Die Ankunft Jesu in Jerusalem ist von drei Ereignissen gekennzeichnet. Jesus hält einen triumphalen Einzug in die Stadt (Mt 21,1–11; Mk 11,1–11; Lk 19,29–40). Sein Empfang wird als ein Ausbruch nationalistischen Eifers seitens des Volkes dargestellt, der von den Behörden aufmerksam verfolgt wird – ihr Plan, Jesus zu beseitigen, läßt darauf schließen, daß sein Triumph nicht von Dauer sein wird. Aber das Zitat der alten Prophezeiung in Matthäus 21,5 enthüllt die wirkliche Bedeutung des Ereignisses: Jesus ist der erwartete König Zions. Die Betonung der Demut des Königs ist ein Zeichen der wahren Bedeutung seines Königreiches.

Eine Prophezeiung ist auch der Schlüssel für das Verständnis der Episode der Tempelreinigung, bei der Jesus die Geldwechsler und Händler aus dem Tempel jagt (siehe S. 176–177). Laut Jesaja wird der Tempel in der messianischen Zeit „ein Haus des Gebetes für alle Völker" werden. Jesus erkennt dies und verbindet den Vers von Jesaja mit jenem von Jeremia, in dem der Prophet den Tempel als eine Räuberhöhle verurteilt (Mt 21,13; Mk 11,17). In den Evangelien folgen darauf Ereignisse, die unter anderem die Autorität Jesu über die offizielle Religion demonstrieren und die Zerstörung des bestehenden Tempels vorhersagen.

Die seltsame Episode von der Verfluchung eines Feigenbaumes ist ähnlich zu verstehen (Mt 21,18–19; Mk 11,12–14). Der Baum ist ein Symbol für Israel, das nicht die Frucht hervorbringt, die Gott gewünscht hat, und deshalb zerstört werden muß. Markus' Zusatz, „denn es war nicht die Zeit der Feigenernte", wurde oft als Unterstreichung der Sinnlosigkeit dieser Handlung gedeutet. Allerding mag Markus damit auch andeuten, daß es nun zu spät ist für Israel.

Der Einzug Christi in Jerusalem, *von Duccio di Buoninsegna (ca. 1260–1318) für die Kathedrale von Siena, Italien, gemalt.*

Die synoptische Apokalypse

Als Jesus die Zerstörung des Tempels prophezeit (Mt 24,1–2; Mk 13,1–2; Lk 21,5–6), fragen seine Jünger, wie sie dieses Ereignis vorhersehen sollen, denn laut Matthäus soll es die Wiederkehr Christi und das Ende der Welt ankündigen.

Jesu Antwort am Ölberg ist eine Rede über das Ende der Welt, die „synoptische Apokalypse" Mk 13,5–37; (Mt 24,4–25,46; Lk 21,7–36). Diese, in der für jüdische apokalyptische Schriften (siehe S. 136–137) typischen, bildhaften Sprache verfaßte Passage kann in drei Abschnitte unterteilt werden: die Klagen, die dem Ende der Zeit vorangehen, die schlußendliche Erfüllung und die Notwendigkeit, wachsam zu sein und die Zeichen der Zeit zu beobachten. Das Werk des Evangelisten war aller Wahrscheinlichkeit nach durch die Ereignisse des Falles von Jerusalem 70 n. Chr. beeinflußt, aber es ist auch durchaus möglich, daß Jesus selbst eine dem Volk bevorstehende Katastrophe prophezeit hat, denn zu jener Zeit herrschte in Judäa schon ein Klima der aufkeimenden Revolution.

Jesus sagt, daß es vor dem Ende Krieg und Naturkatastrophen geben wird, zusammen mit der strengen Verfolgung seiner Jünger. Aber das bedeutendste Zeichen, auf das die Gläubigen achten sollen, ist die Entweihung des Tempels, die in der Tat durch den Seleukidenkönig Antiochus IV. Epiphanes erfolgte (siehe S. 138–139). Wenn dies geschieht, sollen die Gläubigen aus Judäa fliehen – die jüdischen Christen haben sich nach dem Fall Jerusalems wirklich in alle Winde zerstreut. Es wird viele falschen Hoffnungen geben, viele falsche Söhne Gottes und Propheten, die die Kirche in die Irre führen, aber schlußendlich wird der Menschensohn zurückkehren und seine Schafe überall zusammensuchen. Die Apokalypse steht kurz bevor – „diese Generation wird nicht vergehen, bis alles eintrifft" –, aber niemand kann den genauen Zeitpunkt vorhersehen.

DAS LETZTE ABENDMAHL

DIE SALBUNG IN BETANIEN

Alle Evangelien kennen die Episode, in der Jesus von einer Frau gesalbt wurde (Mt 26,6–13; Mk 14,3–9; Lk 7,37–50; Joh 12,1–8). Außer bei Lukas spielt sich das immer in Betanien, einem Dorf außerhalb Jerusalems, ab. Die Tat der Frau deutet die übliche jüdische Totensalbung an, denn Jesus sagt bei Markus 14,7: „… mich aber habt ihr nicht immer". In Matthäus und Markus gießt die Frau kostbares Öl über den Kopf Jesu. Das ist vielleicht eine Anspielung auf die Salbung der Könige und Hohenpriester mit solchem Öl bei ihrer Amtseinsetzung (z. B. Ex 40,13–15; 1 Sam 10,1, 13,6; 1 Kön 1,39). Ihre Handlung ist nicht nur eine Vorwegnahme der Totensalbung, sondern auch eine deutliche Bestätigung, daß Jesus der Messias oder Christus, Gottes „Gesalbter", ist.

In Johannes salbt die Frau (dort mit Maria, der Schwester des Lazarus, identifiziert) nicht Jesu Kopf, sondern seine Füße, da Johannes wahrscheinlich den Aspekt der Totensalbung hervorheben möchte. Jesus sagt, daß die Salbung „für den Tag meines Begräbnisses" gelte (Joh 12,7).

Bei Lukas findet diese Episode im Rahmen von Jesu Wirken in Galiläa statt und wird deshalb ganz anders interpretiert. Die Frau ist eine Sünderin, ein typisches Motiv für Lukas. Sie wurde traditionellerweise mit Maria Magdalena identifiziert, aber die Erzählung bestätigt dies nicht. Sie gießt Öl auf Jesu Kopf und wäscht, küßt und salbt demütig seine Füße. Jesus setzt ihre Handlung in Gegensatz zu der seines Gastgebers, des Pharisäers Simon, der es unterließ, ihn mit den üblichen Willkommensgesten – dem Küssen der Wange und dem Waschen der Füße – zu begrüßen. Die Handlung der Frau ist ein Zeichen von Liebe und Vertrauen, für das sie die Vergebung ihrer Sünden erhält (Lk 7,47). Diese Geschichte demonstriert anschaulich zwei bedeutende Themen der Evangelien: die Autorität und Möglichkeit Jesu, Sünden zu vergeben, und seine Sorge für Außenseiter und Sünder.

Die Evangelien berichten, daß Jesus und seine Jünger am Abend seiner Gefangennahme, zur Zeit des Paschafestes, ein letztes gemeinsames Mahl einnahmen. Genau vor der Erzählung vom Letzten Abendmahl stehen der Bericht über die Pläne des Hohen Rates, Jesus gefangenzunehmen und hinzurichten, sowie jener über den Verrat des Judas. Jesus scheint über sein bevorstehendes Leiden und seinen Tod Bescheid zu wissen, denn „der Menschensohn muß den Weg gehen, der ihm bestimmt ist" (Lk 22,22). In jedem Evangelium erklärt er, daß einer der Anwesenden ihn verraten wird (Mt 26,21; Mk 14,18; Lk 22,21; Joh 13,11).

Es wurde viel darüber diskutiert, ob es sich beim Letzten Abendmahl um ein Paschamahl handelte, das am Vorabend des Paschasabbat gehalten wurde. Nach dem Johannesevangelium ist dies nicht möglich, da die Kreuzigung am Tag vor dem Paschafest stattfand. Aber Johannes stellt auf seine typisch symbolische Art fest, daß die Kreuzigung am Rüsttag erfolgte, als die Paschalämmer geopfert wurden (Joh 19,14), so daß Jesus selbst zu einem Opferlamm wurde (Joh 19,36, Zitat Ex 12,46). Die synoptischen Evangelien gehen alle davon aus, daß das Paschalamm, das Hauptgericht des Paschamahles, in der Mahlzeit enthalten war (Mt 26,17; Mk 14,22; Lk 22,7–8 und 22,15), erwähnen es jedoch nicht im Zusammenhang mit dem bevorstehenden Opfer Jesu. Die Synoptiker beschreiben aber nicht im Detail, was bei dem Mahl gegessen wurde, sondern geben nur die Worte Jesu wieder und beschreiben seine Handlungen. Es ist möglich, daß auch die Synoptiker Jesus als das Opferlamm ansahen, das sich selbst den Jüngern als Mahlzeit hingibt. Bei Johannes (siehe S. 194–195) wird der Verzehr von Leib und Blut Jesu mit der Erzählung von der Brotvermehrung (Joh 6, besonders 45–58) in Verbindung gebracht.

Jesus und seine Jünger waren wahrscheinlich eine „Bruderschaft", die sich regelmäßig zu religiösen Mahlzeiten traf. Bei diesen Mahlzeiten, die z. B. bei der Qumran-Gemeinde (siehe S. 153) eine wichtige Rolle spielten, wurden über Brot und Wein Segnungen ausgesprochen. Wenn diese Theorie stimmt, kann es sich beim Letzten Abendmahl doch um ein Paschamahl gehandelt haben, weil jüdische Texte von einem engen Zusammenhang zwischen Bruderschaften und dem Paschafest zeugen.

Beim Letzten Abendmahl haben Jesus und seine Jünger sicherlich ähnliches Geschirr wie dieses hier aus einem Kloster in Martirius, östlich von Jerusalem (ca. 350 n. Chr.), verwendet.

Ein frühes byzantinisches Fresko des Letzten Abendmahles aus Göreme in der Zentraltürkei. Der Fisch, ein Symbol für Jesus Christus, stellt hier die christliche Eucharistie dar. Jesus segnet den Kelch mit dem Wein.

Die eucharistischen Worte Jesu

Die Worte Jesu beim Letzten Abendmahl in den synoptischen Evangelien waren für die Wandlung des Mahles in das Mahl des Herrn, die Heilige Kommunion oder Eucharistie (aus dem griechischen *eucharistia*, „Danksagung") in den Gemeinden, gedacht. Indem Jesus sagt, daß er das Mahl nicht mehr essen und nicht mehr von der Frucht des Weinstockes trinken wird, bis das Reich Gottes kommt (Lk 22,15–18), wird das Mahl zu einem Vorgeschmack auf das große messianische Fest am Ende der Tage. Die Qumran-Gemeinschaft verstand ihre religiösen Mahlzeiten auf dieselbe Art, denn eine der Schriftrollen vom Toten Meer spricht von der Gegenwart des Messias an der Tafel.

Jesus segnet das Brot, ein christliches Gemälde, spätes 3. Jahrhundert n. Chr., vom Friedhof der Heiligen Paul und Marcellius in Rom.

In allen drei Evangelien nimmt Jesus Brot und Wein und sagt jeweils, „das ist mein Leib" und „das ist mein Blut". Diese Worte haben jahrhundertelang für Diskussionen über die Natur der Gegenwart Christi in der Eucharistie gesorgt. Aber die Evangelisten sehen Jesus als einen der alten israelitischen Propheten, der symbolische Akte in bezug auf seinen kommenden Tod setzt. Das „Blut des Bundes" (Mt 26,28; Mk 14,24) bezieht sich auf den Sinai, wo Gott den Bund mit Mose mit Blut besiegelte (Ex 24,8). Der erste Bund konzentrierte sich auf das Gesetz. Der neue Bund wird durch den Sühnetod Jesu geschlossen. Der Ausspruch sein Blut wird „für viele vergossen" (Mk 14,24) bezieht sich auf den Knecht in Jesaja 53,12, der „die Sünden von vielen trug". Paulus erklärt das Brechen des Brotes: es bedeutet, „das ist mein Leib für euch" (1 Kor 11,24). Im Lukasevangelium ist vielleicht der originale Text erhalten: „Das ist mein Leib, der für euch hingegeben wird", d.h. dem Tod am Kreuz ausgeliefert wird (Lk 22,19).

DAS LETZTE ABENDMAHL IM JOHANNESEVANGELIUM

Im vierten Evangelium findet das Letzte Abendmahl vor dem Paschafest statt und wird durch die Fußwaschung der Jünger durch Jesus gekennzeichnet. Jemandem die Füße zu waschen, war eine erniedrigende Arbeit und ein Zeichen von außergewöhnlichem Respekt. Diese Handlung Jesu drückt deshalb die Bedeutung seiner Fleischwerdung aus: Das Wort erniedrigt sich, um die Menschheit zu retten. Vor allem lehrt die Erzählung, was wahre Jüngerschaft bedeutet und wie die Kirche am Beispiel ihres Herrn und Meisters auf der Basis von gegenseitiger Hilfe funktionieren wird.

Das Motiv des Verräters am Tisch wird auch von Johannes übernommen, allerdings mit seiner eigenen Interpretation. Judas ist nicht einer, der seinen Herrn für Geld verrät, sondern ein Handlanger des Teufels (Joh 13,27). Das Sätzchen „Es war aber Nacht" (Joh 13,30), das folgt, als Judas geht, um seine bittere Aufgabe zu erfüllen, ist sehr symbolisch. Judas ist derjenige, der nach früheren Worten Jesu sich mehr der Dunkelheit als dem Licht verbunden fühlt, da er böse Absichten hegt.

Die ausgeprägtesten Merkmale in Johannes' Bericht über das Letzte Abendmahl (Joh 13,1–17,26) sind drei lange Reden, in denen Jesus von seinen Jüngern Abschied nimmt. Auch das folgt wieder dem Muster, nach dem eine Handlung von der Erklärung begleitet wird, aber bei dieser Gelegenheit kommt die Erklärung eher vor der Handlung. Die Abschiedsreden machen den Jüngern die Bedeutung der bevorstehenden Kreuzigung und Auferstehung ihres Herrn klar. Die erste Rede Jesu besteht aus drei Antworten auf drei Fragen. Thomas fragt nach dem Weg, den Jesus nehmen wird, und erhält die Antwort, daß Jesus selbst der einzige Weg des Lebens ist, der zum Vater führt (Joh 14,5–6). Dann verlangt Philippus, den Vater zu sehen, und Jesus antwortet, daß, wer ihn gesehen hat, auch den Vater gesehen hat, da er im Vater und der Vater in ihm ist. Die Welt kann dieses höchste Geheimnis nicht kennen, das nur denen offenbar wird, die Jesus lieben und ihm folgen. Ein anderer Jünger fragt, warum nur die Jünger und nicht die ganze Menschheit an dieser Offenbarung teilhaben darf. Er erhält keine direkte Antwort, denn die Frage zeigt, daß die Jünger immer noch nicht verstehen, worum es in der versprochenen Offenbarung geht oder daß

Jerusalem im Johannesevangelium

Im Gegensatz zu den Synoptikern konzentriert sich das Wirken Jesu bei Johannes auf Jerusalem. Es gibt insgesamt fünf Aufenthalte, während die Synoptiker nur von einem einzigen, am Ende von Jesu Leben, berichten (abgesehen von der Darstellung Jesu im Tempel, siehe S. 157). Nach Johannes besucht Jesus die Stadt zu den großen jüdischen Festtagen; der Autor möchte ihn offenbar als wahren Juden und Reformer darstellen.

Bei Johannes 2 geht Jesus zum Paschafest nach Jerusalem und reinigt dort den Tempel. Danach kommt er „zu einem Fest der Juden", vielleicht Pfingsten (Joh 5,1), das sich im Gedenken an die Übergabe des Gesetzes am Sinai entwickelt hatte (siehe S. 60–61). Als Jesus dort am Sabbat einen Gelähmten heilt, wird er beschuldigt, das Gesetz gebrochen zu haben. Bei seinem nächsten Besuch zum Laubhüttenfest, der durch rituelles Wasserschöpfen und eine Festbeleuchtung in einem Tempelvorhof gekennzeichnet ist, lehrt Jesus öffentlich im Tempel und bezeichnet sich selbst als das Wasser des Lebens (Joh 7,37–39) und als das Licht der Welt (8,12). Als nächstes kommt Jesus zum Tempelweihfest (Hanukka) nach Jerusalem (Joh 10,22; siehe auch S. 140). Dies ist sein letzter Besuch Jerusalems vor der Passion, die schon vorausgeahnt wird, als die Juden ihn der Gotteslästerung beschuldigen und versuchen, ihn deshalb zu töten (Joh 10,31–39).

der Tod Jesu deren Bedingung ist. Statt dessen macht ihnen Jesus klar, daß er sie verlassen muß, da seine irdische Zeit nun abgelaufen ist, aber daß er ihnen einen Beistand senden wird, der für immer bei ihnen bleiben wird (Joh 14,15–17; 14,25–26). Dieser Beistand ist der Heilige Geist – der Geist der Wahrheit – durch den die Jünger die wahre Bedeutung des Lebens und der Mission Jesu verstehen werden, was ihnen im gegenwärtigen Moment der Krise nicht möglich ist.

Die zweite Rede beschäftigt sich genauer mit verschiedenen Themen der ersten, geht aber im Gegensatz dazu mehr auf die Jünger ein und durch sie auch auf die zukünftige Kirche. In der letzten Rede (Joh 15,1–11; siehe auch S. 176–177) beschreibt Jesus sich selbst als Weinstock, dem Symbol für Israel. Er und seine Jünger, die Reben, bilden eine neue Gemeinschaft, und gemäß den Lehren einiger synoptischen Gleichnisse werden die Jünger vor dem Schicksal gewarnt, das sie erwartet, wenn sie keine Früchte bringen. Sie müssen, wie ihr Herr, Verfolgung und Leiden von den Menschen dieser Welt erwarten, aber wenn Jesus schließlich die Welt erobert hat, wird ihre Belohnung Friede und Freude sein.

Die letzte Rede Jesu ist ein bewegendes Gebet (Joh 17). Er betet zuerst um die Erlaubnis, seine Mission zu Ende führen zu dürfen, dann für seine Jünger, die ihn auf der Welt vertreten werden, und schließlich für all jene, die in Zukunft durch die Lehre der Jünger zum Glauben finden werden.

Oben: *Sandalen aus Masada (siehe S. 145), 1. Jahrhundert n. Chr. Die zur Zeit Jesu üblichen offenen Schuhe zeigen, daß die Menschen ihre Füße oft waschen mußten. Es war auch eine Höflichkeit Gästen gegenüber, ihnen die Füße zu waschen (Lk 7,44).*

Unten: Jesus wäscht den Jüngern die Füße, *Schule von Arezzo, Italien, ca. 1390. Jesus wäscht hier gerade die Füße von Petrus.*

GETSEMANI

Oben: *Alte Olivenbäume im traditionellen Garten Getsemani am Ölberg (siehe Karte S. 190). Der genaue Ort der Gefangennahme Jesu kann nicht mit Sicherheit festgestellt werden, aber der Olivenhain gilt allgemein als der wahrscheinlichste Platz.*

Rechts: Die Gefangennahme Christi, *von Duccio di Bouninsegna (ca. 1260–1318), gemalt ca. 1310 für den Dom in Siena.*

Nach den Evangelien gingen Jesus und seine Jünger nach dem Abendmahl (siehe S. 192–195) durch das Kidrontal zum Ölberg, genauer an einen Ort namens Getsemani, was „Ölfaß" oder „Ölpresse" bedeutet und eigentlich ein Olivenhain war. Bevor sie ankamen, sagte Jesus seinen Jüngern, daß sie ihn verlassen würden. Typischerweise protestierte Petrus dagegen, aber Jesus sagte voraus, daß sogar er ihn bald verleugnen würde (Mt 26,33–34; Mk 14,29; Lk 22,33–34; siehe S. 199). Lukas fügt eine Passage hinzu, deren Bedeutung unklar ist: Jesus warnt seine Jünger vor Verfolgung und rät ihnen sogar, sich zu bewaffnen (Lk 22,36). Die Jünger verfügen über zwei Schwerter, und Jesus erwidert, vielleicht mit starker Ironie, „Genug davon!".

Die Szene in Getsemani (Mt 26,36–56; Mk 14,32–42; Lk 22,39–46) beginnt damit, daß Jesus angesichts der nahenden Passion in Verzweiflung gerät, sich aber Gottes Willen unterordnet. Johannes läßt diese Szene aus, da er bereits durch das große Gebet Jesu beim Letzten Abendmahl (siehe S. 195) etwas Ähnliches dargestellt hat. Seine Jünger schlafen ein, was seine Einsamkeit noch verstärkt. Johannes sagt, daß Judas wußte, wo Jesus zu finden sei, da die Jünger sich oft in Getsemani getroffen hatten. Er erwähnt den Namen nicht, sondern nennt den Ort einfach „einen Garten" (Joh 18,1). Die Männer, die Jesus festnehmen, gehören zum größten Teil zur Tempelwache, aber Johannes erwähnt auch „Soldaten" (d.h. Römer). Das hat zu der Ansicht geführt, daß die Römer die führende Rolle bei der Gefangennahme Jesu spielten, aber es ist wahrscheinlicher, daß dies nur die besondere Sichtweise des Johannesevangeliums ausdrückt, das die Römer als Besatzungsmacht in den Vordergrund rückt.

Das Motiv des Schwertes kommt wieder vor, als einer der Jünger (bei Johannes ist es Petrus) damit das Ohr des Dieners des Hohenpriesters abschneidet. Jesus befiehlt ihnen, keinen Widerstand zu leisten, denn nichts darf seinem vorbestimmten Schicksal im Wege stehen. Bei Markus endet die Geschichte mit einer seltsamen Szene: Ein Mann, der nur mit einem Leinentuch bekleidet war, wollte ihnen nachgehen. Als die Soldaten versuchten, ihn zu ergreifen (Mk 14,51–52), ließ er das Tuch fallen. Ob es sich bei dem jungen Mann um Markus selbst handelte, ist unklar; es könnte sich dabei aber auf jeden Fall um das Kernstück einer authentischen Information handeln.

Hannas und Kajaphas

Nach seiner Gefangennahme wird Jesus zum Palast des Hohenpriesters gebracht (Mt 26,57; Mk 14,53; Lk 22,54; Joh 18,13), dessen Identität aus dem Neuen Testament nicht klar hervorgeht: Markus und Lukas nennen keinen Namen, bei Matthäus heißt er Kajaphas, den auch Johannes als Hohenpriester kennt (Joh 18,24). Aber bei Johannes wird Jesus zuerst zu Hannas, dem Schwiegervater von Kajaphas, gebracht, und in der folgenden Passage bezieht sich der Ausdruck „Hoherpriester" wohl auf Hannas. Es ist möglich, daß Johannes 18,24 falsch eingereiht wurde und eigentlich vor Johannes 18,15 gehört, obwohl die Apostelgeschichte in der Zeit kurz nach der Himmelfahrt auch von einem Hohenpriester Hannas spricht (Apg 4,6).

Im 1. Jahrhundert wurde der Hohepriester von den Römern aus einer begrenzten Anzahl von Familien ausgewählt. Nach dem jüdischen Historiker Josephus wurde Hannas 6 n. Chr. von Quirinius, dem römischen Legaten von Syrien, in sein Amt eingesetzt. Hannas wurde 15 Jahre später vom Statthalter von Judäa, Valerius Gratus (15–26 n. Chr.), dem Vorgänger von Pontius Pilatus, abgesetzt. Valerius erhob 18 n. Chr. Josef Kajaphas in dieses Amt, der 36 oder 37 n. Chr. von Vitellius, dem syrischen Legaten, wieder abgesetzt wurde. Hannas war deshalb lange vor einem möglichen Zeitpunkt der Kreuzigung (ca. 30 n. Chr.) schon nicht mehr Hoherpriester. Es scheint ziemlich sicher zu sein, daß Jesus vor Kajaphas verhört wurde. Aber Hannas war eine einflußreiche Persönlichkeit; im Volk mag die Erinnerung an ihn daher stärker gewesen und seine Amtszeit für länger gehalten worden sein, als sie eigentlich war. Auch wechselten vor und nach Kajaphas die Hohenpriester so oft – 18 in den 60 Jahren nach 6 n. Chr. –, daß der Bevölkerung die exakte Reihenfolge wohl kaum im Gedächtnis blieb.

Judas Iskariot

Judas Iskariot ist eine mysteriöse Persönlichkeit. Die Herkunft seines Namens ist unsicher. Er mag vielleicht „Mann aus Keriot" bedeuten, eine Stadt im Süden von Judäa, könnte aber auch aramäische Wurzeln haben und „Falscher" bedeuten. Judas heißt „Judäer" oder „Jude" und wurde manchmal als der Archetyp des Juden angesehen, der Jesus ablehnt. Aber Judas war ein sehr häufiger Name – es gab noch einen anderen Apostel, der so hieß –, deshalb erscheint die letzte Möglichkeit nicht sehr wahrscheinlich. Als Motiv für Judas' Verrat wurde vermutet, daß er entweder den Glauben an seinen Meister verloren hatte oder versuchte, ihn zur Ausübung der Macht, die vom Messias erwartet wurde, zu zwingen.

Silberschekel aus der Mitte des 1. Jahrhunderts n. Chr.

Die Aussagen des Neuen Testamentes über Judas sind voller biblischer Anspielungen. „30 Silberlinge", sein Lohn für den Verrat, war eine ziemlich geringe Summe, stammt aber aus einer unklaren Passage aus Sacharja (Sach 11,12–13), wo auch die Szene zu finden ist, in der der reuige Judas seinen Lohn im Tempel zu Boden wirft. Die zwei Versionen von Judas' Tod – bei Matthäus erhängt er sich (Mt 27,5), in der Apostelgeschichte stürzt er zu Boden, worauf seine Eingeweide hervorquellen (Apg 1,18–19) – stammen aus Erzählungen über böse Männer wie z.B. Ahitofel (2 Sam 15,23) oder Antiochus Epiphanes (2 Makk 9,7–9). Bei Matthäus erklärt Judas' Tod den Namen eines Ortes in Jerusalem, *Hakeldama,* der „Blutacker", so genannt, weil er mit Judas' „Blutgeld" gekauft wurde (Mt 27,6–7). Der Kauf des Ackers soll eine Prophezeiung von Jeremia erfüllen, obwohl hier Verse von Jeremia und Sacharja vermischt wurden.

JESUS VOR GERICHT

Nach der Tradition das „Haus des Kajaphas" in Jerusalem, wo Jesus angeblich nach seiner Gefangennahme hingebracht wurde (Mt 26,57).

Alle Evangelien berichten, daß Jesus zwei Verhandlungen oder zumindest Verhöre über sich ergehen lassen mußte: einmal vor dem Hohen Rat und einmal vor Pontius Pilatus, dem römischen Statthalter (siehe S. 200–201). Der jüdische Anteil am Geschehen galt als ein historisch nicht belegter Versuch der Evangelisten, die Schuld an Jesu Tod den Juden zuzuschreiben. Dies entspricht auch der generell freundlichen Haltung den Römern gegenüber im Neuen Testament, vor allem auch in der Apostelgeschichte (siehe S. 234–237). Es gibt allerdings Differenzen zwischen den Berichten über das Verhör vor dem Hohenpriester in den Evangelien und den Überlieferungen über die jüdischen Rechtsverfahren. Aber die Evangelisten waren an der Theologie interessiert und nicht an protokollarischen Aufzeichnungen.

Bei den Synoptikern wird Jesus vor den Hohen Rat gebracht (Mt 26,59; Mk 14,55; Lk 22,66), was dem Sanhedrin entspricht, der Versammlung der jüdischen Ältesten in Jerusalem. Dieser hatte das Recht, innerhalb bestimmter Grenzen die jüdischen Angelegenheiten selbst zu regeln. Die Geschichte dieser Versammlung liegt mehr oder weniger im Dunkeln, wahrscheinlich hatte sie große Bedeutung. Eine wichtige Frage ist, ob sie das Recht hatte, die Todesstrafe zu verhängen (Joh 18,31), und Jesus daher vor Pilatus gebracht werden mußte. Es wird nun allgemein anerkannt, daß sich die römische Provinzregierung dieses Recht vorbehielt und es deshalb nicht unwahrscheinlich ist, daß Jesus zwei Verhandlungen erlebte: eine vor dem jüdischen Hohen Rat und eine vor den Römern.

Es wurde auch behauptet, daß der Prozeß vor dem Sanhedrin das rabbinische Gesetz verletzt hätte, da Verhandlungen in der Nacht, am Vorabend eines Sabbat oder eines Festtages und am Sabbat oder Festtag selbst verboten waren. Prozesse durften auch nur in einem speziellen Gerichtsgebäude abgehalten werden. Diese Regelungen wurden aber erst in späteren Quellen niedergeschrieben und waren deshalb zur Zeit Jesu vielleicht noch nicht in Kraft. Sie repräsentierten die Gesetze der Pharisäer (siehe S. 185), die bei der Verurteilung Jesu keine direkte Rolle spielten und deren Regelungen von den priesterlichen Autoritäten zur Zeit Jesu nicht angewendet wurden. Außerdem deutet nichts darauf hin, daß Jesus, obwohl er von Getsemani in das Haus des Hohenpriesters gebracht wurde, auch dort verhört wurde. Weiters ist aus den Evangelien nicht ersichtlich, ob das Verhör noch in der Nacht oder erst am frühen Morgen stattfand.

Jesus wurde vom Hohen Rat als Gotteslästerer verurteilt, da er behauptete, der Sohn Gottes zu sein (Mt 26,65; Mk 14,62; Lk 23,2b; Joh 19,7), aber laut einem rabbinischen Gesetzestext kann jemand nur dieses Verbrechens beschuldigt werden, wenn er den göttlichen Namen (Jahwe) selbst ausspricht. In den Evangelien deutet nichts darauf hin, daß Jesus dies getan hat, obwohl er bei Lukas sagt, daß der „Menschensohn zur Rechten des allmächtigen Gottes sitzen" wird (siehe auch Mt 26,64; Mk 14,62). Der Ausdruck „allmächtiger Gott" könnte eine Umschreibung sein, und Jesus mag vielleicht wirklich den Namen verwendet haben. Trotzdem stammt das Gesetz gegen die Erwähnung des Namens wahrscheinlich auch aus späterer Zeit, und Gotteslästerung mag zur Zeit Jesu noch strenger gehandhabt worden sein. Die Evangelien berichten z. B. an anderer Stelle, daß Jesus seine Gegner in Wut versetzte, als er behauptete, er könne Sünden vergeben.

Es gibt bei Matthäus und Markus Anzeichen dafür, daß die Hauptanklage gegen Jesus in seiner Androhung bestand, den Tempel zu zerstören, was von zwei Zeugen bestätigt wurde (Mt 26,60–61; Mk 14,57–58). Wenn das stimmt, war Jesus die Verurteilung durch beide Machtapparate, denen er gegenüberstand, gewiß – vor dem Sanhedrin galt er als Verräter der Religion, vor den Römern als gefährlicher Aufrührer.

Die Verleugnung durch Petrus

Wie auf Seite 197 schon erwähnt, wurde Jesus als erstes in das Haus des Hohenpriesters gebracht, das sehr wahrscheinlich im reichen Viertel am westlichen Hügel von Jerusalem lag. Neuere Ausgrabungen haben dort große, prunkvolle Häuser aus der Zeit Jesu zum Vorschein gebracht, die um einen Innenhof herum angelegt sind und ein Säulentor als Eingang haben. So sah auch der Ort aus, an dem Petrus Jesus verleugnete (Mt 26,69–75; Mk 14,66–73; Lk 22,54–62; Joh 18,25–27) und sich so die Prophezeiung aus dem Garten Getsemani erfüllte (siehe S. 196).

Diese Episode rückt Petrus in ein schlechtes Licht, macht aber klar, daß Jesus nun das letzte Stadium der zunehmenden Einsamkeit erreicht hat. Bei seiner Gefangennahme hatten ihn alle Jünger verlassen und waren geflohen, nur Petrus war geblieben, der sein Versprechen halten wollte, „zu sehen, wie alles ausgehen würde“ (Mt 26,58).

Die Geschichte ist sorgfältig konstruiert. Petrus verleugnet Jesus dreimal, jedes Mal mit mehr Intensität. Bei den Synoptikern endet die Geschichte damit, daß Petrus nach dem dritten Mal zusammenbricht und bitterlich zu weinen beginnt. Johannes mildert diese Beschreibung etwas ab, er erwähnt auch nicht mehr, daß sich die Prophezeiung erfüllt hat und daß Petrus schmerzlich bereut. Dadurch schwächt er aber auch das Pathos der Geschichte ab. Im Gegensatz dazu hebt Lukas mit seiner Erzählkunst die emotionale Intensität hervor, indem er den bedeutsamen Blick erwähnt, den Jesus dem Petrus nach seiner dritten Verleugnung zuwirft (Lk 22,61).

Die Reue des Petrus *(Mk 14,72; Mt 26,75; Lk 22,61), Äthiopien, 17. Jahrhundert.*

DIE VERHANDLUNG VOR PILATUS

Jesu Prozeß vor dem judäischen Statthalter Pontius Pilatus (Mt 27,11–14; Mk 15,1–5; Lk 23,1–16; Joh 18,28–38) war eine von vielen Verhandlungen in der römischen Provinz. Er fand im Prätorium, der Residenz des Statthalters von Jerusalem, statt. Dieses Gebäude war früher vielleicht der alte herodianische Palast oder die Festung Antonia (siehe Karte S. 190). Der Prozeß wurde vor einem Tribunal auf einem Platz vor dem Prätorium abgehalten, wo sich auch der Richtersessel des Pilatus befand.

Die römischen Statthalter hatten als Richter die Pflicht und die Macht, die öffentliche Ordnung wiederherzustellen. Ein Prozeß begann mit der Anhörung der Ankläger – in diesem Fall die Hohenpriester, Ältesten und Schriftgelehrten. Sie beschuldigten Jesus nicht eines bestimmten Verbrechens, sondern der Störung der Ordnung: Jesus soll das Volk aufgerührt und Steuern hinterzogen haben. Außerdem soll er behauptet haben, der Messias zu sein, wodurch er den Aufstand gegen Rom anführe. Anfangs wollte Pilatus keine Entscheidung treffen. Bei Johannes möchte er die Verantwortung auf die jüdischen Gerichte abwälzen – „richtet ihn nach eurem Gesetz" (Joh 18, 31). Diese Vorgangsweise war nicht ungewöhnlich; die Statthalter ließen häufig bei unangenehmen Fällen Angeklagte in ihrer Heimatgemeinde vor Gericht stellen. Lukas berichtet, daß Pilatus, als er erfährt, daß Jesus aus Galiläa stammt, den Fall an Herodes, den Herrscher dieser Region übergeben will, der sich in diesen Tagen in Jerusalem aufhielt (Lk 23,7).

Pilatus behandelt den Fall Jesu nach dem römischen Gesetz. Wie Plinius in einem berühmten Brief über die Christen schrieb, bekam ein Angeklagter, der sich wie Jesus nicht verteidigte, drei Möglichkeiten, seine Meinung zu ändern. Doch mußte Pilatus ein Urteil fällen, als Jesus sich weigerte, sich zu verteidigen. Jesu Gegner setzten Pilatus weiter unter Druck und beschuldigten ihn selbst des Verrats gegen Caesar (Joh 19,12). Das war ein schwer-

Pontius Pilatus

Pontius Pilatus regierte über Judäa von 26 bis 36 n. Chr. Sein korrekter Titel „Präfekt" – und nicht wie allgemein gebräuchlich „Statthalter" – wurde 1961 auf einer Inschrift in Caesarea gefunden (siehe Bild). Pilatus kam zum Paschafest nach Jerusalem, um die Stadt unter Kontrolle zu halten, da zu dieser Zeit häufig Aufstände angezettelt wurden (siehe S. 144–145). In jüdischen Berichten wird Pilatus negativ dargestellt. Zwei Schriftsteller aus dem 1. Jahrhundert, Josephus und Philo, erzählen, daß er bei zwei Gelegenheiten die Gefühle der Juden verletzte, indem er Schilder und Fahnen mit römischen Zeichen nach Jerusalem brachte. Er unterdrückte einen Aufstand, der angezettelt worden war, weil er Gelder aus dem Tempelheiligtum für den Bau eines Aquäduktes verwendete. Nach Unruhen in Samaria ließ er führende Samariter hinrichten. Dieses Ereignis führte zu seiner Rückversetzung nach Rom.

Die Inschrift mit dem Namen ...tius Pilatus

In den Evangelien wird Pilatus von der Schuld am Tod Jesu freigesprochen, während die Juden dafür verantwortlich gemacht werden. Diese Tendenz ist bei Johannes am deutlichsten zu sehen. Markus stellt ihn als relativ unparteiischen Richter dar, was vielleicht der Realität am nächsten kommt. In späteren christlichen Schriften wurde Pilatus zu einem Helden: Er wird von den koptischen Christen als Heiliger und Märtyrer verehrt.

wiegender Verdacht, da das Gesetz des Hochverrats in Rom häufig für politische Ziele verwendet wurde.

Matthäus, Markus und Johannes berichten, daß am Paschafest ein Gefangener auf Wunsch des Volkes freigelassen wurde (Mt 27,15; Mk 15,6; Joh 18,39). Über diesen Brauch ist nichts überliefert, doch ist es möglich, daß Barabbas, der anstelle von Jesus freigelassen wurde, in Jerusalem bekannt war. Angeblich war er als Aufständischer im Gefängnis (Mk 15,7; Lk 23,19), was wegen der damals unruhigen Lage in Palästina leicht möglich ist. Sein Name bedeutet „Sohn des Vaters". In einigen Versionen des Matthäusevangeliums wird sein Name auch als Jesus Barabbas angeführt. Damit sollte vielleicht der Unterschied im Schicksal von Jesus, dem falschen Messias, dem das Leiden erspart wird, und Jesus, dem echten „Sohn des Vaters", der seinen Feinden ausgeliefert wird, deutlich gemacht werden.

Matthäus berichtet in seiner Version der letzten Stunden Jesu über Zeichen und Omen, so auch über den Traum von Pilatus' Frau (Mt 27,29), die meint, daß Jesus unschuldig ist. Diese Szene soll zeigen, daß Jesus von einer prominenten Frau anerkannt wurde. Das entspricht auch dem Bericht bei Lukas, wo ein römischer Hauptmann angesichts seines Todes sagt: „Dieser Mensch war wirklich unschuldig" (Lk 23,47).

Oben: *Teil des römischen Pflasters, das zu Beginn des 20. Jahrhunderts in der Festung Antonia in Jerusalem entdeckt wurde. Dort wurde die Verhandlung Jesu vor Pilatus abgehalten.*

Links: Ecce Homo (Seht, welch ein Mensch) *von Quentin Massys oder Metsys (1466–1530). Pilatus (links) übergibt Jesus, der bereits die Dornenkrone trägt, der Menge, während ihm ein Soldat einen Purpurmantel umhängt. Der lateinische Titel dieser Szene entspricht in etwa der deutschen Übersetzung von Pilatus' Worten im Johannesevangelium (Joh 19,5 „Da, seht den Menschen").*

DER KREUZWEG

DIE FRAUEN VON JERUSALEM

Laut Lukas waren in der Menge, die Jesus auf dem Kreuzweg folgte, viele Frauen, die nach einem jüdischen Trauerritual „um ihn klagten und weinten" (Lk 23,27). Jesus nannte sie „Töchter von Jerusalem" und bat sie, nicht um ihn, sondern um sich und ihre Kinder zu weinen. In der Hebräischen Bibel steht „Tochter Zion" und „Tochter Jerusalem" für die Stadt Jerusalem selbst, da Ortsnamen auf Hebräisch weiblich sind. Lukas benutzt diese Wendung jedoch für wirkliche Frauen, die wegen des bevorstehenden Unglücks wehklagen, was Jesus in Lk 21 vorhergesagt hat. Die Segnung der Unfruchtbaren (Lk 23,29) ist eine Wiederholung der Klage über das Unglück, das am Tag der Vergeltung über schwangere Frauen hereinbrechen wird (Lk 21), und vielleicht schwingt auch das Zitat von Hosea (Lk 23,30) in der Warnung mit, an diesem Tag aus der Stadt in die Berge zu fliehen (Lk 21,21). Die Aussage über grünes und trockenes Holz (Lk 23,31) bezieht sich vielleicht auf ein Sprichwort. Die Bedeutung ist nicht klar, doch könnte es aussagen, daß die schuldige Stadt Jerusalem ein furchtbares Schicksal erleiden wird, wenn sie den unschuldigen Jesus hinrichten läßt.

Es ist bemerkenswert, daß sich Jesus sowohl in seiner Lehre als auch in den Berichten über ihn besonders für Frauen einsetzt. Dieser Aspekt wird bei Lukas besonders deutlich hervorgehoben. In den synoptischen Evangelien wird beschrieben, daß die Frauen, die Jesus in Galiläa betreut hatten, seiner Kreuzigung beiwohnten. Doch nur Lukas bezieht sich auf Galiläa und meint, daß es sich um eine Gruppe wohlhabender Frauen handelte, die Jesus finanziell unterstützt haben. Es ist wahrscheinlich, daß Frauen zumindest in einigen jüdischen Gemeinden finanziell unabhängig waren und sogar Synagogen vorstehen konnten.

Der Weg, den Jesus zu seiner Kreuzigung ging, hängt vor allem davon ab, wo sich das Prätorium, die Residenz des Pontius Pilatus in Jerusalem, befand (siehe S. 200). War es die Festung Antonia, ging er über die Via Dolorosa, die „Straße des Schmerzes", der Pilger bis heute folgen. Diese Festung wurde aber erst im 4. Jahrhundert n. Chr. als Prätorium bezeichnet. Deshalb ist es wahrscheinlicher, daß Jesus vom früheren Königspalast Herodes' des Großen wegging, der sich im Westen der Stadt, also in einem ganz anderen Viertel, befand.

Verurteilte trugen für gewöhnlich, wie auch Jesus, ihr eigenes Kreuz. Die Synoptiker berichten allerdings, daß ein Mann namens Simon dazu gezwungen wurde, Jesus das Kreuz zu tragen (Mt 27,32; Mk 15,21; Lk 23,26). Simon kam aus Kyrene in Nordafrika und verbrachte wahrscheinlich nur das Paschafest in Jerusalem. Er war ein Musterjünger, da er laut Lukas das Kreuz aufnahm und Jesus folgte (Lk 9,23). Markus berichtet, daß Simon der Vater von Alexander und Rufus war; da er diese jedoch nicht näher beschreibt, ist anzunehmen, daß sie seinen Lesern ein Begriff waren.

Ziel des Weges war ein Ort namens Golgota („Schädelstätte" in Aramäisch und *Calvaria,* Kalvarienberg, in Latein). Woher der Name dieses Ortes kommt, ist nicht bekannt, doch wurde er wahrscheinlich als Hinrichtungsort oder als Grabstätte mit dem Tod assoziiert. Im vierten Evangelium und in den Briefen an die Hebräer ist zu lesen, daß Jesus außerhalb der Stadtmauern hingerichtet wurde, was sowohl den römischen als auch den jüdischen Gesetzen entsprechen würde. Der traditionelle Hinrichtungsort wurde im 4. Jahrhundert n. Chr. gefunden; später wurde darüber die Grabeskirche errichtet. Früher war hier ein kleiner Steinbruch, also ein idealer Ort für Kreuzigungen und Begräbnisse, und vor 2000 Jahren befand sich an der Ostseite des Gebietes ein Spalt. Der Ort wurde genau untersucht (siehe Bild unten), und es wurden zahlreiche Grabstätten in und um die Kirche gefunden, was auch im Johannesevangelium (Joh 19,41) beschrieben ist. Diese Tatsache ist ein Hinweis darauf, daß der Ort sich ursprünglich außerhalb der Stadtmauern befand. Es liegt noch an den Archäologen, weitere Beweise dafür zu finden, daß die Kreuzigung dort stattgefunden hat.

Dieser Querschnitt der Grabeskirche in Jerusalem zeigt, daß die Kirche über dem Spalt von Golgota errichtet wurde.

Die Geißelung und Verspottung

In den Evangelien steht geschrieben, daß Jesus vor der Kreuzigung gegeißelt (ausgepeitscht) und verspottet wurde. Es werden zwei Arten der Geißelung genannt, die bei den Römern im Rahmen des Gesetzes damals üblich waren. Ein Richter konnte bestimmen, daß ein Gefangener vor seiner Freilassung als Warnung, sein Verbrechen nicht zu wiederholen, geschlagen wurde. Als Pilatus also nach dem Lukasevangelium Jesus auspeitschen und ihn freigeben wollte, war dies wohl nur als „Warnung" gedacht (Lk 23,16; 23,22). Bei Matthäus und Markus wird er vor der Kreuzigung gegeißelt, wie dies in Rom vor einer weiteren Bestrafung üblich war (Mt 27,26; Mk 15,15).

Die Verspottung durch die römischen Soldaten hat größeren Symbolwert. Es besteht Einigkeit darüber, daß Jesus schon vor dem Senat körperlich mißhandelt wurde (Mt 26,67; Mk 15,19; Joh 18,22). Dort war er für seine Aussage, ein König zu sein, angeklagt worden, und jetzt erscheint er als König. Bei Matthäus trägt Jesus einen scharlachroten Mantel, der sonst römischen Generälen und Imperatoren vorbehalten war (Mt 27,28), bei Markus einen Purpurmantel (Mk 15,17). Die Dornenkrone, die ihm aufgesetzt wurde, ist eine Parodie auf den kaiserlichen Lorbeerkranz. Die Soldaten wollen ihn nur verhöhnen und auf seine Hinrichtung als Krimineller vorbereiten, doch für die Evangelisten enthält diese Verspottung eine größere Ironie: Jesus, und kein römischer Imperator, ist der wahre König der Welt.

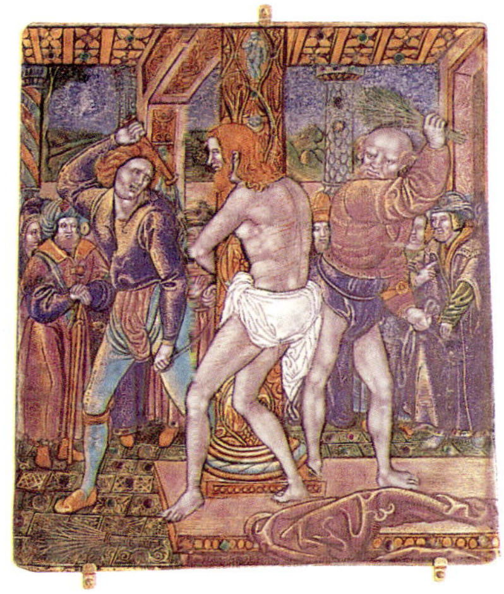

Die Geißelung Christi, *ein Emailbild von Jean I. Pénicaud (1500–1530).*

Der Weg auf den Kalvarienberg *(1527) von Albrecht Dürer (1471–1528). Jesus (Mitte) trägt, wie im Johannesevangelium, sein Kreuz (Joh 19,17).*

DIE KREUZIGUNG

DIE SIEBEN LETZTEN WORTE
Dies sind die letzten Worte Jesu am Kreuz nach den Evangelisten (siehe Kasten auf der gegenüberliegenden Seite).

„Vater, vergib ihnen, denn sie wissen nicht, was sie tun.“
(Lk 23,34)

„Amen, ich sage dir: Heute noch wirst du mit mir im Paradies sein.“
(Lk 23,43)

„Frau, dies ist dein Sohn“ ... „Dies ist deine Mutter.“
(Joh 19,26–27)

„Mein Gott, mein Gott, warum hast du mich verlassen?“
(Mt 27,46; Mk 15,34)

„Ich bin durstig.“
(Joh 19,28)

„Es ist vollbracht!“
(Joh 19,30)

„Vater, in deine Hände lege ich meinen Geist.“
(Lk 13,46)

Die Evangelisten räumen den Leiden Christi sehr viel Platz ein, was zeigt, daß dieser Teil der Erzählung sehr wichtig ist. Sie möchten auch zeigen, daß die Ereignisse in der Passion sich schon im Alten Testament angekündigt haben. Das hat zu der Meinung geführt, daß viele Ereignisse in der Leidensgeschichte Jesu sich aus Berichten der Propheten und aus den Psalmen zusammensetzen. Doch obwohl die Passion stark von der Interpretation der Evangelisten gefärbt ist, bedeutet das keinesfalls, daß sie keine geschichtliche Grundlage hat.

Markus berichtet, daß Jesus vor seiner Kreuzigung mit Myrrhe gemischter Wein gereicht wurde, den man Verbrechern gab, um auf diese Weise den Schmerz zu betäuben (Mk 15,23). Bei Matthäus erhielt Jesus, aufbauend auf Psalm 69,21, nicht „Myrrhe“, sondern „Galle“ (Mt 27,34), was wohl die Verspottung und Verhöhnung Jesu noch deutlicher darstellen sollte. Bei Johannes werfen römische Soldaten das Los um Jesu Gewand (Joh 19,24). Das ist die Erfüllung von Psalm 22,18, den Johannes auch zitiert (Psalm 22 zieht sich durch die gesamte Leidensgeschichte). Im römischen Recht war es den Henkern freigestellt, den unbedeutenden Besitz des Verurteilten unter sich aufzuteilen.

Jesus wird zwischen zwei Räubern gekreuzigt, was laut Markus einen Vers Jesajas erfüllt (Mk 15,28), der besagt, daß er „sich unter die Verbrecher rechnen ließ“ (Jes 53,12). Vielleicht hatten alle Evangelisten diesen Abschnitt des Alten Testamentes im Sinn, obwohl es wahrscheinlicher ist, daß das Zitat im Markusevangelium ursprünglich eine Anmerkung eines Schreibers war, der sich an dasselbe Zitat im Lukasevangelium erinnerte (Lk 22,37). Es ist verständlich, daß Jesus neben „Räubern“ oder „Verbrechern“ gekreuzigt wurde. Diese waren vielleicht wie Barabbas, den Johannes ebenfalls als „Räuber“ beschrieb (Joh 18,40), Rebellen gegen die Herrschaft der Römer. Die Beschreibung der Leute, die den Kopf schüttelten und

Der Tod von Jehohanan

Vor kurzem fanden Archäologen die Überreste eines Gekreuzigten aus dem 1. Jahrhundert n. Chr. Die Kreuzigung war zur Zeit Jesu eine übliche Form der Bestrafung für Aufständische und „Räuber“. Dieser Mann wurde wahrscheinlich wegen seiner Teilnahme an einem Aufstand gegen die Römer im Jahr 6 n. Chr. verurteilt und gekreuzigt. Er bekam ein ordentliches Begräbnis und wurde in einem Familiengrab außerhalb der Mauern Jerusalems beigesetzt. Seine Gebeine wurden mit denen eines kleinen Kindes, wahrscheinlich seinem Sohn, in einer Urne nochmals bestattet. Auf der Gebeinurne finden sich auch ihre Namen: der Mann hieß Jehohanan (Johannes); der Name des Kindes ist schwer zu deuten, doch könnte er „Sohn eines Gehängten“ bedeuten. Jehohanans Füße waren noch mit einem elf Zentimeter langen Nagel, der durch beide Fersen ging, an ein Holzstück geschlagen. Da sich der Nagel bog, als er ins Holz eindrang, konnte man ihn nicht entfernen, ohne den Körper weiter zu verletzen. Beide Beine waren gebrochen, der linke mit einem einzigen Schlag. Durch diese Maßnahme beschleunigte man den Tod des Gekreuzigten, da das Gewicht die Lungen abdrückte; diese Verstümmelung wurde vielleicht ausgeführt, um den Leichnam vor Sonnenuntergang begraben zu können. Jehohanans Unterarme oder Handgelenke, nicht aber seine Hände, waren auf eine Querlatte gebunden oder auch mit einem Nagel darangeschlagen.

Der Fersenknochen mit dem Nagel des Kreuzigungsopfers Jehohanan.

und Jesus verhöhnten (Mt 27,39; Mk 15,29), ist ebenso an Psalm 22,7 angelehnt wie die Worte der Juden bei Matthäus: „Er hat auf Gott vertraut; der soll ihn jetzt retten, wenn er ihn liebt" (Mt 27,43; Ps 22,8).

Im Johannesevangelium werden Episoden beschrieben, die sich nur laut Johannes auf das Alte Testament beziehen. Daß man Jesus nach seinem Tod nicht die Beine brach (Joh 19,3), ist die Erfüllung (Joh 19,36) eines Verses in Exodus (Ex 12,46). Ein römischer Soldat stieß mit einer Lanze in Jesu Seite, aus der Wasser und Blut floß (Joh 19,34) – vielleicht ein Symbol für Taufe und Eucharistie. Nach Johannes 19,37 ist das die Erfüllung einer Prophezeiung des Sacharja (Sach 12,10).

Jesu letzte Worte am Kreuz

Die sieben „Worte" Jesu am Kreuz (siehe Seitentext S. 204) gelten seit langer Zeit als ein wesentliches Element der christlichen Religion. Matthäus und Markus berichten nur über die berühmten Worte „Mein Gott, mein Gott, warum hast du mich verlassen?" (Mt 27,46; Mk 15,34). Mit diesem Ruf beginnt auch Psalm 22, der von Markus auf Aramäisch zitiert wird, während sich Matthäus an das biblische Hebräisch hält. Man hat diesen Ausspruch immer als Ruf eines völlig Verlassenen verstanden, doch endet Psalm 22 damit, daß Gott den Leidenden, der ihn anruft, letztendlich rettet. Die Evangelisten greifen hier vielleicht schon auf das Ende ihrer Erzählung vor.

Lukas berichtet von drei Worten (Lk 23,34; 23,43; 23,46). Zuerst bittet Jesus Gott um Vergebung für seine Henker, was sehr genau dem allgemeinen Ton des Lukasevangeliums entspricht. Das Versprechen an den Sünder neben ihm deutet ebenfalls auf den Wunsch nach Vergebung hin, die bei Lukas eine wichtige Rolle spielt. Der dritte Ausruf, der letzte vor Jesu Tod, ist schließlich von Psalm 31,5 abgeleitet.

Johannes spricht auch von drei Worten (Joh 19,26; 19,28; 19,30), die alle starken Symbolcharakter haben. Jesu Worte an seine Mutter und die „Jünger, die er liebte" beziehen sich unter Umständen auf die Kirche (die Mutter) und ihre Anhänger (die Jünger). Der scheinbar einfache Satz „Ich bin durstig" ist vielleicht eine Erfüllung des Alten Testamentes, denn in mehreren Abschnitten der Psalmen wird vom Durst Gottes gesprochen (z. B. Ps 42,1 und 69,3). Die letzten Worte Jesu sind bei Johannes triumphierend: Im Tod Jesu erfüllt sich die göttliche Vorsehung.

Die Kreuzigung, *von Lorenzo Monaco (ca. 1370–1423).* Mitte links: *Jesu Mutter und die beiden anderen Frauen (Mt 27,55; Joh 19,25; Maria Magdalena wird meist mit roten Haaren dargestellt).* Rechts: *Die Soldaten teilen Jesu Kleidung (Joh 19,24).*

TOD UND BEGRÄBNIS

Nach den Synoptikern wurden Jesu Kreuzigung und Tod von dramatischen Zeichen des Himmels begleitet. In der Bibel sind diese Phänomene oft Zeichen der Apokalypse, wie dies von Petrus in der Apostelgeschichte vorhergesagt wird (Apg 2,17–21, nach Joël 2,28–32). Die Synoptiker sprechen von Finsternis im Land (Mt 27,45; Mk 15,33; Lk 23,44). Als Jesus starb, riß der Vorhang im Tempel von oben bis unten entzwei (Mt 27,51; Mk 15,38; Lk 23,44). Der Vorhang trennte den Hauptbereich des Tempels vom Allerheiligsten, dem eigentlichen Sitz Gottes. Nur der Hohepriester durfte ihn einmal im Jahr unter Beachtung strenger Vorschriften durchschreiten. Das Zerreißen des Vorhanges bedeutet, daß Gott jederzeit allen Menschen zugänglich ist, wie dies im Brief an die Hebräer geschrieben steht: Christen haben die Möglichkeit, „durch das Blut Jesu in das Heiligtum einzutreten, auf dem neuen und lebendigen Weg, den er uns erschlossen hat durch den Vorhang hindurch (das heißt durch sein Fleisch)" (Hebr 10, 19–20). Matthäus spricht von einem weiteren Zeichen, einem starken Erdbeben, durch das sich die Gräber öffneten und die Heiligen auferweckt wurden, die nach Jerusalem kamen (Mt 27,51–53). Für die Juden bedeutete die Auferweckung der Toten, daß das Ende der Welt bevorstand (siehe S. 136–137), wie dies bei Daniel 12,2 geschrieben steht.

Die Synoptiker berichten in ihren Evangelien, daß Jesus von dem römischen Hauptmann, der Wache stand, als Gottes Sohn anerkannt wurde (Mt 27,54; Mk 15,39; Lk 23,47). Bei Matthäus und Markus erhält dieses Ereignis noch zusätzliche Bedeutung, da er alle Soldaten, die zugegen waren und das Erdbeben wahrnahmen, folgende Worte sprechen läßt: „Wahrhaftig, er war Gottes Sohn!" „Gottes Sohn" ist hier nicht unbedingt mit „Messias" gleichzusetzen: Die Truppen waren vermutlich keine Juden, und in der griechisch-römischen Vorstellung war jede außergewöhnliche Person göttlich. Lukas interpretiert den Ausruf mit „Dieser Mensch war wirklich unschuldig". In der jüdischen Literatur bedeutete „Sohn Gottes" auch

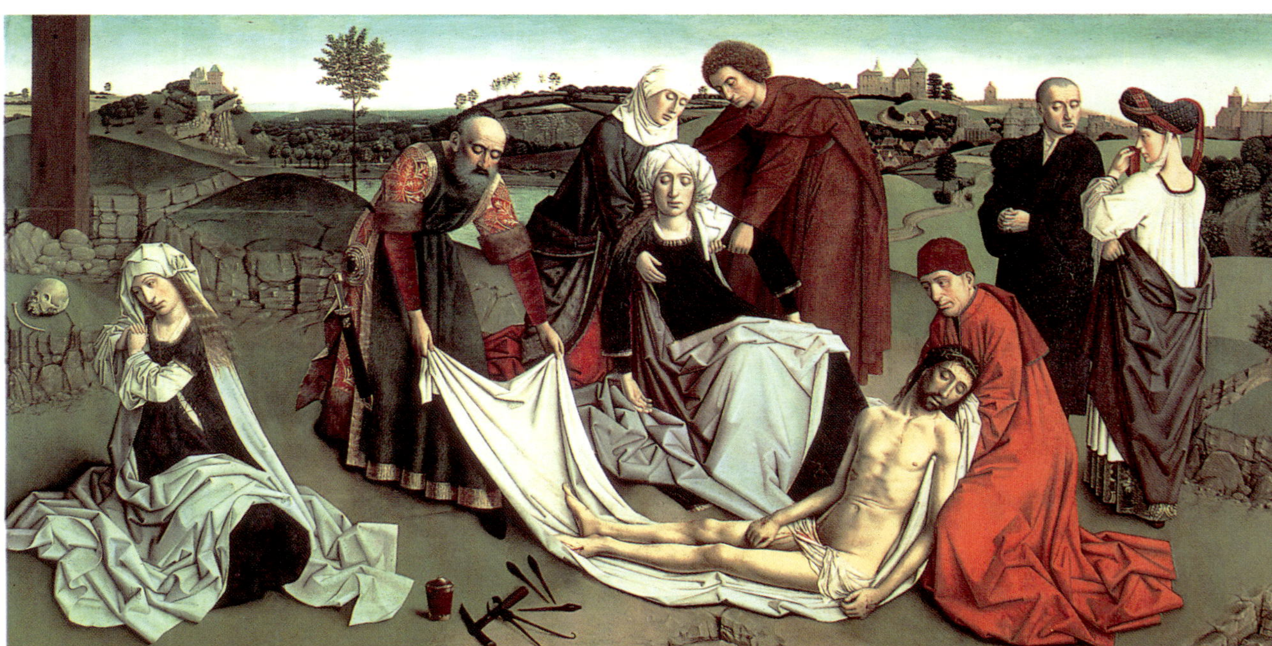

Die Kreuzabnahme, *ca. 1450 von Petrus Christus (tätig in Flandern, 1444–1473). Josef von Arimatäa (links) hilft den Leichnam abzunehmen, während Maria Magdalena (ganz links) und Maria (Mitte) beten. Johannes tröstet, wie in den meisten Darstellungen, die Mutter Jesu.*

„rechtschaffener Mensch" (siehe Weish 2,12–20, ein weiterer Text, auf den sich die Evangelisten bei ihrem Bericht über den Tod Jesu beziehen).

An dieser Stelle wird auch über die Anwesenheit einer Gruppe Frauen berichtet, um auf ihre zukünftige Rolle als Zeuginnen des leeren Grabes vorzubereiten (Mt 27,55; Mk 15,40–41; Lk 23,49). Matthäus und Markus sprechen von Maria aus Magdala und Maria, der Mutter von Jakobus. Diese beiden werden später die einzigen sein, die das Grab Jesu besuchen.

Bei den Römern war es üblich, Gekreuzigte den Aasgeiern zu überlassen, doch sah das jüdische Gesetz vor (Deut 21,22–23), daß der Leichnam vor Sonnenuntergang abgenommen und begraben werden mußte. Das ist im Fall Jesu und der beiden Männer, die mit ihm gekreuzigt wurden, von besonderer Bedeutung, da bei Sonnenuntergang an jenem Tag der Sabbat begann (Joh 19,31). Die Evangelisten berichten, daß Jesu Leichnam Josef, einem wohlhabenden Jünger aus Arimatäa (Mt 27,57–58; Mk 15,42–45; Lk 23,50–53; Joh 19,38; siehe Kasten unten) übergeben wurde. Hätte dieser nicht um den Leichnam gebeten, wäre er wahrscheinlich in ein Gemeinschaftsgrab für Verbrecher geworfen worden. Nach Markus war Pilatus überrascht, daß Jesus so schnell gestorben war (Mk 15,44), denn der Tod durch Kreuzigung trat manchmal erst nach zwei Tagen ein.

Bei Johannes wird Pilatus gebeten, den Gekreuzigten die Beine zu brechen (um sicherzugehen, daß sie tot waren; siehe Kasten auf S. 204) und sie abzunehmen. Die Soldaten brechen Jesus die Beine aber nicht, da er bereits tot zu sein scheint. Statt dessen stoßen sie ihm eine Lanze in die Seite (Joh 19,34). Johannes mißt diesem Ereignis hohen Symbolwert bei (siehe S. 205). Offenbar leugneten einige frühchristliche Gruppen den Tod Jesu, weshalb auch Markus und Johannes ihn so genau beschreiben. Markus erklärt zweimal, daß Jesus seinen letzten Atemzug tat (Mk 15,37 und 15,39). Johannes meint, daß Jesu Tod von einem zuverlässigen Augenzeugen beobachtet wurde (Joh 19,35).

Josef von Arimatäa

Josef, der Mann, der Jesus ein ordentliches Begräbnis ermöglicht, wird in den Evangelien verschiedentlich als wohlhabender Mann, als Mitglied des Hohen Rates (Sanhedrin) und geheimer Jünger Jesu beschrieben. Lk 23,50–51 verbindet den Tod Jesu mit einem Neuanfang nach dem Tode, indem er Josef beschreibt wie Simeon, den gerechten Mann, der die Darstellung Jesu im Tempel gesehen hatte (Lk 2,25; siehe S. 157).

Der Leichnam Jesu wurde in ein aus Stein gehauenes Grab gelegt; laut Matthäus (Mt 27,60) war es das Grab, das Josef für sich gerichtet hatte. Das Grab wurde, wie es damals üblich war, mit einem großen Stein vor dem Eingang verschlossen. Nach Lukas sehen die Frauen aus Galiläa beim Begräbnis zu und bereiten Öle für die Salbung (Lk 23,56). Bei Johannes wird Josef von Nikodemus, einem anderen geheimen Jünger Jesu, begleitet. Die beiden Männer balsamieren den Leichnam (vgl. Joh 11,22) nach jüdischer Tradition mit wohlriechenden Ölen und umwickeln ihn mit Binden. Johannes berichtet, daß sich das Grab in der Nähe des Kreuzigungsortes befindet. Es gibt Gräber beim traditionellen Golgota (siehe S. 202), und dieser befindet sich in einem „Garten". Johannes beschrieb auch Getsemani als Garten (Joh 18,1), und in beiden Fällen kann damit an den Garten Eden erinnert werden (siehe S. 28–29): Mit Jesus im Garten repräsentiert die neue Menschheit durch seinen Tod das ursprüngliche Paradies von Adam und Eva.

Ein mit einem Stein verschlossener Grabeingang in Jerusalem. 1. Jahrhundert.

DIE AUFERSTEHUNG

Matthäus berichtet, daß die „Hohenpriester und Pharisäer" am Tag nach der Kreuzigung Pilatus baten, das Grab bis zum dritten Tag zu bewachen (Mt 27,62; der Tag der Kreuzigung war bereits der erste Tag). Sie sagten, Jesus sei ein Betrüger – ein falscher Messias –, der behauptet habe, „am dritten Tage" auferweckt zu werden, und daß seine Jünger den Leichnam stehlen und behaupten könnten, seine Prophezeiung hätte sich erfüllt. Pilatus antwortete: „Ihr sollt eine Wache haben. Geht und sichert das Grab, so gut ihr könnt!" (Mt 27,65). In der üblichen Interpretation bedeutet dies, daß Pilatus ihnen eine römische Wache zubilligte, doch kann auch gemeint sein, daß er für die Angelegenheit nicht zuständig war und sie Bewacher von der jüdischen Tempelwache abstellen sollten.

Nur Matthäus berichtet über diese Episode, die man nicht wörtlich interpretieren kann. Jesus sprach nie öffentlich über seine Auferstehung, und die jüdischen Behörden hätten ihm wahrscheinlich nicht geglaubt, wenn sie, z. B. von Judas, davon erfahren hätten. Es scheint sich eher um einen bewußten Versuch von Matthäus zu handeln, die Vorstellung aus der Welt zu schaffen, daß der Leichnam von Jesu Anhängern gestohlen worden sein könnte: Er meint später, daß die Wachen vor dem Grab von den Hohenpriestern bestochen worden waren, um dieses Gerücht zu verbreiten (Mt 28,11–15). Wahrscheinlich gab es zwischen Christen und Juden, besonders bei den Pharisäern (siehe S. 184–185), Streit und Uneinigkeit über die Auferstehung Jesu.

Das leere Grab

Johannes, der vierte Evangelist, beschreibt die Ereignisse am leeren Grab auf seine Art, und er interpretiert sie auch selbst. Nur eine Frau, Maria Magdalena, kommt im Dunkeln am frühen Morgen alleine zum Grab. Warum sie dorthin geht, wird nicht erklärt. Sie sieht, daß der Stein weggerollt ist, und läuft zu Simon Petrus und „dem anderen Jünger, den Jesus liebte", um ihnen zu sagen, daß der Leichnam aus dem Grab entfernt worden ist (Joh 20,1–2). Wie üblich, ist Petrus voller Tatendrang und betritt das Grab als erster. Doch ist es „der andere Jünger", der Inbegriff von Wahrheit und Glauben, der bei Johannes immer vor Petrus gestellt wird, der als erster die Bedeutung dessen, was er sieht, erkennen kann (Joh 20,8).

Nun konzentriert sich das Johannesevangelium auf Maria. Wie die Synoptiker weiß auch Johannes, daß Engel am Grab waren (Joh 20,12). Aber was die Engel zu Maria sagen, verstärkt nur ihr vorhandenes Unverständnis über das, was Jesus zugestoßen ist (Joh 20,13). Als sie sich umwendet, sieht sie Jesus am Grab stehen (eine Szene, die auch in Mt 28,9–10 beschrieben wird), den sie zuerst für den Gärtner hält – vielleicht ein weiterer Hinweis auf ein neues Eden (siehe Kasten S. 207). Als sie ihn schließlich erkennt, verbietet Jesus ihr jedoch, ihn festzuhalten, da er „noch nicht zum Vater gegangen" ist. Seine Anhänger werden ab nun keinen direkten Kontakt mehr mit ihrem irdischen Meister haben, sondern nur noch auf spiritueller Basis und ohne seine physische Präsenz mit ihm kommunizieren. Diese Botschaft soll Maria den Jüngern überbringen (Joh 20,17).

Die Auferstehung: Die Engel entfernen den Stein vor dem Grab, *ca. 1800, von William Blake (1757–1827).*

In den Evangelien der Synoptiker kommen die Frauen nach dem Sabbat zum Grab, um den Leichnam zu salben, und sie überlegen, wie sie ins Grab gelangen können, da es mit einem großen Stein versiegelt ist (siehe S. 207). Als Erklärung, warum sie nicht von den Wachen aufgehalten werden, berichtet Matthäus von einem starken Erdbeben und von einem Engel, der den Stein wegrollt und mit seiner Erscheinung die Wache erschreckt (Mt 28,2–4). Die Frauen finden das Grab leer vor und begegnen Engeln, die ihnen erklären, daß Jesus von den Toten auferstanden ist. Die Wesen werden als weißgekleidete Männer beschrieben (Mt 28,3; Mk 16,5; Klgl 24,4; vgl. auch Joh 20,12) – die typische Vorstellung von Engeln bei den Juden. Bei Matthäus und Markus befehlen die Engel den Frauen, den Jüngern mitzuteilen, daß er sie in Galiläa treffen werde. Bei Lukas dagegen erscheint Jesus nur in und um Jerusalem, und Galiläa ist nur der Ort, an dem er prophezeite, daß er auferstehen würde (Lk 24,6). Matthäus kannte beide Versionen und läßt die Frauen, als sie das Grab verlassen, Jesus treffen und ihm huldigen (Mt 28,9), wie dies auch die Jünger in Galiläa am Ende seines Evangeliums tun werden.

Bei Matthäus und Lukas wird den Frauen aufgetragen, die Botschaft der Auferstehung an die Jünger weiterzugeben (bei Johannes fällt Maria Magdalena diese Aufgabe zu). Doch berichtet Markus, daß sie in „Schrecken und Entsetzen" vom Grab fliehen und niemandem etwas sagen, „denn sie fürchteten sich sehr" (Mk 16,8). Viele Versionen des Markusevangeliums enden mit diesen Worten, und die meisten Gelehrten sind sich einig, daß Markus 16,9–20 wahrscheinlich im 2. Jahrhundert n. Chr. von einem anderen Autor verfaßt wurde. Wenn es stimmt, daß Markus 16,8 der richtige Schluß des Werkes ist, dann hätte der Evangelist die Auferstehung als Ankunft des Messias verstanden. Jesus hatte vorhergesagt, daß dieses Ereignis von Naturkatastrophen und Zeichen begleitet sein würde (siehe Mk 13 und S. 191). Es wäre dann nicht verwunderlich, daß die Frauen zu große Angst hatten, darüber zu sprechen. Einige Gelehrte sind der Meinung, daß entweder das ursprüngliche Ende des Evangeliums verlorenging oder daß der Evangelist sein Werk nicht vollendete, da er vorzeitig starb.

Noli me tangere (Rühr mich nicht an), *Fresko in der Kathedrale von Siena (ca. 1310) von Duccio di Buoninsegna (ca. 1260–1318). Mit diesem Titel werden Darstellungen des Zusammentreffens Maria Magdalenas mit dem auferstandenen Jesus im Garten bezeichnet (Joh 20,17).*

DIE ERSCHEINUNGEN DES AUFERSTANDENEN JESUS

Der zweifelnde Tomas, *ungarische Schule, 15. Jahrhundert. Die Episode über den Apostel, der an der Auferstehung Jesu zweifelte, wird in Johannes 20,24–29 erzählt.*

In den Evangelien wird über zahlreiche Erscheinungen des Auferstandenen Jesus berichtet, doch ist die Art der Erscheinungen umstritten. In seinem ersten Brief an die Korinther meint auch der Apostel Paulus, daß Jesus „am dritten Tag auferweckt" wurde, „wie es die Schriften gesagt haben" (1 Kor 15,4). Danach „erschien er dem Kefas (Petrus), dann den Zwölf", und schließlich „erschien er mehr als fünfhundert Brüdern zugleich". Und „als letztem von allen erschien er auch mir" (1 Kor 15,8). Hier spielt Paulus auf sein eindrückliches Erlebnis auf dem Weg nach Damaskus an (siehe S. 226). Er unterscheidet also nicht zwischen der Erscheinung des auferstandenen Jesus und Visionen.

Diese Ansicht wird noch durch die Tatsache verstärkt, daß Paulus, anders als die Evangelisten (siehe S. 208–209), nicht auf das leere Grab eingeht. Bei den Erscheinungen haben die Evangelisten oft Probleme, von Jesus als physischer Person zu sprechen und nicht von einem Geist, der ihnen erschienen ist. Die Erzählung über den zweifelnden Tomas ist vielleicht das berühmteste Beispiel zu diesem Thema (siehe Kasten S. 211). Matthäus berichtet, daß die beiden Marien Jesus am Grab gegenüberstanden und „seine Füße umfaßten" (Mt 28,9). Dies wäre wohl kaum möglich gewesen, wenn sie nur eine Vision gehabt hätten. Im Lukasevangelium reagieren die Jünger, als ob sie einen Geist gesehen hätten, als Jesus ihnen erscheint, doch er bittet sie, ihn anzufassen und sich zu überzeugen, daß er wirklich kein Geist ist, denn „kein Geist hat Fleisch und Knochen" (Lk 24,39). Als Beweis, daß er tatsächlich existiert, bittet Jesus bei Lukas die Jünger um etwas zu essen, und er „aß vor ihren Augen" (Lk 24,41–43). Man dachte damals nämlich, daß Geister nicht essen könnten.

Laut den Evangelien akzeptierten die Jünger die Erscheinungen des auferstandenen Jesu nicht sofort. Sie konnten wirklich nicht begreifen, daß Jesus sein gegebenes Versprechen, von den Toten aufzuerstehen, wahr gemacht hatte (Mt 16,21–23; Mk 8,31–33); es fiel ihnen schwer, ernsthaft daran zu glauben. Wahrscheinlich hätten sie auf die Vorstellung einer Auferstehung von den Toten vorerst wie Martha reagiert (Joh 11,23–24). Matthäus läßt einige der Jünger auch nach der Erscheinung Jesu in Galiläa zweifeln (Mt 28,17), und im Markusevangelium werden sie von Jesus wegen ihres Unglaubens (Mt 16,14) sogar getadelt; allerdings muß man auch bedenken, daß dieser Teil erst später geschrieben und eingefügt wurde (siehe S. 209). Bei Lukas hielten die Jünger die Erzählung der Frauen für „Geschwätz" (Lk 24,11), und Johannes berichtet, daß der Jünger Tomas überhaupt erst an die Auferstehung glauben kann, als er den auferstandenen Jesus mit eigenen Augen gesehen hat (Joh 20,25–27; siehe Kasten S. 211). Abschließend kann gesagt werden, daß die Evangelien den Glauben an eine Auferstehung Jesu mit Beweisen belegen möchten. Doch ist die physische Auferstehung, wie sie die Autoren in ihren Berichten wiedergaben, wahrscheinlich eher ein literarisches Stilmittel als der Bericht der tatsächlich stattgefundenen Geschehnisse.

Es ist auch durchaus möglich, daß die Jünger wie die Juden an eine körperliche Auferstehung glaubten und daß sie so nur annehmen konnten, daß Jesus das Grab wirklich verlassen hatte. Dieser Glaube war um jene Zeit nämlich sehr weit verbreitet, und es wurde sehr viel darüber diskutiert. Er war einer der Streitpunkte zwischen den Pharisäern und den Sadduzäern (siehe S. 184–185); Paulus entzweite sogar den Sanhedrin über diese Frage (Apg 23,6–10). In den Schriften wird von einer allgemeinen Auferstehung am Ende der Welt gesprochen, nicht aber von der Auferstehung einer bestimmten Person.

Die Erscheinungen bei Lukas und Johannes

Die Evangelien nach Lukas und Johannes enthalten Erzählungen über Erscheinungen, die bei den anderen Autoren fehlen. Bei Lukas ereignen sich alle Erscheinungen nahe Jerusalem. Seine lebhafte Erzählung, wie Jesus zwei Jüngern auf dem Weg nach Emmaus, einem Dorf elf Kilometer vor Jerusalem, erscheint, ist Beweis für seine besonderen schriftstellerischen Fähigkeiten (Lk 24,13–31). Am Beginn der Erzählung erkennen die Jünger die Bedeutung des Todes und der Auferstehung Jesu noch nicht: Sie fühlen sich sogar um ihre Hoffnung betrogen, daß er der Messias sei, „der Israel retten werde" (Lk 24,21). Jesus tadelt die Jünger (die ihn allerdings noch nicht erkannt haben), denn er ist der wahre Messias, dessen Leiden und Eintritt in die Herrlichkeit in den Schrifen vorhergesagt wurden (Lk 24,31). Die Jünger laden Jesus ein, bei ihnen in Emmaus zu bleiben. Beim Essen bricht er Brot, segnet es und gibt es ihnen. Erst jetzt können sie ihn erkennen, doch im selben Augenblick verschwindet er (Lk 24,31). Das Brechen des Brotes bezieht sich auf die Eucharistie: Lukas möchte sagen, daß ab nun jeder, der an der Kommunion teilnimmt, die Gegenwart Jesu erleben wird. Nach diesem Erlebnis erscheint Jesus allen Jüngern in Jerusalem. Diese Geschichte gleicht der von Emmaus in vielen Punkten (Lk 24,37–41); sie schließt mit einer Mahlzeit, die sich wahrscheinlich auch auf die Eucharistie bezieht, und dem Beweis aus den Schriften, daß Jesus der Messias ist (Lk 24,44). Der Zweck dieser Erzählung besteht vor allem darin, zu zeigen, daß Jesus wirklich auferstanden ist (siehe Haupttext gegenüber).

Ruine aus dem biblischen Emmaus.

Das Evangelium nach Johannes gleicht bei den Erzählungen über den auferstandenen Jesus in einigen Bereichen Lukas. Die zweifelnden Jünger sind hier durch Tomas vertreten. Er glaubt erst an die Auferstehung, als ihm Jesus wirklich erscheint, doch dann geht er sogar noch weiter, indem er die Göttlichkeit Jesu anerkennt (Joh 20,29).

Wie Matthäus kennt auch Johannes die Vermutung, daß Jesus zum Schluß in Galiläa erschien. Er greift Themen heraus, die bereits in den Erzählungen der Evangelisten über die Ereignisse in Galiläa vorkommen, wie den wundersamen Fischfang (der an dieser Stelle allein im Johannesevangelium erwähnt wird) und die Verteilung von Brot und Fisch (Joh 21,13; vgl. Joh 6,11 und Lk 24,30 und 42). Ein weiteres zentrales Thema bei Johannes ist auch die Wiederaufrichtung von Petrus: Jesus vertraut ihm seine Herde an und bittet ihn, ihm als Märtyrer zu folgen (Joh 21,15–19; vgl. Joh 10,11). Doch wie immer ist Petrus' Einsicht begrenzt, und er weiß nicht, was „den Jünger, den Jesus liebte", erwartet (Joh 21,21–22). Dieser Lieblingsjünger soll nicht, wie Petrus, der Kirche vorstehen, sondern die Wahrheit des Evangeliums bezeugen (Joh 21,24).

Christus bei den Aposteln, *Darstellung auf einem Marmorsarkophag aus dem 4. Jahrhundert n. Chr. aus Gallien (Frankreich).*

DIE HIMMELFAHRT CHRISTI

Christi Himmelfahrt, *aus einem spanischen Manuskript vom Meister von Osma (ca. 1460).*

In der Apostelgeschichte steht geschrieben, daß Jesus seinen Jüngern häufig erschienen ist und „über das Reich Gottes gesprochen hat" (Apg 1,3), bevor er in den Himmel aufstieg (Apg 1,9). Matthäus berichtet nichts über die Himmelfahrt, doch im Markusevangelium wird erzählt, daß „Jesus in den Himmel aufgenommen wurde und sich zur Rechten Gottes setzte" (Mk 16,19). Dieser Abschnitt wurde erst nach Markus' Tod geschrieben (siehe S. 209) und ist wahrscheinlich sowohl von der Erzählung der Himmelfahrt des Propheten Elia abgeleitet, der „im Wirbelsturm zum Himmel emporfuhr" (2 Kön 2,11), als auch von den Anfangsworten von Psalm 110: „So spricht der Herr zu meinem Herrn: Setze dich mir zur Rechten, und ich lege dir deine Feinde als Schemel unter die Füße."

In seinem Vorwort zur Apostelgeschichte bemerkt Lukas, daß im ersten Buch alle Taten Jesu enthalten sind, „bis zu dem Tag, an dem er (in den Himmel) aufgenommen wurde" (Apg 1,1–2). Die Himmelfahrt Christi ist ein Vorzeichen, daß der Heilige Geist 50 Tage nach Ostern, zu Pfingsten, herabschweben wird (siehe S. 216–217). Es wird berichtet, daß Jesus seinen Jüngern 40 Tage lang erschienen ist, eine Zeitspanne, die in der Bibel häufig vorkommt. So wird z. B. bei der Sintflut (Gen 7,12) und im Buch Exodus (Ex 24,18) ebenso von 40 Tagen gesprochen wie in einer jüdischen Schrift über die Himmelfahrt Abrahams (siehe Kasten gegenüber). Die Wolke, in der sich Jesus den Blicken entzog (Apg 1,9), wird häufig als Symbol für die Gegenwart Gottes verwendet; so z. B. in Ex 13,21; 24,15 und 33,9. Elischa wurde der Geist Elias versprochen, wenn er seiner Himmelfahrt beiwohnte (2 Kön 2,9–10). Ebenso sind die Jünger, die der Himmelfahrt Christi beiwohnen, überzeugt, daß der Heilige Geist auf sie herabkommen wird (Apg 1,8–9). Daß die Himmelfahrt am Berg Olivet (ein anderer Name für den Ölberg) stattfindet, ist vielleicht auf einen Vers aus Sacharja zurückzuführen, wo berichtet wird, daß der Herr am letzten Tag auf diesem Berg stehen wird (Sach 14,4).

Die Botschaft der Himmelfahrt laut Apostelgeschichte ist folgende: Jesus ist in den Himmel aufgestiegen, bleibt jedoch durch den Heiligen Geist bis zum letzten Tag und dem Beginn des Königreiches Gottes auf der Erde. Auf diesem Gedanken baut auch das Johannesevangelium auf, obwohl es dort ganz anders ausgedrückt ist. Der Evangelist möchte seinen Lesern deutlich

Der heutige Blick auf den Ölberg, wo die Himmelfahrt stattfand, vom Tempelberg aus gesehen. Links im Bild das hellenistische „Grab von Abschalom" (siehe auch S. 140 und Karte auf S. 190).

Der religiöse Hintergrund der Himmelfahrt

Außer Jesus stieg nur eine weitere bedeutende Person der Bibel in den Himmel auf: Der Prophet Elia (siehe S. 98 und Haupttext auf S. 212). In der Genesis wird von Henoch gesprochen, der „nicht mehr da war, denn Gott hatte ihn mitgenommen" (Gen 5,24), was ebenfalls in der Form ausgelegt wurde, daß er in den Himmel aufgenommen worden war. Doch stiegen nach den jüdischen Schriften alle bedeutenden Persönlichkeiten in den Himmel auf: nicht nur Henoch und Elia, sondern auch Adam, Abraham, Mose, Jesaja und viele andere.

Im Griechenland und Rom der Antike dachte man, daß Monarchen und mythische Helden nach ihrem Tod zu Göttern werden oder in das göttliche Reich aufsteigen. Das berühmteste Beispiel aus der griechischen Mythologie ist Herakles, der nach seinem Tod zum Gott erhoben wurde. Die Römer vergöttlichten ihre Imperatoren: Die letzten Worte des Kaisers Vespasian (der 69–79 n. Chr. herrschte) sollen angeblich gewesen sein: „Ich denke, ich werde ein Gott." Bei einigen religiösen Gruppierungen in Griechenland herrschte die Meinung, daß der Erlöser oder Gott vom Himmel herabsteigt und schließlich wieder dorthin zurückkehrt. Jesus wird im Neuen Testament auf diese Weise beschrieben, z.B. im Brief an die Kolosser. Die Himmelfahrt Jesu wird auch so interpretiert, daß er seine Herrschaft über die Welt angetreten hat. Dieses Ereignis wird bereits in den Psalmen angekündigt, die sich jedoch ursprünglich auf die Herrschaft eines israelitischen Herrschers bezogen.

zu verstehen geben, daß Jesus in den Himmel aufgestiegen ist, nachdem er Maria Magdalena im Garten beim Grab erschienen war, noch bevor er seinen Jüngern am selben Abend erschien. Beim Letzten Abendmahl hat Jesus seinen Jüngern versprochen, daß sie den Heiligen Geist empfangen würden, nachdem er die Welt verlassen hat und zu seinem Vater zurückkehrt ist (Joh 16,7–13). Nach seiner Auferstehung verbietet Jesus Maria Magdalena, ihn zu berühren, „denn ich bin noch nicht zum Vater gegangen". Er schickt sie mit der Botschaft zu den Jüngern: „Ich gehe zu meinem Vater und zu eurem Vater, zu meinem Gott und zu eurem Gott!" (Joh 20,17; siehe auch S. 208–209). Am Abend desselben Tages erscheint er den Jüngern und haucht sie an, wodurch sie den Heiligen Geist empfangen (Joh 20,22). Jesus erscheint den Jüngern also nach seiner Auferstehung: Vor seiner Himmelfahrt durfte ihn Maria nicht berühren, doch danach kann er zu Tomas sagen: „Nimm deine Hand und lege sie in meine Seite" (Joh 20,26).

Als Untermauerung ihrer eigenen Überzeugungen behaupteten spätere christliche Schriftsteller oft, die Anweisungen, die Jesus den Aposteln vor seiner Himmelfahrt gab, durch den Heiligen Geist zu kennen (Apg 1,2). In den Evangelien sind natürlich viele Anweisungen enthalten, die für das künftige Leben und die Kirche von Bedeutung sind. Viele Gelehrte meinen, daß sie überhaupt nichts anderes sind als der frühchristliche Glaube, der Jesus in den Mund gelegt wurde, um ihn so zu legitimieren, wie dies auch bei späteren israelitischen Traditionen geschah. Matthäus, Markus und die Apostelgeschichte berichten, daß Jesus seinen Jüngern zum Schluß auftrug, aus allen Völkern Anhänger zu gewinnen. Dadurch wird die Missionstätigkeit der Kirche gerechtfertigt (Mt 28,19; Mk 16,15; Apg 1,8). Die Menschen sollen durch die Taufe zu Christen werden (Mt 28,19). Bei Johannes gibt Jesus seinen Jüngern – also seiner Kirche – das Recht, Sünden zu erlassen und zu exkommunizieren (Joh 20,23). Die Führung der Kirche wird Petrus übertragen (Joh 21,15–17; siehe S. 211).

IV DIE FRÜHE KIRCHE

In der Apostelgeschichte wird über den Aufstieg der frühen Kirche nach dem Tod Jesu berichtet. Sie gibt jedoch kein vollständiges Bild über die Ausbreitung des Christentums, sondern konzentriert sich auf die Arbeit von Petrus, dem Jesus die Leitung der Kirche anvertraute, und auf Paulus, der seine Laufbahn als verbitterter Gegner der Christen begann und nach dem Erlebnis auf dem Weg nach Damaskus (siehe S. 226–227) wohl ihr größter Missionar wurde.

DIE APOSTELGESCHICHTE

Oben: *Ein syrisches Manuskript der Apostelgeschichte (frühes 13. Jahrhundert). Syrisch ist ein aramäischer Dialekt und war die Sprache von Jesus und den zwölf Aposteln. Aramäisch war auch die Sprache vieler Ostkirchen, und obwohl es heute großteils durch das Arabische verdrängt wurde (mit dem es wie Hebräisch verwandt ist), hat es doch in einigen ländlichen Gebieten Syriens bis heute überlebt.*

Die Apostelgeschichte wurde von Lukas als eine Fortsetzung des Evangeliums verfaßt. Sie beginnt mit der Himmelfahrt Christi (Apg 1,9; siehe S. 212–213) und erzählt anschließend, wie die Apostel nach dem Tod von Judas Iskariot Matthias durch das Los zum zwölften Apostel wählten, wobei sie sich in ihrer Vorgangsweise an Präzedenzfällen orientieren, die in der Bibel erwähnt sind. Für Lukas gibt es nur zwölf „Apostel", während hingegen Paulus den Begriff weiter spannt. In Apostelgeschichte 1,22 meint Lukas, daß der als Ersatz für Judas gewählte Apostel das gesamte Wirken Jesu miterlebt haben muß. Diese zwölf Männer leiteten auch die erste organisierte Kirche Jerusalems.

Die Apostelgeschichte beschreibt nicht das Leben aller zwölf Apostel. Aus diesem Grund verfaßten spätere christliche Schriftsteller eine ganze Reihe von „Apostelgeschichten", um dieses Versäumnis wiedergutzumachen. Es spielen in der ursprünglichen Erzählung auch andere Menschen eine bedeutende Rolle, wie z.B. Stephanus (Apg 6–7) und Philippus (Apg 8). Die wesentlichen Figuren sind aber Petrus, die Hauptperson der ersten zwölf Kapitel, und Paulus, von dessen Missionarstätigkeit in den weiteren Kapiteln berichtet wird.

Vor seiner Himmelfahrt beauftragt Jesus seine Jünger, seine „Zeugen zu sein in Jersualem und in ganz Judäa und Samaria und bis an die Grenzen der Erde" (Apg 1,8). Dem kommen die Apostel auch auf den folgenden Seiten nach, bis das Buch in Rom, dem Zentrum des Reiches, zu dem Judäa damals gehört, seinen Höhepunkt erreicht. In vielerlei Hinsicht ist die

Apostelgeschichte eine Verteidigungsschrift für die christliche Bewegung, die an die regierende Klasse in Rom gerichtet ist. Das wird besonders bei der Beschreibung von Paulus deutlich (siehe S. 230–237).

Die beiden Bücher von Lukas – das Evangelium und die Apostelgeschichte – sind jener Teil des Neuen Testamentes, der dem Standard und dem Stil der klassischen (römischen und griechischen) Historiker am nächsten kommt. Lukas folgt der klassischen Gepflogenheit, seine Bücher einer Persönlichkeit zu widmen; in diesem Fall handelt es sich um Theophilus, vielleicht sein Förderer. In der Einleitung des Evangelium, die eigentlich beide Bücher einleitet, unterscheidet Lukas sein Werk von dem seiner Vorgänger und meint, daß es eine Verbesserung der anderen Evangelien darstellt (Lk 1,1–4). Mit dieser Bemerkung folgt er der Tradition des großen griechischen Historikers Thukydides (ca. 475 v. Chr.), der seine *Geschichte des Peloponnesischen Krieges* ähnlich begann.

APOSTELGESCHICHTE UND GESCHICHTE

In der Vergangenheit wurde der Autor der Apostelgeschichte als genauer und zuverlässiger Erzähler der Ereignisse betrachtet. In den letzten Jahren ist diese Zuverlässigkeit jedoch in Frage gestellt worden, und man begann zu überlegen, inwieweit die Apostelgeschichte vor allem Lukas' eigene theologische Auffassungen vertritt. Es wird allerdings anerkannt, daß der Autor gute geographische, soziale und politische Kenntnisse der Region hat. Er ist bei Namen und Titeln der römischen Beamten, die in seiner Erzählung vorkommen, sehr genau und scheint auch über die römische Rechtslage bestens informiert zu sein.

Zutreffende Hintergrundinformationen sind jedoch noch keine Garantie dafür, daß die Episoden und Geschichten der Wahrheit entsprechen. Die Darstellung von Paulus hat die meisten Zweifel aufgeworfen. Der Autor versucht, zwischen Petrus und Paulus Parallelen zu ziehen und zu zeigen, daß beide dieselbe theologische Perspektive hatten. Doch beweisen Ausschnitte aus den Briefen des Paulus, daß ihre Beziehung nicht immer harmonisch verlief (siehe S. 229). In der frühen Kirche gab es Mitglieder, die Paulus gegen Petrus ausspielten, und es ist gut möglich, daß Lukas dies bewußt richtigstellen wollte.

Christus und die Apostel, *Spanien (Katalonien), 13. Jahrhundert. Jesus auf dem Thron ist umgeben von den Symbolen der vier Evangelisten.*

Der literarische Hintergrund der Apostelgeschichte

Die Apostelgeschichte kann deshalb nicht nur als historisches Werk im klassischen Stil betrachtet werden, da die ersten Christen, über die sie berichtet, ihre eigene Perspektive besaßen. Sie gebraucht jedoch verschiedene, klassische Konventionen, vor allem die Verwendung von Reden, die ungefähr ein Drittel des Werkes ausmachen.

Wie Thukydides meinte, wollten griechische und römische Historiker nicht wörtlich wiedergeben, was aus einem bestimmten Anlaß gesagt wurde, sondern mit ihren Worten ausdrücken, was ein Redner gesagt hatte. Thukydides behauptet zwar, sich so nah wie möglich an die Vorlagen zu halten, doch spätere Schriftsteller betrachteten die Reden als rhetorische Übungen und schenkten historischer Genauigkeit wenig Beachtung. Die Reden in der Apostelgeschichte sind zweifelsohne von Lukas verfaßt, scheinen aber für ein bestimmtes Publikum geschrieben worden zu sein. Die Reden, die sich an ein jüdisches Publikum richten, sind in der Sprache der Septuaginta, der griechischen Übersetzung des hebräischen Alten Testamentes, verfaßt, die Rede von Paulus vor den heidnischen Philosophen in Athen (Apg 17,22–31) ist dagegen eine hellenistische Abhandlung über das Wissen Gottes.

Der dramatische Charakter vieler Abschnitte der Apostelgeschichte geben Anlaß zu einem Vergleich mit hellenistischen Geschichten. Die Berichte über wundersame Heilungen, Gefängnisausbrüche und Paulus' Seereise nach Rom entsprechen in Form und Ausdruck den zeitgenössischen griechischen Schriften. Die Reise hat eine große literarische Tradition, die auf Homers *Odyssee* zurückgeht.

DAS KOMMEN DES HEILIGEN GEISTES

Das Kommen des Heiligen Geistes zu Pfingsten, *ein Fresko von Giotto (ca. 1266–1337) in der Kapelle Scrovegni in Padua, Italien, ca. 1305.*

Das Geschenk des Heiligen Geistes ist für den Autor der Apostelgeschichte von größter Bedeutung. Durch den Heiligen Geist besteht die Möglichkeit, daß Menschen bekehrt werden, er wirkt Wunder und gibt den Führern der neuen Kirche die nötige Kraft und Weisheit. Er leitet ihre Taten, wie z.B. Petrus' Besuch beim Hauptmann Kornelius (Apg 10; siehe S. 228–229), und die Missionsreisen.

Es ist aller Wahrscheinlichkeit nach von besonders großer Bedeutung, daß der Heilige Geist zu Pfingsten, dem jüdischen Wochenfest, herabstieg (siehe Ex 34,22; Dtn 16,10). Das Wochenfest markierte ursprünglich das Ende der Weizenernte und die Darbringung der ersten Früchte, doch wurde es schließlich zur Erinnerung an das Gesetz vom Berg Sinai (siehe S. 60–61) gefeiert. Die Schilderung des Pfingstfestes in der Apostelgeschichte wird oft als derjenige Zeitpunkt ausgelegt, an dem das jüdische Gesetz durch den Geist Christi ersetzt wird. Diese Theorie wird jedoch durch die Tatsache widerlegt, daß Pfingsten erst ab dem 3. Jahrhundert n. Chr. mit dem Gesetz von Sinai in Verbindung gebracht wurde. Im Buch Jubiläen, einem Text aus dem 2. Jahrhundert v. Chr., wird Pfingsten jedoch zur Erinnerung an die „Noach-Sprüche" gefeiert, die alle Menschen ohne Ausnahme, Juden wie Christen, beachten müssen (siehe S. 32).

Die Erzählung vom Kommen des Heiligen Geistes ist voll biblischer Symbolik. Das „Brausen, wie wenn ein heftiger Sturm daherfährt" (Apg 2,2) und die „Zungen wie von Feuer" (Apg 2,3) erinnern an die Schöpfung, die Sintflut und viele Gotteserscheinungen, wie die am Sinai. In der Apostelgeschichte wird auch der Taufe Jesu gedacht (Lk 3,21–22): Die Flamme des Geistes kommt auf die Apostel herab wie der Geist in Gestalt einer Taube auf Jesus herabkam.

Die erste Rede des Petrus

Der Erzählung vom Kommen des Heiligen Geistes folgt eine Rede des Petrus, in der er das Ereignis zu erklären versucht (Apg 2,14–40). Diese Rede ist nach Lukas' Verständnis an Juden gerichtet. Sie beginnt mit der Erklärung, daß Gottes Verheißungen an die Menschen durch die Lehre Jesu, seinen Tod und seine Auferstehung erfüllt wurden, und er bekräftigt dies vor allem durch Verse des Propheten Joël. Der Heilige Geist, den die Zuhörer erfahren haben (siehe Haupttext unten), ist ein Zeichen für Jesu Erhöhung durch Gott. Die Gegenwart des Heiligen Geistes ist das Zeichen für Jesu Auferstehung und Himmelfahrt. Die Apostel sind ermächtigt, allen, die sich taufen lassen, ihre Sünden zu vergeben. Dieses Versprechen gilt nicht nur für Juden, sondern für alle, die Gott zu sich ruft.

Die erste Rede des Petrus stellt das Muster dar, nach dem die anderen Reden in der Apostelgeschichte aufgebaut sind. Es gibt eine Theorie, daß diese Reden tatsächlich die Predigten der ersten Apostel wären; bestimmte, speziell auf Lukas zugeschnittene Themen legen jedoch die Vermutung nahe, daß Lukas sie selbst geschrieben hat. In der ersten Rede des Petrus z. B. wird gesagt, daß die Sendung Jesu durch seine Wunder und Zeichen bestätigt wurde (Apg 2,22). Dieses Thema wiederholt sich bei Lukas ebenso wie die Behauptung des Petrus, daß Jesus alles durch „Gottes Ratschluß" erleiden mußte (Apg 2,23). Ungeachtet ihres Ursprungs sind die Reden in der Apostelgeschichte in jedem Fall ein wichtiger Hinweis darauf, wie die frühe Kirche die Person und die Taten Jesu verstand.

Der Prophet Joël, *ca. 1520 von Michelangelo (1475–1564), in der Sixtinischen Kapelle in Rom. In seiner ersten Rede zitiert Petrus Joël ausführlich (Apg 2,17–21, Zitat Joël 2,28–32).*

Als die Apostel mit dem Heiligen Geist ganz erfüllt waren, begannen sie „in fremden Zungen zu reden" (Apg 2,4), ein Ereignis, bei dem „Juden, fromme Männer aus jedem Volk unter dem Himmel" (Apg 2,5) zugegen waren. Lukas zählt sämtliche Gebiete und Regionen auf, die durch einen Anwesenden repräsentiert sind, und er berichtet zudem, daß es Juden aus dem Römischen Reich und aus anderen Regionen sind, in denen das Judentum in den letzten Jahrhunderten v. Chr. verbreitet war (Apg 2,9–11). Er berichtet außerdem, daß Proselyten zugegen waren (Apg 2,11), Menschen, die zum jüdischen Glauben konvertiert waren. Das „in-Zungen-Sprechen", die sogenannte „Glossolalie", war in den Kirchen, die Paulus gründete, ein bekanntes Phänomen. Hier sprachen die Beteiligten jedoch nicht in anderen Sprachen, sondern brachten unter Ekstase unverständliche Laute hervor. Lukas scheint darauf hinweisen zu wollen, daß am Pfingsttag einige der Zuschauer sogar dachten, die Jünger wären betrunken (Apg 2,13). Es wird in der Apostelgeschichte auch später noch darüber berichtet, daß Menschen in Zungen sprachen (Apg 10,46; 19,6), doch werden dort keine Fremdsprachen erwähnt.

Die Apostel brauchten nicht in den Muttersprachen der Pilger sprechen, da alle entweder Aramäisch oder Griechisch beherrschten. Vielleicht hat Lukas die Ereignisse zu Pfingsten als Umkehrung des Turmbaues zu Babel betrachtet (Gen 11,1–9; siehe S. 34). In dieser Geschichte wird erzählt, wie die Menschen plötzlich in verschiedenen Sprachen zu sprechen begannen und sich über die ganze Welt verstreuten. Die Verkündung des Evangelium, das alle gleichermaßen verstehen, vereint die Menschen in Harmonie in einer neuen Gemeinde, die alle umfaßt, „die der Herr, unser Gott, herbeirufen wird" (Apg 2,39).

PETRUS IN DER APOSTELGESCHICHTE

GAMALIEL
Gamaliel der Ältere, über den in Apostelgeschichte 5 berichtet wird, war ein bekannter Rabbi im 1. Jahrhundert n. Chr., der der großen Dynastie des Hillel angehörte und Vorsitzender des Sanhedrin war. Er stand für die liberale Auslegung des jüdischen Gesetzes der Hillel-Schule und setzte sich für größere Bewegungsfreiheit am Sabbat und den Schutz geschiedener Frauen ein. Laut Apostelgeschichte 22,3 war Paulus sein Schüler.

Gamaliels Ruf, gelehrt und tolerant zu sein, geht aus seiner Rede in der Apostelgeschichte hervor, wo er dem Sanhedrin rät, Petrus und die Apostel in Ruhe zu lassen, denn „wenn dieses Vorhaben oder dieses Werk von Menschen stammt, wird es zerstört werden; stammt es aber von Gott, so könnt ihr sie nicht vernichten" (Apg 5,38–39). Lukas möchte sagen, daß Gamaliel, ein Pharisäer, den Christen nicht völlig abgeneigt war, denn trotz seiner häufigen Kritik an den Juden meint Lukas, daß das Christentum aus dem Judentum, besonders aus der Gruppe der Pharisäer, hervorgegangen ist. Die Pharisäer glaubten wie die Christen an die Auferstehung von den Toten. Ihre Gegner, die Sadduzäer, lehnten dies ab und brachten die Apostel zweimal vor den Sanhedrin (Apg 4 und 5). Paulus nützt diesen Streit über die Frage der Auferstehung später aus (Apg 23,6–10; siehe auch S. 184–185).

In seiner Rede in der Apostelgeschichte bezieht sich Gamaliel auch auf zwei falsche Messiasse, Theudas und Judas. Obwohl er Theudas voranstellt, fand dessen Aufstand lange nach dem des Judas statt. Es ist dies vielleicht nur ein Fehler von Lukas und beeinträchtigt die Kraft der Aussage Gamaliels nicht im geringsten.

Die erste Gemeinde wurde in Jerusalem von den zwölf Aposteln geleitet, deren Sprecher ohne Zweifel Petrus war. Er wird als mächtiger Mann dargestellt, der Wunder wirkte. Schon sein Schatten, der auf einen Kranken fiel, reichte aus, diesen zu heilen (Apg 5,15). Später wird den Schweißtüchern und Schürzen von Paulus eine ähnlich heilende Wirkung zugeschrieben (Apg 19,12). Daß die Apostel „Zeichen und Wunder" wirken können, folgt sofort auf das Pfingstereignis, wie z. B. die Heilung eines gelähmten Bettlers am Schönen Tor des Tempels (Apg 3,1–10). Die Beschreibung der Heilung folgt dem üblichen Muster von Erzählungen ähnlicher Art in den Evangelien und in anderen Schriften. Es wird über den Grad der Behinderung, die Heilung und die Wirkung auf die Zuschauer berichtet. In dieser Erzählung wird auch auf die besondere Macht Petrus' eingegangen: Wie Paulus in Apg 14 befiehlt er dem Gelähmten, aufzustehen und umherzugehen, und seine Hände geben den Füßen und Knöcheln des Mannes Kraft (Apg 3,6–8). Die Beschreibung dieses Ereignisses gibt Anlaß zu der Vermutung, daß Lukas medizinisches Wissen hatte, besonders, da in den Briefen an die Kolosser 4,14 von einem „Arzt Lukas, unser geliebter Freund" berichtet wird. Die Sprache ist jedoch nicht fachlich genug, um diese Annahme zu bestätigen.

Auf die Heilung des Bettlers folgt dann die zweite Rede des Petrus (Apg 3,12–26), in der er wie auch in der ersten (siehe S. 217) über die Erfüllung von Gottes Versprechen, einen Messias zu senden, und über die unabdingbare Notwendigkeit spricht, „Buße zu tun, damit eure Sünden getilgt werden" (Apg 3,19). Er spricht in dieser Rede außerdem davon, daß die Juden zu verantworten haben, daß Jesus gekreuzigt wurde, obwohl er ihnen freimütig zugesteht, daß sie „aus Unwissenheit gehandelt" haben (Apg 3,17), wie auch Jesus im Lukasevangelium selbst sagte (Lk 23,34). Nach dieser Rede werden Petrus und Johannes von der Tempelwache festgenommen (Apg 4,3). Es ist dies die erste der drei Verhaftungen des Petrus, die immer dramatischer beschrieben werden. Nach einer Nacht im Gefängnis werden die beiden Apostel dem Hohen Rat (Sanhedrin) vorgeführt, wo Petrus seine dritte Rede hält (Apg 4,8–12). Sie werden nur unter der Bedingung freigelassen, daß sie aufhören, „im Namen Jesu zu predigen und zu lehren" (Apg 4,18). Petrus und Johannes lehnen zwar ab, sich wirklich daran zu halten, werden danach aber „mit Rücksicht auf das Volk, da alle Gott wegen des Geschehenen priesen" (Apg 4,21) trotz ihrer strikten Weigerung freigelassen.

Der Erfolg der christlichen Mission führt dazu, daß alle Apostel verhaftet werden (Apg 5,18). Doch durch das Eingreifen eines Engels kommen sie wieder frei (Apg 5,19). Die Apostel treten schließlich nochmals vor den Sanhedrin, und das Geschehen wiederholt sich: Petrus hält erneut eine Rede (Apg 5,29–32), und auf Geheiß des Gesetzeslehrers Gamaliel (siehe Seitentext links) werden die Angeklagten nach einer Geißelung und dem Verbot, zu predigen, freigelassen (Apg 5,40–41).

In dem Bericht über die dritte Verhaftung des Petrus (Apg 12) kommt das erzählerische Talent Lukas' klar zur Geltung. Hier wird nur Petrus verhaftet, doch nicht von der Tempelwache, sondern im Zuge der Verfolgung bedeutender Christen durch Herodes Agrippa I. (der 37–44 n. Chr. regierte). Dieser stand in der Gunst von Caligula und Claudius, weshalb ihm die Herrschaft über einen Großteil des Gebietes, das sein Großvater Herodes der Große beherrscht hatte, übertragen wurde (siehe Karte S. 143). Petrus war vermutlich in der Festung Antonia in den Baracken neben dem Tempel, inhaftiert. Die spannende und detaillierte Erzählung über Petrus' Befreiung durch einen Engel (Apg 12,7–10) ist ebenfalls an biblische und nichtbiblische Quellen angelehnt. Das eisene Tor „öffnete sich ihnen von selbst" (Apg 12,10). In der klassischen griechischen Literatur nach Homer wird von ähnlichen Ereignissen berichtet, und auch der jüdische Historiker Josephus (1. Jahrhundert n. Chr.) erzählt, daß sich während des großen Judenaufstandes (66–73 n. Chr.) das große Osttor des Tempels vor den Verhafteten von selbst öffnete.

Petrus' Flucht mit göttlicher Hilfe steht ganz im Gegensatz zu der Strafe Gottes, die seinem Verfolger bevorsteht. Da er „nicht Gott die Ehre gegeben hatte", stirbt er „von Würmern zerfressen" (Apg 12,23). Diese Form des Todes wird auch von den Schriftstellern des Altertums häufig geschildert. Lukas dachte dabei vielleicht besonders an das Schicksal des hellenistischen Herrschers Antiochus IV. Epiphanes (2 Makk 9,9; siehe S. 138–139). Herodes starb tatsächlich plötzlich im Jahr 44 n. Chr. in Caesarea. Die Umstände seines Todes machten auf seine Zeitgenossen offensichtlich einen großen Eindruck und die Erzählung des Josephus stimmt auch mit dem Bericht in der Apostelgeschichte überein.

Die ersten Christen verfolgte Herodes Agrippa I. (10 v. Chr.–44 n. Chr.), hier auf einer seiner Münzen dargestellt.

Petrus heilt durch seinen Schatten *(Apg 5,15), ein Fresko von Tommaso Masaccio (1401–1428) in der Branacci-Kapelle in der Kirche Santa Maria del Carmine, Florenz; ca. 1425.*

DIE GEMEINDE VON JERUSALEM

Der Tod des Hananias, *auf der Mortlake-Tapisserie, nach einer Vorlage von Raphael (1483–1520) für einen Wandteppich im Vatikan. Laut Apostelgeschichte verkauften Hananias und seine Frau persönliches Eigentum und hielten einen Teil des Erlöses, den sie der Kirche versprochen hatten, zurück. Der Wandteppich zeigt den Moment, nachdem Petrus Hananias öffentlich verurteilt hat: „Als Hananias diese Worte hörte, stürzte er zu Boden und starb“ (Apg 5,5). Saphira erlitt später dasselbe Schicksal.*

Lukas gibt in der Apostelgeschichte immer wieder zusammenfassende Überblicke über die Ausbreitung des neuen Glaubens. Diese Darstellungen geben ein idealisiertes Bild des Lebens dieser Zeit und der Entwicklung der frühchristlichen Gemeinde in Jerusalem wieder. Die Christen waren gläubige Juden, die jeden Tag zu bestimmten Gebetsstunden in den Tempel kamen (Apg 3,1). Durch Lukas wird auch überliefert, daß sie häufig im privaten Kreis zusammenkamen und gemeinsam das Brot brachen (Apg 2,46). Dieses Ritual war unter Umständen Teil eines gewöhlichen Mahles, doch da Lukas in der Apostelgeschichte berichtet, daß Jesus beim Letzten Abendmahl das Brot brach (Lk 22,19), ist diese Handlung, die spätere Eucharistie, aller Wahrscheinlichkeit nach aus diesem Grund in seinem Werk beschrieben. Die frühchristliche Kirche war eine unter vielen jüdischen religiösen Vereinigungen, doch sie führte das Werk weiter, das Jesus mit seinen Jüngern begonnen hatte.

Lukas betont besonders den Zusammenhalt der Christen und die Freude, die sie hatten. Die gesamte Gemeinde der Gläubigen soll – laut Überlieferung – „ein Herz und eine Seele“ gewesen sein (Apg 4,32). Lukas Wendungen geben Ausdrücke wieder, die auch von griechischen Autoren verwendet wurden, um das Ideal der Freundschaft zu preisen, das schon seit Anbeginn der Menschheit bestand.

Es gibt die Theorie, daß die Apostelgeschichte den Anfang der späteren organisierten Kirche darstellt, da sie sich auf Tradition und Nachfolge Jesu stützt. Doch weist das Buch sehr wenige theologische Strukturen oder Rituale auf. Zu Beginn des Werkes leiteten die zwölf Apostel unter Petrus mit Matthias anstatt des Verräters Judas Iskariot die Gemeinde von Jerusalem (Apg 1,26). Doch entschieden die Anhänger Jesu über wichtige Ereignisse immer gemeinsam. In Apostelgeschichte 15 scheinen sich die Apostel und, nach einer jüdischen Tradition, die „Ältesten“ die Leitung geteilt zu haben. Der Grund dafür ist wahrscheinlich in der Tatsache zu suchen, daß einige Apostel aufgrund der Verfolgung (Apg 11,19; 12,1) fliehen mußten, darunter wahrscheinlich auch Petrus selbst (siehe Apg 12,17 und S. 229). Beim Apostelkonzil (Apg 15,6–29; siehe S. 229) liegt die Leitung der Kir-

Die sieben Hellenisten

Die Apostelgeschichte berichtet über das rasche Wachsen der Gemeinde der Gläubigen in Jerusalem: In kurzer Zeit stieg die Mitgliederzahl von 120 (Apg 1,15) auf über 8000 (Apg 2,41, 4,4). Dadurch wurde es immer schwieriger, den Notleidenden zu helfen, da viele Gläubige arm waren. Aus diesem Grund wurden damals auch Spendenkassen errichtet.

Lukas berichtet, daß sich die Probleme nach einem Streit zwischen den „Hebräern" und den „Hellenisten" zuspitzten. Die „Hellenisten" waren griechischsprachige Juden (um diese Zeit waren noch keine Nichtjuden in der Kirche zugelassen), die „Hebräer" sprachen Aramäisch. Die Hellenisten beklagten sich, daß ihre Witwen bei der täglichen Versorgung übersehen wurden (Apg 6,1). Doch die Apostel meinten, daß sie selbst ihre ganze Zeit dem Gebet widmen sollten, und ließen „sieben Männer von gutem Ruf" bestimmen, die die Aufgabe hatten, die Essensverteilung zu überwachen (Apg 6,3–4). Die Gemeinde wählte also sieben hellenistische Jünger (Stephanus, Philippus, Prochorus, Nikanor, Timon, Parmenas und Nikolaus), die von den Aposteln durch Handauflegung dazu berufen wurden (Apg 6,6). Diese sieben Männer werden als die ersten Diakone betrachtet, Vorläufer der späteren Orden zur Pflege der Armen und Kranken. Durch Auflegen der Hände wurde den Hellenisten von den Aposteln deren Macht übertragen, doch werden sie nur als Prediger und Missionare beschrieben. Zwei von ihnen, Stephanus und Philippus, sollen besonders aktiv gewesen sein (siehe S. 222–225), und Stephanus war laut Apostelgeschichte der erste Märtyrer der Christen.

Sebaste, früher Samaria, das Herodes der Große in griechisch-römischem Stil wieder aufgebaut hat. Hier soll Philippus, einer der sieben Hellenisten, gepredigt haben (Apg 8).

che eindeutig in der Hand von Jakobus, dem Bruder Jesu. Es gibt auch Hinweise darauf, daß eine Zeitlang auch andere Mitglieder aus der Familie von Jesus ein Amt in der Führung der Gemeinde von Jerusalem innehatten. Die christlichen Gruppierungen versammelten sich zum Gebet in Privathäusern, und die „Hauskirche" wurde auf diese Weise zum üblichen Treffpunkt. Die Feiern waren spontan und wurden vom Heiligen Geist inspiriert. In der Apostelgeschichte wird berichtet, daß gemeinsam ein Gebet gesprochen wurde, wenn die versammelte Gemeinde vom Heiligen Geist erfüllt war, und „der Ort, an dem sie versammelt waren", bebte wie durch ein Erdbeben (Apg 4,24–31).

Laut Apostelgeschichte war ein besonderes Element der frühchristlichen Gemeinde der gemeinsame Besitz von Gütern (Apg 4,32). Diese Grundvorstellung war das Hauptthema vieler utopischer Gesellschaften, die von griechischen Denkern, wie z. B. Platon, ausgearbeitet wurden und auch bei einigen jüdischen Gruppierungen, wie den Essenern und der Qumran-Sekte das Ideal war (siehe S. 145). In der Qumran-Sekte mußten alle, die der Gemeinschaft beitraten, das gesamte persönliche Eigentum in eine Gemeinschaftskasse investieren, und jeder, der etwas zu verbergen versuchte, wurde für eine gewisse Zeit ausgeschlossen. Dahinter steht das alte biblische Konzept, Gott etwas zu opfern. Der Verkauf des Eigentums und die Spende des Erlöses in eine Gemeinschaftskasse, die von den Aposteln verwaltet wurde, war bei den Christen zwar freiwillig, doch sehr hoch angesehen. Diese Tat sollte denen zugute kommen, die Not litten. Doch scheint dieses Konzept in der Kirche von Jerusalem nicht von allen beachtet worden zu sein. In der Apostelgeschichte wird diesbezüglich über zwei Ereignisse berichtet: einerseits über Barnabas, der einen Acker verkaufte und den Erlös der Kirche gab (Apg 4,37), und andererseits über den Betrug von Hananias und Saphira (siehe Bild auf S. 220).

DER TOD DES STEPHANUS

Stephanus war einer der sieben, die die Essensverteilung zwischen Hebräern und Hellenisten überwachen sollten (siehe S. 221), und er war der erste Jünger Jesu, der für seinen Glauben starb. Die Geschichte seines Martyriums ist zweigeteilt: Der eine Teil ist die Erzählung seines Verfahrens und seines Todes durch Steinigung (Apg 6,8–15; 7,54–60), der andere seine Rede vor dem Sanhedrin (Apg 7,1–53). Diese Rede ist nur sehr oberflächlich mit der Verhandlung und der Steinigung verbunden, und vielleicht ist sie nur ein Beispiel antisemitischer Polemik, die Lukas als Verteidigungsrede vor den jüdischen Behörden in die Apostelgeschichte einbaute.

Stephanus mußte wegen interner Streitigkeiten unter den griechischsprachigen Juden sterben: Es ist nicht klar, ob seine Gegner nur eine oder mehrere Synagogen in Jerusalem besaßen, doch waren sie sicher Juden aus Nordafrika und Kleinasien, die sich in der Stadt niedergelassen hatten. Der Bericht über die Verhandlung gleicht dem des Prozesses Jesu in den Evangelien: Die Hellenisten kaufen falsche Zeugen, die Stephanus der Blasphemie bezichtigen und behaupten, er hätte gesagt, daß Jesus den Tempel von Jerusalem zerstören würde (Apg 6,13–14). Die Anklage, daß Jesus den Tempel zerstören wollte, ist im Lukasevangelium nicht enthalten. Dort wird Jesus verurteilt, nachdem er behauptet hat, daß der „Menschensohn zur Rechten des allmächtigen Gottes sitzen" werde (Lk 22,69). Ebenso wird auch in der Apostelgeschichte die Menge wütend, als Stephanus die Vision des „Menschensohnes zur Rechten Gottes" hat (Apg 7,55). (Die Bezeichnung „Menschensohn" wird nur in den Evangelien und an dieser Stelle gebraucht.) Stephanus' Bitte um Vergebung für seine Mörder und sein Gebet, daß Jesus seinen Geist aufnehmen möge (Apg 7,59–60), erinnern an Jesu Worte am Kreuz (Lk 23,34, 23,46).

Es ist unklar, ob die Steinigung des Stephanus rechtlich gedeckt war, da der Sanhedrin nach römischem Recht aller Wahrscheinlichkeit nach keine Todesstrafe aussprechen durfte. Das offizielle Urteil ist auch noch gar nicht verkündet, als die Menge bereits auf Stephanus losgeht und ihn steinigt, so daß es sich vielleicht einfach um einen Fall von Lynchjustiz handelte. Doch gibt

Stephanus betet *(links) und* Stephanus wendet sich an den Rat *(rechts), von Fra Angelico (1387–1455) in der Kapelle von Nikolaus V. im Vatikan in Rom.*

es Hinweise darauf, daß der Sanhedrin immer versuchte, die Todesstrafe zu verhängen, wenn er die Möglichkeit dazu hatte. Der Historiker Josephus meint, daß die Exekution von Jakobus, dem Bruder Jesu, von den Mitgliedern des Sanhedrin angeordnet wurde, die sich eine Zeit des Interregnums zwischen dem Tod eines römischen Prokurators und der Ankunft des neuen im Jahr 62 n. Chr. zunutze machten (siehe S. 250). Es gab Beschwerden, und der Hohepriester wurde deswegen vom neuen Prokurator bei dessen Ankunft abgesetzt. Im Fall des Stephanus dachten die jüdischen Führer vielleicht, daß sie mit der Macht Roms spielen konnten, indem sie die Exekution gar nicht beachteten.

Stephanus' Rede vor dem Sanhedrin (Apg 7) ist die längste Rede in diesem Werk und markiert die Trennung zwischen christlichem und jüdischem Glauben. Die Rede ist vor allem die Antwort auf den Vorwurf, daß Jesus die Zerstörung des Tempels vorhergesagt hätte. Stephanus meint, daß die Geschichte Israels vor allem von Ungehorsam gegenüber Gott geprägt sei. Die Menschen wandten sich immer von Mose ab und anderen Göttern zu. Schließlich errichteten sie einen Tempel, was von Anfang an ein Fehler war, denn „der Höchste wohnt nicht in dem, was Menschenhände gemacht haben" (Apg 7,48). Es hat immer Gruppierungen unter den Juden gegeben, wie die Qumran-Sekte (siehe S. 145), die dem Tempel ablehnend gegenüberstanden, und Stephanus scheint eine radikale Richtung unter den hellenistischen Christen zu vertreten. Am Ende seiner Rede wendet sich Stephanus direkt gegen seine Zuhörer und beschuldigt sie, sich noch immer dem Heiligen Geist zu widersetzen, wie dies auch ihre Vorfahren gemacht hatten (Apg 7,51–53). Es ist nicht klar, warum Stephanus ermordet wurde, doch sieht Lukas darin die Ablehnung des wahren Messias durch sein Volk und damit die Ablehnung Gottes durch Israel.

Die Verfolgung nach Stephanus' Tod

Am Ende des Berichtes über das Martyrium des Stephanus nennt Lukas einen „jungen Mann, der Saulus hieß". Dieser paßte auf die Kleider der Mörder auf (Apg 7,58) und war mit dem Mord einverstanden (Apg 8,1). Hier wird der spätere Apostel Paulus das erste Mal genannt (Saulus war sein hebräischer Name). Laut Apostelgeschichte war die Ermordung des Stephanus der Beginn der Verfolgung der Kirche von Jerusalem, für die Paulus verantwortlich war (Apg 8,1).

Die Verfolgung richtete sich vor allem gegen die Hellenisten, denen Stephanus angehört hatte. Sie mußten die Hauptstadt verlassen, während „die Apostel" – wahrscheinlich die zwölf – in Ruhe gelassen wurden. Barnabas, ein griechischer Jude aus der Diaspora, der der Kirche eine große Spende machte (Apg 4,36–37), scheint in Jerusalem geblieben zu sein, wo er später Paulus den Aposteln vorstellte (Apg 9,27). Barnabas ist die Verbindung zwischen den Christen aus Jerusalem und den Gemeinden, die als Folge der Missionarstätigkeit überall im Römischen Reich entstanden.

Die Verfolgung scheint sich vorerst nur auf Jerusalem beschränkt zu haben: Laut Apostelgeschichte 9,31 konnte sich die Kirche in Judäa, Galiläa und Samaria ausbreiten (siehe S. 224–225). Der Hohepriester ermächtigte Saulus/Paulus, nach Damaskus zu gehen, um dort Christen zu verhaften – die aus Jerusalem geflohen waren – und sie zum Prozeß nach Jerusalem zu bringen (Apg 9,1–2). Damaskus gehörte nicht zum Gerichtsbezirk der jüdischen Behörden, doch berichten 1 Makkabäer und der Historiker Josephus, daß der Hohepriester die Macht hatte, die Ausweisung von jüdischen Rechtsbrechern zu verlangen.

Der Heilige Stephan, *von Stefano Sassetta (1392–1450 oder 1451). Die Künstler des Mittelalters stellten Stephanus meist als jungen Mann mit einem Buch (den Evangelien als Symbol seiner Predigt) dar.*

PHILIPPUS UND SIMON MAGUS

Für Lukas, den Autor der Apostelgeschichte, hatte der Tod des Stephanus und die anschließende Christenverfolgung (siehe S. 222–223) als positive Konsequenz zur Folge, daß das Christentum von Jerusalem aus nach Judäa und Samaria verbreitet wurde. Diese Mission wurde von Philippus unternommen, einem der sieben Hellenisten, die von den Aposteln bestimmt worden waren (siehe S. 221). Philippus predigte „in der Hauptstadt Samarias" (Apg 8,5), wahrscheinlich in Sebaste, der Stadt, die von Herodes dem Großen in griechisch-römischem Stil anstelle der alten Stadt Samaria aufgebaut worden war. Der Ausgangspunkt für seine Mission könnte auch das religiöse Zentrum der Samariter, Neapolis, gewesen sein, das nahe der alten Stadt Sichem (heute Nablus) liegt.

In der Apostelgeschichte wird berichtet, daß Philippus in Samaria viele Menschen heilte (Apg 8,4–7). Die Bewohner dieser Gegend waren für derartige Wunder sehr empfänglich, da hier schon seit längerer Zeit ein Zauberer oder *magus* lebte und arbeitete. Sein Name war Simon oder Simon Magus, wie er in der Bibel genannt wird (Apg 8,9). Die Jünger Jesu trafen häufig auf angebliche Wunderheiler. Die Samariter erkannten die göttlichen Kräfte Simons an, doch soll Philippus mehr Menschen und auf spektakulärere Weise geheilt haben. Er gewann dadurch viele Anhänger, und auch Simon war von seinen Taten beeindruckt: Er ließ sich taufen und unterstützte Philippus (Apg 8,12–13).

Im zweiten Teil dieser Geschichte wird auf ein besonderes Vorrecht der zwölf Apostel hingewiesen. In der Apostelgeschichte sind die Taufe und die Gabe des Heiligen Geistes eng miteinander verbunden, doch nicht identisch: Es konnten zwar viele Menschen taufen, doch nur die Apostel konnten auch den Heiligen Geist verleihen, was sie taten, indem sie den bekehrten Samaritern die Hände auflegten (Apg 8,16–17). Die Verleihung des Heiligen Geistes hatte möglicherweise auch sichtbare körperliche Auswirkungen zur Folge, denn in der Apostelgeschichte wird berichtet, daß Simon versuchte, die Macht zur Verleihung des Heiligen Geistes zu erkaufen, als er sah, daß Petrus und Johannes sie besaßen (Apg 8,18–19; daher stammt der Begriff „Simonie" für den Kauf oder Verkauf geistlicher Ämter). Petrus rügte Simon für sein Ansinnen (Apg 8,20–23), und obwohl dieser bereute (Apg 8,24), war es die strenge Zurückweisung durch Petrus, die den Christen im Gedächtnis blieb. Seit dem 2. Jahrhundert n. Chr. wird Simon Magus als Beginn aller gnostischen Häresie und als Antichrist gesehen. Es wird überliefert, daß er von einer Frau namens Helena begleitet gewesen sein soll, einer früheren Prostituierten aus Tyrus, in der Simon aber eine Manifestation seiner eigenen Seele sah. Aus der Konfrontation mit Petrus entstanden zahlreiche Legenden über Duelle beim Wirken von Wundern zwischen den beiden in verschiedenen Städten des Römischen Reiches, bis Simon schließlich ein unrühmliches Ende fand.

Über Philippus wird ein zweites Mal berichtet, als er einen äthiopischen Eunuchen traf (Apg 8,26–40). Bei dieser Erzählung ist der Einfluß der Geschichte des Propheten Elia spürbar (siehe S. 96–98). Wie dieser soll Philippus auf Geheiß eines Engels des Herrn eine Reise unternehmen (Apg 8,26; vgl. 2 Kön 1,3), und er wird auch nach Ende seiner Mission auf mysteriöse Weise entführt (Apg 8,39; vgl. 2 Kön 11). Laut Apostelgeschichte traf Philippus einen Eunuchen – einen Hofbeamten der Kandake, der Königin der Äthiopier – auf dem Weg von Jerusalem nach Gaza. Der Titel „Kandake" wurde ursprünglich von vielen Königinnen aus dem Reich der Meroë, dem heutigen Sudan, verwendet. Der Eunuch „hatte eine Wallfahrt nach Jerusalem gemacht" und „las den Propheten Jesaja" (Apg 8,27–28). Es ist daher anzunehmen, daß er entweder bereits Jude war oder zum jüdischen Glauben konvertieren wollte. Auf seine Bitte erklärt Philippus dem Eunuchen den Abschnitt der Schrift, den er gerade liest (Jes 53,7–8). Ausgehend von diesem Abschnitt verkündet ihm Philippus das Evangelium von Jesus (Apg 8,35). Es ist dies das erste Mal, daß im Neuen Testament Jesus klar mit der Figur des leidenden Knechtes aus Jesaja 53 (siehe S. 112) gleichgesetzt wird; diese Aussage ist auch einer der Zeitgedanken in frühchristlichen Predigten. Der Eunuch läßt sich taufen (Apg 8,38), und die Geschichte seiner Bekehrung ist ein typisches Beispiel für die Taufpraktiken der frühen Kirche. Der „Kandidat" wurde in den Glauben eingeführt (Apg 8,35), bat dann offiziell darum, getauft zu werden (Apg 8,36), und bezeugte schließlich seinen Glauben. In einigen Versionen der Apostelgeschichte ist auch der Satz enthalten: „Ich glaube, daß Jesus Christus der Sohn Gottes ist" (Apg 8,37).

Es kann von symbolischer Bedeutung sein, daß der Bekehrte sowohl Eunuch als auch Äthiopier ist. Nach jüdischem Recht ist es Eunuchen nicht gestattet, den Tempelbezirk zu betreten und zu beten, doch sagt Jesaja, daß Eunuchen, die mit Gott leben, ihren Platz im Haus Gottes finden werden (Jes 56,4–5). In der Apostelgeschichte wird diese Aussage erfüllt. In mehreren Versen der Psalmen und Propheten wird von Menschen aus Äthiopien gesprochen, die sich Jahwe zuwenden und Opfer darbringen: Daher klingt es auch wie die Erfüllung der Schrift, daß der äthiopische Eunuch den Schatz der Königin verwaltete.

Nach der Taufe des Eunuchen wurde Philippus „vom Geist des Herrn" entführt (Apg 8,39). Er tauchte in Aschdod nahe der Küste des Mittelmeeres wieder auf, wo er bis nach Caesarea das Evangelium verkündete (Apg 8,40). Philippus scheint sich in Caesarea niedergelassen zu haben, da später berichtet wird, daß er dort mit vier unverheirateten Töchtern lebte, die prophetisch begabt waren (Apg 21,8–9). Um dieselbe Zeit verließ auch Petrus Jerusalem und ließ sich in der vorwiegend griechischen Hafenstadt Jafo nieder (Apg 9,43). Aus diesen Umzügen von Philippus und Petrus geht hervor, daß die Kirche in den weniger streng jüdischen Küstenregionen Palästinas predigen wollte. Das Evangelium wurde dort wahrscheinlich besser aufgenommen als in Jerusalem.

Das Theater von Caesarea. Die Stadt wurde in griechisch-römischem Stil von König Herodes dem Großen gebaut und nach dem Imperator Augustus Caesar benannt. Nach Herodes' Tod wurde diese sehr bedeutende Hafenstadt Sitz der römischen Statthalter von Judäa (siehe auch Kasten S. 200).

Simon Magus bietet Petrus Geld, *von Liberale da Verona (1445–1525).*

Die Königsgräber von Petra, der Hauptstadt der Nabatäer. Die Nabatäer kamen aus Arabien und beherrschten Südsyrien und Nordarabien ab 90 v. Chr. Ihr Königreich blühte als Verbündeter der Römer bis 106 n. Chr. und wurde dann Teil des Römischen Reiches.

DIE BEKEHRUNG DES PAULUS

In der Apostelgeschichte wird dreimal über die „Bekehrung" des Apostels Paulus auf dem Weg nach Damaskus berichtet (siehe S. 223). Die vollständigste und dramatischste Version dieses Ereignisses wird in Apostelgeschichte 9 beschrieben. Paulus, der noch seinen hebräischen Namen Saulus trägt, „wütete immer noch mit Drohung und Mord gegen die Jünger des Herrn" (Apg 9,1). Er ging nach Damaskus, um „die Anhänger des (neuen) Weges" nach Jerusalem zurückzubringen. Saulus näherte sich bereits Damaskus, als ihn „plötzlich ein Licht vom Himmel umstrahlte" (Apg 9,3) und er zu Boden stürzte. Er hörte eine Stimme, die sagte: „Saul, Saul, warum verfolgst du mich?" (Apg 9,4). Auf die Frage, wer zu ihm sprach, erhielt er die Antwort: „Ich bin Jesus, den du verfolgst. Steh auf und geh in die Stadt; dort wird dir gesagt werden, was du tun sollst" (Apg 9,5). Saulus ist von der Vision geblendet und erhält erst nach drei Tagen, unmittelbar vor seiner Taufe, wieder sein Sehvermögen (9,17–18).

Die beiden anderen Erzählungen der Bekehrung stammen von Paulus selbst (Apg 22,6–11; 26,12–18). Außerdem finden sich in seinen Briefen Anspielungen auf dieses Ereignis: Z. B. schreibt er an die Galater 1,15–16, daß er durch Gottes Gnade den wiederauferstandenen Jesus sah, der ihn dazu berief, das Wort Gottes unter den Heiden zu verkünden (und der ihn auch zum Apostel machte). Paulus' Worte entsprechen grundsätzlich der Version von Lukas in der Apostelgeschichte, doch gibt er keine zusammenhängende Beschreibung der Ereignisse.

In allen drei Berichten der Apostelgeschichte werden ein übernatürliches Licht und eine Stimme beschrieben, durch die Paulus zu Boden stürzte. Das ist ein gängiges Motiv bei den Beschreibungen von Visionen in jüdischen Texten. Im *Testament des Hiob,* das um den Beginn unserer Zeitrechnung entstand, finden sich Parallelen zur Apostelgeschichte. Hiob meint, daß eine laute Stimme und ein helles Licht ihn aus dem Schlaf weckten und die Stimme ihm befahl, aufzustehen und ihr zu folgen, da sie ihm zeigen werde, wen er kennen wolle. Als Hiob das hörte, fiel er auf sein Bett. In den Schriften der Rabbiner wird häufig *bath qol,* eine mysteriöse Stimme, beschrieben, mit der Gott zu Menschen spricht.

Man hat versucht, eine psychologische Erklärung für das Erlebnis des Paulus zu geben. Man meint, daß es die Lösung eines inneren Konflikts war, der durch seinen streng jüdischen Glauben (er war Pharisäer, siehe Apg 26,5) und den Eindruck der Christenverfolgung, insbesondere den Tod des Stephanus, ausgelöst wurde. Diese Ansicht könnte als reine Hypothese abgetan werden, würde sie nicht durch das griechische Sprichwort, das Paulus anläßlich des Berichtes an Herodes Agrippa verwendet, unterstützt: „Es wird dir schwerfallen, gegen den Stachel auszuschlagen" (Apg 26,14). Das deutet darauf hin, daß er auch vor seiner Bekehrung wegen seiner Rolle in der Christenverfolgung Gewissensbisse hatte. In seinen Briefen zeigt er sich häufig als ein Mensch, der von seinen Gefühlen hin- und hergerissen wird. Außerdem scheint er mehrmals Ekstasen und Visionen erlebt zu haben (Apg 22,17–21; 27,23–24).

Zwischen der Apostelgeschichte und den Briefen des Paulus gibt es einige Ungereimtheiten bei der Erzählung der Ereignisse nach der Vision auf dem Weg nach Damaskus. In der Apostelgeschichte wird Paulus von einem himmlischen Licht geblendet, drei Tage später vom Jünger Hananias geheilt und unmittelbar darauf getauft (Apg 9,8–18; 22,11–16). In den Briefen wird im Gegensatz dazu jedoch nichts davon berichtet. Paulus schreibt, daß er nach der Vision nach Arabien ging, ohne vorher jemanden zu treffen, und dann nach Damaskus zurückkehrte. Erst drei Jahre später kam er nach Jerusalem, wo er Petrus und Jakobus, Jesu Bruder, traf (Gal 1,16–17). Diese

PAULUS' HINTERGRUND

In der Apostelgeschichte sagt Paulus, daß er aus Tarsus stammt, Jude und Pharisäer sowie Schüler des berühmten Rabbi Gamaliel (siehe S. 218) in Jerusalem war (Apg 22,3). In seinen Briefen dagegen sagt er, daß er beschnitten wurde, zum Stamm Benjamin gehört und als Pharisäer erzogen wurde (Phil 3,5). In seinen Schriften finden sich Merkmale des Judentums der Rabbiner aus dem 1. Jahrhundert.

Tarsus wird von Paulus zurecht als „keine schlechte Stadt" beschrieben. Sie war die Hauptstadt der römischen Provinz Zilizien und für ihre Zeltproduktion bekannt, was auch erklärt, daß Paulus Zeltmacher war (Apg 18,3). Tarsus war ein intellektuelles Zentrum, aus dem viele bedeutende Philosophen hervorgingen. Dadurch war Paulus auch hellenistischen Einflüssen ausgesetzt und zumindest oberflächlich mit der Lehre der Stoiker und Zyniker vertraut.

Paulus war also ein Jude der Diaspora, und seine Muttersprache war Griechisch. Deshalb war er auch in die Verurteilung des Stephanus verwickelt, da beide denselben Hintergrund hatten. Auch Paulus hatte das Privileg, von Geburt römischer Staatsbürger zu sein und sowohl einen lateinischen Namen (Paulus) als auch einen hebräischen Namen (Saulus) zu führen. Es ist nicht klar, wie die Familie zu der Staatsbürgerschaft kam, doch stimmt das Bild von Status und Privilegien in der Apostelgeschichte mit der römischen Gesellschaft des 1. Jahrhunderts n. Chr. überein (siehe z. B. Apg 22,25–29).

Erzählung unterscheidet sich von der in der Apostelgeschichte, wo Paulus in Damaskus predigt und dann nach Jerusalem geht, wo er die anderen Jünger trifft und das Wort Gottes verkündet (Apg 9,19–28). Es ist besteht auch die Möglichkeit, daß Lukas die Ereignisse zusammengefaßt und Paulus' Zeit in Arabien ausgelassen hat, da sie ihm nicht von besonderem Interesse zu sein schien.

In der Apostelgeschichte kann Paulus aus Damaskus fliehen, indem er in der Nacht in einem Korb die Stadtmauer hinabgelassen wird (Apg 9,24–25). Diese Flucht beschreibt auch Paulus in seinem zweiten Brief an die Korinther, wo er die Gefahr erwähnt, in der er sich durch den Statthalter des Königs Aretas befand (2 Kor 11,32–33). Er meinte Aretas IV., den König des mächtigen Staates Nabatäa (der 9 v. Chr. – 40 n. Chr. regierte, siehe Bild gegenüber und Karte auf S. 231). Zu jener Zeit beherrschte Aretas offensichtlich Damaskus, das eine gewisse Zeit unter nabatäischer Herrschaft war. Die Juden von Damaskus baten vielleicht den Statthalter um Hilfe bei der Verfolgung von Paulus. Seine Predigten in Arabien, das damals zu einem großen Teil zu Aretas' Königreich gehörte, hatten die nabatäischen Behörden wahrscheinlich herausgefordert, so daß sie ihn verhaften wollten, als er in ihr Gebiet kam.

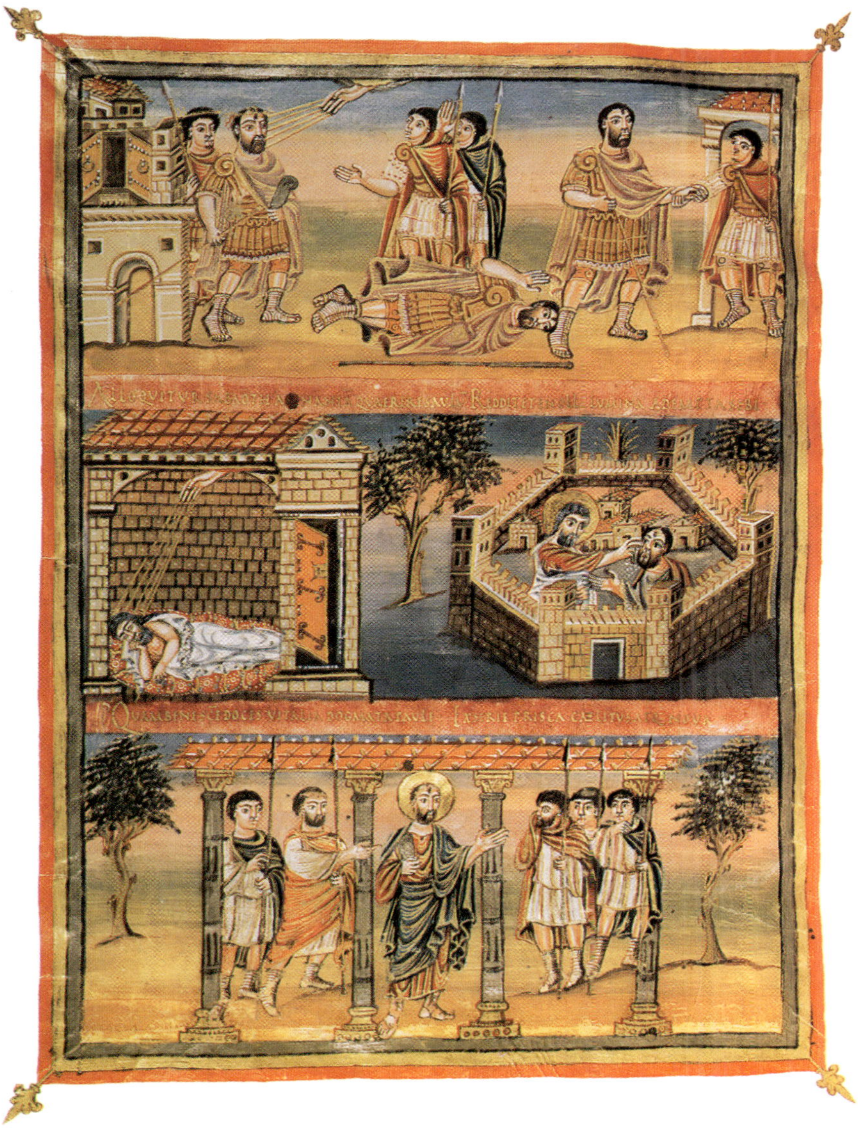

Die Bekehrung des Paulus (oben) *und* Szenen aus den Predigten des Paulus, *aus einer Bibel (843–851) des französischen Königs Karl dem Kahlen. Paulus ist als hoher römischer Beamter in Militärkleidung dargestellt.*

PETRUS UND KORNELIUS

Von Petrus' Bekehrung des Kornelius, eines römischen Hauptmannes in Caesarea, wird in Apostelgeschichte 10 berichtet. Für Lukas war dieses Ereignis ein Wendepunkt in der Verbreitung des christlichen Glaubens. Er zeigt, daß Petrus in der Lage ist, seine Tat erfolgreich gegenüber den jüdischen Christen in Jerusalem zu verteidigen.

In der Apostelgeschichte wird über zwei ähnliche Probleme berichtet, mit denen die frühe Kirche zu kämpfen hatte. Einerseits stellte sich die Frage, ob oder unter welchen Bedingungen Nichtjuden der Kirche beitreten konnten. Jüdische Christen, wie die Mitglieder der ersten Gemeinde in Jerusalem, unterschieden sich nur deshalb von anderen Juden, weil sie Jesus als Messias anerkannten. Sie waren noch immer dem jüdischen Recht unterstellt und mußten auch jüdische Traditionen, wie z. B. die Beschneidung, erfüllen. Dagegen wenden sich Nichtjuden, und auch Paulus beschäftigte sich in seinem Brief an die Galater mit dieser Angelegenheit.

Das zweite Problem war die Tischgemeinschaft. Juden essen nur koscheres Fleisch, und es ist auch festgelegt, welche Tiere rein sind und geschlachtet werden dürfen. Außerdem war es ihnen nicht gestattet, mit Nichtjuden

Praetorianer, Leibwächter der römischen Imperatoren; ein Marmorrelief aus dem 2. Jahrhundert n. Chr.

an einem Tisch zu sitzen, die sich nicht an diese Vorschriften halten wollten. Das wurde zu einem Problem, wenn Judenchristen und Christen nichtjüdischer Abstammung zusammenkamen und die Eucharistie oder eine Mahlzeit teilen sollten.

Einige Mitglieder der frühen Kirche vertraten die Meinung, daß Jesus eine neue Vorschrift erlassen habe, die über der jüdischen Speiseverordnung stehe. Im Markusevangelium sagt Jesus: „Seht ihr nicht ein, daß das, was von außen in den Menschen hineinkommt, ihn nicht unrein machen kann?" (Mk 7,18). Markus deutete das so, daß „Jesus alle Speisen für rein" erklärte (Mk 7,19). Paulus war grundsätzlich derselben Meinung, doch er respektierte auch andere Positionen. Bevor er Kornelius traf, hatte Petrus eine Vision, in der er eine Art Tuch vom Himmel herabkommen sah, das mit „allen möglichen Vierfüßlern, Kriechtieren der Erde und Vögeln des Himmels" gefüllt war (Apg 10,11–12), also mit unreinen Tieren. Eine göttliche Stimme verkündete ihm, daß alle diese Tiere für rein erklärt worden seien (Apg 10,15). In der Apostelgeschichte bedeutet diese Aufhebung des Speisegesetzes, daß es keine Unterscheidung zwischen Juden und Nichtjuden gab. Als Petrus Kornelius trifft, sagt er ihm: „Ihr wißt, daß es einem Juden nicht erlaubt ist, mit einem Nichtjuden zu verkehren oder sein Haus zu betreten; aber mir hat Gott gezeigt, daß man keinen Menschen unrein oder unheilig nennen darf" (Apg 10,28).

Die wirkliche Rechtfertigung, Nichtjuden in der Kirche aufzunehmen, ist aber der Heilige Geist. Wie in der Apostelgeschichte geschrieben steht, „kam der Heilige Geist auf alle herab, die das Wort hörten" (Apg 10,44), als Petrus noch vor Kornelius und dessen Familie betete. Die beschnittenen – also jüdischen – Jünger, die Petrus umgeben, sind erstaunt zu hören, daß auch Nichtjuden „in Zungen reden und Gott preisen", ein Zeichen, daß auch auf sie „die Gabe des Heiligen Geistes ausgegossen wurde" (Apg 10,45–46; vgl. Apg 2,4). Der Heilige Geist folgt in der Apostelgeschichte für gewöhnlich auf die Taufe, doch kommt er in diesem Fall schon vorher herab.

Für Lukas ist das Treffen von Petrus und Kornelius die Vorbereitung für die Mission von Petrus und Paulus bei den Nichtjuden, die dann schließlich im Apostolischen Konzil in Jerusalem in Apg 15 gipfelt. Davor steht noch ein Bericht über die Verkündigung des Evangeliums vor Nichtjuden in Antiochia durch die Flüchtlinge aus der Christenverfolgung (Apg 11,20). Die Kirche von Jerusalem sandte Barnabas nach Antiochia (Apg 11,22–23). Er brachte später auch Paulus dorthin, damit er ihn bei der Verkündigung des Evangelium unterstütze. Es gibt allerdings Probleme, als Barnabas und Paulus nach ihrer ersten Missionsreise nach Antiochia zurückkehren (Apg 14,26; siehe S. 232), da einige jüdische Christen hierhergekommen waren, um die Notwendigkeit der Beschneidung zu verkünden. Das bringt daher Paulus und Barnabas dazu, nach Jerusalem zu gehen, um diese Frage mit der eigenen Kirche, der um diese Zeit der Apostel Jakobus, Jesu Bruder, vorstand, zu klären (Apg 15,1–2).

Petrus spricht danach vor dem Apostelkonzil über die Beschneidung. Er tritt ziemlich unvermutet wieder in die Erzählung ein, nachdem er seit seiner dramatischen Verhaftung und seiner Flucht aus dem Gefängnis nicht mehr erwähnt worden war, weil er sich „an einen anderen Ort" begeben hatte (Apg 12,3–17). Vor den Aposteln und Kirchenältesten meint er, daß Gott ihn erwählt hätte, den Heiden das Evangelium zu verkünden, und Gott dies auch bestätigte, „indem er ihnen ebenso wie uns den Heiligen Geist gab" (Apg 15,8). Danach stellt er die Notwendigkeit, Nichtjuden spezielle Bedingungen aufzuerlegen, in Frage (Apg 15,9–12). Nach Petrus sprechen Barnabas und Paulus, die ebenfalls von ihrer Mission bei den Heiden berichten (Apg 15,12). Das Konzil beschließt daraufhin auch, daß Nichtjuden nicht beschnitten werden müssen, bei der Frage der Tischgemeinschaft schlagen sie jedoch einen strengeren Kurs ein. Nichtjüdische Christen müssen sich des Götzenopferfleisches, des Blutes, Ersticktem und der Unzucht enthalten (Apg 15,19–20).

Thronender Petrus, *von Tommaso Masaccio (1401–1428) in der Brancacci-Kapelle in Florenz (siehe S. 219).*

DAS APOSTELKONZIL IN PAULUS' BRIEF AN DIE GALATER

Paulus gibt in seinem Brief an die Galater ein anderes Bild des Apostelkonzils wieder (Gal 2,1–10). Es wird angenommen, daß dieser Brief früher als die Apostelgeschichte geschrieben wurde. Nach Paulus wurden Petrus die Juden anvertraut und ihm selbst die Nichtjuden, und er meint, daß das Konzil daran nichts geändert habe (Gal 2,7–9). Er berichtet, daß Petrus (er verwendet dessen aramäischen Namen Kefas) nach Antiochia gekommen war und mit Nichtjuden gespeist habe, bis ihm dies von Boten des Jakobus untersagt worden war. Paulus weist Petrus wegen dessen „Scheinheiligkeit" zurecht (Gal 1,13–14). Die Versionen der Apostelgeschichte und des Briefes an die Galater könnten einander ergänzen, wenn Petrus nicht am Apostelkonzil teilnahm (siehe auch S. 224–225), wie Lukas behauptet.

V

PAULUS' MISSIONSREISEN

Die Geschichte der Verbreitung des Christentums im 1. Jahrhundert ist vor allem die Geschichte von Paulus, dem ehemaligen Verfolger der Christen, der zum Glauben bekehrt wurde (siehe S. 226–227). Es ist nur wenig über die Arbeit der anderen Apostel bekannt oder wie die neue Religion nach Ägypten oder noch weiter nach Osten über die Grenzen des Römischen Reiches hinauskam. Paulus' unermüdliche Predigt des Evangeliums ist jedoch in der Apostelgeschichte und in seinen Briefen, die er an die neuen christlichen Gemeinden schrieb (siehe S. 238–253), aufgezeichnet. Er reiste durch fast das gesamte Römische Reich und kam am Ende seines Lebens bis in die Hauptstadt Rom.

Ein Diener und der Gott Silen in einem Haus in Pompeji, das wahrscheinlich Zentrum eines Mysterienkultes war.

DAS RÖMISCHE REICH

Paulus reiste zu einer Zeit durch die römischen Provinzen, als das Reich seine größte Ausdehnung erreicht hatte und durch die Regierungszeiten von Augustus, Tiberius und Claudius (siehe Tabelle S. 231) ein stabiler und friedlicher Staat entstanden war. Verglichen mit anderen Gebieten des Altertums war es einfach und sicher, durch das Römische Reich zu reisen, da die Provinzen und wesentlichen Städte durch ein Netz gepflasterter Straßen miteinander verbunden waren und viele Seerouten bestanden, die für den Handel im Mittelmeer von großer Bedeutung waren. Paulus und seine Begleiter reisten offensichtlich zu Fuß über den Landweg, oder sie nahmen Schiffe. Laut der Apostelgeschichte kam Paulus häufig mit dem gutorganisierten römischen Verwaltungssystem in Kontakt, das Gesetz und Ordnung aufrechterhielt. Da er selbst römischer Bürger war, hatte er oft mit den höchsten Staatsbeamten zu tun, wie z. B. mit Gallio, dem Prokonsul von Achaia und Bruder des römischen Staatsmannes und Philosophen Seneca (Apg 18; siehe auch S. 233), sowie mit Sergius Paulus, dem Prokonsul von Zypern (Apg 13). Er traf auch die Statthalter weniger bedeutender Provinzen, wie die Prokuratoren von Judäa, und örtliche Verwaltungsbeamte wie den Asiarchen (Beamter einer asiatischen Provinz) von Ephesus und den Politarchen (Herrscher einer Stadt) von Thessalonich.

Paulus verkündete das Evangelium vor allem in den griechischen Städten des östlichen Mittelmeers, wo die christliche Lehre besonders verbreitet war. Es waren dies multikulturelle Städte, und ihre Gemeinden spiegelten die verschiedenen ethnischen und sozialen Wurzeln der Bevölkerung. Es gibt die Meinung, daß die ersten Christen in den Städten vor allem arme und sozial benachteiligte Menschen waren. Untersuchungen haben jedoch gezeigt, daß die meisten Mitglieder der ersten Christen einträglichen Tätigkeiten nachgingen und daß man sie gut mit dem modernen Begriff „Mittelklasse" bezeichnen kann.

Ein Grund, warum die christliche Mission derart erfolgreich war, liegt in der Tatsache, daß es in der griechisch-römischen Welt viele verschiedene Glaubensrichtungen gab. Die offizielle Religion wurde in den Stadttempeln ausgeübt, die den griechischen oder römischen Gottheiten geweiht waren. In den Provinzen wurde auch der römische Kaiser, als Zeichen der Treue zu Rom, göttlich verehrt. Immer beliebter wurden zu Paulus' Zeit außerdem die „Mysterienkulte", die oft aus dem Gebiet des heutigen Kleinasiens kamen, wie der Artemiskult aus Ephesus (siehe S. 232). Wie das Christentum verhießen sie Unsterblichkeit und eine stärkere spirituelle Erfahrung als die Rituale der offiziellen Religion. Es gab auch eine Reihe quasi-religiöser Philosophenschulen, wie die Pythagoreer und die Epikureer, deren Anhänger sich in kleinen Gruppen in Häusern trafen. Die Lehren wurden von reisenden Lehrern verkündet, die den christlichen Missionaren in vielem ähnelten. Doch die neue Sekte, das Christentum, hatte einen Vorteil gegenüber den Mysterienkulten und den Philosophenschulen: Sie war organisiert, wodurch die einzelnen christlichen Gruppierungen Teil einer größeren Gemeinschaft, der Kirche, wurden.

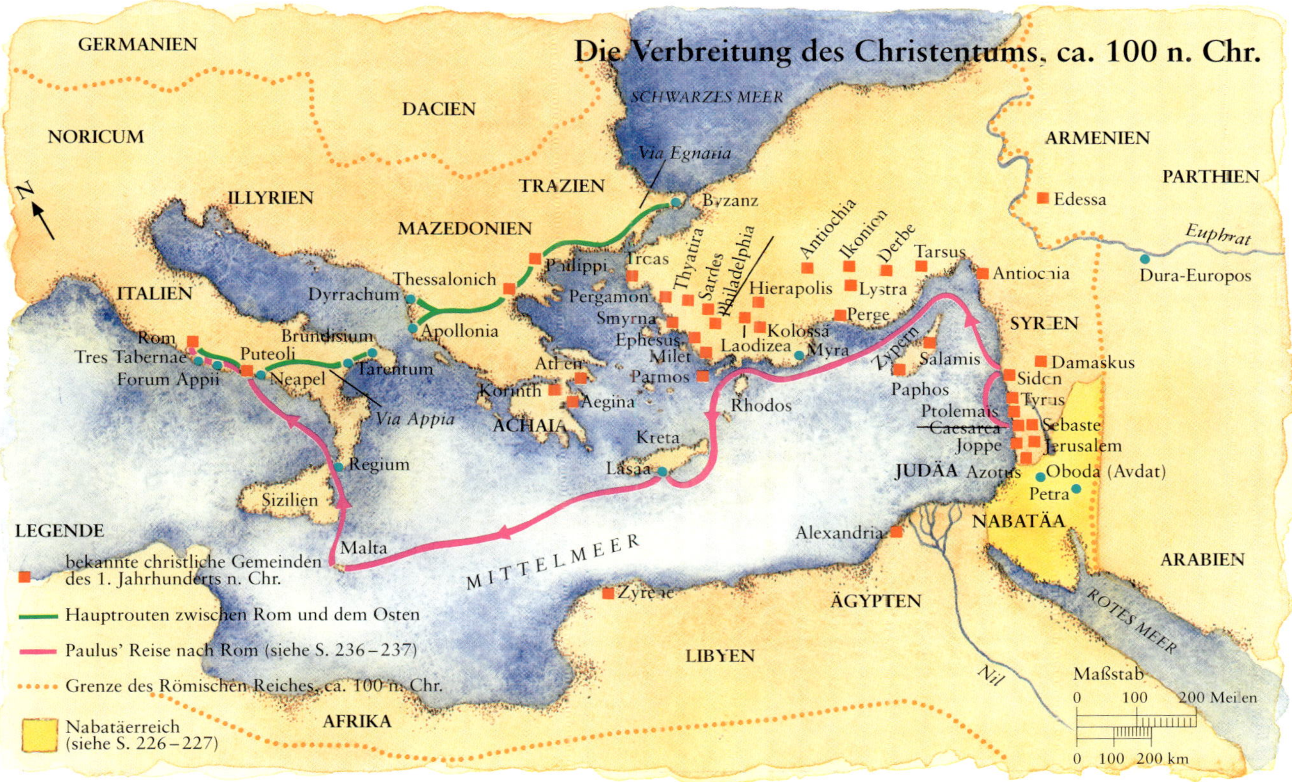

Die Juden im Römischen Reich

Paulus wurde als Jude und römischer Bürger in der Stadt Tarsus in Zilizien geboren. Das Judentum war im Römischen Reich als *religio licita* („offizielle Religion") anerkannt, und die Anhänger dieser Religion hatten bestimmte Privilegien, wie die Freistellung vom Militärdienst und das Recht, den Sabbat zu heiligen, obwohl Rom sich gegen die Neubekehrung zum Judentum wandte. Die Juden lebten vor allem in den Städten, machten einen großen Teil der wohlhabenden und einflußreichen Bürger aus und waren mit den alten Traditionen tief verwurzelt.

Die ersten Christen waren, so wie Paulus, Juden. Als die Missionstätigkeit von Palästina ausging, begannen die Christen, in Synagogen zu predigen, so wie dies auch in der Apostelgeschichte über Paulus beschrieben ist. Dort wird auch berichtet, daß die Juden der Diaspora (die nicht in Palästina lebten) ihm und seinen Anhängern meist feindlich gesinnt waren. Der Grund dafür liegt vielleicht in der Tatsache, daß man seine Reden vor den Nichtjuden und seine Bereitschaft, mit jüdischen Traditionen zu brechen (besonders mit der Beschneidung), als Gefahr für die jüdische Identität betrachtete. Unter den Besuchern der Synagogen waren die „Gottesfürchtigen", wie sie im Neuen Testament genannt werden, Nichtjuden, die durch den Monotheismus und das hohe Ethos Gefallen am Judentum gefunden hatten, aber nicht allen Verpflichtungen eines gläubigen Juden nachkommen wollten. Von ihnen traten viele zum Christentum über, das wie das Judentum eine monotheistische Religion war, doch nicht den Nachteil der Beschneidung und die Verbote bei der Ernährung beinhaltete.

DIE RÖMISCHEN IMPERATOREN ZUR ZEIT DES NEUEN TESTAMENTES
Alle Daten sind Schätzungen und beziehen sich auf die Zeit nach Christus, falls nicht anders angegeben.

Augustus	27 v. Chr. – 14
Tiberius	14 – 37
Gaius (Caligula)	37 – 41
Claudius	41 – 54
Nero	54 – 68
Galba; Otho; Vitellius	68 – 89
Vespasian	69 – 79
Titus	79 – 81
Domitian	81 – 96

Eine Statue der Fruchtbarkeitsgöttin Artemis von Ephesus (2. Jahrhundert n. Chr.).

ARTEMIS VON EPHESUS
In der Erzählung von Paulus' Aufenthalt in Ephesus wird auch über den Kult der Artemis berichtet. Sie entsprach ursprünglich der nahöstlichen Fruchtbarkeitsgöttin und unterschied sich somit von der griechischen Artemis und der römischen Diana, mit der sie später gleichgesetzt wurde. Sie wurde, lang bevor Ephesus von griechischen Siedlern an dieser Stelle gegründet wurde, in einem primitiven Schrein an der Mündung des Flusses Cayster verehrt. Zur Zeit des Neuen Testamentes war ihr Kult bereits „über ganz Asien", also Kleinasien, verbreitet (Apg 19,27). Die Stadt Ephesus war die „Tempelhüterin" (Apg 19,35), das Zentrum der Verehrung. Der Artemistempel zählte zu den sieben Weltwundern der Antike. Ephesus war deshalb auch ein Pilgerzentrum, und der Handel mit Devotionalien blühte. Die „Silberschreine", die Demetrius und andere Handwerker herstellten (Apg 19,24), waren entweder Miniaturen des primitiven Schreines oder des klassischen Artemistempels und wurden in einer Nische aufgestellt. Das Bildnis, „das vom Himmel gefallen war" (Apg 19,35), war vielleicht ein Meteorit. Artemis wurde jedoch meist als Frauengestalt mit vielen Brüsten dargestellt, die ihre Fruchtbarkeit repräsentierten (siehe Bild).

PAULUS' REISEN IN DER APOSTELGESCHICHTE

In der griechischen Mythologie unternehmen Helden häufig Reisen. In der Bibel unternimmt Paulus zur Verbreitung des Evangeliums mindestens vier Reisen (siehe Karten S. 231 und 233). Wie die Reisenden in den mythologischen Überlieferungen muß auch er viele Gefahren und Abenteuer überstehen: In der Apostelgeschichte wird berichtet, wie er auf seiner ersten Reise in Lystra gesteinigt und – in der Meinung, er sei tot – zurückgelassen wird (Apg 14,19). Wie die griechischen Helden Odysseus und Jason muß der Apostel gegen übernatürliche feindliche Kräfte ankämpfen und bestehen, die in der Bibel in Gestalt der Zauberer Barjesus oder Elymas auftreten (Apg 13,6–13). Paulus kann aber auch Wunder bewirken, die seine Stellung unter den Heiden gewissermaßen stärken: Als er einen Gelähmten heilt, werden er und sein Begleiter Barnabas (siehe S. 229) als Hermes und Zeus verehrt, regionale Götter, die aller Wahrscheinlichkeit nach mit den offiziellen griechischen Göttern gleichgesetzt wurden (Apg 14,8–18).

Man betrachtete Paulus als Hermes, den Götterboten, da er das Wort Gottes verkündete, und Barnabas war Zeus, der Göttervater, wahrscheinlich wegen seiner, verglichen mit Paulus, imposanteren Statur: In einem seiner Briefe schreibt Paulus von einer konstanten körperlichen „Schwäche" (2 Kor 12,7–8), und in der Apostelgeschichte, die aus der Mitte des 2. Jahrhunderts stammt, wird er als klein, O-beinig und mit schütterem Haar beschrieben.

Die Reisen von Paulus waren laut Apostelgeschichte vom Heiligen Geist bestimmt. Doch ist es eher wahrscheinlich, daß die erste Station der Reise deshalb Zypern war, weil Barnabas von dieser Insel stammte. Die weitere Reise, die in Apostelgeschichte 13 und 14 erzählt wird, führte in die südlichen Städte der römischen Provinz Galatien, der heutigen Türkei. Einer von Paulus' Begleitern, Johannes Markus, weigerte sich offenbar, weiter als nach Pamphylia zu kommen. Das führte zu einer Auseinandersetzung zwischen Barnabas und Paulus, da dieser Johannes Markus nicht auf seine zweite Reise mitnehmen wollte (Apg 15,37–39).

In der Apostelgeschichte sind die Reden des Paulus, die von Lukas stilisiert wurden, ein wesentliches Element seiner Mission. Er hält seine erste Rede (Apg 13,16–41), die wortreich als Modellrede beschrieben wird, in einer Synagoge im pisidischen Antiochia. Es ist eine sehr jüdische Rede: Wie Petrus in seiner Predigt in Apostelgeschichte 2 (siehe S. 217) und Stephanus in Apostelgeschichte 7 (siehe S. 222–223), gibt Paulus einen Überblick über die Geschichte Israels und zitiert die Schrift. Seine Rede in Lystra, der ersten vor einer vollständig nichtjüdischen Gemeinde (Apg 14,15–17), ist dagegen kurz, und er spricht dafür von Gott, „der den Himmel und die Erde erschaffen hat und das Meer und alles, was darin ist" und der „vom Himmel her Regen und fruchtbare Zeiten" sendet.

Nach der ersten Reise verlassen Paulus und Barnabas Antiochia, um dem Apostelkonzil in Jerusalem beiwohnen zu können (siehe S. 229). Sie kehren danach mit Judas Barsabbas und Silas nach Antiochia zurück, die den nichtjüdischen Christen in Syrien und Zilizien das Wort Gottes verkünden sollen (Apg 15,23–29), den Regionen, die offensichtlich von Paulus kurz nach seiner Bekehrung christianisiert worden waren (siehe Gal 1,21). Paulus bricht von Antiochia zu seiner zweiten Missionsreise auf, von der in Apostelgeschichte 15–18 berichtet wird. Diese Reise ist bedeutend länger als die erste, und sie hat das Ziel, die Gemeinden, die auf seiner ersten Reise gegründet wurden, zu besuchen und ihren Fortschritt zu prüfen. Nach seinem Bruch mit Barnabas, der sich nach Zypern aufmachte, ernannte Paulus den Silas zu seinem Begleiter.

Auf seiner zweiten Missionsreise predigt Paulus wieder erfolgreich vor Juden und kann in Thessalonich (Apg 17,4) und Beröa (Apg 17,11–12) einige von ihnen bekehren; in Korinth wurde sogar der Vorsteher der Synagoge mit seinem gesamten Haus bekehrt (Apg 18,8). Aus Rücksicht auf die Gefühle der Juden läßt Paulus einen Halbjuden, Timotheus, obwohl das gegen seine Überzeugung ist, beschneiden, bevor er ihn als Begleiter nimmt (Apg 16,3). Doch berichtet Lukas meist, daß die Juden der Diaspora das Evangelium ablehnten, wodurch die Mission bei den Nichtjuden um so erfolgreicher war (siehe z. B. Apg 18,6).

Auf der zweiten Reise wird noch mehr von übernatürlicher Führung gesprochen: Der Heilige Geist hindert sie, nach Asien und Bithynien zu reisen, und Paulus wird durch eine Vision nach Mazedonien geleitet (Apg 16,6–8). Heidnische Bräuche werden deutlich, als Paulus in Philippi einer Sklavin den „Wahrsagegeist" austreibt (Apg 16,16–18). Der Autor bezieht sich auch auf geschichtliche Ereignisse, wie die Vertreibung der Juden aus Rom durch Claudius (um 49 n. Chr.) und die Verleihung des Prokonsulats von Achaia (Südgriechenland) an Gallio um 52 n. Chr. (siehe auch S. 230). Wie in der Apostelgeschichte üblich, werden auch bei dieser Reise die römischen Behörden als christenfreundlich dargestellt: Als Paulus und Silas in Philippi inhaftiert werden, halten die Beamten sie nur aus Angst vor der wütenden Menge für kurze Zeit fest. Als sie jedoch erfahren, daß Paulus und seine Begleiter römische Bürger sind, erkennen sie, daß sie sie zu Unrecht auspeitschen ließen und entschuldigen sich (Apg 16,20–39). Später wird durch das Treffen von Paulus und Gallio in Korinth deutlich, daß die Mission in den Augen der Römer kein Verbrechen darstellt (Apg 18,12–17).

Die dritte Reise wird in Apostelgeschichte 18–21 ruhiger und elegischer beschrieben. Sie beginnt mit einem weiteren Besuch der Kirchen von Galatia und Phrygia, wo Paulus seine Missionstätigkeit begonnen hatte, doch wird seinem zweijährigen Aufenthalt in Ephesus, dem Handelzentrum von Kleinasien, ganz besondere Bedeutung zugemessen. Aquila und Priszilla, die Zeltmacher, die er ursprünglich auf seiner zweiten Reise in Korinth getroffen hatte (Apg 18,2–3), sind bereits in Ephesus. Dort schließt sich ihnen Apollos an, ein gebildeter Mann aus Alexandria in Ägypten und Anhänger von Johannes dem Täufer, der „die Lehre von Jesus genau vortrug" (Apg 18,25). Als Paulus dann nach Ephesus kommt, werden weitere zwölf Anhänger von Johannes dem Täufer in die Kirche aufgenommen (Apg 19,1–7; siehe auch S. 187).

In der Apostelgeschichte wird der Aufenthalt in Ephesus als Erfolg beschrieben. Als Paulus in der Synagoge von den Juden angefeindet wird, mietet er einen Lehrsaal, wo er ein großes Publikum erreicht (Apg 19,9–10). Zauberbücher – die in Ephesus sehr beliebt waren – werden verbrannt (Apg 19,19), und der Aufruhr der Silberschmiede, welche Statuen der lokalen Göttin Artemis herstellten (siehe Seitentext gegenüber), wird nach einer Verwarnung des Stadtschreibers niedergeschlagen (Apg 19,23–41). Sein Aufenthalt in Troas gilt als Beispiel dafür, wie die Christen das Gedenken an die Auferstehung am ersten Tag der Woche mit einem Mahl und einer Predigt verbanden. Hier erweckt Paulus auch einen Jungen zum Leben, der am Fenster eingeschlafen und hinabgestürzt war, als Paulus nicht zu predigen aufhörte (Apg 20,7–12).

Bei der Erzählung von Paulus' dritter Reise verwendet der Autor dreimal „wir" anstatt „er" und „sie" (Apg 20,5–7; 20,13–15; 21,1–18). Das könnte zwar bedeuten, daß Lukas Paulus auf einigen seiner Reisen begleitete oder daß Lukas in den Besitz eines Reisetagebuches kam, das einer von Paulus' Begleitern führte. Die Passagen unterscheiden sich im Stil jedoch nicht von der übrigen Erzählung, so daß es auch möglich ist, daß Lukas „wir" einfach als Stilmittel einsetzte, um die Geschichte authentischer zu machen. In diesen drei Passagen – und einer vierten in Apostelgeschichte 27,1–28,16 – wird über Seereisen berichtet, das ein ausgesprochenes Lieblingsthema der hellenistischen Schriftsteller war.

PAULUS' ERSTE REISE
(Apg 13,4–14,26)

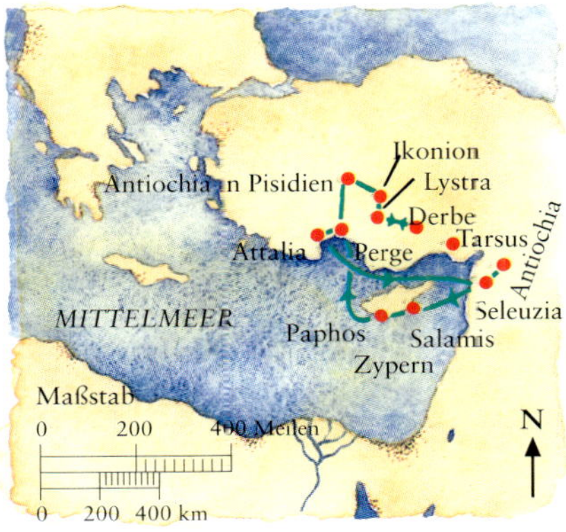

PAULUS' ZWEITE REISE
(Apg 15,40–18,22)

PAULUS' DRITTE REISE
(Apg 18,23–21,17)

Paulus, *von Martino de Bartolommeo (1369–1434). Er wird mit einem Schwert in der Hand dargestellt, da Nero ihn in Rom köpfen ließ (siehe auch S. 240 und Bilder auf S. 237 und 239).*

DER PROZESS GEGEN PAULUS

Die Erzählung von Paulus' dritter Reise (siehe S. 233) wird von seinem Wunsch, nach Jerusalem zurückzukehren und dann nach Rom zu gehen, beherrscht (Apg 19,31), obwohl er bereits böse Vorahnungen hat, besonders, als er die Führer der Kirche von Ephesus in Milet verläßt (Apg 20,18–35). In seiner Abschiedsrede spricht er davon, daß ihn in Zukunft Gefängnis und schwere Zeiten erwarten und daß ihn die Ältesten nicht wiedersehen werden. Der Ton wird noch düsterer, als Paulus in Tyrus (Apg 21,4) eine Warnung des Heiligen Geistes erhält und ihn in Caesarea der Prophet Agabus (Apg 11,28) davon abhält, nach Jerusalem zurückzukehren, da ihn die Juden dort an die Nichtjuden ausliefern würden (Apg 21,11). Dennoch besteht er darauf, nach Jerusalem zu gehen, und seine Begleiter sehen schließlich ein, daß sein Schicksal in Gottes Händen liegt (Apg 21,14).

Paulus' Ankunft in Jerusalem gleicht der Erzählung des Konzils von Jerusalem (siehe S. 229). Anders als in seinen eigenen Briefen ist auch hier beschrieben, daß er ein gutes Verhältnis mit den Führern der Kirche von Jerusalem hat, die wiederum seine Arbeit bei den Nichtjuden schätzen (Apg 21,19–20a). Offensichtlich erfährt er erst jetzt (Apg 21,25) vom Inhalt des Briefes des Konzils an die nichtjüdischen Christen (Apg 15,23–24). Paulus wird als gläubiger Jude beschrieben, obwohl die Führer der Kirche von Jerusalem wissen, daß das viele anzweifeln (Apg 20b–21). Um seinen Glauben unter Beweis zu stellen, stimmt Paulus einem Gelübde zu (Apg 21–23–24), das er bereits in Kenchreä abgelegt hat (Apg 18,18). Im Tempel erkennen ihn einige Juden aus Asien, dem Ziel seiner dritten Reise, und beschuldigen ihn derselben Verbrechen wie Stephanus (Apg 6,13). Sie behaupten auch, daß Paulus Nichtjuden („Griechen") in den Innenhof des Tempels gebracht habe, was aber bei Todesstrafe untersagt war (siehe Bild unten). Wie Stephanus soll auch Paulus von der zornigen Menge gesteinigt werden, doch kann er von den römischen Truppen in die Festung Antonia gerettet werden, die nördlich an den Tempel anschließt (Apg 21,31–35; siehe Karte S. 190).

Auch in der folgenden Erzählung weist Lukas immer wieder darauf hin, daß die Römer Paulus vor dem Haß der Juden schützten (siehe S. 233). Claudius Lysias, der römische Tribun (Oberst), erlaubt Paulus sogar, zur Menge zu sprechen. Alles geht gut, bis er von seiner Mission bei den Nicht-

Eine griechische Inschrift im Tempel von Jerusalem – eine von mehreren Warnungen in der Balustrade und der niedrigen Wand, die den Hof der Nichtjuden von den heiligen Bereichen des Tempels trennt (siehe Karte S. 190). Sie lautet: „Fremden (Nichtjuden) ist es untersagt, durch die Balustrade ins Innere des Tempels zu treten. Zuwiderhandelnde werden mit dem Tod bestraft."

juden zu sprechen beginnt, was seine Zuhörer so verärgert, daß Lysias ihn in die Kaserne zurückbringen lassen muß, um ihn „unter Geißelschlägen zu verhören“ (Apg 22,24). Doch da Paulus Römer ist, läßt Lysias ihn frei und ordnet eine ordentliche Anhörung vor dem Sanhedrin an. Paulus spielt die Mitglieder des Hohen Rates mit der Streitfrage über Sadduzäer und Pharisäer geschickt gegeneinander aus (siehe S. 184–185) und muß erneut von Lysias gerettet werden (Apg 23,10). Dieser erfährt von einer Verschwörung, Paulus zu töten, und beschließt, die Angelegenheit vor den römischen Prokurator (Statthalter) in Caesarea zu bringen.

Paulus wird zu Mark Anton Felix gebracht, der von 52–60 n. Chr. regierte (siehe Tabelle S. 144) und mit der Jüdin Drusilla, der Tochter von König Herodes Agrippa I., verheiratet war. Nach fünf Tagen treffen die Mitglieder des Sanhedrin ein, um Paulus anzuklagen. Die Verhandlung wird von ihrem Anwalt, Tertullus, mit einer Rede im hellenistischen Rhetorikstil eröffnet (Apg 24,1–8). Danach gibt Paulus seine Version der Ereignisse im Tempel wieder; er leugnet alle Punkte der Anklage und meint, daß es in Wahrheit um die Auferstehung von den Toten gehe (Apg 24,20–21). Felix vertagt den Prozeß bis zur Anhörung von Lysias, doch kann das auch nur ein Vorwand gewesen sein, da nichts mehr darüber berichtet wird. Einige Tage später verhören Felix und Drusilla Paulus, doch als dieser über „Gerechtigkeit, Enthaltsamkeit und das bevorstehende Gericht“ (Apg 24,25) zu sprechen beginnt, wird Felix unsicher und beendet das Verhör. Er läßt Paulus zwei Jahre lang im Gefängnis und hofft, von ihm ein Lösegeld zu bekommen (Apg 24,26). Diese Darstellung entspricht dem Bild, das römische Historiker von Felix zeichneten.

Nach Felix wird Porcius Festus Prokurator (60 n. Chr.), und er rollt den Fall neu auf. Er fragt Paulus, ob der Prozeß in Jerusalem stattfinden solle (Apg 25,9), doch dieser meint, daß er als römischer Bürger das Recht auf eine Anhörung durch den Kaiser (Nero) habe. Festus gibt dem Antrag statt, und Paulus kommt schließlich ans Ziel seiner Reise – nach Rom (Apg 25,10–12).

Paulus und Herodes Agrippa II.

Kurz nachdem Festus Paulus verhört hat, erhält der Prokurator Besuch von Herodes Agrippa II., dem König der römischen Gebiete in Nord- und Ostpalästina, und seiner Schwester (Geliebten) Berenike (Apg 25,13). Agrippa möchte Paulus vorgeführt bekommen. Dieser beginnt seine Rede mit einer Lobpreisung des Königs (Apg 26,2–3). Er faßt seinen Lebensweg zusammen, wie er in der Apostelgeschichte dargestellt ist, und schließt mit der Erklärung von Jesu Tod und Auferstehung sowie der Verkündigung des Evangeliums an alle Menschen. Agrippa bestätigt die Unschuld des Apostels und meint, daß er Paulus freilassen hätte können, wenn er sich nicht auf Rom berufen hätte (Apg 26,32). So muß er aber nach Rom gebracht und vor ein kaiserliches Gericht gestellt werden.

Eine Münze von Herodes Agrippa II. (er regierte von 50–100 n. Chr.), einem Urenkel von Herodes dem Großen. Er war der letzte Herrscher aus der herodianischen Dynastie.

PAULUS AUF MALTA

Nach ihrem Schiffbruch werden Paulus und seine Begleiter von den Bewohnern Maltas freundlich aufgenommen (Apg 28,2). Sie zünden wegen des Schlechtwetters ein Feuer an, und als Paulus Reisig hineinwirft, beißt ihn eine Viper. Bei den Maltesern ist dies die Bestrafung eines Mörders durch die Rachegöttin, und sie erwarten, daß Paulus stirbt. Doch als er die Schlange abschüttelt und unverletzt bleibt, halten sie ihn für einen Gott. Daraufhin wird Paulus von Publius, dem Vorsteher der Insel, bewirtet. Auch das ist ein Beweis, daß Paulus von den römischen Behörden freundlich aufgenommen wird. Während seines dreitägigen Aufenthalts im Haus des Publius heilt er dessen Vater von Fieber und Ruhr und daraufhin auch weitere Kranke der Insel.

Heute gibt es auf Malta keine Giftschlangen, und vielleicht gab es auch nie welche. Der Bericht über das Schlangengift und die Heilung der Kranken wurde wahrscheinlich in die Erzählung aufgenommen, um Paulus als typischen Apostel darzustellen, der Jesu Prophezeiung (Mk 16,18) erfüllt: „Wenn sie Schlangen anfassen oder tödliches Gift trinken, wird es ihnen nicht schaden: sie werden Kranken die Hände auflegen und sie gesund machen." Die Apostelgeschichte wurde als Huldigung Paulus' geschrieben und schildert ihn als göttlichen Helden (Apg 14,11–12).

Tonrelief einer phönizischen Gottheit. In der Geschichte von Paulus und der Schlange erwarten die Bewohner „Gerechtigkeit", griechisch diké, *als Bestrafung des Apostels. Die Malteser stammen von den Phöniziern ab, so daß* diké *vielleicht eine maltesisch-phönizische Gottheit war, der Lukas einen griechischen Namen gab.* Diké *war die griechische Göttin des Rechtes.*

PAULUS' REISE NACH ROM

Paulus' Reise nach Rom in Apostelgeschichte 27–28, und hier insbesondere sein Schiffbruch in Malta (siehe Seitentext links), ist eine der dramatischsten Schilderungen des Neuen Testamentes. Lukas berichtet in der ersten Person Plural über diese Fahrt, doch handelt es sich dabei wahrscheinlich, wie auch in den anderen Abschnitten der Apostelgeschichte, um ein rein stilistisches Mittel (siehe S. 233). Lukas scheint über Geographie und Klima des Mittelmeerraumes sehr gut informiert zu sein; diese Schilderung wurde jedenfalls auch als einer der informativsten Berichte über die Seefahrt des Altertums bezeichnet. Andererseits gibt es jedoch in der Literatur viele ähnliche Reisebeschreibungen, die auf Homers *Odyssee* zurückgehen und die fast immer von Stürmen und Schiffbruch handeln. Tatsächlich wurde die *Odyssee* die Vorlage für alle traditionellen Erzählungen über Seefahrten, und auch in der Apostelgeschichte ist der Einfluß dieses Werkes deutlich zu erkennen. Außerdem ist der Einfluß der hellenistischen Erzählung *Periplus* zu erkennen; dabei handelt es sich um den Bericht über eine Küstenschiffahrt. Lukas' Beschreibung kann auch mit dem Werk *Das Schiff* von Lucian von Samosata (2. Jahrhundert) verglichen werden, das in demselben Gebiet angesiedelt werden kann (siehe Karte S. 231).

Paulus und andere Gefangene segeln um 60 oder 62 n.Chr. (um diese Zeit regierte der Prokurator Porcius Festus) unter Begleitung einer Militärwache nach Italien. Das Schiff legt erstmals in Sidon an, wo Paulus Freunde besuchen darf – auch das ist ein Beweis, daß ihm die römischen Beamten wohlgesinnt sind (Apg 27,3). Danach geht die Fahrt weiter nach Myra in Lizien, wo sie auf ein alexandrinisches Schiff gebracht werden, das in Apostelgeschichte 27,38 als Getreideschiff beschrieben wird. Es befand sich wahrscheinlich auf seiner üblichen Fahrt von Ägypten, der Kornkammer Roms, in die Hauptstadt des Reiches. Das Schiff erreicht Kaloi Limenes auf Kreta zu einer Zeit, als die Weiterfahrt Gefahren birgt: Der Autor berichtet, daß bereits „das Fasten" vorüber war (Apg 27,9), das jüdische Fest Jom Kippur (Versöhnungstag), das im Oktober gefeiert wird. Von römischen Schriftstellern ist überliefert, daß die gefährliche Zeit in der Seefahrt von 14. September bis 11. November dauerte. Der Besitzer des Schiffes, der staatliche Verantwortliche für den Getreidetransport, möchte einen sicheren Hafen zum Überwintern erreichen, doch geraten sie in einen Sturm. Hier hat Paulus die Vision, daß alle überleben werden und daß er Rom erreichen wird (Apg 27,23–24). Das Schiff kenterte schließlich, doch können sich alle an Land retten und erreichen sicher Malta (Apg 27,44). Die Schiffbrüchigen bleiben drei Monate auf dieser Insel (siehe Seitentext links), da es unmöglich war, zwischen Mitte November und Ende Januar im Mittelmeer zu segeln.

Im nächsten Frühjahr wird Paulus von den Bewohnern als Zeichen der Zuneigung mit allen Vorräten ausgestattet, die er für seine Weiterfahrt benötigt. Er schifft sich auf einem anderen Getreidetransporter ein, der als Galionsfigur die „Zwillinge" hat, Kastor und Pollux, die Söhne des Zeus (Jupiter bei den Römern). Sie waren die Schutzpatrone der Seefahrt und wurden von allen Seemännern verehrt. Nach Aufenthalten in Syrakus auf Sizilien und Regium in Süditalien erreichen sie schließlich Puteoli (heute Pozzuoli) nahe Neapel, wo sie das Schiff verlassen.

Paulus' weitere Reiseroute von Puteoli nach Rom über Forum Appii (Forum des Appius) und Tres Tabernae ist durch die römischen Autoren Cicero und Horaz sowie durch die Weltkarte aus dem 3. oder 4. Jahrhundert n. Chr. überliefert und genau nachvollziehbar. Ziel und Bedeutung der Reise sind in den letzten Worten von Apostelgeschichte 28,14 zusammengefaßt: „Und so kamen wir nach Rom." Lukas hat sich offenbar vorgenommen (siehe Apg 1,8), die Verbreitung des Christentums von seinen

Ursprüngen in Palästina über die ganze zivilisierte Welt zu beschreiben. Mit der Ankunft Paulus' in Rom, der Hauptstadt des Reiches, erreicht seine Erzählung ihren Höhepunkt.

Im letzten Kapitel der Apostelgeschichte treten zwei Hauptthemen in den Vordergrund. Lukas ist den römischen Behörden positiv gesinnt. Er zeigt, daß die *Pax Romana,* der „römische Friede", in der die Reisefreiheit verankert ist, die Verbreitung des Christentums und die Organisation der Kirche erleichterte. Außerdem weist er immer wieder darauf hin, daß die römischen Behörden Paulus unparteiisch behandelten und ihn vor seinen Anklägern schützten, so daß er Vertrauen in das oberste Tribunal in Rom hat und damit rechnet, ein günstiges Urteil zu erreichen. Er wird in der Hauptstadt nicht inhaftiert, sondern nur unter Hausarrest gestellt, so daß er zwei Jahre lang das Evangelium „ungehindert und mit allem Freimut" predigen kann. Darüber wird bei Paulus' letztem Verhör mit den römischen Juden berichtet (Apg 28,23–29).

In der Apostelgeschichte steht nichts über Paulus' endgültiges Schicksal geschrieben, doch in der christlichen Tradition wird allgemein angenommen, daß er, wahrscheinlich im Zuge der Christenverfolgung unter Kaiser Nero im Jahr 64 n. Chr, den Märtyrertod starb. Es ist anzunehmen, daß Lukas nichts über Paulus' Tod schrieb, weil das zur Pointe seines Buches, der Verkündigung des Evangeliums in Rom, nicht gepaßt hätte und weil er sein Werk zu einem rhetorischen Höhepunkt führen wollte.

Ein römisches Getreideschiff von einem Wandbild in Ostia, dem römischen Hafen, ca. 100 n. Chr.

Christen und Juden in Rom

Paulus traf in Puteoli eine Gruppe Christen (Apg 28,14), eine weitere in Rom. Er hatte zuvor einen Brief an die Gemeinden in Rom geschrieben (siehe S. 245), aus dem hervorgeht, daß diese bereits einen gewissen Einfluß hatte. Daß es überhaupt eine christliche Kirche in Rom gab, zeigt, wie sich das Christentum aufgrund der Missionarstätigkeit der anderen Apostel und der Migration verbreiten konnte: Die Männer, an die Paulus seinen Brief richtete, haben griechische, römische und jüdische Namen.

In Rom gab es bereits eine beträchtliche Anzahl Christen. Darunter waren wahrscheinlich Sklaven und Aristokraten, doch größtenteils stammten sie aus der heutigen Mittelklasse. Paulus spricht in seinem Brief vom „Haushalt" zweier Männer, und er grüßt Priska und Aquila, deren Haus groß genug war, um darin Versammlungen abhalten zu können. Die römischen Katakomben waren keine geheimen Treffpunkte, wie oft behauptet wird, sondern einfach Grabstätten, in denen aber nicht genug Platz für gemeinsame Gebete war. In Rom gibt es noch drei „Hauskirchen" zwischen den Kirchen San Martino ai Monti, Santa Pudenziana (benannt nach Pudens, der Petrus bewirtet haben soll) und San Giovanni und Paolo.

Der Hl. Paulus, ein vergoldetes Emailrondell von einem venezianischen Bucheinband. Paulus wurde seit dem 6. Jahrhundert als Mann mit dunklem schütterem Haar dargestellt (siehe auch Bilder S. 234 und 239).

Zu Paulus' Zeit gab es eine größere Zahl sowie einflußreichere und alteingesessenere Juden in Rom als Christen. Die jüdische Gemeinde begann aber erst wirklich zu florieren, nachdem Pompeius im Jahr 63 v. Chr. Jerusalem erobert hatte und viele Sklaven nach Rom brachte. Viele wurden hier freigelassen und ließen sich in Trastevere, am linken Ufer des Tiber, nieder. Von dort verbreiteten sie sich über die gesamte Stadt und wurden schnell zu einem wesentlichen Element Roms: Zu Augustus' Zeit (27 v. Chr. – 14 n.Chr.) gab es Tausende Juden in Rom. Der Historiker Josephus erzählt, daß im Jahr 4 v. Chr. 8000 Juden eine Delegation aus Palästina empfingen. Ihre Macht geht auch aus den Angriffen der römischen Schriftsteller, vor allem des Satirikers Juvenal, hervor. Sie wurden, wie auch die Anhänger anderer östlicher Religionen, von Zeit zu Zeit per Dekret aus der Stadt verbannt, doch blühte die Gemeinde noch bis zum Zerfall des Römischen Reiches.

VI BRIEFE

Von den 27 Büchern des Neuen Testamentes werden 21 als Briefe oder Epistel (lateinisch epistola, *Brief) bezeichnet. Die meisten werden den wichtigen Personen der frühen Kirche zugeschrieben, davon 13 dem Paulus. Sie waren eine Möglichkeit für die Autoren, mit den christlichen Gemeinden im ganzen Reich in Kontakt zu bleiben. Meist enthalten die Briefe Anweisungen zu theologischen und seelsorgerischen Fragen, Ratschläge bei örtlichen Problemen und Warnungen vor bestimmten Praktiken und Mißbräuchen. Das letzte Buch des Neuen Testamentes, die Offenbarung des Johannes, ist ebenfalls in Briefform verfaßt, obwohl sie wegen ihrer Visionen eher in den Bereich der Apokalypse einzuordnen wäre (siehe S. 136–137).*

DIE BRIEFE IM NEUEN TESTAMENT

Die Briefe, die von Aposteln und Missionaren an die entfernt gelegenen Gebiete gesandt worden sind, sind von der jüdischen Tradition inspiriert. Sie erinnern an die Schreiben, die von den jüdischen Behörden an die Gemeinden der Diaspora gesandt wurden, um auf die Einhaltung der religiösen Feste und Fastenzeiten aufmerksam zu machen. Ein Brief der Juden aus Jerusalem, der an die Gemeinden in Ägypten gerichtet war und in dem die Feier des neuen Festes Hanukka (Reinigung; siehe S. 140) gestattet wird, ist in 2 Makkabäer 1–2 festgehalten. Er erinnert in Form und Stil an einige der paulinischen Briefe.

Paulus' Briefe waren auf Papyrusblätter geschrieben, die zum Transport eingerollt und zusammengebunden wurden. Der Inhalt wurde einem Schreiber diktiert; einer, Tertius, wird im Brief namentlich genannt (Röm 16,22). Paulus fügte manchmal noch selbst eine Anmerkung hinzu, vielleicht, um zu zeigen, daß er auch wirklich der Verfasser des Briefes war. Das Postsystem im Römischen Reich war effizient, aber den öffentlichen Stellen vorbehalten. Gruppen oder Einzelpersonen mußten entweder eigene Boten beauftragen oder ihre Briefe jemandem anvertrauen, der zufällig in dasselbe Gebiet unterwegs war. Im Altertum hatte der Überbringer eines Briefes eine wichtige Aufgabe, da er häufig nicht nur das geschriebene Wort, sondern auch weitere Informationen übermittelte. Paulus beauftragte meist Vertraute, seine Briefe zu überbringen: Er schickte Timotheus und Titus zu den Korinthern (1 Kor 4,17; 16,10–11; 2 Kor 7,6–16; 8,16–18; 23–24) und erhielt von ihnen auch die Antwort oder andere Neuigkeiten (2 Kor 7,6–16).

Die Briefe des Neuen Testamentes entsprechen in ihrer Form der hellenistischen und jüdischen Tradition. Sie beginnen mit dem Namen des Absenders, danach steht der Name des Empfängers (z.B. 1 Kor 1,1–2; auch 2 Makk 1,1). In griechischen Briefanfängen wird für gewöhnlich „Gruß" oder „Gesundheit" verwendet (siehe 2 Makk 1,1), in jüdischen Briefen das hebräische Wort „Friede" (siehe 2 Makk 1,1). Paulus verwendet nicht „Gruß", sondern „Gnade" und verbindet dies mit „Friede" zu seiner Formel: „Gnade sei mit euch und Friede von Gott, unserem Vater, und dem Herrn Jesus Christus" (Röm 1,7 und an anderen Stellen). Häufig wird auch ein Wunsch für die Gesundheit des Empfängers hinzugefügt und die Zusicherung, ihn in das Gebet einzuschließen (siehe Röm 1,9). Manchmal ist auch ein Dank für das vorbildliche Verhalten oder den Glauben der Gemeinden enthalten (Röm 1,8; 1 Kor 1,4–7; Phil 1,3–5; Kol 1,3–4; 1 Thess 1,2–4; 2 Thess 1,3). Paulus unterläßt dieses Lob im Brief an die Galater, dem vielleicht dringendsten und emotionalsten der Briefe (siehe S. 244). Höflichkeitsformeln, wie „Ich bitte dich um der Liebe willen" und „Wir wollen", leiten Anfragen oder Verbote ein. Die Briefe schließen mit Grußformeln des Schreibers und seiner Begleiter an die Empfänger. In all diesen Aspekten spiegelt das Neue Testament die griechisch-römischen Gewohnheiten wider.

Die 21 Briefe des Neuen Testamentes weisen Unterschiede auf und repräsentieren die verschiedenen Briefformen, die zu jener Zeit gebräuchlich waren. Es gibt rein persönliche Briefe, die von einer Person an eine andere geschrieben wurden. Paulus' Brief an Philemon kann zu dieser Kategorie gezählt werden, auch wenn er an „die Schwester Apphia, an Archipus, unseren Mitkämpfer, und an die Gemeinde in deinem Haus" (Phlm 1,2) gerichtet ist (siehe S. 249). Der dritte Johannesbrief von „dem Ältesten an den geliebten Gaius" ist ein weiteres Beispiel persönlicher Korrespondenz.

Es gibt natürlich auch formelle Korrespondenz, die an ein größeres Publikum gerichtet ist, z. B. an eine bestimmte Gemeinde, und die weitläufigere Themen behandelt oder den Lesern außerdem Ratschläge erteilt. In Paulus' Briefen sind persönliche und formelle Elemente vermischt, und sie sollten beim Gottesdienst verlesen werden. Einige sind lang und enthalten Zitate aus der Heiligen Schrift, den Glaubensbekenntnissen, Hymnen und anderen religiösen Lehren. Gleichzeitig enthalten sie auch Teile hellenistischer Briefformeln.

Während die paulinischen Briefe tatsächlich die Korrespondenz mit den einzelnen Gemeinden widerspiegeln, sind andere Schriften des Neuen Testamentes, die als Briefe bezeichnet werden, eher allgemeine Abhandlungen. Der „Brief" an die Epheser z. B. (der vielleicht von Paulus stammt) ist eigentlich eine Enzyklika, also ein Rundschreiben an mehrere Kirchen Kleinasiens (siehe S. 248–249). Der „Brief" an die Hebräer wiederum ist eine Predigt, in der keinerlei Zeichen eines konventionellen Briefes enthalten sind. Der „Brief" des Jakobus ist ein Beispiel einer Paränese, einer Anleitung, gut und weise zu leben (siehe S. 250–251). Die Hirtenbriefe (siehe S. 240–241) wiederum sind „Kirchenvorschriften": Sie sollen den einzelnen Gemeinden Antworten auf seelsorgerische und praktische Fragen geben, auch wenn sie in der Form eines persönlichen Briefes verfaßt sind.

Paulus, *ungarische Schule (ca. 1500). Die Darstellung des Apostels mit vollem Haar und einem langen Bart (anstatt eines kurzen) entspricht nicht dem Bild, das auf Seite 237 von Paulus gezeichnet wird, während auf Seite 234 beide Traditionen vereint scheinen. Wie auf Seite 234 hält Paulus ein Schwert als Symbol für seinen Märtyrertod (siehe S. 240). In allen drei Darstellungen hält er das Evangelium in der Hand als Symbol für seine Mission.*

Griechisch-römische Briefe

Alle Briefe der Bibel und die meisten Briefe aus dem griechisch-römischen Kulturkreis sind nur in Abschriften überliefert. Doch hat man bei Ausgrabungen auch einige Originalbriefe gefunden, wie z. B. die aus den Städten Mari, Tell E.-Amarna, Lachisch, Elefantina und die vom jüdischen Aufstand von Simonis Bar Kochba im 1. Jahrhundert. Für das Neue Testament sind vor allem die Papyrusbriefe aus Ägypten und anderen trockenen Regionen von Interesse, die um dieselbe Zeit entstanden und aufgrund des Klimas erhalten blieben. Sie umfassen vorwiegend Privatkorrespondenz von ganz gewöhnlichen Bürgern und beweisen, daß viele der formellen Elemente der Briefe im Neuen Testament allgemein gebräuchlich waren.

Wichtige Figuren des öffentlichen Lebens wie die römischen Staatsmänner Cicero und Seneca verfaßten literarisch wertvollere Briefe, die gesammelt und veröffentlicht wurden. Oft waren es Abhandlungen über philosophische, politische oder moralische Themen, die an eine breite Leserschaft gerichtet waren. Briefe wurden als rhetorisches Stilmittel betrachtet, und es sind bis heute Handbücher erhalten, in denen die Form der verschiedenen Briefe beschrieben wird. Für literarische Zwecke oder um die Leser zu beeindrucken, konnten Briefe erfunden werden. Paulus selbst mußte die Thessalonicher vor einem Schreiben warnen, das unter seinem Namen verfaßt worden war (2 Thess 2,2). Historiker erfanden Briefe und Reden, die für einen bestimmten Zweck als passend empfunden wurden: Beispiele dafür sind in der Offenbarung des Johannes enthalten. Hier sind sie an die sieben Kirchen Asiens gerichtet (Offb 1,4–3,22).

Die Hinrichtung des Paulus, *aus der Werkstatt von Pacino di Buonaguida (tätig von 1303–1309). Es ist überliefert, daß Paulus mit einem Schwert geköpft wurde. Sein Kopf soll dreimal aufgeschlagen haben, wodurch drei Brunnen aus der Erde flossen – die Tre Fontane von Rom.*

DIE HIRTENBRIEFE

Das Neue Testament berichtet nichts über das endgültige Schicksal von Paulus oder Petrus. Allerdings ist überliefert, daß beide in Rom im Lauf der Christenverfolgung durch Kaiser Nero im Jahr 64 n.Chr. hingerichtet wurden. Wie Petrus in die Stadt kam, ist nicht bekannt, doch wird am Ende der Apostelgeschichte berichtet, daß Paulus in Rom „ungehindert und mit allem Freimut" das Evangelium verkündete (siehe S. 236–237). Er soll zwei Jahre lang unter leichtem Hausarrest gestanden sein, während er auf seine Berufung vor dem höchsten Gericht in Rom wartete (siehe S. 235). Doch wird nichts über den Ausgang der Berufung berichtet. Es gibt die Theorie, daß Paulus nach diesen zwei Jahren Hausarrest entlassen wurde, da die Anklage nicht aufrechterhalten werden konnte, oder daß er unter eine Amnestie fiel. Nach einer weiteren Theorie wurde deshalb nichts über die Hinrichtung berichtet, weil Lukas sein Werk positiv beenden wollte. Das Ziel, das am Beginn der Apostelgeschichte genannt wird, war schließlich erreicht worden: Das Evangelium wurde in Rom verkündet.

Nach einer weiteren Theorie, die bereits vom christlichen Historiker Eusebius im 4. Jahrhundert vertreten wurde, wird Paulus nach dem Ende der Apostelgeschichte freigelassen, er nimmt seine Missionstätigkeit wieder auf und kehrt schließlich nach Rom zurück, wo er hingerichtet wird. Diese Theorie wird von drei Briefen untermauert: dem ersten und zweiten Brief an Timotheus und dem Brief an Titus (siehe Kasten gegenüber). Diese Werke sind unter dem Namen „Hirtenbriefe" zusammengefaßt, da sie den Empfängern Hilfe bei der Seelsorgearbeit in ihren Gemeinden bieten. Sie beschreiben Paulus' Reisen nach Kleinasien, Mazedonien, Kreta und Griechenland. Es ist schwierig, diese Reisen mit der Mission des Paulus in der

Die Hinrichtung des Petrus *(ca. 1550), von Michelangelo Buonarroti (1475–1564), ein Fresko in der Paulus-Kapelle im Vatikan, Rom. Laut Überlieferung wurde Petrus unter Nero in Rom gekreuzigt. Er soll gesagt haben, daß er es nicht wert sei, wie Christus zu sterben, und bestand darauf, mit den Füßen nach oben gekreuzigt zu werden. Wie im 4. Jahrhundert üblich, wird Petrus als großer, grauhaariger, starker Mann dargestellt.*

Apostelgeschichte und den anderen Briefen in Einklang zu bringen. Deshalb müssen sie eine spätere Phase aus Paulus' Leben betreffen: Ein Abschnitt in 2 Timotheus (2 Tim 4,16–17) bezieht sich vielleicht auf seine Entlassung in Rom. Diese Theorie setzt jedoch voraus, daß die Hirtenbriefe von Paulus geschrieben wurden, was stark angezweifelt wird. Es wird heute angenommen, daß sie eine beträchtliche Zeit nach Paulus' Tod verfaßt wurden. Sie dürften jedoch Teile von Briefen enthalten, die tatsächlich von Paulus stammen und verlorengingen, wie z. B. Namen und Taten von bestimmten Personen. Es sind auch Details enthalten, die echt sein könnten, wie die Anspielung auf einen Mantel und Bücher, die in Troas zurückgelassen wurden (2 Tim 4,13). Doch wurden diese Details vielleicht auch nur aufgenommen, um die Briefe echter wirken zu lassen.

Die Hirtenbriefe unterscheiden sich in Stil und Sprache beträchtlich von den Briefen, die Paulus zugeschrieben werden: Sie erinnern vielmehr an die Arbeiten christlicher Schriftsteller des späten 1. und beginnenden 2. Jahrhunderts. Außerdem scheinen die Autoren der Hirtenbriefe auch eine andere theologische Position zu vertreten als Paulus. „Glaube" wird z. B. von Paulus im Sinn von „Vertrauen" verwendet, in den Hirtenbriefen wird daraus jedoch „der Glaube", die Essenz der christlichen Lehre. Der Heilige Geist, dem bei Paulus eine besondere Stellung zukommt, wird hier hingegen kaum erwähnt. Außerdem scheint die Kirche schon viel organisierter zu sein als zur Entstehungzeit von Paulus' Briefen, da es bereits Bischöfe, Älteste und Diakone gibt. Auch das ist ein Hinweis darauf, daß die Briefe aus dem Ende des 1. Jahrhunderts stammen.

Falls die Briefe dennoch aus einer späten Phase von Paulus' Leben stammen, ist es möglich, daß einige der Entwicklungen in der Struktur der Kirche, die beschrieben werden, bereits vorhanden waren. Außerdem wird in den Briefen erstmals von gnostischer Häresie gesprochen, und Paulus mußte unter Umständen seine Sprache und seinen Glauben der neuen Gefahr für die Kirche anpassen.

Timotheus und Titus

Ein Argument gegen die Theorie, daß die Hirtenbriefe von Paulus stammen, ist, daß sie nicht, wie alle anderen Briefe mit Ausnahme des an Philemon gerichteten, an Christengemeinden adressiert sind. Ein späterer Autor könnte die Namen Timotheus und Titus, zwei geachtete Männer aus der Zeit der frühen Kirche, verwendet haben, um der eigenen Lehre größere Glaubwürdigkeit zu verleihen.

Timotheus, in Lystra geboren und von Paulus als Begleiter auf seinen Missionsreisen auserwählt (Apg 16,3), wird in den paulinischen Briefen (z. B. Phil 2,19–23) häufig erwähnt. Er arbeitete bei den Predigten eng mit Paulus zusammen und scheint auch mit ihm befreundet gewesen zu sein (siehe z. B. Phil 2,22). Selbst wenn Paulus nicht die herzlichen Worte an Timotheus in 1 und 2 Timotheus verfaßte (siehe z. B. Tim 1,3–4), entsprechen sie doch seiner Einstellung. Paulus schickte Timotheus zu den Gemeinden in Thessalonich und Korinth, als er selbst nicht hinfahren konnte (1 Thess 3,2; 1 Kor 4,17), und es ist möglich, daß Timotheus auch eine besondere Stellung in den von Paulus gegründeten Gemeinden einnahm, als dieser in Rom gefangengehalten wurde. Der Autor der Hirtenbriefe kannte sogar die Namen von Timotheus' Mutter und Großmutter (2 Tim 1,5).

Anders als Timotheus wird Titus in der Apostelgeschichte nicht erwähnt, doch war er ebenfalls „Gefährte und Mitarbeiter" von Paulus (2 Kor 8,23). Er begleitete Paulus auf einem Besuch in Jerusalem (Gal 2,1) und wurde von Paulus nach Korinth gesandt (2 Kor 7–8). Außerdem übernahm der die Leitung bei der Sammelaktion für die jüdischen Christen in Jerusalem (2 Kor 8). Dennoch ist es mehr als zweifelhaft, daß die Beschreibung von Titus in dem Brief an ihn selbst von Paulus stammt. Seine Missionstätigkeit in Dalmatien und Kreta, die in 2 Timotheus ebenfalls erwähnt wird, kann jedoch der Realität entsprechen (2 Tim 4,10; Tit 1,5). Der Verfasser des Briefes erzählt Titus, daß die „Kreter Lügner und faule Bäuche, gefährliche Tiere" seien (Tit 1,12). Diese Zeile stammt aus einem Gedicht des kretischen Dichters Epimenides aus dem 6. Jahrhundert v. Chr. Paulus soll bei seiner Rede in Athen dasselbe Gedicht zitiert haben (Apg 17,22–31).

BRIEFE AN DIE GRIECHEN

Statue aus dem 4. Jahrhundert auf der Via Egnatia, über die Paulus ging. Es war dies die Verbindungsstraße zwischen Thessalonich und anderen Städten Nordgriechenlandes mit der Adria (siehe Karte S. 231).

Die Briefe im Neuen Testament sind nicht nach dem Datum geordnet, sondern nach der Länge. Da Unklarheit über ihre wirkliche chronologische Ordnung herrscht, ist es schwierig, anhand dieser Briefe Paulus' Leben zu rekonstruieren. Außerdem passen sie nicht genau in das Bild, das in der Apostelgeschichte von Paulus gegeben wird.

Es wird allgemein angenommen, daß der erste paulinische Brief der an die Thessalonicher (den Bewohnern des heutigen Saloniki) ist. Er wurde wahrscheinlich 50 n. Chr. von Paulus und seinen Begleitern Silas und Timotheus in Korinth verfaßt. Paulus besuchte laut Apostelgeschichte 16–18 diese Stadt auf seiner zweiten Missionsreise. Seine Predigten in der Synagoge zogen viele Menschen an, doch wurde er von den jüdischen Behörden gezwungen, die Stadt zu verlassen (Apg 17,1–9). Der Brief, den Paulus daraufhin an die Thessalonicher schrieb, liefert daher ein interessantes Bild von der frühchristlichen Gemeinde, die von den Behörden verfolgt wurde. Der Brief beginnt mit der üblichen Eröffnungsformel: Paulus dankt der Gemeinde, daß „euer Glaube sich durch eure Tat beweist, eure Liebe durch eure Mühe und eure Hoffnung auf unseren Herrn Jesus Christus durch eure Ausdauer“ (1 Thess 1,3), und bittet sie, mit ihrer Arbeit fortzufahren.

Paulus gibt Antworten auf drei Fragen, die Mitglieder der Gemeinde von Thessalonich betreffen. Er weist sie darauf hin, Unzucht zu meiden, ihre Körper zu zügeln und von der sexuellen Freizügigkeit der griechisch-römischen Welt Abstand zu nehmen, denn „Gott hat uns nicht dazu berufen, unrein zu leben, sondern heilig zu sein“ (1 Thess 4,3–7). Er erinnert sie außerdem daran, gute Bürger zu sein und sich das Leben zu verdienen, denn „ihr sollt vor denen, die nicht zu euch gehören, ein rechtschaffenes Leben führen und auf niemand angewiesen sein“ (1 Thess 4,11–12). Er versichert ihnen „beim Wort des Herrn“, daß Jesus wieder kommen werde; dieses Ereignis stehe unmittelbar bevor, und die Christen, die bereits gestorben waren, würden auferweckt, und die Lebenden mit ihnen „auf den Wolken in der Luft entrückt, dem Herrn entgegen. Dann werden wir immer beim Herrn sein“ (1 Thess 4,13–18).

Über den zweiten Brief an die Thessalonicher herrscht Uneinigkeit. Einige Forscher sind der Ansicht, daß er bereits vor dem ersten Brief verfaßt wurde, andere wiederum meinen, daß die Briefe zu verschieden sind, um beide von Paulus zu stammen, obwohl zwei Themen des ersten wieder aufgenommen werden. Die Wiederkunft Christi bereitete weiterhin Probleme, doch einige Prediger meinten, daß sie bereits stattgefunden habe. Paulus erinnert daraufhin die Thessalonicher an das apokalyptische Konzept, nach dem zuerst ein „Aufruhr“ gegen Gott stattfinden müsse, bevor der Messias kommen werde (2 Thess 2,3). Die Ankunft des Tages des Herrn werde vom „Widersacher“ verzögert, „der sich über alles, was Gott oder Heiligtum heißt, so sehr erhebt, daß er sich sogar in den Tempel Gottes setzt und sich als Gott ausgibt“ (2 Thess 2,4). Diese Vorstellung wird bereits bei Markus 13 beschrieben und geht auf die Verfolgung durch den hellenistischen König Antiochus Epiphanes im Buch Daniel zurück (siehe S. 136–139).

Das zweite Thema, das sich wiederholt, ist die Arbeit. Es scheint, daß manche Christen der Meinung waren, daß es keinen Sinn hatte, weiterzuarbeiten, wenn die Ankunft Christi bevorstand oder er bereits gekommen war. Paulus widerspricht dieser Meinung und führt sich selbst als Beispiel an (2 Thess 3,9). Als er und seine Begleiter bei den Thessalonichern waren, arbeiteten sie für ihr täglich Brot, obwohl sie erwarten konnten, daß sie von ihren Gastgebern versorgt würden. Paulus erklärt ihnen „Wer nicht arbeiten will, soll auch nicht essen“ (2 Thess 3,10) und ermahnt sie, „nicht müde zu werden, Gutes zu tun“ (2 Thess 3,13).

Die Briefe an die Korinther

Die Briefe an die Korinther geben mehr als alle anderen ein klares Bild von einer frühchristlichen Gemeinde. Die Briefe wurden um 55 n. Chr. in Ephesus geschrieben und waren an die Gemeinde in Korinth gerichtet, die Paulus auf seiner zweiten Missionsreise gegründet hatte (Apg 16–18). Die Briefe weisen stilistische Unterschiede auf, besonders der zweite Brief, der wahrscheinlich aus mehreren Schreiben zusammengesetzt ist. Es ist daher nicht einfach, den wirklichen Verlauf der Dinge zu rekonstruieren; dennoch wird ein klares Bild über die Themen und Probleme gegeben, denen sich die junge Kirche in der multikulturellen Stadt gegenübersah.

Die Gemeinde in Korinth umfaßte die Anhänger verschiedener Evangelisten, so daß Paulus im ersten Brief zu Einigung aufruft und meint, daß nur Jesus der einzige Lehrer sei, dem die Gläubigen folgen müssen (1 Kor 1,10–17). Danach spricht Paulus das sexuelle Verhalten an. Er weist darauf hin, daß Christen dem jüdischen Moralkodex unterliegen, und befiehlt, einen Mann zu exkommunizieren, der, entgegen dem jüdischen Gesetz, seines Vaters Frau geheiratet hat. Außerdem sagt er seine Meinung über Ehe und Scheidung (1 Kor 5–7). Er spricht dann ein weiteres Problem einer heidnischen Umgebung an: die Frage, ob Christen Fleisch von Opfertieren essen durften. Auch hier geht es ihm vor allem um Einheit. Er meint, daß jeder nach seinem Gewissen handeln und andere nicht verurteilen sollte (1 Kor 8–9).

Die Briefe handeln dann noch von Glaube und Gottesdienst. Um diese Zeit war die Eucharistie bereits das wesentliche Element der christlichen Versammlungen; sie wurde allerdings bei gemeinsamen Mahlzeiten gefeiert, und es bestand daher die Gefahr, daß sie in den Exzessen der griechisch-römischen Feste unterging.

„In Zungen sprechen" führte ebenfalls zu Problemen und verursachte Zügellosigkeit. Paulus verbietet es nicht, doch meint er, daß andere Gaben nötig sind, vor allem Liebe, was in der berühmten Passage von 1 Korinther 13 zum Ausdruck kommt. Es ist eine Feier erforderlich, durch die die gesamte Gemeinde vereint wird, und „alles geschehe in Anstand und Ordnung" (1 Kor 14,26–40). Um das zu erreichen, „sollen die Frauen in der Versammlung schweigen", wie es das jüdische Gesetz fordert (1 Kor 14,33–36). In Korinth leugneten einige Menschen die Auferstehung: Es ist also anzunehmen, daß sie wie die Thessalonicher die leibliche Auferstehung leugneten und eine spirituelle Auferstehung verstanden. Auch hier möchte Paulus wieder vermitteln: Es wird schließlich eine wirkliche Auferstehung geben, doch wird jeder einen neuen, spirituellen Körper haben, der für ein neues Zeitalter geschaffen ist (1 Kor 15,1–58).

Im zweiten Brief an die Korinther wird dem Bild über die Gemeinde nichts Neues hinzugefügt. Paulus' erster Brief hatte offenbar keine Auswirkungen, denn die Korinther scheinen noch immer nicht vereint zu sein. In den letzten drei Absätzen des zweiten Briefes geht er daher vom höflichen Stil eines Briefes weg und läßt seiner Verärgerung freien Lauf. Er kündigt der Gemeinde einen weiteren Besuch an, bei dem er sie „nicht schonen" will.

Die Bema, das öffentliche Tribunal im Korinth der Antike. Wahrscheinlich traf Paulus hier Gallio, den römischen Prokonsul (siehe Apg 18,12–17).

GALATER UND RÖMER

Abraham bereitet die Opferung Isaaks vor, *ein Bodenmosaik (6. Jahrhundert) in der Beth-Alpha-Synagoge in Nordisrael. In den Briefen an die Galater (Gal 3–4) und an die Römer (siehe besonders Röm 4) geht Paulus besonders auf die Geschichte Abrahams und seines Glaubens ein. Er meint dazu: „Abraham und seine Nachkommen erhielten die Verheißung, Erben der Welt zu sein, nicht aufgrund des Gesetzes, sondern aufgrund der Glaubensgerechtigkeit“ (Röm 4,13). Dies bewies er, indem er seinen Sohn opferte (siehe S. 43).*

Die paulinischen Briefe an die Galater und Römer gehören zusammen, da sie beide die Trennung von Christentum und Judentum beschreiben, die wahrscheinlich auf Paulus' Missionstätigkeit zurückgeht. Der Brief an die Galater gehört zu Paulus' frühen Briefen. Er stammt wahrscheinlich aus dem Jahr 48, obwohl er mit 55 n. Chr. datiert ist. Es ist nicht bekannt, wann der Brief an die Römer entstand (siehe Kasten gegenüber), doch wurde er nach dem Brief an die Galater verfaßt, da er die Themen daraus wieder aufnimmt.

Im Brief an die Galater wird erstmals über eine Trennung zwischen Judentum und Christentum geschrieben. Paulus meint hier, daß man allein durch Glauben erlöst würde. Es ist allerdings nicht bekannt, wer die „Galater“ wirklich waren. Vielleicht ist mit Galatien die Nord- oder Zentraltürkei gemeint, nach den Kelten, die sich dort 250 v. Chr. niederließen. Es ist allerdings von größerer Wahrscheinlichkeit, daß die Empfänger des Briefes weiter im Süden lebten, in einem enger eingegrenzten Gebiet, das die Römer seit 25 v. Chr. als Galatien bezeichneten, da es keine Hinweise auf die Tatsache gibt, daß Paulus jemals so weit nach Norden vordrang. Er kam allerdings auf seinen Missionsreisen sogar bis in die römische Provinz Galatien und bekehrte die Menschen in den Städten Antiochia, Ikoniom, Lystra und Derbe (Apg 13,14–14,23; siehe S. 232).

Der Ton des Briefes reflektiert die Zuneigung, die Paulus zu diesen Städten gefühlt haben muß, da hier seine Arbeit erstmals Früchte trug, aber er ist besorgt, daß sie sich vom Evangelium entfernen. Er leitet diese Briefe nicht mit den üblichen Worten des Dankes ein, sondern kommt sofort zum Thema: „Ich bin erstaunt, daß ihr euch so schnell von dem abwendet, der euch zur Gnade Christi berufen hat“ (Gal 1,6). Paulus hatte seine Missionstätigkeit unter den Nichtjuden in Galatien begonnen, doch diese wurden danach von jüdisch-christlichen Missionaren besucht, die predigten, daß die Erlösung nur durch das jüdische Gesetz und vor allem durch Beschneidung möglich sei. Diese Missionare scheinen das Gesetz mit einer Engelslehre und mit mystischer Spekulation verbunden zu haben, wie dies auch in der Qumran-Gemeinde der Fall war (siehe S. 145). Paulus geht so weit, daß er die Galater beschuldigt, zu ihrem ursprünglichen Glauben an die „Elementarmächte“ zurückzukehren, der ihre Welt bestimmte (Gal 4,9).

Er meint, daß es keinerlei Veranlassung gebe, den Nichtjuden das jüdische Gesetz aufzuzwingen, da „der Mensch nicht durch die Werke des

Der Brief an die Römer

Viele Themen, die im Brief an die Galater behandelt werden, werden im Brief an die Römer wieder aufgegriffen und detaillierter beschrieben. Er ist nicht als reiner Brief, sondern als Abhandlung oder Aufsatz angelegt und spiegelt Paulus' Theologie wider.

Der Brief an die Römer ist der einzige, der nicht an eine Gemeinde gerichtet ist, die Paulus gegründet hat. Er schreibt, daß er das Evangelium an jene Orte bringen möchte, an denen der Name Christi nicht bekannt ist, und nicht „auf einem fremden Fundament bauen" (Röm 15,20) will. Das wirft die Frage auf, welchen Zweck er mit diesem Brief überhaupt verfolgte. Im ersten Kapitel scheint Paulus die Verantwortung für die Evangelisierung des gesamten griechisch-römischen Reiches zu übernehmen, und er schreibt (Röm 1,11, 13), daß er schon seit langem plant, Rom zu besuchen. Er hatte vielleicht das Gefühl, daß die Christen in Rom nicht gut organisiert waren. Paulus verwendet erst im letzten Kapitel (das wahrscheinlich nicht von ihm stammt) den Begriff „Kirche". Unter Umständen war die römische Gemeinde auch durch die Vertreibung der Juden aus Rom durch Kaiser Claudius im Jahr 41 oder 49 n. Chr. zerrüttet. Unter den Vertriebenen waren wahrscheinlich auch jüdische Christen, die mit den dortigen Synagogen in Verbindung standen.

Oben: *Büste von Kaiser Claudius, (1. Jahrhundert).*

Unten: *Möglicherweise schrieb Paulus den Brief an die Römer in Korinth. Auf dieser Inschrift (1. Jahrhundert) ist der Name des Beamten Erastus erwähnt, vielleicht der Stadtkämmerer aus Römer 16,23.*

Der Brief kann als Versuch gesehen werden, die römische Kirche zu „gründen" und so Spannungen zwischen jüdischen und nichtjüdischen Christen, wie an anderen Orten, zu vermeiden. Paulus entwickelt in diesem Brief seine Theorie der Erlösung alleine durch den Glauben weiter, worüber er bereits den Galatern geschrieben hatte. Sein berühmter Satz, daß „der Mensch durch Glauben gerecht wird, unabhängig von Werken des Gesetzes" (Röm 3,28), muß so verstanden werden, daß Juden und Nichtjuden in der Kirche vereint sind. Vor dem jüdischen Gesetz waren sie getrennt, doch der gemeinsame Glaube an Jesus verbindet sie. Juden und Nichtjuden sind Sünder (Röm 2,12–3,20), doch können sie alle erlöst werden (Röm 3,21–31). Der Brief endet mit einer Abhandlung über die Zukunft Israels. Paulus setzt die Nichtjuden mit wilden Oliventrieben gleich, die auf einen Olivenbaum aufgepfropft werden, um die Zweige zu ersetzen, die abgebrochen wurden, also Juden, die das Evangelium nicht annahmen. Doch schließlich wird „ganz Israel gerettet werden" (Röm 11,17–26).

Nach der Abhandlung über die theologische Grundlage der Kirche spricht Paulus über die täglichen Arbeiten der Gemeinde: Er verlangt Harmonie und Toleranz unter den Mitgliedern, Gehorsam gegenüber dem Staat und die Erfüllung der sozialen Pflichten.

Gesetzes gerecht wird, sondern nur durch den Glauben an Christus Jesus" (Gal 2,16). Paulus leugnet sein Judentum nicht, und er meint auch, daß das Gesetz seine Bedeutung hatte, „ehe der Glaube kam", da es den Menschen ihre Sünden bewußt machte (Gal 3,19–24). Andererseits nennt er es einen Fluch (Gal 3,10–12), da es seiner Meinung nach unmöglich war, danach zu leben. Dieser Fluch wurde durch die Ankunft Christi aufgehoben (Gal 3,14), weil das Gesetz dadurch ungültig wurde (Gal 3,25). Seiner Meinung nach kann man nur durch den Glauben an Christus erlöst werden, eine Ansicht, die er im Brief an die Römer genauer erklärt. Im Brief an die Galater vertritt Paulus ein radikales Konzept christlicher Freiheit. Die Gläubigen, Juden ebenso wie Nichtjuden, werden von allen alten Pflichten entbunden, da das Evangelium alle Menschen vereint: „Es gibt nicht mehr Juden und Griechen, nicht Sklaven und Freie, nicht Mann und Frau; denn ihr alle seid ‚einer' in Christus Jesus" (Gal 3,28).

BRIEFE AUS DER GEFANGENSCHAFT

Eine römische Zelle aus Philippi, die an jener Stelle stehen könnte, an der Paulus laut Apostelgeschichte inhaftiert war (Apg 16,23–24).

Vier der paulinischen Briefe – jene an die Philipper, Kolosser, Epheser und an Philemon – sind als Briefe aus der Gefangenschaft bekannt, denn in jedem schreibt der Autor, daß er inhaftiert ist (Phil 1,7; Phlm 1,10; Kol 4,3; Eph 3,1). Sie hängen auch sonst durch ihren Inhalt zusammen: Vor allem in den Briefen an die Kolosser und Epheser werden dieselben Gedanken in ähnliche Worte gefaßt (siehe S. 148–149); außerdem werden darin dieselben Personen genannt wie im Brief an Philemon (siehe Kasten gegenüber), wie z. B. Epaphras (Phlm 23; Kol 4,12), der wahrscheinlich die Kirche von Kolossä gegründet hat. Im Brief an die Philipper hingegen wird nur Timotheus genannt (vgl. Kol 1,1).

Es war lange Zeit nicht klar, wo diese Briefe, besonders der an die Philipper, geschrieben wurden, doch sind sich die Wissenschaftler heute einig, daß alle Briefe von Paulus stammen. Er besuchte Philippi, das Zentrum der Römerkolonie in Mazedonien, auf seiner zweiten Missionsreise (Apg 16) und gründete hier eine der ersten Gemeinden auf dem europäischen Festland. Es ist möglich, daß der Brief in Rom oder Caesarea geschrieben wurde, da Paulus an beiden Orten inhaftiert war. Falls die Hinweise auf die kaiserliche Wache, das römische Prätorium (Phil 1,13) und auf die Beamten des Kaisers sich auf den Kaiserpalast und Caesars Gefolge beziehen, könnten die Briefe in Rom geschrieben worden sein. Es könnte damit jedoch auch die Residenz des Statthalters gemeint sein. Dann wären die Briefe in Caesarea, dem Sitz des Prokurators von Judäa, verfaßt worden.

Laut einer anderen Theorie könnten die Briefe aber auch in Ephesus geschrieben worden sein, wo Paulus wahrscheinlich während seines zweijährigen Aufenthalts inhaftiert war (Apg 19,10). Paulus schreibt, daß er hofft, seinen Begleiter Timotheus zu den Philippern schicken zu können, „damit auch ich ermutigt werde, wenn ich erfahre, wie es um euch steht" (Phil 2,19). Diese Reise wäre für Timotheus schwierig gewesen, wenn sein Ausgangspunkt Rom oder gar Caesarea war. Falls Paulus aber in Ephesus inhaftiert war, wäre dieser Weg nicht weit: Paulus bereiste bei seiner dritten Mission dieselbe Strecke (siehe S. 233). Timotheus war außerdem eng mit Ephesus verbunden, da er laut 1 Timotheus 1,3 für den Aufbau der dortigen Kirche verantwortlich war. Die Kirche von Philippi hörte zudem von Paulus' Verhaftung und hielt es für nötig, ihm eines ihrer Mitglieder, Epaphroditus, zur Hilfe zu schicken. Doch dieser wurde unterwegs krank, was den Philippern zu Ohren kam, da Epaphroditus in der Folge hört, daß seine Gemeinde sich um ihn sorgte (Phil 2,25–26). Dieser Abschnitt zeigt, daß der Weg zwischen Philippi und dem Ort, an dem Paulus inhaftiert war, stark frequentiert und offensichtlich problemlos zu bewältigen war: Es wird nichts von Gefahren erzählt wie denen, die Paulus auf seiner Reise nach Rom überstehen mußte.

Der freundschaftliche Ton im Brief an die Philipper kontrastiert mit dem in den Briefen an die Galater und Korinther (siehe S. 243–245). Paulus spricht von Gebeten für die Philipper (Phil 1,3–11) und versichert ihnen auch, daß er sie nach seiner Freilassung aus dem Gefängnis besuchen werde (Phil 1–19–36). Er dankt ihnen für die finanzielle Unterstützung, die sie ihm zu Beginn seiner Mission zukommen ließen (Phil 4,22), und drückt seine Sympathie für Epaphroditus aus (Phil 2,25–30). Obwohl er die Gemeinde vor „falschen Lehrern" warnen muß, die weiterhin auf der Beschneidung bestehen (Phil 3,2–3), vermittelt der Brief im allgemeinen doch das Bild einer harmonischen und aktiven Gemeinde.

Nur in den Briefen, die sicher von Paulus stammen, werden „Vorsteher" und „Diakone" als Leiter der Gemeinde genannt (Phil 1,1), was darauf hin-

Philemon und die Sklaverei

Der Brief an Philemon ist auch an die Gemeinde, die sich in seinem Haus trifft, und an Apphia und Archipus gerichtet. Doch der Inhalt betrifft Philemon und seinen Sklaven Onesimus.

Onesimus war seinem Herrn davongelaufen und hatte ihn wahrscheinlich auch bestohlen. Er wurde ins Gefängnis geworfen, wo er Paulus traf und zum Christentum konvertierte. Paulus empfand tiefe Zuneigung zu ihm: Er schreibt, wie Onesimus „nützlich“ wurde (Phlm 11); dies ist ein Wortspiel, da der Name Onesimus auf griechisch „nützlich“ oder „wohltätig“ bedeutet. Paulus dachte jedoch, daß alle Christen gute Bürger sein sollten, die Recht und Ordnung einhalten. Wahrscheinlich beschloß er deshalb, Onesimus mit einem Brief an Philemon zurückzuschicken, der in Kolossä in Kleinasien lebte: Paulus übermittelt ihm Grüße von fünf Mitgefangenen, die auch am Ende des Briefes an die Kolosser genannt werden.

Nach römischem Gesetz wurden entlaufene Sklaven schwer – manchmal sogar mit dem Tode – bestraft. Doch Paulus bittet nicht nur um Amnestie. Er pocht auch auf den Glauben, den Sklave und Herr teilen, und bittet (Phlm 16), Onesimus als Bruder „im menschlichen Bereich und vor dem Herrn“ aufzunehmen. Paulus verspricht, Philemon alles zu erstatten, was Onesimus gestohlen hat, und scheint sogar zu wollen, daß Philemon den Sklaven zurückschickt, damit er ihm im Gefängnis helfen kann (Phlm 13–14).

Oben: *Inschrift aus dem 1. Jahrhundert n. Chr., die von der Gründung einer Synagoge berichtet. Vielleicht ist damit die in Apostelgeschichte 6,9 erwähnte Synagoge für freigelassene Sklaven gemeint.*
Unten: *Eine römische Vase (2. Jahrhundert), die einen syrischen Sklaven darstellt.*

Die Sklaverei war im Römischen Reich weit verbreitet und allgemein anerkannt, doch änderte sich im 1. Jahrhundert n. Chr. die Einstellung der Bevölkerung grundlegend. Die Sklaven emanzipierten sich weitgehend und bekamen volle Bürgerrechte und die Möglichkeit, die römische Staatsbürgerschaft zu erwerben. Diese Änderung in der Denkweise wurde durch die philosophischen Richtungen dieser Zeit, vor allem durch die Stoiker, hervorgerufen. Wie im Brief an Philemon geschrieben steht, war die Sklaverei in der frühen Kirche akzeptiert, und es wurde gelehrt, daß die Sklaven ihren Herren treu dienen und ihren Verpflichtungen nachgehen sollten (siehe auch Eph 6,5–6; ebenso Kol 3,22). Doch mußten die Herren ihre Sklaven gut behandeln und sie freilassen, wenn sich die Möglichkeit dazu bot (z. B. Kol 4,1; 1 Tim 6,1–2; Tit 2,9–10), und die christlichen Autoren verurteilten die brutaleren Aspekte der Sklaverei, wie den Sklavenhandel (1 Tim 1,10). Außerdem gab es eine radikalere Denkrichtung, durch die die Sklaverei schließlich verurteilt wurde. Paulus war der Ansicht, daß Gott keinen Unterschied zwischen Sklaven und den freien Menschen mache (Gal 3,28), da Christus selbst „wie ein Sklave“ wurde (Phil 2,7) und alle Christen so leben sollten. Er beschreibt sich selbst als Diener und Knecht Jesu Christi (Röm 1,1; Phil 1,1) und meint, daß jeder Sklave, der zum Christentum konvertiert, vor dem Herrn frei und jeder freie Mensch im Dienst Christi ein Sklave sei.

weist, daß die Kirche zumindest in Philippi bereits in festen Strukturen organisiert war. Philipper 2,6–11, der berühmteste Abschnitt des Briefes, enthält eine frühchristliche Hymne, die Paulus verändert, um zu beweisen, daß der Gläubige die Lebensweise Christi nachahmen soll. Diese Hymne ist deshalb von großer Bedeutung, weil sie zeigt, wie schnell sich der Glaube an Christus in der frühen Kirche verbreitet hatte. Die Präexistenz Jesu wurde vorausgesetzt und er war zwar „Gott gleich“ (Phil 2,6), doch „wurde er wie ein Sklave und den Menschen gleich“ (Phil 2,7). Es scheint hier also das jüdische Konzept der göttlichen Weisheit (siehe S. 126–127) mit der Figur des leidenden Knechtes im Buch Jesaja (siehe S. 113), der für die Christen das Leiden Jesu darstellte, verbunden worden zu sein.

ETHISCHE LISTEN

In der Bibel Martin Luthers sind zwei Abschnitte mit *Haustafeln* überschrieben (Kol 3,18–4,1; Eph 5,21–6,9). An anderen Stellen in den Briefen des Neuen Testamentes gibt es ganz ähnliche Passagen, wie z. B. in 1 Petrus, die alle demselben Muster zu folgen scheinen. Sie sind Verhaltensregeln für Familienmitglieder – für Männer und Frauen, Kinder und Väter, Sklaven und Herren –, in denen die Pflichten des einzelnen festgeschrieben sind. Sie wurden klassischen und jüdischen Quellen entlehnt, sind aber durch die Begründung ausschließlich christlich. Spätere Schriften, wie die Hirtenbriefe, enthalten Aufzählungen der Pflichten der Kirchendiener (Bischöfe, Älteste, Diakone) wie auch der Kirchenmitglieder (Alte, Junge, Witwen).

Außerdem gibt es Aufzählungen von Lastern, die vermieden, und Tugenden, die angestrebt werden sollen. Auch diese Vorstellungen gehen auf die griechisch-römische Lebensweise zurück, sind aber von den christlichen Konzepten Liebe und Glaube geprägt. In Kolosser 3,14 heißt es: „Vor allem aber liebt einander, denn die Liebe hält alles zusammen und macht es vollkommen."

KOLOSSER UND EPHESER

Die Briefe an die Kirchen in Kolossä und Ephesus (siehe Kasten unten) gehören zusammen: Der Brief an die Epheser beinhaltet ungefähr ein Viertel des Briefes an die Kolosser, und beide zusammen sind vielleicht die umstrittensten Dokumente des Neuen Testamentes. Die Wissenschaftler sind sich nicht einig, ob die Briefe von Paulus oder einem späteren Autor stammen, der sich an die paulinischen Konzepte hielt.

Zumindest der Brief an die Kolosser stammt wahrscheinlich von Paulus. Die Stadt Kolossä in Kleinasien war nicht von Paulus selbst evangelisiert worden, sondern laut Brief von seinem Begleiter Epaphras (Kol 1,7–8), als Paulus selbst 52–55 n. Chr. in Ephesus war (Apg 19; siehe S. 232–233). In den Briefen werden auch einige andere Personen erwähnt, die mit diesem Ort in Verbindung stehen, darunter auch Philemon (siehe S. 247). Der Brief an die Kolosser ist in demselben Stil verfaßt wie die anderen Briefe, die Paulus zugeschrieben werden, und er enthält auch Details, wie den Hinweis auf die Nachbargemeinden Laodizea und Hierapolis.

Der Zweck dieses Briefes war, die Kolosser vor den falschen Lehrern zu warnen, die „sich nur auf menschliche Überlieferung stützen und sich auf die Elemente der Welt, nicht auf Christus berufen" (Kol 2,8).

Diese Lehre war wahrscheinlich von jüdischem Mystizismus inspiriert, mit dem auch andere paulinische Gemeinden Probleme hatten. In Kolosser 2,18 scheint er von seinen Gegnern zu sprechen, die sich auf die Engel berufen, doch kann das auch bedeuten, daß sie Engelserscheinungen hatten. Daraus ging später die „Engelsliturgie" der Qumran-Gemeinde hervor (siehe S. 145), deren Mitglieder glaubten, daß sie gemeinsam mit den Engeln im Himmel Gott loben würden.

Der Brief an die Epheser

Es ist sehr fraglich, ob der Brief an die Epheser wirklich von Paulus stammt, da er nicht in der üblichen Briefform verfaßt ist; außerdem werden darin nicht, wie in den anderen Briefen, Probleme der Gemeinde angesprochen. Die Wendung „in Ephesus" in der Eröffnung kommt in anderen Briefen nämlich nicht vor, wodurch man zu der Ansicht gelangt ist, daß es sich hier um eine Enzyklika – Rundschreiben – handelt, die an verschiedene Gemeinden in Kleinasien gerichtet war, deren Zentrum Ephesus wahrscheinlich war. Diese Kirche wird in der Offenbarung als erste von sieben Gemeinden in Kleinasien genannt (siehe S. 254). Auffallend an dem Brief an die Epheser ist außerdem, daß das Vokabular nicht charakteristisch ist: In dem Brief sind ungefähr 90 Wörter enthalten, die in den anderen Briefen nicht vorkommen, und überdies ist es sehr wahrscheinlich, daß die Situation erst zu einer späteren Zeit beschrieben worden ist. Der Konflikt zwischen Juden und Nichtjuden, der Paulus so beschäftigte, ist in diesem Brief längst ausgeräumt – das Geheimnis des Evangeliums liegt hier in der Vereinigung aller Völker.

Das Odeon von Ephesus (1. Jahrhundert) in Kleinasien (heute Efes, Türkei).

Im Brief an die Epheser wird die Lehre vom kosmischen Christus, der in Kolosser 1 beschrieben ist, weiter ausgebaut (Eph 1,20–23; siehe Haupttext gegenüberliegende Seite). Der Autor geht auf alle anderen Briefe ein, doch scheint er auf sie zurückzublicken. Vielleicht sollte dieser Brief als Bewahrung und Interpretation von Paulus' Gedanken gesehen werden, der den Bedürfnissen der Kirche nach dem Tod der Apostel entspricht.

Um dieser Lehre entgegenzuwirken und um zu zeigen, daß allein Jesus göttlich ist, entwirft der Autor in Kolosser 1,15–20 ein kosmisches Bild von Christus. Diese Hymne, die ursprünglich eine Lobpreisung der Weisheit war und wahrscheinlich aus jüdischen Quellen stammt, wandelte er ab zu einer Christushymne. Er beschreibt ihn als den „Erstgeborenen der ganzen Schöpfung" (Kol 1,15) und als das Oberhaupt der Kirche (Kol 1,18). Dieser Abschnitt unterscheidet sich in Sprache und Glaube beträchtlich von den paulinischen Briefen – z. B. verwendet Paulus sonst den Begriff „Kirche" nur für örtliche Gemeinden.

Ein weiteres Thema im Brief an die Kolosser, das Zweifel daran aufkommen ließ, daß Paulus der Verfasser ist, sind seine Lehren über das Ende der Welt und die Auferstehung von den Toten. In den anderen, von Paulus verfaßten Briefen steht die Auferstehung erst noch bevor, doch im Brief an die Kolosser scheint der Gläubige sie schon erlebt zu haben (Kol 3,1–4). Möglicherweise versuchte ein späterer Schriftsteller, die Verzögerung in der Ankunft Christi zu erklären.

Eine Gruppe Engel schwebt über dem Haupt Christi in der Kreuzigung *von Giotto (1266–1337). Fresko in der Kapelle Scrovegni in Padua (ca. 1305).*

DIE JUDENCHRISTLICHE GEMEINDE

Der Brief an die Hebräer und der Brief des Jakobus stehen in engem Zusammenhang mit den jüdischen Traditionen. Erstgenannter möchte zeigen, daß Jesus tatsächlich die Erfüllung der jüdischen Prophezeiung ist. Der Titel „an die Hebräer" war im Originalmanuskript nicht enthalten, und man weiß nicht, wer den Brief verfaßte, doch scheint es nicht Paulus gewesen zu sein. Der Autor war sehr gebildet und außerdem in hellenistischer Rhetorik bewandert. Er verwendete die Septuaginta, die griechische Übersetzung der hebräischen Schriften.

Das Werk ist sowohl eine theologische Abhandlung als auch ein Brief, der an eine Gemeinde mit ihren Problemen gerichtet ist. Es ist allerdings nicht klar, welche Gemeinde angesprochen wird und wo sie sich befand. Da in dem Brief Grüße von „den Brüdern aus Italien" enthalten sind (Hebr 13,24), wird angenommen, daß er an eine judenchristliche Gemeinde in Rom gerichtet war. Außerdem gibt es Gemeinsamkeiten zwischen dem Brief an die Hebräer und der Literatur von der griechischsprachigen jüdischen Gemeinde von Alexandria in Ägypten, wie der Weisheit des Salomo und das Werk des Philosophen Philo (siehe S. 132).

In jüngster Zeit hat die Untersuchung der Texte aus Qumran (siehe S. 145) einige Experten zu der Überzeugung geführt, daß der Brief an die Hebräer an eine Gemeinde in Palästina gerichtet ist, die von einer Richtung des Judentums kam, welche nicht mit dem etablierten Judentum übereinstimmte, wie z. B. die Qumran-Gemeinde oder die Essener, und die schließlich zum Christentum konvertiert war (siehe S. 145). Falls diese Theorie stimmt, verstanden diese Anhänger vielleicht das Christentum nicht richtig, und es bestand die Gefahr, daß sie früher oder später zu ihrem alten Glauben zurückkehrten.

Im Glauben von Qumran spielten Engel eine wesentliche Rolle; man dachte, daß sie das Ende der Welt ankündigten (siehe z. B. die Offenbarung). Die Empfänger des Briefes an die Hebräer scheinen ebenfalls diese Meinung vertreten zu haben. Deshalb zeigt der Autor dieses Briefes am Beginn auf, daß Jesus über allen Engeln steht und daß Gott „den Engeln nicht die

Die Hinrichtung des Jakobus, *von Lorenzo Monaco (1370–1422). Nach dem Historiker Josephus wurde Jakobus, der Bruder Jesu, 62 n.Chr. auf Geheiß des Hohenpriesters Hananus hingerichtet, der die Zeit zwischen dem Tod des römischen Prokurators Festus und der Einsetzung eines neuen, Albinus, ausnützte. Möglicherweise hatten sonst nur die Römer das Recht, die Todesstrafe zu verhängen (siehe S. 198).*

Melchisedek

Im Brief an die Hebräer kommt der Rolle von Melchisedek besondere Bedeutung zu, die jedoch, so meint der Autor, nur von denen, die glauben, verstanden werden kann. Die Geschichte von Melchisedek, einem Priesterkönig von Salem, der Abraham segnete (Gen 14,18–20; siehe S. 38), soll die Macht von Melchisedeks Amt zeigen, denn „zweifellos wird aber das Geringere von dem Höheren gesegnet“ (Hebr 7,7). In dem Brief wird auch festgestellt, daß Jesus „Priester ist auf ewig nach der Ordnung Melchisedeks“ (Hebr 7,17; Zitat Ps 110). Das bedeutet, daß Jesus über Abraham und den levitischen Priestern steht, denn Levi „war noch in der Lende seines Stammvaters, als Mechisedek ihm entgegenging“ (Hebr 7,9–10).

Der Autor des Briefes an die Hebräer beschreibt Melchisedek weitaus genauer als dies im Buch Genesis der Fall ist: Melchisedek ist hier „ohne Anfang seiner Tage und ohne Ende seines Lebens, Abbild des Sohnes Gottes: er bleibt Priester für immer“ (Hebr 7,3). Diese Sprache spiegelt auch die Haltung eines Textfragmentes, das in Qumran entdeckt wurde, wider, in dem er als himmlischer Retter und Engel sowie als unsterblich und übermenschlich beschrieben wird. Er wird als *elohim* bezeichnet, mit dem hebräischen Wort für Gott, doch bedeutet es hier, daß er zu den himmlischen Geschöpfen gehörte (siehe Seitentext S. 27). In Hebräisch zeigt jedoch das Wort „ähnlich“, daß Melchisedek dem Jesus zwar ähnlich, aber nicht gleich ist, und dieser somit über den Engeln steht (siehe Haupttext).

Abraham führt Melchisedek Gefangene und den Zehnten zu *(Gen 14,20), Psalter von St. Louis (Frankreich, ca. 1270).*

zukünftige Welt unterworfen hat“ (Hebr 2,5). Außerdem meint er, daß Jesus auch bedeutender als Mose ist und alle jüdischen Opferrituale transzendiert. Er allein war der „erhabene Hohepriester“ (Hebr 4,14), und nur sein Opfer, nicht die Opfer des Tempels, kann die Sünden der Menschen wiedergutmachen. Der Weg zur Erlösung ist der Glaube an Jesus und sein Werk. Die israelitischen Helden sind deshalb von Bedeutung, weil sie nach ihrem Glauben und den Verheißungen lebten, die nun durch die Ankunft Christi vollständig erfüllt worden sind. Die Adressaten des Briefes werden aufgefordert, sich Jesus als Vorbild zu nehmen, da sie dadurch in diesem Leben geleitet und für ihren Glauben nach dem Tod belohnt werden.

Der Brief des Jakobus wird einem der Brüder Jesu und dem Leiter der frühen judenchristlichen Gemeinde in Jerusalem zugeschrieben (Apg 15; siehe S. 220–221). Er dürfte ungefähr aus der Zeit um 40 n. Chr. stammen. Es gibt jedoch auch die Theorie, daß jemand anderer den Brief am Ende des 1. Jahrhunderts verfaßt hat. Er ist an die „zwölf Stämme“ gerichtet, aus denen Israel bestand, und er ist unter Umständen, wie der Brief an die Hebräer, direkt an die Judenchristen adressiert. Obwohl zwar viele Passagen im Brief an die hebräische oder aramäische Sprache angelehnt sind, ist er dennoch in gutem Griechisch geschrieben, und er enthält sogar literarische und philosophische Elemente aus der hellenistischen Gedankenwelt. So ist z. B. das Wort *Paränese* enthalten, eine Mahnpredigt, wie sie in philosophischen Abhandlungen und jüdischen Schriften der Diaspora durchaus üblich war. Außerdem ist er eine Hetzschrift, eine kurze Abhandlung, wie sie bei den Zynikern üblich war.

Der Autor befaßt sich vor allem mit der Einheit und Harmonie dieser Gemeinde, die offensichtlich zerstritten war. Er weist in dem Brief auf den hohen Wert hin, den es hat, den Glauben und die Ausdauer zu prüfen, und auf die Gefahr, die der Gemeinde durch Zwietracht, Neid und Begierde droht. Reiche, die sich den Armen überlegen fühlen, werden ebenfalls verdammt.

GLAUBE UND TAT

In Jakobus 2,14–26 stellt der Autor offenbar gute Taten über den Glauben, denn er meint: „So ist auch Glaube für sich allein tot, wenn ihm keine Taten folgen“ (Jak 2,17). Dieser Abschnitt, der Martin Luther dazu brachte, den Brief aus jeder Bibel zu reißen, die er in die Hände bekam, wurde oft als Angriff auf Paulus' Hauptlehre verstanden, laut der die Menschen durch ihren Glauben, nicht durch ihre Taten, erlöst werden. Es ist aber auch möglich, daß Jakobus „Glaube“ und „Taten“ anders verwendete als Paulus. Bei Jakobus könnte „Taten“ Barmherzigkeit bedeuten, bei Paulus dagegen die Erfüllung des Gesetzes. „Glaube“ ist bei Jakobus der Glaube an die Existenz eines Gottes, bei Paulus dagegen die Hingabe an und das Vertrauen zu Gott. So gesehen ist dieses Thema bei Jakobus eher praktisch als theologisch zu sehen: Der Autor spricht von der Wichtigkeit der Nächstenliebe für Christen (siehe Jak 2,15–16).

Der Hl. Petrus tauft Neubekehrte, *Fresko um 1427 von Tommaso Masaccio (1401–1428).*

PETRUS, JUDAS & JOHANNES

Die Verfasser der letzten fünf Briefe des Neuen Testamentes sind nicht bekannt. Man schreibt die Briefe jedoch den Aposteln Petrus und Johannes, dem Sohn des Zebedäus (siehe Kasten gegenüber), sowie Judas, dem Bruder Jesu zu. Die ersten beiden Briefe von Petrus sind an „die Auserwählten" „in der Zerstreuung" (1 Petr 1,1) adressiert, was darauf schließen läßt, daß es sich bei diesen Gemeinschaften hauptsächlich um jüdische Christen in Kleinasien handelte. Dieser Brief ist eine Enzyklika (ein an viele Menschen gerichtetes Schreiben) und wurde in Rom verfaßt – das wie in der Offenbarung (siehe S. 254–256), als „Babylon" bezeichnet wird. Falls dieser Brief wirklich von Petrus stammt, könnte man ihn als Beweis für seine Missionstätigkeit ansehen, von der im Neuen Testament sonst nur wenig berichtet wird (siehe S. 228–229). Das würde auch die Theorie unterstützen, daß Petrus während eines sonst nirgendwo aufgezeichneten Rombesuches gefoltert wurde. Allerdings scheint die griechische Schriftsprache, die in diesem Brief verwendet wird, nicht von einem galiläischen Fischer zu stammen. Dieser Umstand spricht aber nicht unbedingt gegen Petrus als Verfasser, da der Brief möglicherweise von dem Schriftgelehrten Silvanus, oder Silas, korrigiert wurde, der den Brief auch aufgezeichnet hat (1 Petr 5,12).

Ziel dieses Briefes ist es, die Christen zu bestärken, die isoliert inmitten einer feindlichen Umgebung, wo sie „Fremde und Gäste" sind (1 Petr 2,11), leben. Sie wurden sowohl von den Nachbarn als auch von den Behörden verfolgt, die „lästern, daß ihr euch nicht mehr in diesen Strudel der Leidenschaften hineinreißen läßt" (1 Petr 4,4). Im Brief wird „die Feuersglut, die zu eurer Prüfung über euch gekommen ist" (1 Petr 4,12) erwähnt. Die Wortwahl läßt darauf schließen, daß die Verfolgungen möglicherweise auf gewisse Orte beschränkt waren. Bezieht sich dieses Zitat jedoch auf einen heftigeren Angriff durch den römischen Staat, könnte der Verfasser damit die Christenverfolgung von Kaiser Nero im Jahre 64 n. Chr. gemeint haben. Andere hingegen vermuten, daß der Verfasser des Briefes wesentlich später als Petrus lebte, und zwar zur Zeit der Christenverfolgungen in Kleinasien unter Kaiser Trajan (98–117 n. Chr.) im Jahre 112 n. Chr.

Angesichts ihrer Leiden ruft Petrus seine Leser auf, zurückgezogen zu leben, zusammenzuhalten und einander zu lieben, auch während der Verfolgungen (1 Petr 2,11–12; 4,7–11). Ihre Berufung sei es, Jesus zu folgen. Petrus versichert ihnen, ihre Leiden würden nicht mehr lange andauern, da Christus bald zurückkehren werde (1 Petr 1,5–6; 4,7; 5,10).

Allgemein nimmt man an, daß der 2. Brief Petrus' nicht von dem Apostel selbst stammt, sondern aus den zahlreichen Schriften der frühen Kirche hervorging. Die darin dargestellte Situation trat erst nach dem Tod des Petrus auf, als die Christen aus der jüdischen in eine überwiegend nichtjüdische Gemeinschaft übersiedelten. Ein genauer Zeitpunkt ist hier nicht bekannt, obwohl in 2 Petrus 2,3 erwähnt wird, daß für die falschen Lehrer, die Christus verleugneten, „schon seit langem" ein Gericht vorbereitet wird. Daraus geht hervor, daß der Brief zur Zeit der ersten Generation von Christen, in den Jahren 80–90 n. Chr. oder später, entstanden ist. Die Briefe von Paulus werden „Schriften" genannt (2 Petr 3,16); das bedeutet, daß also der 2. Brief Petrus' nach dem Tod von Paulus (um 60–65 n. Chr.) entstand und daher vermutlich auch nach dem Tod von Petrus.

Das Werk beginnt mit einer damals in Briefen allgemein üblichen Anrede (siehe S. 238) und ist als Abschiedstestament, wie es in der jüdischen Literatur verwendet wurde, verfaßt. Im Stil dieser Testamente gibt der 2. Brief Petrus' vor, zu einer Zeit geschrieben worden zu sein, als Petrus seinen Tod herannahen sah (2 Petr 1,14). Er enthält eine Zusammenfassung seiner Lehren (2 Petr 1,3–11) sowie eine letzte Botschaft, welche die Lehren falscher Prediger aufs heftigste verurteilt (2 Petr 2,1–3,7). Diese Prediger waren anscheinend Menschen, die versuchten, einige Merkmale des Christentums loszuwerden, speziell die apokalyptische Hoffnung der Rückkehr Jesu (2 Petr 3,3–4). Dazu erklärt der Verfasser des Briefes, daß das Warten auf die Rückkehr nur aus der menschlichen Perspektive so lang erscheint, während „beim Herrn ein Tag wie tausend Jahre und tausend Jahre wie ein Tag sind" (2 Petr 3,8). Gott, so sagt er auch, gibt den Sündern dadurch außerdem Zeit zur Reue (2 Petr 3,9).

Ein weiterer Grund dafür, daß der 2. Brief Petrus' recht spät angesiedelt wird, ist die Verwendung des Judas-Briefes (vgl. z. B. 2 Petr 2,1–18 sowie Jud 4–13). Der Schreiber des Judas-Briefes nennt sich selbst (Vers 1) „Bruder des Jakobus", wobei wohl der Bruder Jesu gemeint ist. Unabhängig davon, ob der Verfasser nun wirklich eine weiterer Bruder von Jesus war oder nicht, ist Judas sicherlich jüdisch-christlichen und palästinensischen Ursprunges. Es handelt sich bei diesem Werk eher um eine allgemeine Abhandlung, welche die Bekämpfung der angeblich im Christentum auftretenden, falschen Lehren zum Gegenstand hat. Die Polemik gegen falsche Lehren basiert auf den alten Schriften und eher auf der hebräischen als der griechischen Septuaginta. Judas sieht die biblischen Episoden, in denen Gott seine Gegner bestraft (Vers 5,7 und 11) als Prophezeiungen für das Schicksal, das auf die zu seiner Zeit aktiven Ketzer wartet. Er kennt die jüdische apokalyptische Literatur aus Palästina und zitiert aus einem dieser Werke, dem ersten Buch Henoch (Vers 14–15). Außerdem bezieht er sich auf eine Legende über den Tod Mose, die einst vermutlich am Ende eines Werkes mit dem Namen *Die Himmelfahrt des Mose* (Vers 9) stand .

Die Johannes Briefe

Die drei Briefe enthalten keine tatsächlichen Informationen über Autor und Entstehungszeit. Alle drei verwenden dieselben Themen und denselben Wortschatz und wurden aufgrund der zahlreichen Ähnlichkeiten mit dem vierten Evangelium Johannes zugeschrieben. Der Beginn des ersten Briefes erinnert an den Prolog des Evangelium, und bedeutende Worte wie „Leben", „Licht" und „Liebe" kommen immer wieder vor. Es gibt jedoch auch wesentliche Unterschiede, und möglicherweise handelt es sich hier um eine ganze Gruppe von Verfassern „rund um Johannes". Der erste Brief beschäftigt sich mit denjenigen, die leugnen, daß Jesus „im Fleisch gekommen sei" (1 Joh 4,2). Das scheint bereits auf die Anhänger des Doketismus im 2. Jahrhundert n. Chr. hinzuweisen, die darauf bestanden, daß der Körper Jesu nur eine Erscheinung und daher nicht real war. Der erste Johannes-Brief bestätigt die echte Menschwerdung Jesu und appelliert an die Kirche, eine harmonische Vereinigung zu werden, die auf gegenseitiger Liebe beruht. Diese beiden Themen werden auch im zweiten Brief hervorgehoben, der an die Kirche als „auserwählte Herrin" gerichtet ist. Der Bezug zum dritten Brief entsteht durch den Verfasser, der sich als „der Älteste" bezeichnet, obwohl der Brief an einen Mann namens Gaius ergeht. Gaius wird gebeten, den Gesandten des Ältesten die Gastfreundschaft zu erweisen, die ihnen Diotrephes, der Führer der Glaubensgemeinde, zu dem sie geschickt worden waren, verweigerte.

Der Evangelist Johannes, *von Pedro Berruguete (Spanien, ca. 1450–1504). Hier sieht man den Verfasser des Evangelium, dem auch die Johannes-Briefe zugeschrieben werden, zusammen mit seinem überlieferten Symbol, dem Adler.*

DIE SIEBEN GEMEINDEN
Die Offenbarung beginnt mit einzelnen Briefen an sieben Gemeinden in der römischen Provinz Asien, gegenüber der Insel Patmos (siehe Landkarte oben). Mit Ausnahme von Ephesus werden im Neuen Testament nur an dieser Stelle Einzelheiten über das christliche Leben in diesen Städten erwähnt. Sie waren alle wichtige Verwaltungszentren und sind in einem Kreis angeordnet, der sich von Süden nach Norden und wieder zurück zieht. Aber die Zahl Sieben ist ein Symbol der Vollkommenheit und Ganzheit (siehe Haupttext rechts), das die gesamte Kirche repräsentieren soll, weshalb das gesamte Werk auch für „alle Kirchen" gilt, obwohl jede Gemeinde ihren eigenen Brief hat.

Der Autor weiß sehr viel über die Lage und die Traditionen der einzelnen Gemeinden, er hat auch für jede eine spezielle Botschaft. Drei von ihnen werden vor falschen Lehrern, den Nikolaiten, gewarnt. Über deren Irrlehren wird nicht viel gesagt, aber sie stehen im Zusammenhang mit Bileam und Isebel (siehe S. 67) und werden beschuldigt, sexuelle Freizügigkeit und das Essen von Nahrungsmitteln, die Götzen geopfert wurden, zu befürworten – Probleme, mit denen auch Paulus zu kämpfen hatte. Der Hinweis auf Pergamon als der Ort, wo „der Satan wohnt", mag eine Warnung vor dem Kaiserkult sein, denn Pergamon war eine der ersten Städte in Kleinasien, wo der Kaiser als Gott verehrt wurde. Der Gesamteindruck deutet jedoch auf relativ friedliche und etablierte Gemeinden hin, die allerdings der Gefahr ausgesetzt sind, den Versuchungen ihres religiösen und sozialen Umfeldes zu erliegen.

DIE OFFENBARUNG DES JOHANNES

Die Offenbarung des Johannes, auch das Buch der Offenbarung oder die Apokalypse genannt, war immer schon sehr schwierig zu interpretieren. Einen Leser aus der heutigen Zeit mag der bizarre Symbolismus befremden, der ausgesprochene Haß und die Blutrünstigkeit mögen ihn vielleicht sogar abstoßen. Viele Menschen haben das Werk als eine maßgebliche Prophezeiung für die Zukunft gesehen und sich bemüht, daraus das genaue Datum für die Wiederkunft Christi und das Ende der Welt herauszulesen oder die bösen Wesen mit verschiedenen historischen Figuren, wie Napoleon oder Hitler, zu identifizieren.

Exegeten versuchen heute, die Offenbarung im Hinblick auf den besonderen geschichtlichen Hintergrund, vor dem sie entstanden ist, zu interpretieren und sie im Kontext einer langen literarischen Tradition zu sehen. Das Buch ist eigentlich ein Brief, der in den Gemeinden, an die er gerichtet ist, vorgelesen werden soll (siehe Seitentext links). Er berichtet von einer Vision oder Offenbarung der bevorstehenden Zukunft, die Gott dem Autor zukommen ließ. Auf Griechisch heißt „Offenbarung" *apokalypsis*, und das Werk gehört in das Genre der „Apokalyptik", das im Judentum der damaligen Zeit sehr beliebt war. Sie ist in der Bibel z. B. auch im Buch Daniel zu finden (siehe S. 134–137). Die Offenbarung ist jedoch ausgesprochen christlich und das einzige Beispiel einer vollständigen Apokalypse im Neuen Testament, obwohl einzelne apokalyptische Passagen auch an anderen Stellen vorkommen (siehe z. B. Kasten S. 191).

Der Autor nennt sich „Johannes" und sagt, daß er die Offenbarung auf der Insel Patmos erhielt, wo er, wie er schreibt, eingesperrt war, weil er das „Wort Gottes und das Zeugnis Jesu Christi" verbreitet hat. Patmos war eine römische Strafkolonie. Johannes (hebräisch *J[eh]ohanan,* griechisch *Iohannes)* war ein häufiger Name, und der Autor war wohl ein frühchristlicher Prophet. Allerdings beanspruchte fast jede Apokalypse eine große historische Persönlichkeit als Autor, und die Offenbarung sollte wahrscheinlich absichtlich als das Werk des Apostels Johannes, Sohn des Zebedäus, gelten. Zumindest seit dem 2. Jahrhundert n. Chr. wurde der „Johannes" der Offenbarung wirklich allgemein mit dem Apostel identifiziert, der auch das vierte Evangelium und die Briefe des Johannes geschrieben haben soll (siehe Kasten S. 253). Wer der Autor der Briefe war, ist umstritten, aber abgesehen davon tragen diese Werke keinesfalls dieselbe Handschrift, obwohl es gewisse Verbindungen zwischen ihnen gibt.

Die Sprache der Offenbarung ist einzigartig. Der Autor beherrscht Griechisch, aber sein Stil ist oft grammatikalisch falsch und beinhaltet viele Satzstellungen, die aus dem Hebräischen oder Aramäischen stammen, wohl um den Stil seines Buches an ältere Schriften anzupassen. Die Offenbarung ist sorgfältig konstruiert und voll symbolischer Numerologie, was in der jüdischen und der griechisch-römischen Literatur nicht ungewöhnlich war. Die wesentlichen Zahlen sind Drei, Vier und Sieben, die alle Vollständigkeit und Perfektion symbolisieren, wie auch die Zwölf (drei mal vier), die die zwölf Stämme Israels und die zwölf Apostel Jesu repräsentiert. In der Offenbarung gibt es auch oft Siebenergruppen: sieben Briefe an die Gemeinden (Offb 1–3), sieben Siegel (Offb 5,1), sieben Visionen, sieben Schalen des Zornes (Offb 16,1) sowie sieben Engel und sieben Posaunen (Offb 8,2). Auf drei Katastrophen (Offb 9–16) folgt dann die Befreiung (Offb 19–22), was zusammen vier ergibt. Es gibt vier Lebewesen rings um Gottes Thron (Offb. 4,6) und vier unheilbringende Reiter (Offb 6,2–8), Figuren, die aus den vier Winden entstanden sind. Das „Neue Jerusalem", die makellose messianische Stadt, hat zwölf Tore für die zwölf Stämme (Offb 12,14), und auch ihre Ausmaße

Rom im Neuen Testament

Die Haltung der Offenbarung gegenüber dem römischen Staat steht im Gegensatz zu der in anderen Stellen des Neuen Testamentes. Trotz der Argumente einiger Exegeten hat Jesus revolutionären Gruppen wie den Zeloten eher ferngestanden. Er befürwortete vielmehr Steuerzahlungen an den Kaiser und die Hinwendung zum Reich Gottes, das nicht „von dieser Welt ist". Die rätselhafte Anweisung von Jesus an seine Jünger in Lukas, ein Schwert zu kaufen, mag darauf hinweisen, daß einige Christen am großen jüdischen Aufstand 66–74 n. Chr. teilnahmen, aber es ist bewiesen, daß die meisten nichts damit zu tun hatten. In der Apostelgeschichte kommt angesichts der jüdischen Feindseligkeit eine relativ freundliche Haltung der römischen Beamten gegenüber Christen zum Ausdruck. Für Paulus sind die Römer Agenten Gottes zur Aufrechterhaltung von Recht und Ordnung, und die allgemeine Lehre der Briefe des Neuen Testamentes sagt, daß Christen loyale, gesetzestreue Bürger sein sollen, die für das Wohl ihrer Herrscher beten.

Eine Münze Kaiser Vespasians, die nach der Eroberung Jerusalems durch seinen Sohn Titus 70 n. Chr. geprägt wurde. Sie zeigt eine Sklavin und trägt die lateinische Inschrift IUDAEA CAPTA – „Gefangene Jüdin".

Gleichzeitig glaubten die Christen, daß die Wiederkunft Christi das Ende aller weltlichen Autorität bedeuten würde, was besonders in der Offenbarung zum Ausdruck kommt. Der Autor sieht Rom einzig und allein als Verkörperung des Kaiserkultes, der die Souveränität Gottes leugnet. Das „Tier", das das Römische Reich symbolisiert, ist ein Werkzeug des Satans. Christen sind Rom in keiner Weise Loyalität schuldig und werden deshalb aber bald leiden. Sie sollen aber nicht dagegen kämpfen, denn Gott selbst wird den Fall Roms bald einleiten. Hier hat der Autor unter Umständen die Sichtweise von Randgruppen ausgedrückt, für die der römische Staat nicht eine zivilisierende Autorität darstellte, sondern lediglich ein Instrument der Unterdrückung war.

basieren auf der Zahl Zwölf: 12 000 Stadien und 144 (zwölf mal zwölf) Ellen (Offb 21,16–17). Es gibt 24 Ältere (Offb 1–3) und 144 000 Auserwählte, 12 000 von jedem Stamm Israels (Offb 4–8).

Die berühmte „Zahl des Tieres", 666 (Offb 13,18), ist auch ein Beispiel jüdischer Numerologie. Hebräische Buchstaben stellen auch Zahlen dar, und die Zahl 666 wird erreicht, wenn die hebräischen Buchstaben von *Kaisar Neron* – dem griechischen Ausdruck für Kaiser Nero (siehe Seitentext S. 256) – aufaddiert werden. Die Zahl Sechs reicht nicht an die vollkommene Zahl Sieben heran: Der römische Kaiser mag für sich einen göttlichen Status beanspruchen, er ist aber nicht mehr als ein unvollkommenes menschliches Wesen (siehe Kasten oben).

Der reiche und überschwengliche Symbolismus der Offenbarung ist ein Gemisch aus drei verschiedenen Quellen: der Bibel, jüdischer apokalyptischer Literatur und der Mythologie des antiken Mittelmeerraumes. Besonders wichtig sind die Anspielungen auf fast jedes Buch der hebräischen Heiligen Schrift, wobei Daniel (siehe S. 134–137) und Ezechiel (siehe S. 114) besonders stark vertreten sind. So ist z. B. die Beschreibung von Jesus in der Einleitungsvision (Offb 1,7; 1,13–16) eine Mischung von Merkmalen von Daniels „Menschensohn" und der göttlichen Figur in Ezechiels erster Vision. Der Autor interpretiert viele biblische Themen zu seinen eigenen Zwecken neu, so auch die Schöpfung und den Auszug aus Ägypten. Er stützt sich auch auf Jesajas Verständnis der Rückkehr der Verschleppten aus Babylon als neuen Exodus und als neue Schöpfung. Rom wird zu Babylon (Offb 14,8 und später), dem Symbol für die böse politische Macht im alten Testament (siehe S. 35), und es wird prophezeit, daß Rom, wie Babylon, fallen wird. Im Gegensatz dazu wird Jerusalem, die heilige Stadt, zu einem himmlischen Ort werden, dem Zentrum der neuen Zeit (Offb 21,1–2).

Obwohl alle diese Symbole der Offenbarung im Alten Testament zu finden sind, erinnert ihre Präsentation an die Art, in der sie in der jüdischen

DIE ENTSTEHUNGSZEIT DER OFFENBARUNG

Schon früh hat man geglaubt, daß die Offenbarung während der Herrschaft des römischen Kaisers Domitian entstanden sei (81–96 n. Chr.). Domitian bestand sicherlich auf der Göttlichkeit des kaiserlichen Geschlechtes, und der Kaiserkult, gegen den die Offenbarung sich richtet, war in Kleinasien zu dieser Zeit allgemein üblich. Trotzdem ist es unwahrscheinlich, daß Domitian die Christen verfolgte. Die Übergriffe auf Gläubige, wie sie in den Briefen an die sieben Gemeinden erwähnt werden (siehe Seitentext gegenüber), werden eher den Juden zugeschrieben als den Römern.

Die Beschreibung von Nero, „dem Tier", spiegelt die Legende wider, daß er nicht wirklich gestorben sei (68 n. Chr.), sondern mit einer großen Armee aus dem Osten wiederkehren wird (Offb 13,3). Die Beschreibung des heidnischen Angriffes auf Jerusalem scheint sich auf den Judenaufstand von 66–74 n. Chr. zu beziehen. Die Liste der sieben Könige, von denen fünf schon gefallen sind (Offb 17,9–10), spielt wahrscheinlich auf die chaotischen Zustände im Römischen Reich kurz nach Neros Tod an (es gab fünf Kaiser innerhalb eines Jahres). Deshalb bleiben die Herrschaft von Domitian und die Bedingungen im damaligen Kleinasien ein wahrscheinlicher Hintergrund für die Offenbarung.

Eine Bronzebüste von Kaiser Nero, dem „Tier“ aus der Offenbarung (siehe unten).

DIE ZAHL DES TIERES

Offenbarung 13,18 sagt: „Wer Verstand hat, berechne den Zahlenwert des Tieres. Denn es ist die Zahl eines Menschennamens; seine Zahl ist sechshundertsechsundsechzig.“ Auf Hebräisch werden auch Buchstaben als Zahlen verwendet; auf die Zahl 666 kommt man, wenn man den numerischen Wert der hebräischen Buchstaben *Qsr Nrwn* aufaddiert, was wörtlich „Kaiser Nero“, griechisch *Kaisar Neron*, bedeutet:

Q	=	100
S	=	60
R	=	200
N	=	50
R	=	200
W	=	6
N	=	50
		666

Literatur am Beginn unserer Zeitrechnung entstanden sind. Auch die zentrale Rolle der Engel erinnert an diese Texte; der Autor kannte zudem den Mythos der gefallenen Engel, der in den Erzählungen von Henoch sehr wichtig ist. Sein Bild der Anbetung im Himmel (Offb 8,3–5) erinnert an Begriffe, die in den Schriftrollen in Qumran am Toten Meer gefunden wurden (siehe S. 145). Es ist möglich, daß einige Details an die damalige christliche Liturgie angelehnt waren. Bilder, wie z. B. das Lamm (Offb 5,6), das Tier aus dem Meer (Offb 13) und der Drache (Offb 12) stammen ebenfalls aus jüdischen Erzählungen. Ihr Ursprung liegt in noch älteren Mythen: Der Drache ist das Chaos-Monster der mesopotamischen Mythen (siehe S. 22–23 und 26–27), das in der Offenbarung mit dem Satan identifiziert wird (Offb 12,9). Der Episode mit der Frau, deren Kind vom Drachen bedroht wird (Offb 17), liegt ein Mythos über eine Muttergöttin zugrunde, ebenso der Beschreibung von Babylon, der Hure (Offb 17), und Jerusalem, der Braut (Offb 21). Der Autor wurde außerdem von der griechisch-römischen Welt beeinflußt, vor allem auch durch ihre Astrologie und ihre Kosmogonie. Es wird auch angenommen, daß das Werk nach dem Schema eines griechischen Dramas strukturiert war und in den Theatern jener Städte, an die es gerichtet war, aufgeführt wurde.

Die Apokalypse (Das Jüngste Gericht), *eine russische Ikone aus dem 15. Jahrhundert (Nowgoroder Schule).*

DIE BÜCHER DER BIBEL IM ÜBERBLICK

DIE HEBRÄISCHE HEILIGE SCHRIFT *oder* DAS ALTE TESTAMENT

Die Zusammenfassung der Bücher des Alten Testamentes folgt der in christlichen Bibeln üblichen Anordnung.

Genesis

Der Titel des ersten Buches, Genesis, kommt aus dem Griechischen und bedeutet „Ursprung", was seinen Charakter treffend bezeichnet: Es beschreibt die Anfänge der Welt und des Volkes Israel. Gott erschafft die Welt in sechs Tagen (siehe S. 26–27). Im Garten Eden übertreten die ersten Menschen das Verbot Gottes und werden aus dem Paradies vertrieben (siehe S. 26–27). Ihr erstgeborener Sohn, Kain, tötet seinen Bruder, den Hirten Abel (siehe S. 30–31). Generationen später werden Noach und seine Familie als einzige menschliche Wesen von der Sintflut verschont. Sie und die Tiere sollen die Erde wieder neu bevölkern.

Nach dem Versuch des Turmbaues zu Babel sind die Menschen der Welt in verschiedene Völker und Sprachen unterteilt (siehe S. 34–35), und Genesis wendet sich der Geschichte der Erzväter Israels zu (siehe S. 36–51). Der erste von ihnen, Abraham, verläßt Mesopotamien, um nach Kanaan aufzubrechen. Gott verspricht Abraham und seinen Nachkommen – den Israeliten – das Land Kanaan als ewige Heimat (siehe S. 37). Abrahams Glaube wird durch die sogenannte

Mose am brennenden Dornbusch (Ex 3,2)

„Opferung Isaaks" auf die Probe gestellt (siehe S. 43). Isaak heiratet Rebekka, und die Familie gedeiht trotz harter Zeiten. Der jüngere der beiden Söhne, Jakob, betrügt seinen Bruder Esau um sein Erbe und flieht ins Land seiner Vorfahren (siehe S. 44–45). Jakob träumt von einer Leiter, die in den Himmel führt (siehe S. 45). Er heiratet zuerst Lea und dann Rahel. Mit ihnen und ihren zwei Mägden zeugt er zwölf Söhne, die zu den Gründern der zwölf Stämme Israels werden (siehe S. 47). Jakob selbst wird später „Israel" genannt (siehe S. 46).

Jakob-Israels elfter und liebster Sohn, Josef, wird von seinen eifersüchtigen Brüdern nach Ägypten verkauft, wo er zu einem einflußreichen Mann wird, da er die Träume des Pharao deutet (siehe S. 48–49). Während einer Hungersnot kommen seine Brüder, um Getreide zu kaufen, und erkennen ihn zuerst nicht. Schlußendlich versöhnen sie sich, und die Brüder lassen sich in Ägypten nieder und beginnen ein neues Leben in Wohlstand.

Exodus

Der Titel kommt aus dem griechischen *exodos* und bedeutet „Aufbruch". Das Buch erzählt die Ereignisse rund um den Auszug der Israeliten aus Ägypten sowie die folgenden Jahre der Wanderungen, in denen Gott ihnen das Gesetz gibt.

Viele Jahre nach dem Tod von Josef und seinen Brüdern sind ihre Nachkommen zu Sklaven geworden. Der Pharao fürchtet, daß sie zu zahlreich werden, und ordnet an, alle männlichen Neugeborenen zu töten. Ein hebräisches Kind, Mose, wird jedoch in einem Binsenkästchen auf dem Nil ausgesetzt und von der Pharaonentochter gerettet und adoptiert (siehe S. 52).

Mose ist gezwungen, zu fliehen, nachdem er einen Ägypter umgebracht hat. Nach einer dramatischen Begegnung mit Gott (Jahwe) beim brennenden Dornbusch (siehe S. 54–55) wird er zum Führer seines Volkes. Gott verleiht ihm und seinem Bruder Aaron übernatürliche Kräfte, um den Pharao zu überzeugen, sie ziehen zu lassen. Der Pharao bleibt selbst angesichts von neun Plagen, die sein Land befallen, unnachgiebig. Erst nach der zehnten Plage, dem Tod aller Erstgeborenen der Ägypter (siehe S. 56–57), läßt er sie ziehen. Mit dieser letzten Plage hängt auch die Einführung des Paschafestes zusammen (siehe S. 58).

Die befreiten Israeliten ziehen in die Wüste, die zwischen Ägypten und dem Gelobten Land liegt, aber sie werden von der Armee des Pharao verfolgt. Am Schilfmeer teilt sich wie durch ein Wunder das Wasser, und die Israeliten überqueren es trockenen Fußes, während die Truppen des Pharao weggeschwemmt werden (siehe S. 58–59).

In der Wüste gibt Gott den Israeliten Manna und Wachteln zu essen und läßt Wasser aus einem Felsen entspringen.

Mose geht auf den Berg Sinai, wo er von Gott die Zehn Gebote oder den Dekalog und eine Reihe anderer Gesetze erhält (siehe S. 60). Als er zurückkommt, betet das Volk einen Götzen, ein goldenes Kalb, an. Wütend zerbricht Mose die Gesetzestafeln, auf denen das Gesetz niedergeschrieben ist. Einige der Israelitenführer werden abgesetzt. Mose geht noch einmal auf den Berg Sinai und kommt mit zwei weiteren Gesetzestafeln zurück, die den Bund erneuern. Danach werden die Errichtung, Ausstattung und Weihe des Zeltheiligtums sowie die Gewänder der Priester in allen Einzelheiten beschrieben (siehe S. 60–65).

Levitikus

Im Buch Levitikus geht es in erster Linie um die Gesetze, die Gott Mose gegeben hat, um eine Anzahl von rituellen und religiösen Angelegenheiten zu regeln (der Titel des Buches bedeutet „von den Leviten", dem priesterlichen Stamm Israels). Diese Gesetze regeln Brandopfer und andere Opfergaben (siehe S. 122–123), die Amtseinführung und die Pflichten der Priester, die rituelle Reinheit, das Fest des Versöhnungstages (Jom Kippur; siehe S. 119) und die Erhaltung der Heiligkeit im täglichen Leben und in den Festen des liturgischen Kalenders.

Numeri

Das Buch beginnt mit einer Zählung der zwölf Stämme Israels am Sinai; daher kommt auch sein Name. Es folgen weitere göttliche Gesetze. Die Stammesführer unter Mose bringen rituelle Opfer dar, und die Leviten werden formell als Klasse der Priester eingesetzt. Die Israeliten beschließen, den Sinai zu verlassen und durch die Wüste ins Gelobte Land zu ziehen (siehe S. 66–67). Sie brechen auf und folgen der „Wolkensäule von Jahwe". Bald kommt es allerdings zu Unstimmigkeiten unter den Leuten, die mit ihrem Los unzufrieden sind. Trotz der Berichte von Kundschaftern, daß im Land Kanaan „Milch und Honig fließt", kommt es zur Rebellion gegen Mose und Gott. Jahwe ist verärgert, und Mose kann ihn erst besänftigen, nachdem klargestellt ist, daß er selbst und andere ältere Israeliten das Gelobte Land nicht erreichen werden.

Ein zweiter ernsthafter Aufstand der Israeliten wird von Gott mit einem Erdbeben und einer Schlangenplage bestraft, wodurch Tausende getötet werden. Weitere Schwierigkeiten treten auf, als die Israeliten für einige Zeit in Kadesch-Barnea halt machen, wo sie von den einheimischen Kanaanitern angegriffen werden. Manche Israeliten wenden sich den kanaanitischen Göttern zu, und Gott schickt eine weitere Plage, der 24 000 Israeliten zum Opfer fallen.

Der militärische Führer Josua wird zum Stellvertreter Moses ernannt. Die Israeliten erobern das Land Midian (siehe S. 53) und töten einen Großteil der einheimischen Bevölkerung. Weitere göttliche Gesetze werden verkündet.

Deuteronomium

Die bisherige israelitische Geschichte und die rituellen Bräuche werden in diesem Buch zusammengefaßt und erweitert, daher der Titel „Zweites Gesetz" (siehe S. 107).

Am Ende des Buches gibt Mose den Israeliten Anweisungen, wie sie sich auf den Einzug in das Gelobte Land vorbereiten sollen, und ermuntert sie, auf Jahwe zu vertrauen. Auf dem Berg Nebo segnet Mose die zwölf Stämme Israels und stirbt dann mit Blick auf das Gelobte Land (siehe S. 68).

Josua

Nach Moses Tod bestätigt Gott Josuas Führerschaft über sein erwähltes Volk, und es werden Vorbereitungen für den Einzug in das Gelobte Land getroffen. Kundschafter werden in die Stadt Jericho geschickt, die sich im Haus der Prostituierten Rahab verstecken. Nachdem die Kundschafter zu Josua zurückgekehrt sind, überqueren die Israeliten den Jordan (siehe S. 68–69). Jericho ist die erste Stadt, die den Israeliten in die Hände fällt, und alle Bewohner außer Rahab und ihrer Familie fallen den Israeliten zum Opfer (siehe S. 70–71). Als nächstes fällt die Stadt Ai, gefolgt von anderen kanaanitischen Städten. Das Gebiet wird unter den Stämmen Israels aufgeteilt. Zum Schluß des Buches erneuert Josua in Sichem den Bund mit Gott (siehe S. 68), bevor er in hohem Alter stirbt.

Richter

Die ersten Kapitel des Buches der Richter (siehe S. 72–73) dokumentieren den Beginn der Besiedelung Kanaans. Zum Teil bekämpfen die Israeliten die eingeborenen Völker, zum Teil leben sie friedlich mit ihnen zusammen. Manchmal fallen sie von Jahwe ab und beten die Götter ihrer

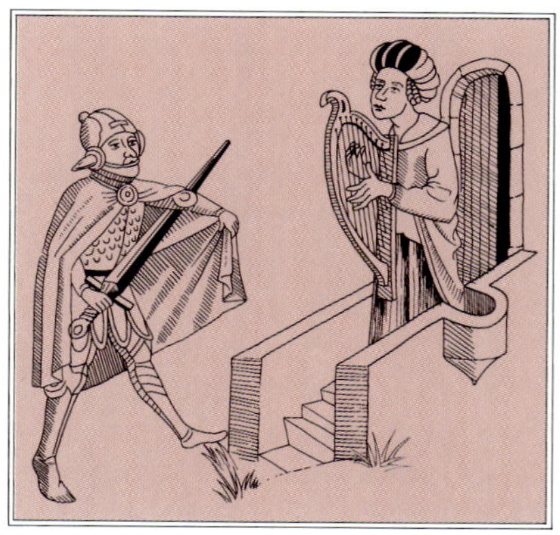

Jephta und seine Tochter (Ri 11,30–40)

neuen Nachbarn an, aber jedesmal werden sie von Gott dafür bestraft. Schließlich erhört Gott aber die Bitten des Volkes und sendet einen heldenhaften Befreier oder „Richter", um Israels Unglück abzuwenden. Die ersten zwei Richter, Otniël und Ehud, werden nur sehr kurz erwähnt. Die Richterin Debora und ihr Heerführer Barak, besiegen die Armee ihres Feindes Sisera, der von Jaël, der Frau von Heber, dem Keniter, ermordet wird. Siseras Tod ist der Anlaß für das berühmte Debora-Lied (siehe S. 74).

Eine Generation später besiegt der Richter Gideon (siehe S. 74) die Midianiter auf ähnliche Weise, aber bald danach verfällt Israel wieder dem Götzendienst. Eine weitere Krise wird durch Gideons Nachfolger, Jephta, abgewendet, der die Ammoniter besiegt. Allerdings hat Jephta das Gelübde abgelegt, das erste Wesen, das er bei seiner siegreichen Rückkehr sehen wird, Gott zu opfern – unglücklicherweise handelt es sich dabei um seine einzige Tochter.

Der junge Samson (siehe S. 75) ist ein einsamer Held. Er bekämpft die Philister und verliebt sich in Delila, die ihm das Geheimnis seiner Kraft – seine langen Haare – entlockt und den Sitz seiner Kraft ihrem Volk verrät, das Samson daraufhin gefangennimmt und blendet. Einmal noch gelangt er in den Besitz seiner Kräfte und rächt sich an den Philistern, indem er ihren Tempel zum Einsturz bringt, wobei er allerdings auch selbst den Tod findet.

Danach folgt eine Zeit, in der es weder einen Richter noch einen König gibt und der Zusammenhalt der Stämme Israels verlorengeht. Nach einer Massenvergewaltigung in Gibea durch Mitglieder des Stammes Benjamin werden die Benjaminiter von den anderen Stämmen fast ausgerottet.

Rut

Die volksmärchenhafte Geschichte von Rut befindet sich in der christlichen Bibel zwischen den historischen Büchern Richter und 1 Samuel, da ihre Thematik mit den beiden verbunden ist. Die Geschichte spielt zur Zeit der Richter und handelt von der Urgroßmutter König Davids, der in 1 Samuel eine wichtige Rolle spielt. Im christlichen Glauben ist sie deshalb eine Vorfahrin von Jesus. Rut steht in der jüdischen Bibel meistens nach den Sprüchen.

Rut ist die moabitische Witwe eines israelitischen Mannes. Sie begleitet ihre Schwiegermutter Noomi zurück in deren Heimatstadt Betlehem in Juda. Dort lernt sie der Grundbesitzer Boas kennen, der sie schließlich heiratet, nachdem er die rechtlichen und sozialen Formalitäten erledigt hat. Ihr Sohn Obed ist der Großvater von König David (siehe S. 124).

1 Samuel

Die Geschichte der Israeliten geht weiter mit der Geburt Samuels, des

David und Goliat (1 Sam 17,49).

letzten großen Richters. Seine Mutter Hanna war bis dahin unfruchtbar (siehe S. 76–77). In jungen Jahren wird Samuel vom Priester Eli erzogen, und es wird bald klar, daß er dazu berufen ist, Gott zu dienen.

Als Samuel erwachsen ist, werden die Israeliten von ihren Nachbarn, den Philistern (siehe S. 77), besiegt. Diese stehlen auch die Bundeslade, den Sitz Gottes, und nehmen sie mit nach Aschdod, wo sie im Tempel ihres Gottes Dagan aufgestellt wird. Daraufhin werden die Bewohner von Beulenpest befallen und bringen die Lade sofort in eine andere Stadt. Dort passiert genau dasselbe, in der dritten Stadt ebenso. Schließlich geben die Philister den Israeliten die Lade zusammen mit Goldgeschenken zurück.

Es vergehen nochmals 20 Jahre, bis Samuel Richter von Israel wird. Wiederum viele Jahre später beschließt das Volk, daß es lieber einen König hätte. Gott warnt es durch Samuel vor den Nachteilen einer Monarchie, aber es bleibt hartnäckig. Gott geht zögernd auf ihre Bitte ein und beauftragt Samuel, Saul aus dem Stamm Benjamin zum ersten König von Israel zu wählen (siehe S. 78–79). Sogar bevor er offiziell König ist, beweist Saul seine Würde, indem er die Ammoniter schlägt.

Saul triumphiert über eine Vielzahl der Feinde Israels, einschließlich der Philister. Trotzdem gibt es Spannungen zwischen Samuel und Saul, die schlußendlich zum Fall des letzteren führen (siehe S. 80–81). Sauls Geist ist verdüstert, und er stellt den Hirtenjungen David, den Sohn von Isai, als Waffenträger und Zitherspieler ein. Er weiß nicht, daß Gott Samuel schon aufgetragen hat, David zu seinem Nachfolger zu salben.

Das Heer der Philister kehrt zurück, und ihr großer Kämpfer, der Riese Goliat, fordert die Israeliten heraus. Nur mit einer Steinschleuder bewaffnet, besiegt und tötet David den Riesen. David wird so berühmt, daß Saul eifersüchtig wird und sich vor ihm fürchtet, vor allem, als David weitere Siege gegen die Philister erringen kann. Schließlich versucht Saul, David zu töten, dem aber durch die Hilfe des Hofes und seines Freundes Jonatan, Sauls Sohn, die Flucht gelingt. Etwa zwei Jahre später kämpfen David und Jonatan im Gebirge von Gilboa gegen die Philister. Jonatan wird getötet, und der schwer verwundete Saul begeht Selbstmord.

2 Samuel

David beklagt den Tod von Saul und Jonatan. Er wird zum König des südlichen Stammes Juda gesalbt. Sieben Jahre später, nach dem Krieg zwischen Juda und den Anhängern der Dynastie Sauls, wird David zum König eines geeinten israelitischen Volkes. Er erobert Jerusalem von den Jebusitern, macht es zur Hauptstadt und stellt die Bundeslade dort auf (siehe S. 82–84).

Durch verschiedene militärische Erfolge kommt David zu einem kleinen Königreich (siehe S. 83). Er begeht Ehebruch mit Batseba, der Frau Urijas, eines seiner Offiziere, und sorgt dafür, daß Urija im Kampf fällt. Gott ist über dieses Verhalten verärgert, was David durch den Propheten Natan mitgeteilt wird. Zur Strafe stirbt Davids und Batsebas erstes Kind; sie bekommen aber noch einen Sohn, Salomo.

Davids letzte Jahre sind von Hofintrigen und Rebellionen seiner Nachkommen gezeichnet (siehe S. 84). Trotz seiner Sorge um den abtrünnigen Sohn Abschalom wird dieser von Davids Heerführern getötet. Es gibt auch einige Hungersnöte und Zeiten, in denen David Gott mit Psalmen preist. Das Buch endet damit, daß David in göttlichem Auftrag in der Tenne von Arauna, dem Jebusiter – an der Stelle des zukünftigen Tempels von Jerusalem –, einen Altar errichtet.

1 Könige

Vor seinem Tod ernennt David Salomo zu seinem Nachfolger. Nach einem Thronfolgekampf (siehe S. 85) wird Salomo zum König gesalbt. Er arrangiert zahlreiche politische Heiraten, insbesondere mit der Tochter des Pharao von Ägypten, und erlaubt ausländische Religionen in Jerusalem. Aber er baut in der Stadt auch einen wunderbaren Tempel für Gott (siehe S. 90–91). Der Bau dauert 13 Jahre.

Salomo wird berühmt für seinen Reichtum und seine Weisheit (siehe S. 86–87), sogar die wohlhabende Königin von Saba stattet ihm einen Besuch ab (siehe S. 90). Aber Salomo führt auch die Zwangsarbeit ein, was zu Unzufriedenheit im Volk führt. Eine Revolte unter Jerobeam kann kurz vor Salomos Tod nur mit größten Schwierigkeiten niedergeschlagen werden (siehe S. 92–93).

Nach Salomos Tod splittert sich das Königreich auf. Die nördlichen Stämme trennen sich von den südlichen, Juda und Benjamin, dem Kernland der Dynastie Davids. Zwei Königreiche werden errichtet: Juda im Süden und Israel im Norden (siehe S. 95). Da die biblische Geschichte vor allem durch Leute mit Verbindungen nach Juda und seiner Hauptstadt Jerusalem aufgezeichnet wurde, verlagert sich das Geschehen mehr ins südliche Reich.

Während der Herrschaft von König Ahab von Israel spielt der Prophet Elia eine große Rolle (siehe S. 96–97). Er sieht eine Trockenheit voraus, die er auf die Gottlosigkeit der Könige von Israel zurückführt. Ahab ist ein guter Krieger und mit der Phönizierin Isebel verheiratet, die den Gott Baal anbetet. Elia vollbringt Wunder, um seine Autorität wiederherzustellen und um die Propheten des Baal zu übertreffen.

Ahab greift militärisch hart durch. Gott ist aber verärgert über die unrechtmäßige Inbesitznahme von Nabots Weinberg, der auf Drängen von Isebel umgebracht wurde. Elia prophezeit dem König und der Königin einen schrecklichen Tod, was auch eintrifft. Isebel überlebt Ahab zwar, aber ihr Tod ist besonders grausam (siehe S. 97).

2 Könige

Der Prophet Elia fährt in den Himmel auf, und sein Mantel fällt an seinen Nachfolger Elischa, der das Wirken Elias fortführt. Elischa warnt die Könige von Israel vor militärischen Einfällen ihrer Feinde. Er kann jedoch nichts gegen die Hungersnot ausrichten, die durch die aramäische Belagerung der Hauptstadt von Israel, Samaria, hervorgerufen wird. Elischa wird zum Hofpropheten bei den nachfolgenden Königen. Einer davon, Jehu, sorgt für die Ermordung aller überlebenden Mitglieder der Dynastie Ahabs, einschließlich seines Sohnes Joram und seiner Witwe Isebel, zusammen mit allen Propheten und Priestern des Gottes Baal. Nach Elischas Tod gibt es laut Bibel die nächsten 60 Jahre keinen Propheten im Land.

Das Königreich Israel fällt an den assyrischen König Salmanassar. Die Einwohner der Hauptstadt Samaria werden ausgesiedelt, und die Stadt wird Einwanderern aus dem Osten überlassen (siehe S. 100–101). Die Bibel berichtet, daß ca. zehn Jahre später auch König Hiskija von Juda (siehe S. 104–105) von den Assyrern angegriffen wurde. Der Prophet Jesaja, der zur Zeit von Hiskijas Herrschaft aktiv war, versichert dem König, daß Juda eine Zeitlang sicher sein wird, warnt aber vor dem Zeitpunkt, an dem die Einwohner Judas nach Babylon ins Exil geschickt werden.

Nach Hiskija wird die lange Herrschaft von Manasse durch die assyrische Bedrohung überschattet, und die Bibel wirft Manasse Götzendienst vor (siehe S. 106). Sein Nachfolger, König Joschija (siehe S. 106–108), bemüht sich sehr um religiöse Reformen, und während dieser Veränderungen wird das „Gesetzbuch" Moses, wahrscheinlich der Kern des heutigen Buches Deuteronomium, im Tempel „wiederentdeckt" (siehe S. 107).

Joschija fällt in einer Schlacht gegen die Ägypter, die eine Marionettenregierung errichten, welche von den Babyloniern gestürzt wird (siehe S. 108). Viele Einwohner von Jerusalem werden in die Gefangenschaft geschickt, und der Tempelschatz wird geraubt. Nach elf

Jahren rebellieren die verbleibenden Einwohner Judas gegen Babylon, und Jerusalem wird belagert, erobert und zerstört. Dieses Mal, heißt es in der Bibel, werden alle Einwohner in die babylonische Gefangenschaft geführt (siehe S. 112–113).

1 Chronik

Das erste und das zweite Buch der Chronik stützen sich größtenteils auf frühere historische Bücher, sind jedoch von großem Wert, da sie die Ereignisse der Geschichte Israels aus der Sicht des zeitgenössischen Autors schildern (Juda unter der persischen Herrschaft nach der Rückkehr aus dem Exil; siehe S. 114–117). Im ersten Drittel von 1 Chronik befindet sich ein Stammbaum von Adam bis zur Zeit nach der Rückkehr aus dem Exil. Der Rest konzentriert sich auf die Herrschaft Davids.

2 Chronik

Hier handelt es sich um das letzte Buch in der Hebräischen Bibel. Die ersten neun Kapitel von 2 Chronik erzählen von der Herrschaft Salomos. Im Rest geht es um die Geschichte der beiden Königreiche bis zum Exil und um den Wiederaufbau Judas unter dem Perserkönig Kyros, der den Zurückgekehrten erlaubt, einen neuen Tempel zu errichten (siehe dazu S. 114–117).

Esra

Die Bücher von Esra und Nehemia behandeln die Geschichte Judas nach der Rückkehr aus dem Exil. Sie wurden bis 300 n. Chr. als ein Buch betrachtet und erst dann aufgeteilt. Esra und Nehemia wirkten wahrscheinlich während der Herrschaft von Artaxerxes I. von Persien (465–425 v. Chr.; siehe S. 116–117). Große Teile der beiden Bücher sind in der ersten Person geschrieben.

Esra beginnt mit dem Dekret des Perserkönigs Kyros, das den Juden die

Artaxerxes setzt Esra in sein Amt ein (Esra 7).

Rückkehr nach Jerusalem und den Wiederaufbau des Tempels erlaubt. Die Heimkehrer werden aufgelistet.

Der Wiederaufbau beginnt, wird allerdings durch Widerstände gegen die Heimkehrer aufgehalten. Ermuntert durch die Propheten Haggai und Sacharja, erreichen die Juden von Dareios, dem Nachfolger von Kyros, die Bestätigung des ursprünglichen Dokumentes. Nun wird der Tempel vollendet und neu eingeweiht.

Dareios' Nachfolger, Artaxerxes, sendet Esra, einen jüdischen Beamten der persischen Regierung, nach Juda, um sicherzustellen, daß das jüdische Recht strikt eingehalten wird. Esra kritisiert, daß viele Heimkehrer sich mit Nichtjuden verheiraten, und beendet diese Praxis.

Nehemia

Ungefähr 25 Jahre nach der Rückkehr aus dem Exil hört Nehemia, der jüdische Mundschenk des Perserkönigs Artaxerxes, vom angeblich schlechten Zustand Jerusalems. Der König gibt ihm den Auftrag, die Reparaturarbeiten zu überwachen. Nehemia schaut sich den Schaden an und organisiert den Wiederaufbau. Allerdings stößt er auf Widerstand seitens anderer persischer Beamter, und die Arbeiten verzögern sich.

Armut und Intrigen stellen ein weiteres Problem dar. Aber schlußendlich gibt es wieder Stadtmauern, Tore und Wachtürme sowie eine Zitadelle.

Nehemia wird eingeladen, die Stadt durch eine Lesung aus dem Buch Mose einzuweihen. Bei dieser Gelegenheit wird das große Laubhüttenfest gefeiert, worauf einige Tage später eine Bußzeremonie folgt.

Nehemia erstattet Artaxerxes Bericht. Als er das nächste Mal nach Jerusalem zurückkehrt, beseitigt er viele Unregelmäßigkeiten in der Tempelführung.

Ester

Wie Esra und Nehemia spielt auch das Buch Ester zur Zeit des Persischen Reiches (siehe S. 130–131). Aber es gibt außer dem Namen des Königs, Artaxerxes oder Ahaschwerosch, keinen Bezug zur authentischen Geschichte, und auch bei diesem König kann es sich um einen der vielen persischen Könige mit Namen Xerxes oder Artaxerxes handeln (siehe S. 115).

Artaxerxes gibt in seiner Hauptstadt Susa ein großes Festessen. Die Königin Waschti weigert sich, daran teilzunehmen, und wird deshalb verstoßen und durch die junge Jüdin Ester ersetzt, die von ihrem Onkel Mordechai nach Susa gebracht wurde. Aber Mordechai macht sich den Kanzler des Königs, Haman, zum Feind, der beschließt, alle Juden aus dem Reich zu vertreiben. Er überredet den König, ein Dekret zu erlassen, durch das „ein gewisses Volk", das seine eigenen Gesetze befolgt, zum Tode verurteilt wird.

Mordechai drängt Ester, den König und den Kanzler zu einem Festmahl einzuladen. Dort gibt sie bekannt, daß das Dekret des Königs, das eigentlich das Werk Hamans ist, sie, die Königin, selbst mit dem Tode bedroht. Der König nimmt das Dekret zurück und verurteilt Haman zum Tode am selben Galgen, den er für Mordechai errichtet hatte. Mordechai wird Kanzler, und die Juden dürfen sich an ihren

Feinden im Reich rächen. Bei seinem Plan, die Juden auszurotten, hatte Haman das Pur, d.h., das Los geworfen – seitdem wird Esters Triumph durch das Purimfest gefeiert.

Ijob (Hiob)

Gott erlaubt dem Teufel, Hiob auf die Probe zu stellen, um zu sehen, ob er angesichts der Versuchung standhaft bleibt. In der Folge muß Hiob Leid und Unglück erdulden. Drei seiner Freunde kommen, um ihm ihr Mitgefühl zu zeigen, oder um zumindest intellektuelle Diskussionen über die Gerechtigkeit Gottes zu führen. Hiob beteuert seine Unschuld und lehnt sich gegen sein Schicksal auf. Eine vierte Person, Elihus, tritt auf und versucht auf ihre Weise die Wege Gottes zu erklären. Dann schaltet sich Gott selbst ein und spricht zu Hiob. Er sagt, daß es für den Menschen anmaßend ist, über den Willen Gottes zu

Hiob verteidigt sich (Ijob 3–31).

diskutieren, da Gott jenseits des menschlichen Verständnisses steht. Hiob ist eingeschüchtert. Gott macht auch den drei Freunden Vorwürfe und befiehlt ihnen, ein Opfer darzubringen. Schlußendlich aber erlöst Gott Hiob und schenkt ihm mehr Glück und Reichtum, als er jemals zuvor besaß (siehe S. 128–129).

Psalmen

Der Psalter oder das Buch der Psalmen ist eine Sammlung verschiedener liturgischer Werke, wie Hymnen, Klagen und Wallfahrtslieder. Die Psalmen sind an Gott gerichtet, die Sprache ist sehr poetisch, feierlich und würdevoll. Einige Psalmen verfügen zusätzlich über Anweisungen für eine musikalische Begleitung oder über Erklärungen ihres Zweckes. Viele werden König David zugeschrieben (siehe S. 121).

Sprüche

Eine Sammlung von traditionellen Redensarten und Volksweisheiten über z.B. rechtes Benehmen, frommes Denken, Reinheit im Geist und im Gebet, das Vermeiden von Sünden und die Suche nach Weisheit. Das Buch beinhaltet eine Reihe von Aphorismen, die König Salomo und seinen Beratern zugeschrieben werden (siehe S. 126). In den ersten Kapiteln stellt sich die Weisheit persönlich vor.

Kohelet

Der Autor, der behauptet, König Salomo persönlich zu sein, philosophiert über die Natur der Existenz und über ewige Werte. Alles, was unser Leben auf der Erde betrifft, ist nur „ein Windhauch“. Es gibt eine Weltordnung, aber wir können sie nicht erkennen, unsere einzige Gewißheit ist der Tod. Die Schlußfolgerung in diesem skeptischen und sehr persönlichen Werk ist, daß, obwohl der Mensch das Geheimnis seiner Existenz nicht ergründen kann, Integrität den Aufenthalt auf der Erde erträglich macht.

Das Hohelied

Ein poetischer Dialog zwischen einer Frau und ihrem Liebhaber, manchmal auch Braut und Bräutigam genannt, in einer poetisch-erotischen Sprache, mit Abschnitten eines Chores, der „Töch-

König David singt Psalmen (siehe Vorwort zu Ps 3,18 und anderen).

ter von Jerusalem“. Es wurde oft als eine spirituelle Allegorie gedeutet (siehe S. 129).

Jesaja

Das Buch Jesaja besteht aus drei sehr verschiedenen Teilen, obwohl es vorgibt, die Prophezeiungen ein und desselben Mannes, Jesaja, zu enthalten, der während der Herrschaft Hiskijas (siehe S. 105, 113 und 116) lebte. Der erste Teil stammt wahrscheinlich von Jesaja selbst.

Er warnt Juda, daß es wegen seiner religiösen Unzulänglichkeit leiden wird. Jerusalem, nun eine Höhle des Lasters und der Götzenverehrung, wird zerstört, später aber durch die Erscheinung Jahwes wieder erneuert werden. Er prophezeit das Kommen eines Retters und beschreibt die ehrfurchterweckende Macht Gottes. Obwohl Juda überrannt und seine Bevölkerung ins Exil geschickt werden wird, wird es nicht ganz untergehen. Zu gegebener Zeit werden Judas Feinde für ihre Taten büßen müssen wie auch die Einwohner der Nachbarländer, einschließlich Ägyptens.

Jesaja 40–55, das Werk eines anonymen Propheten, der „Zweiter Jesaja" genannt wird, ist während des babylonischen Exils entstanden. Er sieht in König Kyros von Persien Gottes Instrument. Er schildert die Gestalt des „Gottesknechtes", der aus dem Volk aufsteigen, verachtet werden und leiden wird, aber den Völkern Gerechtigkeit bringen wird. Israel wird befreit, das Königreich wieder errichtet und der Glaube an Gott erneuert werden: Jahwe wird der Gott aller sein, Richter der Welt. Es wird einen neuen Bund mit einem neuen Jerusalem geben, einen neuen Himmel und eine neue Erde, wo alle Jahwe verehren.

Die Kapitel 56–66 sind wiederum ein neuer Abschnitt, der „Dritte Jesaja", der aus der Zeit kurz nach dem Exil stammt. Er beschreibt weitverbreiteten religiösen und moralischen Mißbrauch und verspricht göttliche Vergeltung, bis der Glanz Gottes und seines auerwählten Volkes in aller Größe zum Ausdruck kommt.

Jeremia

Gott ruft Jeremia, der kurz vor der babylonischen Gefangenschaft lebte (siehe S. 109), um die Verdammung und die Zerstörung Israels zu verkünden, die aufgrund der religiösen und moralischen Unreinheit des Volkes bevorsteht. Sogar die Priester sind ausschweifend und korrupt. Die Israeliten werden aufgerufen, zu bereuen und sich wieder Gott zuzuwenden. Eine ausländische Invasion ist kaum abzuwenden: Die Juden werden leiden, ihr schwacher Glaube gibt ihnen keine Sicherheit.

Jeremia wird aufgrund seiner Reden bedroht, hält sich aber dennoch nicht zurück. Er setzt die Leute unter Druck und prophezeit die Schrecken des Krieges und der Verschleppung. Babylon wird das Instrument von Jahwes Zorn sein.

Aber es ist nicht alles verloren. Es wird ein „Sproß" Davids kommen, ein Mitglied der königlichen Linie Judas, der als wahrer König herrschen wird. Israel und Juda werden neu errichtet und werden wieder Gott verehren und ihrem König huldigen. Es wird einen neuen Bund für ein neues Jerusalem geben, das in neuem Glanz erstrahlen soll.

Jeremia wird für seine extremen Ansichten eingesperrt, bis Jerusalem belagert wird und an die Babylonier fällt. Viele Einwohner der Stadt werden verschleppt, aber Jeremia darf bleiben. Allerdings wird der Prophet nach der Ermordung eines babylonischen Statthalters in Juda vom Rest des früheren jüdischen Heeres „zu seiner eigenen Sicherheit" nach Ägypten gebracht. Jeremia behauptet, daß Ägypten deshalb als nächstes von Babylon eingenommen werden wird. Genau das trifft laut Bibel auch ein.

Klagelieder

Auch die Klagelieder werden traditionellerweise dem Propheten Jeremia zugeschrieben (siehe S. 112). Es handelt sich um fünf sorgfältig konstruierte Trauergesänge für die bei der Eroberung Jerusalems Gefallenen. Die Stadt trauert, die Menschen jammern, aber es herrscht immer noch Vertrauen zu Gott.

Ezechiel

Vor dem Fall von Jerusalem wird Ezechiel von Gott berufen (siehe S.112), um gegen die Schlechtigkeit und die Götzenverehrung Israels zu predigen. Er verurteilt falsche Propheten und listet alle Sünden auf, die das Volk im Laufe der Zeit begangen hat. Jahwes Schwert ist geschliffen und poliert, und die Babylonier werden es schwingen. Viele Völker werden Unglück erleiden, sogar Ägypten. Jerusalem fällt, aber in einer Vision sieht Ezechiel Israel wieder erstehen und erstarken. Das Volk, sagt er voraus, wird von Jahwe neu geschaffen werden, und das Geschlecht Davids wird wieder regieren. Dann hat Ezechiel eine Vision des wiederaufgebauten Tempels in Jerusalem. Er beschreibt Rituale für Feste, die wieder gefeiert werden, und wendet sich auch einer Neuverteilung des Landes unter den zwölf Stämmen Israels zu.

Daniel

Daniel (siehe S. 134–137) ist einer von vier jüdischen Knaben, die nach der Einnahme Jerusalems durch König Nebukadnezar nach Babylon gebracht und am königlichen Hof aufgezogen wurden. Daniel gelingt es, dem König einen Traum über eine große Statue zu deuten. Daniel und seine Freunde erreichen Einfluß in Babylon. Der König hat ein goldenes Götzenbild aufgestellt und verlangt, daß es von allen angebetet wird. Aber drei von Daniels Freunden (Schadrach,

Daniel deutet Nebukadnezars Traum der großen Statue (Dan 2,31–45).

Meschach und Abed-Nego) weigern sich und werden deshalb in einen Feuerofen geworfen. Zur Überraschung des Königs überleben sie durch göttliche Intervention unversehrt.

Nebukadnezar hat noch einen Traum. Daniel interpretiert ihn als Warnung, daß der König seinen Verstand verlieren wird, wenn er nicht an Gott glaubt. Diese Vorhersage tritt bald ein.

Einige Zeit später, während eines Gastmahles von König Belsazer, erscheint plötzlich eine mysteriöse Schrift an der Wand. Daniel deutet dies als Zeichen des bevorstehenden Todes des Königs und des Falles des Reiches an die Perser und Meder. Noch in derselben Nacht wird Belsazer ermordet.

Sein Nachfolger, der Perserkönig Dareios, wird von seinen Höflingen dazu aufgestachelt, ein Dekret zu erlassen, daß alle Gebete an ihn gerichtet sein müssen. Als Daniel sich weigert, ihn anzubeten, wird er in die Löwengrube geworfen, aus der er durch Gottes Hilfe unversehrt entkommt. Daraufhin wirft der König statt dessen die Höflinge hinunter.

Dann ist es Daniel, der träumt: Er hat apokalyptische Visionen, bei denen es meistens um einen Messias geht (der „Menschensohn" ist ein ständig wiederkehrender Ausdruck). Die Visionen spiegeln vielleicht die turbulenten Jahre Judas unter der Herrschaft der Seleukiden im 2. Jahrhundert v. Chr. wider, die Zeit, in der das Buch Daniel wahrscheinlich verfaßt wurde.

Hosea

Der Prophet Hosea (siehe S. 103) wirkte wahrscheinlich zwischen 740–730 v. Chr. Gott gibt ihm die Anweisung, eine Prostituierte zur Frau zu nehmen. Er soll eine Frau so lieben, wie Gott Israel liebt. Die Erfahrungen mit seiner Frau oder seinen Frauen (es ist umstritten, ob es eine oder zwei Frauen sind) sind ein Symbol der Beziehung Gottes zu seinem Volk. Gottes Braut, Israel, ist eine ungläubige Hure geworden, korrupt und von sündhaftem Verlangen getrieben (dies gilt besonders für Könige, Adelige und Priester). Aber nach einem Ausbruch von Wut und Eifersucht wird Gott das Volk, das er vor allen anderen liebt, wieder neu erstehen lassen.

Joël

Nach dem Buch des Propheten Joël verspricht Gott, Juda von einer Heuschreckenplage zu befreien und das verwüstete Land wieder zu Wohlstand zu bringen. Die Plage ist ein Symbol für das noch verheerendere Jüngste Gericht Gottes am Ende der Tage. Allerdings stellt es für jene, die bereuen, einen großen Segen dar (siehe auch S. 217).

Amos

Amos (siehe S. 102) wirkte während der blühenden Zeit unter Jerobeam II. von Israel (786–784 v. Chr.). Der Prophet verurteilt das Böse, das von den Einwohnern Judas und Israels tagtäglich verübt wird. Er geißelt Korruption, ausschweifenden Luxus, Unglauben und Starrsinn seines eigenen Volkes. Ohne Reue kann es keine Rettung geben. Der „Tag des Herrn" wird kommen und Bestrafung bringen: Aber das Haus David wird in neuem Glanz erstrahlen.

Obadja

Das Buch Obadja ist das kürzeste Werk des Alten Testamentes. Der Prophet richtet über Edom, weil es nach der Zerstörung Jerusalems durch die Babylonier 587/586 Juda angegriffen hat. Aber am kommenden „Tag des Herrn", wenn Israel wieder groß und mächtig ist, wird Edom vernichtet werden.

Jona

Gott erteilt Jona (siehe S. 124) den Auftrag, nach Ninive in Assyrien zu gehen und die Einwohner zu warnen, daß ihre Schlechtigkeit zum Untergang führen wird. Aber Jona will diesem Ruf nicht folgen; er flieht nach Joppe und nimmt ein Schiff in die andere Richtung. Ein Sturm kommt auf, für den sich Jona verantwortlich fühlt, und er wird auf eigenes Verlangen über Bord geworfen. Jona wird von einem großen Fisch verschluckt und an Land wieder ausgespuckt. Nun geht er nach Ninive und predigt dort von der bevorstehenden Zerstörung der Stadt. Die Einwohner bereuen, und Gott rettet die Stadt. Jona fragt Gott zornig, wofür das alles gut war. Durch ein Zeichen macht Jahwe klar, daß er der Gott aller Völker ist, der sich sogar um die Nicht-Israeliten sorgt, sofern sie ihre Sünden bereuen.

Jona wird vom Fisch ausgespien (Jon 1,10).

Micha

Ein Prophet der letzten Jahrzehnte des nördlichen Königreiches Israel (ca. 735–725 v. Chr.) war Micha (siehe S. 103). Das Buch Micha, das auch Schriften eines unbekannten Zeitgenossen enthält, prophezeit die Zerstörung Israels und Judas, aber auch die nachfolgende Befreiung und den Wiederaufbau durch einen großen

Retter, der wie König David in Betlehem geboren sein wird. Die Probleme Judas sind in erster Linie auf Korruption und Unglauben zurückzuführen, wofür die Menschen Gott um Vergebung bitten sollen.

Nahum

Das Buch Nahum ist die einzige prophetische Schrift, die sich selbst „Buch" nennt. Es ist wahrscheinlich eine Liturgie des Jerusalemer Tempels (siehe S. 101). „Nahum" ist ein literarisch auffallender Text. Das Buch beinhaltet die Freude über den bevorstehenden Fall Ninives, der Hauptstadt des verhaßten Assyrerreiches, das 612 v. Chr. an die Meder fiel. Ninive, eine Stadt der Sünde, wird grausam vernichtet werden, Juda und Israel dagegen werden neu erstehen.

Habakuk

Habakuk beschwert sich bei Gott, daß dieser die Gesetzlosigkeit ungestraft lasse. Er sieht die Invasion der Babylonier (Chaldäer) voraus als Instrument der göttlichen Vergeltung (Habakuk wirkte wahrscheinlich während der Zeit der babylonischen Ausdehnung ca. 610–600 v. Chr.). Im Gegenzug versichert Gott dem Propheten ein baldiges Gericht. Der Prophet spricht dann ein öffentliches Gebet, in dem er sein Vertrauen und seinen Glauben angesichts des Leidens zum Ausdruck bringt.

Zefanja

In der Bibel steht, daß Zefanja ein Nachkomme von König Hiskija von Juda war, er lebte zur Zeit König Joschijas (640–609 v. Chr.; siehe S. 106–108). Der Prophet sieht den „Tag des Herrn" voraus, an dem Juda samt Jerusalem völlig zerstört werden wird. Sogar demütige Reue wird dann nicht genügen, um Gottes Zorn zu besänftigen. Aber zu gegebener Zeit wird Israel wieder stark werden und auch über seine Feinde triumphieren. Psalmen und Lieder der Freude werden in Zion gesungen werden. Die Verschleppten werden heimkehren, und alle Menschen auf Erden werden das Volk Gottes sein. Von Zefanja 1,14–15 wurde der berühmte lateinische Text mit dem Titel *Dies Irae* inspiriert, das zu einem Teil des lateinischen Requiem wurde.

Haggai

Haggai und Sacharja wirkten in der Zeit nach dem babylonischen Exil, in den ersten Jahren von Dareios (522–486 v. Chr.). Haggai (siehe S. 114) ist darüber entsetzt, daß die Leute in feinen Häusern leben, während der Tempel Gottes zerstört ist. Serubbabel, ein jüdischer Statthalter der persischen Provinz Juda, organisiert den Wiederaufbau. Haggai erklärt, daß Gott Serubbabel für ein großes Werk auserkoren hat.

Sacharja

Sacharja (siehe S. 114) hat mehrere göttliche Visionen, in denen es um Gottes Absicht geht, seinem Volk das Gelobte Land zurückzugeben und den Tempel unter der Leitung von Serubbabel wieder aufzubauen. Zion wird über die erneuerte Fürsorge Gottes jauchzen und auf sein Wort hören. Jerusalem wird wieder seine alte Größe erreichen, und das Volk Gottes wird allgemein anerkannt werden. Ein Retter-König wird kommen und das Reich bis ans Ende der Tage in Frieden regieren.

Sacharjas letzte Vision ist apokalyptisch und handelt von der entscheidenden Schlacht um Jerusalem. Gott ist siegreich, und von da an leben alle Völker nach seinem Willen.

Maleachi

Maleachi, der wohl um 475 v. Chr. (nach Haggai und Sacharja, aber vor Esra und Nehemia) lebte, wettert gegen die korrupte Weltlichkeit der Priester, deren Lehren und Gebräuche viele vom rechten Weg abbringen. Zudem werden Götzendienst und Ehescheidung erlaubt. Der „Tag des Herrn" wird kommen, an dem jeder Sünder wie Gold und Silber im Schmelzofen gereinigt wird. Gott erklärt, daß er einen Boten schicken wird, der ihm den Weg bereitet: Der große Prophet Elia wird kommen und den Menschen den Weg zu Gott weisen, damit sie gerettet werden. Die Christen haben im Buch Maleachi wichtige Ankündigungen in bezug auf das Kommen von Jesus gefunden. Deshalb bildet es den Schluß des Alten Testamentes.

DIE APOKRYPHEN/DEUTEROKANONISCHEN BÜCHER

Tobit

Tobit, ein frommer Mann, erblindet. Sein Sohn Tobias bricht nach Medien auf, zum Haus seines Verwandten Gabaël, um dort die Ersparnisse der Familie abzuholen. Sein Führer und Weggefährte ist der geheimnisvolle, allwissende Asarja. Am Fluß Tigris hilft Asarja Tobias, einen großen Fisch zu fangen, dessen Innereien übernatürliche Kräfte besitzen. Asarja kündigt an, daß sie die erste Nacht der Reise im Hause eines anderen Verwandten, Raguëls, verbringen werden, dessen Tochter Sara Tobias als Frau bestimmt ist. Aber Tobias weiß, daß Sara von einem bösen Geist besessen ist, der schon sieben Freier umgebracht hat. Asarja erklärt Tobias, wie er mit Hilfe des Herzens und der Leber des Fisches den Dämon vertreiben kann, und bei der Ankunft in Raguëls Haus bittet Tobias um Saras Hand. Er wird akzeptiert und verbringt die Nacht mit ihr. Währenddessen schaufelt Raguël Tobias draußen ein Grab, weil er denkt, daß Tobias das nächste Opfer sein wird.

Aber Asarjas Zauber wirkt, und das Paar ist nun verheiratet. Asarja wird ausgeschickt, die Ersparnisse zu holen und Gabaël sowie seine Familie zur Hochzeit herzuholen. Nach einer zweiwöchigen Feier brechen Tobias, Sara und Asarja in die Heimat Tobias' auf.

Tobit und seine Frau Hanna freuen sich sehr über die Rückkehr ihres

Tobias und Asarja (der Engel Rafael) fangen den Fisch im Tigris (Tob 6,4).

Sohnes. Die Freude ist umso größer als Tobias unter der Anleitung Asarjas mit der Galle des Fisches seinen Vater wieder sehend macht. Beim darauffolgenden Fest überlegen Tobit und Tobias, wie sie Asarja belohnen können. Aber dieser enthüllt, daß er der Erzengel Rafael ist, der gekommen war, weil die Gebete von Tobit und Sara gehört wurden. Er fährt in den Himmel auf, während seine Gastgeber vor Ehrfurcht erschrecken.

Tobit, Hanna, Tobias und Sara leben glücklich bis ans Ende ihrer Tage.

Judit

Wahrscheinlich während der Unterdrückung durch Antiochus IV. Epiphanes entstanden (siehe S. 138–139), erzählt das Buch Judit, wie König Nebukadnezar (hier Herrscher von Assyrien genannt) die Meder besiegt. Er schickt dann seinen General Holofernes, um die Israeliten für ihre mangelnde Unterstützung zu bestrafen. Holofernes belagert die Stadt Betulia. Eine ihrer Bewohnerinnen, die fromme Witwe Judit, ist entschlossen, nicht aufzugeben. Nach inbrünstigen Gebeten zieht sie ihre schönsten Kleider an, verläßt die Stadt und geht in das Lager des Holofernes. Sie bietet ihm ihre Hilfe an, ihre eigenen Leute zu besiegen, und schlägt vor, bis dahin im Lager zu bleiben. Vier Nächte später schlägt sie dem betrunkenen Holofernes nachts im Zelt mit seinem eigenen Schwert den Kopf ab. Mit dem Kopf kehrt sie nach Betulia zurück und alarmiert die Bürger, die daraufhin die Assyrer besiegen. Alle danken Gott dafür (siehe S. 131).

Zusätze zu Ester

Die Septuaginta, die griechische Version der jüdischen Bibel, enthält sechs Passagen des Buches Ester, von denen es kein hebräisches Original gibt:

1. Mordechai träumt von kommenden Ereignissen und warnt den König vor zwei verräterischen Eunuchen (eingefügt vor Ester 1,1).
2. Der Text des Dekretes des Königs, durch das die Juden im Reich ausgerottet werden sollen, wird zitiert (eingefügt nach 3,13).
3. Mordechai und Ester bitten Gott um Befreiung (eingefügt nach 4,17).
4. Ester nähert sich dem König, um sein Verständnis zu suchen (5,1–2).
5. Der Text des Dekretes, das das vorige aufhebt, wird zitiert (eingefügt nach 8,12).
6. Mordechai erkennt die Bedeutung seines ursprünglichen Traumes (eingefügt nach 10,3).

Judit mit Holofernes' Haupt (Jud 13,9).

Weisheit Salomos

Der Autor legt seine Schrift König Salomo in den Mund. Er rühmt die Weisheit und ihr Wirken in Glaube und Leben. Er stellt das irdische Leben der Gottlosen und ihr Schicksal jenem der Gläubigen gegenüber. Der Autor versteht Gott als die höchste Weisheit und betrachtet die Geschichte Israels im Lichte dieses Verständnisses (siehe S. 126 und 131).

Jesus Sirach

Eine Sammlung von Sprüchen über verschiedene Themen. Die Weisheit wird als göttliche Frau gerühmt. Die Schrift mündet in eine Hymne an Gott und dankt ihm (siehe S. 127).

Baruch

Baruch, ein Anhänger Jeremias, lebt mit den Verschleppten in Babylon. In seinen Gebeten bereut er Unglauben und die Korruption, die er für den Grund der gegenwärtigen Leiden hält. Durch seine Buße erfährt er die Barmherzigkeit Gottes. Gott hat Israel bestraft, wird das Volk aber neu erstehen lassen und Jerusalem wieder aufbauen.

Der Brief des Jeremia

Dieser Text bildet meist das letzte Kapitel des Buches Baruch und scheint vom Propheten Jeremia selbst zu stammen. Das babylonische Exil, sagt Jeremia, wird lange dauern, aber nicht ewig. Die Verschleppten sollen keine schlechten Gewohnheiten wie den Götzendienst annehmen. Fremde Götter können Recht und Unrecht nicht unterscheiden, sie können nicht einmal ein Gelübde oder einen Fluch absegnen. Sie sind einfach leblose

Objekte, von denen man sich fernhalten soll.

Zusätze zu Daniel

1. Das Gebet Asarjas und der Lobgesang der drei Juden (oder drei jungen Männer)
Schadrach, Meschach und Abed-Nego, Daniels Freunde, singen Gott eine Hymne des Lobes und der Reue, als sie im Feuerofen sitzen (in der Septuaginta eingefügt nach Dan 3,32).

2. Susanna und die Ältesten
Zwei ältere Männer begehren die schöne junge Susanna und als sie sich ihnen verweigert, bringen sie sie aufgrund einer falschen Anklage wegen Ehebruches vor Gericht. Sie wird zum Tode verurteilt, aber Daniel greift ein und beweist, daß die Ältesten gelogen haben. Diese werden dafür zum Tode verurteilt (Dan 13 in der Septuaginta).

3. Bel und der Drachen
König Kyros ist zornig darüber, daß Daniel die Statue des Bel verachtet, dem jeden Tag eine große Menge Essen und Trinken geopfert wird. Daniel beweist dem König, daß es nicht der Götze ist, der die Lebensmittel verschlingt, sondern die Priester und ihre Familien, die durch eine Geheimtüre in das Heiligtum eindringen. Der wütende König läßt die Priester hinrichten, und Daniel zerstört den Götzen. Später tötet er auch einen Drachen, der von den Babyloniern angebetet wird. Dafür wird der König vom aufgebrachten Volk gezwungen, Daniel in eine Löwengrube zu werfen. Aber die Löwen lassen Daniel unversehrt, und er wird von Nebukadnezar befreit, der statt dessen seine Feinde den Löwen vorwirft, die sofort verschlungen werden (Dan 14 in der Septuaginta).

1 Makkabäer
Ein Bericht über die Geschichte der Juden unter Alexander dem Großen und seinen Nachfolgern, vor allem unter dem Seleukidenkönig Antiochus IV. Epiphanes (der 175–164 v. Chr. regierte). Das Buch berichtet von den Verfolgungen und dem Makkabäeraufstand (siehe S. 138–141). Antiochus entweiht den Tempel in Jerusalem. Zwei Jahre später gibt er ein Dekret heraus, das den Juden viele Dinge in der Ausübung ihrer Religion verbietet. Der alte Priester Mattatias greift zu den Waffen, um den Glauben zu verteidigen. Nach seinem Tod übernimmt sein Sohn, Judas Makkabäus, das Kommando und erreicht einige Siege, wobei der Tempel gereinigt und neu eingeweiht wird – daran erinnert heute noch das jährliche jüdische Hanukka-Fest. Judas fällt im Kampf, nachdem er mit den Römern einen Vertrag abgeschlossen hat. Seine Nachfolge tritt sein Bruder Jonatan an, der zum Hohenpriester ernannt wird. Aber die Seleukiden erobern Jerusalem und den Tempel zurück, und Jonatan wird getötet. Sein Bruder Simon ist wieder siegreich und leitet eine kurze Blütezeit ein, bevor er verraten und umgebracht wird. Das Buch endet mit dem Aufstieg von Johannes Hyrkanus als Oberhaupt der Makkabäer-Dynastie (siehe S. 140–141).

2 Makkabäer
Verschiedene Episoden aus 1 Makkabäer werden hier durch moralische und religiöse Zusätze erweitert. Das Hauptthema des Buches ist das ewige Heiligtum des Tempels und der wahre Glaube. Standhaftigkeit im Glauben wird durch schreckliche Martyrien beispielhaft dargestellt. Ein Verweis auf die Auferstehung der Toten (2 Makk 12,43–45) hat die christliche Theologie beeinflußt.

3 Makkabäer
Die Ereignisse in 3 Makkabäer spielen ungefähr ein halbes Jahrhundert vor 1 Makkabäer. Ptolemaios IV. Philopator, der griechische König von Ägypten, besiegt Antiochus III. von Syrien und verwüstet die Tempel seines Gebietes. Wie durch ein Wunder wird er vom Tempel in Jerusalem ferngehalten und ordnet deshalb die Verfolgung der Juden in Ägypten an. In Alexandria werden die Juden zusammengetrieben und 500 aufgehetzte Elefanten auf sie losgelassen. Durch ein Wunder zertrampeln sie aber anstelle der Juden die Ägypter. Ptolemaios bereut schließlich seine Verfolgungen und befreit die Juden in seinem Reich.

4 Makkabäer
Dieses Werk ist philosophischer Art. Der Autor möchte nicht nur vermitteln, daß der unbedingte Gehorsam dem jüdischen Gesetz gegenüber den Kardinalstugenden entspricht, sondern auch, wie dieser Gehorsam den Triumph des Geistes über den Körper darstellt. In 2 Makkabäer erwähnte Martyrien werden als Beispiele dafür aufgezeigt, wie unerschütterlicher Glaube zum Heil führen kann.

3 Esra
Eine alternative Zusammenstellung von elf Kapiteln aus 2 Chronik, dem gesamten Buch Esra und ein oder zwei Kapiteln aus Nehemia. Es beinhaltet auch noch zusätzliche Texte, im besonderen ein altes Gleichnis über „die stärkste Sache der Welt", die sich nach langer Diskussion als die „Wahrheit" herausstellt.

4 Esra
Ein teils jüdisches, teils christliches Buch, das zum Genre der Apokalyptik gehört (siehe S. 136–137). Das Werk handelt von der Auferstehung der Toten und vom Messias, der in Glanz und Ruhm 400 Jahre lang regieren wird. Am Ende seiner Herrschaft wird die ganze Menschheit sterben, aber innerhalb von sieben Tagen werden die Gerechten aller Zeiten auferstehen

und in einem neuen, glorreichen Jerusalem willkommen geheißen.

Das Gebet von Manasse

Ein Bußpsalm, der vorgibt, ein Gebet von König Manasse von Juda (siehe S. 106) an Gott zu sein, in dem er seinen früheren Abfall von Gott bereut und auf göttliche Vergebung hofft.

Psalm 151

Ein Psalm, der angeblich von David nach seinem Sieg über den Riesen Goliat verfaßt wurde. David rühmt sich selbst als Gottes Auserwählter und als Führer des neu erstandenen Israel.

DAS NEUE TESTAMENT

Matthäus

Die Evangelien von Matthäus, Markus und Lukas sind einander sehr ähnlich und werden als die synoptischen Evangelien bezeichnet (siehe S. 148–151). Jedes Evangelium erzählt vom Leben Jesu, seinen Taten, seinen Lehren, seinem Tod und seiner Auferstehung. Matthäus ist das Werk eines jüdischen Christen, der Jesus als den Messias anerkennt. Sein Kommen, so behauptet Matthäus, wurde in den Schriften vorhergesagt. Jesus verkörpert die Erfüllung der Verheißungen Gottes, die Errichtung eines neuen Bundes und das Kommen des Himmelreiches. Matthäus beginnt mit einem Stammbaum Jesu. Einzigartig in diesem Evangelium sind die Geschichten der Weisen aus dem Morgenland, des Massakers an den unschuldigen Kindern, der Flucht nach Ägypten (siehe S. 158–159) und der Bergpredigt (obwohl Lukas eine ähnliche, aber viel kürzere Version

Jesus steigt aus seinem Grab (Mt 28,6), während die Wachen schlafen (Mt 27,66).

davon erzählt; siehe S. 168–169). Der Evangelist verwendet häufig Zitate aus dem Alten Testament.

Markus

Das kürzeste und wahrscheinlich früheste aller Evangelien. Trotzdem werden die großen Leiden Jesu – die Feindseligkeit seitens der Autoritäten und das Unverständnis seiner Jünger ihm gegenüber – sehr anschaulich dargestellt. Der Bericht von Markus beginnt mit der Taufe Jesu und endet abrupt nach der Erscheinung Jesu vor den beiden Marien am Grab (16,8). Der Abschnitt nach 16,8 stammt von einem anderen Autor.

Lukas

Nach seinem literarischen Stil ist Lukas ein griechischer Autor. Sein

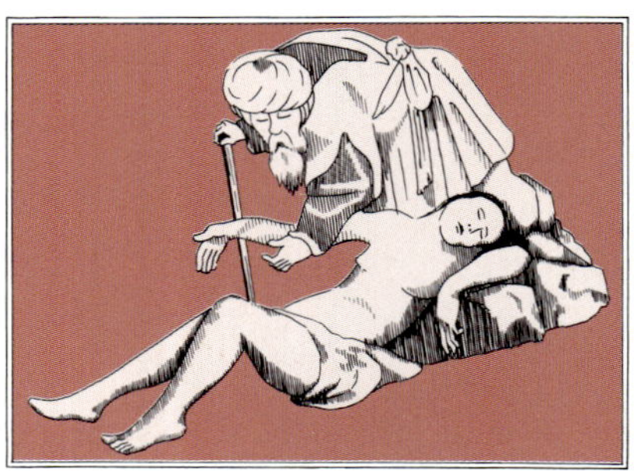

Der Samariter versorgt den Verwundeten auf der Straße nach Jericho (Lk 10,30–37).

Evangelium ist der erste Band eines zweibändigen Werkes (der zweite Band ist die Apostelgeschichte, siehe unten). Zusammen erzählen sie die Geschichte des Glaubens von der Geburt Johannes des Täufers an bis zu den Predigten des Apostels Paulus in der Hauptstadt des Römischen Reiches. Lukas bemüht sich während des gesamten Werkes um historische Authentizität. Seine Botschaft ist in erster Linie an Nichtjuden gerichtet und schwächt deshalb die speziell jüdischen Aspekte im Leben Jesu und in seinen Lehren ab. Ein Hauptthema sind das Mitleid mit den Armen und die Vergebung Gottes durch Jesus, wodurch allen Menschen das Heil offensteht.

Zahlreiche Episoden kommen nur bei Lukas vor, wie z. B. die Verkündigung der Geburt Johannes des Täufers (siehe S. 152–153), die Verkündigung an Maria und die Erzählung von der Geburt Jesu in Betlehem, die Darstellung Jesu im Tempel (siehe S. 157) und die Geschichte vom zwölfjährigen Jesus im Tempel (siehe S. 161) sowie viele der bekanntesten Gleichnisse, wie die Geschichte vom barmherzigen Samariter oder vom verlorenen Sohn (siehe S. 174).

Johannes

Der mystischste unter den Evangelisten, der üblicherweise mit dem Apostel Johannes, dem Sohn des Zebedäus identifiziert wird, scheint andere Quellen als die Synoptiker herangezogen zu haben (siehe S. 148–151). Der erste Teil des Evangeliums nach Johannes (2–12) besteht aus sechs längeren Reden, die sechs Wunder erklären. Der Rest des Evangeliums beinhaltet weitere Reden Jesu (siehe S. 176–177). Das Besondere am Johannesevangelium sind der Prolog vom Logos (Wort) (Joh 1), die Gespräche mit Nikodemus und der Samariterin am Brunnen, die Fußwaschung und die Abschiedsreden an seine Jünger.

Die Apostelgeschichte

Der Evangelist Lukas (siehe oben) setzt sein Werk in der Apostelgeschichte fort. Er beschreibt, wie die Apostel zu Pfingsten den Heiligen Geist empfangen und sofort anfangen, zu predigen (siehe S. 216–217). Mehrere von ihnen (obwohl nicht alle zwölf in der Apostelgeschichte erwähnt werden) vollbringen Wunder (siehe S. 218–219), und bald versuchen die Machthaber, sie aufzuhalten. Der erste Anhänger Jesu, der

Paulus entkommt aus Damaskus, indem er in einem Korb die Stadtmauern hinuntergelassen wird (Apg 11,25).

den Märtyrertod stirbt, ist Stephanus. Er wird zu Tode gesteinigt. Der junge Saulus/Paulus aus Tarsus in Kleinasien ist bei der Steinigung anwesend, die er befürwortet (siehe S. 222–223).

Auf seinem Weg nach Damaskus erlebt Saulus/Paulus eine Vision, wodurch sich seine Einstellung schlagartig ändert. Er läßt sich taufen, beginnt das Evangelium zu predigen und wird dadurch selbst ein Ziel der Verfolgung (siehe S. 226–227).

Auch außerhalb von Palästina entstehen christliche Gemeinden, vor allem in Antiochia in Syrien, von wo aus Paulus und sein Begleiter Barnabas zu einer Missionsreise nach Kleinasien aufbrechen. Paulus macht noch weitere Reisen nach Kleinasien und Griechenland (siehe S. 232–233). Vor seiner zweiten Reise nimmt er an einer wichtigen Versammlung der Apostel in Jerusalem teil. Diese Versammlung legt fest, daß zum Christentum konvertierte Nichtjuden nicht den strikten jüdischen Anforderungen entsprechen müssen, was Beschneidung und Speisegesetze betrifft (siehe S. 229).

Nach seiner dritten Reise kehrt Paulus nach Jerusalem zurück, wo er von den jüdischen Behörden verfolgt wird. Als römischer Staatsbürger ruft er die Römer um Hilfe an und schafft es schlußendlich, daß sein Fall vor den Kaiser gebracht wird (siehe S. 234–235). Er segelt nach Rom (siehe S. 236–237), und die Apostelgeschichte endet damit, daß Paulus in der Hauptstadt unter Hausarrest gestellt wird, von wo aus er weiterhin das Evangelium predigt. Lukas erwähnt nichts von seinem weiteren Schicksal (siehe S. 240–241).

Der Brief an die Römer

In seinem Brief an die Gemeinde in Rom schreibt Paulus, daß der Glaube an die Wahrheit und die Gerechtigkeit Gottes alle Christen zum Heil führen wird, egal, ob sie jüdischer oder nichtjüdischer Abstammung sind. Das neue Israel ist Nachfolger des alten Israel. Der Glaube allein befreit und rettet von Sünde und Tod. Die Menschen sollen einander lieben, und sie sollen auch jene Leben, die gegen sie handeln. Das weltliche Gesetz sollte eingehalten werden (siehe S. 245).

Der 1. Brief an die Korinther

Paulus ermahnt die Gemeinde von Korinth zur Einigkeit angesichts von Spaltungstendenzen. Er spricht über sexuelle Moral, Ehe, Scheidung, die Eucharistie und die Wichtigkeit der Liebe (siehe S. 243).

Der 2. Brief an die Korinther

Dieser Brief ist wahrscheinlich eine Zusammenfassung aus verschiedenen Paulus-Briefen und drückt unter anderem auch Paulus' Enttäuschung darüber aus, daß sein erster Brief nicht viel Wirkung zeigte.

Der Brief an die Galater

Paulus schreibt diesen Brief mit dem Ausdruck großer Sorge darüber, daß die Kirche der Galater sich so schnell vom wahren Evangelium abwendet. Die Galater sollen nicht jenen folgen, die sagen, daß die Christen dem jüdischen Recht folgen und sich beschneiden lassen müssen. Paulus besteht darauf, daß die jüdischen Traditionen für die Christen nicht zwingend sind, denn der Glaube an Jesus ist wichtiger als die Gesetzbücher (siehe S. 244–245).

Der Brief an die Epheser

Paulus gilt allgemein als Autor dieses Briefes, was jedoch umstritten ist. Der Autor stellt fest, daß die Gläubigen weder Juden noch Nichtjuden sind, sondern einfach Christen, ein Teil der Gemeinschaft Gottes. Der Autor fordert gegenseitigen Respekt zwischen Besitzern und Sklaven, Arbeitgebern und Arbeitern.

Der Brief an die Philipper

Der Brief an die Gemeinde der Philipper stammt – wie allgemein anerkannt ist – von Paulus. Er hat einen auffällig persönlichen und leidenschaftlichen Ton. Paulus dankt Gott für das Werk der Philipper in der Verbreitung des Evangeliums und betet, daß ihre Liebe zueinander noch stärker wird, damit sie alle zusammen in Einheit und Demut für das Heil arbeiten können. Aber er warnt sie auch vor „Dienern des Bösen", die auf der Beschneidung bestehen (siehe S. 246–247).

Der Brief an die Kolosser
Der Brief an die Kolosser stammt wahrscheinlich nicht von Paulus. Sollte er dennoch der Autor sein, wurde der Brief wahrscheinlich zur selben Zeit an die Kolosser gesendet wie der Brief an Philemon (siehe unten). Der Brief preist Christus als „den Erstgeborenen aller Schöpfung", das Oberhaupt der universellen Kirche. Der Brief fordert seine Adressaten auf, an Jesus festzuhalten, weil er alle Menschen erlöst und ihnen ihre Sünden vergeben hat. Paulus ruft die Kolosser dazu auf, den Versuchungen des Fleisches zu widerstehen, die der Vergangenheit angehören sollen (siehe S. 248).

Der 1. Brief an die Thessalonicher
Der erste Brief an die Thessalonicher gilt eigentlich als erster Brief des Paulus. Er dankt Gott für den Glauben derer, die er anspricht, da sie in der Not für alle ein Beispiel darstellen. Er ruft sie auch dazu auf, sich von sexueller Freizügigkeit fernzuhalten und aufrechte, gesetzestreue Bürger zu sein, die bereit sind, hart zu arbeiten. Er versichert die baldige Wiederkunft Christi (siehe S. 242).

Der 2. Brief an die Thessalonicher
Ob dieser zweite Brief an die Thessalonicher Paulus zugeschrieben werden kann, ist sehr umstritten. Allerdings greift er viele Themen aus dem ersten Brief wieder auf, wie z.B. die Wiederkunft Christi. Diese Wiederkunft wird durch einen „Gesetzlosen" hinausgezögert, der den Tempel besetzen und sich für Gott ausgeben wird (siehe S. 242).

Der 1. Brief an Timotheus
Der erste der „Hirtenbriefe", in denen es um die Leitung der christlichen Gemeinden und die Betreuung der Gläubigen geht (siehe S. 240). Es ist umstritten, wer der Autor dieses und der folgenden zwei Briefe ist. Der Autor sagt, daß Jesus auf die Welt kam, um die Sünder zu retten, und daß Jesus, wenn er sogar gegenüber dem größten Sünder (Paulus, der als Christenverfolger begonnen hatte) Erbarmen zeigt, jeden erretten wird, der an ihn glaubt.

Die Leiter der Gemeinden sollen die Menschen führen und ihnen ein gutes Beispiel geben. Der Autor gibt Anweisungen in bezug auf Witwen, Ältere und Sklaven. Wenn sie für ihren Glauben wirklich kämpfen, werden die Gläubigen das ewige Leben erreichen (siehe S. 241).

Der 2. Brief an Timotheus
Der zweite Hirtenbrief. Der Autor, möglicherweise nicht Paulus, ruft seinen Empfänger, den er sehr herzlich anspricht, auf, mit der Kraft, die er durch die Gnade Jesu erhält, Zeugnis für das Evangelium abzulegen. Als Lehrer des Evangeliums sollte er darauf vorbereitet sein, Leid zu erleben, wie es der Autor tut, denn wenn die Gläubigen zusammenhalten, werden sie mit Jesus regieren. Der Autor fleht Timotheus an, die fadenscheinigen Diskussionen zu meiden, die die Menschen vom rechten Weg abbringen. Er soll sich an die Wahrheit und an das halten, was er gelehrt worden ist (siehe S. 241).

Der Brief an Titus
Der dritte und letzte der Hirtenbriefe. Wieder ist Paulus als Autor umstritten. Der Autor beauftragt seinen Adressaten, auf Kreta Kirchenälteste zu ernennen. Die Ältesten müssen eine solide Lehre verbreiten, um gegen die jüdischen Mythenlehrer anzukommen. Er gibt Beispiele von solchen soliden Lehren und dem dazugehörigen Verhalten.

Der Autor gibt auch Anweisungen, wie das Leben eines Christen zu führen ist. Jene, die auf die Wiederkunft Christi warten, werden sich gegenüber allen anständig verhalten. Das soll der Adressat seiner Gemeinde deutlich machen (siehe S. 241).

Der Brief an Philemon
Paulus schrieb den Brief an Philemon aus dem Gefängnis, wo er Onesimus, den entlaufenen Sklaven von Philemon, getroffen und getauft hat. Paulus sendet Onesimus mit dem Brief nach Hause zurück, in dem er Philemon, einen Leiter der Gemeinde in Kolossä bittet, Onesimus wieder aufzunehmen (der Brief wurde wohl zur selben Zeit abgeschickt wie der Brief an die Kolosser). Er bittet Philemon auch, Onesimus nicht als Sklaven, sondern als neuen Bruder in Christus zu behandeln. Paulus bietet Ersatz für alles, was Onesimus gestohlen haben mag, als er entfloh, und fügt noch hinzu, daß Philemon den Sklaven freilassen soll, damit dieser

Der Apostel Petrus, dem der 1. Brief des Petrus zugeschrieben wird.

weiterhin im Gefängnis für den Autor arbeiten kann (siehe S. 247).

Der Brief an die Hebräer
Der Autor des Briefes an die Hebräer wird nicht genannt. Der Brief zeigt, daß Jesus die Erfüllung von Gottes Verheißungen an Israel repräsentiert. Sein Opfer alleine sühnt die Sünden der Menschheit. Das Heil kommt durch den Glauben an ihn und seine Werke (siehe S. 250–251).

Der Brief des Jakobus
Dieser Brief soll von Jakobus, dem Bruder Jesu, stammen. Der Autor spricht eine Gruppe von jüdischen Christen an, denen gesagt wird, sie sollen ihre Verfolgung als Privileg ansehen und die Versuchung als Gelegenheit, das Richtige zu tun. Sie sollen den Armen helfen, vor allem, wenn sie selbst wohlhabend sind (siehe S. 251).

Der 1. Brief des Petrus
Der erste der zwei Petrusbriefe wird normalerweise dem Apostel Petrus zugeschrieben. Der Autor ermuntert die Gläubigen angesichts der Feindseligkeiten, denen sie ausgesetzt sind. Sie sollen einander ehrlich lieben und Jesus folgen (siehe S. 252).

Der 2. Brief des Petrus
Dieser Brief wird im allgemeinen nicht Petrus zugeschrieben. Der Autor schreibt, daß er nicht mehr viel Zeit auf dieser Erde hat. Er verurteilt Irrlehrer und sagt, daß die Erwartung der Wiederkunft Christi nie aufgegeben werden darf.

Der 1. Brief des Johannes
Der erste der drei Briefe, die normalerweise dem Apostel Johannes, dem Sohn des Zebedäus, zugeschrieben werden. Der Autor verurteilt jene, die leugnen, daß Jesus in Fleisch und Blut unter den Menschen lebte und litt, und ruft sie dazu auf, in Liebe zusammenzuhalten (siehe S. 253).

Das Tier mit den zwei Hörnern und die Menschen, die es anbeten (Offb 13,11–12).

Der 2. Brief des Johannes
Dieser Brief ist von einem anderen Autor, der sich selbst „der Älteste“ nennt. Gläubige müssen einander lieben und dürfen sich nicht enttäuschen lassen durch jene, die sagen, daß Jesus nie Mensch geworden sei (siehe S. 253).

Der 3. Brief des Johannes
Der Autor des dritten Briefes nennt sich auch „der Älteste“. Der Brief ist an „Gaius“ gerichtet und beschuldigt den Leiter der Gemeinde des Gaius, nicht gastfreundlich zu sein und falsche Beschuldigungen zu verbreiten.

Der Brief des Judas
Der Brief wird Judas, einem Bruder Jesu, zugeschrieben. Er ruft die Adressaten auf, an ihrem Glauben festzuhalten und sich vor Irrlehrern in acht zu nehmen (siehe S. 253).

Die Offenbarung des Johannes (Die Apokalypse)
Normalerweise dem Apostel Johannes, Sohn des Zebedäus, zugeschrieben, ist die Offenbarung in Form von sieben Briefen an die Gemeinden von Kleinasien gerichtet. Der Autor hat eine große apokalyptische Vision von einem Opferlamm. Das Lamm erhält von Gott eine Schriftrolle und bricht nacheinander die sieben Siegel: Die ersten vier Siegel bringen apokalyptische Reiter hervor, die nächsten zwei lassen Tote auferstehen, und das letzte Siegel bringt Stille. Sieben Engel blasen dann nacheinander ihre Posaunen. Die ersten sechs Posaunen verursachen große Zerstörung auf der Erde, die siebte verbindet die Überreste mit dem Himmel. Eine Frau gebiert ein Kind, das in den Himmel aufgenommen wird. Die Engel unter dem Erzengel Michael besiegen den siebenköpfigen Drachen. Zwei schreckliche Tiere steigen aus dem Meer, von denen das eine (siehe Bild oben) die Menschen dazu bringt, es anzubeten.

Das Jüngste Gericht bricht an. Sieben Engel gießen Schalen des Zornes über die Welt und die Tiere. Die Städte stürzen ein und verschwinden. Babylon, die „große Hure“, verbrennt und wird von der Welt beklagt. Im Himmel ertönen Jubellieder. Eine neue Zeit bricht an, nach der der Satan vor seiner endgültigen Vernichtung für kurze Zeit freigelassen wird. Dann gibt es einen neuen Himmel und eine neue Erde mit der neuen messianischen Stadt Jerusalem (siehe S. 254–256).

GLOSSAR

Altes Testament: Der erste Teil der christlichen Bibel, der nach christlichem Glauben den Bund bezeugt, den Gott vor der Ankunft Jesu mit der Menschheit geschlossen hat. Das Alte Testament besteht aus den Büchern der jüdischen Bibel mit oder ohne Apokryphen (siehe oben), je nach Tradition. Auch die Anordnung der Bücher ist in der jüdischen Bibel und im Alten Testament nicht gleich (siehe auch **Neues Testament**).

Apokryphen: Schriften, die nicht allgemein zum Kanon der Schriften gehören. Dazu zählen jüdische Apokryphen, wie die Bücher Judit und Tobit (siehe S. 130–131), sowie die Bücher der Makkabäer (siehe S. 141), die im Judentum und einigen christlichen Kirchen nicht Teil des Kanons sind. In den meisten Fällen sind dies Werke, die in der griechischen Septuaginta (siehe unten) zu finden sind, für die aber zur Zeit der Entstehung des Kanons kein hebräisches Original existierte, auch wenn sie ursprünglich vielleicht auf Hebräisch verfaßt worden sind, wie z.B. die Bücher Jesus Sirach (siehe S. 127) und 1 Makkabäer. Im römisch-katholischen Kanon werden viele dieser Werke als deuterokanonisch bezeichnet. Das bedeutet, daß sie sich zwar vom Hauptteil der Schriften abheben, deshalb aber nicht von geringerem Wert sind. Christliche Apokryphen beinhalten frühe christliche Schriften, die nicht Teil des Neuen Testamentes sind, wie apokryphe Evangelien und Briefe (siehe S. 149).

Aramäisch: Die semitische Sprache von Aram (Syrien). Eng mit dem Hebräischen verwandt (siehe unten), das es im 1. Jahrhundert n. Chr. zumindest im Norden Palästinas (siehe unten) größtenteils als Alltagssprache abgelöst hatte. Es war ziemlich sicher die Sprache, die von Jesus und seinen Jüngern gesprochen wurde. Aramäisch und sein Dialekt, Altsyrisch, werden in ländlichen Gebieten Syriens immer noch gesprochen. Altsyrisch ist die Sprache der syrisch-orthodoxen Kirche (siehe auch S. 98 und 214).

Christus siehe **Messias**

deuterokanonisch siehe **Apokryphen**

Deuterojesaja: Ein anderer Name für den biblischen Autor, der als Zweiter Jesaja bekannt ist (griechisch *deuteros*, „zweiter"; siehe auch S. 113).

Diaspora: Die Verbreitung der Juden außerhalb ihrer angestammten Heimat Palästina, ein Prozeß, der mit der babylonischen Eroberung Jerusalems im frühen 6. Jahrhundert begonnen hat (siehe S. 110–113).

Eschatologie: Eine Vorstellung, nach der das Ende der Welt bevorsteht. Adjektiv: eschatologisch.

Evangelist: Jemand, der die „Frohe Botschaft" von der Ankunft Christi verkündet (griechisch *evangelion*). Der Ausdruck wird insbesondere für die Autoren der vier kanonischen Evangelien verwendet (siehe S. 148–151).

Hebräisch: Die Sprache der Israeliten. In den späteren Jahrhunderten v. Chr. wurde es langsam durch die verwandte semitische Sprache Aramäisch (siehe oben) und von Griechisch als Landessprache des nördlichen Palästinas und der Küstengebiete ersetzt. Allerdings blieb es als die ursprüngliche Sprache der jüdischen Schriften für liturgische und priesterliche Zwecke sowie als Sprache der Gelehrten in Gebrauch. Im späten 19. Jahrhundert wurde Hebräisch als gesprochene Sprache im Rahmen der zionistischen Bewegung wiederbelebt. Heute ist es die offizielle Sprache des modernen Staates Israel.

Hellenismus: Die weitverbreitete Übernahme der griechischen Sprache und Kultur im Nahen Osten und im Mittelmeerraum in der Zeit nach den Eroberungen Alexander des Großen (356–323 v. Chr.), als die Region zum Großteil von den ihm nachfolgenden Dynastien beherrscht wurde. Die sogenannte hellenistische Periode dauerte ca. von 300 v. Chr. bis zum Aufstieg des Römischen Reiches (siehe S. 132–133; 138–139).

Kanaaniter: In der Bibel beinhaltet der Ausdruck alle vor-israelitischen Einwohner Palästinas. Genauer sind damit oft die Phönizier gemeint, das Seevolk, das in den Küstenregionen des heutigen Syriens, Libanons und Israels lebte. Vor der Entdeckung kanaanitischer Schriften in den Ruinen von Ugarit (heute Ras Shamra, Syrien) war die Bibel die Hauptquelle für Informationen über die kannanitische Religion und deren Götter wie z. B. Baal (siehe S. 72).

Konfession: Ein Glaubensbekenntnis wie es vom Apostel Petrus Jesus gegenüber gemacht wurde (siehe S. 188).

Messias (hebräisch „der Gesalbte"): In der jüdischen und christlichen Theologie ist der Messias der Retter, der von Gott gesandt wurde, um das Ende der Welt und den Beginn des Reiches Gottes (siehe S. 171) zu verkünden. In der christlichen Theologie ist Jesus der Messias, der deshalb auch Christus heißt, vom griechischen *Christos* oder *Khristos*, was mit Messias übersetzt wird. Adjektiv: messianisch.

nachexilisch: Bezieht sich auf die Periode nach der Rückkehr der Juden aus dem babylonischen Exil nach Juda im späten 6. Jahrhundert v. Chr.

Neues Testament oder **Neuer Bund:** Der zweite Teil der christlichen Bibel, der aus Schriften besteht, die nach christlichem Glauben den Bund (Testament) bezeugen, den Gott mit der Menschheit durch die Person, das Wirken, den Tod und die Auferstehung Jesu geschlossen hat. Das Neue Testament stellt Gottes letzten und wichtigsten Bund mit der Welt dar, der den Bund des Alten Testamentes sowohl ergänzt als auch ablöst (siehe oben). Die Bücher des Neuen Testamentes werden in drei Hauptkategorien unterteilt: die Evangelien (siehe S. 148–151); die Apostelgeschichte (siehe S. 214–237); und die Briefe (die Apostelbriefe und die Offenbarung des Johannes; S. 238–256).

Palästina: Die Region, die im Osten vom Jordan, im Süden von der Negevwüste und im Norden von den syrischen Golanhöhen begrenzt wird. Der Name bedeutet „Land der Philister" und wurde von den Griechen für die von den Philistern besetzte Küstengegend (siehe S. 77) verwendet. „Palästina" und „palästinensisch" werden in diesem Buch als rein geographische Bezeichnungen ohne politische Konnotation verwendet.

Passion: Die physischen und psychischen Leiden (lateinisch *passio*) Jesu in den letzten 24 Stunden seines Lebens, vom Moment der Verzweiflung im Garten Getsemani (siehe S. 196–197) bis zur Kreuzigung (siehe S. 206–207).

paulinisch: Vom Apostel Paulus oder zu Paulus gehörend.

Pentateuch (griechisch *Pentateuchos*, „fünfteiliges Werk"): Die ersten fünf Bücher der Bibel, die das Gesetz beinhalten (siehe S. 60–63; 118–119). Auch als die Tora bekannt (siehe unten), als Bücher Mose oder als Gesetz.

rabbinisch: Von den Rabbinern (jüdische Lehrer und Schriftgelehrte) oder zu den Rabbinern und ihren Lehren gehörend.

Septuaginta: Die griechische Übersetzung der Hebräischen Bibel, die so genannt wird, weil sie angeblich von 70 Gelehrten (lateinisch *septuaginta*, „siebzig") in Alexandria in Ägypten (siehe S. 132) übersetzt wurde. Die Septuaginta, die auch Schriften enthält, die von den Juden als nicht kanonisch und von einigen christlichen Traditionen als apokryph oder deuterokanonisch angesehen werden, ist das Alte Testament der griechisch-orthodoxen Kirche.

Synoptische Evangelien: Gemeinsamer Name der Evangelien nach Matthäus, Markus und Lukas (siehe S. 148–149).

Talmud: Kommentar zur Kodifizierung der mündlich überlieferten Tora (siehe S. 118) im 2. Jahrhundert v. Chr. Es gibt zwei Versionen: Ein Talmud entstand in Palästina um ca. 400 v. Chr., der andere in Babylonien ca. 550 v. Chr.

Tora (hebräisch „Gesetz"): Die ersten fünf Bücher der Bibel, die auch Pentateuch genannt werden (siehe oben) und das jüdische Gesetz beinhalten.

Zion, Berg: Der Tempelberg in Jerusalem, auf dem die Stadt Davids stand. Zion kann sich aber auch auf ganz Jerusalem beziehen.

ABKÜRZUNGEN

Die folgenden Abkürzungen werden in diesem Buch verwendet:

Allgemeine Abkürzungen

v. Chr.	vor Christus
n. Chr.	nach Christus
S.	Seite
vgl.	vergleiche
ca.	circa
bzw.	beziehungsweise
z. B.	zum Beispiel
d. h.	das heißt

Bibelzitate

Die Bücher der Bibel werden gemäß folgender Liste von Kurzformen und Abkürzungen zitiert. Kapitel und Verse werden durch einen Beistrich getrennt (,), eine Folge wird durch einen Bindestrich angegeben (–). 1 Samuel 9,24 (oder, in Klammer, 1 Sam 9,24) bedeutet daher: Kapitel 9, Vers 24 des ersten Buches Samuel; Apg 3,7–10 bedeutet: Kapitel 3, Verse 7 bis 10 der Apostelgeschichte; Matthäus 5–10 (oder Mt 5–10) bedeutet: Kapitel 5 bis 10 des Evangelium nach Matthäus. Manchmal werden Unterteilungen der Verse durch Buchstaben angegeben. Genesis 2,4a bedeutet daher, der erste Teil des Verses 4 von Kapitel 2 des Buches Genesis.

Kurzform	Abkürzung
Apostelgeschichte	Apg
Amos	Am
Baruch	Bar
Bel und der Drache	Bel
1 Chronik	1 Chr
2 Chronik	2 Chr
Daniel	Dan
Deuteronomium (5. Buch Mose)	Dtn
Epheser	Eph
1 Esra	1 Esra
2 Esra	2 Esra
3 Esra	3 Esra
4 Esra	4 Esra
Ester	Est
Exodus (2. Buch Mose)	Ex
Ezechiel	Ez
Galater	Gal
Gebet von Manasse	Geb Man
Genesis (1. Buch Mose)	Gen
Habakuk	Hab
Haggai	Hag
Hebräer	Hebr
Hohelied	Hld
Hosea	Hos
Ijob	Ijob
Jakobus	Jak
Jeremia	Jer
Jesaja	Jes
Jesus Sirach	Sir
Joël	Joël
Johannes oder viertes Evangelium	Joh
1 Johannes	1 Joh
2 Johannes	2 Joh
3 Johannes	3 Joh
Jona	Jon
Josua	Jos
Judas	Jud
Judit	Jdt
Klagelieder	Klgl
Kohelet	Koh
Kolosser	Kol

Kurzform	Abkürzung
1 Könige	1 Kön
2 Könige	2 Kön
1 Korinther	1 Kor
2 Korinther	2 Kor
Brief des Jeremia	Br Jer
Levitikus (3. Buch Mose)	Lev
Lukas	Lk
1 Makkabäer	1 Makk
2 Makkabäer	2 Makk
3 Makkabäer	3 Makk
4 Makkabäer	4 Makk
Maleachi	Mal
Markus	Mk
Matthäus	Mt
Micha	Mi
Nahum	Nah
Nehemia	Neh
Numeri (4. Buch Mose)	Num
Obadja	Obd
Offenbarung des Johannes	Offb
1 Petrus	1 Petr
2 Petrus	2 Petr
Philipper	Phil
Philemon	Phlm
Psalmen	Ps
Richter	Ri
Römer	Röm
Rut	Rut
Sacharja	Sach
1 Samuel	1 Sam
2 Samuel	2 Sam
Sprüche	Spr
Susanna	Sus
1 Thessalonicher	1 Thess
2 Thessalonicher	2 Thess
1 Timotheus	1 Tim
2 Timotheus	2 Tim
Titus	Tit
Tobit	Tob
Weisheit Salomos	Weish
Zefanja	Zef

WEITERFÜHRENDE LITERATUR

Einführungen

Alter, Robert, and Frank Kermode. *The Literary Guide to the Bible.* Cambridge, Mass.: Bellknap, 1987.

Anderson, Bernard W. *Understanding the Old Testament.* Englewood Cliffs, New Jersey: Prentice-Hall, 1985.

Bartlett, John R. *The Bible: Faith and Evidence.* London, England: British Museum, 1990.

Childs, Brevard S. *Introduction to the Old Testament as Scripture.* Philadelphia: Fortress, 1979.

The New Testament as Canon: An Introduction. Philadelphia: Fortress, 1985.

Clements, R. E., ed. *The World of Ancient Israel.* New York: Cambridge University, 1989.

Court, John M., and Kathleen M. Court. *The New Testament World.* Englewood Cliffs, New Jersey: Prentice-Hall, 1990.

Eissfeldt, Otto. *Einleitung in das Alte Testament.* 3. Aufl. Tübingen: 1964.

Koester, Helmut. *Einführung in das Neue Testament im Rahmen der Religionsgeschichte und Kulturgeschichte der hellenistischen und römischen Zeit.* Berlin, New York: de Gruyter, 1980.

Kümmel, Werner G. *Einleitung in das Neue Testament.* Heidelberg: Quelle und Meyer, 1965.

Metzger, Bruce M. *The New Testament: Its Background, Growth and Content.* Nashville, Tenn.: Abingdon, 1983.

Rendtorff, Rolf. *Das Alte Testament. Eine Einführung.* Neukirchen-Vluyn: Neukirchener, 1985.

van der Woude, ed. *The World of the Testament.* Grand Rapids, Mich.: Eerdmans, 1989.

Biblische Interpretationen, Textkritik und Übersetzung

Ackroyd, P. R., C. F. Evans, G. W. H. Lampe, and S. Greenslade. *The Cambridge History of the Bible.* 3 vols. Cambridge, England: Cambridge University, 1988.

Anderson, G. W., ed. *Tradition and Interpretation.* Oxford, England: Clarendon, 1979.

Coggins, R. J., and J. L. Houlden. *A Dictionary of Biblical Interpretation.* Philadelphia: Trinity, 1990.

Epp, Eldon Jay, and George W. MacHae, eds. *The New Testament and its Modern Interpreters.* Atlanta: Scholars, 1989.

Kenyan, Frederic. *Our Bible and the Ancient Manuscripts.* New York: Harder and Brothers, 1958.

Knight, Douglas A., and Gene M. Tucker, eds. *The Old Testament and its Modern Interpreters.* Atlanta: Scholars, 1985.

Kraft, Robert A., and George W. E. Nickelsburg, eds. *Early Judaism and its Interpreters.* Philadelphia: Fortress, 1986.

Kugel, James, and Rowan A. Greer. *Early Biblical Interpretation.* Philadelphia: Westminster and John Knox, 1986.

Levenson, Jon D. *The Hebrew Bible, the Old Testament, and Historical Criticism.* Louisville, Ky.: Westminster and John Knox, 1993.

Metzger, Bruce M. *The Text of the New Testament: its Transmission, Corruption, and Restoration.* New York: Oxford University, 1992.

Morgan, Robert, and John Barton. *Biblical Interpretation.* New York: Oxford University, 1988.

Neill, Stephen, and N. T. Wright. *The Interpretation of the New Testament, 1861-1986.* New York: Oxford University, 1988.

Nida, E. A. *The Book of a Thousand Tongues.* Rev. ed. New York: American Bible Society, 1972.

Orlinsky, Harry M., and Robert G. Bratcher. *A History of Bible Translation and the North American Contribution.* Atlanta: Scholars, 1991.

Wurthwein, E. *The Text of the Old Testament.* Grand Rapids, Mich.: Eerdmans, 1979.

Literarische Hintergründe

Ackroyd, P. R., A. R. C. Leaney, and J. W. Packer, gen. eds. *Cambridge Commentaries on Writings of the Jewish and Christian World 200BC to AD200.* New York: Cambridge University, 1985.

Barrett, C. K., ed. *The New Testament Background: Selected Documents.* Rev. ed. San Francisco: Harper and Row, 1989.

Charlesworth, James H., ed. *The Old Testament Pseudepigrapha.* 2 vols. Garden City, New York: Doubleday, 1983, 1985.

Dalley, S. *Myths from Mesopotamia: Creation, the Flood, Gilgamesh, and Others.* New York: Oxford University, 1989.

Gibson, J. C., ed. *Canaanite Myths and Legends.* Edinburgh, Scotland: T. and T. Clark, 1978.

Gray, John. *Near Eastern Mythology.* London, England: Hamlyn, 1969.

Hennecke, E. *New Testament Apocrypha.* 2 vols. Nashville: Westminster and John Knox, 1991.

Leick, G. *A Dictionary of Ancient Near Eastern Mythology.* New York: Routledge, 1991.

Ogilvie, R. M. *The Romans and their Gods.* London, England: Hogarth, 1986.

Pritchard, James B., ed. *Ancient Near Eastern Texts Relating to the Old Testament: The Ancient Near East in Pictures Relating to the Old Testament.* Rev. ed. Princeton: Princeton University, 1970.

Ringgren, Helmer. *Religions of the Ancient Near East.* Philadelphia: Westminster, 1973.

Saggs, H. W. F. *The Greatness that was Babylon.* London, England: Sidgwick and Jackson, 1988.

Shafer, B., ed. *Religion in Ancient Egypt: Gods, Myths, and Personal Practice.* New York: Routledge, 1991.

Stone, Michael E., ed. *Jewish Writings of the Second Temple Period: Apocrypha, Pseudepigrapha, Qumran, Sectarian Writings, Philo, Josephus.* Philadelphia: Fortress, 1984.

Vermes, Geza. *The Dead Sea Scrolls in English.* Sheffield, England: JSOT, 1987.

Vernant, J. P. *Myth and Society in Ancient Greece.* New York: Zone Books, 1989.

Wiseman, D. J., ed. *Peoples of Old Testament Times.* Oxford, England: Clarendon, 1975.

Geschichte und Archäologie

Ben-Tor, Amnon, ed. *The Archaeology of Ancient Israel.* New Haven, Conn.: Yale University, 1991.

Garbini, Giovanni. *History and Ideology in Ancient Israel.* London, England: SCM Press, 1988.

Herrmann, Siegfried. *A History of Israel in Old Testament Times.* Philadelphia: Fortress, 1981.

Jagersma, Henk. *A History of Israel from Alexander the Great to Bar Kochba.* Philadelphia: Fortress, 1986.

Kenyon, Kathleen M. *The Bible and Recent Archaeology.* Rev. ed. London, England: British Museum, 1987.

Miller, J. Maxwell, and John H. Hayes. *A History of Ancient Israel and Judah.* Philadelphia: Westminster, 1986.

Schürer, Emil. *The History of the Jewish People in the Time of Jesus Christ.* Rev. ed. by Geza Vermes and Fergus Miller. Edinburgh, Scotland: T. and T. Clark, 1973-87.

Soggin, J. Alberto. *An Introduction to the History of Israel and Judah*, London, England: SCM Press, 1993.

de Vaux, Roland. *The Early History of Israel*. Philadelphia: Westminster, 1978.

Wilkinson, John. *The Jerusalem Jesus Knew: An Archaeological Guide to the Gospels*. New York: Thomas Nelson, 1983.

Wright, G. Ernest. *Biblical Archaeology*. Philadelphia. Westminster, 1957.

Anthropologie, Soziologie und Völkerkunde

Gaster, Theodor H. *Myth, Legend, and Custom in the Old Testament*. New York and Evanston: Harper and Row, 1969.

Gottwald, N. K. *The Tribes of Yahweh: A Sociology of the Religion of Liberated Israel, 1250–1000BC* Maryknoll, New York: Orbis, 1979.

Lang, B., ed. *Anthropological Approaches to the Old Testament*. Philadelphia: Fortress, 1985.

Lemche, N. P. *Early Israel: Anthropological and Historical Studies on the Israelite Society before the Monarchy*. Leiden: Brill, 1985.

Meeks, W. A. *The first Urban Christians: The Social World of the Apostle Paul*. New Haven, Conn.: Yale University, 1983.

Niditch, Susan. *Folklore and the Hebrew Bible*. Minneapolis, Minn.: Fortress, 1993.

Rogerson, J. W. *Anthropology and the Old Testament*. Sheffield, England: JSOT, 1984.

Stambaugh, John E., and David L. Balch. *The New Testament and its Social Environment*. Philadelphia: Westminster, 1986.

de Vaux, Roland. *Ancient Israel: Its Life and Institutions*. New York: McGraw-Hill, 1965.

Wilson, R. R. *Sociological Approaches to the Old Testament*. Philadelphia: Fortress, 1984.

Geographie

Aharoni, Yohanan. *The Land of the Bible: A Historical Geography*. Philadelphia: Westminster, 1979.

Bahat, Dan. *The Illustrated Atlas of Jerusalem*. New York: Simon and Schuster, 1990.

Baly, Denis. *The Geography of the Bible*. Philadelphia: Fortress, 1987.

Brueggemann, W. *The Land: Place as Gift, Promise, and Challenge in Biblical Faith*. Philadelphia: Fortress, 1986.

May, Herbert G. *Oxford Bible Atlas*, 3rd ed. rev. by John Day. New York: Oxford University, 1984.

Religion, Theologie und Literatur

Blenkinsopp, Joseph. *The Pentateuch: An Introduction to the First Five Books of the Bible*. Garden City, New York: Doubleday, 1992.

Coggins, R., A. Phillips, and M. Knibb. *Israel's Prophetic Tradition*. New York: Cambridge University, 1982.

Conzelmann, Hans. *An Outline of the Theology of the New Testament*. New York: Harper and Row, 1969.

Cross, Frank Moore. *Canaanite Myth and Hebrew Epic: Essays in the History of the Religion of Israel*. Cambridge, Mass.: Harvard University, 1973.

Dunn, J. G. D. *Unity and Diversity in the New Testament*. Philadelphia: Westminster, 1977.

Eichrodt, Walter. *Theologie des Alten Testaments*. Bd. 1–2. Stuttgart: Klotz. Göttingen Vandenhoeck & Ruprecht, 1957–1964.

Engnell, Ivan. *A Rigid Scrutiny*. Nashville: Abingdon, 1969.

Golka, Friedemann W. *The Leopard's Spots: Biblical and African Wisdom in Proverbs*. Edinburgh, Scotland: T. and T. Clark, 1993.

Hanson, P. D., ed. *Visionaries and their Apocalypses*. Philadelphia: Fortress, 1983.

Hasel, G. F. *New Testament Theology: Basic Issues in the Current Debate*. Grand Rapids, Mich.: Eerdmans, 1978.

Hengel, Martin. *Judaism and Hellenism*. 2 vols. Philadelphia: Fortress, 1974.

Hooke, S. H., ed. *Myth, Ritual, and Kingship*. Oxford, England: Clarendon, 1958.

Kraus, Hans-Joachim. *Gottesdienst in Israel*. München: 1962.

Mowinckel, S. *The Psalms in Israel's Worship*. 2 vols. Oxford, England: Blackwell, 1962.

Nickelsburg, George W. E. *Jewish Literature between the Bible and the Mishnah*. Philadelphia: Fortress, 1981.

Otzen, B., H. Gottlieb, and K. Jeppesen. *Myths in the Old Testament*. London, England: SCM Press, 1980.

Patrick, Dale. *Old Testament Law*. Atlanta: John Knox, 1985.

von Rad, Gerhard. *Theologie des Alten Testaments*. 9. Aufl., Bd. 1–2. München: Kaiser, 1987.

Smith, Mark S. *The Early History of God: Yahweh and the Other Deities in Ancient Israel*. San Francisco: Harper and Row, 1990.

de Vaux, Roland. *Studies in the Old Testament Sacrifice*. Cardiff, Wales: University of Wales, 1964.

Whybray, R. N. *The Intellectual Tradition in the Old Testament*. Berlin and New York: de Gruyter, 1974.

Nachschlagewerke

Achtemeier, Paul J., ed. *Harper's Bible Dictionary*. San Francisco: Harper and Row, 1985.

Botterweck, G. Johannes, and Helmer Ringgren, eds. *Theological Dictionary of the Old Testament*. Grand Rapids, Mich.: Eerdmans, 1977.

Buttrick, George A., and K. Crim, eds. *The Interpreter's Dictionary of the Bible*. 5 vols. Nashville, Tenn.: Abingdon, 1976.

Freedman, David Noel, ed. al. *The Anchor Bible Dictionary*. 6 vols. New York: Doubleday, 1992.

Kittel, Gerhard (Hrsg.). *Theologisches Wörterbuch des Neuen Testaments*. Bd. 1–10, Stuttgart: Kohlhammer, 1965–1979.

Metzger, Bruce M., and Michael D. Coogan. *The Oxford Companion to the Bible*. New York: Oxford University, 1993.

Peake, A. S. *Commentary on the Bible*. Edinburgh, Scotland: Thomas Nelson, 1962.

Roth, Cecil, ed. *Encyclopaedia Judaica*. New York: Macmillan, 1972.

INDEX

Hinweise auf Seiten im Haupttext, Kasten oder Seitentext sind in Magerdruck, Hinweise auf Bildunterschriften *kursiv*. Hinweise auf das Glossar (S. 272) sind mit g gekennzeichnet. Wenn ein Begriff in Text und Bildunterschriften auf derselben Seite vorkommt, wird der Text bevorzugt.

A

E

F

G

H

I

J

K

L

M

Q

R

S

X

Z

BILDNACHWEISE

Für die freundliche Erlaubnis, die Bilder in diesem Buch verwenden zu dürfen, möchten die Verleger folgenden Einrichtungen danken:

ABKÜRZUNGEN:

u unten; m Mitte; o oben; l links; r rechts

BAL:	Bridgeman Art Library
DBP:	Duncan Baird Publishers
RHPL:	Robert Harding Picture Library
HPL:	Hutchinson Picture Library
PEF:	Palestine Exploration Fund
ZF:	Zefa Picture Library
ZR:	Zev Radovan, Jerusalem

Seite 1 BAL/Scrovegni (Arena) Kapelle, Padua, Italien; **2** BAL/Piermont Morgan Library, New York; **3** BAL/Museo Basilica San Marco, Venedig; **6** ZR; **7** BAL/ British Library, London, Cott Nero CIV f.209v; **8** BAL/British Library, Add 14761; **9** BAL/British Library, Add 14761; **11** BAL/Lambeth Palace Library, London, Ms 209 f.3v; **12** BAL/National Gallery, London; **14** BAL/Bible Society, London; **15** BAL/Bible Society, London; **16** ZR; **17o** ZR; **17u** PEF; **18** ZR; **19** Sonia Halliday Photographs, England; **21** BAL/Museo Basilica San Marco, Venedig; **22** ZR; **23** ZR; **24** BAL/British Library, Or 1404; **26** BAL/British Library, Roy 19 D III f.3; **27** BAL/British Library; **29** BAL/Index/Museo Diocesano de Solsona, Lerida, Spanien; **30** British Museum; **31o** DBP; **31u** BAL/Giraudon/Tal der Könige, Luxor (Theben), Ägypten; **33l** BAL/ Victoria & Albert Museum, London;**33u** Staatliche Museen, Berlin; **34** BAL/Private Sammlung; **35** British Museum; **37** RHPL; **39o** DBP; **39u** PEF; **40o** ZF; **41** BAL/British Museum, Add 54180 f.136b; **42** BAL/San Vitale, Ravenna, Italien; **43** e.t. Archiv/Museum der Türkischen & Islamischen Kunst, Istanbul; **44o** BAL/Österreichische Nationalbibliothek, Wien; **44u** PEF; **45** BAL/British Library; **46** ZR; **47** PEF; **48** BAL/Fitzwilliam Museum, Cambridge, England; **49** BAL/Fitzwilliam Museum, Cambridge; **51** Sonia Halliday Photographs; **53l** BAL/Giraudon/Tal der Könige, Luxor (Theben), Ägypten; **53r** BAL/Louvre, Paris; **55** BAL/Giraudon/ Musée Condé, Chantilly, Frankreich, Ms 9/1695 f.12; **57o** BAL/Fitzwilliam Museum, Cambridge; **57u** BAL/Victoria & Albert Museum; **58** BAL/ Giraudon/Ägyptisches Nationalmuseum, Kairo; **60** BAL/Dahlem Staatliche Gemäldegalerie, Berlin; **61** ZF; **62** Sonia Halliday Photographs; **63o** BAL/Index/Katharinenkloster, Berg Sinai, Ägypten; **63u** e.t. Archiv/Louvre, Paris; **64o** e.t. Archiv/Louvre, Paris; **64u** BAL/Private Sammlung; **66** ZF; **67o** BAL/Giraudon/Musée de la Chartreuse, Douai, Frankreich; **67u** ZR; **68** ZR; **70o** BAL/Giraudon/Bibliothèque Nationale, Paris; **70u** RHPL; **71** ZF; **72o** British Museum; **72u** RHPL; **73** ZR; **74o** e.t. Archiv/Archäologisches Museum, Aleppo; **74u** PEF; **75** BAL/British Library, Kings 5 f. 20r; **76** ZR; **77o** ZR; **77u** BAL/Giraudon/Medinet Habu, Ägypten; **79** BAL/Victoria & Albert Museum; **80l** BAL/ British Museum, Arundel 155 f.93; **80r** HPL/ Francis; **81** BAL/Kunsthistorisches Museum, Wien; **82o** ZF; **82u** ZR; **84u** BAL/Fitzwilliam Museum, Cambridge; **85o** BAL/Bibliothèque Nationale; Grec 139 f. 136v **85u** ZR; **86** BAL/ British Museum, Roy 15 D III f.285; **87o** BAL/ Agnes & Sons, London; **87u** ZR; **88o** BAL/British Museum; **88u** ZF; **89** Rex Features/Sipa/Pignières; **90** BAL/British Library Add 11639 f. 522r; **91o** PEF; **91u** Aus einer Originalzeichnung von Dr. Leen Ritmeyer; **92** HPL/Regent; **94** ZL; **96** BAL/St. Peter, Leuven, Belgien; **97o** British Museum; **97u** British Museum **98** BAL/Museum der Geschichte der Religion, St. Petersburg, Rußland; **99o** BAL/British Museum, Louvre, Paris; **99u** PEF; **100o** & u e.t. Archiv; **101** e.t. Archiv/Louvre, Paris; **102** BAL/ Museo Catedralico, Cuenca, Spanien; **103l** BAL/ Bibliothèque Nationale, Paris, Fr 13091 f.29v; **103r** BAL/British Library, Harl 2803 f.264; **104** PEF; **105** ZF; **106** BAL/ Victoria & Albert Museum; **107** British Museum; **108** ZF/Goebell; **109** BAL/ Musées Royaux des Beaux-Arts de Belgique, Brüssel; **110** BAL/Index/Museo Real Academia de Bellas Artes, Madrid; **111** ZR; **113o** BAL/Lambeth Palace Library, Ms 3f.258; **113u** BAL/Giraudon/Louvre, Paris; **114** e.t. Archiv; **115** ZF/Schörke; **117o** BAL/Biblioteca Medicea-Laurenziana, Florenz; **117u** RHPL/ Jackson; **120o** BAL/British Library, Ms 368.f.66; **120u** ZF; **121** ZR; **122** ZR; **123o** BAL/British Library, Add 27210 f.11; **123u** BAL/Chartres Kathedrale, Frankreich; **124o** e.t. Archiv/Museum der Türkischen & Islamischen Kunst, Istanbul; **124u** BAL/Louvre, Paris; **125** ZR; **126** BAL/ Louvre, Paris; **127** BAL/Louvre, Paris; **128o** BAL/Museo e Gallerie Nazionali di Capodimonte, Neapel; **128u** British Museum; **129** DBP BAL/Victoria & Albert Museum; **131** BAL/Giraudon, Musée Condé, Chantilly; **133o** HPL/Pate; **133u** Scala, Museo Nazionale, Neapel; **134** BAL/Kunsthistorisches Museum, Wien; **135** BAL/Christie's, London; **136** BAL/ British Library, Add 11695 f.240; **137** British Museum; **139o** BAL/Giraudon; **139u** BAL/ Bibliothèque Nationale , Paris; **140o** BAL/ Giraudon/Musée des Beaux-Arts, Nantes, Frankreich; **140u** ZR; **142** ZR; **144l** ZF; **144r** ZF; **145** Sonia Halliday Photographs; **146** BAL/Giraudon, Musée Condé, Chantilly; **148** BAL/St. Mark f.14v, Bibliothèque Municipale, Epernay, Frankreich; **149** BAL/Museo dell'Opera del Duomo, Sienna, Italien; **150o** BAL/Österreichische Nationalbibliothek, Wien; **150u** BAL/ Lichfield Cathedral, Staffordshire, England; **151** BAL/Lambeth Palace Library; **152** BAL/Musée Jacquemart-André, Paris; **153** ZF; **154o** BAL/ University of Liverpool Art Gallery, England; **154u** Oriental Institute, Chicago; **155** BAL/Fitzwilliam Museum, Cambridge; **156** BAL/Kunsthalle, Hamburg; **157** BAL/Santa Maria in Trastevere, Rom; **158** Impact/le Garsemur; **159l** BAL/Giraudon/Musée Condé, Chantilly, Ms 65/1284 f.52r; **159r** ZR; **160** BAL/York City Art Gallery, England; **161** RHPL; **163l** BAL/ Christie's, London; **163r** PEF; **164** RHPL; **165** ZF; **166** ZF; **167l** BAL/ Christie's, London; **167r** ZR; **168** ZR; **169** BAL/Johnny van Haeften Gallery, London; **170** BAL/Fitzwilliam Museum, Cambridge; **172l** ZF; **172r** BAL/Museo d'Art de Catalunya, Barcelona; **173** BAL/ Giraudon/Musée Condé, Chantilly, Ms 81/1057 f.72; **174** BAL/Christie's, London; **175** ZR; **176u** BAL/National Gallery, London; **177** ZR; **178o** DBP; **178u** RHPL; **179** BAL/British Library, Harl 1527 f.27; **180** British Museum; **181l** BAL/Srovegni (Arena) Kapelle, Padua; **181r** ZF; **182** Scala/S. Apollinare Nuovo, Ravenna, Italien; **183** BAL/ Museo dell'Opera del Duomo, Siena; **184** BAL/York City Art Gallery; **185** BAL/Private Sammlung; **186** BAL/University of Liverpool Art Gallery; **187** RHPL; **188** Sonia Halliday Photographs; **189** BAL/British Library, Add 17738 f.4; **191** BAL/Museo dell'Opera del Duomo, Siena; **192** ZR; **193o** BAL/Göreme, Türkei; **193u** Sonia Halliday Photographs; **195o** ZR; **195u** BAL/Christie's, London; **196l** ZF; **196r** BAL/Museo dell'Opera del Duomo, Siena; **197** ZF; **198** ZF; **199** British Library, Ms OR481 f104v; **200** ZR; **201l** BAL/Prado, Madrid; **201r** ZR; **202** Aus einer Original-Zeichnung von Dr. Shimon Gibson des PEF; **203o** BAL/Victoria & Albert Museum; **203u** BAL/Christie's, London; **204** ZR; **205** BAL/Giraudon/Louvre, Paris; **206** BAL/Musées Royaux des Beaux-Arts de Belgique, Brüssel; **207** ZF; **208** BAL/Victoria & Albert Museum; **209** BAL/Museo dell'Opera del Duomo, Florenz; **210** BAL/Magyar Nemzeti Galeria, Budapest; **211o** ZF; **211u** BAL/Louvre, Paris; **212o** BAL/Index/Osma-Soria Stiftshaus, Soria, Spanien; **212u** ZF; **214** BAL/Bible Society, London; **215** BAL/Museo d'Art de Catalunya, Barcelona; **216** BAL/Srovegni (Arena) Kapelle, Padua; **217** BAL/Sixtinische Kapelle, Vatikan; **219l** BAL/Brancacci-Kapelle, Sta. Maria del Carmine, Florenz; **219r** ZF; **220** BAL/Belvoir Castle, Leicestershire, England; **221** RHPL; **222** BAL/ Kapelle Nikolaus V, Vatikan; **223** BAL/Puschkin-Museum, Moskau; **225o** ZR; **225u** BAL/Fitzwilliam Museum, Cambridge, Ms 36-1950 f.49.v; **226** ZF/Goebbell; **227** BAL/ Bibliothèque Nationale, Lat 1 f.386v, Paris; **228** BAL/Louvre, Paris; **229** BAL/Brancacci-Kapelle, Sta. Maria del Carmine, Florenz; **230** BAL/Villa dei Misteri, Pompeji; **232** Sonia Halliday Photographs; **233** Sonia Halliday Photographs; **234o** BAL/York City Art Gallery; **234u** PEF; **235** ZR; **236** ZR; **237o** C. M. Dixon; **237u** BAL/Biblioteca Marciana, Venedig; **239** BAL/Magyar Nemzeti Galeria, Budapest; **240o** BAL/Fitzwilliam Museum, Cambridge; **240u** BAL/Paulinen-Kapelle, Vatikan; **242** ZR; **243** ZR; **244** ZR; **245o** BAL/Louvre, Paris; **245u** ZR; **246** ZR; **247o** DBP; **247u** BAL/Louvre, Paris; **248** ZR; **249** BAL/Scrovegni (Arena) Kapelle, Padua; **250** BAL/Louvre; **251** BAL; **252** BAL/Brancacci-Kapelle, Sta. Maria del Carmine, Florenz; **253** BAL/S. Tomas Konvent, Avila, Spanien; **255** ZR; **256u** BAL/Tretyakov-Galerie, Moskau. Bilder von S. 256–271 ©DBP. Quelle: 257–262, **266ol, ur** Nürnberger Bibel, 1483/BAL/Victoria & Albert Museum; **263**; **264**; **268-71** BAL/DBP.